Filosofia do Direito

www.editorasaraiva.com.br/direito
Visite nossa página

Filosofia do Direito
miguel reale

20ª edição
2002
20ª tiragem
2023

Av. Paulista, 901, 3º andar
Bela Vista – São Paulo – SP – CEP: 01311-100

SAC | sac.sets@saraivaeducacao.com.br

Capa Roney Camelo
Produção gráfica Marli Rampim
Impressão e acabamento BMF Gráfica e Editora

ISBN 978-85-02-04147-9

DADOS INTERNACIONAIS DE CATALOGAÇÃO NA PUBLICAÇÃO (CIP)
(CÂMARA BRASILEIRA DO LIVRO, SP, BRASIL)

Reale, Miguel,
    Filosofia do direito / Miguel Reale. — 20. ed. — São Paulo : Saraiva, 2002.

    Bibliografia.

    1. Direito - Filosofia I. Título.

02-5205   CDU-340.12

Índices para catálogo sistemático:
1. Direito - Filosofia   340.12
2. Filosofia do direito   340.12
3. Filosofia jurídica   340.12

Data de fechamento da edição: 9-12-2002

Dúvidas? Acesse www.editorasaraiva.com.br/direito

Nenhuma parte desta publicação poderá ser reproduzida por qualquer meio ou forma sem a prévia autorização da Saraiva Educação. A violação dos direitos autorais é crime estabelecido na Lei n. 9.610/98 e punido pelo art. 184 do Código Penal.

CL 600491   CAE 569458

Principais Obras do Autor

O Estado Moderno. 1935. 3 edições esg.
Formação da Política Burguesa. 1935. esg.
O Capitalismo Internacional. 1935. esg.
Atualidades de um Mundo Antigo. 1936. esg.
Atualidades Brasileiras. 1937. esg.
Fundamentos do Direito. 1940. esg. 2. ed. Revista dos Tribunais, 1972.
Teoria do Direito e do Estado. 1940. esg. 2. ed. 1960. esg. 3. ed., rev., Livr. Martins Ed., 1972, esg. 4. ed., Saraiva, 1984.
A Doutrina de Kant no Brasil. 1949. esg.
Filosofia do Direito. 1. ed. 1953. 2. ed. 1957. 3. ed. 1962. 4. ed. 1965. esg. 5. ed. 1969. 6. ed. Saraiva, 1972. 7. ed. 1975. 8. ed. 1978. 9. ed. 1982. 10. ed. 1983. 11. ed. 1986. 12. ed. 1987. 14. ed. 1991. 15. ed. 1993. 16. ed. 1994. 17. ed. 1996. 18. ed. 1998. 19. ed. 1999.
Horizontes do Direito e da História. Saraiva, 1956. 2. ed. 1977.
Nos Quadrantes do Direito Positivo. Ed. Michalany, 1960.
Filosofia em São Paulo. 1962. esg. 2. ed. Ed. Grijalbo-EDUSP 1976.
Parlamentarismo Brasileiro. 2. ed. Saraiva, 1962.
Pluralismo e Liberdade. Saraiva, 1963.
Imperativos da Revolução de Março. Livr. Martins Ed., 1965.
Poemas do Amor e do Tempo. Saraiva, 1965.
Introdução e Notas aos "Cadernos de Filosofia", de Diogo Antonio Feijó. Ed. Grijalbo, 1967.
Revogação e Anulamento do Ato Administrativo. Forense, 1968. 2. ed. 1980.
Teoria Tridimensional do Direito. Saraiva, 1968. 5. ed. 1994.
Revolução e Democracia. Ed. Convívio, 1969. 2. ed. 1977.
O Direito como Experiência. Saraiva, 1968. 2. ed. 1992.
Direito Administrativo. Forense. 1969.
Problemas de Nosso Tempo. Ed. Grijalbo-EDUSP, 1969.
Lições Preliminares de Direito. Bushatsky, 1973. 24. ed. Saraiva, 1998.
Lições Preliminares de Direito. Ed. portuguesa. Coimbra, Livr. Almedina. 1982.
Cem Anos de Ciência do Direito no Brasil. Saraiva, 1973.
Experiência e Cultura. Ed. Grijalbo-EDUSP, 1977.
Política de Ontem e de Hoje (Introdução à Teoria do Estado). Saraiva, 1978.
Estudos de Filosofia e Ciência do Direito. Saraiva, 1978.
Poemas da Noite. Ed. Soma, 1980.
O Homem e seus Horizontes. Ed. Convívio, 1980.
Questões de Direito. Sugestões Literárias, 1981.
Miguel Reale na UnB. Brasília, 1982.
A Filosofia na Obra de Machado de Assis — Antologia Filosófica de Machado de Assis. Pioneira, 1982.
Verdade e Conjetura. Nova Fronteira, 1983.
Obras Políticas (1ª fase — 1931-1937). UnB, 1983. 3 vols.
Direito Natural/Direito Positivo. Saraiva, 1984.
Figuras da Inteligência Brasileira. Tempo Brasileiro Ed. e Univ. do Ceará, 1984.
Teoria e Prática do Direito. Saraiva, 1984.

VI MIGUEL REALE

Sonetos da Verdade. Nova Fronteira, 1984.
Por uma Constituição Brasileira. Revista dos Tribunais, 1985.
Reforma Universitária. Ed. Convívio, 1985.
O Projeto de Código Civil. Saraiva, 1986. 2. ed. 1998.
Liberdade e Democracia. Saraiva, 1987.
Memórias, v. 1. Destinos Cruzados. Saraiva, 1986. 2. ed. 1987.
Memórias, v. 2. A Balança e a Espada. Saraiva, 1987.
Introdução à Filosofia. Saraiva, 1988. 3. ed. 1994.
O Belo e outros Valores. Academia Brasileira de Letras, 1989.
Aplicações da Constituição de 1988. Forense, 1990.
Nova Fase do Direito Moderno. Saraiva, 1990. 2. ed. 1998.
Vida Oculta. Massao Ohno/Stefanowski Ed., 1990.
Temas de Direito Positivo. Revista dos Tribunais, 1992.
Face Oculta de Euclides da Cunha. 1993.
Fontes e Modelos do Direito. Saraiva, 1994.
Paradigmas da Cultura Contemporânea. Saraiva, 1996.
Questões de Direito Público. Saraiva, 1997.
Questões de Direito Privado. Saraiva, 1997.
De Olhos Postos no Brasil e no Mundo. Expressão e Cultura, 1997.
O Estado Democrático de Direito e o Conflito das Ideologias. Saraiva, 1998. 2. ed. 1999.

PRINCIPAIS OBRAS TRADUZIDAS

Filosofia del Diritto. Trad. Luigi Bagolini e G. Ricci. Torino, Giappichelli, 1956.
Il Diritto come Esperienza, com ensaio introd. de Domenico Coccopalmerio. Milano, Giuffrè, 1973.
Teoría Tridimensional del Derecho. Trad. J. A. Sardina-Paramo. Santiago de Compostella, Imprenta Paredes, 1973. 2. ed. Universidad de Chile, Valparaíso (na coletânea "Juristas Perenes").
Fundamentos del Derecho. Trad. Júlio O. Chiappini. Buenos Aires, Depalma, 1976.
Introducción al Derecho. Trad. Brufau Prats. Madrid, Ed. Pirámide, 1976. 2. ed. 1977. 9. ed. 1989.
Filosofía del Derecho. Trad. Miguel Angel Herreros. Madrid, Ed. Pirámide, 1979.
Expérience et Culture. Trad. Giovanni Dell'Anna Bordeaux, Éditions Brière, 1990.

A meus filhos
EBE,
LÍVIA MARIA
e
MIGUEL

Índice Geral

Principais Obras do Autor V
Prefácio à 14.ª edição XIX
Prefácio à 5.ª edição XXI
Prefácio à 2.ª edição XXIII
Prefácio à 1.ª Edição XXV

PARTE I
Propedêutica Filosófica
AD USUM JURISPRUDENTIAE

Título I
Objeto da Filosofia

Capítulo I
Noção Preliminar de Filosofia — Sua Finalidade
Amor do saber e exigência de universalidade 5
O problema dos pressupostos 10

Capítulo II
O Positivismo e a Redução da Filosofia a uma Enciclopédia das Ciências — O Neopositivismo
"Philosophia, ancilla scientiarum" 14
Os neopositivistas 18

Capítulo III
Autonomia da Filosofia — Seus Máximos Problemas
Perguntas prévias 23
Teoria do Conhecimento: Lógica e Ontognoseologia 26
Ética 34
Axiologia 36
Metafísica e concepção do mundo 37

MIGUEL REALE

Título II

Noções de Gnoseologia

Capítulo IV

Sentido do Pensar de Nosso Tempo — Gnoseologia, Ontologia e Ontognoseologia

Predomínio do problema do ser até o Renascimento	43
A Filosofia moderna e o problema do conhecer	45
A correlação sujeito-objeto e o problema do ser	49

Capítulo V

Graduação do Conhecimento — O Conhecimento Vulgar e o Científico

O particular e o genérico	53
Estrutura do conhecimento: tipos, leis e princípios	56
O Direito como Ciência	61

Capítulo VI

Natureza Crítico-Axiológica do Conhecimento Filosófico

Sentido geral do Criticismo	65
Condicionamento do saber filosófico	68

Capítulo VII

Relações Entre Filosofia e Ciência Positiva

Acepções da palavra "ciência"	73
Objeto e Método	74
Metodologia da Filosofia e das Ciências	78

Capítulo VIII

Do Conhecimento Quanto à Origem

O Empirismo ou empiricismo	86
Empirismo e Direito	90
Racionalismo	92
Racionalismo e Direito	95
Criticismo	98
Juízos analíticos e sintéticos	104
Criticismo ontognoseológico	105
Criticismo e Direito	111

Capítulo IX

Do Conhecimento Quanto à Essência

O Realismo	114
O Idealismo	116
Posição de Kant e de Augusto Comte	120

FILOSOFIA DO DIREITO

XI

Posição ontognoseológica	122
Correlação com a problemática jurídica	125

Capítulo X

Das Formas do Conhecimento

Dos processos intuitivos em geral	129
Dos métodos de cognição mediata	138
Método e Objeto	145
Antecipações epistemológicas sobre o Direito	148
Outras espécies de método	151

Capítulo XI

Da Possibilidade do Conhecimento

Doutrinas dogmáticas	155
Doutrinas céticas	159
O relativismo	162

Título III

Noções de Ontologia e de Axiologia

Capítulo XII

Teoria dos Objetos

Noções gerais	171
Objetos físicos e psíquicos	173
O Direito como objeto natural	176
Objetos ideais	178
O Direito e os objetos ideais	180
Os valores e o mundo do *dever ser*	182
Características do valor	185
Os valores e o Direito	188

Capítulo XIII

Teorias Sobre o Valor

Explicações psicológicas	191
Interpretação sociológica dos valores	193
Ontologismo axiológico	198
Teoria histórico-cultural dos valores	200

Capítulo XIV

A Cultura e o Valor da Pessoa Humana

Objetividade e historicidade dos valores	204
A pessoa como valor fonte	207

XII MIGUEL REALE

Título IV
Ética e Teoria da Cultura

Capítulo XV
Cultura, Espírito e Liberdade
Criação e tutela de bens 213
Estrutura dos bens culturais 218

Capítulo XVI
Ciclos de Cultura e Constelações Axiológicas
Ordenação dos valores.. 224
Cultura e civilizações... 226
Classificações dos valores... 230

Capítulo XVII
Natureza e Cultura
Bens culturais e ciências culturais 236
Explicação e generalização — Compreensão e integração de sentido........... 239
Juízos de valor e juízos de realidade... 243
As leis do mundo cultural 246

Capítulo XVIII
Leis Naturais e Leis Éticas – Teoria e Prática
O problema da sanção.. 252
Ciências especulativas e normativas — Ciência e Técnica 259

Capítulo XIX
Bem Pessoal e Bem Coletivo
Justiça e bem comum.. 266
Individualismo, personalismo e transpersonalismo 271

PARTE II
Ontognoseologia Jurídica

Título V
Os temas da Filosofia Jurídica

Capítulo XX
Objeto e Divisão da Filosofia do Direito
Conceito de Filosofia do Direito.. 279
A divisão tripartida 285
Divisão de Stammler.. 288

FILOSOFIA DO DIREITO XIII

Capítulo XXI

A Temática Geral e os Temas Especiais

A Ontognoseologia Jurídica 293
Epistemologia jurídica 298
Deontologia jurídica 301
Culturologia jurídica 302

Título VI

**Empirismo e Apriorismo Jurídicos e suas
Compreensões Unilaterais**

Capítulo XXII

O Conceito de Direito Segundo as Doutrinas Empíricas

Posição de Pedro Lessa 309
Crítica do empirismo jurídico 312
Ser e dever ser 315
A réplica dos empiristas 317
O neo-empirismo jurídico 320

Capítulo XXIII

A Concepção do Direito na Doutrina de Stammler

O Direito como forma do querer 323
Conceito e idéia do Direito 329

Capítulo XXIV

A Concepção do Direito na Doutrina de Del Vecchio

Direito e intersubjetividade 332
Justiça e alteridade 336

Título VII

A Realidade Jurídica e o Problema Ontognoseológico

Capítulo XXV

O Inevitável Conteúdo Axiológico do Direito

Crítica do apriorismo jurídico 343
Além do Empirismo e do apriorismo jurídicos 349

Capítulo XXVI

O Direito e a Investigação Histórico-Axiológica

Análise fenomenológica da realidade jurídica 353
Da redução fenomenológica à reflexão histórico-axiológica — Implicação
e polaridade 359

XIV   MIGUEL REALE

Título VIII
Fenomenologia da Ação e da Conduta

Capítulo XXVII
Conduta e Ordem de Fins
Ato e valor 367
Fins e categorias do agir 370

Capítulo XXVIII
Tridimensionalidade da Conduta Ética
Momentos da conduta 377
Especificidade da conduta ética 380

Capítulo XXIX
Modalidades de Conduta
Conduta religiosa 383
Conduta moral 385
Conduta costumeira 388
Conduta jurídica 389

Título IX
Explicações Unilaterais ou Reducionistas da Realidade Jurídica

Capítulo XXX
Antecedentes Históricos
Formação de uma consciência normativa 398
A Escola da Exegese e a jurisprudência conceitual 403
O Direito como fato histórico ou relação social 409
Da crise na interpretação da lei à crise da ciência tradicional do Direito 413

Capítulo XXXI
O Sociologismo Jurídico
Observações de ordem geral 420
Sociologismo jurídico de Duguit e as exigências da solidariedade 425
Leis sociais e nexo teleológico 429
Regras de Direito e normas técnicas 434

Capítulo XXXII
O Normativismo Lógico de Hans Kelsen e a Eficácia do Direito
Objetivos da teoria pura do Direito 440
Dever ser e imputabilidade 446
Estática e dinâmica do Direito 453
Uma tricotomia implícita 457

FILOSOFIA DO DIREITO

XV

Capítulo XXXIII
O Moralismo Jurídico e a Natureza da Norma de Direito
O comando jurídico... 464
O moralismo jurídico de Cathrein.. 466
O moralismo jurídico de Ripert 469
O moralismo concreto de Gentile e de Binder..................... 472

Título X
Teoria Tridimensional do Direito

Capítulo XXXIV
O Termo "Direito" e sua Tríplice Perspectiva Histórica
A intuição axiológica do Direito.. 479
A intuição normativa do Direito 488

Capítulo XXXV
O Tridimensionalismo Abstrato ou Genérico
Espécies de teorias tridimensionais 492
O trialismo de Lask e o monismo neo-hegeliano.................. 495
O trialismo de Radbruch 500
Tridimensionalidade implícita: Santi Romano e Hauriou........... 503
O trialismo perspectivístico 508
O trialismo de Roscoe Pound e Julius Stone 513

Capítulo XXXVI
O Tridimensionalismo Específico e a Unidade da Experiência Jurídica
A trilateralidade estática de Wilhelm Sauer......................... 517
Pressupostos do tridimensionalismo dinâmico 520
Nomogênese jurídica 527
Processo normativo e poder 532

Capítulo XXXVII
Normatividade e Historicidade do Direito
Normativismo jurídico concreto 539
Atualização histórica dos valores do Direito 548
Normatividade, interpretação e Dogmática Jurídica.............. 555

Capítulo XXXVIII
Fundamento, Eficácia e Vigência
Natureza filosófica do problema — Conexões com a Política do Direito, com a Teoria Geral do Direito e com a Sociologia Jurídica.................. 561

XVI   MIGUEL REALE

O problema do fundamento 563
O problema da vigência e da positividade 571
O problema da eficácia 579
As ciências da realidade jurídica 585

Título XI

Direito e Moral

Capítulo XXXIX

O Problema na Grécia e em Roma
O Direito na "paideia" grega 593
O Direito como "voluntas" — A idéia romana de "Jus" e de Jurisprudência   599

Capítulo XL

Direito e Moral na Idade Média
Concepção tomista da lei 607
Justiça como "proportio ad alterum" 611

Capítulo XLI

Direito e Moral na Época Moderna — O Contratualismo
Redução individualista 614
Modalidades de contratualismo 616

Capítulo XLII

Exterioridade, Coercibilidade e Heteronomia
Thomasius e seus objetivos jurídico-políticos 622
A contribuição de Emmanuel Kant 625

Capítulo XLIII

Análise do Problema da Exterioridade do Direito
A exterioridade à luz da experiência jurídica 632
Valoração do ato jurídico 636

Capítulo XLIV

Coercitividade e Coercibilidade
Coação social, coação psicológica e coação jurídica 639
Objeções à teoria da coação 643
Coação virtual e coação atual 647

Capítulo XLV

A Bilateralidade Atributiva do Direito
Bilateralidade ética e bilateralidade jurídica 651
Sentido objetivo da bilateralidade jurídica 657

FILOSOFIA DO DIREITO

Capítulo XLVI

Conceito de Direito

Direito e valores de convivência 665
Os corolários da atributividade 672
Distinção entre Direito e Moral 676

REFERÊNCIAS BIBLIOGRÁFICAS.. 679
ÍNDICE ANALÍTICO E REMISSIVO.. 693
ÍNDICE DE AUTORES... 703

PREFÁCIO À 14.ª EDIÇÃO

O simples fato de uma obra de Filosofia do Direito atingir catorze edições, exaurindo-se a anterior em pouco mais de dois anos, vem confirmar minha assertiva no concernente à profunda alteração operada na atitude de mestres, advogados e estudantes perante a experiência jurídica, nestas últimas décadas.

Nota-se, com efeito, talvez como reflexo das incertezas próprias de uma sociedade em acelerada mudança, maior preocupação pelos pressupostos filosóficos do Direito, mesmo quando os estudos se desenvolvem com propósitos de ordem prática.

Devo dizer que, na edição de 1978, ano do jubileu da presente obra, já entendera necessário submetê-la a minuciosa revisão. Não que tenha alterado o texto das edições anteriores em sua estrutura básica, mas introduzi mudanças em pontos essenciais, a fim de pô-lo em sintonia com o estado atual de minhas pesquisas filosóficas, tal como resulta de meus livros Experiência e Cultura, Verdade e Conjetura e Nova Fase do Direito Moderno.

Por outro lado, não podiam deixar de repercutir neste livro as colocações feitas em minhas Lições Preliminares de Direito, obra que é complementar desta, pois representa a projeção do tridimensionalismo no plano da Teoria Geral do Direito. Desse modo, os dois livros se completam, confirmando a tese, por mim tantas vezes defendida, de que os "conceitos transcendentais" só se compreendem plenamente em função da experiência.

Maio de 1991.

M. R.

PREFÁCIO À 5.ª EDIÇÃO

Ao preparar os originais para a edição anterior deste Curso, julgara ter-lhe dado a sua estrutura definitiva, sempre sujeita, é claro, a naturais complementos e retificações, mas os estudos finais de duas obras, de concepção geminada, "O Direito como Experiência" e "Teoria Tridimensional do Direito", convenceram-me da necessidade de rever toda a matéria dos capítulos XXXV, XXXVI e XXXVII, não só para fins pedagógicos, como também para correlacioná-la com o estado atual de meu pensamento.

Além disso, procurei tornar mais clara a exposição, em muitos pontos, sem prejuízo da densidade e do rigor dos conceitos. A nova distribuição dos assuntos, no tomo segundo, assim como os acréscimos introduzidos, têm por fim situar melhor o que denomino "normativismo jurídico concreto" e, por conseguinte, a minha recente "teoria dos modelos jurídicos", nos quadros da Filosofia do Direito contemporânea.

Quem se abalançar a fazer um cotejo entre as diversas edições desta obra notará que não há solução de continuidade entre elas, mas antes o lento e gradual desdobrar-se de um pensamento que se altera na medida em que procura se completar, em função da experiência jurídica focalizada.

Esta edição assinala, por outro lado, uma mudança substancial em meus propósitos, visto como julguei de bom alvitre considerá-la autônoma e conclusa, na sua feição de Curso: as partes complementares, relativas à Epistemologia, à Deontologia e à Culturologia Jurídicas terão mais caráter monográfico, desdobrando-se em ensaios independentes, o primeiro dos quais é o já citado livro "O Direito como Experiência", que representa o fruto mais maduro de minhas atividades docentes no plano epistemológico. Se a presente obra lança as suas raízes no Curso de Bacharelado, aquela nasceu de investigações procedidas no Curso de Especialização.

Vê-se, pois, como vão de mãos dadas o ensino e a pesquisa, não podendo, por ora, dizer como e quando outros trabalhos me será possível dar a público. O que sei é que o trabalho continua fiel ao originário programa de estabelecer uma constante correlação entre a Ciência e a Vida.

Janeiro de 1968.

O Autor

PREFÁCIO À 2.ª EDIÇÃO

O simples fato de esgotar-se, em menos de três anos, a primeira edição de um livro de Filosofia do Direito no Brasil é deveras revelador do renovado interesse de nossos juristas pelos problemas fundamentais da Jurisprudência, após certo período de quase descaso por tudo o que ultrapassasse o plano empírico-positivo.

Algumas obras de Teoria Geral do Direito, tratados, instituições e monografias especializadas, recentemente produzidas no País, distinguem-se por rigorosa preocupação metódica e sistemática, demonstrando que, vencendo a tentação dos comentários feitos de afogadilho, vamos retomando o ritmo da produção científica que, com Teixeira de Freitas e o Conselheiro Lafayette, Carvalho de Mendonça e Clóvis Beviláqua, já nos assegurara primado inconteste nas letras jurídicas latino-americanas.

É de esperar-se que correspondendo a este cuidado pelas idéias gerais, e pelo cultivo dos valores nacionais no quadro universal da Jurisprudência contemporânea, é de esperar-se que, na anunciada reforma dos ensinos jurídicos, seja seguido o exemplo de São Paulo, da Bahia e do Rio Grande do Sul, incluindo-se a cadeira de Filosofia do Direito no currículo do Bacharelado. Parafraseando Francis Bacon, poder-se-ia dizer que um medíocre conhecimento do Direito arreda da Filosofia, enquanto que um sério estudo reconduz a ela.

É, pois, com relativo otimismo — dado valor negativo de uma legislação muitas vezes descuidada — que me apresso a publicar esta nova edição, praticamente a terceira, eis que já introduzira algumas alterações no texto magnificamente vertido para o italiano pelo ilustre mestre Luigi Bagolini, da Universidade de Gênova, com o concurso precioso de Giovanni Ricci.

Fácil será perceber os acréscimos e as modificações feitas, algumas de relevo, mas sem perda do sentido pedagógico que desde o início me inspirou. Procurei, por outro lado, ajustar ainda mais a obra às exigências dos juristas, convencido como estou de que a Filosofia do Direito deve ter significado concreto para a Jurisprudência, correspondendo às estruturas e ao desenvolvimento da experiência histórica do Direito.

XXIV   MIGUEL REALE

Aos mestres estrangeiros e nacionais, que honraram o meu trabalho com a sua atenção, formulando observações ou reparos fecundos, a que procurei atender, deixo aqui o meu mais vivo agradecimento, esperando poder levar a bom termo a árdua tarefa concebida, de maneira que, através das partes especiais do Curso, não se perca a necessária determinação da unidade do Direito como "processus".

Conforta-me verificar que, nesta tarefa de atingir a consistência integral da experiência jurídica, na concreção histórica de seus três elementos (fato, valor e norma) estão empenhados juristas da Europa e da América, como ainda recentemente pôde ser observado no Congresso Interamericano de Filosofia, no Chile.

Pode-se dizer que outra questão ora se impõe com urgência: é fazer com que a concepção histórico-cultural do Direito, cada vez mais reconhecida pelos juristas-filósofos, passe a influir, de modo decisivo, também nos quadrantes da Dogmática Jurídica, assim como da Técnica judicial e forense, tornando-se menos acabrunhadora a distância entre a abstração das leis e os anseios concretos de Justiça.

Maio de 1957.

O Autor

PREFÁCIO À 1.ª EDIÇÃO

Este livro representa o fruto de mais de dez anos de magistério na Faculdade de Direito da Universidade de São Paulo, sob cujas Arcadas, quando ainda estudante, comecei a redigir minhas primeiras observações sobre os problemas do Direito e do Estado.

Já naqueles escritos juvenis firmara o propósito de "teorizar a vida e de viver a teoria na unidade indissolúvel do pensamento e da ação", e, ao volver à Academia, em 1940, para a disputa de uma cátedra, penso ter obedecido ao mesmo programa de vida, cuidando de determinar os fundamentos do Direito em função de elementos lógicos, axiológicos e fáticos.

Jamais compreendi o Direito como pura abstração, lógica ou ética, destacada da experiência social. Nesta deve ele afundar suas raízes, para poder altear-se firme e receber o oxigênio tonificador dos ideais de Justiça. Esse sentido concreto do Direito tornou-se ainda mais vigoroso em contado com os problemas de governo, ou na vivência apaixonante dos embates políticos, quando submetidos a uma crítica viva os preceitos da legislação positiva.

As lides forenses, assim como o trato assíduo com questões administrativas e políticas, inclinam o espírito a valorar melhor o drama cotidiano, as expressões particulares do querer e do agir, e, com isto, a perceber o risco das tipificações e dos esquemas rígidos e isolados, que seduzem ilusoriamente a tantos espíritos no âmbito da Jurisprudência.

As oportunidades de legislar abrem novas perspectivas à compreensão dos limites do Direito vigente, revelando a tensão inevitável de uma experiência, como a jurídica, na qual nem bem se realiza algo como norma, e já se projeta como exigência nova de valores para o futuro, de maneira que a moralidade incessante de "mais justiça" polariza-se com a exigência de "mais certeza" ou de "mais segurança".

É possível que, nestas páginas, se mostre, tais as conjunturas da época, mais forte do que nunca o jamais abandonado ideal de compor o abstrato e o concreto, a abstração teórica e o querer particular, a força projetante da liberdade e a prudência do poder na gênese e no desenvolvimento do Direito, mas creio que essa tendência não contraria o ritmo de nossa tradição jurídica, sem-

XXVI   MIGUEL REALE

pre aderente à realidade, até ao ponto de correr o risco de descambar para o casuísmo em que a Ciência irremediavelmente se estiola.

Por mais, porém, que estas páginas se prendam às circunstâncias de nosso tempo, refletindo uma concepção geral do universo e da vida — na qual e pela qual adquirem real significado as concepções do Direito —, o seu modo de comunicação permanece nos lindes impostos pelas necessidades didáticas. Trata-se de um Curso, revisto e completado com base em apostilas taquigrafadas graças à iniciativa do Centro Acadêmico XI de Agosto. Embora haja suprimido o supérfluo e refundido a obra, acrescentando vários capítulos e dando-lhes nova ordem e unidade sistemática, conservei afeição original de lições, com a dupla finalidade de servir aos estudantes do Bacharelado e aos de Especialização.

Não excluo possa merecer também a atenção dos juristas pátrios empenhados no trabalho científico-positivo. Se a meditação filosófica do Direito é sempre necessária, mais ainda se impõe em épocas de transmutação de valores, quando o Direito vigente recebe o impacto de forças imprevistas, crescendo a responsabilidade do jurista, alçado à dignidade de intérprete e de protagonista da História, não mais resignado ao papel de mero executador de decisões tomadas à revelia de seus ideais e de sua consciência.

Como advertiu Pedro Lessa — quando se praticou o grave erro de eliminar a Filosofia do Direito de nossos cursos jurídicos, em boa hora reparado pela Academia de São Paulo, não obstante a tendência ainda hoje dominante no sistema federal de ensino —, "em nenhum país mais do que no Brasil se acentua a necessidade de atrair a atenção dos que lidam com o Direito, constituído e constituendo, para os princípios, para as verdades gerais, para as leis fundamentais, que constituem o supedâneo do Direito, que lhe explicam a razão de ser, revelam o quid *constante, permanente, invariável, que se nota em meio das transformações das normas jurídicas, e infundem a convicção da necessidade absoluta da Justiça". (*)*

Na realidade, aqui como alhures, um pragmatismo fácil invade, dia a dia, os domínios da Jurisprudência, ameaçando comprometer a linha de continuidade de um labor científico, válido por seus princípios estruturais e pelo sentido de concreção que lhe deram jurisconsultos da estirpe de Teixeira de Freitas, Paula Batista ou Lafayette, e não pelo afã de acomodar-

---

(*) PEDRO LESSA, *Estudos de Filosofia do Direito*, Rio, 2ª ed., 1916, pág. 9.

FILOSOFIA DO DIREITO

se a exigências que não exprimem necessidades vitais da comunidade brasileira, mas apenas opiniões improvisadas na crista dos acontecimentos.

Legisla-se em geral, com imperdoável esquecimento dos princípios e das grandes diretrizes histórico-sociais do sistema jurídico pátrio, a tal ponto que, em um mesmo ato, preceitos díspares ou conflitantes se consagram; e, como eco inevitável, avolumam-se, não menos atabalhoadamente, comentários apressados de legislação em um casuísmo alarmante e infecundo. Felizmente, algumas personalidades vigorosas conseguem vencer nessa tarefa de ilustração de textos, animando a exegese com um sopro de doutrina e de compreensão geral da experiência jurídica, conscientes de todas as dificuldades de um trabalho de alto alcance quando não desviado para o plano das vantagens materiais.

Por outro lado, não poucas e preciosas monografias sobre diversos setores da Jurisprudência, assim como Cursos elaborados com admirável rigor metódico, marcam o rumo a ser trilhado pelo autêntico jurista, cujo espírito se entreabre, necessária e beneficamente, para os problemas da Filosofia e da Teoria Geral do Direito, confirmando o acerto de um dos grandes mestres de nosso tempo: "Nenhum ramo da Ciência vive sem respirar Filosofia, mas esta necessidade é sentida no Direito mais do que em qualquer outra. À medida que se avança pela estrada da Jurisprudência, mais e mais o problema do metajurídico desvela a sua decisiva importância; o jurista convence-se cada vez mais de que, se não sabe senão Direito, na realidade não conhece nem mesmo o Direito". (**)

Em minha experiência de magistério, não digo que tenha sempre logrado unanimidade de compreensão nessa ordem de problemas, mas posso afirmar que mesmo os jovens menos propensos à especulação filosófica acabam tocados pela majestade do Direito e pela dignidade da missão do jurista, e este resultado, que envolve a personalidade moral, não é menos precioso que o referente ao aprimoramento do intelecto.

O melhor caminho para o mestre, que só deposita justificada confiança na espontânea transmissão dos valores, talvez seja apelar para a espiritualidade livre, procurando revelar e não impor formas de vida.

Desejo ainda ponderar, pondo termo a estas considerações que já se alongam, que cuidei necessário fixar alguns problemas fundamentais da Fi-

---

(**) FRANCESCO CARNELUTTI, *Tempo Perso*, Bolonha, 1952, pág. 8.

XXVIII

MIGUEL REALE

losofia, antes de entrar no exame das questões filosófico-jurídicas, não só por lembrar o sacrificado curso de Lógica e de Psicologia de nossos Colégios, como também para atender a uma exigência natural de unidade, sendo a Filosofia do Direito a Filosofia mesma voltada para uma das expressões universais do espírito.

Uma Introdução à Filosofia, com a vivência direta e "intencional" dos problemas jurídico-sociais, apresenta outro centro de interesse para jovens habituados ao trato das leis e da problemática da existência humana, levando-os a compreender como andam errados os que projetam a Filosofia fora da vida, reduzindo-a a esquemas trios, em que se espelham as presunções e as veleidades de uma sabedoria pretensamente livre de problemas e de dúvidas.

Além do mais, não há razão para negar-se autenticidade filosófica a quem se situa no campo de uma Ciência, para daí filosofar. Karl Jaspers chega mesmo a dizer que o melhor filósofo talvez seja o cientista, que firma, por assim dizer, os pés em dado setor da Ciência e, sem jamais perder de vista o concreto, perquire todos os lados da relação com o conhecimento em geral, mantendo-se em mutuação contínua com a realidade, tal como esta se lhe apresenta em sua concreteza. (***)

Por ter dado certo desenvolvimento à Propedêutica Filosófica, ilustrando-a com exemplos da vida jurídica, o Curso pôde tomar, na segunda parte, sem quebra de sua finalidade didática, um cunho mais pronunciadamente pessoal, coisa aliás inevitável em qualquer especulação de caráter crítico. O leitor encontrará, desse modo, uma exposição da Teoria Tridimensional do Direito, que venho desenvolvendo e completando desde 1940, em cotejo com as doutrinas jurídicas fundamentais de nossa época, mas, acima de tudo, com os olhos voltados para a experiência viva e atuante do Direito.

Os dois tomos, que ora confio à mocidade acadêmica, destinam-se à Parte Geral da Filosofia do Direito, esperando não me venham a faltar tempo e entusiasmo para poder levar a termo o plano proposto, com a publicação dos volumes destinados ao estudo especial da Epistemologia, da Deontologia e da Culturologia Jurídicas, aqui apenas esboçadas.

São Paulo, 11 de agosto de 1953.

O Autor

(***) K. Jaspers, *Psicologia delle Visioni del Mondo*, trad. de V. Loriga, Roma, 1950, pág. 12.

PARTE I

Propedêutica Filosófica

AD USUM JURISPRUDENTIAE

Título I

Objeto da Filosofia

Capítulo I

Noção Preliminar de Filosofia — Sua Finalidade

Amor do Saber e Exigência de Universalidade

1. Poderíamos começar este curso apresentando uma longa série de definições de Filosofia ou de Filosofia do Direito lembrando o que disseram, por exemplo, Aristóteles, Kant, Hegel, ou Farias Brito, sobre a matéria. Seria exigir, no entanto, esforço mnemônico desmedido, com pouco ou nenhum resultado. Devemos, ao contrário, procurar atingir o conceito de Filosofia através de demorado e progressivo exame das exigências que suscitaram os problemas historicamente reconhecidos como sendo de ordem filosófica. Só essa compreensão histórica é que poderá ser fecunda; razão pela qual vamos estabelecer, por ora, apenas uma *noção provisória* ligada às próprias raízes etimológicas do termo.

Se nos inspirarmos nas origens do pensamento ocidental verificaremos que a palavra *Filosofia* significa amizade ou amor pela sabedoria. O termo é deveras expressivo. Os primeiros filósofos gregos não concordaram em ser chamados sábios, por terem consciência do muito que ignoravam. Preferiram ser conhecidos como amigos da sabedoria, ou seja — *filósofos.*

A Filosofia reflete no mais alto grau essa paixão da verdade, o amor pela verdade que se quer conhecida sempre com maior perfeição, tendo-se em mira os pressupostos últimos daquilo que se sabe.

Filósofo autêntico, e não o mero expositor de sistemas, é, como o verdadeiro cientista, um pesquisador incansável, que procura sempre

MIGUEL REALE

renovar as perguntas formuladas, no sentido de alcançar respostas que sejam "condições" das demais. A Filosofia começa com um estado de inquietação e de perplexidade, para culminar numa atitude crítica diante do real e da vida.

Aristóteles (384-322 a.c), repetindo ensinamento platônico, dizia que a Filosofia começou com a perplexidade, ou melhor, com a atitude de assombro do homem perante a natureza, em um crescendo de dúvidas, a começar pelas dificuldades mais aparentes[1].

O homem passou a filosofar no momento em que se viu cercado pelo problema e pelo mistério, adquirindo consciência de sua dignidade pensante. Não é preciso, pois, sentir-se tranqüilamente ancorado em algum sistema de Filosofia, nem ser capaz de dizer em que ano escreveu Kant cada um de seus estudos, para se possuir atitude filosófica: esta é própria de quem saiba captar e renovar os problemas universais sobre o cosmos e sobre a vida, procurando satisfazer às exigências atuais, significantes por novos e por velhos problemas situados em diversos ciclos histórico-culturais.

A Filosofia, por ser a expressão mais alta da amizade pela sabedoria, tende a não se contentar com uma resposta, enquanto esta não atinja a essência, a razão última de um dado "campo" de problemas. Há certa verdade, portanto, quando se diz que a Filosofia é a ciência das causas primeiras ou das razões últimas: trata-se, porém, mais de uma inclinação ou *orientação* perene *para* a verdade última, do que a posse *da* verdade plena.

A Filosofia, com efeito, procura sempre resposta a perguntas sucessivas, objetivando atingir, por vias diversas, certas verdades gerais, que põem a necessidade de outras: daí o impulso inelutável e nunca plenamente satisfeito de penetrar, de camada em camada, na órbita da realidade, numa *busca incessante de totalidade de sentido, na qual se situem o homem e o cosmos*. Ora, quando atingimos uma verdade que nos dá a razão de ser de todo um sistema particular de conhecimento, e

---

1. Cf. *Metafísica*, L. 1. Cap. 2.º Podemos dizer, com ÉMILE BRÈHIER, que "a Filosofia começou quando as afirmações da consciência espontânea sobre o homem e sobre o universo se tornaram *problemáticas*", *Études de Philosophie Antique*, Paris, 1955, pág. 12.

FILOSOFIA DO DIREITO

verificamos a impossibilidade de reduzir tal verdade a outras verdades mais simples e subordinantes, segundo certa perspectiva, dizemos que atingimos um *princípio,* ou um *pressuposto.*

Quando se afirma que Filosofia é a ciência dos primeiros princípios, o que se quer dizer é que a Filosofia pretende elaborar uma redução conceitual progressiva, até atingir juízos com os quais se possa legitimar uma série de outros juízos integrados em um sistema de compreensão total. Assim, o sentido de *universalidade* revela-se inseparável da Filosofia.

Vê-se, pois, que a Filosofia representa perene esforço de sondagem nas raízes dos problemas. É uma ciência cujos cultores somente se considerariam satisfeitos se lhes fosse facultado atingir, com *certeza* e *universalidade,* todos os princípios ou razões últimas explicativas da realidade, em uma plena interpretação da experiência humana; mas, nas vicissitudes do tempo, tal paixão pela *verdade* sempre se renova; surgem teorias, sistemas, posições pessoais, perspectivas diversas, em um dinamismo que nos é conatural e próprio, de maneira que a universalidade dos problemas não pode contar com resultados ou soluções todos universalmente válidos. Poder-se-ia dizer, porém, que é em nossa procura total da verdade que se manifesta a verdade total. Parafraseando a reflexão agostiniana de Blaise Pascal, diríamos do filósofo com relação à verdade: "tu não me procurarias, se já não me tivesses encontrado"[2].

Quem passa a estudar Filosofia no plano da História fica, à primeira vista, desapontado, quando não cético, por encontrar um tumultuar de respostas, uma multiplicação de sistemas e de teorias. Surge, então, logo a pergunta: Por que estudar Filosofia, se os filósofos jamais logram se entender? Qual a vantagem ou a utilidade da Filosofia, se os maiores pensadores nunca chegam a concordância sobre pontos fundamentais? Quando se fazem tais perguntas, pensa-se que estão sendo destruídas as veleidades da Filosofia, esquecendo-se de que reside exatamente aí a

---

2. "Console-toi, tu ne me chercherais pas si tu ne m'avais trouvé." *Pensées,* ed. de Victor Giraud, Paris, 1926, *Le Mystère de Jésus,* Aliás, consoante ponderação de N. HARTMANN, quando se formula um problema, algo já se conhece da coisa a que o mesmo se refere. De outro modo seria impossível até mesmo distinguir um problema de outro. Cf. *Ontologia,* I, Fundamentos, trad. de José Gaos, México, 1954, pág. 32. MAX SCHELER e MARTIN HEIDEGGER também se referem aos "esquemas antecipatórios" que possibilitam o conhecimento. *Vide* MIGUEL REALE — *Experiência e Cultura,* São Paulo, 1977, pág. 88.

MIGUEL REALE

grandeza e a dignidade do saber filosófico, sem que resulte comprometida a sua pretensão de ser ciência rigorosa.

A Filosofia não existiria se todos os filósofos culminassem em conclusões uniformes, idênticas. A Filosofia é, ao contrário, uma atividade perene do espírito ditada pelo desejo de renovar-se sempre a universalidade de certos problemas, embora, é claro, as diversas situações de lugar e de tempo possam condicionar a formulação diversa de antigas perguntas: o que distingue, porém, a Filosofia é que as perguntas formuladas por Platão ou Aristóteles, Descartes ou Kant, não perdem a sua atualidade, visto possuírem um significado universal, que ultrapassa os horizontes dos ciclos históricos. A universalidade da Filosofia está de certa forma mais nos problemas do que nas soluções, o que não deve causar estranheza se lembrarmos, com Georg Simmel, que a Filosofia mesma é, por assim dizer, o primeiro de seus problemas, revertendo o seu problematicismo sobre a sua própria essência[3]. A pesquisa das razões últimas das coisas e dos primeiros princípios implica a possibilidade de soluções diversas e de teorias contrastantes, sem que isto signifique o desconhecimento de verdades universais que se imponham ao espírito com a força irrefragável da evidência.

A história da Filosofia tem o grande valor de mostrar que esta não pode se estiolar em um sistema cerrado, onde tudo já esteja pensado, muitas vezes antecipadamente resolvido. Quando um filósofo chega ao ponto de não ter mais dúvidas, passa a ser a história acabada de suas idéias, o que não quer dizer que não gere a Filosofia nos espíritos uma serenidade fecunda, apesar da incessante pesquisa. Como observa Karl Jaspers, "esse modo de *estar em marcha* — o destino do homem no tempo — não exclui a possibilidade de uma profunda paz interior, e até mesmo, em certos instantes supremos, a de uma espécie de plenitude".

---

3. SIMMEL, *Problemas Fundamentales de la Filosofia,* trad. de Fernando Vela, Madri, 1946, págs. 11 e segs. Em sentido análogo pronuncia-se KARL JASPERS; "Toda filosofia define-se a si mesma por sua realização. O que ela seja, não se pode saber senão pela experiência; vê-se, então, que ela é, ao mesmo tempo, a atualização do pensamento vivo e a reflexão sobre esse pensamento, ou a ação e o comentário da ação" — *Introduction à la Philosophie,* trad. de Jeanne Hersch, Paris, 1950, pág. 9. Quanto à impossibilidade de se conceberem os diferentes sistemas filosóficos como tentativas diversas de responder às mesmas e *eternas perguntas, v.* R, G. COLLINGWOOD, *Autobiografia,* trad. de J. Hernández Campos, México, 1953, págs. 65 e segs.

FILOSOFIA DO DIREITO 9

Para não dar senão dois exemplos de filósofos autênticos, lembraríamos duas figuras impressionantes, pertencentes a culturas distintas, e que representam pontos culminantes do pensamento contemporâneo — Benedetto Croce e John Dewey, os quais jamais se deram por satisfeitos com suas pesquisas, apesar de dezenas e dezenas de anos de perseverante estudo, mantendo ambos o mesmo teor de produção científica, até a vigília da morte.

Dewey e Croce são dois padrões da Filosofia que não se cristaliza, nem fica paralisada por ter encontrado resposta para dados problemas. A Filosofia deve ser vista como atividade perene do espírito, como *paixão pela verdade essencial* e, nesse sentido, realiza, em seu mais alto grau e conseqüência, a qualidade inerente a toda ciência: a insatisfação dos resultados e a procura cuidadosa de mais claros fundamentos, sem outra finalidade além da *puramente especulativa*. Isto não significa, porém, que o filósofo não possa ou não deva *empenhar-se* por suas idéias: o que é incompatível com a pesquisa filosófica é a conversão da ação prática e, sobretudo, do empenho político-social, em razão e meta do filosofar[4].

2. Ora, a Filosofia do Direito, esclareça-se desde logo, não é disciplina jurídica, mas é a própria Filosofia enquanto voltada para uma ordem de realidade, que é a "realidade jurídica". Nem mesmo se pode afirmar que seja Filosofia especial, porque é a Filosofia, na sua totalidade, na medida em que se preocupa com algo que possui valor universal, a experiência histórica e social do direito.

O direito é realidade universal. Onde quer que exista o homem, aí existe o direito como expressão de vida e de convivência. É exatamente por ser o direito fenômeno universal que é ele suscetível de indagação filosófica. A Filosofia não pode cuidar senão daquilo que tenha *sentido de universalidade*. Esta a razão pela qual se faz Filosofia da vida, Filosofia do direito, Filosofia da história ou Filosofia da arte. Falar em vida humana é falar também em direito, daí se evidenciando os títulos existenciais de uma Filosofia jurídica. Na Filosofia do Direito deve refletir-se, pois, a mesma necessidade de especulação do problema jurídico em

---

4. Pode-se mesmo dizer que a Filosofia é a sabedoria mais o propósito de torná-la real. Antecipando-se aos tempos modernos, DANTE qualificava-a *"uno amoroso uso di sapienza" (Convívio, III, XI)*.

10　　　　　　　MIGUEL REALE

suas raízes, independentemente de preocupações imediatas de ordem prática.

Enquanto que o jurista constrói a sua ciência partindo de certos pressupostos, que são fornecidos pela lei e pelos códigos, o filósofo do direito converte em problema o que para o jurista vale como resposta ou ponto assente e imperativo. Quando o advogado invoca o texto apropriado da lei, fica relativamente tranqüilo, porque a lei constitui ponto de partida seguro para o seu trabalho profissional; da mesma forma, quando um juiz prolata a sua sentença e a apóia cuidadosamente em textos legais, tem a certeza de estar cumprindo sua missão de ciência e de humanidade, porquanto assenta a sua convicção em pontos ou em cânones que devem ser reconhecidos como obrigatórios. O filósofo do direito, ao contrário, converte tais pontos de partida em problemas, perguntando: Por que o juiz deve apoiar-se na lei? Quais as razões lógicas e morais que levam o juiz a não se revoltar contra a lei, e a não criar solução sua para o caso que está apreciando, uma vez convencido da inutilidade, da inadequação ou da injustiça da lei vigente? Por que a lei obriga? Como obriga? Quais os limites lógicos da obrigatoriedade legal?

A missão da Filosofia do Direito é, portanto, de *crítica da experiência jurídica, no sentido de determinar as suas condições transcendentais,* ou seja, aquelas condições que servem de fundamento à experiência, tornando-a possível. Que é que governa a vida jurídica? Que é que, logicamente, condiciona o trabalho do jurista? Quais as bases da Ciência do Direito e quais os títulos éticos da atividade do legislador? Eis aí exemplos da já apontada preocupação de buscar os pressupostos, as condições últimas, procurando partir de verdades evidentes, ou melhor, evidenciadas no processar-se da experiência histórico-social.

O Problema dos Pressupostos

3. Talvez resida no problema dos pressupostos a principal diferença entre Ciência positiva e Filosofia. Ciência positiva é construção que *parte* sempre de um ou de mais pressupostos particulares; Filosofia é *crítica* de pressupostos, sem partir de pressupostos particulares, visto como as "evidências" se põem, não se pressupõem.

FILOSOFIA DO DIREITO   11

Assim, a Geometria é toda uma construção lógica, que obedece a determinados pontos de partida, a certos pressupostos ou "dados". A Geometria euclidiana, por exemplo, baseia-se no postulado de que "por um ponto tomado fora de uma reta, pode-se fazer passar uma paralela a essa reta e só uma". Por outro lado, a Geometria, que é ciência de todas as espécies possíveis de espaço, como nos diz Kant, não pode definir o que seja "espaço", partindo de uma noção pressuposta, de caráter operacional.

Ora, as Geometrias não-euclidianas não são menos Geometrias do que a que começamos a estudar nos ginásios, embora não admitam o postulado acima enunciado, preferindo afirmar, como Riemann, que "por um ponto tomado fora duma reta não se pode fazer passar nenhuma paralela a esta reta", ou então, como Lobatchewsky: "Por um ponto tomado fora duma reta, pode-se fazer passar uma infinidade de paralelas a esta reta". Trata-se, por conseguinte, de Geometrias igualmente rigorosas, cada qual no sistema de suas referências[5].

Toda ciência depende, portanto, em seu ponto de partida, de certas afirmações, que se aceitam como condição de validade de determinado sistema ou ordem de conhecimentos. E até mesmo quando se pretende abstrair de toda ordem dada, a fim de que a "indagação" ou a "pesquisa" possa determinar as verdades de maneira livre e autônoma, ainda assim se pressupõe a validade da pesquisa experimental como produtora ou reveladora de "assertivas garantidas" *(warranted assertibility)* para empregarmos expressões características de John Dewey em sua *Lógica*[6].

A Filosofia é, assim, um conhecimento que converte em problema os pressupostos das ciências, como, por exemplo, o "espaço", objeto da Geometria. É, portanto, sempre de natureza crítica. Uma Filosofia que não seja *crítica* é, a nosso ver, inautêntica: é sempre perquirição de raí-

---

5. "Toda Geometria", escreve ERNST CASSIRER, lembrando ensinamentos de KLEIN, "pressupõe, com efeito, a forma geral do espaço, a forma da 'possível coexistência'. Quanto a isto, em nada se distinguem umas Geometrias de outras (...). As distintas Geometrias não se encontram isoladas e desconexas entre si, mas se desenvolvem umas com base nas outras, e este desenvolvimento é o fruto de um pensamento rigorosamente determinado." (Cf. CASSIRER, *El Problema del Conocimiento,* México, trad. esp. de W. ROCES, 1948, pág. 57).

6. Cf. JOHN DEWEY, *Logica, Teoria dell'Indagine,* trad. it. 1949, caps. IV e V.

12   MIGUEL REALE

zes ou indagação de pressupostos, sem partir de pressupostos particulares, mas de evidências universalmente válidas [7].

Eis aí uma noção geral do que entendemos por Filosofia, como estudo das condições últimas, dos primeiros princípios que governam a realidade natural e o mundo moral, ou *compreensão crítico-sistemática do universo e da vida.*

Entender-se-ão melhor tais palavras quando da apreciação de algumas doutrinas fundamentais, principalmente ao tratarmos do problema das relações entre Filosofia e Ciência, objeto de um dos próximos capítulos.

Que representa a Filosofia perante a Ciência? Qual a relação entre a Filosofia e as chamadas ciências positivas ou físico-matemáticas? A Filosofia é uma ciência da mesma natureza das ciências naturais, como a Física, a Química, a Astronomia, a Biologia ou, ao contrário, é ciência de ordem diversa, distinta das outras em sua essência e em seus métodos?

Não desejamos, no entanto, concluir este primeiro contacto com a indagação filosófica sem, preliminarmente, esclarecer que o termo *ciência* pode ser tomado em duas acepções distintas. A Filosofia será, por certo, *ciência,* se dermos a esta palavra o significado lato de "sistema de conhecimentos metodicamente adquiridos e integrados em uma unidade coerente". A discriminação mais ou menos rigorosa entre Filosofia e Ciência surge quando se atribui ao segundo termo um sentido estrito como "sistema de conhecimentos metodicamente adquiridos e de validade universal, pela verificação objetiva, inclusive experimental, da certeza de seus dados e resultados", conforme será melhor esclarecido oportunamente[8]. Cumpre, aliás, observar que, de conformidade com a

---

7. Não é possível pretender que a Filosofia seja, radicalmente, um saber sem pressupostos, ou, mais genericamente, sem verdades iniciais condicionadoras da especulação pura. O próprio SIMMEL, filósofo da problematicidade, reconhece como "suposto prévio comum de todo filosofar em geral" a *potência psíquica de totalização,* ou seja, o poder de "criar uma totalidade objetiva com os fragmentos da objetividade" *(op. cit.,* pág. 17). Pensar sem supostos prévios é, sob certo prisma, mais uma exigência deontológica do que lógica, no plano da Filosofia, como pensar *em função do homem, em sita universalidade,* e não em função de um de seus aspectos particulares e contingentes.

8. Cf. LALANDE, *Vocabulaire Téchnique el Critique de la Philosophie,* Paris, 1932, 4ª. ed., vol. II, págs. 735 e segs.

FILOSOFIA DO DIREITO

Teoria do Conhecimento contemporânea, a certeza das ciências é sempre provisória, sujeita a sucessivas verificações, a tal ponto que já se disse ser próprio das asserções científicas a sua refutabilidade, realçando-se o seu viés conjetural.

Em conclusão, a Filosofia, entendida como "ciência" na primeira das acepções acima recordadas, tem por objeto indagar dos pressupostos ou condições de possibilidade de todas as ciências particulares, as quais estão sempre sujeitas a novos "testes" e verificações.

Não é demais acrescentar que, a nosso ver, a investigação filosófica pressupõe pelo menos uma verdade — admitida à vista das verdades das ciências —, e é *a capacidade sintetizadora do espírito,* pela qual o homem se distingue dos outros animais, aos quais não é dado superar, integrando-os numa unidade conceitual nova e concreta, os elementos particulares e multíplices da experiência[9].

---

9. Sobre essa capacidade que denominamos *nomotética,* v. nosso livro *Experiência e Cultura,* cit. Em livro posterior, *Verdade e Conjetura,* pensamos ter demonstrado o papel que esta desempenha em todos os domínios das ciências e também na Filosofia.

Capítulo II

O Positivismo e a Redução da Filosofia a uma Enciclopédia das Ciências — O Neopositivismo

"Philosophia, Ancilla Scientiarum"

4. Na determinação da natureza do saber filosófico, é preferível começar pela resposta mais simples e acessível. Vamos iniciar o estudo dessa matéria, apreciando, embora rapidamente, a posição do *positivismo*.

Já se deve saber, pelo menos de maneira geral, o que se entende por positivismo. De qualquer forma, não será demais acrescentar algo sobre essa grande corrente de pensamento que exerceu e ainda exerce inegável influência no Brasil, especialmente através das obras do mais conhecido filósofo francês do século passado, Augusto Comte, cuja "lei dos três estados" é invocada como sendo a pedra angular de seu sistema, que atribui, com efeito, à humanidade três estádios históricos sucessivos fundamentais, o *teológico,* o *metafísico* e o *positivo.*

Augusto Comte (1793-1857), o pensador europeu que no século XIX mais influiu na história cultural e política brasileira, era um homem de formação matemática, animado do propósito de dar à Filosofia uma certeza igual àquela que, a seu ver, seria própria das ciências físico-matemáticas. Para Comte, a Filosofia só é digna desse nome enquanto não se diversifica da própria Ciência, marcando uma visão orgânica da

FILOSOFIA DO DIREITO

natureza e da sociedade, fundada nos resultados de um saber constituído objetivamente à luz dos *fatos* ou das suas relações. Tal posição e tendência de Augusto Comte, baseando o saber filosófico sobre o alicerce das ciências positivas, estavam destinadas a obter repercussão muito grande em sua época, notadamente por sua declarada aversão à Metafísica e a quaisquer formas de conhecimento *a priori,* isto é, não resultantes da experiência.

A publicação do *Curso de Filosofia Positiva* de Augusto Comte (1830-1842) marca, sem dúvida, um momento relevante na história do pensamento europeu e americano, possuindo ainda entre nós continuadores entusiastas, sem falar no neopositivismo contemporâneo, que invoca, porém, outras fontes inspiradoras, apesar de coincidir com a Filosofia positiva em vários pontos essenciais.

Não podemos, logo no início do curso, mostrar a diferença entre o positivismo de Augusto Comte e suas ramificações na última centúria. Limitamo-nos a dizer que em todas essas correntes o que existe como constante é a idéia de que a Filosofia é algo de inseparável do saber empírico e positivo, uma forma ou momento das próprias ciências, quando não as ciências em sua visão unitária.

Para Herbert Spencer, cuja teoria evolucionista é uma derivação do positivismo, a Ciência se distingue da Filosofia apenas por uma questão de grau. Ficou muito conhecida a afirmação spenceriana, contida em seu livro *First Principles* (1862), de que a Ciência é o saber *particularmente* unificado, enquanto que a Filosofia é o saber *totalmente* unificado.

Entre Ciência e Filosofia não haveria, portanto, uma diferença de essência ou de qualidade, mas, tão-somente, uma diferença de grau ou de generalidade. O físico ou o químico elaboram, apreciam um aspecto particular da realidade ou de algo; o mesmo fazem o biólogo, o astrônomo ou o matemático. Cada qual tem seu campo de pesquisa e unifica e delimita os resultados de suas indagações. A Ciência é, portanto, um saber parcial unificado, referente a um aspecto abstraído de outros aspectos possíveis, como condição de observação e análise, nunca deixando de ser observação de *fatos e de relações entre fatos.*

A Filosofia viria depois, como Enciclopédia das ciências de sistematização das concepções científicas. Terminada a tarefa de cada cientista no seu campo particular, ao filósofo caberia realizar a síntese ou o

16 MIGUEL REALE

compêndio dos resultados. Surgiu mesmo a afirmação de que a Filosofia não devia ser vista senão como uma "Enciclopédia" *(en, kuklos, paideia)*, o que quer dizer conhecimento cíclico, total, das coisas. Assim sendo, se cada cientista trabalha no seu setor, ignorando muitas vezes a tarefa e o êxito dos outros, é necessário, depois, que todos os resultados se componham e se integrem em uma unidade de caráter provisório, sempre sujeita às revisões resultantes do progresso científico.

O da Filosofia seria, desse modo, um trabalho de composição unitária das pesquisas de cada um e de todos os cientistas; tal esforço fundamental de unificação dos resultados das pesquisas particulares, basear-se-ia, de um ponto de vista estático, sobre a hierarquia das ciências, a unidade do método e a homogeneidade do saber, e, do ponto de vista dinâmico, na convergência progressiva de todas as ciências no sentido da *Sociologia,* ciência final e universal[1].

Qual a vantagem ou missão da Filosofia? Realizar esta síntese, para propiciar a cada cientista abertura de novas perspectivas, e a todos uma compreensão total, mas *positiva* do universo. A visão total e unitária dos conhecimentos científicos teria a vantagem de despertar em cada campo particular de pesquisa a possibilidade de aspectos até então obscuros e despercebidos. A Filosofia seria, de certa maneira, uma ancila das ciências, uma resultante das ciências na unidade do saber positivo, oferecendo diretrizes seguras para a reforma e o governo da sociedade.

O positivismo contrapõe-se, sob certo prisma, a uma outra concepção, também de subordinação da Filosofia, dominante no período medieval. Na Idade Média, a Filosofia apresenta, com efeito, certo caráter instrumental análogo, no sentido de servir a algo. A Filosofia é uma serva da Teologia, uma "ancilla Theologiae". Vale, desde que não carreie elementos contra uma visão teocêntrica da vida e a compreensão do homem segundo verdades reveladas. É uma forma de saber que, *em suas conclusões,* permanece subordinada à Teologia, cujas verdades não pode contrariar. Não que o pensador medieval desprezasse a experiência e os ditames da razão, limitando-se a desenvolver conseqüências a partir de verdades assentes ou predeterminadas por força de autoridade divina ou

---

1. Cf. L. LÉVY-BRÜHL, *La Philosophie d'Auguste Comte,* 4ª ed., Paris, 1921, pág. 141. Cf., *infra,* § 44.

FILOSOFIA DO DIREITO

humana. O problema é outro: na especulação medieval os pontos de partida podiam ser estritamente filosóficos, como podia ser filosófica a orientação da pesquisa, havendo exemplos admiráveis de apego à experiência, mas a indagação prevalecia até e enquanto suas ilações não contrariassem certos enunciados reconhecidos como de valor transcendente. Desse modo, a Teologia funcionava como *limite negativo* último, balizando o trabalho especulativo puro[2].

Na visão positivista opera-se uma inversão: a Filosofia é também algo posto a serviço de algo, não mais um conhecimento subordinado à Teologia, ou que encontre nesta um "limite negativo", mas, a serviço da própria Ciência, cujos resultados deve unificar e completar, e de cujas conclusões deve partir.

Na concepção positivista da Filosofia como sendo a própria Ciência em sua explicação unitária — a Filosofia deixa praticamente de desempenhar uma função criadora autônoma. A Filosofia não cria, nem inova, porque seu trabalho fica na dependência do trabalho alheio. "A Filosofia caminha pelos pés da Ciência", afirma um discípulo de Augusto Comte. À medida que a Ciência descobre verdades, a Filosofia se enriquece. Quer dizer que ela não teria função própria na busca da verdade, resolvendo-se a sua função em um apêndice do trabalho do cientista, para descobrir os nexos de harmonia entre os resultados, formulando-se um "compêndio de resultados": destarte, o filósofo seria um *"especialista de generalidades"*.

---

2. É essa, aliás, a atitude ainda dominante na Escolástica, tal como explicitamente se enuncia no conhecido *Traité Élémentaire de Philosophie,* de Mercier de Wulf e Nys, Louvain, 1911, t. I, págs. 33 e segs.: "É missão da Igreja anunciar ao mundo a verdade revelada. Sendo essa a sua missão, não admite que se atente contra o ensinamento divino. Ela respeita a liberdade da Ciência e da Filosofia, até e enquanto os cientistas e os filósofos não se ponham em oposição às verdades que ela sabe reveladas por Deus e, por conseguinte, indubitavelmente verdadeiras". (...) "A doutrina revelada não é para o filósofo e para o cientista um motivo de adesão, uma parte direta de conhecimentos, mas uma salvaguarda, uma *norma negativa.*" No mesmo sentido se expressa Jacques Maritain: "A Teologia ou ciência de Deus, enquanto se deu a conhecer a nós pela revelação, está acima da Filosofia. A Filosofia lhe é submetida não em seus princípios, nem em seu desenvolvimento, mas em suas conclusões (*sic*), sobre as quais a Teologia exerce controle, constituindo assim regra negativa para a Filosofia". (*Introdução Geral à Filosofia,* trad. bras., Rio, 1948, pág. 88.)

18   MIGUEL REALE

Houve várias formalidades dessa teoria. Umas mais brandas, outras menos rígidas, mas em toda a evolução positivista até nossos dias prepondera a idéia central de que a Filosofia é a expressão da própria Ciência, confundindo-se essencialmente com ela.

Os Neopositivistas

5. Para o neopositivismo contemporâneo, para o chamado Círculo de Viena, assim como para a Escola Analítica de Cambridge e todas as suas derivações, a Filosofia não é senão uma teoria metodológico-lingüística das ciências, uma análise rigorosa da significação dos enunciados das ciências e de sua verificabilidade, visando, segundo alguns, a purificá-las de "pseudoproblemas". Daí a importância absorvente que na corrente neopositivista assume a Lógica matemática ou a Lógica simbólica, ou, de maneira mais geral, a Nova Lógica. Todavia, a Nova Lógica possui validade objetiva e independe de correntes filosóficas, não representando senão o ponto extremo de uma exigência de "formalização" já ínsita no desenvolvimento da Lógica clássica.

Sem confundir, pois, o campo da Logística com o do neopositivismo, podemos dizer que, nesta corrente, a Filosofia consistiria em esclarecer e precisar os meios de expressão do conhecimento científico, para apurá-lo, ou melhor, depurá-lo de equívocos e pseudoverdades. Lembremse, a propósito, estes aforismos de Ludwig Wittgenstein em seu *Tractatus Logico-Philosophicus:* "O objeto da Filosofia é a clarificação lógica dos pensamentos. A Filosofia não é uma teoria, mas uma atividade. Um trabalho filosófico consiste essencialmente de elucidações. O resultado da Filosofia não são 'proposições filosóficas', mas é tornar claras as proposições"[3].

---

3.   L. WITTGENSTEIN, *Tractatus Logico-Philosophicus,* Londres, 5ª ed., 1951, pág. 77. Sobre o positivismo lógico em geral, v. a seleção de ensaios organizada por HEBERT FEIGL e WILFRIED SELLARS, *Readings in Philosophical Analysis,* Nova Iorque, 1949; RICHARD VON MISES, *Positivism, a Study in Human Understanding,* Cambridge, 1951; HANS REICHENBACH, *The Rise of Scientific Philosophy,* Berkeley e Los Angeles, 3ª ed., 1956; JULIUS R. WEINBERG, *Introduzione al Positivismo Logico,* trad. de L. Geymonat, 1950; A. J. AYER, *Language, Truth and Logic,* Londres, 1936. Para mais recente bibliografia, v. nosso livro *Experiência e Cultura,* cit.

FILOSOFIA DO DIREITO

A Filosofia não teria de fazer indagações sobre o ser, pondo ou alimentando problemas metafísicos, dos quais não é possível dizer que sejam verdadeiros, nem falsos, mas apenas destituídos de sentido. A Metafísica é expressão que não tem significado aos olhos do neopositivismo. O problema ético mesmo é algo que desborda do campo específico da pesquisa, científica, porquanto depende de cada indivíduo, de seus pendores e inclinações, de emoções variáveis e imprevisíveis, sem garantia de *verificabilidade*.

Segundo o ponto de vista, por exemplo, de Hans Reichenbach, é impossível falar-se em "verdade moral", porque a verdade é apenas atributo dos enunciados lógicos, e não de uma diretiva do comportamento humano. Uma diretiva não pode ser classificada como "verdadeira" ou "falsa", porquanto estes predicados só se aplicam a enunciados, ou seja, a proposições, as quais podem ser ou sintéticas ou analíticas. Para explicar melhor a posição dos neopositivistas torna-se necessário abrir aqui um parêntesis sobre as possíveis espécies de juízos[4].

Dizem-se *analíticos* os juízos que são puramente formais: o predicado de tais juízos nada acrescenta ao sujeito; apenas torna explícito ou desenvolve rigorosamente o que no sujeito já se contém. Assim, se digo: "o todo é maior que a parte", estou predicando do "todo" o que evidentemente está implícito em seu conceito, sem necessidade de recorrer, para tanto, a qualquer dado da experiência.

Os juízos *sintéticos,* ao contrário, são fundados na experiência, e como tais são *a posteriori:* o que seu predicado expressa não está contido no conceito do sujeito, mas representa algo que se acrescenta ao sujeito por via empírica. Se digo: "Esta gramática é de língua portuguesa", afirmo algo que não se contém no simples conceito de gramática, que podia ser de francês, de alemão etc.: a asserção só pode resultar da experiência.

Ora, segundo os neopositivistas os juízos analíticos são todos *tautológicos* (daí o seu rigor formal), enquanto que os sintéticos são todos necessariamente empíricos. Como veremos, na Filosofia de Kant põe-se uma pergunta essencial sobre a possibilidade de uma terceira espécie de

---

4. Sobre o que se deve entender por juízo, v., *infra*, § 18, págs. 58 e segs. Quanto às espécies de juízo, v. § 36-A, págs. 104 e segs.

20 MIGUEL REALE

juízos: os "juízos sintéticos *a priori*", entre os quais figuram os da Matemática.

Declaram os neopositivistas que as proposições sintéticas nos informam sobre questões de fato, enquanto que as analíticas, como as da Lógica e da Matemática, são vazias, destituídas de conteúdo, quando não meras "fórmulas lógico-lingüísticas": a Ciência, por isso, nos diz o que *é*, e não o que *deveria ser*. Desse modo, não se pode conceber a Moral como um sistema de conhecimentos ou de certezas, mas sim como uma provisão ou estoque de *diretrizes* ou *imperativos,* variáveis no tempo e no espaço, imperativos que, lingüisticamente, não são mais que expressões de decisões volitivas de origem social: "A fricção das volições entre si é a força motriz de todo o desenvolvimento ético. Poderemos, conclui Reichenbach, admitir que a força desempenha um papel eminente nas transformações da hierarquia dos valores morais, se a definirmos por qualquer das formas de sucesso na afirmação da vontade própria perante a das demais pessoas"[5].

Não é diversa a opinião de Carnap, sintetizando, de certa forma, a dos "empiristas lógicos" em geral: "As afirmações hipotéticas da Metafísica, da Filosofia dos valores, da Ética — quando seja esta tratada como disciplina normativa, e não como uma pesquisa psicossociológica de fatos —, constituem pseudo-afirmações; elas não possuem conteúdo lógico, sendo apenas expressões de natureza emocional que, por sua vez, estimulam emoções e movimentos volitivos naqueles a que se destinam"[6].

Perante o positivismo de inspiração comteana, revelam os adeptos do neopositivismo, ou empirismo lógico, um cuidado maior na determinação das condições formais da investigação científica, baseados sobretudo no princípio de *convencionalidade de seus pressupostos* e no de *verificabilidade.*

Partindo da distinção radical entre proposições verificáveis (e como tais *dotadas de sentido)* e proposições inverificáveis (e como tais *destituídas de sentido)* acabam, no entanto, excluindo sumariamente da Filosofia problemas que lhe são essenciais, ficando tudo subordinado aos

---

5. Hans Reichenbach, *op. cit.,* págs. 276 e segs.
6. RUDOLF CARNAP, *The Logical Syntax of Language,* Londres, 1937, pág. 278.

FILOSOFIA DO DIREITO   21

horizontes do conhecimento científico-positivo. Daí resultarem afastados do domínio científico ou filosófico, na maioria desses autores, não só a Metafísica e a axiologia, como também a Moral e o Direito, tal como teremos a oportunidade de examinar no decurso deste livro[7].

É curioso observar que alguns marxistas chegam a conclusões semelhantes à dos neopositivistas, como é o caso de Althusser, para quem a Filosofia se reduz às leis do pensamento, "como podem ser inferidas da história das ciências"[8].

Fazendo abstração de diferenças particulares, mister é reconhecer em todas as formas de positivismo uma idéia central no sentido de subordinar a Filosofia às necessidades ou às coordenadas do saber científico positivo, concebendo-a como *Metodologia da Ciência,* ou *Teoria das Ciências.* No fundo, o que dita a atitude positivista é o prisma histórico com que pode ser focado o problema, no sentido de um *saber filosófico inicial* que, no decorrer das Idades, ter-se-ia desmembrado em ciências particulares (a Matemática, a Astronomia, a Física, a Química, a Sociologia, a Política, a Economia, o Direito etc.), sem deixar resíduos, ou deixando apenas a missão residual de uma composição de resultados em uma visão unitária (aspiração do positivismo clássico), ou a verificação das significações com o rigor técnico expressional só peculiar às ciências mesmas (propósito dos neopositivistas).

Em primeiro lugar, é discutível que os fatos se tenham passado segundo a explicação corrente de desintegrações progressivas, operadas em um saber *inicialmente* tido como de natureza filosófica. Se, de início, cuidavam os sábios e os filósofos, ao mesmo tempo e indistintamente, de problemas relativos a fenômenos que hoje as ciências da natureza ou as ciências do espírito consideram de seu âmbito respectivo, não é dito que a *unidade amorfa e indiferençada* do saber fosse de natureza filosófica, de uma Filosofia destinada a desaparecer à medida que fosse gerando, em seu seio, os filhos emancipados e rebeldes.

---

7. Sobre a repercussão do neopositivismo no campo do Direito, v. Virgilio Giorgianni, *Neopositivismo e Scienza del Diritto,* Roma, 1956; luigi caiani, *I Giudizi di Valore nell'Interpretazione Giuridica,* Pádua, 1954, págs. 100 e segs.; e Miguel Reale. *O Direito como Experiência,* São Paulo, 1968, págs. 98 e segs.

8. Althusser-Louis — *Lénine et la Philosophie,* Paris, 1969, pág. 47.

Mesmo, porém, que não padecesse dúvida a história dos desmembramentos sucessivos da Filosofia, como *mathesis* de todos os conhecimentos positivos, ainda assim restaria indagar da existência ou não de *algo* não resolvido pelo processo da cientificação do saber.

Será exato dizer que a filosofia é apenas *Metodologia* das ciências, a *Linguagem* das ciências, ou a *Enciclopédia* das ciências? A nosso ver, tais afirmações não oferecem possibilidade de resposta a uma objeção fundamental, que é a seguinte; admitido que a Filosofia tenha a função de apreciar os resultados das ciências, de ser "a crítica da linguagem científica", caberá saber com que *critério* ou medida se vão cotejar os resultados das pesquisas realizadas nos diversos domínios do saber. Pode a Ciência mesma oferecer os critérios de sua validade? É o que passaremos a averiguar.

Capítulo III

Autonomia da Filosofia — Seus Máximos Problemas

Perguntas Prévias

6. À primeira vista, parece acertado dizer-se que a missão da Filosofia seja receber os resultados das ciências e coordená-los em uma unidade nova. Mas, tudo isso envolve estas perguntas: — Com que critério se fará a síntese? Será essa síntese possível, ou necessária? Graças a que faculdade sintetizadora? Em que limites e com quais condições?

Se nos propomos resumir resultados, devemos fazê-lo segundo certo prisma, ou, por outras palavras, segundo um *valor*. Quem nos dá o critério de valor para cotejar, para excluir e resumir resultados? Qual será a norma para a estimativa da unidade? Quem nos assegura que nos resultados das ciências já esteja imanente a unidade que se busca? Será essa unidade possível?

Sem um critério seletivo, não faríamos outra coisa senão repetir o que a Ciência já disse, ou, quando muito, elaboraríamos um índice das ciências, mas não verdadeira Filosofia. Se podemos confrontar explicações parciais para atingirmos uma compreensão total, é porque possuímos a capacidade de considerá-las, não abstratas ou abstraídas do processo espiritual, como dados postos fora de nós, mas sim referidas à força una e integrante do espírito. A visão total da Ciência implicaria uma estimativa, um critério de valor, para selecionar ou coordenar os resultados.

24 MIGUEL REALE

Então, a Filosofia não é mais soma, nem mero resumo das ciências, segundo um "ponto de vista de conjunto", mas é *crítica das ciências.*

Para reunir resultados e harmonizá-los, em primeiro lugar devemos passá-los pelo crivo de nossa crítica. Se admitirmos que a Filosofia deva ser uma visão unitária das ciências, força é convir que, em tal caso, já não existiria simples diferença quantitativa ou de grau, porém, uma essencial diferença qualitativa entre o saber do cientista como tal e o do filósofo, graças à força sintética do espírito, que, de certa forma, se encontra ou se descobre a si mesmo na compreensão unitária dos bens de cultura[1].

Poder-se-ia pensar em distinguir Filosofia e ciência segundo os nexos que ambas têm em vista, dizendo-se que a ciência *explica* os fatos segundo seus enlaces causais, "explica" no sentido de que "estende", "desenvolve", torna "explícitos" os elementos implícitos que observa, determinando relações constantes de coexistência e de sucessão. Na realidade, porém, há ciências, como as *culturais,* que também não se limitam a explicar, e só se realizam graças à *compreensão,* o que quer dizer, em virtude de subordinar os fatos a elementos teleológicos, apreciando-os em suas *conexões de sentido.* O que se dá com a Filosofia é que esta representa uma *compreensão total:* não ordena os fatos e os compreende segundo este ou aquele setor de fins, mas em sua referibilidade axiológica total, segundo critérios unitários, atendendo à unidade do sujeito e à unidade da "situação do sujeito", em uma totalidade de conexões de sentido. É próprio, pois, da Filosofia este "saber de compreensão total" mercê do qual a realidade é situada em uma cosmovisão fundamental.

A distinção, ora lembrada, entre "explicação" e "compreensão", é fundamental, a nosso ver, para a Filosofia e as ciências sociais, de maneira que dela cuidaremos em lugar oportuno.

---

1. Cabe aqui a lembrança das palavras de um pensador pátrio, GONÇALVES DE MAGALHÃES: "Como todas as Ciências empíricas e matemáticas se reduzem nas suas especialidades a reconhecer separadamente os fatos, as relações e leis das coisas entre si, independentemente da causa necessária, e do espírito que as percebe, não haveria Filosofia se o espírito estivesse na impossibilidade de conhecer o que são as coisas em relação a ele que as percebe e à causa real que as produz". *(Fatos do Espírito Humano,* Paris, 1858, pág. 29.) GONÇALVES DE MAGALHÃES permaneceu, no entanto, em um psicologismo vago, sem penetrar no sentido sintetizante ou integralizador do *ato* espiritual, como fonte constitutiva de valores e matriz de todo conhecimento. Para mais apropriado estudo da faculdade sintetizadora e simbolizante do espírito, *vide* nosso livro *Experiência e Cultura,* cit., págs. 43 e segs., e *passim.*

FILOSOFIA DO DIREITO

7. Dissemos que o positivismo, não obstante as várias modificações que apresenta, distingue-se por conceber a Filosofia como algo de essencialmente ligado ao problema da ciência positiva, com a qual, praticamente, se confundiria. A corrente positivista, em nossos dias, adquire, como vimos, uma expressão diversa, sob a forma do neopositivismo que se conserva fiel à tese de subordinação da Filosofia às ciências físico-matemáticas ou empírico-formais, embora já não pense em transformar a Filosofia em uma Enciclopédia das ciências, ou estas em Filosofia.

A bem ver, um dos propósitos da Filosofia não é alcançar uma "síntese das ciências", talvez irrealizável, mas sim uma concepção unitária da ciência, o que já foi afirmado por Aristóteles e é da tradição dos estudos, assistindo, porém, razão a Husserl quando observa que essa tarefa só é possível superando-se a concepção acanhada e fragmentária que os positivistas têm da realidade.

A falha do positivismo começa quando pensa atingir a síntese científica aceitando os resultados das ciências como ponto de partida. Além da necessidade já assentada de um critério de valor para ordenar as explicações parciais do real, acresce que os resultados mesmos são suscetíveis de dúvida, pondo o problema de sua validade intrínseca. Todos os resultados que a Ciência nos oferece serão *sempre válidos?* Quantas e quantas vezes a Ciência não nos apresenta conclusões provisórias, precárias e, até mesmo, precipitadas!

A Filosofia, para ser fiel às conquistas do saber científico, deve ser, antes de mais nada, uma crítica da própria ciência, das condições de sua certeza. Se pretendemos integrar em unidade as diferentes formas de conhecimento, essa integração pressupõe critérios de apreciação e de estimativa, e, mais precisamente, uma indagação sobre a validez universal das ciências e de seus pressupostos lógicos.

Donde se deve concluir que a especulação filosófica é sempre de natureza crítica, visando a atingir o valor essencial sobre aquilo que se enuncia sobre os homens e as coisas, e dos atos. Assim sendo, implica, segundo certo prisma, uma consideração de natureza *axiológica,* o que quer dizer, uma *teoria do valor,* a começar pelo problema da validade do conhecimento em geral.

MIGUEL REALE

Quando filosofamos, estamos sempre indagando do valor de algo. Poderíamos mesmo dizer que a Filosofia tem como problema central o problema do valor[2].

Esta afirmação cresce de ponto em face da pretensão fundamental dos neopositivistas de que "a significação de qualquer enunciado está na dependência de sua verificação mediante dados de fato". Como foi notado no seio da própria doutrina do positivismo lógico, essa exigência de verificação empírica é insuscetível de verificação empírica... Até agora não se logrou verificar experimentalmente a verdade do princípio segundo o qual só são verdadeiras as proposições analíticas ou as experimentalmente verificáveis. Se é assim, devemos concluir que há algo cuja *validade é* suposta antes da indagação ou da pesquisa científica como condição da validade do processo experimental: certo critério axiológico está sempre implícito na investigação científica, delimitando o campo de seus resultados.

Teoria do Conhecimento: Lógica e Ontognoseologia

8. Do exposto já decorre que um dos problemas fundamentais da Filosofia consiste na indagação do valor do pensamento mesmo e do *valor do verdadeiro.* É óbvio que, se existem as ciências, é porque é possível conhecer. Se existem a Matemática, a Física, a Biologia etc., é porque o homem tem uma conformação tal que lhe é dado conhecer a realidade com certa margem de segurança e objetividade, demonstrando o poder — inerente ao espírito — de libertar-se do particular e do contingente, graças às sínteses que realiza.

Ora, o valor do conhecimento pode e deve ser apreciado em dois planos distintos: o *transcendental* e o *empírico-posítivo,* este condicionado por aquele. As condições primordiais do conhecimento são objeto da parte da *Teoria do Conhecimento* que denominamos *Ontognoseologia,* por motivos que logo mais aduziremos, dada a correlação essencial que *a priori* se põe, em sua universalidade, entre o *sujeito* que conhece e o *objeto* do conhecimento em geral.

---

2. Nesse sentido, v. MIGUEL REALE, *Pluralismo e Liberdade,* São Paulo, 1963, págs. 31 e segs. e *Experiência e Cultura,* cit., sobretudo no capítulo VII intitulado "Valor e experiência", págs. 171 e segs.

FILOSOFIA DO DIREITO

27

Essas condições *a priori* do conhecimento constituem a base dos estudos lógicos positivos, isto é, das pesquisas relativas à validade formal das proposições, abstração feita das coisas mencionadas *(Lógica formal* ou *analítica)* assim como das relações que se estabelecem entre o sujeito cognoscente e o objeto cognoscível, no plano empírico-positivo, constituindo o processo de explicação e compreensão das distintas esferas da realidade *(Lógica concreta ou Metodologia).*

Poderíamos dar à *Teoria do Conhecimento* a denominação de *Lógica,* empregando este termo em sua acepção lata, de modo a abranger a *Lógica transcendental* (Ontognoseologia) e a *Lógica positiva.* Preferimos, porém, designar com a palavra *Lógica* tão-somente os dois tipos de investigação *supra* mencionados.

Como já foi dito, cumpre lembrar que o conhecimento deve ser focalizado segundo dois planos distintos, o transcendental e o empírico-positivo, visto como, antes de indagar das formas lógicas ou estruturais do pensamento, ou da validade das proposições, é necessário pesquisar as condições lógico-transcendentais, isto é, os pressupostos do ato mesmo de conhecer. Donde se deve concluir que a Ontognoseologia é a ciência *transcendental* do conhecimento, enquanto que a Lógica é a ciência *positiva* dos signos, das formas e do processo do conhecimento.

A *Teoria do Conhecimento* pode, assim, ser concebida como a doutrina das condições transcendentais e empírico-positivas do conhecimento, de conformidade com o seguinte esquema:

Teoria geral das condições lógicas do conhecimento	*Condições subjetivo-objetivas transcen-dentais*	*Em geral:* ONTOGNO-SEOLOGIA	*a parte subjecti* – GNOSEO-LOGIA *(Condições subjetivas*
			a parte objecti – ONTOLO-GIA *(Condições objetivas)*
		Em particular - EPISTEMOLOGIA	
	Condições subjetivo-objetivas positivas	a) *Condições formais* – LÓGICA E FORMAL OU ANALÍTICA	
		b) *Condições funcionais* – LÓGICA CONCRETA OU METODOLOGIA	

A *Lógica formal é*, consoante se vê, o estudo das estruturas formais do conhecimento, ou do "pensamento sem conteúdo", isto é, dos signos e formas expressionais do pensamento, em sua conseqüencialidade essencial. No campo da Lógica formal, o que importa é a conseqüência rigorosa das proposições entre si, e não a adequação de seus enunciados com os objetos a que se referem. Daí a íntima vinculação existente entre a Matemática e a Lógica, posta em evidência sobretudo na Filosofia contemporânea, que também correlaciona a Lógica com a teoria da linguagem. Embora a Lógica formal tenha se constituído a partir da experiência, efetivamente a transcende, não se referindo, no nosso modo de ver, a objetos particulares mutáveis, e sim ao *objeto* ou à *objetividade* em geral, o que explica o caráter rigoroso de suas estruturas ideais. Quer se esvazie, porém, o pensamento lógico de todo e qualquer conteúdo, quer se aceite uma referibilidade lógica universal a objetos indeterminados possíveis, ou mesmo se afirme que as formas lógicas são sempre "formas de uma matéria", o certo é que o problema central da inquirição lógica não é a *funcionalidade do pensamento em relação ao real ou aos objetos* mas as proposições mesmas no rigor de sua conseqüencialidade intrínseca, abstração feita do ato de pensar como tal[3].

Já a *Metodologia,* às vezes impropriamente denominada Lógica aplicada — mas que poderia ser considerada Lógica material —, tem por objeto o estudo dos diversos processos que devem disciplinar a pesquisa do real, de acordo com as peculiaridades de cada campo de indagação. Assim é que se discriminam os métodos da Matemática, da Física, da História, da Sociologia, do Direito etc., como é o caso do *método dialético,* que desde já lembramos por sua fundamental importância nos domínios das ciências humanas. Cabe observar, todavia, que a *Dialética* não se reduz aos distintos *métodos dialéticos* de possível aplicação nos domínios da Física ou das ciências sociais; o pensamento é, em si mesmo, *dialético,* isto é, desenvolve-se dinamicamente atingindo estágios ou momentos que são, progressivamente, objeto de pesquisas de ordem analítica. Como penso ter demonstrado em nosso livro *Experiência e Cultura,* a *"razão analítica"* e *"razão dialética"* se coimplicam, tanto no plano transcendental como no plano empírico.

---

3. Para maiores esclarecimentos sobre a posição da Lógica formal, v. MIGUEL REALE, *O Direito como Experiência,* cit., págs. 65/75 e *Experiência e Cultura,* cit., cap. III.

FILOSOFIA DO DIREITO

Ora, a Lógica formal e a Metodologia formam em conjunto o campo da *Lógica Positiva,* subordinando-se ambas à *Ontognoseologia,* que é a teoria *transcendental* do conhecimento, cujo problema essencial é o da correlação primordial entre pensamento e realidade, entre o sujeito cognoscente e algo a conhecer. *Podemos, pois, conceituar a Ontognoseologia como sendo a doutrina do ser enquanto conhecido e das condições primeiras do pensamento em relação ao ser* [4].

Que é que se conhece? Como se conhece? Até que ponto o conhecimento do real é válido e certo? Quais as atitudes de nosso espírito diante daquilo que é conhecido? Eis aí uma série de perguntas que se põem quanto ao problema do conhecimento. Não perguntamos se vale particularmente a ciência, pois é evidente a sua valia, mas sim como vale em sentido universal, em razão da realidade que explica. Indagamos, pois, de algo que condiciona a ciência mesma e a própria Lógica entendida como *Lógica Positiva,* assim como os conteúdos de pensamento, as significações sem as quais a ciência seria impossível. Responder a essas e a outras perguntas complementares é resolver sobre o saber do ponto de vista de suas *condições originárias,* o que cabe à Ontognoseologia.

A Ontognoseologia desdobra-se, por abstração, em duas ordens ou momentos distintos de pesquisas: ora indaga das condições do conhecimento pertinentes ao sujeito que conhece (Gnoseologia); ora indaga das condições de cognoscibilidade de algo, ou, por outras palavras, das condições segundo as quais algo torna-se objeto do conhecimento, ou, em última análise, do *ser enquanto conhecido ou cognoscível* (Ontologia, tomada esta palavra em sentido estrito). Poderíamos, em síntese, dizer que a Ontognoseologia desenvolve e integra em si duas ordens de pesquisas: uma sobre as condições do conhecimento *do ponto de vista do sujeito (a parte subjecti)* e a outra sobre essas condições *do ponto de vista do objeto (a parte objecti).* Mais tarde ver-se-á que a Ontognoseologia, após essa apreciação de caráter *estático,* culmina em uma

---

4. Dizemos que a Ontognoseologia é *real* e a Lógica é *formal* segundo a referência ou não às estruturas da realidade, aos objetos em geral. Evitamos, como se vê, a caracterização da Ontognoseologia como algo de *material* em contraposição ao caráter *formal* da Lógica. Também a Ontognoseologia, enquanto cuida de objetos em geral e não de entes como tais, é *formal, mas em sentido de adequação ou decorrelação subjetivo-objetiva.*

30   MIGUEL REALE

correlação dinâmica entre sujeito e objeto, como fatores que se exigem reciprocamente segundo um *processo dialético de complementaridade.*

Uma outra distinção parece-nos necessário fazer no tocante ao âmbito de validade do conhecimento, o qual pode ser apreciado de maneira universal, ou nos domínios de cada ciência particular. Podemos, com efeito, fazer duas ordens de perguntas, como, por exemplo: — "Em que consiste o direito e que representa ele para o *homem* em geral?"; ou, então: — "A que condições deve atender o *jurista* para estruturar cientificamente o direito?".

A primeira dessas perguntas implica e condiciona a segunda, podendo esta ser considerada um dos momentos ou projeções daquela: numa se indaga do *ser* do direito enquanto realidade de significado universal na vida do espírito; na outra, já o direito é considerado no âmbito especial da Ciência do Direito, segundo as exigências lógicas peculiares a tal campo de pesquisa.

Quando indagamos do pensamento em suas conexões originárias com o real, ou procuramos situar e definir cada uma das expressões fundamentais da realidade, tais como o Direito, a Arte, a Economia etc. — nosso estudo é de *Ontognoseologia,* palavra que, de conformidade com as suas raízes etimológicas, quer dizer, ao mesmo tempo, teoria do *conhecimento* e teoria do *ser* enquanto objeto de conhecimento.

Se, ao contrário, estudamos as condições do conhecimento nos domínios de cada ciência particular, melhor é denominar a esse estudo *Epistemologia,* que quer dizer "doutrina, ou ciência da ciência": — é a teoria particular de cada ciência.

Não constitui mera questão de palavras a distinção ora feita entre Ontognoseologia e Epistemologia. Esta é como que a especificação daquela, ou o seu desenvolvimento *in concreto,* no âmbito de cada ramo das ciências positivas. Se toda e qualquer forma de conhecimento assenta sobre os pressupostos ontognoseológicos, a Epistemologia revela os pressupostos constitutivos de cada esfera particular de objetividade.

Da Ontognoseologia se passa à Epistemologia e desta à Metodologia em progressiva correlação com os campos cada vez mais delimitados da experiência, o que tudo demonstra, sob outro prisma, *a natureza dialética do conhecimento*, o que não exclui que a análise on-

FILOSOFIA DO DIREITO

tognoseológica ponha, sob prismas outros que não o do conhecimento, também problemas *axiológicos* e *metafísicos*. A Ontognoseologia ou Lógica Transcendental é, por assim dizer, o grande pórtico que condiciona o acesso a todos os temas da Filosofia, ou melhor, *a teoria fundamental* à qual todos os problemas filosóficos se referem.

Há muitos autores, especialmente anglo-americanos, que usam a palavra *Epistemologia* como sinônimo de *Gnoseologia*. Nada há a dizer contra esse uso. Em nosso Curso, vamos, no entanto, reservar o termo *Gnoseologia* para indicar a teoria do conhecimento *do ponto de vista do sujeito cognoscente em geral,* empregando *Epistemologia* para o estudo do conhecimento relativo ao campo de pesquisa de cada ramo das ciências[5].

Outro esclarecimento ainda se torna necessário: é quanto ao sentido estrito que aqui estamos emprestando à palavra *Ontologia,* enquanto que em sentido lato tradicional, como veremos, se refere à teoria do ser, parte geral da Metafísica. Em sua acepção estrita, por conseguinte, a Ontologia se contém no âmbito da Teoria Geral do Conhecimento.

Pois bem, os problemas postos pelo conhecimento são de natureza tal que a ciência não os resolve, porque condicionam a ciência mesma. Indagar do valor da ciência é colocar-se, de certa maneira, fora dela; note-se bem que não estamos dizendo acima dela, mas sim fora dela. Essa distinção torna-se mais clara quando se confronta o adjetivo *onto-lógico* (pertinente ao *ser*) com o adjetivo *ôntico* (relativo ao *ente*). Por outras palavras, os estudos ontológicos incluem-se na Ontologia, entendida como Metafísica; enquanto que as investigações *ônticas* dizem respeito à Ontologia, em sentido estrito, como teoria dos entes vistos como objetos do conhecimento.

---

5. Segundo BENVENUTO DONATI, dois são os momentos de toda doutrina crítica: um considera *o dado como objeto de conhecimento* e a tratação se chama Gnoseologia, enquanto se refere às condições e aos limites do processo de conhecimento geral; o outro considera *o dado como objeto de ciência,* e toma o nome de Epistemologia, enquanto diz respeito às disciplinas que se aplicam ao conhecimento do dado, em si mesmo e em seus nexos, assim como quanto ao processo metódico da pesquisa (DONATI, "Obbietto di una Introduzione alla Scienza del Diritto", em *Riv. Int. di Fil. del Diritto,* 1927, págs. 139 e segs.).

Existem dois preconceitos que, a nosso ver, se equivalem. Um é querer que a Filosofia seja apenas um reflexo das ciências; e o outro é pensar que a Filosofia possui maior dignidade do que as próprias ciências. Este problema da dignidade da Ciência com referência à Filosofia não tem sentido. Cada qual possui em sua esfera a sua valia. Não existe uma hierarquia de mérito entre o cientista e o filósofo. A Filosofia abrange a Ciência, para criticá-la; mas isto não quer dizer que seja superior, como valia, à própria ciência que também se revela autônoma. São campos de indagação distintos, não existindo entre eles laços hierárquicos, de maneira que nem a Filosofia é uma *ancilla scientiae,* nem tampouco a ciência é algo de subordinado à Filosofia. São, ao contrário, conhecimentos que marcham em mútua dependência, de tal sorte que não nos é possível filosofar em nossa época com abstração ou desconhecimento total dos resultados da Ciência contemporânea. Conceber uma Filosofia destacada do meio histórico e cultural a que pertencemos é algo de absurdo. A Filosofia está sempre condicionada a uma situação histórica, embora haja problemas filosóficos que transcendem às contingências sociais e históricas mesmas.

Evidencia-se, portanto, que há problemas da Filosofia que não se confundem com os problemas da Ciência, estrito senso. São os pertinentes ao valor da própria Ciência, ou ao valor do conhecimento.

Tratando da antiga tese positivista de uma Filosofia paulatinamente desdobrada em ciências positivas particulares, já mostramos a subsistência de algo que ditas ciências não resolvem.

Kant situou tal problema com grande clareza, dando uma resposta que merece a nossa atenção. Disse ele que as ciências estudam a realidade e a Filosofia também o faz. Toda vez que uma ciência estuda determinado problema, a Filosofia poderia considerar-se supérflua. Há, porém, um caso, uma realidade, que a Ciência não estuda, nem pode estudar, que *é a própria Ciência posta como objeto.*

As ciências elaboram-se e desenvolvem-se a partir de certos pressupostos que os cientistas, enquanto tais, não podem explicar. A mesma coisa se dá com o jurista. O juiz ou o advogado podem dizer-nos se uma relação jurídica está ou não de acordo com a lei *(quid sit juris),* isto é, sobre o que seja "de direito", mas não podem definir o que seja o direi-

FILOSOFIA DO DIREITO 33

to *(quid sit jus)*, e "qual seja o critério universal mediante o qual se pode reconhecer em geral o justo e o injusto"[6].

Isto porque o cientista do Direito já pressupõe a vigência de regras jurídicas. O jurista, enquanto jurista, não pode dar uma definição do Direito, porque, no instante em que o faz, já se coloca em momento logicamente anterior à sua própria ciência.

Há, portanto, um objeto que as ciências não estudam, e são as próprias ciências postas como objeto.

A Filosofia apresenta-se, pois, como o exame crítico das condições de certeza das próprias ciências: das ciências, em sua universalidade, como produtos do espírito, o que constitui a precípua razão de ser da *Gnoseologia,* ou, mais genericamente, da *Ontognoseologia,* bem como das ciências nos distintos campos particulares em que se desenvolvem as suas estruturas e linguagem, tal como é estudado pela *Lógica.*

Já ponderamos que os neopositivistas abandonaram a posição primitiva de Augusto Comte e apresentam a Filosofia como uma teoria da linguagem ou da significação científica ou, por outras palavras, como doutrina do saber científico, enquanto saber certo, porque "verificado". A Filosofia estaria sempre subordinada ao progresso científico, mas procurando esclarecer e determinar as suas formas lógicas, assim como a sua precisa expressão técnica.

Entendemos porém, que a Doutrina da Ciência não se reduz a uma teoria da linguagem, sendo certo, por outro lado, que a Filosofia não se esgota ou se confina nessa ordem de indagações, e que toda "doutrina da verificação" envolve o problema inevitável dos critérios estimativos e dos pressupostos da pesquisa, um estudo, em suma, de natureza ontognoseológica.

---

6. Cf. KANT, "Metaphysische Anfangsgründe der Rechtslehre", *in Immanuel Kants Werke,* ed. de Ernst Cassirer, Berlim, 1922, vol. VII, *Einleitung in die Rechtslehre,* § B, págs. 30 e segs.

Ética

9. Qual o outro problema da Filosofia que a ciência positiva não resolve, nem está em condições de resolver? É o problema da conduta ou do *valor da ação humana.*

Por mais que o homem descubra e certifique verdades e seja capaz de atingir leis ou princípios, seus conhecimentos da realidade, *sic et simpliciter,* não envolvem a obrigatoriedade da ação. Que devemos fazer? Como devemos nos conduzir? *Que vale o homem no plano da conduta?* O fato de sermos hoje mais ricos de conhecimentos do que o homem selvagem terá, porventura, influído na bondade do próprio homem? O fato de ser portador de maior soma de conhecimentos leva o homem a reconhecer o caminho de seu dever?

Parece-nos que destas perguntas surgem logo outras: Qual a obrigação do homem diante daquilo que representam as conquistas da ciência? Que dever se põe para o homem em razão do patrimônio da técnica e da cultura que a humanidade conseguiu acumular através dos tempos? A ciência pode tornar mais gritante o problema do *dever,* mas não o resolve. Os conhecimentos científicos tornam, às vezes, mais urgentes a necessidade de uma solução sobre o problema da obrigação moral, mas não implicam qualquer solução, positiva ou negativa. O problema do valor do homem como *ser que age,* ou melhor, como o *único ser que se conduz,* põe-se de maneira tal que a ciência se mostra incapaz de resolvê-lo. Este problema que a ciência exige, mas não resolve, chama-se problema *ético,* e marca momento culminante em toda verdadeira Filosofia, que não pode deixar de exercer uma função teleológica, no sentido do aperfeiçoamento moral da humanidade e na determinação essencial do valor do *bem,* quer para o indivíduo, quer para a sociedade.

As ciências positivas, com suas leis e teorias, não deixam, é claro, de exercer influência sobre nosso comportamento, assim como sugerem caminhos a serem seguidos ou evitados, tanto como fornecem meios adequados à consecução de *fins.* Estes resultam, porém, do reconhecimento de valores objetivos que são a razão de ser da *conduta.* A atitude do homem perante o homem e o mundo, e a projeção dessa atitude como atividade social e histórica, eis o tema nuclear e até mesmo dominante da Filosofia.

FILOSOFIA DO DIREITO

Kant já havia formulado as perguntas acima, de maneira bem clara, destinando a cada série delas uma de suas obras clássicas.

A primeira indagação que o grande filósofo fez foi esta: — Que é que posso conhecer? Como é dado ao homem certificar-se da verdade das ciências e dos poderes e limites do entendimento e da razão? Para responder a tais perguntas Immanuel Kant escreveu uma obra fundamental no pensamento moderno, a *Crítica da Razão Pura* (1781, 2ª ed. com modificações em 1787).

Depois de ter escrito esse livro, que revolucionou o pensamento filosófico e ainda atua poderosamente no bojo da Filosofia de nossos dias, Kant redigiu um segundo livro, a que chamou *Crítica da Razão Prática* (1788), destinado a responder a esta outra perquirição: — Que devo eu fazer? Como devo comportar-me como homem?

Uma terceira obra fundamental foi escrita por Kant, formando uma trilogia, a *Crítica do Juízo* (1791), a qual corresponde às perguntas: — Qual a finalidade da natureza? Qual o destino das coisas e qual o destino do homem? Ou, em outras palavras: — Qual o sentido último do universo e da existência humana?[7]

É por ter escrito essas três obras, buscando os *pressupostos* da "razão", da "vontade" e do "sentimento", que a Filosofia de Kant se chama *criticismo transcendental,* e o filósofo é geralmente apontado como sendo o "filósofo das três críticas".

Veremos, no § 20, o significado da palavra *transcendental.* Por ora, desejamos que se atente ao especial significado da palavra *criticismo,* que será depois sujeita a desenvolvimentos. Aplica-se a todo e qualquer sistema que busque preliminarmente discriminar, com todo rigor, os *pressupostos* ou *condições em geral do conhecer e do agir.* Criticar significa indagar das raízes de um problema, daquilo que condiciona, lógica, axiológica ou historicamente, esse mesmo problema. Toda vez que indagamos dos pressupostos ou das razões de legitimidade ou da validez de algo, estamos fazendo sua "crítica". Isto no sentido bastante largo, que será, aos poucos, esclarecido, e não no sentido estrito e próprio do "criticismo" de Kant, que é de natureza puramente *lógico-transcendental.*

---

7. Não é demais lembrar que KANT, lançando as bases da moderna Antropologia filosófica, resumia aquelas três perguntas numa só: *"Que é o homem?"*

Como estávamos dizendo, há o problema do valor da conduta ou do valor da ação, do *bem* a ser realizado, que constitui capítulo do estudo denominado *Ética.* Põe-se aqui, de maneira principal, o problema da experiência jurídica. Não concordamos com aqueles autores que, como Del Vecchio, bifurcam a Ética em dois ramos — a Moral e o Direito —, mas não discordamos deles quanto à visão da experiência jurídica como um momento da vida ética. O Direito, como experiência humana, situa-se no plano da Ética, referindo-se a toda a problemática da conduta humana subordinada a normas de caráter obrigatório.

Axiologia

10. Analisando o problema da *Ética,* entendida como doutrina do valor do *bem* e da conduta humana que o visa realizar, é preciso saber que ela não é senão uma das formas de "atualização ou de experiência de valores", ou, por outras palavras, um dos aspectos da *Axiologia* ou *Teoria dos Valores,* que constitui uma das esferas autônomas de problemas postos pela pesquisa ontognoseológica, pois o ato de conhecer já implica o problema do *valor* daquilo que se conhece.

Cada homem é guiado em sua existência pelo primado de determinado valor, pela supremacia de um foco de estimativa que dá sentido à sua concepção da vida. Para uns, o belo confere significado a tudo quanto existe, de maneira que um poeta ou um escultor, por exemplo, possui uma concepção estética da existência, enquanto que um outro se subordina a uma concepção ética, e outros ainda são levados a viver segundo uma concepção utilitária e econômica à qual rigidamente se subordinam. Segundo o prisma dos valores dominantes, a Axiologia se manifesta, pois, como Ética, Estética, Filosofia da Religião etc.

Se lembrarmos que toda especulação filosófica é necessariamente *crítica,* e que criticar implica *valorar,* apreciar algo sob prisma de valor, chegaremos à conclusão de que, nesse sentido especial ou a essa luz, a Filosofia é Axiologia.

A Axiologia pressupõe, porém, problemas concernentes à essência de "algo" que se valora e às condições do conhecimento válido, assim como põe problemas relativos à projeção histórica do que é valorado.

FILOSOFIA DO DIREITO

Daí dizermos que a Filosofia não se reduz à teoria dos valores, embora o problema do valor esteja no centro da Filosofia.

No que se refere, por exemplo, à Filosofia do Direito, veremos que o seu problema nuclear é o do *valor do justo,* de que cuida a Deontologia jurídica; mas o estudo desta matéria envolve também a prévia determinação da consistência da realidade jurídica, suscitando questões relativas às estruturas dos juízos jurídico-normativos, assim como ao processo histórico de objetivação das exigências axiológicas no plano da experiência humana.

Metafísica e Concepção do Mundo

11. Alguns autores pensam que a Filosofia se esgota nas duas questões fundamentais de ordem *lógica e axiológica* acima examinadas, sendo apenas uma teoria do conhecer e uma teoria do agir; porém, o homem não é um ser que tão-somente conhece e age, mas é também, e antes de mais nada, um *ser,* uma "existência", um ente que sabe que existe entre outros entes, de igual ou de diversa categoria: — donde os problemas radicais do ser e da existência, em uma palavra, da *Metafísica,* postos também, de forma autônoma, pela pesquisa ontognoseológica.

Como logo mais se demonstrará, conhecer é conhecer *algo* donde a necessidade de determinar-se a natureza daquilo que é conhecido, o que nos leva a formular perguntas sobre a "coisa em si" ou o absoluto, mesmo que depois se chegue à conclusão de ser impossível alcançar respostas dotadas de certeza.

Depois de estabelecermos as condições do conhecimento, assim como as da vida prática, surge em nosso espírito o desejo ou a tendência irretorquível de atingir uma compreensão universal da realidade. Não se trata de perguntar apenas sobre o que vale o pensamento ou o que vale a conduta, mas sim de considerar o *valor de nós mesmos e de tudo aquilo que nos cerca.* Que vale a existência? Que vale ou representa o universo? Que vale o homem inserido no universo? Que ser é o homem? Que é *ser*? Existe algo como suporte do "objeto" do conhecimento?

A tais indagações sobre a estrutura e o significado do ser em si e da vida, ou sobre o valor essencial do homem e do cosmos, têm sido dadas várias denominações. Muitos conservam a denominação tradicional, a nosso ver insubstituível, de *Metafísica,* para indicar o perene esforço do homem no sentido de atingir uma *fundação racional* válida para a totalidade de seu existir histórico. Consoante expomos em *Verdade e Conjetura,* a fundação metafísica transcende o âmbito ontognoseológico, não podendo deixar de valer-se de todos os elementos que compõem o que denominamos "razão conjetural".

Outros autores limitam, porém, a tarefa ou a missão final da Filosofia a apresentar as bases de uma "concepção do universo e da vida", sem cuidar dos problemas do ser, que seriam incognoscíveis ou inverificáveis. Sustentam que o homem não pode resolver os problemas do ser em si ou do absoluto, por ser este insuscetível de compreensão racional, mas que podemos alcançar uma concepção total dos problemas, passando, assim, a Metafísica a ser vista apenas como "fato histórico" inevitável, como uma das "experiências" indeclináveis do homem, não obstante o seu repetido insucesso. Apresentam, pois, o terceiro problema fundamental da Filosofia como uma cosmovisão ou *Weltanschauung,* palavra que se emprega usualmente em Filosofia, para definir exatamente a tendência ou inclinação no sentido de uma concepção geral do universo e da vida, que situa o homem perante si mesmo, os demais homens e o cosmos, segundo diversos *tipos,* historicamente identificáveis.

A Filosofia, que culmina em uma concepção do universo e da vida, é contestada por aqueles que dizem que toda cosmovisão pressupõe sempre a pesquisa sobre a realidade em si mesma, constituindo o estudo específico da Metafísica. Se logramos formar uma teoria geral do cosmos e da existência, é porque temos, efetivamente, a respeito dos problemas últimos do ser determinada compreensão que a condiciona. Não raro os que mais deblateram contra a Metafísica são metafísicos que se ignoram...

12. Amplitude da Especulação Filosófica — As considerações ora desenvolvidas estão a demonstrar quão variadas são as questões de que cuida a Filosofia.

Reconhecida a impossibilidade de discriminações rígidas, que o trato da matéria revelaria artificiais, poderíamos concluir resumindo as tarefas da Filosofia nestas três ordens de pesquisas, desdobradas em campos especiais de indagação:

FILOSOFIA DO DIREITO

a) *Teoria do Conhecimento,* ou da validade do pensamento em sua estrutura e com relação aos objetos (Lógica e Ontognoseologia);

b) *Teoria dos Valores* ou *Axiologia* (Ética, Estética, Filosofia da Religião, Filosofia Política, Filosofia Econômica etc.);

c) *Metafísica,* como teoria primordial do ser ou, numa compreensão mais atual, como fundação originária do universo e da vida.

Para os objetivos de nosso Curso, dada a exigüidade de tempo e atendidas as perspectivas dominantes da realidade jurídica, destacaremos do grande todo apenas alguns problemas de Ontognoseologia e de Ética, pressupondo conhecidas as noções fundamentais de Lógica, pedindo vênia para remeter o leitor, interessado no estudo de problemas metafísicos, ao último capítulo de nossa obra *Introdução à Filosofia* (Saraiva, 1988) e à já lembrada *Verdade e Conjetura.*

Começaremos o estudo pela Gnoseologia, ou seja, pela Ontognoseologia *"a parte subjecti",* não deixando de esclarecer este ou aquele outro ponto de Lógica, em que pese o justificado desejo de rigor sistemático. Aliás, os problemas da Filosofia são de tal ordem que tratar de um deles implica, no fundo, a consideração dos demais.

Título II

Noções de Gnoseologia

Capítulo IV

Sentido do Pensar de Nosso Tempo — Gnoseologia, Ontologia e Ontognoseologia

Predomínio do Problema do Ser até o Renascimento

13. Já apresentamos alguns dos problemas fundamentais da Filosofia. Não alinhamos todos, pois apenas tentamos dar uma idéia geral sobre os máximos problemas que preocupam os filósofos. Vimos que a Filosofia, entre outras questões, trata da *Teoria do Conhecimento* e da *Teoria da Conduta,* buscando alcançar uma explicação geral do universo e da vida, que a nosso ver deve ser vista como *Metafísica,* enquanto outros a apresentam como estudo de natureza empírica ou "meta-empírica", eufemismo curioso com o qual se pretende encobrir a inelutabilidade da especulação metafísica.

Não pretendemos fazer uma classificação dos sistemas de Filosofia, porquanto qualquer discriminação nesta matéria implica, previamente, a *situação* de cada pensador. Se nos colocamos no ponto de vista do criticismo de Kant, a Filosofia se discrimina de uma forma que não coincide com a preferida por quem seja adepto, por exemplo, do utilitarismo de Bentham, ou das perspectivas neo-positivistas.

Situados os problemas da Filosofia de maneira geral, passemos ao estudo da Gnoseologia, fixando preliminarmente alguns dados históricos.

44   MIGUEL REALE

Uma introdução sobre a Gnoseologia será de grande vantagem, não só porque fornecerá maior segurança terminológica, como também porque poderá auxiliar a lembrança de noções já aprendidas em cursos ou leituras de Filosofia.

A Gnoseologia é, como dissemos, a parte da Ontognoseologia que trata da validade do conhecimento em função do *sujeito cognoscente.* Alguns autores, cuidando dessa matéria, dizem que a teoria do conhecimento aparece propriamente com Kant. Tal afirmação não pode ser aceita sem algum reparo. Não é exato dizer-se, a nosso ver, que a Gnoseologia tenha se constituído como parte autônoma da Filosofia graças ao criticismo kantiano. Kant marca um ponto culminante de um processo de pensamento, que já encontra suas raízes no próprio período clássico e no medieval.

Cabe aqui discriminar três fases do pensamento filosófico, segundo o predomínio maior ou menor que nelas apresente o problema do conhecimento como problema autônomo, em relação à especulação propriamente metafísica. Nem é demais ponderar, uma vez por todas, que muitos problemas da Gnoseologia são repropostos pela Metafísica, mas com outros entendimentos e intuitos, transcendendo a *funcionalidade sujeito-objeto* que delimita quaisquer pesquisas de natureza ontognoseológica.

Se examinamos a Filosofia clássica, assim como a medieval, verificamos que, de Sócrates a São Tomás de Aquino, o problema que se põe de maneira prevalecente é o que diz respeito ao *ser como ser.*

A Filosofia dos gregos, assim como a Filosofia da Idade Média, foi, acima de tudo, uma *Ontologia,* empregado este termo no seu sentido lato ou tradicional, ou seja, na acepção de teoria do ser em geral, ou parte geral da Metafísica, e não na significação estrita a que fizemos referência no capítulo anterior.

Não dizemos — entendamo-nos — que a Filosofia clássica ou medieval tenha sido apenas Metafísica, mas dizemos que foi, acima de tudo, de ordem metafísica. Também os gregos tiveram consciência de que havia um problema relativo às possibilidades e aos limites do conhecimento humano. Bastaria lembrar, aqui, os céticos, e, antes dos céticos, os sofistas e os pré-socráticos. Bastaria recordar toda a alta produção platônico-aristotélica, ou a dos epicuristas e dos estóicos, para

FILOSOFIA DO DIREITO 45

termos uma idéia de que os gregos, muito cedo e profundamente, sentiram a necessidade de resolver estas perguntas: — Até que ponto o homem pode conhecer com certeza? Como é que o homem pode conhecer? Estes problemas, no entanto, não eram considerados problemas fundamentais, ou melhor, *logicamente anteriores aos demais,* mas subordinados a outros a que a Filosofia dava maior atenção e que eram os problemas ligados à compreensão do "ser", ou melhor, do "ser enquanto ser": — o problema do conhecimento pôs-se, por conseguinte, como problema de natureza metafísica. A Filosofia clássica e a medieval não desenvolveram, por isso, uma teoria do conhecimento autônoma, e cuidaram de suas questões de maneira secundária, complementar ou implícita, como decorrência de prévios problemas *ontológicos.*

A Filosofia Moderna e o Problema do Conhecer

14. A Filosofia moderna marca, nesse ponto, uma mudança substancial. O pensamento moderno, que começa com o Humanismo apresenta, desde o início, acentuada preocupação pelo problema dos limites e das possibilidades do conhecimento e, de maneira particular, do conhecimento científico.

Desde os humanistas italianos, tais como Pico Della Mirandola e Coluccio Salutati e todos aqueles que receberam elementos da filosofia platônica, em contraste com o aristotelismo medieval, o que caracteriza as novas tendências é a preocupação de explicar a natureza segundo as suas leis imanentes, situando o problema do homem no universo, e compreendendo o universo à luz do destino humano. Aos poucos, foi se formando e afirmando a tendência de colocar o problema do conhecimento como o principal problema da Filosofia, independentemente de prévias colocações metafísicas, por se referir ao problema do homem como ente que conhece. Essa tendência foi robustecida pelas exigências da nova ciência, como se reflete no pensamento de Leonardo da Vinci e de Galileu Galilei (1564-1642), cabendo a este a colocação inicial da metodologia moderna, apurando sutilmente processos de análise e de síntese, na unidade dos métodos "compositivo e resolutivo", que se complementam e ao mesmo tempo se comprovam. Para o fundador da Física moderna o pensamento ordena, segundo razão matemática, os elementos sensíveis, pois, dizia ele, "a Filosofia está escrita no grande livro do universo e escrita em linguagem matemática, e suas letras são triângulos, círculos e outras figuras geométricas, de modo que sem elas não se pode entender uma só palavra" [1].

Essa preocupação pelos fundamentos das verdades científicas, em atitude de reserva contra meros argumentos de autoridade, acentua-se ainda mais ao se constituírem as duas grandes correntes, cujo diálogo assinala o sentido dos novos tempos: o *racionalismo* de René Descartes e o *empirismo* de Francis Bacon.

Descartes (1596-1650) e Bacon (1561-1626) representam duas orientações paralelas e caracterizam dois tipos diferentes de cultura, a francesa e a inglesa, elaborando, entre outros, os problemas relativos ao método do conhecimento científico. A obra fundamental de Descartes é, como se sabe, o *Discurso Sobre o Método* (1637), assim como o livro básico de Bacon é o *Novum Organum* (1612). Embora obedecendo a orientações diversas, ambos se preocupam com o problema relativo às bases do conhecimento certo, na conquista da natureza graças às leis descobertas metodicamente pelo espírito humano.

O racionalismo de Descartes ou o empirismo de Bacon são marcados, desde o início, por essa preocupação metodológica ou, de maneira mais ampla, gnoseológica.

A Filosofia moderna iria, assim, desenvolver-se cada vez mais como uma crítica do conhecimento. O homem moderno, antes de filosofar sobre a natureza ou sobre o ser, indagou das possibilidades de seu próprio pensamento. O desenvolvimento dessas duas correntes bem o demonstra.

Depois de Bacon, vemos na Inglaterra aparecer Thomas Hobbes (1588-1679), nome familiar aos juristas por seus livros de tão grande interesse para a Teoria do Estado. Escreveu ele várias obras, deixando-nos uma fundamental para a História da Política e do Direito, intitulada *Leviatã* (1650), na qual, pela primeira vez, o Estado é nitidamente apresentado como uma pessoa jurídica ou uma pessoa moral. Hobbes desenvolveu os problemas metodológicos do empirismo como iria ser feito pelos seus continuadores, no sentido de esclarecer não só a gênese do conhecimento, como as condições lógicas das ciências naturais.

---

1. Cf. GALILEI, *"Il saggiatore", in Opere Complete,* vol. VI, pág. 232.

FILOSOFIA DO DIREITO

Depois da Filosofia de Hobbes, temos uma figura de não menor importância para a Filosofia e para o Direito, que é a de John Locke (1632-1704). Este pensador escreveu um livro que, pelo seu próprio título, já denota a sua preocupação gnoseológica. É o *Ensaio Sobre o Entendimento Humano* (1690). A obra provocou, pouco depois, uma réplica redigida por um dos maiores espíritos que a humanidade já produziu — Gottfried Wilhelm Leibniz (1646-1716) — que se prende à linha de Descartes, mas assinalando preciosa contribuição no sentido de superar as duas correntes. Foi ele um dos mais notáveis matemáticos, a quem se deve o cálculo infinitesimal, notabilizando-se, outrossim, como jurista, diplomata e filósofo — sem dúvida alguma, um dos momentos culminantes da espécie humana.

Leibniz escreveu um livro de crítica à obra de Locke. Esse seu trabalho, redigido por volta de 1701 a 1704, só foi publicado depois da morte do filósofo, em 1765; intitula-se *Novos Ensaios Sobre o Entendimento Humano*. Quando Leibniz concluiu seu livro, Locke havia falecido, de maneira que lhe pareceu indelicado publicar um livro de crítica, quando seu adversário já não se encontrava mais no mundo dos vivos.

A grande obra de Leibniz reforça mais ainda a tendência do pensamento moderno, no sentido de dar importância fundamental à teoria do conhecimento. Nem se diga que Espinosa (1632-1677) representa uma fulgurante exceção à tendência dominante, pois a sua problemática do ser é posta em bases que pressupõem, ou melhor, envolvem a problemática do conhecer. Aponta-se com razão a unidade essencial entre a sua *Ética* e o seu *Tratado da Reforma do Entendimento*.

Se Francis Bacon havia procurado lançar as bases metodológicas das ciências naturais, seu trabalho veio a ser completado, ainda na primeira metade do século XVIII, por um pensador italiano, Giambatistta Vico, que sentiu a imprescindível necessidade de determinar os fundamentos de um outro tipo de ciências, o das ciências do espírito ou do "fato histórico".

Os *Princípios de Uma Ciência Nova* (1725-1744), obra-prima do pensador napolitano, representam, assim, um elo decisivo no processo gnoseológico da Filosofia moderna.

Quase na mesma época, mais dois grandes pensadores confirmam a tendência fundamental dos novos tempos: George Berkeley com seu

48 MIGUEL REALE

Tratado dos Princípios do Conhecimento Humano (1710) e David Hume, com seus dois trabalhos, cuja leitura iria acordar Kant de seu sono dogmático; — O *Tratado da Natureza Humana* (1739-1740) e *Investigação Sobre o Entendimento Humano* (1748).

Mais não é preciso recordar para tornar claro que quando Kant elaborou sua obra fundamental, a *Crítica da Razão Pura* (1781), já encontrou o terreno preparado, como se o espírito do tempo estivesse aguardando o seu intérprete mais penetrante.

A obra de Kant marca, efetivamente, a convergência dos dois grandes caudais, como se dois rios se encontrassem para formar um terceiro, que logo iria se ramificar nas correntes de Fichte, Schelling, Hegel, Schopenhauer e muitos outros.

Na *Crítica da Razão Pura,* o que Kant se propõe realizar é uma nova síntese, capaz de albergar os elementos do racionalismo de Descartes e do empirismo de Bacon. Se pudéssemos estudar aqui esta matéria, ver-se-ia quanta beleza existe no trabalho de Kant, tendente a realizar uma síntese, suscetível de desenvolvimentos fecundos que a assinalam como um dos pontos culminantes na história do pensamento humano.

Bertrando Spaventa, filósofo italiano do século passado e um dos mestres do idealismo peninsular, disse que, depois de Kant, a Metafísica deixou de ser *Metafísica do ser,* para transformar-se em *Metafísica do conhecer,* ou, para repetirmos suas palavras, converteu-se em uma "metafísica da mente", do pensamento. Na realidade, grande parte da Filosofia do século passado continua dominada por essa idéia que, nas pegadas de Kant, transforma a Metafísica em uma "crítica dos princípios do conhecimento", subordinando, de certa maneira, a Metafísica à Gnoseologia, ou excluindo a primeira das cogitações filosóficas.

Não é mister lembrar aqui pormenorizadamente as preocupações gnoseológicas dos continuadores de Kant, como, por exemplo, as de Schelling (1775-1854), abrindo perspectivas para o conhecimento intuitivo, nem antes dele, as contribuições magníficas de Fichte (1762-1814) no sentido de uma *Doutrina da Ciência.*

Dir-se-á, no entanto, que Hegel (1770-1831) condenou formalmente a teoria do conhecimento, na forma posta pelo criticismo transcendental,

FILOSOFIA DO DIREITO   49

declarando absurdos seus propósitos, visto como, quando se pretende teorizar previamente sobre o conhecimento, já não se faz outra coisa senão conhecer... Daí aquela observação irônica que se lê no § 10 de sua *Enciclopédia das Ciências Filosóficas* sobre os teóricos do conhecimento que, querendo indagar do conhecimento antes de conhecer, lembrariam o prudente escolástico desejoso de aprender a nadar, sem o risco de lançar-se à água.

Na realidade, porém, se Hegel repudia uma Gnoseologia *in abstrato*, é porque identifica, em seu *idealismo absoluto*, o "real" e o "racional", a Lógica e a Metafísica, o que equivale a colocar os temas da Filosofia nos termos de uma teoria do conhecimento em concreção com o ser, com o *ser* e o *conhecer* integrados na unidade dialética de um processo indecomponível.

A Filosofia reduzir-se-ia à Dialética, convertendo-se o *real* no *ato de conhecer*, dada a unidade essencial e *in fieri* da atividade cognoscitiva com o conteúdo dessa atividade mesma.

Assim sendo, apesar das diversidades de interpretação e de casos isolados aparentemente discordantes, parece-nos justificada a afirmação feita de que a Filosofia clássica e a medieval deram maior importância ou relevo à *Teoria do Ser*, enquanto que a Filosofia moderna se distingue por ter dado importância maior à *Teoria do Conhecimento*.

A Correlação Sujeito-Objeto e o Problema do Ser

15. Talvez não será exagero dizer que, em nossa época, já se nota certa insatisfação quanto à análise do conhecimento focalizada apenas segundo as estruturas ou as condições do sujeito cognoscente. Alguns autores vêem nessa insatisfação contemporânea uma volta às linhas clássicas da *Teoria do Ser*, subordinando-lhe a *Teoria do Conhecimento*, não obstante o caráter prevalecentemente gnoseológico do neopositivismo em todas as suas ramificações.

Obras como *Para a Fundamentação da Ontologia*, de N. Hartmann, a *Ontologia Geral da Realidade*, de Günther Jacobi, *O Ser e o Tempo*, de M. Heidegger, ou *O Ser e o Nada*, de J. P. Sartre e outras mais, não obstante as diferenças de orientação ou de propósitos, seriam representativas da renovada preocupação pela problemática do ser.

50 MIGUEL REALE

No nosso modo de ver, no entanto, não existe propriamente retorno à teoria clássica do ser, como um "dado" de que devesse partir a Gnoseologia, mas, ao contrário, uma tendência no sentido de uma indagação do conhecimento que seja, inseparavelmente, uma teoria do "objeto" e do "sujeito", levando em conta a correlação essencial e dinâmica entre o sujeito pensante e "algo" cognoscível, mas sem se elidir a dificuldade do problema, reduzindo-o a um dos elementos à maneira de Hegel[2].

Parece-nos, em suma, que a teoria do conhecimento do século XX se distingue pela preocupação de realizar uma nova síntese que, levando em conta as exigências do problema ontológico, não faça abstração das conquistas da Gnoseologia segundo a grande linha cartésio-kantiana: a questão não se converte, em suma, em questão metafísica, conservando sua natureza fundamentalmente gnoseológica, embora abrindo acesso aos problemas do ser, postulando mesmo uma *necessária indagação de ordem metafísica,* tal como dissemos no capítulo anterior[3].

É inegável a tendência atual à revalorização do problema do "objeto", a qual não se nota neste ou naquele pensador isolado, mas nas grandes correntes que determinam o pensamento do século XX. A valorização do não-subjetivo patenteia-se, por exemplo, na corrente *fenome-*

---

2. Quanto à doutrina especial de Heidegger são notórias as dificuldades de uma fundamentação gnoseológica, embora já tenha havido tentativas mostrando como, à luz de suas obras, pode ser posta sobre novas bases a correlação sujeito-objetos. Sua preocupação predominante e essencial quanto aos problemas do ser não o reconduz, no entanto, à Metafísica clássica, que ele rejeita por julgá-la um desvio das fecundas intuições iniciais dos primeiros pensadores gregos. Cf. especialmente, além de *Sein und Zeit,* o denso estudo de Heidegger, *Vom Wesen der Wahrheit,* assim como a Introdução que Alfhonse de Waelhens e Walter Biemel redigiram para a tradução francesa *(De l'Essense de la Verité,* Louvain, Paris, 1948). Sugestivas as considerações de Humberto Pinera Llera no artigo "Posibilidades epistemológicas de la filosofía existencial", *in Philosophy and Phenomenological Research,* vol. IX, nº 3, 1949, págs. 400 e segs. Um dos trabalhos mais completos sobre a teoria do conhecimento, segundo um rigoroso ponto de vista heideggeriano é o de Ernesto Máys Vallenilla, *Ontologia del Conocimiento,* Caracas, 1960. No Brasil merece especial referência a monografia de Ernildo Stein, *Compreensão e Finitude* (Estrutura e movimento da interrogação heideggeriana), Porto Alegre, 1967.

3. Para maiores esclarecimentos sobre "o sentido do pensar de nosso tempo", v. nossa obra *Experiência e Cultura,* cit., cap. II.

FILOSOFIA DO DIREITO 51

nológica de Husserl, assim como nas aplicações que Max Scheler, Nicolai Hartmann ou Martin Heidegger deram ao método fenomenológico, abrindo novas perspectivas sobre o *ser;* no realismo crítico de Külpe e Messer; no neo-realismo de G. E. Moore e Bertrand Russell, Broad e Perry, assim como no realismo dualista de Alexander ou no realismo temporalista de Lovejoy; em algumas tendências da filosofia da existência e no naturalismo pragmático de Dewey e seus continuadores.

No fundo, o que tenta a muitos pensadores de nossos dias é o superamento, em uma nova e poderosa síntese, de explicações incompletas ou unilaterais, ora polarizadas no sentido do *sujeito,* ora convergidas inteiramente para a transcendência do *objeto.*

Se Dilthey vislumbra na história da Filosofia, como sistema vivo de atitudes e de idéias, um movimento pendular do espírito, entre uma concepção do *eu* e uma concepção do *universo,* entre uma tendência fundamental para o *subjetivo* e outra para a *objetividade,* talvez será certo dizer que há momentos na história em que se busca superar aquele ritmo pendular em busca de uma unidade ambivalente.

Seguindo essa orientação, já declaramos que a problemática do conhecimento culmina em uma *Ontognoseologia.*

É claro que estamos aqui nos referindo apenas no sentido do pensamento atual sob um prisma especial, o gnoseológico. É ele, porém, inseparável de outros que acentuam sempre a tendência fundamental de nossa época para apreciar as questões de forma concreta, pondo o problema do homem na totalidade de seus elementos materiais e espirituais, integrado nas razões históricas de seu desenvolvimento, nas correlações necessárias com o mundo envolvente da *cultura* a que pertence.

Não se verifica, propriamente, em nossos dias, o abandono ou o descrédito dos problemas gnoseológicos, como problemas prévios e condicionantes, mas sim uma mudança de atitude e de perspectiva, no sentido de situar-se o conhecimento de modo estrutural, superando-se o insulamento e a abstração de um "sujeito cognoscente", concebido formalmente *a priori,* passando-se a considerar o ser cognoscente inserido nas circunstâncias histórico-sociais em que o conhecimento se realiza e,

52 MIGUEL REALE

mais ainda, em função do "real" reclamado pela *intencionalidade* mesma da consciência[4].

Se é essencial ao conhecimento a correlação *sujeito-objeto,* desdobra-se o seu estudo em duas ordens de indagações, como momentos ou aspectos de uma única atividade cognoscitiva, que pode ser vista, por abstração, *a parte subjecti* (Gnoseologia), ou *a parte objecti* (Ontologia, estrito senso) como teoria dos seres ou dos entes, e não na acepção clássica de teoria do ser ou Metafísica. Lembramos aqui o ensinamento de Nicolai Hartmann de que o sujeito e o objeto estão postulados em um mesmo plano, dando lugar a dois ramos de investigações: a *ontologia do objeto do conhecimento* e a *ontologia do conhecimento do objeto* o que, *mutatis mutandis,* corresponde ao que, no capítulo anterior, denominamos Gnoseologia e Ontologia, estrito senso.

Os capítulos que se seguem devem ser assim entendidos, compondo-se com os relativos à Ontologia, para formar um mesmo sistema unitário de pesquisas de caráter ontognoseológico.

---

4. Discordamos em parte de E. BRÈHIER quanto à posição da Teoria do Conhecimento na Filosofia contemporânea: trata-se menos de uma exclusão de pesquisa, do que de uma nova forma de desenvolvê-la. V. *Les Thèmes Actuels de la Philosophie,* Paris, 1954.

Capítulo V

Graduação do Conhecimento — o Conhecimento Vulgar e o Científico

O Particular e o Genérico

16. Conhecer é trazer para nossa consciência *algo* que supomos ou pré-supomos fora de nós. O conhecimento é uma conquista, uma apreensão espiritual de algo. Conhecer é abranger algo tornando-nos senhores de um ou de alguns de seus aspectos. Toda vez que falamos em conhecimento, envolvemos dois termos: — o sujeito que conhece, e algo de que se tem ou de que se *quer* ter ciência. Algo, enquanto passível de conhecimento, chama-se *objeto,* que é assim, o resultado possível de nossa atividade cognoscitiva.

Examine-se um pouco a palavra *objeto. Objeto* (de *ob* e *jectum) é* aquilo que jaz perante nós, aquilo que se põe diante de nós. Se olho para aquela parede, ela se põe diante de mim, como algo sobre o qual minha ação se projeta, não para desenvolver-se fora de mim, mas para trazer para mim o que é visto ou representado como *objeto.* Conhecer é trazer para o sujeito algo que se põe como objeto: — não toda a realidade em si mesma, mas a sua representação ou imagem, tal como o sujeito a constrói, e na medida das "formas de apreensão" do sujeito correspondentes às peculiaridades objetivas.

Todo e qualquer trabalho científico está subordinado sempre a um esforço de apreensão do real, ou, mais genericamente, de "apreensão de algo". Se, porém, o conhecimento é próprio do homem, nem todos os homens conhecem da mesma forma, e o mesmo homem pode conhecer "algo" de maneira diversa.

Em primeiro lugar, temos o conhecimento *vulgar*, ou comum, que também se costuma impropriamente denominar conhecimento empírico, com uma terminologia que deve ser evitada, pois, como veremos, há conhecimento empírico de ordem científica e filosófica.

Chamamos de conhecimento vulgar ou comum ao primeiro grau de conhecimento; ao segundo, de conhecimento científico.

Conhecimento vulgar é o conhecimento que nos fornece a maior parte das noções de que nos valemos em nossa existência cotidiana. O conhecimento científico ocupa campo muito menor de nosso viver comum, assim como o conhecimento filosófico representa quase uma exceção. Grande parte de nossa vida se realiza somente graças ao conhecimento vulgar. Conhecimento vulgar não significa conhecimento errado ou errôneo, pois pode ser conhecimento autêntico; significa apenas conhecimento não verificado, não dotado de certeza. Que caracteriza o conhecimento vulgar? É um conhecimento que vamos adquirindo à medida que as circunstâncias o vão ditando, nos limites dos casos isolados.

No mundo jurídico, há exemplo bem expressivo de conhecimento vulgar, que é o do rábula, daquele que vai adquirindo compreensão do Direito à medida que os casos reclamam sua atenção. É um conhecimento fortuito de fatos, sem procura deliberada dos nexos essenciais que ligam entre si os elementos da experiência jurídica; é conhecimento que se processa sem estabelecer nexos de semelhança ou de constância entre os fatos, para abrangê-los em uma explicação unitária, em suas relações necessárias.

Já o conhecimento científico assinala outra atitude espiritual. Não se contenta com os casos particulares em si, porque procura se elevar acima deles, buscando aquilo que traduz uniformidade ou semelhança, um sentido ou razão comum em seu desenvolvimento ou acontecer.

Quando os sofistas proclamavam a equivalência de todas as opiniões e sustentavam os pontos de vista mais contraditórios, Sócrates (469-399 a. C.) opôs aos sofistas algo que é permanente e constante: — *o concei-*

FILOSOFIA DO DIREITO 55

to, algo revelado pelo homem, mas que não pode ser medido pelo homem[1]. Elevando-se ao plano dos conceitos, Sócrates contrapunha às opiniões contingentes as *categorias da ciência.* A ciência somente existe quando elabora gêneros ou pensa o particular em sua essencialidade. Assim deve ser entendida, como observa Delfim Santos, a afirmativa fundamental de Aristóteles de que não existe ciência a não ser do "geral", a não ser do genérico. Fazer ciência é libertar-nos do que há de fugace, de transitório, de particular, de empiricamente isolado, para nos elevarmos ao que há de *constante* nos fenômenos e, como tal, suscetível de expressar-se como *conceitos e leis*[2].

Como é que se processa o trabalho científico? O trabalho científico é sempre de cunho ordenatório, realizando uma ordem ou uma classificação e, necessária e concomitantemente, uma síntese, buscando os nexos ou laços que unem os fatos. O conhecimento científico, portanto, não é conhecimento do particular em si, destacado, como algo que se não situe numa ordem de realidades ou de atos, mas conhecimento do geral, ou do particular *em seu sentido de generalidade,* ou em sua essencialidade categorial. Não é conhecimento fortuito, casual, mas, ao contrário, é um conhecimento metódico. É o *método* que faz a ciência. Conhecimento científico é aquele que obedece a um processo ordenatório da razão, garantindo-nos certa margem de segurança quanto aos resultados, à coerência unitária de seus juízos e a sua adequação ao real.

O conhecimento vulgar pode ser certo — e muitas vezes o é — mas não possui a certeza da certeza, por não se subordinar à verificação racional, ordenada, metódica.

O conhecimento científico, ao contrário, é aquele que verifica os próprios resultados, pela ordenação crítica de seu processo. Não vamos, por ora, discorrer sobre os métodos, nem tratar dos diferentes processos do conhecimento científico, limitando-nos a notar que este não pode prescindir de exigências metódicas.

---

1. Cf. Miguel Reale, *Atualidades de um Mundo Antigo,* São Paulo, 1936, págs. 139 e segs. e respectiva bibliografia.

2. V. Delfim Santos, *Conhecimento e Realidade,* Lisboa, 1948, págs. 87 e segs.

56   MIGUEL REALE

O conhecimento vulgar é conhecimento *casual*, de casos; o conhecimento científico é conhecimento metódico e, em outro sentido, conhecimento *causal.*

Há um autor que diz, com muita sutileza, que a diferença entre conhecimento vulgar e conhecimento científico depende da troca de uma letra, porque um é conhecimento *casual*, e o outro *causai*, ou seja, um conhecimento *per causas* tomada a palavra *causa* no sentido mais amplo e não apenas no seu significado de "causa eficiente".

O conhecimento científico realiza sempre uma ordenação dos fenômenos e da realidade orientando-se no sentido da generalidade objetiva. Podemos dizer, recorrendo a uma imagem imperfeita, que este trabalho de ordenação se processa vertical e horizontalmente. Verticalmente, no sentido de uma sondagem cada vez mais penetrante nos estratos da realidade para a classificação minuciosa dos objetos e a indagação de seus antecedentes e conseqüentes; e, horizontalmente, no sentido de procurar, cada vez mais, os nexos que ligam entre si os resultados atingidos.

Estrutura do Conhecimento: Tipos, Leis e Princípios

17. Todo conhecimento científico implica certa *tipologia*, ou mais genericamente, uma *categorização*. A ciência não pode prescindir de categorias, de tipos, de espécies, de gêneros, de classes ou de famílias, adequadas a cada região da realidade. Não é só a Botânica ou a Mineralogia que classificam e tipificam. Todas as ciências albergam uma tipologia, que é sempre forma adaptável de *categorização* como momento essencial do saber científico. Observamos a realidade, verificamos os vários seres, e procuramos atingir tipos que reúnam as qualidades comuns a uma série de fenômenos ou de casos. O Direito também é uma ciência tipológica. Podemos mesmo dizer que o Direito é uma das ciências que mais dependem do elemento tipológico. O Direito criminal, para não falar de outro, é uma tipologia das mais expressivas, como tipológica é a Criminologia[3].

---

3. Quanto ao alcance da doutrina de BELING sobre a "tipicidade" do delito, v. BASILEU GARCIA, *Instituições de Direito Penal*, São Paulo, 1951, vol. I, t. I, págs. 195 e segs. e FREDERICO MARQUES, *Curso de Direito Penal*, Ed. Saraiva, São Paulo, 1956, vol., II. págs. 43

Que é que pretende o penalista, senão configurar os tipos aos quais deverão corresponder experiências da vida social, como quando reúne as notas determinantes do estelionato, do furto, do roubo, do homicídio culposo, e assim por diante? Há uma tipologia, uma classificação de condutas, às quais poderão corresponder experiências humanas concretas.

O trabalho do advogado, via de regra, consiste em descobrir na lei e na doutrina o *tipo* correspondente ao caso particular que lhe cabe examinar. A ciência, portanto, requer sempre a classificação, ou a tipificação do real, e opera segundo *modelos*.

Os tipos são formas de ordenação da realidade em estruturas ou esquemas, representativos do que há de essencial entre os elementos de uma série de fatos ou de entes que nos interessa conhecer.

A Ciência Jurídica emprega, como dissemos, elementos tipológicos com grande freqüência. Pode-se dizer, mesmo, que o Direito, dentre as ciências culturais, é aquela que mais necessita de elementos classificatórios, de esquemas ideais ou de *modelos,* que prefiguram normativamente a conduta possível, reputando-a lícita ou ilícita.

A razão dessa necessidade tipológica prende-se aos elementos de certeza e de segurança reclamados pela vida jurídica. O Direito não pode prescindir de elementos claramente determinados, porque sem eles haveria grandes riscos para a liberdade individual. Assim, no campo do Direito Penal existe um princípio, segundo o qual ninguém pode ser responsabilizado por ato que não tenha sido previamente classificado em lei como crime, *Nullum crimen sine lege:* — nenhum crime sem prévia lei que o defina. É por essa razão que o Direito Penal tipifica e esclarece de maneira bem precisa os elementos necessários à caracterização de cada delito, a fim de que se lhe possa ligar determinada conseqüência restritiva da liberdade ou do patrimônio. Todos os ramos do Direito, porém, com maior ou menor rigor formal, pressupõem a *tipicidade* do comportamento humano segundo esquemas normativos, que correlacionam uma dada *classe de ações* à *classe de sanções* que lhe é própria.

---

usque 101. Sobre a importância do conceito de *tipicidade* no mundo jurídico, v. Miguel Reale, *O Direito como Experiência,* cit., págs. 204 e segs. e a comunicação que apresentamos ao Congresso Nacional de Direito Penal, de 1968, sobre a estrutura do delito, inserta em *Estudos de Filosofia e Ciência do Direito.* Ed. Saraiva, no prelo.

As ciências, além do elemento tipológico, trabalham com *leis*. A palavra *lei,* neste caso, deve ser tomada em sua acepção mais geral, abrangendo tanto as *leis* que se enunciam no saber físico-matemático, como as possíveis no plano das chamadas ciências culturais, em cujo âmbito se situa a Ciência do Direito.

Ao problema da *lei* dedicaremos atenção especial, após termos determinado as diversas esferas do real, os diferentes "estratos da realidade", a cada um dos quais correspondem espécies distintas de relações ou, de nexos explicativos.

Por ora, bastará lembrar a clássica definição de Montesquieu: — "lei é a relação necessária que deriva da natureza das coisas", aplicável tanto no campo das ciências naturais, como no das ciências ético-jurídicas[4].

O Direito, como ciência, não pode deixar de considerar as leis que enunciam a estrutura e o desenvolvimento da experiência jurídica, ou seja, aqueles nexos que, com certa constância e uniformidade, ligam entre si e governam os elementos da realidade jurídica, como *fato social.*

A palavra *lei* porém, tem, entre os juristas, outro sentido mais usual. É a lei como espécie de *regra* ou de *norma.* Os juristas desenvolvem doutrinas sobre as leis, ou seja, sobre regras jurídicas formuladas pelos órgãos do Estado, diferençando-as das regras elaboradas pela própria sociedade, através dos usos e costumes; não se trata mais de juízos enunciativos de realidade, mas de *juízos normativos de conduta.*

Vê-se, portanto, que a Ciência Jurídica, como as demais ciências, processa-se sempre segundo dupla ordenação, uma de natureza tipológica, e a outra de natureza legal.

18. O Direito também possui *princípios,* porque não é possível haver ciência não fundada em pressupostos. É necessário cuidar um pouco daquele termo, usado, muitas vezes, sem a devida compreensão.

---

4. MONTESQUIEU, *De l'Esprit des Lois,* L. I, cap. I. Subordinados a este conceito geral de lei, é mister discriminar outros dois: a) *lei* como relação ou conjunto de relações *explicativas* de fenômenos, como os estudados pela Física; b) *lei* na acepção jurídica especial de *norma* escrita emanada pelo Estado, constitutiva de situações jurídicas e dotada de validade objetiva.

A palavra *princípio* tem duas acepções: — uma de natureza moral, e outra de ordem lógica. Quando dizemos que um indivíduo é homem de princípios, estamos empregando, evidentemente, o vocábulo na sua acepção ética, para dizer que se trata de um homem de virtudes, de boa formação e que sempre se conduz fundado em razões morais. A palavra *princípio* tem, porém, um sentido lógico. Logicamente, que se deve entender por princípio?

Para se formar noção clara do que seja princípio, é necessário recordar, previamente, o que se entende logicamente por *juízo*. Quando formulamos um juízo? Quando emitimos uma apreciação a respeito de algo, quer negando, quer afirmando uma qualidade. Se digo que uma parede é branca, estou atribuindo a um ente (a parede) determinada qualidade — a brancura — reconhecendo que esta qualidade lhe corresponde de maneira necessária.

Juízo é a ligação lógica de um predicado a algo, com o reconhecimento concomitante de que tal atributividade é necessária, implicando sempre uma "pretensão de verdade". O juízo, portanto, é a molécula do conhecimento. Não podemos conhecer sem formular juízos, assim como também não podemos transmitir conhecimentos sem formular juízos. A expressão verbal, escrita ou oral, de um juízo, chama-se *proposição*.

Quando combinamos juízo entre si segundo um nexo lógico de conseqüência, dizemos que estamos raciocinando. *Raciocínio,* portanto, é um conjunto ordenado e coerente de juízos. Se estamos dando uma aula, estamos raciocinando e, ao raciocinar, combinamos juízos, procurando investigar e revelar, de maneira congruente, relações entre conceitos.

Não é possível haver ciência, é claro, sem esta operação elementar de enunciar juízos e de combinar juízos entre si. A ciência implica sempre uma coerência entre juízos que se enunciam. É necessário que os enunciados — e a enunciação é a essência do juízo — não se choquem nem se conflitem, mas se ordenem de tal maneira que entre eles exista um nexo comum que lhes assegure coerência e validez.

Se todo juízo envolve uma pergunta sobre sua validade ou o seu fundamento, quando se enuncia um juízo, que não seja por si evidente, há sempre a possibilidade de reduzi-lo a outro juízo mais simples ainda, o qual, por sua vez, poderá permitir a busca de outro juízo que nos assegure a certeza do enunciado, por ser *evidente,* impondo-se como presença imediata ao espírito.

Quando o nosso pensamento opera essa redução certificadora, até atingir juízos que não possam mais ser reduzidos a outros, dizemos que atingimos *princípios. Princípios* são, pois, verdades ou juízos fundamentais, que servem de alicerce ou de garantia de certeza a um conjunto de juízos, ordenados em um sistema de conceitos relativos a dada porção da realidade. Às vezes também se denominam *princípios* certas proposições que, apesar de não serem evidentes ou resultantes de evidências, são assumidas como fundantes da validez de um sistema particular de conhecimentos, como seus *pressupostos* necessários.

Os princípios por excelência são os de identidade e de não-contradição, de razão suficiente e de terceiro excluído. Se afirmamos que A é igual a A, e que A não pode ser não-A ao mesmo tempo, estamos enunciando princípios, ou seja, juízos fundamentais, sem os quais seria impossível o ato mesmo de pensar, bem como o de transmitir qualquer conhecimento certo.

Se uma coisa pudesse ser ao mesmo tempo o seu contrário, é claro que não haveria possibilidade de ciência. Os princípios de identidade e de não-contradição governam, como princípios universais, toda ciência e todas as possibilidades de conhecimento.

Assim sendo, toda e qualquer ciência implica a existência de princípios, uns *universais* ou *omnivalentes* (ou seja, comuns a todas as ciências); outros *regionais* ou *plurivalentes* (comuns a um grupo de ciências) e outros, ainda, *monovalentes* por só servirem de fundamento a um único campo de enunciados.

Exemplos de princípios omnivalentes são o de *identidade* e o de *razão suficiente,* pois não há campo do conhecimento humano que possa deles prescindir.

Já o *princípio de causalidade,* que os positivistas consideravam de alcance universal, só é válido para a explicação dos fenômenos naturais, abrangendo o conjunto das ciências respectivas. Trata-se, por conseguinte, de um princípio plurivalente, visto ser essencial à Física, à Química, à Mineralogia etc. Coisa análoga ocorre com o *princípio de finalidade,* que se refere, propriamente, aos domínios das ciências culturais, ou do

FILOSOFIA DO DIREITO

espírito. Aquele, porém, é, "regionalmente", mais amplo do que este, pois, se é absurda qualquer consideração teleológica dos fatos naturais, não se exclui a explicação *causai* dos fatos humanos, inclusive como condição de realização dos fins. No setor das Matemáticas, porém, não haveria que falar em causalidade, pois 2 + 3 *são* 5, mas não *causam* 5.

Há, porém, também princípios *univalentes,* cuja aplicação fica circunscrita ao campo de uma única ciência, como é o caso dos "princípios gerais de Direito".

Podemos, aqui, fazer uma comparação que, até certo ponto, esclarecerá o problema. Um edifício tem sempre suas vigas mestras, suas colunas primeiras, que são o ponto de referência e, ao mesmo tempo, elementos que dão unidade ao todo. Uma ciência é como um grande edifício que possui também colunas mestras. A tais elementos básicos, que servem de apoio lógico ao edifício científico, é que chamamos de *princípios,* havendo entre eles diferenças de destinação e de índices, na estrutura geral do conhecimento humano.

O Direito como Ciência

19. O Direito também se funda em *princípios,* uns de alcance universal nos domínios da Lógica Jurídica, outros que se situam no âmbito de seu "campo" de pesquisa, princípios estes que são de importância, não apenas no plano da Lógica normativa, mas também para a prática da advocacia. Lembremo-nos de que, na Lei de Introdução ao Código Civil, encontramos um artigo mandando aplicar os *princípios gerais de Direito,* quando haja lacuna na lei por falta de previsão específica do legislador. Naqueles casos em que o magistrado não encontra lei correspondente à hipótese *sub judice,* não só pode recorrer à analogia, operando de caso particular para caso particular semelhante, ou ao direito revelado através dos usos e costumes, como deve procurar resposta nos *princípios gerais de Direito.* Isto quer dizer que o legislador solenemente reconhece que o Direito possui seus princípios fundamentais.

Na realidade, não precisava dizê-lo, porque é uma verdade implícita e necessária. O jurista não precisaria estar autorizado pelo legislador a invocar princípios gerais, aos quais deve recorrer sempre, até mesmo quando encontra a lei própria ou adequada ao caso. Não há ciência sem princípios, que são verdades válidas para um determinado campo de saber, ou para um sistema de enunciados lógicos. Prive-se uma ciência de seus princípios, e tê-la-emos privado de sua substância lógica, pois o Direito não se funda sobre normas, mas sobre os princípios que as condicionam e as tornam significantes.

Chamamos de *princípios monovalentes* àqueles que são válidos apenas para um sistema determinado de indagação. No Direito, temos um exemplo bastante expressivo, que é aquele segundo o qual "ninguém se escusa alegando ignorar a lei". Eis aí uma ficção, ou melhor, um "pressuposto" que serve de base a toda atividade do juiz e do advogado. Se apreciarmos a matéria sob o prisma empírico, será fácil demonstrar o absurdo daquela afirmação, porquanto nenhum homem, por mais ilustrado que seja e por mais que tenha vivido, poderá considerar-se conhecedor de todas as leis de um país. Isto não obsta, porém, que a lei deva ser havida como conhecida, não só pelas partes litigantes, como também pelo juiz: — é um princípio compreensível no plano do *dever ser,* um *postulado da razão prática jurídica.*

Eis um princípio monovalente, quer dizer, válido apenas para o campo do Direito e que se impõe por motivos peculiares ao mundo jurídico. O Direito exige que assim seja, porque, se assim não fosse, não haveria certeza, nem segurança no viver social: — donde se conclui que se trata de uma regra geral sem a qual a ordem jurídica efetiva não seria pensável.

É claro que no âmbito da experiência jurídica há *princípios plurivalentes,* comuns à Jurisprudência e às demais ciências sociais, assim como *princípios omnivalentes,* isto é, inerentes a toda e qualquer forma de conhecimento.

O certo é que, tanto no Direito, como nas demais ciências, o trabalho da inteligência se desenvolve através destas três ordenações, que são os *tipos,* as *leis* e os *princípios,* de cuja relação resulta a unidade de um sistema.

Não existe ciência sem certa unidade sistemática, isto é, sem entrosamento lógico entre as suas partes componentes.

O Direito, por exemplo, como experiência humana, como fato social, existiu na Grécia, como entre os povos orientais, mas passou a

FILOSOFIA DO DIREITO

ser objeto de ciência tão-somente no mundo romano, pelo menos de maneira autônoma e rigorosa, quando adquiriu *unidade sistemática.* Foram os povos do Lácio que, pela primeira vez, tiveram a compreensão de que era preciso discriminar e definir os diversos *tipos* de fatos jurídicos, bem como determinar as relações constantes existentes entre eles, ou seja, as *leis,* visando a atingir os *princípios* que governam a totalidade da experiência do Direito. Quando a experiência jurídica encontrou suas correspondentes *estruturas lógicas,* surgiu a Ciência do Direito como sistema autônomo e bem caracterizado de conhecimento. A Ciência Jurídica, como veremos, é uma ciência de estruturas normativas, e, mais propriamente, de *modelos jurídicos*[5].

Como diz Emílio Betti, não pode haver norma jurídica sem configuração por tipos *(tipificação)* das situações de fato, visto como de todos os aspectos da vida social, o Direito surpreende e fixa apenas os que se referem a seus problemas de organização e de composição[6].

Foi com o trabalho perseverante e sutil de tipificação — trabalho este que implica uma contribuição positiva do espírito, superando o que há de fragmentário e de contingente na experiência social — que os romanos deram ao Direito dignidade de ciência, com tal profundidade e rigor que Leibniz não vacilava em incluir a Jurisprudência, conforme os modelos clássicos, entre os modos de saber afins ao matemático[7].

A nosso ver, a racionalidade positiva da Ciência do Direito não exclui, mas antes implica o recurso a *elementos conjeturais,* como bem o compreenderam os romanos, empregando a *fictio iuris.* No recente livro *Nova Fase do Direito Moderno* (Saraiva, 1990), julgamos ter demonstrado a relevante função das *conjeturas* na experiência jurídica, entendendo o juízo conjetural como um juízo problemático que, no plano das *idéias,* completa aquilo que o nosso espírito não logra expres-

---

5. Cf. MIGUEL REALE, *O Direito como Experiência,* São Paulo, 1968, onde o leitor encontrará a nossa *"teoria dos modelos jurídicos".*

6. BETTI, *Istituzioni di Diritto Romano,* 2ª ed., Pádua, 1947, pág. 3. Consulte-se nosso estudo "Concreção de fato, valor e norma no Direito romano clássico" no livro *Horizontes do Direito e da História,* 2ª ed., São Paulo, 1977, págs. 55/74.

7. LEIBNIZ, *Nouvenaux Essais sur l'Entendement Humain,* ed. de Paul Janet, Paris, 1866, L. IV, cap. II, § 9º.

sar como *conceitos* experimentalmente verificados, ainda que de maneira provisória e refutável.

Vistos os elementos gerais que caracterizam o saber científico, podemos passar ao âmago do conhecimento filosófico, que é o seu caráter crítico-axiológico.

Capítulo VI

Natureza Crítico-Axiológica do Conhecimento Filosófico

Sentido Geral do Criticismo

20. Podemos partir da observação preliminar de que o conhecimento científico é conhecimento no sentido da generalidade, enquanto que o conhecimento filosófico é conhecimento do universal.

A ciência opera sempre uma generalização e, em certo sentido, só há ciência do geral, ou melhor, do genérico. As generalizações da ciência, porém, tornam possível uma explicação mais geral ainda, pondo a exigência de certas generalidades que não comportem redução a uma generalidade mais ampla. Quando atingimos explicações tão gerais que não seja possível pensá-las mais gerais ainda, dizemos que atingimos explicações universais. É por isso que podemos dizer que a ciência é conhecimento do genérico, ao passo que a Filosofia é conhecimento do universal.

Usavam os tratadistas medievais dois termos expressivos: — *generalia* e *universalia,* que podemos aceitar, embora sem concebermos as verdades universais como o grau final ou extremo de simples generalizações sucessivas, porque são antes a condição lógica de qualquer processo generalizador. É em razão de seu caráter *universal* que se aponta a Filosofia como sendo a ciência por excelência, o saber dos primeiros princípios ou das causas primeiras.

No caso, por exemplo, da Filosofia do Direito, não vamos nos contentar com as explicações que o teórico do Direito pode atingir partindo dos dados empíricos, através de simples abstração generalizadora. Cabe-nos procurar aquelas verdades últimas que governam também as generalizações empíricas dos juristas, dando-lhes validade, pela verificação com base em princípios.

Teremos desse modo, ocasião de indagar dos princípios informadores do direito objetivo, da estrutura e das categorias lógicas das regras jurídicas, do direito subjetivo, das relações jurídicas, das fontes etc., em uma ordem de pesquisas válida para todo o campo da Jurisprudência, ou seja, para os Direitos Penal, Comercial, Civil, Constitucional, no Brasil e no estrangeiro.

A Filosofia do Direito não fica adstrita a um campo determinado da realidade jurídica, mas procura atingir conceitos de validade universal para a totalidade da experiência, muito embora tais verdades revelem aplicações e aspectos diversos no plano concreto da História.

A Filosofia busca, por conseguinte, atingir respostas de valor universal, não redutíveis a contingências de espaço e de tempo, porque relativas à essência mesma dos problemas. É isto que distingue, de certa forma, o saber científico do saber filosófico, o que não significa, é claro, que a Filosofia se desenvolva com abstração dos dados da experiência, que ela, ao contrário, necessariamente envolve e compreende: — a busca de *universalidade* não exclui, mas antes exige, a consciência da perfectibilidade ou da natureza inacabada e sempre provisória de todas as formas de conhecimento, filosófico ou científico.

Por outro lado, é preciso notar, desde logo, que o conhecimento filosófico tem uma nota especial, que é o seu caráter *crítico-axiológico,* sem o qual o *genérico* não é superado pelo *universal:* este supera aquele enquanto o põe em crise, pela sondagem de seus pressupostos.

Já explicamos em que sentido usamos a palavra *crítica.* Criticar significa, na linguagem vulgar, ver nas coisas o que as coisas possuem de negativo ou depreciável. Na linguagem vulgar, é isto: — pôr entre parêntesis o que é bom, para ver só o que é mau.

Em sentido geral, não pejorativo, criticar é fazer apreciação de algo segundo determinado critério, tão certo como pensar é julgar.

Em Filosofia, empregamos a palavra *crítica* em sentido ainda mais restrito. A crítica filosófica é sempre a apreciação dos *pressupostos* de

FILOSOFIA DO DIREITO

algo segundo critérios de valor, tanto assim que se pode afirmar que toda *crítica* se distingue por sua natureza axiológica. Daí preferirmos a expressão "crítico-axiológica" para pôr em realce o elemento valorativo como componente essencial do conhecimento crítico e como condição de sua objetividade.

Quando fazemos crítica filosófica, em suma, o que procuramos conseguir são as condições primeiras, sem as quais a realidade não teria significação ou validade. Fazer crítica, portanto, é descer à raiz condicionante do problema, para atingir o plano ou estrato do qual emana a explicação possível. Criticar é penetrar na essência de algo, nos seus antecedentes de existência (*pressupostos ônticos*) ou então nos seus precedentes lógicos de compreensão (*pressupostos gnoseológicos*). Tais pressupostos apresentam, pois, necessariamente, um caráter *transcendental,* no sentido de que se põem logicamente antes da experiência, sendo condição dela e não mero resultado de sua generalização.

Nesse trabalho de perquirição do essencial ou de busca dos pressupostos de algo, a valoração é, de certo modo, constitutiva da experiência. Quem filosofa *valora.* Somos obrigados, aqui, a empregar um termo que já logrou, aliás, plena aceitação na linguagem filosófica, em Portugal e no Brasil: — *valorar.* Valorar não é avaliar. *Valorar é ver as coisas sob prisma de valor.* Quando se compra um quadro, não se valora mas se avalia. Em tal caso, compara-se um objeto com outros. Valorar, ao contrário, pode ser a mera contemplação de algo, sem cotejos ou confrontos, em sua singularidade sob prisma de valor. O crítico de arte valora um quadro ou uma estátua, porque os compreende sob prisma valorativo, em seu "sentido" ou "significado". O negociante de arte "avalia" o quadro, depois de valorá-lo. Valorar e avaliar são, portanto, palavras de sentidos distintos, embora complementares. A Filosofia implica valoração. Não é possível fazer crítica filosófica sem subordinar o criticado a um ângulo estimativo, dotado de *objetividade.*

As ciências naturais não se subordinam, com igual intensidade, aos prismas valorativos próprios da Filosofia e das ciências culturais. Daí dizer-se que as ciências naturais são cegas para o mundo dos valores, o que deve ser entendido no sentido de que a "condicionante axiológica" (inevitável em toda forma de conhecimento) não é o motivo determinante dos enunciados das ciências empírico-formais. O material de análise para o cientista é estimativamente indiferente. Não existe preferência

68 MIGUEL REALE

axiológica pelo conteúdo da pesquisa elaborada pelo estudioso do mundo físico e, mesmo do psíquico, enquanto ele realiza pura Psicologia científica.

Se o elemento estimativo ou axiológico está no âmago das ciências culturais, cuja natureza estudaremos logo mais, a Filosofia é o único saber que "valora os valores", no sentido de compreender, não as coisas valiosas e valoradas, mas os valores mesmos enquanto condições que tornam as valorações possíveis. Só ela é, pois, *transcendentalmente axiológica,* visto como as ciências culturais perquirem valores já concretizados historicamente em esferas particulares da realidade.

Condicionamento do Saber Filosófico

21. Note-se a diferença que há entre um cientista no laboratório e o filósofo absorvido em suas especulações. O cientista, no laboratório, procura despersonalizar-se, porque para ele a matéria não envolve preferência. Não se "prefere" um átomo de hidrogênio em si a um de oxigênio: — a preferência, em tais casos, só pode surgir na hipótese de uma relação de meio a fim. A matéria dessa ordem de pesquisas possibilita uma despersonalização, que, apesar de tudo, nunca será total. Uma das afirmações do relativismo de Einstein é a de que até nas ciências matemáticas existe um coeficiente pessoal inevitável. O ideal das ciências exatas seria o da despersonalização completa do observador, para que a realidade pudesse ser surpreendida de maneira objetiva, exata e rigorosa, mas a Epistemologia contemporânea reconhece quão problemática é essa neutralidade isenta.

O filósofo não pode sequer pretender igual objetividade, porquanto o seu *coeficiente de estimativa* compõe e integra o seu modo de filosofar: a *pessoa do filósofo é elemento integrante,* inseparável de sua filosofia, além das circunstâncias histórico-culturais em que ele se situa e que também condicionam o trabalho do cientista.

Há campos da Filosofia em que é possível maior índice de despersonalização, como, por exemplo, ocorre nos domínios da Lógica enquanto Lógica formal, mas esta já toca os lindes da ciência matemática. Em nossos dias, a Lógica vem sendo cada vez mais concebida como conhecimento achegado à Matemática, ou a Matemática como ramo da Lógi-

FILOSOFIA DO DIREITO

ca, referente a aplicações quantitativas, como sustentam Bertrand Russell e Alfred N. Whitehead, mas nem por isto escapam as pesquisas lógicas de vivos contrastes a respeito de questões fundamentais, inclusive quanto à sua própria natureza e a pluralidade de suas formas ou modalidades.

A Filosofia não se identifica com a Lógica por maior extensão que se dê a este termo. A Lógica transcendental é condição do filosofar, mas não é toda a Filosofia[1]. A Filosofia é Moral, é Estética, é Filosofia da Religião, Filosofia da História, Filosofia do Direito, Filosofia Econômica, é Metafísica, e quando realizamos todas essas tarefas, o coeficiente pessoal de estimativa ressurge com uma força viva inelutável.

De certa maneira, devemos reconhecer que os sistemas filosóficos sempre se ligam à pessoa do filósofo. Cada um de nós possui uma tendência a tomar esta ou aquela outra posição perante o universo e a vida. Não podemos pensar senão daquela forma que corresponde à nossa psique, às nossas inclinações existenciais. Como foi observado por Fichte (1762-1814), a eleição de uma Filosofia está na dependência do homem que se é, das valorações e tendências fundamentais da personalidade[2].

É por isso que já se disse que a Filosofia, em última análise, culmina em uma ciência do homem em sua universalidade, em uma *Antropologia fundamental*. Seria possível estender conclusões semelhantes ao mundo das nações? Dizer que cada país tem sua maneira própria de filosofar? Poderíamos atribuir a cada povo uma tendência para ver, de maneira peculiar, as coisas e a vida? Alguns autores afirmam que também as nações revelam coeficientes próprios e prevalecentes de estimativa, de maneira que os franceses seriam mais racionalistas, enquanto que os anglo-saxões se mostrariam mais empíricos. Poder-se-ia alegar que a

---

1. Lembre-se a clara lição de Croce quando nos diz que a Lógica *(lato sensu)* tem uma posição singular entre as ciências filosóficas, parecendo estar, ao mesmo tempo, dentro e acima da Filosofia, quando, na realidade, "como toda outra ciência filosófica, ela está dentro e não fora da Filosofia; assim como o espelho d'água, que reflete uma paisagem, faz ele mesmo parte da paisagem". (Croce, *Logica come Scienza del Concetto Puro,* Bari, 1928, 5ª ed., pág. 170.)

2. Fichte, *Primera y Segunda Introducción a la Teoria de la Ciencia,* trad. de José Gaos, Madri, 1934, pág. 31: "Que classe de Filosofia se elege, depende, segundo se vê, da classe de homem que se é; pois um sistema filosófico não é como um enxoval que se possa usar ou recusar, segundo nos agrade; mas é algo animado pela alma do homem que o possui".

MIGUEL REALE

Filosofia italiana tem sempre um sentido de composição estética, enquanto a Filosofia espanhola esconde um sentido atormentado de "personalismo", de religião ou de sacralidade.

Parecem-nos de significado bem restrito tais generalizações, como todos os esquemas convencionais. Sugerem, no entanto, vários problemas à nossa cogitação, ligados à *Sociologia do conhecimento,* que, consoante as bases postas por Max Scheler (1875-1928), estuda as relações entre a sociedade e o saber, procurando determinar a natureza e a projeção de cada um dos tipos fundamentais do conhecimento em função das estruturas sociais, ou, como diz Karl Mannheim (1893-1947), procura explicar, segundo seus condicionamentos histórico-sociais, a estrutura e o sentido das ideologias[3].

A propósito, perguntaríamos: — Qual tem sido a tendência do pensamento brasileiro? Há um pensar brasileiro? Às vezes podemos identificar formas de pensar de um norte-americano, de um inglês, de um alemão ou de um francês, mas ainda não saberíamos identificar a maneira de pensar de nossa gente. Por que razão? Falta de maturidade ou falta de hábito de filosofar?

Até hoje não conseguimos responder a tais perguntas, embora sem concordar com aqueles que nos contestam capacidade para a Filosofia. Aliás, essas afirmações têm sido feitas algumas vezes por indivíduos que, infelizmente, não têm mesmo vocação para tais estudos, a que foram levados por motivos contingentes e fortuitos.

Com estas divagações, visamos demonstrar que o saber filosófico não pode ser concebido como algo de separado da circunstancialidade histórica do homem, não nos sendo possível pretender aquele grau de certeza que chamamos *exatidão.*

A Filosofia não é ciência exata, mas pode ser vista como *ciência rigorosa,* muito embora não nos pareça realizável o nobre ideal do qual Husserl foi o último grande paladino, de uma Filosofia como saber de valor absoluto e rigoroso, "com o radicalismo essencial da autêntica

---

3. Cf. MAX SCHELER, *Sociología del Saber,* trad. esp., 1935; KARL MANNHEIM, *Essays on the Sociology of Knowledge,* Londres, 1952 e WERNER STARK, *The Sociology of Knowledge,* Londres, 1958.

FILOSOFIA DO DIREITO

ciência filosófica"[4]. O rigorismo filosófico não é incompatível com o reconhecimento do que há de histórico e de contingente no ser humano, que, tudo somado, é o foco de todos os valores e entes valiosos, entre os quais se situam a Ciência e a Filosofia. Inevitáveis são certas opções que dependem da pessoa do filósofo e de sua condicionalidade histórico-social, mas isto não impede, antes exige que, aceito um ponto de partida, nos mostremos rigorosa e convictamente fiéis na seqüência de nossos raciocínios. A Filosofia implica, em suma, rigor ou coerência íntima, mas não se ilude com a exatidão.

Se examinarmos bem, veremos que o "exato" é neutro e a-histórico. O "exato" pode revelar-se em dado momento da história, mas não se historiciza. A exatidão de um teorema de Pitágoras é a mesma há dois mil anos, como daqui a outros mil. Na Ásia ou na África, ela independe de qualquer estimativa, de qualquer valoração: — *só o valioso se historiciza,* o que se compreende por ser o valor uma dimensão do homem realizando-se com ele na história.

A Filosofia não pretende o plano do exato, nem faz concorrência às ciências no campo da exatidão. A Filosofia, ao contrário, contenta-se com o rigoroso, que é perfectível por definição; e o rigor mesmo já é ideal nem sempre atingido. De um filósofo, o que se exige não é que ele seja tomista, kantiano, ou pragmatista, mas que seja capaz de ordenar suas idéias com coerência, ou seja, com unidade nas conseqüências, vivendo a autenticidade das condições formadas com prudência crítica.

Existem alguns filósofos, dentre os chamados positivistas lógicos, que não se conformam com esta falta de "exatidão" da Filosofia, e resolvem o problema pondo comodamente a Estética, a Ética, e sobretudo a Metafísica, fora dos domínios da cogitação filosófica. Representariam elas meros conjuntos de opiniões variáveis e incertas, merecedoras de respeito, mas não suscetíveis de autêntica perquirição filosófica como tal.

Os positivistas lógicos, por mais que pretendam evitar, reduzem a Filosofia à Metodologia das ciências, a uma linguagem técnica do saber científico. Pensamos, no entanto, que a Filosofia não pode deixar de ser

---

4. Cf. EDMUND HUSSERL, *A Filosofia como Ciência de Rigor,* trad. port., Coimbra, 1952, pág. 72 e *passim.*

uma estimativa transcendental do universo e da vida, e uma indagação fundamental sobre o destino e a ação do homem, e que os próprios neopositivistas mal logram esconder os pressupostos axiológicos sobre os quais assentam suas convicções.

Capítulo VII

Relações entre Filosofia e Ciência Positiva

Acepções da Palavra "Ciência"

22. Discriminando as várias doutrinas que procuram situar a ciência, estrito senso, isto é, as chamadas ciências positivas, perante a Filosofia, cumpre, mais uma vez, esclarecer que o termo "ciência" pode ser tomado em duas acepções fundamentais distintas:

a) — como "todo conjunto de conhecimentos ordenados coerentemente segundo princípios";

b) — como "todo conjunto de conhecimentos dotados de certeza por se fundar em relações objetivas confirmadas por métodos de verificação definida, suscetível de levar quantos os cultivam a conclusões ou resultados concordantes"[1].

A Filosofia é também "ciência" na primeira das acepções acima; é, pode-se dizer, a ciência por excelência. Resta verificar se pode ou deve ser concebida na segunda acepção restrita, que cabe à Física, à Astronomia, à Química, à Psicologia etc., sobretudo em virtude das reservas que,

---

1. Cf. Lalande, *Vocabulaire de la Philosophie*, Paris, 1932, 4ª ed., t. II, págs. 735 e segs. A rigor, pelos motivos já expostos, poderíamos acrescentar à clássica definição de Lalande esta frase: "ainda que sempre refutáveis", consoante ensinamento de Karl Popper.

74 MIGUEL REALE

hoje em dia, se fazem a um conceito de *objetividade* isento de pressupostos valorativos.

O estudo desta matéria é, de certa maneira, destinado à sistematização daquilo que já foi exposto. Já analisamos alguns dentre os pontos de vista mais importantes como, por exemplo, a tese dos positivistas, antigos e modernos, que, praticamente, subordinam a Filosofia às ciências ou realizam uma identificação entre o conhecimento filosófico e o conhecimento científico.

Em seguida, fizemos a crítica das correntes positivistas, mostrando que existe algo de próprio ao conhecimento filosófico, que chamamos de critério crítico-estimativo. Vamos agora tentar uma sistematização ou discriminação das diferentes maneiras segundo as quais é possível focalizar a relação entre a Filosofia e a ciência. Não se trata de uma classificação, mas apenas de uma discriminação com intuitos pedagógicos.

Objeto e Método

23. Devemos partir da consideração de que toda ciência implica um *objeto próprio*. Toda ciência possui um objeto que representa a sua razão de ser. É necessário, então, entender com rigor o que se indica com o termo *objeto*.

A palavra *objeto* pode ser tomada em dois sentidos — material e formal. As ciências não se distinguem umas das outras pelo objeto material, mas sim pelo formal. Antes de precisar as notas conceituais sobre o assunto, é melhor apreciar um exemplo dado pela experiência do próprio jurista.

Vejamos quantas ciências fundamentais podem destinar-se ao estudo da *realidade jurídica* ou da experiência do Direito. O Direito, como se sabe, é um fenômeno social, uma realidade que se desenvolve através do espaço e do tempo. A realidade jurídica pode ser estudada, no mínimo, sob três prismas diferentes. Em primeiro lugar, temos o ponto de vista do sociólogo, que busca surpreender no fenômeno jurídico as leis de sua estrutura, os nexos de antecedente e conseqüente, os laços causais, assim como determinar a ligação entre o fenômeno jurídico e outros fenômenos sociais. Se perguntamos, por exemplo, sobre a influência da Economia no mundo do Direito, ou indagamos das li-

FILOSOFIA DO DIREITO 75

gações que existem entre a experiência jurídica e os elementos geográficos, demográficos ou raciais, estamos realizando um trabalho que é tipicamente sociológico-jurídico. A *Sociologia Jurídica* ou *Jurisprudência Sociológica,* por conseguinte, tem como objeto material a experiência jurídica ou a conduta jurídica. Aprecia, no entanto, essa experiência jurídica sob certo prisma, visando a certo aspecto ou, por outras palavras, de uma forma causai ou funcional.

O historiador do Direito também volve sua atenção para os mesmos fenômenos sociais, mas com outras intenções. Procura individualizar os fatos e integrá-los em um "sentido geral", mas não atingir leis gerais. O historiador dá valor relevante àquilo que é particular, que é próprio de cada caso; mas não é possível, evidentemente, estudar *História,* sem ordenar os fatos e captar-lhes o significado na totalidade de sua projeção temporal. A primeira preocupação do historiador é a de reviver o caso em sua singularidade específica para compreender seu significado no tempo. Daí podermos asseverar que a História é uma ciência que se preocupa, de maneira prevalecente, com o valor total do particular, mesmo porque, desligado da realidade cultural na qual está inserido, o *fato* não teria significado histórico. Em última análise, os fatos são momentos de um processo: são as "civilizações", e não os fatos isolados como tais, o verdadeiro objeto da História, da qual os homens são os protagonistas.

O sociólogo vê os fatos sociais nas suas ligações gerais, enquanto que o historiador os perquire naquilo que os singulariza como "momentos de vida". Um fato particular tem para o historiador uma importância fundamental, tanto maior quanto maior o seu significado geral. Para o sociólogo o fato não só tem relevância enquanto se ordena no processo geral dos demais fatos da História, no conjunto dos fenômenos sociais, mas também enquanto possibilita a averiguação de uma ou de mais *relações objetivas,* traduzíveis em leis de estrutura e de desenvolvimento. É evidente, pois, a complementariedade dos estudos sociológicos e históricos.

A *Jurisprudência* ou Ciência do Direito tem por objeto o mesmo fenômeno histórico-social que chamamos fenômeno jurídico. A nossa preocupação é diversa, no entanto; não se confunde com a do historiador do Direito, nem tampouco com a do sociólogo. O jurista estuda a mesma realidade sob *aspecto normativo* ou regulativo. O sociólogo descreve e compreende o fato social, mas o jurista tem a função de ver o fenômeno associativo sob o prisma de um dever jurídico, na busca de seu *sentido como conduta*, pois a Jurisprudência é um dos estudos normativos ou regulativos da convivência humana, uma *disciplina de atos futuros, por ser uma ordenação de comportamentos sociais segundo esquemas típicos exemplares,* isto é, *segundo modelos normativos.*

Nenhum sociólogo, ao voltar sua atenção para o fenômeno do Direito, tem a preocupação de pôr normas ou de interpretar as que vigoram em uma coletividade, tendo por fim a sua aplicação. O jurista, ao contrário, somente encontra plenitude, em sua visão da realidade social, na medida e enquanto ela alberga regras, normas, preceitos, imperativos, o que tudo demonstra quanto deve andar informado o jurista das investigações da História e da Sociologia, muito embora sem se subordinar aos seu "campos de pesquisa".

Estamos vendo como a mesma realidade jurídica pode ser objeto de três ciências diversas, cada qual surpreendendo na realidade social um aspecto ou um significado, segundo pontos de vista distintos e distintas exigências metodológicas.

Não é, pois, o objeto material que distingue uma ciência das outras. A matéria de estudo pode ser a mesma, como acontece no exemplo que acabamos de invocar. O que diversifica um ramo do saber é seu *objeto formal,* ou seja, a especial maneira com que a matéria é apreciada, vista, considerada. O objeto formal de uma ciência, portanto, liga-se ao ângulo especial de apreciação de um objeto material.

Cada ciência, por conseguinte, tem seu objeto formal, sendo certo que, para ver as coisas sob certo prisma, devemos seguir a via correspondente e apropriada. *O problema do método é correlato ao problema do objeto.*

Para determinar dado aspecto do real, é preciso focalizar a questão sob ângulo especial e seguir certo caminho ou processo. O problema do método, repetimos, liga-se ao problema do objeto. Pode-se dizer que são problemas correlatos, que se exigem e se explicam reciprocamente. Há mesmo filósofos, como os neokantianos, que levam tão longe a correlação entre método e objeto que acabam asseverando não ser este senão o resultado do método, e que é o método que põe o objeto. Os neokantianos da Escola de Marburgo não distinguem, pois, essencialmente, entre

FILOSOFIA DO DIREITO

objeto e *método*.

Veremos, dentro em pouco, em que consistiu a revolução gnoseológica operada por Kant e qual o seu significado na História da Filosofia. Não é demais, no entanto, lembrar agora que, antes de Kant, a Filosofia clássica vivia girando em torno de objetos, aos quais se subordinava essencialmente; enquanto que, no dizer de Kant, quem deve ficar fixo é o sujeito, em torno do qual deve girar o objeto, que somente é tal porque "posto" pelo sujeito.

Era isso o que Kant chamava significativamente de *revolução copernicana*. Assim como Copérnico supera o sistema ptolemaico, colocando não mais a Terra, mas sim o Sol no centro de nosso sistema planetário, afirmava o filósofo germânico ser necessário romper com a atitude gnoseológica tradicional. Em lugar de se conceber o sujeito cognoscente como planeta a girar em torno do objeto, pretende Kant serem os objetos dependentes da posição central e primordial do sujeito cognoscente. Esta referência ao criticismo de Kant visa a mostrar a correlação essencial que existe entre o problema do objeto e o do método, até ao ponto de subordinar-se um problema ao outro: — uma ciência viria a ser o seu método, porque o sujeito que conhece, ao seguir um método, criaria, de certa maneira, o objeto, como momento de seu pensar[2].

Focalizada a importância da correlação entre objeto e método, vejamos como seria possível conceber a relação entre Filosofia e ciência segundo os dois critérios conjuntamente.

Formulemos estas perguntas: — Filosofia e Ciência têm o mesmo *objeto*? Filosofia e Ciência têm o mesmo *método*? Na resposta a essas perguntas, assim como no reconhecimento da validez de seus enunciados, discriminam-se e entrecruzam-se as doutrinas. Não é possível aqui excessivo rigor sistemático, mas, de qualquer maneira, poderemos fixar certas diretrizes de valor geral. Passemos questão de frisar que a discriminação não poderá valer como traçado de fronteiras inamovíveis entre um campo e outro, mesmo porque o modo de formular as questões em apreço já decorre da eleição de determinada perspectiva.

---

2. Sobre a posição ontognoseológica perante a "revolução copernicana" de KANT, v. nosso livro *Experiência e Cultura,* cit., especialmente o Capítulo I.

MIGUEL REALE

Devemos colocar em primeiro lugar aquelas correntes de pensamento que afirmam existir entre Filosofia e Ciência *identidade de métodos* e *identidade de objeto,* salvo um grau ou momento maior de generalização, que permaneceria idêntica na linha essencial de seu desenvolvimento.

Esta doutrina já foi examinada, pois nos referimos ao positivismo sob todas as suas modalidades; é a que praticamente identifica Filosofia e Ciência, vendo na primeira apenas uma síntese das conquistas realizadas pela segunda.

Segundo os positivistas, consoante o já exposto, não há diferença metodológica entre o conhecimento científico e o filosófico, mas apenas diversidade quanto às conclusões em seu grau de generalidade.

Metodologia da Filosofia e das Ciências

24. A segunda posição é a que põe, entre Filosofia e Ciência, *identidade de métodos* e *diferença de objeto.* Lembramos, por exemplo, a chamada doutrina tradicional, ou seja, a aristotélico-tomista que não faz diferença fundamental quanto ao método aplicável nos conhecimentos filosófico e científico. Filosofia e Ciência recorreriam sempre aos mesmos métodos, tais como a dedução, a indução e a analogia.

A diferença entre Filosofia e Ciência consistiria propriamente, no seu objeto. A ciência, segundo esta maneira de ver, não vai além daquilo que é relativo, enquanto que a Filosofia atinge o conhecimento do *absoluto.*

Que significa conhecimento relativo? É o conhecimento que vale porque se *relaciona* a um outro que lhe serve de fundamento. Conhecimento relativo, portanto, é aquele que se opera no plano das relações. Quando se diz que a ciência é conhecimento do relativo, estamos dizendo que se trata de conhecimento de tal natureza que seus juízos possuem validez nos limites do estrato de realidade explicado, e em função dos princípios aos quais dito sistema se refere. O conhecimento científico, por conseguinte, é conhecimento "relacional", e como tal, relativo.

Que significa absoluto? A palavra latina é muito expressiva: — *ab solutus. Solutus* vem do verbo *solvere,* que quer dizer desfazer, desunir,

FILOSOFIA DO DIREITO 79

desatar, separar. A palavra "solução" é interessante para compreender-se bem o sentido daquele termo: — solver uma dificuldade é desfazê-la. *Ab é* uma preposição que indica "afastamento de". Por conseguinte, conhecimento absoluto é o totalmente livre de laços que o prendam a outros elementos. É o que vale por si, não pela conexão que tenha com outros conhecimentos.

Segundo a doutrina aristotélico-tomista, para não darmos senão um exemplo, a razão humana teria possibilidade de penetrar naquilo que o ser é em si mesmo. A Filosofia seria, antes de mais nada, uma teoria do ser enquanto ser, uma Ontologia, tomada a palavra na sua acepção mais ampla, como sinônimo de Metafísica, único estudo capaz de nos oferecer os fundamentos dos conhecimentos particulares, tanto no plano especulativo como no da prática, isto é, das ciências e da Ética, da Estética e da História. Todas as ciências estariam condicionadas à Metafísica, como sua explicação primeira.

Evidencia-se, desse modo, a diferença radical entre o ponto de vista dos positivistas, que reduzem a Filosofia a um conhecimento de fenômenos, e a compreensão aristotélico-tomista, que nos apresenta a Filosofia como conhecimento possível da coisa em si, do "ser enquanto ser", consoante enunciado lapidar de Aristóteles em sua *Metafísica.*

Não vamos, por enquanto, criticar o conteúdo das doutrinas, pois nos move, por ora, apenas o intuito de esclarecer a posição de algumas delas com referência concomitante aos problemas do *método* e do *objeto.*

25. Analisemos, agora, uma terceira corrente. É aquela que diz que entre Filosofia e Ciência o que existe é *apenas uma distinção essencial quanto ao método, daí resultando diferenças* quanto ao objeto.

Note-se bem a diferença entre a segunda e a terceira corrente. A segunda aceita a identidade dos métodos e uma diferença de objetos, no sentido de que, embora referida ao mesmo objeto material, a Filosofia poderia atingir algo que a Ciência não atinge, não os *generalia,* mas os *universalia.*

Ora, a terceira corrente declara que, se existe uma diferença de objeto, é porque existe uma prévia diferença de método, e que do geral

80   MIGUEL REALE

não se passa ao universal sem uma prévia e radical mudança de atitude espiritual.

Poderíamos lembrar várias doutrinas. Vamos limitar-nos a um exemplo bastante expressivo no mundo contemporâneo, o dado pelo pensamento de Henri Bergson (1859-1940), um dos maiores filósofos, se não o maior filósofo da França na primeira metade do século XX.

Bergson é um pensador de formação inicial evolucionista, por ele superada definitivamente no sentido de uma Metafísica concebida sobre novas bases, que procurou estabelecer em fecundo contacto com as pesquisas científicas. Vejamos em que sentido surge a Metafísica bergsoniana, pondo em equação, preliminarmente, o problema do método.

O pensamento de Bergson, que, sob vários aspectos, assinala a passagem do naturalismo do século XIX para a problemática de nossa época, baseia-se numa distinção fundamental entre *inteligência* e *intuição,* distinção que sob denominações diversas encontramos em outros sistemas, tão penetrante foi a influência do mestre gaulês.

Segundo Bergson, o homem seria senhor de dois modos ou instrumentos fundamentais de conhecer, que seriam de natureza intelectiva um, e de ordem intuitiva o outro. São dois processos que se completam, cada qual dotado de certa qualidade ou de um valor próprio. A inteligência é o grande instrumento da Ciência, a poderosa alavanca mediante a qual o homem se torna senhor da realidade, subordinando-a a seus fins vitais. O homem, colocado em face da realidade, procura dominá-la. Domina-a partindo-a dividindo-a, seccionando-a. O meio de que o homem se serve para o domínio da natureza é a inteligência. A inteligência opera através de quantificação ou de espacialização. O conhecimento da Ciência é quase que conhecimento quantificado, numérico. Bergson. no fundo, aceita a tese de Augusto Comte de que o ideal das ciências é a Matemática. Uma Ciência é tanto mais exata quanto mais se avizinha do ideal das Matemáticas, abrangendo o real em fórmulas e equações. O conhecimento do físico, do químico, ou do astrônomo, atinge uma perfeição extraordinária, porque é suscetível de expressar-se numericamente, em súmulas quantitativas, que partem o movimento e o representam como algo abstrato, cindindo o real em uma sucessão de visões fragmentárias, cuja redução infinitesimal se harmoniza com as exigências do saber positivo.

O homem quantifica a natureza, para dominá-la. De certa maneira, constitui um sistema convencional de índices quantitativos, para adaptar

FILOSOFIA DO DIREITO

a realidade à nossa existência. Pensemos, por exemplo, na temperatura, que concebemos sob a expressão de graus, que não existem, a não ser em nossa representação convencional. Dividimos o tempo, "espacializamo-lo" em anos, semestres, meses, dias, horas, minutos e segundos. O tempo em si mesmo não possui essas divisões. Somos nós que as criamos ou inventamos, para adaptar o tempo à nossa vida, à nossa existência. O homem, portanto, através da inteligência, modela o mundo segundo sua imagem. A Ciência é uma fragmentação do real, pois a inteligência, faculdade de fabricar instrumentos destinados a fazer outros instrumentos *(des outils à faire des outils),* não pode representar claramente senão o *descontínuo* e a *imobilidade.*

Há um ideal de numerar tudo e de reduzir tudo a quantidades e frações. É a inteligência que permite ao homem o domínio da realidade. Mas, observa Bergson, esse conhecimento é um conhecimento que fica, de certa maneira, na superfície das coisas. É um *conhecimento instrumental,* que tem significado e sentido tão-somente porque satisfaz aos fins da existência humana. O homem, no entanto, sente a angústia de achegar-se ao ser, sem o intermédio dessas fórmulas numéricas fragmentárias e quantitativas. O homem sente necessidade de entrar em contacto direto e imediato com o "real", o não suscetível de ser partido e quantificado. O real, diz Bergson, é fluido, contínuo, inteiriço. Somos nós que o partimos e fragmentamos. A realidade é "duração pura" sem hiatos e intermitências. Como será possível ao homem atingir aquilo que é em si uno e concreto, todo e contínuo, autêntico, não deturpado? O instrumento de penetração do homem no mundo da *durée pure* seria a *intuição.*

A intuição é o processo próprio do filósofo ou do homem enquanto filosofa. A intuição é um modo de conhecer que tem algo do instinto e da emoção, ou, como diz Bergson, é "uma espécie de *simpatia espiritual".* O conhecimento intuitivo opera-se diretamente, como uma sondagem no real para coincidir com aquilo que o real tem de concreto, de único, e, por conseguinte, de inefável[3]. Pense-se na atitude espiritual

---

3.   Cf. BERGSON, *L'Évolution Créatrice,* Paris, 120, esp. cap. II, págs. 147 e segs. e 191 e segs. "...mas é no íntimo mesmo da vida que nos conduziria a *intuição,* isto é, o instinto tornado desinteressado, consciente de si próprio, capaz de refletir sobre seu objeto, de ampliá-lo indefinidamente".

82 MIGUEL REALE

diante dos problemas estéticos, no senso artístico. Compreensão estética não é quantificação numérica, mas, ao contrário, identificação com o próprio objeto contemplado, de maneira que a poesia seria uma forma fundamental, inicial, de compreensão do ser. Com esta explicação e os exemplos que daremos a seguir esperamos que ficará compreendida a diferença bergsoniana entre intuição e inteligência. E se não ficar "rigorosamente" compreendida, dever-se-á levar em conta a deficiência do resumo, assim como o que há de vago e de impreciso na doutrina bergsoniana, na determinação do que seja *intuição*.

Há algo de imaginoso nos conceitos bergsonianos de intuição, de "impulso vital" (*élan vital*), duração pura (*durée pure*) etc. Aliás, Bergson deve, em grande parte, o sucesso e a grande repercussão de sua doutrina à sua poderosa capacidade expressional. Não conhecemos filósofo moderno que tenha sido capaz de escrever Filosofia com tanta beleza e riqueza de imagens como Bergson e Nietzsche, os dois pensadores que elevaram a Filosofia a uma expressão estética fundamental, reconduzindo-a a beleza reveladora do modelo platônico.

Bergson dá-nos um exemplo ou imagem interessante para distinguir-se inteligência de intuição. Analisemos o conhecimento de uma cidade. Podemos conhecer Rio de Janeiro ou Paris através de plantas, guias, fotografias. Obtemos fotografias precisas dos quarteirões, das principais praças e monumentos, lemos guias, decoramos nomes de ruas, estudamos a situação das igrejas, dos museus e dos teatros. Eis um conhecimento típico da inteligência, graças à análise de fragmentos, pela composição daquilo que previamente se dividiu e se separou. Este é um conhecimento puramente intelectual. Comparemo-lo, no entanto, com o conquistado por quem vai morar na cidade, põe-se em contacto com suas ruas, com suas casas, com sua gente, não fica na visão fragmentária do todo, mas se insere naquilo que é insuscetível de divisão e de fragmentação. Quem vive assim na cidade, penetra no coração da realidade urbana. É conhecimento por dentro, não apenas por fora, é um *intus ire,* um ir dentro da coisa, para surpreendê-la no que ela possui no íntimo, ou seja, na sua natureza genuína.

A intuição, portanto, representa uma via de acesso direta ao real de maneira que o homem se identifique com o real concreto. Pela intuição, temos um conhecimento que nos põe, digamos assim, em consonância com o real, sem interpelações e sem intermediários. Não discutimos se é aceitável ou não a doutrina de Bergson. O que queremos é

FILOSOFIA DO DIREITO

83

apenas dizer que, segundo ele, é possível um conhecimento das essências, do ser em si, graças à intuição. E a Filosofia, bem longe de ser mero comentário das ciências, ou sua síntese possível, é uma teoria da duração pura (*durée pure*), da realidade em sua concreção autêntica, não deturpada pelo convencionalismo instrumental dos saberes positivos.

26. A atitude de Bergson, sustentando a peculiaridade do método filosófico, não constitui atitude isolada. São muitos os filósofos que sustentam que o saber filosófico implica uma atitude diversa do espírito e, por conseguinte, o emprego de um método peculiar à Filosofia, ora como método exclusivo, ora como método complementar.

Invocaríamos, no passado, a posição de Platão (427-327 a.c.), que foi, indiscutivelmente, o primeiro a pôr com clareza o problema da Filosofia como saber irredutível ao conhecimento das ciências exatas, no que teve sua obra completada pelo gênio de Aristóteles.

Nos tempos modernos, lembraríamos, dentre os grandes pensadores, um Kant ou um Hegel. O método que Kant apresenta como próprio do filósofo é o método *crítico-transcendental,* sobre cujo alcance e natureza iremos desenvolver algumas considerações num dos próximos capítulos.

O método crítico-transcendental de Kant é algo de peculiar a seu sistema, à sua posição filosófica. A mesma coisa deve-se dizer com relação à *dialética* na Filosofia de Hegel (1770-1831). Não podemos, em suma, separar o método da teoria que é própria de cada filósofo. Tomar conhecimento da metodologia kantiana é achegar-se à essência mesma de sua Filosofia, o que vale ainda mais para a dialética hegeliana, como teremos ocasião de demonstrar dentro em pouco.

Nos tempos contemporâneos, encontramos também vários pensadores que sustentam a existência de métodos próprios da Filosofia.

Lembraríamos apenas uma grande corrente, chamada *fenomenológica,* que não deve ser confundida com a da doutrina fenomenista. A corrente fenomenológica, que tem como iniciador o grande mestre alemão Edmund Husserl (1859-1938), sustenta que o saber filosófico se opera através de um processo de esclarecimento de idéias e de captação de essências, que é chamado "método fenomenológico". Mais tarde, também diremos algo mais sobre o processo ou o método fenomenológico, pois

84   MIGUEL REALE

muitos autores afirmam a sua plena vigência para o mundo jurídico, assim como o reputam válido no domínio das pesquisas científicas em geral.

Como se vê, há pensadores que não se conformam com a afirmação de que os filósofos devam se limitar à aplicação dos métodos comuns a todas as ciências.

Também pensamos que os métodos da ciência não são bastantes para a pesquisa filosófica. Não é dito que o filósofo não deva aplicar os processos clássicos de inferência imediata e mediata em seus trabalhos e pesquisas. O que afirmamos é que, além dos métodos que a ciência emprega, quanto aos problemas comuns, a Filosofia exige outras vias especulativas. Pensamos que há métodos filosóficos insubstituíveis, tais como o *fenomenológico* e o *histórico-cultural,* que se completam no estudo das relações humanas, entre as quais se situa, como é óbvio, o Direito.

Quando empregamos aquela última expressão, queremos dizer que a Filosofia pressupõe sempre uma atitude axiológica e, por isso mesmo, crítica, sem ficar confinada a um ângulo particular de estimativa: — é procura integral de pressupostos lógicos, ônticos, ontológicos e valorativos do conhecimento e da realidade, em seu "processo" histórico[4]. Nossa posição pessoal é, pois, incompatível com qualquer monismo metodológico, dada a orientação fundamental de que a realidade não se compreende senão na funcionalidade de suas perspectivas múltiplas.

27. Recapitulando a matéria exposta, vê-se que a distinção entre Filosofia e Ciência, do ponto de vista do método e do objeto, pode consistir, ou em declarar-se que a Ciência e a Filosofia se confundem essencialmente — porquanto o filósofo repetiria em unidade o trabalho dos cientistas — ou em admitir-se uma identidade metodológica, mas com diferença do objeto — porquanto os cientistas ficariam no plano das

---

4. O leitor já terá notado que distinguimos entre pressupostos *ônticos,* e pressupostos *antológicos* do conhecimento ou da realidade. É que, repito, *ôntico* se refere à Ontologia, estrito senso, enquanto que *antológico* diz respeito à Ontologia, lato senso, ou Metafísica. Pressupostos ontológicos são, pois, pressupostos metafísicos, que escapam ao ângulo de análise ontognoseológica, a qual sempre se contém, como já dissemos, no âmbito da correlação sujeito-objeto.

relações, e os filósofos avançariam ou se orientariam até o mundo da coisa em si. Ou, então, temos a terceira posição, daqueles que reconhecem a aplicação parcial da metodologia das ciências no plano filosófico, e a enriquecem ou completam com outras atitudes que envolvem processos peculiares à Filosofia, com prévia mudança de atitude em face dos problemas.

São três as atitudes fundamentais nesta matéria, restando fazer referência a uma quarta posição, que se caracteriza por apontar uma identidade de objeto, não obstante a diferença de métodos adotados.

Esta questão envolve uma série de considerações sobre a possibilidade de conceder-se o objeto formal desligado da posição metodológica. Será difícil sustentar-se uma identidade de objeto formal, e, ao mesmo tempo, uma diferença metodológica, embora também haja e tenha havido autores que pretendam defender essa opinião.

Lembramos certas correntes fenomenistas que acham que Filosofia não transcende o plano do fenômeno e que, portanto, se limita ao estrato das relações fáticas, mas considerando-as, por exemplo, sob o prisma dos fins inerentes ao processo empírico. A ciência, dessa maneira, destinar-se-ia ao estudo das "causas eficientes" dos fenômenos, e a Filosofia indagaria de suas "causas finais", tendo sempre os fenômenos mesmos como objeto o que nos parece dificilmente sustentável.

Haveria, ainda, outras posições a considerar, mas a escassez de tempo obriga-nos a focalizar as questões de maior relevo. É preciso não olvidar, porém, que há muitas outras respostas possíveis, como as ecléticas, ou as que *identificam rigorosamente objeto e método,* como se verifica entre os neokantianos de Marburgo. Não se trata, aliás, de campo onde seja possível fazer seccionamentos de ordem absoluta, sendo as discriminações oferecidas para fins didáticos, para ter-se uma visão panorâmica do assunto.

Capítulo VIII

Do Conhecimento quanto à Origem

O Empirismo ou Empiricismo

28. Entre os problemas propostos pela Gnoseologia, temos o concernente à origem do conhecimento. Quais as fontes de onde promana? Onde o homem vai buscar os elementos de seu conhecimento? Quais os elementos que contribuem a formá-lo e em que medida?

Destacam-se, a nosso ver, três posições fundamentais, que implicam, sempre, várias soluções secundárias, ecléticas, ou de composição: — o empirismo, o racionalismo e o criticismo.

A primeira corrente é a do *empirismo*. Antes, porém, desejamos dizer que estas três ordens de respostas marcam três tendências fundamentais do espírito humano. Sempre houve e sempre haverá empiristas, como sempre houve e haverá racionalistas e críticos. Manifestaram-se atitudes críticas antes de ter sido formulado, de maneira expressa e adequada, o problema da Filosofia crítica.

EMPIRISMO — Em que consiste o empirismo, tomada esta palavra na sua acepção mais ampla? Designamos com o termo empirismo ou empiricismo todas aquelas correntes de pensamento que sustentam ser a origem única ou fundamental do conhecimento dada pela experiência, que alguns simplificam como sendo, em última análise, a experiência sensorial.

O empirismo congrega inúmeros pensadores que assumem várias manifestações e atitudes, através dos tempos, como se depreende do exame, mesmo perfunctório, da matéria na Grécia, na Idade Média ou

FILOSOFIA DO DIREITO 87

na Época Moderna, sendo notáveis as distinções e divergências que atualmente se revelam entre os adeptos do *empirismo científico*, nas tendências defendidas por Ludwig Wittegenstein (1877-1952), Hans Reichenbach (1891-1953), Rudolf Carnap etc.

Em nossos dias, o empirismo revela-se especialmente através do neopositivismo, cuja história se prende às pesquisas sobre a Filosofia da Ciência, a Lógica Simbólica e a Teoria da Linguagem, desenvolvendo-se a partir de Viena, Cambridge e várias universidades norte-americanas, embora a Nova Lógica, como já observamos, encontre, fora do empirismo lógico, muitos de seus mais ilustres cultores.

Alguns neopositivistas fazem questão de se proclamarem empiristas integrais, mas não se pode dizer que essa pretensão seja comum aos adeptos do positivismo lógico. Trata-se, porém de problema sobre o qual não podemos nos alongar, dada a finalidade primordial deste Curso, que é a de possibilitar a compreensão filosófica dos problemas jurídicos.

Quaisquer que sejam as tendências do empirismo, o que o distingue e caracteriza é a tese de que todo e qualquer conhecimento sintético haure sua origem na experiência e só é válido quando verificado por fatos metodicamente observados, ou se reduz a verdades já fundadas no processo de pesquisa dos dados do real, embora sua *validade lógica* possa transcender o plano dos fatos observados. Daí a clara determinação de Bertrand Russell; "empirismo pode ser definido como a asserção de que todo conhecimento sintético é baseado na experiência"[1].

Uma das mais límpidas exposições do empirismo encontra-se na obra de John Locke (1632-1704), intitulada *Ensaios Sobre o Entendimento Humano,* a que já nos referimos. Pois bem, nessa obra, o grande filósofo inglês explica que são as sensações o ponto de partida de tudo aquilo que se conhece. Todas as idéias são elaboração de elementos que os sentidos recebem em contacto com a realidade. Daí ter-se repetido, com vigor novo e sentido diferente, a afirmação de autores medievais,

---

1. BERTRAND RUSSERL, *Human Knowledge, its Scope and Limits,* Londres, 1948, pág. 516. RUSSERL acrescenta que a expressão "conhecimento sintético" pode ser entendida como "toda proposição que não é parte das matemáticas ou da lógica dedutiva, e não é dedutível de qualquer proposição das matemáticas ou da lógica dedutiva".

88 MIGUEL REALE

que, nas pegadas de Aristóteles, declaravam não existir nada no intelecto que não tenha antes passado pelos sentidos: *Nihil est in intellectu quod prius non fuerit in sensu*[2]. Os conhecimentos seriam, pois, *a posteriori*, isto é, posteriores à experiência.

É preciso lembrar, porém, que o fato de originar-se o conhecimento da experiência não importa, segundo Locke, em considerá-lo logicamente válido só nos limites da experiência: — há verdades universalmente válidas, como as verdades matemáticas, cuja validez não se baseia na experiência, mas sim no pensamento mesmo. Verifica-se, pois, na doutrina do pensador inglês, a admissão de uma esfera de validade lógica *a priori* e, portanto, não empírica, no concernente aos juízos matemáticos, de sorte que Locke não pode ser, a rigor, considerado um empirista integral.

Já não é esse o caso, por exemplo, de John Stuart Mill (1806-1873), o qual vincula também o conhecimento matemático à experiência, a ponto de apresentar-nos a *indução* como único método científico. Sustenta, com efeito, Stuart Mill, em seu *Sistema de Lógica* (1843), que todos os conhecimentos científicos resultam de processos indutivos, não constituindo exceção as verdades matemáticas, que seriam o resultado de generalizações a partir de dados da experiência: — na indução resolvem-se, segundo seu modo de ver, tanto o silogismo como os axiomas matemáticos. Foi essa orientação a seguida, no Brasil, por Pedro Lessa (1859-1921) em seus conhecidos *Estudos de Filosofia do Direito,* cuja primeira edição é de 1912.

Entre certos neopositivistas o empirismo se apresenta sob a feição de *fisicalismo,* ou seja, de subordinação de todos os conhecimentos aos dados empíricos, segundo o modelo da Física. Neste sentido é a afirmação de Reichenbach quando contrapõe à "Filosofia especulativa", ou seja, à Filosofia tradicional, outro tipo de Filosofia que "considera a ciência empírica, e não as matemáticas, o ideal para o conhecimento. Os empiristas insistem que a observação sensível é a primeira fonte e o

---

2. "Se, pois, se pergunta: *Quando é que o homem começa a ter idéias?,* eu creio que a verdadeira resposta que se possa dar é esta: *Desde que tenha alguma sensacão,*" LOCKE, *Essai Philosophique Concernant l'Entendement Humain,* trad. de Coste, Amsterdã, 1729, Liv. II, cap. I, § 24.

FILOSOFIA DO DIREITO 89

último juiz do conhecimento, e que é enganar-se a si mesmo crer que o espírito humano seja capaz de ter acesso direto a qualquer espécie de verdades, exceto as resultantes de relações lógicas vazias de conteúdo"[3].

29. Os empiristas posteriores não ficaram apegados à redução do conhecimento às sensações, como no *sensismo,* mas se mantiveram rigorosamente fiéis à idéia fundamental de que o conhecimento é principalmente uma elaboração de elementos que a experiência fornece, e que o conhecimento intelectual não diferiria, por conseguinte, do conhecimento sensível, quanto ao conteúdo: — a matéria seria sempre fornecida *inicialmente* pela experiência imediata.

Nessa ordem de idéias, as ciências são todas vistas segundo um modelo, que é o das ciências físico-matemáticas. Para o empirista coerente, não tem sentido fazer distinção entre tipos de ciências, para dizer, por exemplo, que existem, de um lado, as da natureza, e, de outro, as do espírito, ou histórico-culturais.

Para o empirista, todas as ciências obedecem a uma única estrutura. Ciências sociais e ciências naturais ajustam-se todas elas a uma mesma metodologia, porque todas devem procurar satisfazer a iguais condições de verificabilidade. Haveria um único tipo de ciências, porque existe uma única fonte para a verdade e para o conhecimento: — o que não se enquadrasse nas *condições de verificabilidade* experimental ou não fosse redutível a uma verdade evidente, não mereceria a dignidade científica.

Também hoje os neopositivistas contestam a possibilidade de uma, Filosofia não subordinada aos esquemas ou aos métodos das ciências físico-matemáticas, devendo o ritmo do saber filosófico ser marcado pela História das ciências, cujo progresso seria assinalado pela crescente superação do fato bruto em uma ordem formal de significados. Pode afirmar-se, portanto, que é difícil enquadrar o empirismo de uma forma rígida, a não ser em suas expressões extremadas. De maneira geral, poderíamos distinguir no empirismo três tendências basilares, a saber:

---

3. *The Rise of Scientific Philosophy*, cit., pág. 75.

90   MIGUEL REALE

a) — *empirismo integral,* que reduz todos os conhecimentos, inclusive os matemáticos, à fonte empírica, àquilo que é produto de contacto direto e imediato com a experiência (posição de Hume, de Stuart Mill e de alguns positivistas contemporâneos). Quando a redução é feita à mera experiência sensível, temos o *sensismo* ou *sensualismo;*

b) — *empirismo moderado* ou genético-psicológico, que explica a origem temporal dos conhecimentos a partir da experiência, mas não reduz a ela a *validez* do conhecimento mesmo, o qual pode ser não-empiricamente válido, como no caso dos juízos analíticos, os quais, como já dito, são aqueles cujo predicado está contido no sujeito e que, assim sendo, são *a priori,* como no exemplo: — "Todos os corpos são extensos". A simples idéia de "corpo" já implica a de extensão, por identidade (posição de Locke).

c) — *empirismo científico,* que só admite como válido o conhecimento oriundo da experiência ou verificado experimentalmente, atribuindo aos *juízos analíticos* significações de ordem formal enquadradas no domínio dos enunciados lógicos, em essencial conexão com a *linguagem* peculiar a cada tipo de ciência. Esta é outra tendência destacada no neopositivismo, que está longe de alcançar a almejada "unanimidade científica".

Empirismo e Direito

30. No plano da Jurisprudência encontramos também essa orientação, que é uma das constantes do pensamento jurídico. Desde quando surgiu a Ciência do Direito, provocando renovadas aporias, surgiram empiristas. Já em Roma se sustentava que o direito brota do fato e é ditado pelo evolver dos acontecimentos: — *ex facto oritur jus.*

Brotará, efetivamente, dos fatos, apoiando-se direta e causalmente sobre estes todo o sistema das normas jurídicas? Poderíamos responder a esta pergunta formulando outras não menos graves: — De que maneira o direito se origina do tato? Será esta a *razão suficiente* de sua gênese?

FILOSOFIA DO DIREITO 91

Os empiristas sustentam que o direito é um fato que se liga a outros fatos através de nexos de causalidade. Do fato, seja ele econômico, geográfico, demográfico ou racial, passar-se-ia à regra jurídica, através de um laço necessário de causalidade. Esta é a tese do empirismo jurídico: — até mesmo os princípios mais gerais do direito seriam afinal redutíveis a fontes empíricas.

Veremos, mais tarde, que é este um dos problemas nucleares da Filosofia do Direito, qual seja o da determinação dos nexos que existem entre o *fato* e a *regra jurídica*, envolvendo respostas a estas questões: — Há um laço de causa e efeito entre o fato e a lei jurídica? O fato será "causa", ou será apenas "condição" do direito?[4]

A corrente do empirismo jurídico existe, portanto, desde os romanos até nossos dias. Entre os empiristas, colocam-se alguns intérpretes superficiais do materialismo histórico de Karl Marx, quando, esquecidos dos pressupostos da dialética marxista, a recebem em termos de sociologismo positivista, subordinando fenomenicamente o direito ao "fato econômico"; Duguit, que reduz o direito ao "fato da solidariedade"; Max Rümelin e a "Interessenjurisprudenz", que destinam a Jurisprudência à indagação dos conflitos de interesse; todos os adeptos do sociologismo jurídico, que pretendem transformar a Ciência do Direito em um capítulo da Sociologia, como na obra de Ehrlich ou de Horvath.

São expressões atuais do empirismo os chamados "realismos jurídicos", o norte-americano de Karl N. Llewellyn e Jerome Frank, e o escandinavo de Hägerström, Lundstedt, Olivecrona e Alf Ross, assim como os "positivistas lógicos" e os "analistas da linguagem", como Norberto Bobbio e Herbert Hart[5].

---

4. Cf. *infra*, cap. XVIII.

5. Sobre essas doutrinas, v. *Interpretations of Modern Legal Philosofhies* (Essays in honor of Roscoe Pound), Nova Iorque, Oxford University Press, 1947; FRANCESCO OLGIATI, *Il Concetto di Giuridicità nella Scienza Moderna del Diritto*, S. E. Vita e Pensieri, Milão, 2ª ed., 1950. Sobre o realismo norte-americano, cf. TEÓFILO CAVALCANTI FILHO, *O Problema da Segurança do Direito*, São Paulo, 1964, págs. 109 e segs.

Quanto ao empirismo jurídico de HART e de BOBBIO, v. nosso livro *O Direito como Experiência*, cit. (págs. 98 e segs. e, em geral, EDGARD BODENHEIMER, *Ciência do Direito*, trad. de Eneas Marzano, Rio, 1966, GIUSEPPE LUMIA, *Il Diritto tra le due Culture*, Milão, 1966 e F. ELIAS DE TEJADA, *Tratado de Filosofía del Derecho*, Sevilha, 1977, tomo II, págs. 584 e segs.

MIGUEL REALE

Racionalismo

31. Outros pensadores opõem reservas à redução da verdade a uma pura ordem de fatos, asseverando o papel preponderante da razão no processo cognoscitivo. O *racionalismo* não significa, no entanto, o esquecimento de que os fatos contribuem para a formação do conhecimento. Um racionalismo que reduza todo o saber à razão, de maneira absoluta e abstrata, é de difícil configuração. Seria um racionalismo dogmático, vazio, sem expressão relevante no mundo da Filosofia.

O racionalista reconhece que o fato, aquilo que é dado de maneira direta a intuitiva, é elemento indispensável como fonte do conhecer, mas sustenta também que *os fatos não são fonte de todos os conhecimentos* e que, por si sós, não nos oferecem condições de "certeza". Para ficarmos ainda com o citado exemplo de Locke, vamos lembrar a posição de Leibniz. Locke, em seu livro *Ensaios Sobre o Entendimento Humano,* sustentara que nada existe na inteligência que antes não tenha passado pelos sentidos. Discordando dessa tese, Gottfried Wilhelm Leibniz (1646-1716) escreveu seus memoráveis *Novos Ensaios Sobre o Entendimento Humano.* Nesta obra, o grande matemático e filósofo alemão criticava a posição do empirismo de Locke, dizendo que nem todas as verdades são verdades de fato; ao lado das *verités de fait,* existem as *verités de raison.* Distinguem-se *verdades de fato* de *verdades de razão.* Porque, ponderava ele, se é certo que o que existe na inteligência provém dos sentidos, impõe-se, no entanto, uma exceção: — a inteligência mesma. Se a inteligência tem função ordenadora do material que os sentidos apreendem, é claro que a inteligência, por sua vez, não pode ser o resultado das sensações, não podendo ser concebida como uma "tabula rasa", onde os sentidos vão registrando as impressões recebidas. A inteligência tem função e valor próprios, dotada de verdades que os fatos não explicam, porque antes condicionam o conhecimento empírico, o qual carece de "necessidade" e de "universalidade": — "Nihil est in intellectu quod prius non fuerit in sensu; nisi intellectus ipse"[6].

---

6. LEIBNIZ, "Nouveaux essais sur l'entendement humain", L. II, cap. I, 2 *(Oeuvres Philosophiques,* Paris, 1866, t. I, pág. 78). É interessante lembrar que, em nota marginal a um estudo de THOMASIUS, já ressalvara a força ordenadora e originária do intelecto: *"Ergone et ipse intellectus? Quid vocat sensum?"* (Cf. G. W. LEIBNIZ, *Textes Inédits,* publicados por Gaston Grua, Paris, 1948, t. II, pág. 657).

FILOSOFIA DO DIREITO 93

Como exemplos de verdades de razão, lembrem-se os princípios de identidade e de razão suficiente, princípios racionais de tal ordem que sem eles seria impossível a explicação da realidade empírica.

As verdades de fato são contingentes e particulares, implicando sempre a possibilidade de correção, sendo válidas dentro de limites determinados. Em se tratando de *verdades de fato,* os resultados são sempre provisórios, sujeitos a retificações e verificações sucessivas. As verdades de razão, ao contrário, inerentes ao próprio pensamento humano, são dotadas de universalidade e certeza. Não podemos pensar, admitindo, por exemplo, identidade dos contrários ou admitindo que A seja não-A ao mesmo tempo. As verdades de razão, portanto, não se originam do fato, mas constituem condições do pensamento, para se conhecer até aquilo que está nos fatos, ou que pelos fatos se revela.

32. Esta posição de Leibniz, esclarecida assim perante o empirismo parcial de Locke (e foi o diálogo com o empirismo, como nota argutamente Francisco Romero, que apurou as teses racionalistas), encontra paralelo, tanto no mundo clássico, como no mundo moderno. Continuam a existir autores que sustentam que a razão possui elementos que o fato não explica, mas que devem ser, sob o prisma gnoseológico, pressupostos pelo conhecimento empírico.

Outro ponto de relevo no pensamento dos racionalistas modernos, desde René Descartes (1596-1650), prende-se ao *inatismo,* pelo menos com o atribuir-se ao espírito capacidade autônoma de elaboração de idéias.

Há no racionalismo uma tendência a reduzir as investigações sobre o real a noções cada vez mais simples e que, além de sua simplicidade e evidência, sejam comuns a todo espírito pensante. Daí a afirmação orginária de Descartes de que somos possuidores, enquanto seres pensantes, de uma série de princípios evidentes, *idéias inatas,* que servem de fundamento lógico a todos os elementos com que nos enriquecem a percepção e a representação. Se o empirismo, desde o início, se orienta no sentido do *fato fundante* onde a razão possa buscar a validade de suas inferências, o racionalismo se preocupa com a *idéia fundante* que a razão por si mesma logre atingir.

94   MIGUEL REALE

É nessa ordem de pensar que Leibniz assenta sua distinção entre *verdades de fato* e *verdades de razão,* obtidas estas por meio de análise: — "Quando uma verdade é necessária, escreve ele, pode encontrar-se a sua razão mediante a análise, resolvendo-a em idéias e verdades mais simples, até se chegar às primitivas"[7]. Para ele, não há propriamente idéias inatas, mas aptidão para atingir idéias fundamentais, desenvolvendo-se seu inatismo especial desde o campo das percepções obscuras e indistintas, compondo-se o universo de uma infinidade de representações, até as mais claras e distintas.

Vale aqui observar que essa atitude racionalista, no plano gnoseológico, corresponde a uma posição metafísica implícita, a um *racionalismo ontológico,* que consiste em conceber a realidade como racional, ou em racionalizar o real, de maneira que a explicação conceitual mais simples se tenha em conta da mais simples e segura explicação da realidade. Toda Gnoseologia, em verdade, não só é momento de uma Ontognoseologia, como implica problemas subjacentes de ordem metafísica, sendo muito difícil extremar rigorosamente um campo de outro.

A correlação ou paralelismo entre o racional e o real *(ordo idearum idem est ordo rerum),* subsistente no dualismo de Descartes, de Leibniz ou de Malebranche, converte-se, na doutrina de Espinosa (1632-1677), em um monismo poderoso, em que natureza e razão se confundem, e a Gnoseologia se reduz necessariamente a uma Ontologia, posição que veremos reaparecer com Hegel, em uma forma de racionalismo concreto que melhor se explica como derivação do criticismo, que logo mais será examinado.

33. INTELECTUALISMO — Uma das possíveis formas que assume o racionalismo é o *intelectualismo.* Denominamos propriamente "intelectualismo" àquela corrente, originada de Aristóteles, que reconhece a existência de "verdades de razão" e, além disso, atribui à inteligência função positiva no ato de conhecer: — a razão não contém, porém, em si mesma, verdades universais como idéias inatas, mas as atinge à vista

---

7. LEIBNIZ, *Nouveaux Essais,* cit., L. IV, cap. II, págs. 369 e segs.: "As *verdades de razão* são necessárias, e as *de fato* são contingentes. As verdades *primitivas* de razão são aquelas que chamo com um nome geral *idênticas,* porque parece que elas não fazem mais que repetir a mesma coisa, sem nada nos ensinar".

FILOSOFIA DO DIREITO

dos fatos particulares que o intelecto coordena; o intelecto extrai os *conceitos* ínsitos no real, operando sobre as *imagens* que o real oferece.

O intelecto é considerado *agens* ou positivo no ato em que ordena os elementos sensoriais, e deles extrai os conceitos, selecionando-os e elevando-os ao plano da pura validade racional, através de um processo de generalização e de abstração.

A inteligência não é uma chapa fotográfica, que registre passivamente impressões, mas é, ao contrário, um fator ativo e positivo, capaz de subordinar a si os elementos empíricos, de maneira a captá-los na sua essência, atingindo-lhes os significados, ou *formas* universais, que se traduzem em *conceitos*.

Esta posição do intelectualismo marca uma ramificação do racionalismo, porque é sempre a razão que empresta validade lógico-universal ao conhecimento, muito embora este não possa ser concebido sem a experiência. Por outro lado, se geneticamente o intelectualismo tudo condiciona à experiência, dela se afasta uma vez atingidos os princípios fundamentais, preferindo desdobrá-los em suas conseqüências, graças a processos puramente lógico-dedutivos, que muitas vezes passam a ter validade como se não fossem oriundos da experiência.

Como nos lembra Hessen, há também no intelectualismo uma concepção metafísica da realidade como condição de sua gnoseologia: — concebe-se a realidade como algo de racional, contendo em si, no particularismo contingente de seus elementos, as verdades universais que o intelecto "lê" e "extrai", realizando-se uma adequação plena entre o entendimento e a realidade, no que esta tem de essencial[8].

Racionalismo e Direito

34. Não estamos dando estas noções introdutórias visando a um curso geral de Filosofia, mas a um curso de Filosofia jurídica, razão pela qual nos cabe fazer logo a conexão das doutrinas expostas com o objeto de nossa ciência.

---

8. J. Hessen, *Teoría del Conocimiento,* trad. de José Gaos, Buenos Aires, 1938, págs. 66 e segs.; Augusto Messer, *El Realismo Crítico,* trad. de F. Vela, Madri, 1927.

Quais as doutrinas ou correntes que, no campo da Jurisprudência, correspondem à posição do racionalismo? Racionalistas, na tela do Direito, são muitos autores, antigos e modernos, que sustentam que, acima ou ao lado de um direito empírico, desenrolado na experiência, existe um Direito Ideal, um Direito Racional, ou um *Direito Natural,* em razão de cujos ditames seria possível afirmar-se a validade ou a obrigatoriedade das regras jurídicas *positivas.*

Alguns dizem que o Direito Natural é um direito inerente à razão, como conjunto de "princípios inatos" em todos os homens; outros, ao contrário, sustentam que não existem direitos inatos, assim como não há idéias inatas, mas apenas princípios universais que a razão elabora servindo-se dos elementos da experiência, transcendendo o plano da mera generalização, por um hábito racional que nos leva a querer o bem e a evitar o mal.

O direito empírico, aquele que a humanidade vive em casos particulares e concretos e se exprime em leis ou em regras costumeiras, é por sua natureza mutável, variando de lugar para lugar, de época para época. Acima desse direito existiria um tipo ideal de valores jurídicos, como expressão daquilo que é constante, universal na razão humana, sendo correspondente à natureza do homem em sua universalidade. Esta concepção de um Direito Natural é tão antiga como as primeiras cogitações científicas sobre o direito. Se surgiram logo empiristas do direito, também apareceram, paralelamente, racionalistas do direito.

Desde os primórdios da cultura helênica surge a idéia do Direito Natural como uma *exigência de razão,* atingindo formulação precisa no Livro V da *Ética a Nicômaco,* de Aristóteles. Desde então pode-se dizer que não houve concepção jurídica ou moral que não tomasse posição perante aquelas páginas memoráveis, desde os estóicos a Cícero e Santo Agostinho, até nossos dias. Coube a Santo Tomás de Aquino inserir, com admirável penetração e acuidade, nos domínios da cultura cristã, o que Aristóteles havia concebido sobre o valor da Justiça.

Dizia Aristóteles que, ao lado do direito que muda da Grécia para a Pérsia, existe o Direito Natural, que por toda parte apresenta a mesma força, não dependendo das opiniões ou dos decretos dos homens, sempre igual, assim como o fogo por toda a parte queima igualmente. É o direito ligado à natureza do homem, como expressão de suas inclinações racionais, de maneira que a *lei* determina e manifesta o que a reta razão

FILOSOFIA DO DIREITO

concebe como belo e bom. Onde quer que haja vida em comum, aí encontraremos certos princípios que não são contingentes e variáveis, mas que, ao contrário, apresentam caráter de *legitimidade* porque não nascem de arbítrio e de convenção, que podem ser indiferentes ou nocivos, mas sim da natureza e da reta razão[9].

Dizer Direito Natural é admitir a possibilidade de alguma verdade jurídica que não tenha como origem, pura e simplesmente, o fato empírico, embora nem todos os adeptos do Direito Natural possam ser considerados "racionalistas" ou "intelectualistas".

Ressalvada a posição daqueles que concebem o Direito Natural segundo um ponto de vista crítico e axiológico, diríamos, com Emil Lask, que "o Direito Natural em sentido material é a crença, fundada nos mais gerais pressupostos histórico-filosóficos de caráter *racionalista,* de que toda a realidade, todo o conteúdo do direito pode ser elaborado, até o último resíduo, por via de mera construção, com idéias de validez universal sobre o direito"[10].

Os empiristas contestam a existência do Direito Natural, dizendo que não existe outro direito além do Direito Positivo, que brota dos fatos e que existe em função dos fatos, cujas relações não nos é dado ultrapassar.

Os racionalistas não contestam, evidentemente, a existência do Direito Positivo, mas declaram que ao lado — e outros dizem "acima" — do direito historicamente revelado existe um direito ideal, racional ou natural, que subordina a si o outro, como sua medida, por ser um direito permanente, constante, expressão necessária da própria natureza do homem e condicionante universal de toda a vida prática, sendo assim fundamento tanto da Moral como do Direito Positivo.

Na Época Moderna cresce desmedidamente a confiança nos poderes da razão. Para os grandes metafísicos do século XVII como Descartes e Malebranche, Espinosa e Leibniz, "a razão é a região das *verdades eternas,* verdades comuns ao espírito humano e ao divino", encontrando

---

9. V. Aristóteles, *Ética a Nicômaco,* V, VII, I e V, I, 12.

10. Emil Lask, *Filosofía Jurídica,* trad. de Roberto Goldschmidt, Buenos Aires, 1946, pág. 34.

98   MIGUEL REALE

a sua máxima expressão nas Matemáticas. Daí aparecer, na doutrina de Hugo Grócio, um dos fundadores do novo jusnaturalismo, o problema do Direito enlaçado com o da Matemática. Na mesma linha de pensamento, consoante nos lembra Ernst Cassirer, declara Leibniz que a Ciência do Direito pertence às disciplinas que não dependem de experiências, mas de definições; não de fatos, mas de demonstrações rigorosamente lógicas[11].

Não vamos estudar, por enquanto, o valor dessas doutrinas, nem indagar se existe um Direito Natural ou em que sentido o conceito de Direito Natural seria aceitável. A nossa preocuparão, por ora, é de saber quais as concepções fundamentais que tentam explicar a origem do conhecimento, e como elas repercutem na esfera da juridicidade.

Criticismo

35. Quando se fala em *criticismo,* pensa-se logo no filósofo que mais claramente apontou o caráter transcendental da atividade filosófica. A esta altura do Curso, vamos dar à palavra um sentido mais amplo, abrangendo certas correntes que não coincidem em pontos essenciais com o pensar do filósofo de Koenigsberg.

O criticismo, *lato sensu,* implica sempre um estudo metódico prévio do ato de conhecer e dos modos de conhecimento, ou, por outras palavras, uma disposição metódica do espírito no sentido de situar, *preliminarmente,* o problema do conhecimento em função da correlação "sujeito-objeto", indagando de todas as suas condições e pressupostos.

O criticismo marca uma atitude superadora e sintética ou, pelo menos, pretende ser superadora e sintética. O criticismo aceita e recusa certas afirmações das duas outras correntes, mas possui um valor próprio e autônomo, por ter revisto a colocação mesma dos problemas. Essa atitude não é, pois, eclética, porque *resulta de uma análise dos pressupostos do conhecimento.*

Focalizemos, antes, alguns aspectos do criticismo de Immanuel Kant (1724-1804). O que marca e distingue o criticismo kantista é a

---

11. Cf. ERNEST CASSIRER, *Filosofía de la Ilustración,* trad. de Eugênio Imaz, México, 1943, págs. 26 e segs. Cf. G. W. LEIBNIZ, *op. cit.,* L. IV, cap. II.

FILOSOFIA DO DIREITO   99

determinação *a priori* das condições lógicas das ciências. Declara, em primeiro lugar, que o conhecimento não pode prescindir da experiência, a qual fornece o material cognoscível, e nesse ponto coincide com o empirismo (não há conhecimento da realidade sem *intuição sensível);* por outro lado, sustenta que o conhecimento de base empírica não pode prescindir de elementos racionais, tanto assim que só adquire validade universal quando os dados sensoriais são ordenados pela razão: — "os conceitos, diz Kant, sem as intuições (sensíveis), são vazios; as intuições sem os conceitos são cegas".

Essa frase é muito expressiva, ao frisar que os dados empíricos, que se obtêm através das sensações, seriam cegos ou desprovidos de significado, se desligados dos conceitos próprios do entendimento ou intelecto; e que os conceitos, por sua vez, seriam vazios, se não recebessem o conteúdo dos elementos empíricos. Há, pois, uma funcionalidade essencial entre aquilo que Kant considera *a priori* e os elementos da experiência: — somente se pode afirmar algo *a priori,* isto é com validez em si, no ato mesmo de pensar, se essa asserção é feita em função da experiência, e só é possível experiência condicionada a conceitos admitidos *a priori.* Essa idéia central, de que o nosso espírito condiciona a experiência e é, concomitantemente, despertado por ela à consciência de si mesmo, de suas formas condicionantes, constitui a nota essencial da *transcendentalidade,* concepção que não pode ser vista como modalidade de *transcendência.*

O *transcendente* põe-se lógica e ontologicamente além da experiência; o *transcendental é* algo cuja anterioridade lógica em relação à experiência só se revela no decorrer da observação dos fatos, ou seja, *por ocasião da experiência mesma.* É só em função da experiência que o espírito se dá conta de ser portador de formas e categorias condicionantes da realidade cognoscível.

O transcendental antecede, pois, lógica, mas não temporal ou psicologicamente, à experiência, a qual marca sempre o começo do conhecimento. É em contato com a experiência, mas não tão-somente graças a ela, que o espírito se revela na autoconsciência de suas formas *a priori,* que tornaram possível o contacto com a experiência mesma. As intuições puras, como as de espaço e de tempo, assim como as verdades matemáticas que naquelas intuições se fundamentam, não são algo de anterior à experiência concreta, a não ser no sentido lógico ou gnoseológico: — é nesse sentido de anterioridade funcionalmente lógica que consiste a *transcendentalidade*.

Poderíamos dizer que, na explicação crítico-transcendental, o conhecimento só se opera validamente e se conclui, quando o pólo negativo (elemento empírico) se encontra com o pólo positivo (entendimento), fechando o circuito do conhecimento, o que só é possível em virtude da força originária e sintética do espírito. Nem a intuição sensível e nem a atividade intelectiva podem, cada uma de per si, atingir o plano do conhecimento. Conhecer é unir um elemento material de ordem empírica e intuitiva aos elementos formais de ordem intelectual, elementos estes que são *a priori* em relação aos dados sensíveis, cuja ordenação possibilitam.

Segundo Kant, o espírito humano já possui certas formas ou formas condicionantes da apreensão sensível. O conhecimento está sempre bitolado pela medida humana. Não podemos conhecer como Deus, "em absoluto", com a convicção de termos atingido as coisas nas suas essências últimas, porquanto todo e qualquer conhecimento é uma adequação de algo ao sujeito cognoscente, ao que somos enquanto "sujeitos cognoscentes".

O conhecimento, portanto, está sempre subordinado a uma série de medidas que são, ou as formas *a priori* da sensibilidade, ou os conceitos ou categorias *a priori* do entendimento. O homem conhece, contribuindo construtivamente para o ato de conhecer, operando a síntese de matéria e forma. Ao lado dos juízos analíticos, que são sempre *a priori,* e dos "sintéticos *a posteriori",* que resultam da experiência, colocam-se, como condição das construções científicas, os "juízos sintéticos *a priori"* como se esclarecerá logo mais.

Kant, em contraposição ao racionalismo tradicional, demonstrou que o sujeito "constitui" o conhecimento, até mesmo no momento fundamental da *sensação*. Ser impressionado por algo, ter uma sensação, não equivale a uma atitude passiva de mera ordenação do material sensível recebido. As sensações só podem se dar no âmbito e no alcance de nossos sentidos e na condicionalidade geral do *espaço* e do *tempo*. O que "vemos" põe-se de antemão nos limites de nossa capacidade e condicionalidade visiva. O homem, portanto, no ato de conhecer, desde o fato primordial da sensação, imprime a marca de sua subjetividade em

FILOSOFIA DO DIREITO

"algo" que se torna "objeto". Conhecer é, de certa maneira, submeter algo à nossa subjetividade. Alguns expositores de Kant lembram imagem feliz, quando dizem que nós não podemos apanhar um bloco de neve, sem lhe imprimir a forma de nossos dedos. O que é conhecido conserva sempre os sinais das garras apreensoras de nossa subjetividade.

O conhecimento, portanto, segundo o criticismo, envolve sempre uma contribuição positiva e construtora por parte do sujeito cognoscente em razão de algo que está no espírito, *anteriormente à experiência do ponto de vista gnoseológico.*

Kant, aliás, leva tão longe esse elemento de subjetividade que, segundo os neokantianos da Escola de Marburgo (Cohen, Natorp), em sua doutrina é o método que cria o objeto, ou, por outras palavras, é o sujeito que constrói seu próprio objeto, não sendo a *coisa em si* algo de realmente "existente", embora incognoscível, mas sim mero limite negativo do conhecimento.

36. No criticismo kantista, o conhecimento é sempre uma subordinação do real à medida do humano. Kant quis esquematizar essas medidas, pensando-as rígidas e predeterminadas, como se fosse possível catalogar, de maneira definitiva, os modos de conhecimento em função de uma concepção imutável do espírito, como dotado de categorias fixas, a cujos esquemas se subordinaria qualquer experiência possível[12]. Para melhor esclarecer essa posição kantiana, não será demais lembrar aqui, sumariamente, como ele apresentava o problema do *espaço* e do *tempo,* como intuições puras, condições ou formas *a priori* da sensibilidade.

Antes de Kant, quando se falava em espaço ou em tempo, a idéia dominante era no sentido de algo de externo ao homem, ou de "objetivo", no sentido psicológico deste termo. Se vejo que um livro está sobre a mesa, a inclinação natural de meu espírito é ver ou conceber o espaço como algo estranho à minha subjetividade. O espaço é tido como algo que envolve as coisas ou em que as coisas se situam. Pois ainda que

---

12. Sobre esta questão, v. o capítulo I de nosso livro *Experiência e Cultura,* cit., onde apontamos algumas alterações essenciais a serem feitas no criticismo transcendental para corresponder ao estado atual das ciências e para atender aos pressupostos ônticos e axiológicos, olvidados por KANT. Cf., outrossim, *O Direito como Experiência,* cit., Ensaio I.

102 MIGUEL REALE

pareça estranho, Kant começou exatamente a contestar essa afirmação do senso comum, tentando integrar em uma síntese as concepções puramente objetivistas ou subjetivistas até então elaboradas no plano filosófico. Kant diz que nós nos iludimos pensando que as coisas se encontram no espaço ou que os fatos se desenrolam no tempo. Tempo e espaço não existem fora de nós, mas, ao contrário, são formas de nossa sensibilidade interna ou externa; tempo e espaço são condições do conhecimento humano. É o homem que não pode perceber as coisas senão no espaço e no tempo, que são, assim, de ordem transcendental. Para tornar mais clara esta noção, imagine-se uma pessoa que, desde o nascimento, tenha usado óculos vermelhos ou azuis, e que jamais tenha sido privada, por um instante sequer, de tais lentes. Esse indivíduo terá uma visão especial do mundo, na plena convicção de que as coisas têm um tom vermelho ou azul.

Espaço e tempo são lentes graças às quais percebemos as coisas, ou melhor, realizamos a síntese das percepções. O espírito humano, quando apreende as coisas, só pode fazê-lo através de seus crivos espácio-temporais, razão pela qual só por esforço de análise se capacita de que está em si o que lhe parece provir do mundo exterior. O entendimento, em seguida, recebendo o material das sensações, enlaça os dados sensíveis segundo conceitos fundamentais ou categorias *a priori,* que Kant cuidadosamente pretende catalogar, discriminando doze categorias originárias, como as de "unidade", "pluralidade", "substância", "causalidade" etc., todas concebidas como funções lógicas referidas *a priori* aos objetos da intuição em geral.

A doutrina transcendental do espaço e do tempo conta, ainda hoje, com certo número de adeptos. Há quem considere esta parte da Filosofia de Kant incontestável, muito embora tal reconhecimento da *transcendentalidade* não implique absolutamente a aceitação da concepção *monovalente* de Kant, correspondente aos pressupostos da Física clássica. É inegável que se deve ao filósofo germânico a perspectiva de uma noção de espaço e de tempo em função tanto do sujeito cognoscente como das realidades cognoscíveis. Não cabe aqui, nos limites deste Curso demonstrar o que há de vivo e de morto na teoria espácio-temporal de Kant, e como a concepção *plurivalente* do espaço e do tempo, ou melhor, do espaço-tempo, posta pela Nova Física e pelo relativismo de Einstein, não é incompatível Com uma fundamentação transcendental de novo tipo, o ontognoseológico.

FILOSOFIA DO DIREITO

O certo é que há muita diferença entre a posição kantista e a dos racionalistas ou a dos empíricos. Se espaço e tempo são *qualidades* inerentes ao nosso espírito, algo que "tem *validade* objetiva, mas não *realidade* objetiva", resulta, que no ato de conhecer, há uma contribuição positiva do sujeito, que dá ao real a *forma* que a subjetividade impõe: — daí concluir Kant que o espírito é *legislador* da natureza[13].

A doutrina do espaço e do tempo Kant a desenvolve na *Crítica da Razão Pura,* naquela parte que ele denomina Estética Transcendental, empregando o termo Estética no sentido especial de teoria da sensibilidade, e não como doutrina do belo ou teoria da arte.

Ao fazer tais afirmações sobre o espaço e o tempo, que é que Kant comprovava? Demonstrava a insuficiência do empirismo, que pretendia subordinar a validade do conhecimento aos fatos particulares. Kant tornou claro que qualquer observação de um fato já está subordinada a condições que são próprias do sujeito cognoscente. A própria sensação visual ou auditiva já é condicionada por algo que pertence ao sujeito, ou seja, pelas formas *a priori* do espaço e do tempo. Antes de ver, só se pode ver no espaço e o espaço pertence ao sujeito, como condição de ver[14].

Assim sendo, põe-se no cerne do pensamento kantista a afirmação do "poder originário sintetizador do espírito", o que explica possa toda a sua Gnoseologia girar em torno desta pergunta primordial: *"Como são*

---

13. E isto como conseqüência da doutrina kantiana sobre o poder originário de síntese do espírito e a consideração das categorias como "conceitos que prescrevem leis *a priori* aos fenômenos, e, por isto, à natureza como conjunto de todos os fenômenos" (IMMANUEL KANT, *Kritik der reinen Vernunft,* "Der Analytik der Begriffe", § 26, Ed. Cassirer, vol. 3º pág. 133).

14. Tem sido observado, com razão, que a concepção *espaço-tempo,* do relativismo einsteiniano, embora revelando a impossibilidade da teoria kantiana do espaço e do tempo *absolutos* como "formas *a priori* da subjetividade" ("os dados espácio-temporais têm um significado físico real e não puramente fictício", escreve EINSTEIN em sua obra clássica *Il Significato della Relatività,* trad. de Radicati di Brozolo, Turim, 1955) veio, por outro lado, reconhecer o relativo coeficiente constitutivo do sujeito observador: "Não há nenhuma relação espacial absoluta, afirma ainda EINSTEIN, isto é, independente do espaço de referência; nem qualquer relação temporal absoluta entre dois acontecimentos, mas há somente uma relação absoluta no espaço e no tempo, isto é, independente do espaço de referência", *op. cit.,* pág. 39.

Quanto à crítica da teoria de KANT sobre espaço e tempo, relacionada com a ciência atual, v. JAMES JEANS, *Física e Filosofia,* trad. de A. Candeia Lisboa, 1944, págs. 73 e segs.

104   MIGUEL REALE

possíveis juízos sintéticos 'a priori'?" Não é demais focalizar a importância deste tema.

Juízos Analíticos e Sintéticos

36-A. Como já foi observado em outra oportunidade (v. págs. 19 e seg.), consolidou-se, a partir de Kant, a distinção entre *juízos analíticos e juízos sintéticos,* no sentido especial de que, nos primeiros (ex.: "o triângulo tem três lados") o respectivo predicado já está incluído no sujeito, ou, consoante explicação do mencionado filósofo, "o enlace do sujeito com o predicado se concebe por identidade"; nos juízos sintéticos, ao contrário, o predicado expressa sempre algo que não se contém necessariamente no sujeito, traduzindo um acréscimo às conotações deste (ex.: este livro é encadernado).

Os *juízos analíticos* são *a priori,* dotados de validade universal e necessária, independente da experiência: o seu valor é meramente *explicativo,* o que não impede possam ter a mais relevante significação, como ocorre em vários ramos do saber. Em tais juízos o predicado não designa senão uma nota já implícita no conceito do sujeito, de sorte que são puramente formais, vazios ou destituídos de conteúdo. Em geral os neopositivistas e muitos lógicos contemporâneos consideram-nos, pura e simplesmente, *tautológicos,* chegando alguns ao extremo de recusar validade universal e necessária às *proposições analíticas,* que seriam apenas "modos de uso da linguagem", o que levaria a um inevitável e absurdo solipsismo lingüístico.

Os *juízos sintéticos* — ressalva feita à posição fundamental de Kant, e à de quantos, de uma forma ou de outra, acolhem a sua teoria transcendental dos juízos sintéticos *a priori* — são considerados *sempre a posteriori:* a sua validade é particular e contingente, visto como o acréscimo, expresso pelo predicado, é fruto de determinada experiência, estando, assim, o enlace lógico entre o sujeito e o predicado subordinado à particularidade e à contingência dos fatos observados, ou à superveniência de novos *testes.*

Ora, partindo da análise da natureza de tais juízos, Kant foi levado a formular um dos máximos problemas da teoria do conhecimento, afirmando que, tanto os analíticos quanto os sintéticos *a posteriori* não podiam ser os juízos próprios das ciências.

FILOSOFIA DO DIREITO

Se os juízos analíticos só repetem ou tornam explícitas as notas conceituais do sujeito, indagou ele, como explicar-se o progresso das ciências, a progressão incessante de verdades novas que caracteriza o saber científico?

Se, por outro lado, os juízos sintéticos só possuem validade relativa ao campo dos fatos observados, que explicação se poderá dar às verdades necessárias e verificadas que as ciências revelam?

Se assim é, conclui Kant, é preciso reconhecer que as ciências elaboram juízos de uma terceira espécie, até então ainda não lembrados, e a que ele denominou *juízos sintéticos a priori*. Daí o problema que marca o fulcro de toda a *Crítica da Razão Pura:* "Como são possíveis juízos sintéticos *a priori?*"

Demonstrar a possibilidade e a necessidade lógicas dessa terceira espécie de juízos, que participem, ao mesmo tempo, da validade universal e *a priori* dos juízos analíticos, assim como da natureza produtiva ou aditiva dos juízos sintéticos, eis o propósito dominante e prévio do criticismo kantiano.

Chega o nosso filósofo à conclusão de que é possível o conhecimento *a priori* de objetos, ou, por outras palavras, que quando se enuncia cientificamente algo acerca da realidade, o juízo que opera tal enlace lógico, possui uma *validade necessária,* que ultrapassa os limites ou o âmbito em que se contenham os dados experimentados: essa possibilidade de formular juízos, com base na experiência, mas de uma validade que a transcende, explica-se, na doutrina de Kant, à luz do caráter ou da estrutura da consciência cognoscente. Esta é concebida como sendo dotada de um poder originário e *a priori* de síntese, que atua com "formas da sensibilidade" e com "categorias ou conceitos funcionais do entendimento", ordenando os "dados" das sensações e enlaçando-os constitutivamente, afinal, na unidade lógica e integrante dos *juízos sintéticos a priori.*

Criticismo Ontognoseológico

37. A nosso ver, o que há de essencial na Gnoseologia de Kant, representando uma contribuição positiva no pensamento posterior, é essa

106 MIGUEL REALE

concepção do espírito humano como *transcendentalmente capaz de instaurar enlaces lógicos, sinteticamente superadores e necessariamente válidos*, em confronto com os dados de experiência em que se baseiam.

Não é demais advertir que o *a priori* kantista não equivale a "inato", nem tampouco significa algo que preceda no tempo à experiência. Corresponde, antes, ao que é independente da experiência individual. Representa, ao mesmo tempo, a forma legal ou constitutiva da experiência mesma, pois é a consciência cognoscente (considerada *universalmente*, e não como consciência deste ou daquele outro indivíduo) que, segundo Kant, cria de certa forma os objetos, segundo leis que lhe são anteriores e próprias, ordenando o mundo disperso ou informe das sensações "recebidas", segundo as formas do espaço e do tempo, e os enlaces das "categorias"[15].

Conceber o *a priori* kantista como uma versão de "inatismo" seria perder de vista o que há de essencial em seu pensamento: o caráter transcendental sintético dos enlaces, graças aos quais pensamos "objetos", tendo como condição primeira o que Kant denomina "a unidade transcendental ou objetiva da percepção".

O criticismo não se reduz, no entanto, apenas à condicionalidade lógico-formal de Kant. No movimento criticista, *lato sensu,* podemos incluir doutrinas de nossos dias, ligadas especialmente aos nomes de Edmund Husserl, Max Scheler e Nicolai Hartmann, que reconhecem elementos de verdade no kantismo, mas repudiam seu formalismo, acentuando o valor próprio do "objeto" e a existência de outras condicionantes no ato de conhecer. Existe na obra desses grandes mestres uma revalorização do objeto, parecendo-nos decisiva e análise minuciosa do ato

---

15. V. AUGUSTO MESSER, *La Filosofía Moderna — De Kant a Hegel,* trad. de Perez Bances, 2ª ed., B. Aires-México, 1942, págs. 31 e 39. Para outras colocações do problema do *a priori* na Filosofia contemporânea, e a tese dos que, mesmo fora do campo da Filosofia transcendental, reconhecem a necessidade de *juízos sintéticos a priori* para as ciências *em geral, inclusive* as matemáticas, v. FERRATER MORA, *Dicionário de Filosofía,* Buenos Aires, 1965, 5ª ed., no verbete *Analítico y Sintético,* t. I, pág. 97. Quanto à revisão do *a priori* à luz da Ontognoseologia, v. nosso livro já citado, *Experiência e Cultura,* Capítulo I, e O *Direito como Experiência,* cit., págs. 20 e segs. Cf. MIKEL DUFRENNE, *La Notion d'"a priori",* Paris, 1959, págs. 47 e segs.

FILOSOFIA DO DIREITO 107

de conhecer por eles processada, embora divirjamos de suas conclusões em pontos que nos parecem fundamentais.

Esse movimento tem sido chamado de neo-realismo, de *realismo crítico* ou de criticismo realístico (v. cap. seg.), exatamente porque, sem abandonar certas exigências do criticismo transcendental, põe em evidência a natureza própria ou as estruturas peculiares da *realidade*. Entendemos que tal orientação deve se estender ao estudo de *todas as condições do conhecimento, lógicas, axiológicas e históricas.*

Diremos, apenas para mostrar certas tendências dessas doutrinas, que se Kant nos fala de formas *a priori* no sujeito, há autores que invocam também formas *a priori* do objeto ou do real, algo que deve também ser *pressuposto no objeto* para ser possível a experiência do conhecimento.

Kant explica-nos que há formas e categorias *a priori* em nosso espírito, na sensibilidade e na inteligência, com uma função legisladora da realidade. Quer dizer que o espírito já é portador de esquemas ou leis *a priori*, que se não devem confundir com conceitos ou idéias inatas. Para Kant, como para todos os criticistas, não existem idéias inatas; não há na razão idéias inatas, mas certas formas ou categorias puras que condicionam a experiência, revelando-se em função dela: — a experiência só é possível em virtude daqueles esquemas.

Ora, alguns pensadores contemporâneos sustentam que na realidade há também um *a priori material:* que há um *a priori* ôntico, e não apenas um *a priori* gnoseológico, ou mais claramente, que, se a realidade fosse em si indeterminada não haveria possibilidade de ser captada pelo espírito, o qual não pode ser concebido como produtor de objetos, *ex nihilo,* a partir do nada.

É essa a orientação implícita em todas as formas atuais do neo-realismo, inclusive no ontognoseológico.

Por outro lado, observamos que Kant indagou das condições transcendentais do sujeito cognoscente, mas o projetou na abstração de um *eu puro,* estático, pressuposto idêntico e imutável em todos os entes humanos. Esse eu transcendental foi por ele absolutizado segundo determinado modelo, como algo fundamentalmente a-histórico, como um ponto lógico e imutável de universal referibilidade.

Além de ser assim pressuposto, o *eu transcendental* ficou reduzido a esquemas racionais imutáveis em uma *tomada de posição invariável e universal em face de todas as experiências possíveis.* Kant esquematizou o sujeito cognoscente, cerrando-o nas formas puras da sensibilidade e nos conceitos rígidos do entendimento, não atendendo à *condicionalidade social e histórica de todo conhecimento,* isto é, à ineliminável natureza histórica do ser do homem.

Por outro lado, sua Gnoseologia limita-se ao plano puramente especulativo, quedando fora dela o campo do *valioso,* o qual deve sujeitar-se à indagação crítico-transcendental, a fim de não resultar sacrificado o problema essencial do conteúdo ético. Daí o insubsistente contraste, em seu sistema, entre *experiência cognoscitiva* e *experiência ética,* não se aplicando à segunda (por não a entender "experiência" no rigoroso sentido de sua concepção) as conclusões gnoseológicas postas para a primeira[16].

A historicidade circunstancial do sujeito cognoscente, sem sacrificar sua contribuição própria no ato de conhecer, implica a sua relação com o mundo circundante, em que ele necessariamente se insere, revelando-se desse modo que há um problema irredutível do *objeto* em correlação necessária com o *sujeito,* e que a exigência de um plano transcendental do conhecimento não significa subordiná-lo, de maneira absoluta, a um eu transcendental, com olvido da transcendentalidade objetiva. Se não podemos conhecer algo com abstração do espaço e do tempo, também não podemos conceber o sujeito cognoscente abstraído de suas circunstâncias histórico-sociais.

Como se vê, parece-nos impossível manter a concepção estática, esquemática e "ré-categorizada" do espírito, tal como Kant o modelou segundo a imagem da ciência de seu tempo, pois, no fundo, a rigidez de seus esquemas representaria uma limitação, de ordem contingente e empírica, imposta ao *poder sintético a priori* justamente atribuído ao espírito humano em sua universalidade.

---

16. Cf. Miguel Reale, *Pluralismo e Liberdade,* cit., págs. 63 e segs. e 81 e segs., e, sobretudo, *O Direito como Experiência,* cit., Ensaio I e o Capítulo I de *Experiência e Cultura,* cit.

FILOSOFIA DO DIREITO

Estas observações resultam, tanto da pesquisa de pensadores que partiram, de certa forma, de matrizes kantistas para superadas, como é o caso de N. Hartmann, Max Scheler, Ortega y Gasset ou Külpe, como também das indagações que alguns cultores da Nova Física realizaram sobre a validade das categorias kantianas em face dos últimos resultados das ciências.

38. POSIÇÃO DE HEGEL — Aqui, poderá surgir uma pergunta: — Onde colocar a Filosofia hegeliana, onde situar o idealismo de Hegel? É possível encontrar em vários autores a classificação de Hegel como *racionalista* puro. Esta classificação, a nosso ver, não é de todo procedente.

George Wilhelm Friedrich Hegel (1770-1831) nunca concebeu a razão de maneira abstrata, separada dos dados empíricos; ao contrário, o que distingue a Filosofia de Hegel é o desejo de levar a posição kantista até as que lhe parecem ser suas últimas conseqüências, partindo da idéia fundamental do espírito como "síntese *a priori*", como força sintética constitutiva da realidade cognoscível[17].

Kant quis conciliar empiria e razão, através de uma composição, de uma síntese, vendo na razão uma forma e nos dados da intuição sensível um conteúdo. Para Kant, como já dissemos, a razão é a forma ordenadora de um conteúdo que a experiência fornece. É uma concepção de certa maneira estática, com a qual Hegel não concordou. O mestre da *Fenomenologia do Espírito* não se contentou com uma adequação estática entre o empírico e o racional, mas, desenvolvendo o pensamento crítico em função da afirmada "força sintética" do Espírito, levou a cabo uma verdadeira fusão entre o real e o racional.

Para Hegel, é falho de sentido algo de empírico que não seja racional, ou algo de racional que não seja empírico. A tese revolucionária de Hegel consiste na afirmação, feita aliás na introdução de seu livro sobre Filosofia do Direito, de que *"o que é real é racional e o que é racional é real"*[18].

---

17. Nesse sentido, v. CROCE, *Logica come Scienza del Concetto Puro*, cit., págs 146 e segs.

18. *HEGEL*, Lineamentos de Filosofia do Direito (Grundlinien der Philosophie des Rechtes) *Introdução. Seguimos a edição de Georg Lasson, Leipzig, 1930, pág. 14:* "Was vernünftig ist, das ist wirklich; und was wirklich ist, das ist vernünftig".

110 MIGUEL REALE

Esta afirmação hegeliana, que coloca o problema do conhecimento em forma dinâmica, em uma síntese de "processus" ou de desenvolvimento, tem grande importância para a história da cultura humana. Há muitos que afirmam que o idealismo hegeliano é uma coisa morta. Achamos, no entanto, que se trata de Filosofia de irrecusável atualidade, pois são ainda temas da Filosofia de Hegel que agitam os dois mundos: o Oriental e o Ocidental.

Toda a dialética de Karl Marx (1818-1883) brota do pensamento hegeliano, assim como muitas colocações filosóficas de nossos dias, na Europa ou na América, ainda refletem a presença do autor da *Enciclopédia das Ciências Filosóficas*, especialmente no que se refere à idéia de *cultura* e a concepção da sociedade e do Direito como expressões do *espírito objetivo*.

Onde colocar essa doutrina que identifica real e racional? No nosso entender, é uma derivação do criticismo ou, por outras palavras, é um desenvolvimento da Filosofia transcendental em universalidade concreta, razão pela qual preferimos situá-la como *derivação do criticismo* kantista, cujo subjetivismo supera. É, se quiserem, um "racionalismo de concreção", mas não um racionalismo abstrato, puramente lógico-formal e sem conteúdo.

Para arrematar este cotejo de doutrinas, não é demais acrescentar que a linha do criticismo é a que se mostra mais fecunda a uma especulação filosófica que não pretenda perder contacto com as conquistas das ciências empíricas, sem se reduzir ao que Husserl denomina "ingenuidade imortal" do cientista perante a realidade. Nesse sentido, julgamos necessário superar a posição de Kant, para situarmos o problema em função concomitante do *sujeito* e do *objeto*, naquilo que denominamos *"criticismo ontognoseológico"*[19].

Em conclusão, não estamos de acordo com a concepção que Kant tinha do espírito, que era por demais formal e estática, mas reconhecemos que ele viu bem quando ensinou que não podemos conhecer a não ser na medida de nossa capacidade e segundo moldes projetantes de nosso espírito, que se distingue por sua energia sintética e inovadora. De certa

---

19. *Essa tentativa constitui uma das partes essenciais de nosso livro* Experiência e Cultura, *cit.*

FILOSOFIA DO DIREITO

forma, é preciso retomar o caminho de Hegel, que bem compreendeu as apontadas deficiências, mas, ao procurar superá-las, atendendo às exigências concretas do real, segundo a sua dialética dos opostos, comprometeu a liberdade instituidora do espírito, a contribuição fundamental de Kant que nos cumpre preservar.

Criticismo e Direito

39. A orientação criticista vem de Kant até nossos dias, passando por uma série de autores, os chamados neokantianos. Esse movimento criticista tem importância fundamental na história da Filosofia contemporânea e na história da Filosofia Jurídica em particular.

Não será exagero dizer que a renovação da Filosofia do Direito, operada na primeira metade do século, se prende à atitude dos neokantianos, muito mais poderosa que a de qualquer outra corrente, inclusive no domínio do Direito Positivo.

Lembraríamos aqui apenas três nomes: — Rudolf Stammler, Giorgio Del Vecchio e Hans Kelsen. Rudolf Stammler (1856-1938) é o teórico do chamado *Direito Natural de conteúdo variável,* ao qual teremos ocasião de nos referir e que, sem dúvida alguma, pode ser reconhecido como ponto de partida de uma nova colocação dos problemas da Filosofia jurídica, superando os esquemas excessivamente estritos do positivismo comteano e do empirismo historicista. Foi Stammler quem quebrou os quadros restritos do positivismo jurídico, para colocar novamente em discussão os problemas fundamentais da Jurisprudência.

Paralelamente à obra de Stammler e um pouco posteriores a ela, desenvolvem-se os trabalhos de Kelsen e de Del Vecchio, com ampla repercussão na cultura jurídica da Europa e das Américas. Esses dois neokantianos apresentaram uma contribuição magnífica para o pensamento jurídico de nosso século, embora sintamos necessidade de superar as colocações por eles oferecidas, por seu caráter formal, em contraste com as exigências sociais concretas de nosso tempo, o que, aliás, foi percebido no âmbito mesmo do neokantismo com os estudos fundamentais de Emil Lask e Gustav Radbruch.

Como veremos, é no âmbito e em razão do "criticismo ontognoseológico" que se desenvolve a nossa "teoria tridimensional do Direito",

112 MIGUEL REALE

a qual se concilia plenamente com a idéia de um *Direito Natural de base conjetural,* de conformidade com o que temos exposto em vários trabalhos, que culminam na primeira parte de *Nova Fase do Direito Moderno,* onde mostramos as correlações existentes entre Justiça e conjetura, tomada esta palavra no sentido de um *juízo problemático de plausibilidade* que — correndo paralelamente à experiência e sem entrar em contradição com ela — nos oferece resposta para certos problemas que a razão demonstrativa não logra resolver em termos conceituais. É o motivo pelo qual afirmamos que podemos alcançar conjeturalmente uma *idéia,* mas não um *conceito* de Direito Natural[20].

---

20. Sobre a nossa concepção de *conjetura* e a distinção entre *conceito* e *idéia,* v. *Verdade e Conjetura,* cit.

Capítulo IX

Do Conhecimento quanto à Essência

40. No desenvolvimento do estudo gnoseológico, vamos tratar de matéria da mais alta importância, do conhecimento quanto à sua essência. É este o ponto culminante da teoria do conhecimento, onde se operam as divergências fundamentais.

É claro que não nos será dado focalizar senão poucos aspectos da questão, procurando determinar com certo rigor alguns conceitos indispensáveis ao trato dos problemas da Filosofia do Direito.

Cabe-nos, em síntese, dar resposta a estas perguntas: Que é que, em última análise, se conhece do "mundo real"? Conhecemos as *coisas* como elas são, e elas são em si como nós as conhecemos? Note-se que o presente estudo se desenvolve no plano da Gnoseologia, e não da Metafísica, à qual compete renovar as citadas perguntas, mas transcendendo a correlação sujeito-objeto, segundo vias e processos que não cabe aqui examinar.

Já vimos que o conhecimento é sempre uma relação ou um laço entre o sujeito que conhece e "algo" conhecido que denominamos "objeto". O sujeito e o objeto são os termos ou os elementos essenciais de todo conhecimento. Para que haja conhecimento, é necessário que o sujeito esteja em intencionalidade de conhecer, assim como é necessário que algo exista que possa ser apreendido pelo sujeito. Surgem daí duas possibilidades: ou se exagera o papel do objeto no ato de conhecer, ou se superestima a contribuição do sujeito no conhecimento. As duas

114 MIGUEL REALE

correntes-limite são, portanto, postas e desenvolvidas em função da maneira pela qual se concebe o predomínio ou a exclusividade do sujeito ou, então, a do objeto.

Quando o objeto do conhecimento é de natureza *ideal,* como os objetos da Lógica e da Matemática — questão que será melhor examinada no Título seguinte destas Lições —, o problema de certa maneira se simplifica, porquanto os *objetos ideais* são produtos do próprio pensamento.

A questão põe-se de maneira mais direta com relação aos objetos naturais, *físicos* e *psíquicos.*

O Realismo

41. É a orientação ou atitude espiritual que implica a preeminência do objeto, dada a sua afirmação fundamental, de que *nós conhecemos coisas.* Daí o emprego da palavra "realismo", que diz respeito à "coisa" *(res)* reconhecida como independente da consciência.

Os idealistas, ao contrário, não obstante todas as suas variações, apegam-se à tese fundamental de que não conhecemos coisas, mas sim *representações de coisas* ou as coisas *enquanto representadas.*

Vejamos, separadamente, cada uma dessas posições.

O realismo é a atitude natural do espírito humano. Quando o homem aceita a identidade de seu conhecimento com as coisas que sua mente menciona, sem formular qualquer pergunta a respeito, nós temos o *realismo ingênuo,* que é pré-filosófico, ou seja, anterior a qualquer pergunta, a qualquer "problema". É a atitude do homem comum, que não se propõe o problema da adequação entre as "noções do real" e a realidade mesma, nem imagina a possibilidade do pretender-se reduzir tudo ao plano do sujeito que conhece. Conhecemos coisas e as coisas são como as percebemos.

No realismo ingênuo, há uma aceitação espontânea do que se oferece ao homem como suscetível de suas sensações e de sua representação. É claro que esta atitude não possui em si qualquer significado filosófico, porquanto não envolve nenhuma indagação sobre a certeza e a validade universal do conhecimento.

FILOSOFIA DO DIREITO

Quando o realismo indaga de seus fundamentos e procura demonstrar que suas teses são verdadeiras, é que surge propriamente a atitude filosófica, que não deixa, porém, de ser "atitude natural", como tendência comum do espírito humano. Poderíamos denominá-lo *realismo tradicional,* visto como a corrente que sustenta tal maneira de ver é aquela que invoca a tradição clássica, de Aristóteles aos nossos dias.

Os que adotam uma atitude realista seguem orientações diversas, como, por exemplo, os que se apóiam em dados das "ciências naturais", ou os que se fundam em pressupostos do criticismo transcendental, ou do intelectualismo aristotélico.

Quando o realismo acentua a verificação de seus pressupostos e conclui pela funcionalidade sujeito-objeto, distinguindo as camadas cognoscíveis do real assim como a participação, não apenas ativa, mas *criadora* do espírito no processo gnoseológico, temos o *realismo crítico.*

Distingue-se este por admitir que conhecer é sempre conhecer *algo* posto fora de nós, mas que, se há conhecimento de algo, não nos é possível verificar se o objeto, que nossa subjetividade compreende, corresponde ou não ao objeto tal como é em si mesmo. Também não se pode asseverar, de antemão, que tal "objeto" não possa ser enriquecido ou retificado em virtude de novas captações de aspectos diversos do real. Concebe, pois, o conhecimento como um processo no qual o sujeito cognoscente *contribui* criadoramente, convertendo "algo" em "objeto".

42. O *realismo* apresenta muitos argumentos para mostrar a verdade de sua tese, no sentido de que os objetos correspondem, parcial ou totalmente, aos conteúdos da percepção, ou, no sentido de que as coisas preexistem com as mesmas qualidades, antes do homem as conhecer, de maneira que o conhecimento sempre se refere a algo que se não inclui no puro ato de conhecer.

Entre os argumentos invocados, lembraremos apenas três, para simplificar a explanação da matéria. Dizem os realistas que a espécie humana varia de indivíduo para indivíduo, e que cada homem não é mais hoje o que foi ontem. Não existe uma igualdade biopsíquica entre os indivíduos, visto como todos são diferentes quanto às suas qualidades físicas ou às aptidões psíquicas. Ora, se todos os homens são diversos, mas chegam à mesma afirmação a respeito de "algo" percebido, é porque

116   MIGUEL REALE

existem em "algo" elementos estáveis, não subordinados às variações subjetivas. Se o sujeito fosse fator "determinante" daquilo que se conhece, haveria uma percepção distinta para cada sujeito e não seria possível haver ciência, nem comunicação de ciência. Se existe intersubjetividade dos objetos da percepção e uma ciência comum entre os homens, ciência esta que uma geração transmite às outras, é porque existe um *elemento real* que as percepções "reproduzem", parcial ou totalmente, sendo dotado de qualidades que não se subordinam ao esquema deste ou daquele outro indivíduo, ou à subjetividade em geral.

Acrescentam os realistas que se o real pudesse ser reduzido ao pensamento, ou à idéia, não haveria explicação possível para o erro. Se idéia e objeto são uma e a mesma coisa, torna-se impossível conceber-se uma idéia inadequada, por sua não correspondência ao objeto.

Finalmente, invoca-se a independência existente entre a percepção e os objetos da percepção, da qual resulta que os objetos, observados em tempos diversos e sujeitos a variações múltiplas, possuem um ser real não redutível à consciência percipiente.

Há, portanto, no realismo, a tese ou doutrina fundamental de que existe correlação ou uma adequação da inteligência a "algo" como objeto do conhecimento, de maneira que nós conhecemos quando a nossa sensibilidade e inteligência se conformam a algo de exterior a nós. Conforme o modo de entender-se essa "referibilidade a algo", bifurca-se o realismo em realismo tradicional e realismo crítico, sobre o qual volveremos logo mais.

O Idealismo

43. O *idealismo* representa posição marcadamente distinta, quer considerado em sua expressão *antológica*, ou platônica, ou em sua feição moderna, de cunho essencialmente *gnoseológico*.

O *idealismo* de Platão (427-347 a. C.) poder-se-ia chamar idealismo transcendente, ou da transcendência, pois para o autor do *Fedro* as idéias ou arquétipos ideais representam a realidade verdadeira, da qual seriam meras cópias imperfeitas as realidades sensíveis, válidas não em si mesmas, mas enquanto participam do ser essencial. Por ter convertido

FILOSOFIA DO DIREITO

as idéias em "realidades últimas", sustentam alguns que a doutrina platônica poderia ser vista também como uma forma de realismo, reservando-se a expressão *idealismo* para designar aquela especial filosofia e concepção do mundo que tem início com Descartes. O que importa, no entanto, é distinguir entre o caráter *antológico* do idealismo clássico e o *gnoseológico* do moderno.

Dada a afirmada "existência das idéias", ou melhor, por sua concepção das idéias como "essências existentes", Platão não as subordina ao sujeito cognoscente e, de conseqüência, não as põe como momento do processo cognoscitivo. De certa maneira, se o homem moderno se eleva ao plano das idéias a partir de processos de conhecimento, no idealismo clássico ou ontológico a prévia existência das idéias é que condiciona a possibilidade de ser e conhecer no mundo empírico. Daí ensinar o mestre da Academia serem as idéias como o sol que ilumina e torna visíveis as coisas.

A bem pensar, o de Platão é o idealismo que reduz o real ao ideal, resolvendo o *ser* em *idéia,* posição renovada, por outras vias e com diversas perspectivas, pela doutrina hegeliana, encerrando o ciclo desenvolvido na versão gnoseológica da cultura moderna.

Do ponto de vista da Teoria do Conhecimento, é, porém, o *idealismo imanentista* que nos deve sugerir algumas ponderações.

44. Os idealistas modernos partem da afirmação de que as coisas não "existem" por si mesmas, mas na medida e enquanto são representadas ou pensadas, visto como só podemos falar aquilo que se insere no domínio de nosso espírito e não das coisas como tais, distintas de como as percebemos. Nada, em suma, pode *ser,* sem ser necessariamente percebido ou pensado.

Enquanto no realismo o conhecimento é uma captação da *res,* ou uma apreensão do real, no idealismo vemos a tendência de subordinar tudo a esquemas ou "formas" espirituais. No idealismo, em suma, declara-se que o homem, quando conhece, não copia uma realidade exterior a ele, *já dada,* mas cria um objeto com os elementos de sua subjetividade, sem que "algo" *gnoseologicamente* (note-se esta limitação ao plano do conhecimento) preexista ao "objeto".

MIGUEL REALE

Não devemos, é claro, confundir a palavra "idealismo" no seu sentido epistemológico ou gnoseológico com a expressão que o mesmo termo pode ter no plano da Ética. Nós, muitas vezes, nos referimos a um homem, louvando-o por seu "idealismo", e, nesta circunstância, não estamos usando o vocábulo no seu sentido gnoseológico.

"Idealismo", em sentido moderno, é a doutrina ou corrente de pensamento que subordina ou reduz o *conhecimento* à representação ou ao processo do pensamento mesmo, por entender que a verdade das coisas está menos nelas do que em nós, em nossa *consciência* ou em nossa *mente,* no fato de serem "percebidas" ou "pensadas". Nunca é demais esclarecer, como faz Julius Binder, que o idealismo não significa negação da realidade, como se esta fosse mero conteúdo de representação, nem significa fuga da realidade em busca de um mundo melhor e mais belo, de puros pensamentos. Idealismo significa, ao invés, compreensão do real como idealidade, o que eqüivale a dizer como realidade do espírito[1].

Como é que se forma, porém, a representação ou a conceituação das coisas? Há duas explicações fundamentais. Uns dizem que nós conhecemos as coisas tão-somente por aquilo que elas significam no plano da consciência, de maneira que o conhecimento se resolve sempre em *uma explicação de ordem psicológica;* outros apresentarão soluções de ordem *lógico-conceitual.*

Temos, pois, em primeiro lugar, o chamado idealismo psicológico ou "conscienciológico", que consiste em dizer que a realidade é cognoscível se e enquanto se projeta no plano da consciência, revelando-se como momento ou conteúdo de nossa vida interior. O que se conhece não são coisas, mas imagens de coisas. É nesse sentido que poderíamos interpretar o aforismo de George Berkeley (1685-1753): *esse est percipi —* "ser é ser percebido". Isto quer dizer que as coisas, casas, montanhas, rios, em uma palavra, todos os objetos sensíveis não têm uma existência, real ou natural, distinta de como são percebidos pelo entendimento[2]. O homem não conhece as coisas, mas a representação que a nossa consciên-

---

1. JULIUS BINDER, *La Fondazione della Filosofia del Diritto,* trad. de A. Giolitti, Turim, 1945, pág. 61.

2. Cf. GEORGE BERKELEY, "Treatise concerning the principles of human know-ledge", em *Berkeley's Complete Works,* Oxford, 1901, vol. I, pág. 259, Parte I, § 374.

FILOSOFIA DO DIREITO

cia forma em razão delas. Essa é a orientação do idealismo subjetivo, que apresenta seus maiores representantes na cultura britânica, desde Locke e Berkeley a David Hume.

45. A outra orientação idealista, como já adiantamos, é de natureza lógica, envolvendo uma dificuldade maior em sua compreensão. Não desconhecemos, é claro, a dificuldade de compreender a teoria idealista, que marca uma fuga da atitude normal do homem comum. Não se pense, entretanto, que, pelo fato de ser fuga do normal, seja também fuga da verdade. Muitas vezes a verdade está na luta contra a aparência, contra aquilo que parece normal ou "natural". Durante milênios o homem se contentou com a aparência da imobilidade da Terra, crendo que ao redor dela o Sol progredia no firmamento; durante milênios se acreditou que o sangue não circulava, mas se continha nas veias como que dentro de um vaso. O idealismo, de certa forma, é um desafio à atitude natural do ato de conhecer, envolvendo uma atitude de desconfiança ante o que "parece já dado".

O idealismo, especialmente na sua acepção lógica, parte da afirmação de que só conhecemos o que se converte em pensamento, ou é conteúdo de pensamento. Ser, para o idealista, não é outra coisa senão *idéia*. "Ser" é "ser pensado". Daí a já lembrada afirmação incisiva que fez um dos idealistas modernos, Hegel, exatamente num livro de Filosofia do Direito: — *o que é racional é real, o que é real é racional.* Quando Hegel faz esta afirmação, ele a faz, muito embora o conteste, no plano da Teoria do Conhecimento. Que é que se conhece? E a resposta é esta: — nós só conhecemos aquilo que elevamos ao plano do pensamento, de maneira que só há realidade como realidade espiritual. Resumamos: "Ser é ser percebido" — atitude psicológica; "ser é ser pensado" — atitude lógica.

Aqui há necessidade, naturalmente, de certo esforço para compreender-se o rigoroso significado de uma atitude que parece paradoxal segundo os esquemas do comumente reconhecido como processo normal, natural ou espontâneo de conhecer[3].

---

3. Sobre a oposição hegeliana entre Filosofia e "senso comum", v. ERNST CASSIRER, *Storia della Filosofia Moderna,* trad. de Eraldo Arnaud, Ed. Einaudi, 1955, vol. III, pág. 384.

Posição de Kant e de Augusto Comte

46. FENOMENALISMO — Com esta expressão costuma-se indicar todas as doutrinas que reduzem o conhecimento ao mundo dos *fenômenos,* isto é, dos *fatos* suscetíveis de serem percebidos ficando excluída qualquer possibilidade de captar-se o absoluto, ou a "coisa em si".

A primeira forma de fenomenalismo é o transcendental, de Kant, que se deve distinguir cuidadosamente do fenomenalismo naturalístico ou empírico do positivismo, de ontem e de hoje.

Básica na doutrina kantista é, como vimos, a afirmação de que só conhecemos na medida de nossa capacidade apreensora, pois preexistem no espírito humano, de maneira geral, certas condições que não provêm do "objeto", mas que se impõem a algo, tornando-o "objeto". O tempo e o espaço, já o dissemos, são formas que preexistem no espírito, antes de se situarem as "coisas" no espaço e no tempo, sendo, pois, formas *a priori* de nossa sensibilidade.

Tudo aquilo que se amolda ao nosso espírito torna-se objeto de experiência e, por conseguinte, fenômeno. Kant chama de *fenômeno* aquilo que é objeto de experiência possível, ou seja, o que aparece e pode ser apreendido por nossa sensibilidade, cujas intuições o intelecto ordena segundo suas "categorias". A palavra fenômeno (phai + noumenon) traduz aquilo que é apresentado ou se oferece. O que não chega a se oferecer ao espírito, nem se subordina ao trabalho inclusivo da sensibilidade e do intelecto, é *incognoscível: é a coisa em si* ou o *noumenon,* limite negativo ou preclusivo da cognição.

Como se vê, o fenomenalismo de Kant pressupõe a existência de algo meta-racional, como limite à cognoscibilidade do sujeito, reputando que nós só conhecemos "fenômenos", relações entre coisas, mas não a "coisa em si" mesma.

Não vamos aprofundar a indagação sobre a natureza da "coisa em si", para sabermos sé se trata de um *limite antológico* ou de um *limite lógico,* pois o assunto nos levaria muito além das linhas gerais introdutórias de nosso Curso. Apesar das modificações introduzidas pelo filósofo na 2ª edição da *Crítica da Razão Pura,* parece-nos que a segunda das soluções acima apontadas é a que mais se harmoniza com a totalidade de seu sistema.

FILOSOFIA DO DIREITO

Ao estudarmos mais tarde a Ética de Kant, veremos que ele não considera possível o conhecimento racional do *noumenon,* mas reconhece sua postulação no plano da ação e dos deveres, no âmbito da vida prática.

No plano teórico ou da pura especulação, o homem chega até certo ponto, além do qual não pode passar, porque não há experiência possível, não mais se insere *algo* nas condições cognitivas como fenômeno ou objeto de experiência possível. O fenomenalismo de Kant é, pois, de tipo idealista (embora possa ser interpretado de outra forma, vendo-se na "coisa em si", não mero limite negativo da cognoscibilidade, mas uma verdadeira *existência* oculta) ou, em qualquer hipótese, de feição subjetivista.

Este tipo de idealismo denomina-se *transcendental,* porque admite que, antes de captarmos os dados da experiência, já existem em nosso espírito certas formas que condicionam a captação do *fenômeno* como tal. *Transcendental é aquilo que se põe antes da experiência, como condição lógica de sua compreensão muito embora só nos possamos dar conta dessa verdade no decorrer da experiência.*

Não se confunda "transcendental" com "transcendente". A transcendência implica a aceitação e a cognoscibilidade de um mundo de fins ou de valores além daqueles que se tornam objeto de nossa experiência concreta. A "transcendentalidade" indica apenas as *qualidades a priori* do espírito, como condição do conhecer. Sob certo prisma, poder-se-ia dizer que *transcendental* se refere aos pressupostos *lógicos* dos entes, enquanto que *transcendente diz* respeito à sua consistência *antológica:* o primeiro é um conceito de significação *gnoseológica;* e o segundo é um conceito de alcance *metafísico.*

No idealismo kantiano, a "coisa em si" jamais se torna racional, porque jamais é apreendida por nosso espírito. Hegel, como já vimos, contesta o dado irracional da "coisa em si" e afirma a identidade absoluta entre o pensar e o real, em um *panlogismo total.* É impossível afirmar-se uma coisa em si irracional, porque não há nada que possa "ser" fora do pensamento. No momento em que dizemos que algo é pensado, há a necessidade absoluta de uma identificação gnoseológica entre ser e conhecer: — a Lógica identifica-se com a Ontologia; a "teoria do ser" com a "teoria do conhecer".

MIGUEL REALE

No fundo, em Hegel opera-se uma fusão entre a Metafísica e a Gnoseologia, ficando excluídas, por absurdas, todas as formas de transcendência: a transcendentalidade se resolve na identidade do ser e do pensamento. A teoria do ser transforma-se em teoria do pensamento. É por isso que a *Lógica* de Hegel *é uma Lógica do ser, a Metafísica do ser como pensamento.*

47. Fenomenalista é também a conclusão do positivismo em geral, do evolucionismo de Spencer e dos neopositivistas, segundo os quais "só conhecemos fenômenos", nem mesmo fatos, mas apenas "relações entre fatos", ou "enunciados lingüísticos sobre fatos".

Augusto Comte — embora não admitindo algo de semelhante aos elementos *a priori* ou transcendentais de Kant —, sustentava que cientificamente só se conhecem relações, sendo absurdo falar-se em "conhecimento do absoluto": — tudo é relativo, e a essência do conhecimento são os fenômenos.

Para tais correntes, pois, o fenômeno é a realidade última: — não há outra coisa senão "fatos", nem é possível investigar algo que não sejam "relações" entre fatos. Perante o de Kant, este é um fenomenalismo empírico, ou objetivo, que exclui o problema da "coisa em si", reduzindo o real ao que nos revela a experiência numa atualização progressiva.

Posição Ontognoseológica

48. Consoante nosso entendimento, a Filosofia contemporânea apresenta tendência muito acentuada no sentido de superar explicações mais ou menos unilaterais, que ora apontam para o *sujeito,* ora para o *objeto.*

Certos autores, como Nicolai Hartmann (1882-1951), afirmam que no idealismo há um erro essencial, que consiste em não proceder a uma análise objetiva, neutra e prévia, do próprio ato de conhecer.

Que é conhecer? *Conhecer é conhecer algo.* Parece uma afirmação banal, mas é rica de conseqüências. No idealismo, conhece-se ou pretende-se conhecer sem "algo" como termo do processo cognoscitivo e heterogêneo em relação ao sujeito.

FILOSOFIA DO DIREITO

Hartmann diz que, do ponto de vista puramente gnoseológico, sujeito e objeto são termos em correlação essencial, porquanto não se pode falar em sujeito que não o seja para um objeto, nem é possível pensar-se em um objeto que não o seja em razão de um sujeito, muito embora, a seu ver, nessa correlação não se esgote toda a relação do conhecimento. Há uma relacionalidade, entre ambos, sendo preciso notar-se, no entanto, que nem o objeto se confunde ou se identifica com o sujeito, nem o sujeito se identifica ou se confunde com o objeto. Os dois termos são essenciais à Teoria do Conhecimento, *cada um deles mantendo a sua polaridade,* como elementos heterogêneos[4].

Sobre estas e outras considerações o autor de *Os Princípios de Uma Metafísica do Conhecimento,* e outros mestres contemporâneos fixaram as bases de uma doutrina gnoseológica, que se enquadra no "realismo crítico", e que, a nosso ver, redunda em um "realismo ontognoseológico", porque representa, sem dúvida alguma, uma revalorização do objeto, mas levando em conta aquilo que é próprio do sujeito, não se origina, não provém, não resulta do objeto.

Nessa doutrina, reconhece-se, como nos parece certo, a função criadora do sujeito, mas não a função absoluta na constituição ou produção do objeto, como sustentam, por exemplo, os neo-kantianos da Escola de Marburgo, para os quais o método é constitutivo do objeto.

Sobre este assunto, consideramos necessário aduzir algumas observações, indispensáveis à compreensão posterior da estrutura ou da consistência da realidade jurídica.

Sujeito cognoscente e "algo real" são elementos essenciais a qualquer conhecimento do mundo, da natureza e da cultura, isto é, de quanto não seja conhecimento de meros *objetos ideais,* como os da Matemática e da Lógica (Cf. Tít. seg.).

Consideramos *algo (aliquid)* tudo que seja suscetível de tornar-se *objeto.* Se no plano dos objetos ideais há identidade entre "algo" e "ob-

---

4. *Ontologia,* cit., I, págs. 19 e 91. Note-se que para Hartimann seria errôneo reduzir o problema do "ser" ao problema do "objeto", pois este, diz ele, não é senão "o que é conhecido do ser".

jeto", que se distinguem apenas como posições do pensamento mesmo, já os objetos naturais ou culturais suscitam o problema da adequação entre um e outro, entre o que é *objeto* (conteúdo de pensamento) e *algo* de extrínseco ao pensamento, a que o pensamento se dirige, em uma "intencionalidade" que é traço essencial da consciência, consoante o renovado ensinamento de Husserl.

Situando-se perante *algo,* o sujeito põe logicamente o objeto, mas só o põe na medida em que converte em estruturas "lógicas" as estruturas "ônticas" de algo. O sujeito é, assim, uma energia reveladora de *determinações* só logicamente possíveis por haver em "algo" virtualidades de determinação. Daí dizermos que o conhecimento é um *construído de natureza "ontognoseológica".*

O sujeito apreende algo como "objeto", mas resta sempre algo a conhecer; e, mais ainda, no ato mesmo de conhecer, algo se conserva *heterogêneo,* em relação ao sujeito mesmo, por ser transcendente a ele e não se reduzir ao âmbito do processo cognitivo.

O conhecimento depende, pois, de duas condições complementares: — um *sujeito* que se projeta no sentido de algo, visando a captá-lo e torná-lo seu; *algo* que já deve possuir necessariamente certa *determinação,* certa estrutura "objetiva" virtual, sem a qual seria logicamente impossível a captação. O *ser* não é, nesse sentido, o absolutamente indeterminado, *mas antes o infinitamente determinável.* O sujeito não recebe de algo, passivamente, uma impressão que nele se revele como "objeto", nem algo se transfere ao plano do sujeito, reduzindo-se às suas estruturas subjetivas. Sob o estímulo de algo, e na medida e em função de condições subjetivas e histórico-sociais — pois o realismo ontognoseológico não olvida a inevitável condicionalidade social e histórica de todo conhecimento —, o sujeito, de certa maneira, "põe" o *objeto,* que pode não corresponder integralmente a algo, mas a algo com certeza sempre corresponde. Restringimos o conceito hartmanniano de *transobjetivo* àquilo que ainda se não conhece, mas que pode ser objeto de conhecimento, *objiciendum.* Consideramos, por outro lado, objeto *transcendente* ou *metafísico* aquele a que só podemos nos referir, em última análise, como pressuposto da totalidade do processo cognoscitivo, como condição primeira do conhecer: — *é objeto metafísico,* porque transcen-

FILOSOFIA DO DIREITO

de os quadros ontognoseológicos, é "algo" que se impõe como ponto a que tendem indefinidamente as perspectivas do conhecer[5].

Em suma, o pensamento tem o poder de pôr estruturas lógicas em função de estruturas ônticas, de maneira que há sempre necessidade de determinar o método adequado ou correspondente a cada região ou a cada campo de realidade.

À metodologia abstrata sucede a metodologia concreta, plural e funcional, suscitada pelo princípio fundamental dos pressupostos ontog-noseológicos[6].

Correlação com a Problemática Jurídica

49. A correlação entre a matéria ora tratada e os objetivos de nosso Curso comporta amplos desenvolvimentos, só possíveis na segunda parte deste trabalho.

No que se refere à Ciência do Direito propriamente dita, não resta dúvida que se trata de ciência de realidade, não física, nem psíquica, mas *cultural.* O Direito, como toda ciência positiva, implica uma atitude *realista,* enquanto analisa *fatos* do comportamento humano e até mesmo enquanto estuda *normas,* que são apreciadas pela Dogmática Jurídica como um "já dado", algo posto senão imposto à interpretação e à sistematização do jurista como tal.

Nada de extraordinário, pois, que seja *realista,* como atitude essencial, a colocação do jurista perante a experiência histórico-cultural do Direito, assim como também o é a do etnólogo ou do sociólogo do Direito.

Esse realismo, que, como bem observa Husserl, é um pressuposto de toda pesquisa científica positiva, deixa, no entanto, subentendida uma

---

5. O "objeto", porém, é transcendente em relação ao "sujeito", embora não o seja quanto ao processo ontognoseológico. Cf. HARTMANN, N., *Les Principes d'une Metaphysique de la Connaissance,* t. I, cap. VIII.

6. Sobre todos esses pontos, v. nosso livro *Experiência e Cultura,* cit., onde apreciamos a *natureza dialética* do conhecimento, inexistente na teoria de HARTMANN.

MIGUEL REALE

série de problemas quanto à natureza última da realidade que o jurista, enquanto jurista, pode tomar com um "dado".

É, pois, em uma segunda instância, na instância propriamente filosófica, que se situam as questões ora versadas, podendo, então, distinguir-se entre realistas, idealistas ou fenomenalistas do Direito, segundo os princípios que procuramos recapitular.

Realistas entender-se-ão aqueles para os quais a realidade jurídica é algo que se não reduz ao sujeito cognoscente, sendo suscetível de ser conhecida total ou parcialmente tal como é (*realismo tradicional* prevalecente entre os juristas adeptos do racionalismo clássico) ou na funcionalidade sujeito-objeto (*realismo crítico,* consoante temos desenvolvido), ou seja, reconhecendo-se na experiência jurídica a polaridade de *ser* e de *dever ser,* de elementos reais e valores, insuscetível de compreensão sem referibilidade ao espírito, mas não redutível a ele.

Já os idealistas concebem o direito como forma ou projeção do pensamento ou da consciência, ou momento do *espírito objetivo,* como disse Hegel, identificando-se, desse modo, em última análise, o Direito Natural e o Direito Positivo, "tendo a ciência filosófica do direito por objeto a idéia do direito, isto é, o conceito do direito e sua realização", estando o Direito Natural ou Filosófico para o Positivo como as Institutas para as Pandectas. O jurista pode, pois, considerar as leis positivas como "dadas" na medida de sua significação e utilidade no conjunto das circunstâncias, mas sem esquecer que são, em si mesmas, "momento ou expressão do espírito objetivo em que se resolve a sua contingência"[7].

No idealismo subjetivo de Kant, essa identificação entre *ser* e *dever ser* não se realiza, nem mesmo a apontada integração que os neo-realistas concebem: as duas ordens de realidade permanecem distintas, a da *efetividade fenomenal* e a da *idealidade*, havendo entre elas mera correspondência formal. O direito que historicamente se processa é o fruto de uma experiência tornada possível por formas *a priori* transcendentais, como Stammler e Del Vecchio procuraram determinar; o primeiro com a sua concepção de um *Direito Natural de conteúdo variável*. Em aná-

---

7. *V. HEGEL*, Lineamentos de Filosofia do Direito (Grundlinien der Philosofhie des Rechtes), *cit.,* Einleitung, §§ 2, 3. *E ainda* Enciclopédia das Ciências Filosóficas, §§ 483 e segs. *(trad. de B. Croce, Bari, 3ª, 1951).*

FILOSOFIA DO DIREITO

loga direção se desenvolvem os trabalhos de Hans Kelsen, não obstante certos desvios que seu neokantismo sofreu sob influxos neopositivistas.

Finalmente, para os positivistas e os empiristas em geral, o fenômeno jurídico estudado pela ciência é o mesmo de que tratam os filósofos, pois não há conhecimento que se não reduza a relações entre fatos: o filósofo do Direito não teria outra missão senão a de sistematizar os resultados das disciplinas jurídicas positivas, assentes sobre dados insuscetíveis de redução além do plano de fato observáveis e verificados. Daí a inexistência de uma instância filosófica distinta, concebendo-se a Filosofia do Direito, implícita ou explicitamente, como *Enciclopédia jurídica*, ou, consoante prevalece atualmente, como Teoria Geral do *Direito Positivo*, não raro vista como simples análise lingüística do sistema das normas jurídicas e sua aplicação.

Não é demais assinalar, como resulta do exposto anteriormente, que, a nosso ver, a experiência histórico-cultural do Direito implica pressupostos transcendentais ontognoseológicos que serão objeto de estudo na segunda parte do presente Curso.

Capítulo X

Das Formas do Conhecimento

50. Já vimos dois problemas relativos ao conhecimento. O primeiro quanto à sua origem e o segundo quanto à sua essência; o terceiro refere-se às "formas do conhecimento" em função dos métodos de atingir-se a verdade.

É claro que estamos dando à palavra *método* acepção mais ampla do que a usual. Quando se fala em método, pensa-se logo em um processo ordenatório da razão, capaz de conduzir-nos a determinados resultados certos e comprovados, ou pelo menos suscetíveis de fundado consenso. A idéia de método está, portanto, sempre ligada à idéia de um desenvolvimento *racional* segundo certa ordem ou disciplina do espírito, progredindo segundo enlaces e conexões.

Vamos, no entanto, empregar a palavra método em significado mais genérico, de modo a abranger todos os processos ou meios de captar-se a realidade, quer sejam processos discursivos da razão, quer sejam processos intuitivos, de certo modo meta-racionais.

Isto porque o estudo que ora vamos desenvolver não é de Lógica ou de Metodologia, mas, sim, de Gnoseologia, isto é, tem por finalidade indagar das possíveis posições cognoscitivas do espírito perante as diversas espécies de objeto, em sua universalidade.

Pelas considerações expendidas, sabemos que todo conhecimento envolve uma relação entre o sujeito que conhece e algo que ao ser conhecido, é posto como objeto. O sujeito, por conseguinte, dirige-se para fora, visando trazer para si "aspectos" de algo, *segundo várias vias ou formas.* Por quantos caminhos se atinge o real? As vias de acesso à rea-

FILOSOFIA DO DIREITO

lidade empírica serão as mesmas indicadas para se atingirem objetos ideais, como os matemáticos?

Os processos podem ser, de maneira geral, discriminados em duas grandes classes, que são as dos processos de cognição *imediata* e *mediata,* segundo se reconhece a possibilidade de tomada de contacto direto com o *real,* ou, então, a de conhecê-lo tão-somente graças a elementos de mediação ou de enlace progressivo. Abstração feita dos processos formais de inferência imediata, aos quais nos referimos a propósito da dedução, examinemos o problema da *intuição* que para muitos seria o método por excelência da Filosofia, de Platão a Descartes e Espinosa, de Schelling a Bergson e Husserl.

Dos Processos Intuitivos em Geral

51. O processo primordial de conhecimento imediato é-nos dado pela *intuição sensível,* que marca o contacto do sujeito cognoscente com algo graças às impressões dos sentidos e à percepção. Abro os olhos e vejo uma rosa. Entre o sujeito, que vê, e a rosa, que é vista, nada de estranho se interpõe, porquanto existe imediatidade no ato de conhecer, pela iniludível "presença do objeto" no plano da consciência, de maneira que o real é captado em direta objetividade, muito embora as sensações como tais não sejam o objeto mesmo da nossa percepção e o reconhecimento do objeto como "rosa" envolva uma multiplicidade de atos[1].

A intuição sensível está na base de todo conhecimento empírico e, a rigor, põe-nos em relação com algo "realmente" existente, com os elementos do mundo real, distinguindo-se por ser particular, pessoal e intransferível, valendo no âmbito mesmo da experiência do sujeito.

Em geral, reconhece-se a importância fundamental da intuição sensível como primeira via de acesso ao real. As divergências surgem quando alguns autores exageram sua importância dizendo que a inteligência não pode fazer outra coisa senão elaborar os "dados" fornecidos pelas sensações.

---

1. Sobre esse problema, cf. KURT KOFFKA, *Principles of Gestalt Psychology,* Londres, 1950, págs. 591 e segs.

MIGUEL REALE

A tese do empirismo radical é no sentido de que o intelecto nada acrescenta àquilo que os sentidos captam, porque, quanto ao conteúdo, a inteligência conservaria, rigorosamente, os dados sensíveis, ordenando-os ou combinando-os em unidades de síntese de valor objetivo e universal.

Outras correntes de pensamentos, embora reconhecendo a importância da intuição sensível, discordam do empirismo, por entenderem que o conhecimento não se resolve nem se esgota apenas no material que as sensações carreiam, mas que são antes a "intuição intelectual", o raciocínio indutivo etc., que nos abrem acesso ao rigoroso conhecimento do *real em sua essência*.

Estamos vendo, portanto, que a intuição sensível é reconhecida sempre, de uma forma ou de outra, como via de acesso ao real, divergindo os autores quanto à importância ou ao alcance daquele processo de conhecer, que deve ser reconhecido, a nosso ver, como processo revelador de dados indispensáveis ao conhecimento, mas de validade relativa e particular, visto como sobre os "objetos físicos", como nos diz Bertrand Russell, é possível apenas um "saber por descrição", e não um "saber de natureza" imediata e direta[2].

52. Na Filosofia contemporânea, tem-se verificado fenômeno interessantíssimo, que é o da revalorização das formas de conhecimento intuitivo de natureza espiritual, isto é, "não-sensível". Dá-se à intuição importância que nem sempre era reconhecida pelos positivistas e idealistas pós-kantianos, embora Descartes, Espinosa, Fichte, Schelling e Schopenhauer já nos tivessem propiciado larga messe de pesquisas sobre a matéria, nem faltassem os exemplos magníficos de Platão e de Santo Agostinho.

Afirma-se, de modo geral, a relevância de três processos intuitivos, além do meramente sensível, suscetível de ultrapassar o plano da experiência imediata dos sentidos, com referência a um objeto posto *hic et nunc*.

---

2. O que conheço *diretamente* de uma coisa corpórea são os seus "dados sensíveis", matéria de intuição: a coisa, um livro ou um quadro, não é um conhecimento direto, mas, como distingue RUSSELL, um "conhecimento por definição ou descrição" — BERTRAND RUSSELL, *Les Problèmes de la Philosophie*, trad. de J. F. Renauld, Paris, 1923, pág. 46.

FILOSOFIA DO DIREITO

Antes de mais nada, desejamos esclarecer que não se deve supor que os processos que vamos examinar só tenham surgido agora ou que só tenham sido apreciados e vistos em nossos dias. São formas de conhecimentos que encontram antecedentes dos mais altos na História da Filosofia. O que queremos dizer é que tais processos readquirem em nossa época uma posição de primeiro plano na indagação filosófica, sendo elaboradas sobre sua natureza e seu alcance especulações anteriormente desenvolvidas sem preocupação sistemática.

Partem alguns expositores da observação de que o homem não é apenas um ser que vê, que possui sensações tácteis, que sente, tomando o verbo *sentir* no seu sentido estrito. O homem não é apenas "sensibilidade", porque também "sente afetivamente", reage emocionalmente, tem simpatias e aversões, comove-se, apaixona-se. É, além disso, um ser que intelectualmente contempla, que pretende usar da inteligência para penetrar diretamente na essência das coisas. O homem é ainda um ser que quer e age e é capaz de encontrar no ato mesmo de agir o sentido de sua conduta.

A afirmação de que o *homem é um ser que pensa* é exata, mas, sob certo prisma, poderia representar uma incompreensão do humano. O homem é sim um ser que *pensa, sente* e *age,* razão pela qual Hessen, em sua clara monografia sobre *Teoria do Conhecimento,* distingue, em função das três forças fundamentais do ser espiritual (pensamento, sentimento e vontade), estas três espécies de intuição: *racional, emocional* e *volitiva,* todas suscetíveis de apreensão imediata de um objeto.

Discriminada, assim, *"a parte subjecti",* as formas de intuição, acrescenta Hessen que chegaríamos também a igual resultado partindo da análise da *estrutura do objeto,* pois este apresenta três aspectos ou elementos — *essência, existência* e *valor* — donde poder-se falar em "intuição da essência", "intuição da existência" e "intuição do valor", coincidindo a primeira com a racional; a segunda, com a volitiva; e a terceira, com a emocional[3].

Haveria, desse modo, um conhecimento intuitivo adequado para cada estrutura dos *objetos,* cujo estudo logo mais faremos no capítulo

---

3. Quanto a essa tricotomia, cf. também GARCÍA MORENTE, *Lecciones Preliminares de Filosofia,* Buenos Aires, 1941, págs. 37 e segs. Lembre-se o ensinamento aristotélico sobre o homem como *logos, pathos* e *ethos.*

132 MIGUEL REALE

sobre a *Teoria dos Objetos*. Na realidade, porém, nenhuma das grandes doutrinas intuicionistas se enquadra, de maneira pura e rigorosa, na discriminação ora lembrada, sendo atribuída à intuição de tipo racional e à emocional a virtude de captar valores e essências, sem nos esquecermos de que há tipos de intuição dificilmente identificáveis como puramente racionais, volitivos etc.

A própria natureza concreta do conhecimento intuitivo parece demonstrar o valor elucidativo que se deve dar à classificação inevitavelmente abstrata de Hessen e Garcia Morente, a qual tem, no entanto, o mérito de assinalar a *correlação sujeito-objeto* no plano da cognição intuitiva.

É da *intuição de caráter real* que cuidamos nesta parte de nosso Curso, não sendo necessário repisar quanto já dissemos sobre o valor da intuição com referência aos princípios de evidência que se impõem ao espírito por si mesmos, de maneira imediata, independentemente de qualquer demonstração.

Em tais casos, a intuição é de caráter *formal*, como ocorre também neste exemplo clássico: ao vermos um objeto azul e outro branco, não só ocorre a *intuição sensível* dessas duas cores mas, também, a *intuição espiritual* de que se trata de duas cores distintas. Essa intuição de relação de diferença é puramente *formal*, não diz respeito à realidade mesma dos seres. Já as intuições espirituais de caráter real procuram penetrar no fundo mesmo das coisas, pondo-se em contacto como diz Garcia Morente, "com a íntima realidade essencial e existencial dos objetos".

53. Antes de lembrarmos algumas teorias intuicionistas não é demais ponderar que, mesmo fora do campo filosófico, no domínio das ciências exatas, se reconhece o papel da *intuição* como instrumento de saber.

Em pequeno e admirável livro, intitulado *Aonde vai a Ciência?*, Max Planck — o cientista que com a teoria dos "quanta" deu início à Nova Física — põe em relevo a importância da intuição intelectual, não só quanto aos princípios fundamentais, mas também no plano da pesquisa experimental, mostrando como o investigador autêntico sabe "com os olhos do espírito" penetrar nos mais delicados processos que se desenrolam perante ele, construindo intuitivamente todo um mundo de hipóteses destinado a ser verificado segundo "medições experimentais".

FILOSOFIA DO DIREITO

No prefácio da mencionada obra, Albert Einstein escreve o seguinte: — "Assim, o trabalho supremo do físico é o descobrimento das leis elementares mais gerais, a partir das quais pode ser deduzida logicamente a imagem do mundo. Porém, não existe um caminho lógico para o descobrimento dessas leis elementares. Existe unicamente a *via da intuição,* ajudada por um sentido para a ordem que jaz atrás das aparências, e este *Einfühlung* se desenrola pela experiência"[4].

Ora, essa colocação do problema, feita pelos cientistas, coincide com a de filósofos, como Max Scheler, N. Hartmann e M. Heidegger, segundo os quais em todo conhecimento há como que um "dado antecipatório", toda pergunta pressupondo certa intuição ou "percepção liminar" do perguntado.

54. Para um grande número de pensadores, há órbitas do ser que só podem ser captadas por vias emocionais. Já Pascal havia lembrado que "o coração tem razões que a razão desconhece" — e disso sabem os enamorados, os que amam e não sabem dar a razão de seu amor.

Pois bem, a afirmação genial de Pascal encontra hoje notável desenvolvimento, especialmente no que se refere ao chamado mundo dos valores, declarado inatingível só por atos de razão. Os valores do belo, do verdadeiro ou do justo somente seriam captáveis em virtude de experiências emocionais, em um contacto direto de ordem sentimental. Quando, na linguagem comum, se afirma que não se discutem o belo e o sentido da beleza, assim como as múltiplas formas do gosto, no fundo o que se quer reconhecer é a meta-racionalidade parcial ou total do problema. Não se resolve um problema de estética em termos puramente lógicos, e o mesmo ocorre no mundo jurídico.

A Ciência do Direito, especialmente no Brasil, ainda está muito imbuída de "racionalidade abstrata", no sentido de que a experiência

---

4. Cf. Max Planck, *Adonde va la Ciência?* Prefácio de Albert Einstein, Buenos Aires, 1944, págs. 12 e segs., págs. 100 e segs., e Albert Einstein, *Out of My Later Years,* Philosophical Library, Nova Iorque, 1950, págs. 59 e segs. Aliás, Poincaré já havia dito: "É pela lógica que se demonstra, é pela intuição que se inventa". Cf. *Science et Méthode,* Paris, 1908, pág. 137. Cf. Jean Piaget *et alii* — *Logique et Connaissance Scientifique,* Paris, 1969, págs. 26 e segs. e 62 e segs., e Karl Popper, *The Logic of Scientific Discovery,* 2ª ed., 1968, sobretudo págs. 32 e segs.

jurídica possa toda ela ser reduzida a uma sucessão de silogismos ou de atos atribuíveis a uma entidade abstrata, ao "homo juridicus". A técnica jurídica, operando com meros dados lógico-formais, vai, aos poucos, firmando a convicção errônea de que o juiz deve ser a encarnação desse mundo abstrato de normas, prolatando sentenças como puros *atos de razão*. Na realidade, sabemos que o juiz, antes de ser juiz, é homem partícipe de todas as reservas afetivas, das inclinações e das tendências do meio social, e que nós não podemos prescindir do exame dessas circunstâncias, numa visão concreta da experiência jurídica, por maior que deva ser necessariamente a nossa aspiração de certeza e de objetividade.

Sentenciar não é apenas um ato racional, porque envolve, antes de mais nada, a atitude de estimativa do juiz diante da prova. O bom advogado sabe perfeitamente da importância dos elementos emocionais na condução e na apreciação dos elementos probatórios. Tais fatores de convicção adquirem importância muito grande em certos setores do Direito, como, por exemplo, no júri popular. A convicção do jurado não é mera resultante de frias conjeturas racionais, pois vem animada sempre de cargas emotivas. Estamos vendo, portanto, que a tendência muito nossa de simplificar e empobrecer a vida jurídica, para torná-la uma fria sucessão de silogismos, esbarra diante de fatos e atos que são de evidência irrecusável, o que não quer dizer que para nós possa o Direito prescindir de estruturas racionais, cuja importância assinalaremos no decorrer deste Curso.

A Filosofia moderna tem posto à mostra a importância da intuição para penetrar-se no mundo dos valores, entre os quais se colocam os valores do justo, do útil, da liberdade, da igualdade e todos os demais com que trabalha o jurista.

A muitos autores poderíamos citar nesse sentido, mas, além de Bergson, a cujo intuicionismo já nos referimos, merece especial destaque o nome de Max Scheler, cujas obras tão profunda influência têm exercido na Filosofia Moral e Jurídica.

Max Scheler é um revisor ou crítico da Ética formalista de Kant. A teoria moral kantista é eminentemente racionalista e formal, tendo Max Scheler demonstrado a impossibilidade de uma Ética que não implique sempre um conteúdo estimativo. É por este motivo que a obra

FILOSOFIA DO DIREITO

fundamental de Max Scheler se intitula: *O Formalismo na Ética e Uma Ética Material de Valores,* editada em 1913-16[5].

É Max Scheler, sem dúvida, um dos pensadores mais profundos de nosso tempo e dos que mais puseram em evidência a importância do fator emocional como meio que o homem tem de apreender as essências axiológicas. Suas indagações têm repercutido poderosamente no campo do Direito, não apenas no domínio da Filosofia Jurídica, mas no campo mesmo das disciplinas particulares, especialmente no que se refere ao problema da interpretação do Direito e da valoração da prova.

No plano da Filosofia do Direito a influência do intuicionismo axiológico de Max Scheler e de Nicolai Hartmann faz-se notar em vários sentidos, com fecundos resultados, tanto na Europa como na América.

55. Há pensadores que, reconhecendo ou não a importância da intuição emocional quanto ao mundo dos valores, sustentam que o homem pode entrar em contacto direto com o mundo das idéias, ou das *essências ideais,* graças a um trabalho puramente intelectual. Afirma-se, geralmente, que os conceitos universais ou as essências são atingidos através de uma comparação de entes particulares, mediante um processo de abstração racional crescente, de maneira que o "intuicionismo eidético" nos daria a possibilidade de uma compreensão das "essências" ou do "eidos" de forma puramente imediata e analítica.

Já tivemos ocasião de fazer referência a Husserl, um dos mentores da Filosofia contemporânea. De formação matemática, alimentou o alto propósito de fundar uma Filosofia rigorosa em seus enunciados, embora não "exata" no sentido da Matemática. Habituado a tratar com números e diagramas, dir-se-ia que foi levado a "ver" essas espécies de entes de forma intelectiva direta, reconhecendo-lhes "objetividade"[6].

---

5. MAX SCHELER, *Ética,* trad. de Rodríguez Sanz, Revista de Occidente, Madri, 1941.

6. Cf. E. HUSSERL, *Investigações Lógicas* (trad. de Manuel G. Morente e José Gaos, Rev. de Occidente, Madri, 1929), *Idéias para uma Fenomenologia Pura e Filosofia Fenomenológica* (trad. de Paul Ricaeur sob o título *Idées Directrices pour une Phenomenologie,* Paris, 4ª ed., 1950), *Meditações Cartesianas* (trad. francesa, 1931), *A Filosofia como Ciência de Rigor,* cit. e *A Crise da Ciência Européia e a Fenomenologia Transcendental* (trad. it. de E. Filippini, 2ª ed., Milão, 1965) e *Ideen,* 1, 2 e 3, trad. it. de E. Filippini, Turim, 1965.

136 MIGUEL REALE

No fundo, o que sustentam os fenomenólogos é que, assim como conhecemos um quadro mediante percepção visiva, também podemos atingir "essências" graças a uma visão intelectual, não sensível, a um processo rigoroso de visão intelectiva, que é o *método fenomenológico* ou da "redução das essências".

Não vamos poder explicar, agora, o processo fenomenológico, que reputamos muito rico e fecundo para a pesquisa científica. Logo mais voltaremos a este assunto, ao tratarmos da metodologia da Filosofia do Direito (cf. tít. VII). Não é demais, porém, esclarecer que tal método é chamado "eidético", com um termo inspirado na doutrina de Platão, pois o que se visa é penetrar no "eidos" ou na essência dos entes. O método fenomenológico de Husserl é apontado por vários autores como o próprio da Filosofia do Direito e da Ciência do Direito mesma.

Como se define o Direito? Como se determinam as notas conceituais da juridicidade? A afirmação dos empiristas é a de que atingimos a noção do Direito, partindo da observação e da comparação dos fatos que se processam na sociedade, assim como os intelectualistas pretendem elevar-se dos "generalia" aos "universalia". Os continuadores de Husserl sustentam, ao contrário, que atingimos a essência do Direito em virtude de uma intuição intelectual pura, ou seja, purificada de elementos empíricos, que são apenas condições da análise eidética. Não se trata, pois, de indução, mas sim de intuição puramente intelectual, como tal irredutível às regras comuns da abstração e da generalização empíricas.

Reinach foi o primeiro a dar repercussão relevante ao método fenomenológico no plano jurídico, em sua obra *Os Fundamentos Apriorísticos do Direito Civil* (1913), na qual declara que os conceitos fundamentais do Direito possuem um ser meta-jurídico positivo, assim como os números possuem um ser independente da ciência matemática[7].

---

7. Acrescentem-se à obra de ADOLFO REINACH *(Los Fundamentos Apriorísticos del Derecho Civil,* trad. de Pérez Bances) vários estudos de maior alcance na determinação da juridicidade, como os de WILHELM SCHAPP *(La Nueva Ciencia del Derecho,* trad. de Pérez Bances, Madri, 1931); FRITZ SCHREIER *(Concepto y Formas Fundamentales del Derecho,* trad. de Eduardo García Máynez, Buenos Aires, 1942) e FELIX KAUFMANN *(Logik und Rechtswissenschaft,* 1922) os quais últimos se mantêm, no entanto, em uma posição de absoluto formalismo, procurando conciliar o método fenomenológico com a *Teoria Pura do Direito* de HANS KELSEN, que será especialmente examinada.

FILOSOFIA DO DIREITO

56. Vejamos a quarta forma de intuição, cuja validade tem sido sustentada por uma série de autores contemporâneos, especialmente por W. Dilthey (1833-1911) para quem só a intuição volitiva nos permite conhecer a "existência" das coisas. De certas realidades só temos conhecimento autêntico pela resistência que elas nos oferecem. Assim, temos convicção da realidade do mundo interior pela experiência imediata de nossa vontade, pelo que se dá na intuição volitiva. É ela que nos possibilita a compreensão da existência, assim como o conhecimento do mundo histórico.

É ela que parece resolver, afirma Dilthey, o mistério recalcitrante da origem e da legitimidade de nossa convicção acerca da realidade do mundo exterior. Para a mera representação o *mundo exterior* não é mais que fenômeno, enquanto que para o nosso ser volitivo, afetivo e representativo, considerado na sua integridade, o mundo exterior se nos dá ao mesmo tempo que o nosso eu, com igual segurança: apresenta-se-nos como vida e não como simples representação[8].

O que, portanto, ocorre na Filosofia contemporânea, repetimos, é uma revalorização dos processos intuicionais, no sentido de mostrar que o homem não é apenas um portador de razão, nem tampouco um ser que só pela razão logra atingir o conhecimento. Há certas coisas que só se conhecem plenamente através dos elementos que a afetividade, à vontade ou a intelecção pura nos fornecem.

Mais fiel à Fenomenologia mostra-se GERHART HUSSERL *(Rechtskraft und Rechtsgeltung,* 1925) que visa a "um *a priori* material jurídico", e não puramente formal. Aplicam o método fenomenológico muitos outros juristas filósofos, inspirando-se além de HUSSERL, em MAX SCHELER e NICOLAI HARTMANN, como, por exemplo, RECASÉNS SICHES *(Vida Humana, Sociedad y Derecho,* 2ª ed., México, 1945; *Los Temas de la Filosofía del Derecho,* Barcelona, 1934), Panorama del Pensamiento Jurídico en el Siglo XX,* México, 1963, t. II, com ampla bibliografia sobre o assunto. Para uma crítica dessa posição, v. JAMES GOLDSCHMIDT, *Estudios de Filosofía Jurídica,* trad. de R. Goldschmidt e Pizarro Crespo, Buenos Aires, 1947, págs. 75 e segs. No tít. VII deste *Curso* volveremos à matéria, fixando nossa posição. No Brasil merece ser lembrado o ensaio de LOURIVAL VILANOVA, *Sobre o Conceito do Direito,* Recife, 1947, com forte influência fenomenológica.

Para uma visão global do problema, v. AMSELEK, P., *Méthode Phénoménologique et Théorie du Droit,* Paris, 1964 e SIMONE GOYARD-FABRE, *Essai de Critique Phénoménologique du Droit,* Paris, 1972.

8. Cf. W. DILTHEY, *Introducción a las Ciencias del Espíritu,* trad. de Eugenio Imaz, México, 1944, págs. 7 e segs.

138 MIGUEL REALE

Quando um autor sustenta que o conhecimento filosófico é tão-somente aquele que se realiza através da intuição, chamamos a sua Filosofia de *intuicionista;* assim, a Filosofia de Husserl é intuicionista-eidética, a de Bergson é intuicionista-emocional etc.

Não se justifica, a nosso ver, qualquer forma de redução dos métodos filosóficos a métodos puramente intuitivos. Pensamos que a intuição é fator primordial e imprescindível da especulação filosófica, mas insuficiente para a compreensão unitária da vida e do cosmos a que tende a Filosofia. A intuição, por exemplo, é uma via de acesso necessária ao mundo dos valores, mas não resolve todos os problemas que surgem no plano estimativo.

O elemento racional deve sempre vir completar o elemento intuitivo, salvo em se tratando de *evidências* que se nos impõem de maneira direta e clara: — há verdades evidentes, intuitivas tanto no plano lógico, como no plano axiológico, evidências teoréticas e evidências práticas, mas, salvo este domínio, importa verificar racionalmente as conexões de sentido que a intuição nos revela, mesmo porque é a compreensão do todo que, muitas vezes, nos assegura a autêntica apreensão dos elementos singulares.

Podemos dizer que assim como o intelecto ordena e completa o material sensível, casando com ele algo de próprio, também a razão ordena e completa o material da intuição estimativa ou puramente intelectual.

Também cuidaremos mais tarde deste ponto, ao tratarmos diretamente do problema dos valores, que nos permitirá descortinar, de maneira mais nítida, o panorama da experiência jurídica.

Dos Métodos de Cognição Mediata

57. ANALOGIA — Passemos, agora, a estudar a primeira forma de conhecimento mediato, que é o conhecimento analógico, sobre o qual não precisaremos desenvolver grandes considerações, porquanto a analogia deve ser familiar como processo de inferência jurídica. A analogia — abstração feita aqui de suas acepções de natureza ôntica ou ontológica, por impertinentes — consiste em estender a um caso particular

FILOSOFIA DO DIREITO

semelhante às conclusões postas pela observação de um caso correlato ou afim, em um raciocínio por similitude.

Se verifico que um fato ou um objeto possui as características A + B + C + D, sou levado, naturalmente, a estender suas leis ou qualidades a outro fato ou objeto que apresente as características A + B + C + D + F. Meu espírito alarga então, ao segundo caso, o que lhe foi dado afirmar sobre o primeiro. Resulta daí o problema do fundamento da analogia: — com que título desdobro para um caso semelhante o que sei verdadeiro apenas para um caso particular afim?

A analogia, como instrumento de aplicação do Direito, resulta de expresso imperativo legal, porquanto sabido é que, havendo lacuna na lei, cabe recurso aos casos análogos, aos costumes ou aos princípios gerais do Direito (Lei de Introd. ao Cód. Civ., art. 4º).

O processo analógico, portanto, é fundamental na vida do Direito, baseando-se no antigo ensinamento: — *ubi eadem ratio, ibi eadem dispositio.* É de presumir-se que, havendo correspondência de motivos, igual deva ser o preceito aplicável. É preciso notar que a analogia tem pontos de contacto e pontos de dessemelhança com o processo intuitivo. A analogia coincide com a intuição por ser conhecimento do particular, mas difere dela por ser sempre de natureza racional, enquanto que a intuição pode assumir formas emocionais ou volitivas[9].

A analogia, quer seja de direito ou de fato, implica sempre algo de criador por parte do sujeito, exigindo certa contribuição positiva do intérprete, ao estender a um caso o visto em outro. Poder-se-ia dizer que nela existe larga margem de "construção", razão pela qual deve ser bem delimitado o seu campo de incidência, toda vez que estiver em jogo a liberdade individual. Não se admite, geralmente, processo analógico em Direito Penal, onde podem ser apontadas duas exceções de grave repercussão, uma na Alemanha nacional-socialista, outra na Rússia soviética; e, nos dois casos, ao se tratar de crimes políticos, ou de crimes contra a segurança da comunidade ou do Estado. No Brasil, quando da legislação excepcional relativa aos bens dos súditos do Eixo, também se autorizou

---

9. Sobre as relações entre *analogia* e *indução,* e a caracterização da primeira como uma indução incompleta, v. STUART MILL, *Système de Logique Deductive et Inductive,* vol. II, págs. 83 e segs.

140 MIGUEL REALE

a julgar por analogia, apesar de nossa tradição legalista no campo repressivo. Não faltariam, porém, exemplos de uma certa tendência que aqui, como alhures, se nota no sentido de mais rigorosa delimitação dos limites da interpretação restritiva em Direito Penal, dado o caráter construtivo da analogia, processo "intermédio entre a criação do Direito e a interpretação", como nos diz G. F. Falchi[10].

58. INDUÇÃO — Antes de situarmos o problema da indução perante as diferentes espécies de objetos[11], devemos recordar algumas noções de Lógica sobre a natureza desse processo cognitivo tão caro aos empiristas.

Costuma-se dizer que na indução o espírito procede do particular para o geral, constituindo um processo de descoberta de verdades gerais, partindo-se da observação de casos particulares. É por isso que se declara que a indução é o método por excelência da pesquisa científica, por ser aquele que revela verdades não sabidas, permitindo-nos passar dos *fatos* às *leis*.

A indução pode oferecer duas formas distintas. Temos, em primeiro lugar, a *indução completa* ou *formal*, e, em segundo lugar, a *indução amplificadora,* que é a indução propriamente dita.

Dizemos que a indução é formal quando nos elevamos a uma conclusão, depois de termos examinado e verificado cada um e todos os elementos de uma série de entes ou uma ordem de realidade. Examinada, por exemplo, certa propriedade em cada um dos planetas do sistema solar, podemos enunciá-la de forma rigorosa, e o que enunciamos vale como lei que condensa ou resume os resultados das observações particulares.

Na indução completa, de certa maneira não fazemos senão exprimir em uma síntese ou em uma fórmula aquilo que já sabemos a respeito de cada coisa em sua singularidade. Trata-se de processo de clarificação dos dados do real, através de uma síntese expressional. Nesta questão, não se põe nenhum problema, porquanto repetimos *in genere* o verificado em cada caso ou em cada espécie, realizando, como observa Goblot, uma simples "totalização do saber adquirido"[12].

---

10. Cf. FALCHI, *La Legge Penale,* 1942, pág. 169.

11. Cf. cap. sobre "Teoria dos Objetos".

12. EDMOND GOBLOT, *Traité de Logique,* 5ª ed., Paris, 1929, págs. 287 e segs.

FILOSOFIA DO DIREITO

A indução por excelência, porém, é a amplificadora, porque nosso espírito se eleva a uma conclusão a respeito de toda uma série, mesmo sem ter conhecido senão alguns de seus elementos, podendo essa amplificação ser feita de maneira *empírica*, ou de maneira *metódica* ou experimental.

Podemos representar esta forma de indução dizendo que, tendo observado A^1, A^2, A^3, A^4, estendemos a A^5, A^6, A^7, A^8 ... A_n a conclusão obtida. Assim, se em determinadas circunstâncias uma porção de oxigênio combina-se com outra de hidrogênio, dando-nos certa quantidade de água, e se repetimos a experiência cinco, dez, quinze vezes, alcançando os mesmos resultados, parece-nos lícito subordinar a uma "lei" todas as experiências possíveis, cujo número é imprevisível, dada a conclusão posta por nosso espírito com relação às experiências efetivamente realizadas, cuja soma é assim infinitamente superada. Opera-se, portanto, uma ampliação para além daquilo que a observação efetiva nos poderia permitir.

Aí é que surge o problema: — Com que título pode o observador estender para os casos todos de uma série a conclusão que só lhe foi dado comprovar para uma parte da mesma série?

Há muitas doutrinas sobre este problema, que é o do *fundamento da indução*. Alguns autores, por exemplo, lembram que é possível a extensão indutiva, em virtude da constância dos fenômenos da natureza ou, por outras palavras, pela identidade da natureza, ou *regularidade* dos fenômenos naturais. Se as leis são relações que resultam da natureza das coisas, estas relações serão sempre as mesmas, por ser a natureza das coisas sempre invariável e obedecer a um princípio de regularidade.

A identidade da natureza das coisas é que permitiria ao nosso espírito alargar as conseqüências de uma observação particular ao geral, de maneira que no processo indutivo se insere sempre um *elemento hipotético,* concernente à *presumida ordenação regular dos fatos.*

Temos, desse modo, uma explicação do processo indutivo, pelo pressuposto da regularidade da natureza. Por outras palavras mais pobres, como o oxigênio e o hidrogênio sempre oferecem o mesmo conjunto de propriedades, uma *constância* de qualidades, podemos estender a todos os demais casos, exprimindo sob forma genérica de lei, aquilo que foi possível verificar em um número finito de vezes, combinando os dois gases em dadas condições para obter-se água.

Outros autores, no entanto, transpõem o problema da fundamentação da indução do plano do objeto para o plano do sujeito, afirmando que a generalização indutiva encontra sua legitimidade na própria conformação do espírito. Como só podemos conhecer o real na medida de nossas garras apreensoras, e segundo leis inerentes à nossa subjetividade, universalmente idêntica a si mesma e às demais subjetividades, apesar das mutações ou modificações biopsíquicas, podemos afirmar a generalização indutiva em razão da identidade universal *a priori* do sujeito cognoscente.

Sem se colocarem nesse plano transcendental é também com elementos subjetivos que Hume e Stuart Mill procuram explicar a questão, vendo no processo indutivo uma *expectação maquinal* resultante de uma associação constante, "um simples hábito produzido pela repetição constante da mesma experiência".

Finalmente, cabe lembrar a colocação do problema em termos puramente matemáticos, fundando-se a validade da lei indutiva em razões estatísticas de probabilidade.

O certo é que na indução amplificadora realizamos sempre uma conquista, a conquista de algo novo, que se refere a objetos reais e a relações entre objetos reais, tendo como ponto de partida a observação dos fatos. Na base da indução está, portanto, a experiência, a observação dos fatos que deve obedecer a determinados requisitos, cercada de rigorosas precauções críticas, tal como o exige o conhecimento indutivo de tipo científico, inconfundível com as meras generalizações empíricas[13].

Na indução experimental, a formulação de "hipóteses" é da essência mesma do processo, devendo-se notar que a indução envolve sempre, concomitantemente, elementos obtidos *dedutivamente,* desempenhando

---

13. Sobre as exigências da pesquisa científica, v. E. Bright Wilson e T. W. Richard, *Introduction to Scientific Research,* Mc Graw Hill, 1952; Henry Van Laer e Henry J. Koren, *Philosophy of Science,* Pittsburg, t. I, 1956 e t. II, 1962; Leônidas Hegenberg, *Introdução à Filosofia da Ciência,* São Paulo, 1965. Sobre o problema do fundamento da indução na Lógica contemporânea, v. G. H. Von Wright, *The Logical Problem of Induction,* 2ª. ed., Oxford, 1957.

FILOSOFIA DO DIREITO 143

nela também a *intuição* um papel relevante, pois todo raciocínio até certo ponto implica em uma sucessão de "evidências".

59. Dedução — A dedução é um processo de raciocínio, que implica sempre a existência de dois ou mais juízos, ligados entre si por exigências puramente formais.

Quando dois são os juízos ou proposições, e do enunciado de um se passa diretamente ao outro, em virtude de mera *implicação lógica,* diz-se que a dedução é *imediata,* o que se opera através das formas de *oposição* e de *conversão.*

Para os fins propostos no início deste capítulo, não vamos senão cuidar da *dedução mediata,* que também pode ser distinta em *formal* e *amplificadora* ou construtiva, tal como o fizemos para a indução, sendo a primeira o silogismo.

Silogismo é o raciocínio em virtude do qual, postas duas asserções, delas resulta, necessariamente uma terceira, pela simples colocação das duas anteriores. Muito se tem discutido e debatido a propósito do silogismo. Não faltam autores modernos, especialmente desde Stuart Mill, que critiquem o silogismo como método de ciência, alegando que por meio dele não fazemos senão repetir em particular o que já se sabe em universal, ou, que a posição da premissa maior já pressuporia a verdade da conclusão, reduzindo-se, desse modo, a dedução à indução[14].

Pelo silogismo, vamos de uma verdade à sua conseqüência, ou do geral para o particular. Essa afirmação de que no silogismo se vai do geral para o particular é certa para o silogismo, mas não vale para todo processo dedutivo. No silogismo procedemos, efetivamente, de uma proposição enunciada de maneira geral (premissa maior) para as conseqüências dessa proposição em caso particular (conclusão), pelo confronto com uma enunciação intermédia (premissa menor). Se dizemos que todos os homens são mortais e que Sócrates é homem, há uma inferência inelutável quanto à mortalidade de Sócrates.

---

14. V. Stuart Mill, *Systéme de Logique Deductive et Inductive,* trad. de Louis Peisse, Paris, 1909, vol. I, págs. 204 e segs.

144   MIGUEL REALE

O silogismo, de certa maneira, pressupõe aquilo que já está na conclusão. Se assim não fosse, alegam alguns críticos, seríamos obrigados a aceitar a validade deste raciocínio: — "Todos os homens são mortais; D. Quixote é homem; logo, D. Quixote é mortal". Mas, se contestamos esta afirmação é porque, de antemão, já sabemos que D. Quixote não é mortal e que "ser mortal" é da essência do "ser homem", de maneira que o silogismo envolve um círculo vicioso, pois a conclusão já deve ser conhecida antes para ser possível formular a premissa maior.

Essa crítica implica, porém uma confusão entre elementos lógico-formais e elementos de ordem empírica e também ôntica. "Formalmente" o mencionado raciocínio sobre D. Quixote é certo, mas não é "verdadeiro". A verdade da conclusão pressupõe a verdade das premissas, e, sendo assim, não resta dúvida que é necessário dar ao silogismo um valor relativo, reconhecendo, como faz Dewey, que *só será cientificamente válido se suas premissas tiverem caráter hipotético.*

Feitas estas observações, não se pode contestar que o silogismo é um instrumento poderoso de clarificação das idéias e de extensão das verdades sabidas a planos à primeira vista insuspeitados. Muitas verdades da ciência moderna foram deduzidas de conhecimento sobre outras ordens de realidade, cabendo à dedução corrigir conclusões indutivas errôneas. O silogismo, porém, não realiza por si só inovação ou descoberta de verdades novas, que já não estejam implícitas em suas premissas.

Por outro lado, o silogismo não é senão uma ferina de raciocínio dedutivo, o qual nos leva dos princípios às conseqüências, através de exigências postas pelas leis formais do pensamento mesmo e por seus princípios constitutivos.

Com efeito, a dedução *pode* ser amplificadora, tal como acontece no domínio das Matemáticas. A Geometria, por exemplo, depois de ter atingido a teoria dos ângulos, passa para a dos triângulos e dos triângulos se eleva à dos polígonos. Há um crescendo de verdades adquiridas através de um processo que, como diz Joad, implica o uso constante do *princípio de evidência,* passando-se de uma verdade conhecida a algo de novo mediante um "salto" criador de natureza intuitiva. Não se passa, em suma, do geral para o particular, mas de um enunciado genérico a outros mais gerais ainda.

FILOSOFIA DO DIREITO

145

A dedução matemática, como foi demonstrado de maneira admirável por Edmond Goblot, no seu *Tratado de Lógica,* representa uma amplificação do já sabido, através de recursos puramente mentais, podendo essa passagem *não ser do geral para o particular.* Note-se onde reside a diferença essencial entre a indução e a dedução: a indução é um raciocínio que tem como base necessária a experiência, sem a qual não se atingiriam resultados válidos; a dedução, ao contrário, é um processo de pensamento que se desenrola segundo leis inerentes ao pensamento mesmo, a partir de pressupostos, ou *evidentes* por si, ou obtidos mediante a *indução.*

Estamos vendo, portanto, que devemos modificar um pouco o conceito tradicional ou mais corrente da dedução para ajustarmos as nossas noções à dedução científico-matemática, que é amplificadora e que nos alarga os horizontes do conhecimento. É dentro desses pressupostos que se pode dizer que a *ciência moderna é de natureza hipotético-dedutiva,* ou seja, uma feliz combinação do método matemático e do método experimental.

Método e Objeto

60. Pensamos não ter havido mal na recapitulação de algumas noções elementares de Lógica, indispensáveis à apreciação do problema sob o ponto de vista ontognoseológico, que é o da correlação essencial entre método e objeto.

Sem anteciparmos as distinções que faremos na explanação da *Teoria dos Objetos,* e lembrando quanto foi dito sobre as relações entre Filosofia e Ciência (cf. págs. 69 e segs.), podemos adiantar que a correlação entre método e objeto veio pôr termo a uma longa disputa que alvoroçou certos meios filosóficos sobre o primado deste ou daquele outro processo de pesquisa no domínio das ciências sociais.

Devemos reconhecer que essa questão não pode ser resolvida em abstrato, pois cada campo de indagação, cada região ôntica deve implicar, dada a diversidade das respectivas estruturas, processos metodológicos distintos e irreversíveis.

Cada método deve adaptar-se a seu objeto, de maneira que muitos equívocos resultaram do fato de se pretender transladar para o campo

MIGUEL REALE

das ciências culturais meios de pesquisa consagrados no setor das ciências físico-matemáticas.

A propósito da intuição, já lembramos que alguns autores distinguem os processos intuitivos segundo as suas possibilidades de captação de um tipo ou outro de objetos (intuição *intelectual* das essências; intuição *emocional* dos valores; e intuição *volitiva* da existência). Ora, o mesmo poder-se-ia dizer quanto à *indução* e à *dedução,* consideradas, respectivamente, como processos de conhecimento de *objetos reais* e de suas relações, e de *objetos ideais,* tais como os lógicos e os matemáticos.

Essas discriminações não podem, porém, ser recebidas sem se reconhecer, não só que a dedução e a indução se exigem reciprocamente, mas que ambas se apóiam em intuições, pois, como bem observa Lalande, "cada um dos momentos que compõem um raciocínio é, com efeito, um todo indivisível, enquanto é a apreensão de uma relação, isto é, um juízo; mas como esses momentos formam uma *série* o conjunto permanece discursivo"[15].

Se é exato, como Husserl tantas vezes no-lo afirma, que todo raciocínio é suscetível de ser visto como uma "série contínua de intuições"[16], parece-nos, no entanto que o processo de seriação racional não é explicável segundo a soma dos elementos intuitivos que a compõem. O raciocínio não resulta, em verdade, de simples ordenação de intuições, elaborada por livre opção do estudioso; decorre antes do modo de ser do objeto estudado, razão pela qual, a esta luz, os processos discursivos não constituem simples conexões ou justaposições de resultados intuitivos, mas possuem um valor intrínseco de "totalização" que a mera soma das intuições de per si não fornece.

O que há de próprio, de característico e de irredutível na indução e na dedução — e que não pode ser explicado mediante os elementos intuitivos particulares, nos quais um raciocínio possa porventura ser decomposto —, consiste na *integração unitária* das intuições e dos juí-

---

15. V. LALANDE, *Vocabulaire,* cit., no verbete *"raisonnement",* vol. II, pág. 679, nota.

16. V. HUSSERL, *Investigaciones Lógicas,* trad. de García Morente e José Gaos, Madri 1929.

FILOSOFIA DO DIREITO

zos, ou seja, no *sentido novo acrescido* ao encadeamento das intuições e dos juízos, graças a uma síntese tornada possível pela correlação concreta entre sujeito e objeto.

Essa interdependência de vias cognitivas, explicável à luz do que há de universal no sujeito cognoscente, leva-nos a evitar parcelamentos metodológicos demasiado rígidos: verifica-se uma *adequação maior* de métodos em função de objetos distintos, mais do que uma correspondência exclusiva de um só método para cada tipo de objeto.

Explica-se assim a maior incidência e aplicação da dedução, em confronto com a indução, nos vários domínios do saber, por refletir ela as exigências fundamentais e universais do pensamento mesmo na conseqüencialidade intrínseca de seus processos.

Na indução, ao contrário, há sempre o pressuposto de uma realidade, em função de cuja regularidade é posta a conclusão probabilística.

Nesse ponto, é de admirável precisão a discriminação feita por Francisco Romero em seu compêndio de *Lógica* nestes termos:

a) — O raciocínio dedutivo pode referir-se a qualquer classe de objetos;

b) — O raciocínio indutivo só se refere a objetos reais, e a certas relações entre objetos reais;

c) — Todo raciocínio dedutivo sobre objetos ideais apóia-se, direta ou indiretamente, em um juízo sobre objetos ideais, cuja verdade se apreende em um ato de intuição;

d) — Todo raciocínio indutivo parte de certas comprovações da experiência;

e) — Todo raciocínio dedutivo sobre objetos reais pressupõe um saber anterior indutivo que proporciona a base necessária à dedução[17].

Por aí se vê que o problema da adequação do método ao seu objeto não exclui a complementação dos processos cognitivos, tal como

---

17. FRANCISCO ROMERO e EUGÊNIO PUCCIARELLI, *Lógica,* Buenos Aires, 1944, pág. 88.

acontece especialmente na esfera das ciências culturais, entre as quais, como veremos, se situa a Jurisprudência.

Antecipações Epistemológicas sobre o Direito

61. O Direito é uma ciência que aplica de preferência o método dedutivo, enquanto tem por objeto normas que, apreciadas em sua estrutura, são *objetos ideais,* embora não possam ser consideradas meras entidades lógicas.

Veremos que as normas ou regras de direito, além de sua expressão como juízos lógicos cuja natureza será oportunamente estudada, representam momento de uma realidade histórico-cultural, como componentes essenciais da experiência humana e social do justo.

Nesse sentido, a Ciência Jurídica assenta sobre uma larga base de experiência axiológica, valendo-se de dados que só a intuição pode apreender, para a elaboração e a verificação racionais.

Como se vê, é complexa a metodologia jurídica, como complexa é a realidade histórico-social do direito, que integra normativamente formas de comportamento, o *ser* social em sentido de *dever ser* ou de *valores,* correspondendo a um modo particular da existência humana, considerada esta não apenas em suas relações causais, mas sobretudo segundo os valores que lhe emprestam significado e dos quais resultam exigências normativas.

No exame das condições em que o processo normativo se desenvolve, é de grande alcance o método indutivo, que nos permite conceber certos *esquemas* genéricos de comportamentos possíveis, com auxílio dos quais a estimativa do fato humano pode expressar-se em normas jurídicas, que são, como veremos melhor na segunda parte desta obra, medidas exigíveis e garantidas de conduta bilateral atributiva.

Não se pode, pois, dizer que o raciocínio dedutivo decorre sempre e integralmente dos resultados da indução, porque esta, no Direito como em outras ciências, pressupõe evidências, dados intuitivos, assim como resultados que a dedução desenvolve a partir de evidências ou de dados assentes em anteriores observações do real, inclusive sob a forma de conjeturas.

FILOSOFIA DO DIREITO

No momento, pois, da elaboração das normas jurídicas, no processo de legiferação ou de positivação do direito, a indução desempenha papel relevante: — esse é, no entanto, o momento em que a Ciência Jurídica se insere no "processo político" da escolha dos meios adequados à consecução de fins considerados apetecíveis, convenientes ou essenciais à convivência ordenada.

Eleita a via, manifesta a *decisão* — e quem ignora o aspecto irracional que assume às vezes o Poder nesse instante de escolha e de decisão? — posta a norma, através de um processo em que a experiência intuitivo-axiológica se casa a esquemas racionais, configurada a regra, eis que um trabalho de outra natureza se impõe, o qual possui um caráter lógico-formal, embora implicando sempre considerações "fático-valorativas": é o momento da interpretação, construção e sistematização dos preceitos consagrados pela legislação ou pelo costume. Na realidade, para o jurista este é o momento *exclusivamente* seu, em que ele se encontra no âmbito de suas pesquisas próprias e inconfundíveis, elaborando *Ciência do Direito Positivo.*

Nem é demais observar que a interpretação das regras jurídicas envolve sempre um *processo de estimativas,* e, por conseguinte, a aplicação de *método dialético* que correlacione os elementos fático e normativo.

Por aí se vê com quanta cautela se devem examinar os ensinamentos de empiristas como Pedro Lessa, que ainda concebia a Ciência Jurídica como saber prevalecentemente indutivo, apresentando-nos como método por excelência a *indução,* que nos permitiria partir dos fatos, para atingirmos leis e princípios. Só esta fase seria criadora, visto como o homem, da observação das condições de vida e do desenvolvimento da sociedade elevar-se-ia paulatinamente, até atingir verdades gerais ou leis. Alcançadas as leis ordenadoras da experiência jurídica, o jurista passaria a aplicar o método dedutivo, mediante uma simples extensão aos casos particulares das verdades alcançadas indutivamente.

Pensamos que a Ciência Jurídica não pode aplicar o método indutivo, partindo da observação de "condições de vida e desenvolvimento do homem e da sociedade". Este trabalho é de sociólogo e não de jurista enquanto jurista. A Sociologia Jurídica recorre, sem dúvida alguma, à indução no estudo dos fatos particulares, para coordená-los segundo explicações de natureza tipológica ou legal, mas o jurista opera em

150   MIGUEL REALE

campo diverso: — não se eleva dos fatos aos princípios, mas coloca, necessariamente, regras, preceitos e normas, *perante* o fato que observa, submetendo-o à sua *aferição valorativa.*

Teremos ocasião de comprovar, mais tarde, que não existe possibilidade de se passar do fato para a regra ou para a norma jurídica, através do processo indutivo. A indução processa-se segundo certa linha de continuidade, de maneira que nós, de algum modo, exprimimos em síntese estatística ou probabilística aquilo que foi observado em certo número de casos. A regra jurídica não é pura e simples *generalização de fatos,* porque envolve uma atitude estimativa do espírito, compreendendo a realidade social em seu sentido ou em seus significados, irredutíveis aos termos dos simples juízos de fato. Os esquemas ou *tipos* de conduta possível, a que se ligam determinadas conseqüências (sanções), dependem de critérios valorativos, à luz dos quais são desprezados elementos secundários ou particulares para se fixar a figura ideal do juridicamente lícito ou ilícito.

Por outro lado, é necessário observar que a dedução empregada pelos juristas não é apenas a silogística. Pensamos, à luz das pesquisas que se fizeram sobre as estruturas lógicas das relações jurídicas, de Savigny a Jhering, de Gény a Kelsen, estar provado — não obstante a diversidade dos pontos de vista ou dos propósitos das investigações — que o jurista possui também a sua *dedução amplificadora,* de maneira que de certas verdades ou de pressupostos conjeturais nos elevamos a certas conseqüências, com uma ampliação ou uma construção que marca o progresso da própria Ciência Jurídica, mediante processos lógicos peculiares ao elemento normativo[18].

---

18. As últimas décadas têm-se distinguido pelo florescimento da *Lógica Jurídica,* em múltiplos sentidos, não só graças às contribuições da *Nova Lógica* — dando nascimento a campos originais de pesquisa, como os da *Semiótica Jurídica* e da *Deôntica Jurídica* —, como também pela renovação e atualização de antigos temas, como os da *Teoria da Argumentação* e da *Tópica Jurídica* etc. Para uma visão sintética do assunto, v. MIGUEL REALE — *O Direito como Experiência,* cit., págs. 65 *usque* 74; GARCÍA MAYNEZ, *Introducción a la Lógica Jurídica,* México, 1951; *Los Principios de la Ontologia Formal del Derecho y su Expresión Simbólica,* México, 1953; *Lógica del Juicio Jurídico,* México, 1955 e *Lógica del Raciocinio Jurídico,* México, 1964; FRANCISCO MIRÒ QUESADA, *Problemas Fundamentales de la Lógica Jurídica,* Lima, 1955; e U. KLUG, *Juristiche Logik,* 3ª ed., 1966; VIRGILIO GIORGIANNI, "Logica Matemática e Logica Giuridica", na *Riv. di Fil. del Diritto,* 1953, págs. 462 e segs.; e ILMAR TAMMELO, "Sketch for a Simbolic Juristic Logic", em *Journal of Legal Edu-*

FILOSOFIA DO DIREITO   151

Como se vê, a dedução não vem depois da indução no estudo do Direito. Entre elas existe uma correlação essencial, uma correspondência funcional, recíproca, implicando o uso constante de elementos recebidos como *evidentes*, ou pressupostos hipoteticamente como válidos.

Os princípios matemáticos e as leis formais do raciocínio dão-nos exemplos de conhecimento *a priori*, e são elementos que se apreendem ou se captam *intuitivamente*, assim como há outros elementos intuitivos condicionando o conhecimento científico, que refoge ao simplicismo metodológico com que o quiseram bitolar alguns pensadores do século passado.

Outras Espécies de Método

62. Indução e dedução são processos racionais, aplicáveis a diversos campos de pesquisa. Existem, porém, filósofos, e são a maioria, que sustentam a existência de métodos de inferência mediata peculiares à especulação filosófica, com naturais aplicações no plano das ciências positivas.

Na primeira parte deste estudo sobre o problema do método, tivemos ocasião de examinar autores, como Bergson e Husserl, que enaltecem processos intuitivos no campo da Filosofia. Agora, tornamos a encontrar, paralelamente, filósofos que apresentam e sustentam a necessidade de raciocínios ou processos discursivos válidos, sobretudo no plano da pesquisa puramente filosófica.

Poder-se-ia dizer que a cada sistema de Filosofia corresponde, de certa forma, um método filosófico próprio, de sorte que, a sermos rigo-

---

cation, 1956, vol. 8, nº 3, págs. 277 e segs. e NORBERTO BOBBIO, "Diritto e Logica", na *Riv. Int. di Fil. del Diritto*, 1962, I-III, págs. 11 e segs., e os *Archives de Philosophie du Droit*, t. XI, 1966. Cf., outrossim, LOURIVAL VILLANOVA *As Estruturas Ló gicas do Sistema do Direito Positivo*, São Paulo, 1977 — e TECLA MAZZARESE — *Logica Deontica e Linguaggio Giuridico*, Pádua, 1989.

Nunca é demais lembrar a preciosa contribuição de LEIBNIZ na compreensão do valor lógico da Jurisprudência, tendo sido o primeiro a vê-la segundo categorias matemáticas (*Nouveaux Essais*, cit., L. IV, § 9). Cf. outrossim, LEIBNIZ, *Textes Inédits*, publicados por Gaston Grua, Paris, 1948, vol. II, págs. 591 e segs.

152 MIGUEL REALE

rosos, deveríamos estudar múltiplas doutrinas, para ver quais os métodos por elas historicamente revelados. Como isto é impossível, vamos dar alguns exemplos de métodos mediatos ou de processos discursivos, postos e definidos como essenciais à Filosofia.

63. MÉTODO CRÍTICO-TRANSCENDENTAL — O primeiro é o método *crítico-transcendental,* ligado ao nome de Kant, e que consiste na apreciação dos objetos segundo pressupostos gnoseológicos inerentes ao sujeito, tomado este, não empírica e particularmente, mas em seu valor universal. Segundo Kant, o conhecimento implica sempre uma posição do sujeito, condicionante e constitutiva do objeto. Como estas condições são inerentes ao sujeito que conhece, condicionando como tais a experiência, são chamadas *condições transcendentais.* Como se trata, outrossim, de uma análise que visa aos pressupostos desse conhecimento, explica-se a denominação que lhe é dada.

A expressão *crítico-transcendental* envolve, então, estas duas circunstâncias ou peculiaridades — de ser uma indagação dos pressupostos do conhecimento; e uma subordinação do conhecimento do real a algo que já se admite aprioristicamente no sujeito cognoscente, como condição lógica da experiência mesma, conforme já explicado anteriormente.

64. MÉTODO DIALÉTICO — Outros autores sustentam que não é este o processo que deve ser usado, mas o *dialético,* como é o caso, por exemplo, de Hegel, para quem, dada a identidade de *real* e *racional,* a *dialética* nos oferece concomitantemente a marcha do pensamento e a da realidade, segundo suas próprias leis, em um desenvolvimento sempre conforme a natureza mesma do ser. Assim sendo, em virtude de sua identidade fundamental entre *real* e *racional,* o desenrolar-se do pensamento envolveria em si mesmo o conteúdo da experiência, confundindo-se com ela. Como se desenvolve o pensamento? Segundo Hegel, através de três fases, que ele denomina *tese, antítese* e *síntese,* ou seja: posição, contraposição e conciliação, pois todo finito põe o seu oposto, implicando seu "superamento" que se realiza graças à *identidade* dos opostos.

Segundo Hegel, é da essência do pensamento a existência dessas três fases. Toda vez que nosso espírito afirma A, implica, necessariamente, a posição de não-A. Essa contraposição assinala o dinamismo do espírito e representa a força intrínseca de seu processo. Do embate dos opostos

FILOSOFIA DO DIREITO

surge a sua conciliação numa *síntese* que os integra em si e supera, síntese essa que, por sua vez, já faz surgir uma outra negação, de maneira que o espírito se desenrola através de um processo trifásico: — "a Dialética, diz Hegel, constitui, pois, a alma motriz do progresso científico"[19].

Quando se interpreta a dialética hegeliana conferindo-se prioridade ao real sobre o racional, surge a *dialética marxista*. Também os marxistas sustentam que o processo dialético é o único possível para penetrar na totalidade congruente do real, mas depois de declararem que a consciência é um epifenômeno da realidade, cuja compreensão empírica revela um contraste perene. Marx aplica o método dialético nos domínios da História, vista como um suceder-se de contradições, que, em última análise, se reduzem a contradições de ordem econômica, as quais se expressam através das *lutas de classe*.

Não se deve esquecer que, apesar da pretendida identidade dialética entre *ser* e *dever ser*, existe, no fundo, tanto no monismo de Hegel como no de Marx, a acentuação de um destes dois termos em prejuízo do outro.

Com efeito, na doutrina hegeliana prevalece o *dever ser*, porque, em última análise, é o ideal que guia a História, enquanto que Karl Marx encarece a preeminência do *ser* ou, mais particularmente, das exigências econômicas e vitais na experiência histórica.

Note-se que, tanto em Hegel como em Marx, a Dialética não fica circunscrita ao plano filosófico, mas abrange todos os domínios da Ciência. Nem é demais advertir que a Epistemologia atual vem dando cada vez maior realce ao papel da Dialética nos domínios do saber positivo, tanto nas ciências naturais como nas sociais, sem ficar vinculada, porém, às posições de Marx e Hegel[20].

65. MÉTODO HISTÓRICO-AXIOLÓGICO — Como estamos apenas exemplificando métodos de conhecimento *mediato*, vamos concluir fa-

---

19. HEGEL, *Enciclopedia delle Scienze Filosofiche in Compendio,* trad. de B. Croce, Bari, 3ª ed., 1951, § 81.

20. Cf. JEAN PIAGET *et alii* — *Logique et Connaissance Scientifique,* cit. e MIGUEL REALE — *Experiência e Cultura,* cit., especialmente, no capítulo VI intitulado "Dialética e Cultura".

zendo breve referência ao que nos parece mais conforme as exigências da pesquisa filosófica.

Denominamos processo histórico-axiológico aquele segundo o qual o conhecimento filosófico é sempre uma busca de pressupostos transcendentais, mas não apenas de pressupostos de ordem lógica; a busca de pressupostos de ordem lógica envolve sempre indagações de natureza *ôntica* e *axiológica,* à luz da experiência *histórica.*

A este processo dedicaremos um capítulo especial, quando cuidarmos da Metodologia filosófico-jurídica, pois nos parecem inegáveis os resultados da observação da experiência social do Direito como "experiência de valores", que não se contrapõem, como na dialética hegeliana dos contrários e contraditórios, mas apenas de contrários que se implicam em um processo distinto, correspondente à *"dialética de implicação e polaridade".*

O método histórico-axiológico, aplicado na indagação do mundo da cultura, apresenta-se como *método dialético,* resultante da natureza mesma do espírito, que *atua* constituindo valores positivos e negativos, em uma tensão perene entre o particular e o universal, o concreto e o abstrato, o estático e o dinâmico etc. Como jamais um elemento se resolve no oposto, eles se implicam, recíproca e necessariamente, compondo a atividade espiritual. Compreende-se, desse modo, o caráter de polaridade e de implicação próprio dos *fatos culturais,* que exigem um processo de igual natureza para a captação do seu sentido ou significado, estendendo-se, pois, a Dialética desde o plano transcendental ao plano empírico das ciências humanas, embora segundo distintas razões e diversas estruturas.

Capítulo XI

Da Possibilidade do Conhecimento

66. Anteriormente, já respondemos a três perguntas. Que é que se conhece? De onde provém o conhecimento? Por que processos se conhece? Agora, vamos examinar, sempre perfunctoriamente, quais as respostas possíveis a uma quarta pergunta: — Qual a possibilidade do conhecimento?

No trato desta matéria, a terminologia apresenta-se bastante incerta; os que expõem o assunto ora empregam os termos em sentido muito restrito, ora em sentido muito lato. O que importa, porém, é fixar certas noções, dando conteúdo rigoroso, ou o mais possível rigoroso, a cada termo. Preferimos partir das duas posições mais conhecidas, que são o *dogmatismo* e o *ceticismo*.

Doutrinas Dogmáticas

67. O dogmatismo tem sido interpretado de várias formas. Kant, por exemplo, considerava dogmáticos todos os adeptos da Metafísica tradicional, porquanto, dizia, haviam tentado resolver o problema do *real,* sem colocar, previamente, o problema do conhecimento mesmo. Nesta acepção, portanto, deveríamos considerar dogmáticos todos os pensadores que não situam como problema prévio e prejudicial à indagação do valor e do alcance do próprio conhecimento e, *a priori,* confiam nos poderes da razão.

Trata-se, porém, de uma colocação muito restrita. Preferimos manter o sentido tradicional da palavra, concebendo o dogmatismo como

156   MIGUEL REALE

aquela corrente que se julga em condições de afirmar a possibilidade de conhecer verdades universais quanto ao ser, à existência e à conduta, transcendendo o campo das puras relações fenomenais e sem limites impostos *a priori* à razão.

O dogmatismo pode ser de duas espécies: — total ou parcial. Dizemos que o dogmatismo é total quando a afirmação da possibilidade de se alcançar a verdade última é feita tanto no plano da especulação, quanto no da vida prática ou da Ética. Não haverá barreiras intransponíveis ao conhecimento humano, quer o homem procure os fundamentos da ciência, quer indague das condições do agir. Uma atitude dogmática absoluta, sem qualquer reserva, parece-nos difícil de configurar-se entre os grandes pensadores. Um dogmatismo intransigente, que abra livre possibilidade de acesso à realidade em si, sem quaisquer dúvidas quanto à rigorosa adequação entre o pensamento e a realidade, torna-se cada vez mais raro.

Expressão máxima do dogmatismo, visto por este prisma, é o de Hegel, como conseqüência de sua identificação absoluta entre pensamento e realidade, ou, com suas próprias palavras, por entender que "o pensamento, na medida em que é, é a coisa em si, e a coisa em si, na medida em que é, é o pensamento puro", de sorte que "a Lógica deve ser compreendida como o sistema da razão pura, como o reino puro do pensamento. Este reino é o da *verdade tal como ela é em si e por si, sem véus*. Poderíamos, pois, dizer que esse conteúdo é a representação de Deus, como é na sua essência eterna, antes da criação da natureza e de um espírito finito"[1].

Mais freqüente, porém, é a posição dos dogmáticos em sentido mais atenuado, ou seja, no sentido de afirmar-se a possibilidade de atingir-se o absoluto em dadas circunstâncias e modos quando não sob certo prisma. De qualquer forma, o dogmatismo traduz, quase sempre, uma crença no poder da razão ou da intuição como instrumentos de acesso ao real em si.

Se examinarmos o dogmatismo parcial, verificaremos que alguns autores se julgam aptos para afirmar a verdade absoluta no plano da ação, enquanto que outros somente admitem tais verdades no plano puramen-

---

1. Cf. HEGEL, *La Scienza della Logica,* trad. it. de A. Moni, Introdução, pág. 32.

te especulativo, donde a distinção entre *dogmatismo teorético* e *dogmatismo ético*.

David Hume, por exemplo, duvidava da possibilidade de atingir as verdades últimas enquanto sujeito pensante, ou, por outras palavras, enquanto *homo theoreticus,* mas afirmava as razões primordiais de agir, estabelecendo as bases de sua Ética ou de sua Moral.

O mesmo poder-se-ia dizer de Kant, que é relativista no plano da razão pura, declarando a impossibilidade do conhecimento absoluto, mas se revela dogmático no plano da Ética, sustentando que o homem, na vida prática, deve obedecer a imperativos categóricos, que não se revelam à razão teórica, mas à *vontade pura,* descortinando-lhe o mundo noumental.

Pode-se, por conseguinte, ser dogmático em um sentido, e relativista e até mesmo cético, em outro.

Pascal, por exemplo, que não duvidava, evidentemente, de seus cálculos matemáticos e da exatidão das ciências enquanto ciências, era assaltado por dúvidas no plano do agir ou da conduta humana. Focalizando, por exemplo, o problema da justiça impressionava-se ele com a variação dos critérios legais de país para país, e mostrava-se perplexo na consideração do valor do justo. Que verdade moral é esta que dois graus da latitude bastam para destruir? Que verdade moral é esta, posta como absoluta e objetiva, quando ela se revela uma aquém, e outra além dos Pirineus? Tratava-se, por conseguinte, de uma atitude dubitativa quanto à vida prática, mas não dubitativa no plano da especulação científica[2].

68. O Dogmático Jurídico — O dogmatismo, portanto, envolve sempre a afirmação de certo aspecto do absoluto como cognoscível. A palavra *dogma,* aliás, traduz esse significado. Dogma é aquilo que é posto como princípio ou doutrina. É por esta razão que a Ciência Jurí-

---

2. "Trois degrés d'élévation du pôle renversent toute la jurisprudence; un méridien decide de la vérité; en peu d'années de possession des lois fondamentales changent; le droit a ses époques, l'entrée de Saturne au Lion nous marque l'origine d'un tel crime."

"Plaisante justice qu'une rivière borne! Vérité au deçà des Pyrenées, erreur au delà." Pascal, *Pensées,* ed. Victor Giraud, Paris, 1924, nº 294, págs. 172 e segs.

dica se manifesta como *Dogmática Jurídica,* quando ela tem por objeto de estudo as normas jurídicas vigentes, aceitas como ponto necessário de partida para a determinação do Direito Positivo. O Direito Positivo constitui-se, pois, com base no conjunto de regras e preceitos postos pelo legislador, pelos costumes, ou pela jurisdição e por convenções lícitas, e que, pelo simples fato de serem vigentes, devem ser havidos como obrigatórios. A Dogmática Jurídica, como veremos mais tarde, é a Ciência do Direito enquanto elabora tais regras *postas,* das quais o jurista não pode fazer abstração.

O emprego do termo "Dogmática Jurídica" não deve, porém, induzir a confusões, como se indicasse uma teoria do Direito de caráter dogmático... O dogmatismo reflete-se no mundo jurídico por outras vias, notadamente em certas formas de Jusnaturalismo ou de Direito Natural abstrato, ao se pretender atingir o direito em si ou as "verdades universais da juridicidade", mediante o emprego de processos racionais, a partir de certas evidências, modelando-se conceitualmente tipos ideais de institutos jurídicos a que a experiência concreta deveria corresponder para ter legitimidade ou licitude.

Os construtores de "sistemas racionais de direito", concebidos como unidades cerradas e expressão da "razão natural", tão em voga na época do Iluminismo, assim como os contratualistas de vários matizes, dão-nos exemplos, embora parciais, de dogmatismo jurídico, sem se falar naqueles juristas que, deturpando ensinamentos da concepção greco-romana do Direito Natural, pretenderam plasmar o Direito Positivo mediante o encadeamento formal de raciocínios inicialmente assentes em verdades evidentes ou reveladas.

Por outro lado, a concepção tomista do Direito Natural apresenta feição dogmática ao subordinar estritamente o direito ao justo, embora se revele a ductilidade da doutrina sob outro prisma no exame da experiência concreta, consoante um senso de medida e de prudência que vai de Santo Tomás (1225-1274) a Francisco Suárez (1548-1617) e aos representantes atuais da neo-escolástica.

É, contudo, na teoria hegeliana do direito que a posição dogmática atinge sua máxima expressão, superando o dualismo entre Direito Natural e Direito Positivo, pois no processo dialético em que o real e o pensamento se identificam, não há que falar em *dever ser* ou em

FILOSOFIA DO DIREITO

valores jurídicos, porque tudo se resolve na realidade jurídica como expressão do espírito objetivo. Igual observação se pode fazer quanto à doutrina materialista da História, como o comprovam as insignificantes variações que se notam no sistema jurídico soviético, em mais de sessenta anos.

Coube aos filósofos do Direito contemporâneos renovar algumas teses fundamentais do hegelismo, mas superando suas extremadas posições dogmáticas, pelo encontro de uma terceira solução, a da *polaridade ser-dever ser,* em contraposição, de um lado, à rígida distinção formal kantiana entre o mundo da realidade e o dos valores e, de outro, à extrema identificação hegeliana entre o que *é* e o que *deve ser,* o que melhor será compreendido no desenvolvimento de nosso Curso.

Doutrinas Céticas

69. Passemos, agora, a examinar o problema do ceticismo, que, geralmente, se contrapõe ao dogmatismo. Enquanto o dogmatismo afirma a possibilidade de atingir-se a verdade com certeza e sem limites *a priori,* o ceticismo implica uma constante atitude dubitativa ou em todos os graus e formas de conhecimento, convertendo a "incerteza" em característico essencial dos enunciados tanto da Ciência como da Filosofia.

Muitos autores colocam no quadro do ceticismo uma série de doutrinas, como, por exemplo, o criticismo de Kant, ou o positivismo de Augusto Comte. Parece-nos que essa subordinação não tem razão de ser. O ceticismo nunca abandona a atitude dubitativa do espírito, mesmo quando enuncia juízos de natureza científica. Veremos, mais tarde, que o relativismo baliza o conhecimento humano, excluindo de suas possibilidades a esfera do absoluto, mas daí não resulta que o relativismo possa ser considerado cético. Os relativistas declaram que se conhece parcialmente, mas sustentam a certeza objetiva do pouco que se conhece, até que se não prove a sua invalidade.

O ceticismo, ao contrário, distingue-se por sua posição de reserva e de desconfiança, mesmo quando acolhe em caráter próvisório certas explicações da realidade. Há, portanto, uma profunda diferença de atitude espiritual entre o relativista e o cético, entre o espírito crítico e o

160   MIGUEL REALE

espírito cético: um duvida para certificar-se da verdade; o outro duvida por descrer dela, pela *equivalência de todas as respostas possíveis*. A quem lhe objetasse que "afirmar a equivalência de todas as respostas é sempre *afirmar algo*, dando-o como certo" — o cético retrucaria que esta é uma asserção equivalente às demais, e recairíamos, a seu ver, na *circularidade dubitativa*...

O ceticismo também poderia ser distinto, sempre para fins expositivos, em total e parcial. O ceticismo absoluto é conhecido também como *pirronismo*, em razão do filósofo da Grécia, Pirron (360-270 a. C.), que pregava a necessidade da suspensão do juízo *(epogé)*, dada a impossibilidade de qualquer conhecimento certo: — o ceticismo absoluto envolve tanto as verdades metafísicas como as relativas ao mundo dos fenômenos. O homem não poderia pretender, de modo algum, certeza gnoseológica, visto inexistir *adequação possível* entre o sujeito cognoscente e o objeto conhecido. Desse modo, afirmações ou negações a respeito de algo apresentariam igual problematicidade e incerteza, porque insuscetíveis de qualquer verificação, não sendo possível dizer algo seja verdadeiro ou falso em si mesmo, assim como belo ou feio, justo ou injusto. Já antes dissera o sofista Górgias que nada existe, e que, se fosse possível conhecer algo, também não seria possível expressar o conhecido com exatidão; e mesmo que houvesse possibilidade de expressá-lo, não haveria possibilidade de entendimento, visto como cada homem daria às palavras sentidos diversos. O homem não teria outro remédio senão a atitude de não formular problemas, dada a equivalência fatal de todas as respostas.

O ceticismo radical já alberga em si mesmo a sua contradição, porque, se o cético apresenta sua doutrina, é porque afirma ou nega alguma coisa. O cético, no momento em que põe em dúvida a possibilidade de conhecer, já está afirmando algo de que não pode abrir mão, para poder subsistir como cético: — a necessidade de duvidar...

O ceticismo radical é, porém, mais uma exacerbação do que uma tendência natural, embora haja sempre céticos quanto a este ou àquele problema da realidade ou da vida. Daí haver céticos no plano teorético, como os há no plano prático. Já tivemos ocasião de ver a atitude de Pascal, cujo ceticismo é ético, procurando, angustiosamente, as bases do agir em uma problematicidade transcendente ou escatológica.

FILOSOFIA DO DIREITO

O ceticismo é, muitas vezes, considerado uma atitude fácil e cômoda, mas não é assim. A dúvida é sempre um estado de inquietação e, como disse Augusto Comte, constitui uma ponte de passagem entre uma afirmação e outra: — o homem não pode normalmente viver sem crer em algo.

Podemos, aqui, distinguir duas atitudes céticas, que se têm revelado na História. Uma prende-se ao ceticismo da velhice, do abandono do poder criador do homem. É o ceticismo que aparece nas épocas em que uma civilização perde consciência de seu próprio destino, ou de seus valores. É o ceticismo do cansaço, dos que se sentem pequenos para a tarefa que outros souberam elevar tão alto: — é o ceticismo, por exemplo, da Nova Academia, em contraste com as afirmações maravilhosas do ciclo platônico-aristotélico. Em contraposição a esse, há o ceticismo metódico das épocas adolescentes e jovens, como, por exemplo, o de Descartes, com a dúvida metódica, não para fugir ou renunciar à verdade, mas para abrir caminhos mais seguros à conquista da verdade mesma. É a atitude cética ascendente das épocas históricas em eclosão, mas *ceticismo provisório,* que alberga as condições de seu superamento.

70. Ceticismo e Direito — As doutrinas céticas têm encontrado repercussão no mundo jurídico, quer quanto à possibilidade de determinar-se o valor da justiça de maneira universal, quer quanto à possibilidade de um conhecimento jurídico dotado de certeza e de natureza científica. Duvida-se, em suma, da validade *lógica* da Jurisprudência, assim como da objetividade de algo que *deontologicamente* a legitime.

Relativamente à incerteza da justiça e à sua flutuação contraditória no tempo, já lembramos as frases amargas de Pascal, que correspondem às dos céticos antigos e modernos, descrentes da objetividade do justo, quer em virtude dos critérios mutáveis que a História do Direito nos revela, quer pela não menos desconcertante variedade do sentimento jurídico, ou pelo conflito entre a justiça e os demais valores.

No que tange à tese da inviabilidade do Direito como ciência, alegando-se a precariedade de um saber baseado em leis que possuiriam sempre vigência provisória e precária ("Basta uma penada do legislador para reduzir a papel de refugo toda uma biblioteca jurídica", no dizer famoso de Kirchmann) veremos que resulta de grave confusão entre tipos

162   MIGUEL REALE

diversos de conhecimento científico e de uma falha compreensão da História do Direito[3].

O Relativismo

71. Passemos ao relativismo, que tem algo de semelhante ao ceticismo, mas que se distingue pelo fato de afirmar a possibilidade de um conhecimento parcial, mas estreme de dúvidas. O relativismo tem assumido várias formas através da História.

RELATIVISMO CRITICISTA — Relativista é, por exemplo, Kant, no plano teorético ou da razão pura, consoante as bases de sua Filosofia crítica.

Como já tivemos ocasião de dizer, Kant subordina o conhecimento do objeto a algo que preexiste logicamente em nosso espírito, às formas *a priori* da sensibilidade e às categorias do intelecto. O homem não pode conhecer senão fenômenos, considerando-se fenômeno aquilo que é suscetível da experiência. Só conhecemos o que ocorre no plano fenomenal, porque só isso é apreensível por nosso espírito, que impõe suas leis ao universo. O absoluto é um limite intransponível, que a nossa razão não atinge. Diante do absoluto, que não é matéria de intuição, a razão, entregue a si mesma, formula respostas antinômicas ou contrárias, sem ser possível dizer qual das respostas é a verdadeira. Não posso, pois, ter certeza de que o universo é finito ou infinito, ou se a alma é ou não mortal, porque, racionalmente, posso carrear argumentos pró ou contra ambas as teses. Só tenho certeza daquilo que se revela no domínio dos fenômenos, ou seja, que se oferece primordialmente à intuição e é matéria de experiência.

No concernente aos fenômenos, porém, não tinha dúvidas. Kant alarmara-se com o ceticismo de Hume, que pusera em dúvida e em

---

3. Para um estudo geral do ceticismo jurídico, v. ADOLFO RAVÀ, *Lezioni di Filosofia del Diritto,* Pádua, 1938, vol. II, págs. 32 e segs.; FALCHI ANTONIO, *Storia delle Dottrine Politiche,* Pádua, 1939; GIUSEPPE RENZI, *Lineamenti di Filosofia Scettica,* 2ª ed., Bolonha, 1921; GUIDO FASSÓ, *Storia della Filosofia del Diritto,* Bolonha, 1966-1970, vol. I, págs. 35 e segs., e FRANCISCO ELIAS DE TEJADA, *Tratado de Filosofia del Derecho,* cit., t. II, págs. 261 e segs. e *passim.*

FILOSOFIA DO DIREITO
163

contestação o princípio de causalidade, ferindo, assim, em sua essência, a Física de Newton. Kant, limitando os poderes do conhecimento humano, está certo de ter atingido uma base estável, uma verdade que a razão pura pode afirmar, porque relativa ao mundo dos fenômenos.

Também no plano da vida prática, é preciso ponderar que o filósofo alemão não conclui negando Deus ou a imortalidade da alma. Limitase, ao contrário, a declarar a possibilidade de se sustentar, pelos meios da razão, quer a tese positiva, quer a tese negativa sobre a existência de Deus ou a imortalidade da alma. Se, racionalmente, não podemos provar que Deus existe, também racionalmente não podemos provar sua inexistência. Há um limite na possibilidade do conhecimento, que deve se circunscrever apenas à esfera fenomenal ou das relações, abrindo-se a outras vias o acesso ao absoluto, no plano da razão prática.

72. O Positivismo — Outra posição relativista é aquela que nos é dada por Augusto Comte e por todos os positivistas. Também Comte declara que não podemos conhecer senão fenômenos. O conhecimento dos fenômenos está na dependência dos recursos das ciências positivas, culminando em uma síntese que outra coisa não é senão a Filosofia. Como bem esclarece Ernst Cassirer, no quarto volume de sua obra monumental sobre *O Problema do Conhecimento na Filosofia e na Ciência Modernas* (1906-1920, sendo o 4º volume de publicação póstuma), "a regra fundamental do positivismo consiste em afirmar que toda proposição, que não possa ser reduzida com o máximo rigor ao simples testemunho de um fato, não encerra nenhum sentido real e inteligível". Acrescenta Cassirer que esse "critério de sentido", que Schlick e Carnap põem à frente do positivismo lógico moderno, já aparece diafanamente formulado por Augusto Comte[4].

O relativismo positivista baseia-se na apreciação do saber como saber positivo de "relações", que marcaria a terceira fase evolutiva da Humanidade, superando os chamados estados "teológico" e "metafísico".

Há certa coincidência entre o kantismo e o comtismo, porque ambos excluem o absoluto da possibilidade de conhecer, contrapondo-se à me-

---

4. Cassirer, *El Problema del Conocimiento*, trad. de W. Roces, México, 1948, pág. 18.

tafísica tradicional. Ressalta, porém, a diferença essencial na natureza das respostas, porque partem os dois pensadores de pressupostos diversos, podendo-se dizer que Comte, infenso a qualquer subjetividade *a priori,* estabelece uma correlação progressiva entre o processar-se dos fenômenos e o pensamento que no real encontra a fonte de seu desenvolvimento. O mestre do positivismo não apresenta, com efeito, qualquer *a priori* em sua concepção relativista do mundo, no qual as formas distintas do saber se compõem em um "organismo unitário do conhecimento", do qual se deduzem as diretrizes ordenatórias da vida prática, ou da Política.

Entre os relativistas poder-se-iam colocar várias outras doutrinas. Vamos fazer uma referência sumária a alguns nomes, pois esta recordação de autores é apenas exemplificativa.

73. CONVENCIONALISMO GNOSEOLÓGICO — Liga-se especialmente a alguns filósofos da ciência do século passado e princípio deste, como Ernst Mach e Avenarius e o grande matemático francês Henri Poincaré, aos quais, mais do que a Augusto Comte, consideram-se ligados muitos neopositivistas.

Segundo Poincaré, os conhecimentos científicos são de caráter *regulativo* ou *convencional.* Na base dessa concepção, no tocante às Matemáticas, a noção de *comodidade* substitui a de *verdade,* devendo a palavra "comodidade" ser entendida em uma acepção intelectual de maior correspondência aos dados da experiência.

A Geometria euclidiana não é menos ou mais verdadeira do que as *não euclidianas,* mas é mais cômoda, porque se adapta mais às estruturas normais de nossa vida. Haveria, assim, algo de convencional no saber científico, porque existente sempre uma preocupação de adaptar as respostas a certas conveniências ditadas pelo êxito, pela segurança etc.[5].

Na linha dos autores ora lembrados situam-se vários representantes da Filosofia das Ciências, em nossos dias, quando afirma que as asserções científicas, a rigor, não são *verificadas,* de maneira absoluta, mas são sus-

---

5. Sobre o princípio da "economia do pensamento", que norteia essa tendência, assim como a de MACH e AVENARIUS, v. a análise percuciente de HUSSERL, *Investigaciones Lógicas,* cit., vol. I, págs. 198 e segs.

FILOSOFIA DO DIREITO 165

cetíveis de *confirmações progressivas*. Há, pois, uma componente *convencional* na aceitação ou rejeição de um enunciado de ordem fatual, implicando uma decisão de ordem prática em função dos resultados atingidos[6].

Em sentido análogo, já se desenvolvera o pensamento de Hans Vaihinger, sustentando o caráter puramente *ficcionalista* de todo conhecimento: afirmamos algo "como se" *(als ob)* houvesse certeza, por sua utilidade biológica[7].

Como estamos vendo, já se insere nessas doutrinas certo aspecto prático, que nos leva, imediatamente, para a quarta das posições que devemos examinar, que é a do *pragmatismo*.

74. O PRAGMATISMO — O pragmatismo merece ser assinalado, não só pela importância que assume nas inclinações culturais de muitos, como também por constituir inovação irrecusável na colocação do problema que estamos examinando.

Toda a teoria do conhecimento, desde Descartes, passando por Kant, até nossos dias, gira em torno da relação sujeito-objeto. Poderíamos, mesmo, dizer que a Ontognoseologia é o conjunto dos problemas e das respostas possíveis em razão das relações de implicação entre sujeito e objeto — sujeito cognoscente e algo conhecido.

Os pragmatistas sustentam que este problema não se põe ou não deve ser posto no plano puramente especulativo, como adequação do juízo à realidade, porquanto a especulação está sempre ligada às exigências da vida individual ou social. Não há uma verdade puramente teorética, mas há uma verdade essencialmente teorético-prática como momento de existência, sendo absurdo separar-se a teoria da prática.

Costuma-se dizer que para o pragmatismo o critério de verdade não é a adequação do sujeito ao objeto, mas a medida de sua conveniência sócio-cultural, como utilidade menor ou maior para o homem.

---

6. Cf. RODOLF CARNAP — *Meaning and Necessity,* 4ª ed., Chicago e Londres, 1964. Sobre essa doutrina e as críticas de KARL POPER, vide MIGUEL REALE, *Experiência e Cultura,* cit. e respectiva bibliografia.

7. Cf. em geral, EDGARD SANCHES, *Prolegômnenos à Ciência do Direito,* Bahia, 1927; v. HANS VAIHINGER, *The Philosophy of "as if"*, trad. de Ogdem, Londres.

166   MIGUEL REALE

Reduzir o critério da "verdade" ao critério do "útil" é, porém, empobrecer a problematicidade do pragmatismo. O pragmatismo não é uma redução simplista do verdadeiro ao útil. O que o pragmatismo sustenta é que devemos resolver o problema do conhecimento e do alcance do conhecimento reconhecendo que a teoria se insere ou se integra como momento da "ação" ou da vida prática, a tal ponto que os "elementos formais" da Lógica são "formas de dada matéria", consoante expressiva maneira de dizer de John Dewey.

Uma verdade só é verdade porque vai ao encontro das exigências vitais do homem; e essas exigências só se aquilatam no plano da ação e não no plano teorético da especulação, seccionado das circunstâncias existenciais.

O pragmatismo encontrou seu "habitat" natural nos Estados Unidos da América, graças às obras de Peirce e de William James, este famoso sobretudo por seus estudos de Psicologia, assim como por seus escritos de Filosofia Moral e de Filosofia da Religião.

Seus ensinamentos lograram ampla repercussão em todas as partes do mundo. Em certo momento, quis ver-se pragmatismo em todas as teorias e sistemas. Até mesmo Bergson foi confundido a princípio com os pragmatistas, por ter ele sustentado o caráter instrumental da inteligência.

A parte crítica de Bergson, quando declara que a inteligência é instrumento de conquista espacial ou quantitativa do real, para subordinar o real aos fins da vida humana, tem, evidentemente, pontos de contacto com o pragmatismo. Bergson, porém, afasta-se do pragmatismo quando indica a intuição como instrumento para atingir a verdade especulativamente no plano teorético e também no plano prático, desvendando os planos do ser em si, da temporalidade absoluta.

Na Inglaterra, o pragmatismo teve um grande expositor e cultor em Ferdinando Schiller, cujas idéias coincidem em parte com as de James, mas com mais vivo sentido histórico das exigências humanas, donde o nome *humanismo* dado à sua Filosofia.

Nos Estados Unidos, a corrente pragmática apresenta uma plêiade de seguidores, dentre os quais merece especial referência a figura de John Dewey, cuja doutrina é conhecida como uma forma de "humanismo naturalista" ou de "pragmatismo instrumental".

FILOSOFIA DO DIREITO

167

Em todas as correntes, o critério de fixação da possibilidade do conhecimento não é mais posto apenas no plano da teoria ou da especulação pura, mas no plano da "práxis", tendo em vista as exigências da vida humana, quer da vida humana singularmente considerada, quer da vida do homem ordenada em sociedade.

No fundo, a verdade seria algo de condicionado pela cultura e pela civilização a que o homem pertence, pela natureza e pelos problemas da própria vida. Nesse ponto, o pragmatismo achega-se a uma outra espécie de relativismo, que é o *bio-sociológico,* combinação de explicações biológicas e sociológicas dos problemas da verdade.

Vimos, assim, em síntese bem rápida, algumas doutrinas sobre a Teoria do Conhecimento que, de certa maneira, focaliza sempre o problema do sujeito que conhece e as possíveis atitudes do espírito perante o objeto conhecido.

75. RELATIVISMO E DIREITO — Desnecessário é dizer que criticistas, positivistas, pragmatistas etc., surgiram e surgem no mundo jurídico, coincidindo no reconhecimento de que não nos é dado conhecer senão o direito que se revela na História e indagar de suas "condições de possibilidade". Para os adeptos de uma solução inspirada em Kant, tais condições são de caráter lógico-transcendental, com formas *a priori* que tornam a experiência jurídica possível. Para os positivistas, as condições são, ao contrário, empíricas, "condições de vida e de desenvolvimento do homem e da sociedade", enquanto que os pragmatistas apontarão razões de ordem utilitária ou biológica, de adaptação ao meio físico e social.

Todos repelem, no entanto, a idéia de um Direito Natural *transcendente,* anterior à positividade jurídica e superior a ela, lógica e ontologicamente bastante a si mesmo, embora possa ser aceita por alguns — como é o caso dos neocriticistas e dos neo-realistas — a idéia de um Direito Natural *transcendental, lógica e axiologicamente condicionante da realidade jurídica, e* que, a nosso ver, se desenvolve no âmbito da *razão conjetural.*

Na acepção ampla dada aqui ao termo "relativismo", pode-se dizer que nele se inclui a maioria dos filósofos do Direito de nosso tempo, desde os neo-kantianos como Kelsen e Radbruch aos neo-positivistas e "realistas" norte-americanos e escandinavos; desde os adeptos do prag-

168 MIGUEL REALE

matismo jurídico aos seguidores da fenomenologia e do Culturalismo, com suas diversas variantes ou ramificações, até as doutrinas jurídicas que se inspiram no marxismo ou no estruturalismo[8].

---

8. Cf. RECASÉNS SICHES, *Panorama del pensamiento jurídico,* cit., vol. II; FRANCISCO ELIAS DE TEJADA, *Tratado de Filosofía del Derecho,* cit., t. II, e HELMUT COING, *Grunzüge der Rechtsphilosophie,* 3ª ed., Berlim-Nova Iorque, 1976, cap. I.

Título III

Noções de Ontologia e de Axiologia

Capítulo XII

Teoria dos Objetos

Noções Gerais

76. Concluída a exposição da matéria relativa à Gnoseologia, já podemos passar ao estudo da Ontognoseologia *"a parte objecti"*, ou seja, à Ontologia. Este termo, em sua acepção clássica, como já o dissemos, mas não é demais repetir, refere-se à parte geral da Metafísica, à teoria do ser enquanto ser. Não é nesse sentido lato que vamos empregar o vocábulo, mas sim para indicar a teoria do ser enquanto objeto do conhecimento, do ser enquanto termo de correlação no ato cognitivo, de modo que a Ontologia de que vamos cuidar pode ser considerada *formal,* consoante foi anteriormente esclarecido[1].

A parte nuclear da Ontologia, estrito senso, é a *Teoria dos Objetos,* à qual se acrescentam outras indagações, como, por exemplo, as referentes aos nexos ou relações entre as diversas regiões de objetos. Neste estudo, limitar-nos-emos à Teoria dos Objetos propriamente dita, cuja finalidade é determinar qual a natureza ou estrutura daquilo que é suscetível de ser posto como objeto do conhecimento.

Verificamos, nas páginas anteriores, as condições do conhecimento, levando em linha de conta a contribuição positiva do sujeito cognoscente e mostrando a necessária correlação entre o sujeito que conhece e o objeto como algo conhecido. Ora, se a Gnoseologia diz respeito à capa-

---

1. V. *supra,* pág. 29, nota 4.

172   MIGUEL REALE

cidade ou às condições do sujeito, já a *Ontologia* refere-se às *estruturas ou formas dos objetos em geral*. Embora situando o assunto sob prisma diferente do nosso, Karl Popper refere-se, significativamente, a uma teoria do conhecimento "sem sujeito cognoscente", o que, *mutatis mutandis*, corresponde a *Ontologia*.

Note-se que Gnoseologia e Ontologia são estudos correlatos, separáveis só por abstração, de maneira que há sempre a necessidade de se recompor a síntese das duas pesquisas, pelo reconhecimento de que toda indagação gnoseológica implica uma ôntica e vice-versa, como partes integrantes da Ontognoseologia.

Antes de prosseguirmos na explanação da matéria, desejamos fazer uma observação que poderá evitar muitos equívocos. Não se deve confundir *sujeito cognoscente* com *sujeito de um juízo*. Formulemos o juízo na sua expressão mais simples: *S é P*. Dizemos que juízo é o enunciado de algo a respeito de algo, com convicção da verdade da atribuição feita. Se afirmamos que uma parede é branca, é claro que estamos reconhecendo que a "brancura" é qualidade pertencente àquele ente, e pretendemos que assim o seja. O juízo, portanto, abrange um *sujeito*, de quem se afirma algo; um *predicado*, que significa ou menciona a qualidade atribuída, e um *verbo*, cuja função é entrelaçar o sujeito ao predicado. A parede (sujeito) é (verbo copulativo) branca (predicado).

Perguntamos agora: — que é que pode ser sujeito de um juízo lógico? Ou, por outras palavras, que é que pode ser referido ou mencionado pelo sujeito de um juízo lógico? O sujeito de um juízo lógico refere-se sempre a um *objeto*, a respeito do qual se declara algo. Note-se que são termos distintos: — sujeito cognoscente é uma coisa, e sujeito de um juízo lógico é outra. Sujeito de um juízo lógico é sempre referido a um objeto. É por esse motivo que um dos expositores desta matéria, Aloys Müller, afirma que devemos entender por objeto tudo o que pode ser sujeito de um juízo e enquanto é sujeito de um juízo[2].

Por que motivo formulo o juízo: — "a parede é branca"? Porque assim se me apresenta na percepção. No ato de ver, a parede é *objeto* de minha visão, e, se digo que ela é branca, é porque lhe reconheço aquela

_____

2. ALOYS MÜLLER, *Introducción a la Filosofía*, trad. de José Gaos, Buenos Aires-México, 2ª ed., 1940, pág. 29.

FILOSOFIA DO DIREITO

qualidade como própria. Ao dizer: — "a parede é branca", o *objeto* de minha visão se converte em *sujeito do juízo*. É por isso que é possível afirmar que *objeto,* em Ontologia, é tudo aquilo que é sujeito de um juízo lógico, ou a que o sujeito de um juízo se refere.

O nosso estudo vai consistir exatamente em saber quais as espécies de objeto que podem ser tratadas pelas ciências. Esta indagação poderia também ser expressa da seguinte maneira: — Que espécies de realidades se conhecem? Que espécies de objetos os sujeitos dos juízos mencionam?

Temos, geralmente, uma concepção muito pobre do real, entendendo que a realidade se circunscreve àquilo que tomba sob a ação de nossos sentidos. A realidade, no entanto, é muito mais complexa e rica. Uma das finalidades de nosso Curso consiste em determinar claramente a natureza e a estrutura de uma *realidade* que conhecemos como sendo *jurídica.* Onde situar o fenômeno jurídico como *objeto* da Ciência do Direito? Para atingirmos uma noção clara quanto ao direito, é necessário, previamente, discriminar as possíveis esferas do ser enquanto objeto do conhecimento, ou as "esferas ônticas". É o que passamos a examinar.

Objetos Físicos e Psíquicos

77. Procuremos proceder metodicamente, discriminando a matéria a partir do mais acessível e intuitivo. Em primeiro lugar, a ciência pode versar sobre *objetos naturais,* como quando o químico estuda as propriedades do hidrogênio, do oxigênio ou de um metal. Que é que caracteriza os objetos que se chamam físicos ou "reais", no sentido estrito desta última palavra? O que os distingue é o fato de não poderem ser concebidos sem referência ao espaço e ao tempo ou, mais rigorosamente, ao "espaço-tempo".

Exemplo mais simples de um objeto físico temos na idéia de *coisa* ou de *corpo físico,* que é um ente ao qual é inerente a extensão. Podemos, com efeito, fazer abstração, na análise de uma pedra, de qualidades como a aspereza, a resistência, a brancura etc., mas não podemos jamais fazer abstração de que é extensa. Todo corpo é extenso, não sendo possível ter-se o conceito de corpo sem o de extensão, razão pela qual John Locke dizia que a extensão é uma *qualidade primária,* por ser logicamente inseparável dos seres corpóreos, concretos, enquanto as acima lembradas seriam *qualidades secundárias*. Podemos, pois, concluir que, em primeiro lugar, existem objetos que se distinguem pela *espacialidade* e pela *temporalidade*, visto como também duram no tempo.

A "espácio-temporalidade" delimita uma ampla esfera da realidade, dando lugar aos objetos que chamamos de objetos físicos, e que outros denominam "reais", estrito senso.

Cabe, neste passo, observar que a "espácio-temporalidade" de um *objeto físico* não deixa de existir quando se alega que, de conformidade com a Física contemporânea, o conceito de *extensão* só pode, no máximo, significar a intensidade de energia mensurável em um dado *"campo"*. Mesmo assim, é sempre graças a uma "referência espácio-temporal" que se pode determinar um objeto físico, ou um "campo" de eventos físicos.

Além do mais, a todos os *objetos físicos é* inerente a idéia de *resistência* oposta ao sujeito que os conhece, o que leva este a reconhecê-los como distintos de seu próprio ato perceptivo.

Poder-se-ia dizer, feitas as devidas ressalvas, que os objetos físicos *são,* no "contínuo espaço-tempo", sendo como tais, cognoscíveis em referibilidade espácio-temporal.

78. Passemos, agora, a observar aquilo que ocorre em nossa vida interior. Fechemos os olhos para as coisas que nos cercam, tentando compreender o que se passa em nós mesmos, no plano de nossa consciência. Verificamos, então, que há todo um mundo suscetível de uma nova ordem de indagação ou de uma nova ciência, que é a Psicologia. As emoções, as paixões, os instintos, as inclinações, os desejos, são todos elementos sobre os quais a ciência volve sua atenção, procurando caracterizá-los e explicá-los através de laços constantes de coexistência ou de sucessão. Esses elementos, entretanto, não podem ser concebidos no espaço, porque apenas *duram no tempo.*

Somos os sujeitos onde se desenvolve a sensação ou a emoção, mas podemos dizer que as sensações e as emoções somos nós mesmos. Uma emoção — a ira ou o ódio — não está no homem como uma coisa corpórea se situa ou "é" no espaço. Não existe espacialidade nos objetos psíquicos, porque eles têm esta característica de serem apenas temporais. A emoção é enquanto dura.

FILOSOFIA DO DIREITO

Temos, assim, objetos que possuem apenas *temporalidade* e são os objetos psíquicos[3].

Estas duas classes de objetos, que estamos paulatinamente discriminando, compõem uma categoria mais ampla, que é a dos *objetos naturais,* porquanto o que nela predomina é o elemento que a natureza mesma nos oferece. De certa forma, são elementos *dados* pela natureza, e não construídos pelo homem como resultado de uma instauração originária da inteligência e da vontade.

Se os objetos psíquicos e físicos compõem uma mesma esfera de realidade, algo deve haver de comum entre eles capaz de disciplinar o acesso espiritual até as suas qualidades ou determinações. É o *princípio de causalidade* que nos possibilita atingir e explicar os *objetos naturais,* quer físicos, quer psíquicos, porque se distinguem como fenômenos que se processam, em geral, segundo nexos constantes de antecedente a conseqüente.

Todos os objetos nesse domínio são suscetíveis de verificação experimental, segundo pressupostos metódicos "não teleológicos", pois os processos finalísticos tornariam impossíveis a Física e a Psicologia como ciências positivas.

As novas formulações do princípio de causalidade, como as que resultam da teoria quântica de Planck, não alteram, ao que parece, a verificação fundamental de que a estrutura ou a determinação dos *objetos naturais* implica a "causalidade" como seu princípio informador, ou categoria explicativa de suas estruturas e conexões.

Diríamos, com palavras de Bertrand Russell, que tudo quanto julgamos conhecer do mundo físico depende inteiramente da suposição de que existem *leis causais*[4].

---

3. O reconhecimento de que os objetos psíquicos não se *situam* no espaço não exclui a possibilidade de falar-se em "espaço psicológico", relativo, tal como é apreendido em uma sensação. São problemas, como se vê, distintos. Cf. LALANDE, *op. cit., "espace",* t. I, pág. 215 e notas.

4. BERTRAND RUSSERL, *Human Knowledge, its Scope and Limits,* Londres, 1948, pág. 328. Em qualquer hipótese, porém, mesmo quando se admita a impossibilidade de previsões de ordem causai estrita em certos domínios da Física, não há como confundir os dois campos, o natural e o espiritual: no primeiro, os fenômenos, quando não são "determina-

176 MIGUEL REALE

O Direito como Objeto Natural

79. Vários autores, especialmente no findar do século passado e no início do nosso, empenharam-se em defender a tese segundo a qual a Ciência Jurídica deve ser concebida em termos puramente psicológicos.

O Direito, segundo esses tratadistas, reduzir-se-ia a um complexo fenômeno de consciência, a fatos de ordem psíquica. Se o Direito, afirmam eles, existe enquanto o homem se inclina segundo uma linha de interesse e é movido por desejos e vontades; se o Direito é o interesse protegido, e o interesse é um elemento de ordem psíquica, toda a Ciência Jurídica tem em sua base a Psicologia do jurídico e do justo, de modo

---

dos", são "indeterminados", mas nunca "autodetermináveis". A nenhum físico ocorreria explicar o indeterminismo revelado na Física do átomo, consoante o princípio de incerteza formulado por WERNER HEISENBERG, com recurso à hipótese de algo oculto nos elementos integrantes no processo e capaz de suscitar, originariamente, em virtude de autodeterminação, efeitos imprevisíveis. Isto equivaleria a conferir *liberdade* e poder de iniciativa aos fatores dos fenômenos físicos, quando somente o homem é dotado daquela capacidade. A aceitação do indeterminismo não significa, em suma, abolição da "causalidade", mas sim que há necessidade de a formular de maneira mais compreensiva, pois, como lembra ZUBIRI, o indeterminismo é "uma das formas da causalidade". Permanece, desse modo, íntegra a distinção fundamental entre "mundo do ser" e "mundo do dever ser", atendida ainda a circunstância de que só com referência a este é lícito falar-se em "finalidade" como razão das relações examinadas.

Para a compreensão do caráter "indeterminista" da Física dos *quanta,* cf. LOUIS DE BROGLIE, *La Física Nueva y los Cuantos,* Buenos Aires, 1952: "Sem embargo nos pareçam necessárias reformas fundamentais para ver-se claro em Física quântica, cremos, pessoalmente, pouco provável que se consiga restabelecer inteiramente o determinismo de antanho" (pág. 203) e PHILIP FRANK, *Entre la Física y la Filosofía,* trad. de L. Echávarri, Buenos Aires, 1945, págs. 27 e segs.

Embora afirmando que os problemas filosóficos da mecânica quantística implicam "a passagem das leis *causais* para as leis *probabilísticas",* HANS REICHENBACH reconhece que, abandonado o antigo conceito determinista de "leis causais rigorosas", nada impede se reconheça a validade do *princípio de causalidade:* "Se a causalidade passar a ser enunciada como um limite de implicações probabilísticas, é claro que tal princípio poderá subsistir, mas no sentido de uma hipótese empírica". Afirmar que a natureza é regida por *leis causais,* significa, em última análise, que podemos predizer o futuro com uma determinada probabilidade. Cf. HANS REICHENBACH, *I Fondamenti Filosofici della Meccanica Quantica,* trad. de Caracciolo di Forino, Turim, 1954, pág. 20 e *passim.*

FILOSOFIA DO DIREITO

que o método filosófico, como escrevia Alessandro Levi, não significa nada mais nada menos que método psicológico[5].

Quando esta doutrina se desenvolve até as suas últimas conseqüências e acaba reduzindo o Direito a mero capítulo da Psicologia, temos o que se poderia denominar *psicologismo jurídico*. É uma das tantas concepções unilaterais e falhas da Ciência Jurídica, porque se limita a ver no Direito apenas um de seus elementos, tentando reduzir a complexidade da vida jurídica a um fator isolado de sua gênese e de seu processo.

Esse é o caso, por exemplo, de Petrasisky, a quem devemos preciosos estudos sobre a gênese da norma jurídica, cuja obrigatoriedade procura explicar, como toda a experiência jurídica, em termos do mais estrito psicologismo, vendo na *introspecção* o método por excelência na análise dos fenômenos jurídicos.

Não se pode contestar o alcance do elemento psicológico na gênese e desenvolvimento da vida do Direito, mas nos parece absurdo pretender focalizá-lo segundo ò ângulo exclusivo da Psicologia empírica, como se o Direito todo não constituísse senão uma trama de atos explicáveis segundo critérios estritamente psicológicos. Na realidade, a natureza "normativa" do Direito transcende os quadros das ciências psicológicas, das quais o jurista não pode, no entanto, prescindir, não só para a explicação do *substrato* dos atos jurídicos, como para a determinação mesma de experiência jurídica, para cuja compreensão muito contribuiu a Psicologia Social entendida como estudo objetivo da personalidade e de seu desenvolvimento em relação à ambiência social, consoante claro conceito de Kimball Young, entre nós aceito por Artur Ramos[6].

Existem, por outro lado, autores que se colocam numa atitude naturalística, sustentando que o fato jurídico é um fato da mesma natureza e estrutura dos chamados fatos físico-naturais. No Brasil ninguém

---

5. V. A. Levi, *La Société et l'Ordre Juridique,* Paris, 1911, pág. 19. Na realidade, porém, o interesse não é senão a versão psicológica do valor, ou, por outras palavras, a vinculação subjetiva a uma das possíveis linhas de preferência axiológica.

6. Cf. Artur Ramos, *Introdução à Psicologia Social,* 2ª ed., Rio de Janeiro, 1952, pág. 18.

178   MIGUEL REALE

leva tão longe esta doutrina como um pensador de grande mérito, Pontes de Miranda, cuja obra fundamental *Sistema de Ciência Positiva do Direito,* publicada em 1922, representa uma vigorosa expressão do naturalismo jurídico. Essa atitude chega, no entanto, ao paradoxo de apresentar o Direito como fenômeno não peculiar ao homem, mas comum ao mundo orgânico e até mesmo aos sólidos inorgânicos e ao mundo das figuras bidimensionais, por significar apenas um sistema de relações e de conciliação ou composição de forças[7].

É por essa razão que Pontes de Miranda não admite distinção entre ciências naturais e "ciências da cultura", fiel ao seu ideal de um tipo único de metodologia e de ciência: "observar os fatos sociais", escreve ele, "sem os abstrair dos outros fatos universais; estudar o Direito como relação entre relações, fato entre fatos".

Em outra perspectiva de tipo naturalístico desenvolve-se, entre outros, o chamado "realismo jurídico", bastando lembrar, nesse sentido, a clássica obra de Karl Olivecrona significativamente intitulada "O Direito como fato"[8].

Objetos Ideais

80. Pensamos ter caracterizado, em seus lineamentos gerais, as duas ordens de realidades já consideradas, que são aquelas com as quais nos sentimos mais familiarizados. Há pensadores que reduzem a realidade apenas àquelas formas. Cremos, no entanto, que existem outros aspectos do real. Consideremos, por exemplo, o campo de indagação da Lógica ou da Matemática. Esta não tem por objeto coisas situadas no

---

7.   V. PONTES DE MIRANDA, *Sistema de Ciência Positiva do Direito,* Rio 1922, vol. II, pág. 26. "Quando o Mineral se cristaliza em poliedros há certo ritmo que, senão é *'nosso'* direito, deve ser algo de vivo e de natural como ele", *ibidem,* pág. 84. Infenso a todo "teleologismo", PONTES DE MIRANDA declara que a Jurisprudência é "ciência do ser", segundo dois critérios inamovíveis: o determinismo e o da unidade da ciência (loc. Cit. e vol. I, *passim*). Felizmente, sua admirável obra dogmático-jurídica bem pouco se subordina a tais pressupostos, em que pese o emprego de uma terminologia inspirada na linguagem da Física. Cf., outrossim, vol. I, pág. 77.

8.   Cf. Karls Olivecrona, *Law as fact,* 2ª ed., Londres, 1971 e ALF ROSS *Toward e Realistic Jurisprudence,* Copenhage, 1946.

FILOSOFIA DO DIREITO 179

espaço e no tempo, nem tampouco elementos que se manifestem apenas temporalmente. É próprio das Matemáticas cuidar de entidades abstratas, de entes cujo ser exclui qualquer temporalidade e qualquer espacialidade, no sentido de poderem ser concebidos "no" espaço ou "no" tempo[9].

Pense-se em um triângulo, em uma circunferência, em um número, em um juízo lógico, em um silogismo. O ser desses objetos, sobre os quais versam as Matemáticas e a Lógica, é um ser puramente ideal, o que demonstra que a idealidade do espaço e do tempo exclui sejam os entes geométricos, por exemplo, concebidos como incluídos "no" espaço: eles são enquanto espaciais, mas não possuem *espacialidade,* como "condição" de seu revelar-se.

Não se trata aqui — entendamo-nos bem — de conceber aqueles como arquétipos, à maneira de Platão. *São seres que existem enquanto pensados.* É por esse motivo que também os chamamos de objetos ideados ou ideais. Existem na mente humana. Nós, freqüentemente, confundimos uma circunferência com a representação gráfica que dela podemos realizar. Julgamos, então, que uma circunferência se confunde com a figura traçada como mero símbolo ou expressão gráfica. A circunferência não é este ou aquele outro traçado, porque é algo que existe como entidade lógica sempre igual a si mesma, universal, insuscetível de modificação. O seu ser, portanto, é puramente ideal. Não podemos negar a existência de tais objetos, a respeito dos quais enunciamos juízos rigorosamente certos, fazendo demonstrações e inferindo conseqüências. Esses objetos são próprios da Lógica ou da Matemática. Podemos dizer que a Lógica e a Matemática são ciências ideais ou de objetos ideados, e que o que caracteriza os objetos ideais é o fato de serem, sem serem no espaço e no tempo. São, em suma, *atemporais* e *a-espaciais,* não podendo ser confundidos com o processo psíquico em que são "pensados". É claro que é o homem quem pensa os objetos ideais, mas estes não existem só enquanto representados, tomando-se o termo "representados" em sua estrita e empírica acepção psicológica. Já no primeiro livro de *O Espírito das Leis* (1748), Montesquieu observava que antes

---

9. Talvez cause estranheza que os objetos geométricos sejam considerados inespaciais: é que eles, como o demonstra KANT, *não se situam no espaço,* mas são espaço, o que quer dizer, possuem apenas validade objetiva de essência ideal.

180   MIGUEL REALE

de se traçar um círculo, os seus raios são iguais... O valor dos objetos ideais não provém do fato empírico de serem pensados ou representados.

Como determinar o *ser* destes objetos que formam o campo de indagação de ciências como a Matemática e a Lógica?

Está claro que estamos sempre colocados segundo as perspectivas do que chamamos *Ontognoseologia,* e não em uma visão puramente naturalista das coisas: — estamos, em suma, procurando discriminar a realidade enquanto ela se põe como objeto do conhecimento, no âmbito do processo cognoscitivo.

Os objetos ideais são concebidos por alguns pensadores e matemáticos contemporâneos como verdadeiras entidades absolutas, isto é, como entidades ontológicas. Discordamos desse modo de ver, contestando que tais objetos possam existir em si e de per si, como algo que existiria mesmo que não fosse ou não tivesse sido pensado, ou independente do pensamento que o pensa. Esta atitude é muito comum entre os matemáticos, que são levados a ver os objetos ideais de forma ontológica radical.

A concepção idealística e ontológica dos objetos ideais, que é própria de certa fase do pensamento de Bertrand Russell e de axiologistas como N. Hartmann, não nos parece plausível. Tais objetos são chamados ideais enquanto devem ser considerados distintos do pensamento como processo empírico determinado, mas não são existentes em si, independentemente do ato de pensar em sua universalidade. Embora não existindo senão no espírito humano, as *objetividades ideais* possuem, no entanto, uma consistência posta acima do espaço e do tempo, não dependente de apreciações subjetivas particulares.

O Direito e os Objetos Ideais

81. Ora, os objetos ideais são estudados pelos matemáticos, pelos lógicos e também pelos juristas. Em que sentido são estudados pelos juristas?

O Direito, sendo uma ciência, também tem sua Lógica. Há uma Lógica Jurídica ou uma Lógica do Direito, que trabalha, evidentemente, com categorias ideais, porquanto toda Lógica só o é em razão de objetos

FILOSOFIA DO DIREITO

ideais. Isto não quer dizer, porém, que a Ciência Jurídica, seja toda ela redutível a uma Lógica ou só concebível segundo estruturas lógico-formais. A Lógica condiciona todo conhecimento científico, mas não esgota esse conhecimento. Alguns juristas contemporâneos, cujo pensamento exerce poderosa influência em muitos países, acabam reduzindo o Direito a uma ciência puramente ideal, mesmo quando não o proclamem e o reconheçam, como é o caso de alguns seguidores de Hans Kelsen, cuja doutrina teremos ocasião de estudar dentro em pouco.

Para alguns autores, a Jurisprudência ou Ciência do Direito é uma ciência que tem por objeto *normas,* entendidas estas como puros juízos lógicos e objetos ideais. Esta a tese que se continha, apesar das contestações aparecidas, na formulação originária da chamada "Teoria Pura do Direito", que se apresenta com muitas ramificações, em vários países, inclusive na América Latina e no Brasil. Posteriormente, por motivos que serão examinados, Kelsen veio a reconhecer, embora de maneira um tanto imprecisa, que a norma jurídica não é mera entidade lógica, conforme declaração feita em uma das conferências proferidas em Buenos Aires, em 1949: "O conteúdo específico das regras de Direito", disse ele, "questão primordial para toda a teoria do Direito, não é um problema de Lógica".

Já tivemos ocasião de lembrar que existem também juristas que pretendem conceber e apresentar o fenômeno jurídico como sendo de ordem estritamente psicológica. Para eles, não seria possível estabelecer as distinções que estamos apresentando, porque os objetos chamados ideais seriam redutíveis a fenômenos puramente psíquicos.

Durante muito tempo, especialmente no início deste século, a explicação em termos de Psicologia foi a dominante, embora se possa dizer que uma das características fundamentais do pensamento contemporâneo resida em saber-se distinguir o que é psíquico daquilo que é puramente lógico, entre o processo genético do pensamento e a sua validade. A emancipação dos estudos lógicos de uma pretensa redução da Lógica a Psicologia marca, a nosso ver, uma das características mais fecundas do pensamento atual, muito embora, como assinala Piaget, sejam relevantes os nexos que as correlacionam.

A tese de que é possível e necessário distinguir os objetos ideais como unidades lógicas, não redutíveis a meros dados empíricos, já

182 MIGUEL REALE

começara a criar corpo no século passado, graças a pensadores eminentes, alguns dos quais tiveram suas obras, em um primeiro momento, quase que esquecidas, como é o caso, por exemplo, de Franz Brentano (1838-1917).

Os estudos de Edmund Husserl e seus continuadores vieram completar uma longa e fecunda série de pesquisas, das quais resulta uma *nova Ontologia,* que, no nosso entender, abre perspectivas de grande fecundidade para a apreciação do fenômeno jurídico.

Ora, é entre alguns fenomenólogos, como Gerhart Husserl, que se afirma, de maneira precisa, a natureza puramente *ideal* das normas jurídicas, lembrando que as mesmas permaneceriam em vigor ainda que todos os seus subordinados dormissem sem despertar.

Mesmo fora do âmbito fenomenológico não faltam juristas, como Cicala, que afirmam ser a norma jurídica uma "entidade puramente ideal", de tal modo que seria impossível "pensar em uma norma ou preceito jurídico, sem o representar como um *quid* existente apenas no mundo das idéias".

Por outro lado, aqueles que identificam, ou melhor, que consideram os valores meras espécies de objetos ideais, concebem a justiça também como objetividade ideal, enredando-se, como veremos, em grande dificuldade para explicar a sua correlação com o Direito Positivo[10].

Os Valores e o Mundo do "Dever Ser"

82. Em geral, os autores não admitem senão as esferas de objetos ou de determinações da realidade, até agora vistas, ou seja, os objetos naturais e os objetos ideais, porque incluem entre estes também os *valores.* Entendemos, contudo, que estes devem constituir uma terceira esfera fundamental, o que constitui, pensamos nós, relevante alteração na tradicional Teoria dos Objetos.

---

10. Cf. F. CICALA, *Filosofia e Diritto,* 1925, pág. 29. Quanto à idealidade da Justiça v. RECASÉNS SICHES, *Adiciones a la Filosofía del Derecho de Del Vecchio,* Barcelona, 1929, t. I, págs. 466 e segs. e seu magnífico *Tratado General de Filosofía del Derecho,* México, 1959, págs. 479 e segs.

FILOSOFIA DO DIREITO

Efetivamente, se há elementos de contacto e de coincidência entre os valores e os objetos ideais, não faltam outros essenciais de diferenciação. Os valores, enquanto tais, possuem realidade que é também a-espacial e atemporal — ou seja, apresentam um modo de "ser" que não se subordina ao espaço e ao tempo. Mas, já aqui começa uma diferença muito grande. Enquanto os objetos ideais valem, independentemente do que ocorre no espaço e no tempo, os valores só se concebem em função de algo existente, ou seja, das *coisas* valiosas. Além disso, os objetos ideais são quantificáveis; os valores não admitem qualquer possibilidade de quantificação. Não podemos dizer que o Davi de Miguel Ângelo valha cinco ou dez vezes mais que o Davi de Bernini. A idéia de numeração ou quantificação é completamente estranha ao elemento valorativo ou axiológico. Não se trata, pois, de mera falta de temporalidade e de espacialidade, mas, ao contrário, de uma *impossibilidade absoluta de mensuração*. Não se numera, não se quantifica o valioso. Às vezes nós o medimos, por processos indiretos, empíricos e pragmáticos, como acontece, por exemplo, quando exprimimos em termos de preço a "utilidade" dos bens econômicos, mas são meras referências para a vida prática, pois os valores como tais são imensuráveis, insuscetíveis de serem comparados segundo uma unidade ou denominador comum.

Deveríamos, à primeira vista, ter começado por uma definição do que seja valor. Na realidade, porém, há impossibilidade de defini-lo segundo as exigências lógico-formais de gênero próximo e de diferença específica. Nesse sentido, legítimo que fosse o propósito de uma definição rigorosa, diríamos com Lotze que do valor se pode dizer apenas que vale. O seu "ser" é o "valer". Da mesma forma que dizemos que "ser é o que é", temos que dizer que o "valor é o que vale". Por que isto? Porque *ser* e *valer* são duas categorias fundamentais, duas posições primordiais do espírito perante a realidade. Ou vemos as coisas enquanto elas *são*, ou as vemos enquanto *valem;* e, porque valem, *devem ser*[11]. Não existe terceira posição equivalente. Todas as demais colocações possíveis são redutíveis àquelas duas, ou por elas se ordenam. Quando dizemos, por exemplo, que as coisas "evoluem", o "evoluir", não é senão um desdobramento ou modalidade de "ser": — é o ser se desenrolando no tempo. Costumamos dizer, recorrendo a metáfora, que *ser* e *dever ser*

---

11. Note-se- que a "conceituação" do valor como "o que vale" não exclui sua possibilidade de atualização. Neste sentido, cf. a crítica de Scheler, *Ética,* cit., t. I, pág. 243.

são como que olho esquerdo e olho direito que, em conjunto, nos permitem "ver" a realidade, discriminando-a em suas regiões e estruturas, explicáveis segundo dois princípios fundamentais, que são o de *causalidade* e o de *finalidade*.

A distinção entre *ser* e *dever ser* é antiga na Filosofia, mas começa a ter importância mais acentuada a partir da *Crítica da Razão Pura* de Kant. É nesta obra capital que se estabelece, de maneira clara e com todo o peso de seu significado, a distinção entre *ser* e *dever ser,* entre *Sein* e *Sollen*.

A realidade — cuja consistência em si mesma constitui problema que transcende o plano particular da Ontognoseologia, situando-se no da Metafísica —, desdobra-se, desse modo, em uma multiplicidade de "objetos", segundo uma dupla perspectiva, que corresponde à discriminação entre *juízos de realidade e juízos de valor*. Se, como dissemos, *objeto é tudo* o que pode ser *sujeito de um juízo,* podemos distinguir duas ordens de objetos segundo os dois prismas citados, a saber:

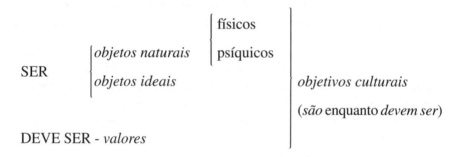

Como veremos nas páginas seguintes, os valores não se confundem com os *objetos ideais,* e muito menos com os *objetos culturais,* que são objetos derivados e complexos, representando uma forma de integração de *ser* e *dever ser.* Isto significa que a *cultura* não é por nós concebida, à maneira de Windelband, de Rickert, ou de Radbruch, como "valor": — a *cultura é* antes elemento integrante, inconcebível sem a *correlação* dialética entre *ser* e *dever ser.* Se ela marca uma referibilidade perene do que é natural ao mundo dos valores, não é menos certo que, sem ela, a natureza não teria significado e os valores mesmos não seriam possíveis. Sobre este assunto voltaremos com mais vagar, pois a matéria é de excepcional importância na Filosofia Jurídica.

Características do Valor

83. O valor é sempre bipolar. A *bipolaridade* possível no mundo dos objetos ideais, só é *essencial* nos valores, e isto bastaria para não serem confundidos com aqueles. Um triângulo, uma circunferência *são;* e a esta maneira de ser nada se contrapõe. Da esfera dos valores, ao contrário, é inseparável a bipolaridade, porque a um valor se contrapõe um desvalor; ao bom se contrapõe o mau; ao belo, o feio; ao nobre, o vil; e o sentido de um exige o do outro. Valores positivos e negativos se conflitam e se implicam em processo dialético.

A dinâmica do direito resulta, aliás, dessa polaridade estimativa, por ser o direito concretização de alementos axiológicos: — há o "direito" e o "torto", o lícito e o ilícito. A dialeticidade que anima a vida jurídica, em todos os seus campos, reflete a bipolaridade dos valores que a informam. Não é por mera coincidência que existe sempre um autor e um réu, um contraditório no revelar-se do direito, dado que a vida jurídica se desenvolve na tensão de valores positivos e de valores negativos. O direito tutela determinados valores, que reputa positivos, e impede determinados atos, considerados negativos de valores: até certo ponto, poder-se-ia dizer que o direito existe porque há possibilidade de serem violados os valores que a sociedade reconhece como essenciais à convivência.

Se os valores são bipolares, cabe observar que eles também se *implicam reciprocamente,* no sentido de que nenhum deles se realiza sem influir, direta ou indiretamente, na realização dos demais. Há uma força expansiva e absorvente nos valores, visto como cada homem, que se dedica a dado valor, é levado a querer impor aos outros os próprios esquemas de estimativa. O mundo da cultura é sempre um mundo *solidário,* no sentido da interdependência necessária de seus fatores, mas não no sentido da coexistência pacífica dos interesses, que é um ideal a ser atingido. A solidariedade ética, que a justiça objetiva alcançar, implica antes uma tensão viva nos quadrantes da História, sendo o direito uma força decisiva na sempre almejada composição social de valores.

Se as características de *polaridade* e de *implicação* se observam nos valores considerados em si mesmos, ou na relação de uns com os outros, é necessário lembrar que tal fato se deve à situação mesma dos valores perante a realidade. Todo *valor* contrapõe-se ao já *dado,* ou seja, ao que se apresenta como mero *fato* aqui e agora, como algo já realiza-

186   MIGUEL REALE

do: o valor, em suma, contrapõe-se ao *fato*, não se reduz jamais ao fato. Ao mesmo tempo, porém, todo valor pressupõe um fato como condição de sua realizabilidade, embora sempre o transcenda.

Bipolaridade e *implicação* são qualidades dos valores, que refletem ou traduzem a natureza mesma da condicionalidade humana, do espírito que só toma consciência de si mesmo e se realiza enquanto se inclina ou se objetiva a "ser como deve ser", o que nos leva a considerar a terceira característica do valor, que é a sua *necessidade de sentido* ou *referibilidade*.

Além da bipolaridade, o valor implica sempre uma tomada de posição do homem e, por conseguinte, a existência de um sentido, de uma referibilidade. Tudo aquilo que vale, vale para algo ou vale no *sentido de algo e para alguém*. Costumamos dizer — e encontramos essa expressão também empregada por Wolfgang Köhler embora em acepção um pouco diversa[12] — que os valores são *entidades vetoriais,* porque apontam sempre para um sentido, possuem direção para um determinado ponto reconhecível como fim. Exatamente porque os valores possuem um sentido é que são determinantes da conduta. A nossa vida não é espiritualmente senão uma vivência perene de valores. Viver é tomar posição perante valores e integrá-los em nosso "mundo", aperfeiçoando nossa personalidade na medida em que damos valor às coisas, aos outros homens e a nós mesmos. Só o homem é capaz de valores, e somente em razão do homem a realidade axiológica é possível[13].

O valor envolve, pois, uma orientação e, como tal, postula uma quarta nota, que é a *preferibilidade*. É por esta razão que para nós toda teoria do valor tem como conseqüência, não causal, mas lógica, uma teleologia ou teoria dos fins. Daí dizermos que *fim não é senão um valor enquanto racionalmente reconhecido como motivo de conduta.*

---

12. V. WOLFGANG KÖHLER, *The Place of Value in a World of Facts,* Nova Iorque, 1938.

13. A correlação entre a vida e a "experiência de valores" é de tal natureza que até mesmo alguns biologistas indagam das razões que os levam a recorrer ao critério da exigência estimativa para explicar certas faces da existência orgânica, procurando saber, como nota o citado KÖHLER, se empregam a noção de "requiredness", totalmente estranha aos físicos e aos químicos, "por mera atitude antropocêntrica na observação dos fatos orgânicos, ou por constituir aspecto genuíno da vida mesma" *(op. cit.,* pág, 104).

FILOSOFIA DO DIREITO

Toda sociedade obedece a uma tábua de valores, de maneira que a fisionomia de uma época depende da forma como seus valores se distribuem ou se ordenam. É aqui que encontramos outra característica do valor: — sua *possibilidade de ordenação ou graduação preferencial* ou *hierárquica,* embora seja, como já foi exposto, incomensurável.

Bipolaridade, implicação, referibilidade, preferibilidade, incomensurabilidade e *graduação hierárquica* são, como se vê, algumas das notas que distinguem o mundo dos valores, a que se devem acrescentar as de *objetividade, historicidade* e *inexauribilidade,* a serem estudadas nos capítulos seguintes.

É possível haver uma ordenação do valioso, não de forma absoluta, mas nos ciclos culturais que representam a história humana, sendo certo, outrossim, que existe algo de *constante* no mundo das estimativas, algo que condiciona o processo histórico como categoria axiológica fundamental, que é o homem mesmo visto como valor ou fonte espiritual de toda a experiência axiológica.

Os valores representam, por conseguinte, o *mundo do dever ser,* das normas ideais segundo as quais se realiza a existência humana, refletindo-se em *atos* e *obras,* em formas de comportamento e em realizações de civilização e de cultura, ou seja, em *bens* que representam o objeto das ciências culturais.

Já dissemos que do *ser* não se pode passar ao *dever ser,* mas a recíproca não é verdadeira: se os valores jamais se realizassem, pelo menos relativamente, nada significariam para o homem. Há um vastíssimo campo da experiência cuja existência decorre da projeção histórica dos valores: é o *mundo histórico-cultural,* ou dos "objetos culturais", que se distinguem *"por serem enquanto devem ser".* É esta, pois, uma esfera distinta de *objetos,* cuja natureza especial envolve a solução de alguns problemas prévios, que apreciaremos nos capítulos seguintes.

Só então será possível esclarecer outros aspectos do valor, como, por exemplo, os da sua *objetividade* e *absoluteza,* compreendendo-o como uma qualidade insuscetível de revelar-se sem algo em que se apóie e sem uma ou mais consciências às quais se refira.

A característica da *objetividade* dos valores, pela qual se reconhece a necessidade de distinguir-se entre *valor* e *valoração* ou *valor* e *interesse,* ou seja, que os valores se impõem objetivamente às nossas expe-

188   MIGUEL REALE

riências subjetivas, exige que façamos uma referência, embora sumária, às principais doutrinas sobre a gênese e a força vinculante ou normativa dos valores. Só então poderemos compreender uma das notas fundamentais dos valores, que consiste em não coincidirem nunca, inteiramente, com a consciência que possamos ter deles, superando-a sempre em um processo dialético que envolve a dimensão histórica do homem.

Apreciemos, porém, preliminarmente a importância do problema do valor no plano da experiência jurídica, antes de examinarmos, no próximo capítulo, a propósito da teoria histórico-cultural, outras características do valor, tais como a *realizabilidade* e a *inexauribilidade*.

Os Valores e o Direito

84. Um exemplo bastará para pôr em evidência o alto significado da distinção acima apontada entre *ser* e *dever ser* nos domínios da Jurisprudência. Um homicídio pode ser estudado segundo dois ângulos distintos, dois processos diversos: — pode ser analisado por um psicólogo, que poderá indagar dos motivos determinantes do ato; por um sociólogo, que o enquadrará em função de outros fatos de ordem social, na procura de uma lei geral, compreensiva de esquemas diversos de comportamento; por um médico, que levará em conta outros fatores determinantes, ligados a problemas de ordem fisiológica ou biológica. As chamadas ciências naturais procurarão, pois, estabelecer nexos de antecedente e conseqüente, de causa e efeito e de coexistência sobre o fenômeno referido.

Outros homens, porém, poderão ser chamados para apreciar o fato delituoso, como um delegado de polícia, um membro do Ministério Público, ou o advogado do criminoso. São mais três homens que vão apreciar a mesma realidade, o mesmo fato, mas já dominados por outros critérios, outros processos, ou modos de julgar as coisas. Haverá por parte do delegado de polícia, por exemplo, uma tomada de posição diante do fato, para apreciá-lo, não só em suas conexões objetivas, mas também para verificar se as circunstâncias correspondem ou não a um *sistema de dever ser* que o autorize ou o obrigue a efetivar a prisão em flagrante. O fato assume, assim, uma dimensão valorativa, um cunho ou significado que resulta de sua *referibilidade a valores*.

FILOSOFIA DO DIREITO

189

Também o membro do Ministério Público apreciará o fato segundo um prisma, que não será apenas descritivo, o mesmo se dando com o advogado defensor. Quer dizer que existe a possibilidade de ser um mesmo fato focalizado segundo *aquilo que é* em seu devir, em suas conexões causais, ou então segundo *aquilo que deve ser,* em sua *significação* e *validade.*

A atitude do jurista, portanto, não pode ser reduzida ou confundida com a atitude do sociólogo ou do psicólogo.

Não se é grande penalista quando se descuida dos motivos psicológicos e sociológicos de um ato, mas isto não quer dizer que o Direito Criminal se reduza a termos de Sociologia ou de Psicologia. A categoria do jurista é a categoria do *dever ser,* que não se confunde com a do psicólogo e a do sociólogo, pois o Direito só compreende o *ser* referido ao *dever ser.*

Quem não percebe esta distinção, ou persiste em tratar do mundo das normas como se fossem coisas, é um desajustado entre os juristas, sendo aconselhável que se dedique à Psicologia ou à Sociologia, achegando-se à sua vocação natural. A atitude do jurista implica uma tomada de posição perante os fatos, perante aquilo que na conduta humana se refere a valores. Daí a importância básica que o estudo da Axiologia tem para a Ciência Jurídica. Quem percebeu bem este problema foi Rudolf Von Jhering (1818-1892), que, embora sem formação axiológica, viu, como nenhum outro jurista de seu tempo, a importância do problema dos fins no mundo jurídico, como resulta não só de seu *Espírito do Direito Romano,* como também de sua preciosa monografia sobre o fim no Direito *(Der Zweck im Recht),* infelizmente incompleta. Esta obra tornou-se mais conhecida entre nós graças à admirável tradução francesa de seu primeiro volume sob o título equívoco *L'Évolution du Droit.* Jhering não escreve propriamente sobre a evolução do Direito, mas sim sobre o fim no Direito, mostrando a importância do "interesse" qual mola propulsora dos indivíduos e dos grupos e como conteúdo das normas jurídicas, abrindo as perspectivas da chamada *Jurisprudência dos interesses* em contraste com a tradicional *Jurisprudência dos conceitos*[14].

---

14. Sobre a Jurisprudência dos interesses, cf. SCHOCH, *The Jurisprudence of Interests* (seleção de textos de MAX RÜMELIN, PHILIPP HECK, JULIUS BINDER, HERMANN ISAY etc.), Cambridge, U.S.A., 1948.

190   MIGUEL REALE

Superando-se o psicologismo inerente à noção de *interesse* e reconhecendo-se que este não é senão a *vivência pragmática do valor,* ou seja, um dos momentos da experiência axiológica, constituiu-se, nestes últimos anos, a *Jurisprudência dos valores,* com a qual se correlaciona a nossa concepção tridimensional do Direito, segundo a qual fatos e valores se integram dialeticamente em um processo normativo[15]. Na realidade, o tridimensionalismo, como se verá na segunda parte deste volume, constitui uma tentativa de superamento das concepções jurídicas abstratamente fundadas no *fato,* na *norma* ou no *valor.*

---

15. Sobre a Jurisprudência dos valores, em geral, v. OLGIATI, *Il Concetto di Giuridicità nella Scienza Moderna del Diritto,* 2ª ed., 1950, págs. 441-448; HANZ WELZEL, *Naturalismus und Weltphilosophie im Straftrecht,* Mannheim, 1935; GIUSEPPE BETTIOL, *Diritto Penale* (Parte Generale), 3ª ed., 1955, págs. 59 e segs., LUIGI BAGOLINI, *Visioni della Giustizia e Senso Comune,* Bolonha, 1968, Parte Prima; HELMUT COING, *Grazüge der Rechts-philosophie,* cit., caps. I e III, e REINHOLD ZIPPELIUS, *Das Wesen des Rechts,* Munique, 3ª ed., 1973. A nosso ver, é a *Jurisprudência dos valores* a que corresponde à terceira fase do Direito Moderno, conforme livro sobre este assunto.

Capítulo XIII

Teorias Sobre o Valor

Explicações Psicológicas

85. Discriminamos três esferas fundamentais de objetos, verificando que elas podem ser reduzidas a objetos naturais, a objetos ideais, ou a valores, concluindo com uma referência aos chamados *objetos culturais,* cujo sentido nos cabe esclarecer.

Lembramos, outrossim, que vários autores sustentam pontos de vista diversos, pretendendo reduzir, por exemplo, os valores, ora a fenômenos de ordem psicológica, ora a objetos ideais. Como esta matéria é de alto significado para a caracterização da realidade cultural em geral, e da jurídica em particular, façamos rápido apanhado das doutrinas básicas sobre a natureza do valor.

São muitas as teorias sobre o assunto, podendo, no entanto, ser discriminadas entre duas grandes tendências-limite: uma no sentido de estudar-se o valor de modo *subjetivo,* e outra que procura explicação de natureza puramente *objetiva.* Tudo está em responder a esta pergunta: como e por que os valores valem? Não resta dúvida que sentimos que as coisas valiosas se nos impõem, determinando nossos atos, prendendo, de certa forma, nosso espírito. Por que essa força enlaçante do valor?

A primeira corrente é, como dissemos, a subjetivista, reunindo várias "teorias psicológicas da valoração", como, por exemplo, a de *tipo hedonista,* desenvolvida desde Aristipo e Epicuro até Bentham e Meinong (valioso é o que nos agrada, causando-nos *prazer)* ou a de *tipo volunta-*

rista, como a que, desde Aristóteles até Ribot e Ehrenfels, liga o problema do valor à satisfação de um *desejo,* de um *propósito,* a uma base sentimental-volitiva (valioso é o que *desejamos* ou pretendemos).

No mais das vezes, essas interpretações e outras semelhantes não se excluem, mas se completam, sempre sem abandono de processos subjetivos no plano da Psicologia empírica, prevalecendo soluções de tipo eclético, como quando se afirma: valioso é o que nos causa *prazer,* suscitando o nosso *desejo.*

Na impossibilidade de analisar as múltiplas perspectivas do psicologismo axiológico, diremos que sua tese nuclear consiste na afirmação de que os valores existem como resultado ou como reflexo de motivos psíquicos, de desejos e inclinações, de sentimento de agrado ou de desagrado. As coisas valem em razão de algo que em nós mesmos se põe como desejável ou apetecível, ou capaz de dar-nos prazer; porque existe, em suma, como fenômeno de consciência e como "vivência estimativa", algo que marca a razão da preferência exteriorizada. Os valores seriam, assim, uma ordem de preferências psicologicamente explicável, como ocorre, por exemplo, na conhecida fórmula de Ehrenfels: "A grandeza do valor é proporcional à sua desiderabilidade".

A análise das experiências axiológicas representa, sem dúvida, um dos capítulos mais dignos de atenção da Psicologia contemporânea, pois é incontestável a ligação entre a *desiderabilidade* e o ato de valorar, cabendo a esta doutrina o mérito de ter posto em realce um dos elementos do valor já por nós considerado, a *preferibilidade.* Surge, porém, logo um problema. Se ficarmos apegados às valorações individuais, em si mesmas plenas e intransferíveis, ficarão sem explicação plausível as preferências estimativas de um grupo ou de uma coletividade, surgindo problemas irredutíveis a meras explicações subjetivas. Por outro lado, os valores, assentes que fossem em valorações individuais, representariam elementos variáveis e incertos, não havendo possibilidade de distinguir-se entre bons e maus desejos, prazeres que dignificam ou que degradam, desejos atuais e desejos possíveis. Restaria sem explicação o fato incontestável de que os valores subsistem mesmo depois de cessados os desejos, ou quando os desejos não logram ser satisfeitos.

E mais, se o indivíduo fosse fonte e medida dos valores, como explicar a *força* ou a *pressão social* que eles representam, não só ditan-

FILOSOFIA DO DIREITO

do comportamentos, como exigindo ações de conformidade ou de subordinação em conflito com as preferências individuais?

Quantas e quantas vezes, o valor de um ato não resulta do sacrifício de um desejo, da renúncia a um prazer? Sobre haver valores, como os estéticos, que independem de qualquer *desejo,* não é menos certo que os atos moralmente mais valiosos, como os do mártir e do herói, ficariam sem sentido. Estas e outras objeções têm levado alguns intérpretes a alargar tanto o significado dos termos "prazer" e "volição" que, imperceptivelmente, acabam transpondo os lindes da explicação psicológica, reconhecendo a validez objetiva que pretendiam contestar...

Compreende-se, pois, o predomínio das explicações objetivistas, que passaremos a examinar, destacando apenas três dentre elas: a sociológica, a ontológica e a histórico-cultural.

Interpretação Sociológica dos Valores

86. A teoria sociológica assume uma atitude crítica perante as conclusões das doutrinas psicológicas da valoração, em cujo âmbito já se nota, aliás, tendência no sentido de se situar o problema, não à luz da Psicologia dos indivíduos, mas segundo as exigências da Psicologia social[1].

Assim é que alguns autores preferem admitir que os valores não são produto de um indivíduo empírico, mas algo que deve ser estudado como fato da sociedade no seu todo como expressão de crenças ou desejos sociais (Gabriel Tarde) ou produtos da consciência coletiva (Émile Durkheim).

Põe-se, pois, o problema de uma *Sociologia dos valores,* que é uma ordem de pesquisas de grande relevo, resultante da consideração de que a sociedade não representa um simples ajuntamento de homens, mas

---

1. A fundamentação objetiva dos valores tem sido tentada por outras teorias empíricas como a dos "biologistas" que apresentam objetivamente os valores como "relações de adaptação" de um objeto a um sujeito ou a muitos sujeitos; a dos "economistas" que os apreciam em termos de relação no plano da técnica e das forças produtivas etc. (Cf. PONTES DE MIRANDA, *Sistema de Ciência Positiva do Direito,* cit., págs. 169 e segs.) Esta e outras teorias situam-se no mesmo plano da sociológica, cujos pressupostos vamos examinar.

194 MIGUEL REALE

algo de irredutível a cada um de seus elementos componentes. Esta idéia da sociedade como um todo, que não se reduz aos indivíduos que a formam, constitui idéia nuclear na Sociologia francesa, especialmente na de inspiração durkheimiana. Nos estudos sociológicos de Durkheim (1858-1917) e de seus continuadores, é de importância primordial a teoria de uma consciência coletiva irredutível e superior à consciência dos indivíduos componentes. Assim como o hidrogênio e o oxigênio se compõem para formar a água, e esta não reúne as qualidades de seus elementos formadores, líquido que é, não comburente nem combustível, assim também a sociedade formaria um todo uno e diverso, que não seria explicável tão-somente pela simples soma dos indivíduos que se congregam para viver em comum. O elemento distintivo do fato social seria dado pela consciência coletiva, insuscetível de ser explicada à luz da Psicologia individual.

O conceito durkheimiano de consciência coletiva não se apresenta sempre com as mesmas notas determinantes, de modo que já se discriminaram várias maneiras de sua formulação, marcando momentos diversos da investigação do autor de *As Regras do Método Sociológico.*

Uma das últimas expressões desse conceito verificou-se exatamente quando Durkheim, na última fase de sua produção científica, tomou contacto com o problema axiológico, vendo a consciência coletiva como *repositório de valores,* daí tirando a conclusão de que os valores obrigam e enlaçam nossa vontade, porque representam as tendências prevalescentes no todo coletivo, exercendo *pressão* ou *coação exterior* sobre as consciências individuais.

Cada homem de per si subordinar-se-ia ao mundo dos valores, por serem eles a expressão, não de cada membro em sua singularidade pessoal, mas da consciência coletiva considerada em sua unidade, podendo ser explicado, desse modo, o seu caráter *ideal* sem ser necessário recorrer "a um mundo transcendente": "O valor", esclarece Durkheim em um famoso ensaio, "provém da relação das coisas com os diferentes aspectos do ideal; mas o ideal não é uma fuga para um além misterioso; ele está na natureza e é da natureza"[2]. Como jamais do desejável pode re-

---

2. É. DURKHEIM, "Jugement de réalité et jugement de valeur", *in Sociologie et Philosophie,* Paris, 1951, pág. 137.

FILOSOFIA DO DIREITO

sultar a obrigação moral, nem o desejável definir a obrigação, é preciso recorrer à idéia de consciência coletiva que é "ao mesmo tempo transcendente com referência às consciências individuais e está nelas imanente, e nós a sentimos como tal". Desse modo, o obrigatório e o desejável, o dever e o valor "não são mais que dois aspectos de uma única e mesma realidade, que é a realidade da consciência coletiva"[3].

Essas teses foram desenvolvidas amplamente por grande número de seus discípulos, bastando lembrar dois nomes, por terem cuidado de problemas ligados à vida jurídica — Georges Davy[4] e C. Bouglé[5] — ambos acentuando a tese durkheimiana do direito como "símbolo visível da solidariedade social".

A obra de Davy é de inegável importância neste campo do conhecimento, por ter ele procurado mostrar como na história da sociedade vão surgindo valores, que depois se impõem ao homem, com um caráter de objetividade e idealidade. Até mesmo a idéia de personalidade jurídica seria a expressão de algo elaborado na consciência coletiva, fruto de uma longa experiência.

A obra de Bouglé sobre a evolução sociológica dos valores distingue-se pela clareza de seus conceitos e por mostrar-nos como determinadas posições espirituais de natureza estimativa não surgiram na consciência histórica repentinamente, mas marcam, ao contrário, o amadurecimento, digamos assim, de um processo multissecular.

Quaisquer que sejam as restrições que possam ser feitas a estes estudos, o certo é que eles representam um esforço notabilíssimo no sentido de explicar a objetividade dos valores, a razão pela qual os valores se impõem aos indivíduos, muitas vezes contrariando frontalmente seus desejos.

---

3. É. DURHHEIM, *Détermination du Fait Moral, ap. cit.,* págs. 49 e segs. Sobre o caráter metafísico dessas concepções, v. GEORGE GURVITCH, *Essais de Sociologie,* Paris, págs. 113 e segs.

4. DAVI, *Le Droit, l'Idealisme et l'Ex pertence.* Paris, Alcan, 1922, e *La Foi Jurée* ÉTUDE sociologique du problème du contrat), Paris, 1922.

5. C. BOUGLÉ, *Leçons de Sociologie sur l'Évolutiun des Vateurs,* Paris, 1922.

É inegável que o homem não segue apenas o que deseja ou quer; ao contrário, subordina sua conduta, em muitas e muitas ocasiões, a algo que contraria suas tendências naturais ou espontâneas. O valor de um ato resulta, bastas vezes, da não-satisfação de um desejo, do superamento daquilo que seria inclinação imediata de nosso ser.

Certos valores brilham com uma luz dominadora em dadas conjunturas, levando indivíduos e povos a vencer algo que, no fundo, seria a sua tendência "natural". O homem eleva-se ao mundo do valioso graças a seu autodomínio, à sua capacidade única de superar, não só as inclinações naturais dos instintos, como os estímulos rudimentares da vida afetiva. Sob esse prisma, *o mundo do valioso é o do superamento ético.*

Qualquer explicação puramente sociológica dos valores coloca-nos, porém, diante de uma dificuldade de ordem filosófica, dificuldade esta que surge toda vez que se quer buscar uma explicação meramente empírica e causal para o mundo axiológico, ou, mais particularmente, para o mundo moral.

Não resta dúvida que tanto a Psicologia social como a Sociologia dos valores lançam luz sobre vários aspectos do processo ou da gênese dos fatores estimativos, mas mostrar-nos como nascem e se desenvolvem não é desvendar as razões de sua obrigatoriedade objetiva. Depois que Georges Davy contrapõe, ao idealismo *a priori* dos valores inatos e inscritos nas tábuas do Direito Natural, os valores revelados paulatinamente na obra civilizadora da espécie humana, ficam sempre de pé as perguntas sobre a legitimidade dos ideais. Como é que os valores surgem na sociedade e na psique individual é, repetimos, um problema de inegável relevo. Mas o fato de sabermos como surgem os valores bastará para explicar por que os valores *obrigam?*

Desde Kant se pode declarar verdadeira a afirmação de que do mundo do *ser* não se passa para o do *dever ser.* Da simples verificação de que um fato "é" não resulta que ele "deva ser", o que *é* não envolve, como nexo necessário, aquilo que *deve ser.* O *dever ser,* muitas vezes, é o contraposto daquilo que *é.* Isto não representa uma novidade ara o jurista. A vida jurídica é uma luta incessante contra a transgressão legal e o delito, para salvaguarda de bens e de valores.

FILOSOFIA DO DIREITO

É possível a um sociólogo demonstrar que o homicídio não é algo de estranho à sociedade, mas inerente ao seu processo, obedecendo a determinadas causas, segundo certas leis gerais de natureza estatística.

Recordamos um livro que, em sua época, causou grande celeuma, a monografia de Durkheim sobre o suicídio[6], estudado objetivamente como um "fato natural", à luz de gráficos que demonstravam a sua ocorrência em função de certos fatores operantes no meio social. Este trabalho de natureza sociológico-estatística foi reproduzido em muitos outros campos. Já foi demonstrado que o homicídio, o furto etc. variam segundo os índices de mobilidade social, de crescimento demográfico, de crise de produção etc. Há uma funcionalidade entre os delitos e uma série de causas sociais de ordem econômica, psicológica, racial e demográfica. Trata-se, portanto, de fenômenos suscetíveis de serem explicados segundo esquemas de valor genérico ou constante. Daí resultará, porém, que os delitos *devam ser?* Evidentemente que não, nem Durkheim jamais o pretendeu. Do fato de que algo seja não se infere que deva ser. O *dever ser,* ao contrário, marca uma atitude de crítica ou de estimativa daquilo que *é* e não raro de contraposição de algo valioso ao processar-se dos acontecimentos.

Desse modo, cabe reconhecer que a explicação sociológica e psicológica é válida para a gênese do mundo estimativo, mas não para sua validade intrínseca. Por que os valores obrigam? Valerão apenas pelo fato de serem revelados pela consciência total? Mas, quem nos garante que, em dados momentos da História, o partidário do valor autêntico não seja aquele que se divorcia das médias estimativas dominantes e se contrapõe, heroicamente, ao comumente consagrado como concreção do valor mais alto? A História está aí para demonstrar-nos que mártires e heróis revelam, muitas vezes, num ato singular, um valor contestado pela sociedade inteira, e que é só o decurso do tempo que logra desvelar o seu significado altíssimo, arrancando os véus dos preconceitos e da rotina.

A opinião da maioria não traduz, de forma alguma, a certeza ou a verdade no mundo das estimativas. Poderá ser indício de verdade ou de validade, como já Santo Tomás de Aquino o observara, a propósito do problema do bem, ao dizer que se pode esperar que o bem seja aquilo

---

6. Cf. DURKHEIM, *Le Suicide,* Paris, 1897.

198   MIGUEL REALE

que acontece mais freqüentemente... Mas, o acontecer com freqüência é apenas indício, que poderá ser contrariado no decurso da História. Daí a idealização que Durkheim fez da consciência coletiva para conciliar o mundo do *ser* com o do *dever ser,* passando do campo da Sociologia para o da Filosofia Social[7].

Ontologismo Axiológico

87. Em virtude dessa e de outras dificuldades que se opõem a qualquer explicação puramente empírica do problema dos valores, surgiram duas outras grandes correntes, que hoje preponderam nos domínios da Axiologia.

A primeira atitude é a do chamado *ontologismo axiológico,* que conta com vários representantes, sobretudo com dois grandes éticos contemporâneos, que são Max Scheler e Nicolai Hartmann, o primeiro de posição menos extremada quanto à "objetividade" dos valores.

Max Scheler, falecido em 1928, é autor de uma obra à qual já fizemos referência, e que representa uma crítica admirável do formalismo ético de Kant para a elaboração de uma ética material de valores. Seu livro fundamental intitula-se *O Formalismo na Ética e Uma Ética Material de Valores* (1913-16), no qual foram lançadas com maestria as bases de uma Ética de conteúdo, a Ética de conteúdo estimativo ou axiológico.

Nicolai Hartmann é autor de duas outras obras básicas no pensamento contemporâneo: — *Os Princípios de Uma Metafísica do Conhecimento* (1921) e *Ética (*1926). É exatamente neste último livro, cujo texto pode ser encontrado também em tradução inglesa, que Nicolai Hartmann desenvolve a idéia de Scheler e as próprias, mas no sentido de rigoroso *ontologismo axiológico*[8]. De certa maneira podemos dizer que se volta no

---

7. Sobre esses pontos, cf. MIGUEL REALE, *Fundamentos do Direito,* 2ª ed., São Paulo, 1972, págs. 59 e segs. No mesmo sentido a crítica de MORRIS GINSBERG, *On the Diversity of Morals,* Londres-Toronto, 1956, págs. 51 e segs.

8. Cf. N. HARTIMANN, *Ethics,* trad. de J. H. Muirhead, Londres, 2ª ed., 1950. Cf., também, *Ontologia,* cit. e *Il problema dell'essere spirituale,* trad. de Alfredo Marini, Florença, 1971.

FILOSOFIA DO DIREITO

campo dos valores à posição platônica. Segundo Scheler e Hartmann, os valores não resultam de nossos desejos, nem são projeção de nossas inclinações psíquicas ou do fato social, mas algo que se põe antes do conhecimento ou da conduta humana, embora podendo ser razão dessa conduta. Os valores representam um ideal em si e de per si, com uma consistência própria, de maneira que não seriam projetados ou constituídos pelo homem na História, mas "descobertos" pelo homem através da História.

A História seria a descoberta incessante desse mundo ideal ou modelo, não se podendo confundir a teoria pura dos valores com um sistema de preferências estimativas. A concepção de idéias-modelo, de arquétipos marcando o processar-se da História humana, ressurge, assim, dando uma atualidade ao idealismo platônico, de certa maneira inédita. Os valores seriam objetos ideais ou a eles correspondentes em sua "irrealidade", anteriores a qualquer processo histórico, porque eternos. A História marcaria uma tentativa incessante de atingir esse mundo transcendente *(an sich seiendes,* como diz Hartmann), através de intuições, que seriam as únicas vias de acesso até as realidades estimativas.

Segundo Hartmann e Scheler, é graças à intuição que podemos penetrar no mundo dos valores. Os valores só podem ser captados por um contacto direto do espírito, quer emocionalmente, segundo Scheler, quer emocional e eideticamente, segundo Hartmann.

Este segundo pensador leva tão longe a separação entre o mundo dos valores e o mundo histórico que chega a dizer que só podemos captar os valores na sua singularidade, porque eles não se comunicam uns com os outros, nem tornam possível qualquer processo. O seu objetivismo culmina, pois, em um verdadeiro *ontologismo axiológico.* Na teoria de Hartmann, os valores representam um mundo subsistente e cerrado em si mesmo, com todas as características de uma realidade ontológica.

Estas doutrinas, que encontram seguidores entusiastas no campo da Filosofia Jurídica, notadamente na cultura hispano-americana, estabelecem, a nosso ver, uma separação entre o problema do valor e o da história, ficando esta vazia de sentido[9]. A explicação que nos parece mais

---

9. Para maiores desenvolvimentos, v. *infra,* cap. XXXV e respectiva bibliografia. Cf., outrossim, nosso estudo "Política e Direito na doutrina de Nicolai Hartmann", na *Revista Brasileira de Filosofia,* vol. XXVI, fasc. 101, janeiro/março de 1976, págs. 3 e segs.

MIGUEL REALE

plausível da experiência dos valores e de sua obrigatoriedade, é-nos dada por várias teorias, cujas teses fundamentais reunimos sob a denominação genérica de doutrinas *histórico-culturais.*

Teoria Histórico-Cultural dos Valores

88. As correntes histórico-culturais não desconhecem, em primeiro lugar, as contribuições preciosas, tanto da Psicologia como da Sociologia nesta matéria, mas procuram resolver as dificuldades de ordem lógica e filosófica encontradas na crítica da posição puramente empírica.

Não é demais esclarecer, desde logo, que sob a rubrica genérica de "doutrinas histórico-culturais" enfeixamos várias tendências, como, por exemplo, a de tipo hegeliano, a de tipo diltheyano ou a de inspiração heideggeriana ou marxista, para não lembrarmos senão algumas das orientações de maior projeção em nossos dias. O que as unifica é a convicção da impossibilidade de compreender-se o problema do valor fora do âmbito da História, entendida esta como realização de valores ou como projeção do espírito sobre a natureza, visto dever-se procurar a universalidade do ideal ético com base na experiência histórica e não com abstração dela.

O problema fundamental será melhor examinado dentro em pouco, a propósito do conceito de *cultura,* mas o fulcro da doutrina é dado pela idéia de que o homem é o único ser capaz de inovar ou de instaurar algo de novo no processo dos fenômenos naturais, dando nascimento a um mundo que é, de certo modo, a sua imagem na totalidade do tempo vivido. Poderíamos lembrar aqui a fórmula de Louis Lavelle segundo a qual *"o ato pelo qual o eu assume o seu ser próprio é que funda o valor* de si mesmo, e, concomitantemente, de todos os objetos a que se aplica, de todos os fins que se propõe atingir"[10].

Acrescenta o mesmo pensador francês que, por outro lado, a autoconsciência fundante do valor não implica o seu insulamento, mas ao contrário, exige a sua participação e inserção no *todo,* até ao ponto de

---

10. LAVELLE, *Traité des Valeurs,* Paris, 1951, t. I, págs. 299 e segs.

FILOSOFIA DO DIREITO

poder-se dizer que "é na relação do eu com o todo que reside a origem mesma do valor".

Se a natureza, como natureza, obedece a leis de uma previsão pelo menos estatística, e se os fatos naturais marcam um nexo de causa a efeito ou de funcionalidade, segundo o princípio de que nada acontece que não seja através de uma transformação do já existente, que nada cria de novo, porque tudo, de certa maneira, se repete, já o espírito representa a inserção de algo de contingente na natureza, e ao mesmo tempo de vinculante do particular em uma compreensão de totalidade.

Já foi dito muito bem que a natureza se repete e que *só o homem inova e se transcende.* É a essa atividade inovadora, capaz de instaurar formas novas de ser e de viver, que chamamos de espírito[11]. O ponto de partida não é, como se vê, uma hipótese artificial, mas a verificação irrecusável de que o homem adicionou e continua adicionando algo ao meramente dado. A natureza de hoje não é a mesma de um, dois, ou três mil anos atrás, porque o mundo circundante foi adaptado à feição do homem. O homem, servindo-se das leis naturais, que são instrumentos ideais, erigiu um segundo mundo sobre o mundo dado: é o *mundo histórico,* o mundo cultural, só possível por ser o homem um *ser espiritual,* isto é, um ente *livre* dotado de poder de *síntese,* que lhe permite compor formas novas e estruturas inéditas, reunindo em unidades de sentido, sempre renovadas e nunca exauríveis, os elementos particulares e dispersos da experiência.

Ora, graças à verificação de tais fatos, podemos afirmar que o espírito humano se projeta sobre a natureza, conferindo-lhe dimensão nova. Esta dimensão nova são *valores,* como a fonte de que promanam.

O valor, portanto, não é projeção da consciência individual, empírica e isolada, mas do espírito mesmo, em sua universalidade, enquanto se realiza e se projeta para fora, como consciência histórica, no *processo dialógico da história* que traduz a interação das consciências individuais, em um todo de superações sucessivas.

---

11. "O valor", diz LAVELLE, "não pode proceder senão de uma atividade que, fundando se a si mesma, funda ao mesmo tempo o seu próprio valor e o valor de todas as coisas; de uma atividade que se engendra a si mesma e que, ao fazê-lo, engendra as suas próprias razões; ora, essa é precisamente a definição de espírito", *op. cit.,* t. I, pág. 315.

MIGUEL REALE

Que é que move o espírito nessa *realização histórica,* que não pertence a fulano ou a beltrano, mas à totalidade da espécie humana, em sua universalidade? Que move o homem nesse projetar-se histórico? Na resposta, divergem as diferentes doutrinas. Dirão uns que são tendências profundamente éticas, outros que é o anseio de liberdade, outros ainda que nos determinam necessidades econômicas inelutáveis no sentido do progressivo domínio sobre a natureza.

Diferentes teorias surgem, desse modo, mas todas reconhecem existir a possibilidade da transformação da natureza como natureza, em virtude, a nosso ver, de algo próprio somente do homem e que é capaz de subordinar a natureza aos fins específicos do homem: *o poder nomotético do espírito*[12].

O elemento de força, de domínio ou de preponderância dos elementos axiológicos ou dos valores resultaria, portanto, dessa tomada de consciência do espírito perante si mesmo, através de suas obras: *os valores, em última análise, obrigam, porque representam o homem mesmo, como autoconsciência espiritual;* e constituem-se na História e pela História porque esta é, no fundo, o reencontro do espírito consigo mesmo, do espírito que se realiza na experiência das gerações, nas vicissitudes do que chamamos "ciclos culturais", ou *civilizações.*

A essa projeção do espírito para fora de si, no plano da História, como História, é que Hegel denominava *espírito objetivo* — expressão que podemos conservar sem aderir aos pressupostos do filósofo germânico: é, em suma, o *mundo da cultura,* ou o mundo *histórico-cultural.*

Não basta, portanto, tecer uma explicação genérica do mundo estimativo, pois é mister procurar a razão de ser daquilo que se põe como valor, e o valor não se compreende sem referência à História.

Os valores não são, por conseguinte, objetos ideais, modelos estáticos segundo os quais iriam se desenvolvendo, de maneira reflexa, as nossas valorações, mas se inserem antes em nossa experiência histórica, irmanando-se com ela. Entre valor e realidade não há, por conseguinte, um abismo; e isto porque entre ambos existe um nexo de *polaridade* e de *implicação,* de tal modo que a História não teria sentido sem o valor:

---

12. Para maiores esclarecimentos, v. MIGUEL REALE — *Experiência* e *Cultura,* cit.

FILOSOFIA DO DIREITO

um "dado" ao qual não fosse atribuído nenhum valor, seria como que inexistente; um "valor" que jamais se convertesse em momento da realidade, seria algo de abstrato ou de quimérico. Pelas mesmas razões, o valor não se reduz ao real, nem pode coincidir *inteiramente, definitivamente,* com ele: um valor que se *realizasse integralmente,* converter-se-ia em "dado", perderia a sua essência que *é a de superar* sempre a realidade graças à qual se revela e na qual jamais se esgota.

Realizabilidade e *inexauribilidade* são, por conseguinte, outras características dos valores, quando apreciadas em seu projetar-se histórico. Como realidade e valor se implicam, sem se reduzirem um ao outro, dizemos que *o mundo da cultura obedece a um desenvolvimento dialético de complementariedade.*

À concepção especial, segundo a qual os valores não são apenas fatores *éticos* (capazes de ilustrar-nos sobre o sentido de experiência histórica do homem), mas também elementos *constitutivos* dessa mesma experiência, é que denominamos *historicismo axiológico,* cujos conceitos e exigências estão implícitos sempre nas páginas deste Curso[13].

---

13. Cf. nosso estudo "Personalismo e historicismo axiológico", na *Rev. Bras. de Filosofia,* 1955, fasc. 20, págs. 539 e segs.; *Teoria Tridimensional do Direito,* São Paulo, 1968, capítulo IV, *Lições Preliminares de Direito,* São Paulo, 1973, capítulo IV e *Experiência e Cultura,* cit.

Capítulo XIV

A Cultura e o Valor da Pessoa Humana

Objetividade e Historicidade dos Valores

89. No capítulo anterior, após a análise das explicações sociológicas dos valores, apreciamos as correntes que os estudam como entidades objetivas, culminando em um ontologismo axiológico, e concluímos reconhecendo a objetividade dos valores no mundo da cultura.

No nosso modo de ver, os valores não possuem uma existência em si, ontológica, mas se manifestam nas coisas valiosas. Trata-se de algo que se revela na experiência humana, através da História. Os valores não são uma realidade ideal que o homem contempla como se fosse um modelo definitivo, ou que só possa realizar de maneira indireta, como quem faz uma cópia. Os valores são, ao contrário, algo que o homem realiza em sua própria experiência e que vai assumindo expressões diversas e exemplares, através do tempo.

No plano da História, os valores possuem *objetividade,* porque, por mais que o homem atinja resultados e realize obras de ciência ou de arte, de bem e de beleza, jamais tais obras chegarão a exaurir a possibilidade dos valores, que representam sempre uma abertura para novas determinações do gênio inventivo e criador. Trata-se, porém, de uma *objetividade relativa,* sob o prisma ontológico, pois os valores não existem em si e de per si, mas em relação aos homens, com *referência a um sujeito,* Não se entenda, porém, que os valores só valham por se referirem a dado

FILOSOFIA DO DIREITO

sujeito empírico, posto como sua *medida* e *razão de ser*. Os valores não podem deixar de ser referidos ao homem como *sujeito universal de estimativa*, mas não se reduzem às vivências preferenciais deste ou daquele indivíduo da espécie: — referem-se ao homem que se realiza na História, ao *processus* da experiência humana de que participamos todos, conscientes ou inconscientes de sua significação universal.

Por serem referidos, por estarem sempre em *relação com* o homem, com o sujeito humano em sua universalidade, é que dizemos que a *objetividade dos valores é relativa,* que é uma objetividade *in fieri* na tela da História, mas não lhes falta *imperatividade ética,* desde que se considere a totalidade do processo estimativo que se confunde com o espírito humano, revelando-se em si mesmo e em suas obras, pois, como observa Brightman, não há valores que possam ser apreciados plenamente sem se levar em conta todos os demais, a experiência pessoal e a coletiva.

É claro que da compreensão dos elementos axiológicos, em sua compenetração total, passa-se necessariamente para a Metafísica, que, como cosmovisão, condiciona as experiências valorativas. A Axiologia, como tal, não pode ir além dessa referência ao plano metafísico, onde não poderia subsistir a distinção ontognoseológica entre *ser* e *dever ser,* por se colocar, em toda a sua plenitude, o problema do ser enquanto ser. Por outro lado, o homem como único ente, que só pode *ser* enquanto realiza seu *dever ser,* revela-se como "pessoa" ou unidade espiritual, sendo a fonte, a base de toda a Axiologia, e de todo processo cultural, pois *pessoa* não é senão o espírito na autoconsciência de seu pôr-se constitutivamente como valor[1].

Os psicólogos e sociólogos mostram bem como surgem os valores, qual a sua gênese e como se traduzem no plano da consciência individual, assim como naquilo que podemos chamar de consciência social.

---

1. "Só as *pessoas,* afirma SCHELER, podem ser (originariamente) boas ou más; e tudo o mais é bom e mau unicamente em *relação com as pessoas."(Ética,* trad. cit., vol. I, pág. 127.)

Sobre o conceito de pessoa na Antropologia Filosófica, v. MIGUEL REALE — *Der Selbstverständnis des heutigen Menschen aus der Sicht eines unterentwickelten Landes,* na Coletânea *Menschliche Existenz und Moderne Welt,* organizada por RICHARD SCHWARZ, II Parte, Berlim. 1967, págs. 180 e segs., e o Capítulo VII de *Experiência e Cultura,* cit., especialmente págs. 188 e segs.

Importa, porém, saber por qual motivo o que surge no plano da consciência individual e coletiva está em condições de entrelaçar o homem, vinculando-o a uma direção ou a um fim como *"motivo de conduta"*. Somente superando o elemento propriamente empírico é que podemos ver a razão da obrigatoriedade dos valores, impondo-se como única via a análise da essência do homem.

O homem é o valor fundamental, algo que vale por si mesmo, identificando-se seu ser com a sua valia. De todos os seres, só o homem é capaz de valores, e as ciências do homem são inseparáveis de estimativas.

Um cientista, como o químico ou o físico, ao realizar uma experiência, não indaga do sentido ou do significado axiológico daquilo que se processa diante de seus olhos, mas procura apenas descrever o fenômeno em suas relações objetivas, embora esteja condicionado por modos de perceber ou teorias que implicam valorações. Um estudioso do mundo físico-natural não toma posição, positiva ou negativa, *perante* o fato, porque é seu propósito captá-lo em sua objetividade. Quando, porém, o homem, perante os fatos, *toma uma posição,* estima o mesmo fato e o situa em uma totalidade de significados, dizemos que surge propriamente o fenômeno da *compreensão.* Não se trata de explicar o fenômeno nos seus nexos causais, mas de compreendê-lo naquilo que esse fato, esse fenômeno "significa" para a existência do homem: *o ato de valorar é componente intrínseco do ato de conhecer.*

Quando, em suma, o homem toma uma atitude perante o fato e o insere no processo de sua existência, surge o problema do valor, como critério de compreensão. Renova-se, a esta altura, a distinção já apontada entre *explicar* e *compreender,* entre a *explicação* daquilo que já é dado e que apenas se procura captar e descrever tal como é, e a *compreensão* de algo na medida em que se integra em uma totalidade de significados, *tal como deve ser* (cf. págs. 239 e segs.).

O problema dos valores, portanto, é problema de compreensão e não de explicação. Só o homem tem esta possibilidade de integrar as coisas e os fenômenos no significado de sua própria existência, dando-lhes assim uma dimensão ou qualidade que em si mesmos não possuem, senão de maneira virtual.

FILOSOFIA DO DIREITO

O mesmo homem pode realizar duas pesquisas distintas, uma, cujo conteúdo essencial não é uma valoração; e uma outra que tem o valor como seu principal objetivo. Daí os dois já apontados tipos de ciências, as *físico-matemáticas* e as *culturais:* se ambas pressupõem atitudes axiológicas, só as segundas convertem o valor em conteúdo de seus enunciados[2].

A Pessoa como Valor Fonte

90. Quando se estuda o problema do valor, devemos partir daquilo que significa o próprio homem. Já dissemos que o homem é o único ser capaz de valores. Poderíamos dizer, também, que *o ser do homem é o seu dever ser.* O homem não é uma simples entidade psicofísica ou biológica, redutível a um conjunto de fatos explicáveis pela Psicologia, pela Física, pela Anatomia, pela Biologia. No homem existe algo que representa uma possibilidade de inovação e de superamento. A natureza sempre se repete, segundo a fórmula de todos conhecida, segundo a qual tudo se transforma e nada se cria. Mas o homem representa algo que é um acréscimo à natureza, a sua *capacidade de síntese,* tanto no ato instaurador de novos objetos do conhecimento, como no ato constitutivo de novas formas de vida. O que denominamos *poder nomotético* do espírito consiste em sua faculdade de outorgar sentido aos atos e às coisas, faculdade essa de *natureza simbolizante,* a começar pela instauração *radical da linguagem.*

No centro de nossa concepção axiológica situa-se, pois, a idéia do homem como ente que, a um só tempo, *é* e *deve ser,* tendo consciência dessa dignidade. É dessa autoconsciência que nasce a idéia de *pessoa,* segundo a qual não se é homem pelo mero fato de existir, mas pelo significado ou sentido da existência. Quando apreciamos o problema do homem, toda Ontologia se resolve em Axiologia, abrindo-se as perspectivas da Metafísica. Em verdade, é só do homem que sabemos que *é* e,

---

2. Como se vê, não nos parece certo afirmar que só a Filosofia implique uma "tomada de posição" de natureza axiológica, pois é esta uma condição inevitável em toda forma de conhecimento. Quanto à tese que reduz todas as ciências, singela e indistintamente, a meras "tomadas de posse" da realidade, v. NORBERTO BOBBIO, *Teoria della Scienza Giuridica,* Turim, 1950.

208 MIGUEL REALE

ao mesmo tempo, *deve ser,* mas é admissível que a mesma questão seja proposta com relação à totalidade dos seres, donde a especulação inevitável sobre o sentido do ser enquanto tal. Esta ordem de problemas desenvolve-se, porém, no piano metafísico, podendo apenas ser "pressuposta" ou "conjeturada" no momento da pesquisa puramente ontognoseológica[3].

Repetimos que basta confrontar o que nos cerca, para impor-se a nosso espírito a certeza de que a natureza é transformada pelo homem para satisfação de seus fins. Sobre uma ordem de coisas naturalmente dadas, o homem constitui um segundo mundo, que é o mundo da cultura. Comparando o mundo primitivo com o de nossos dias, imediatamente se verifica que a espécie humana, valendo-se dos conhecimentos obtidos na ordem do *ser,* dos nexos causais que ligam os fenômenos, pôde subordinar conhecimentos neutros a fins que não estavam nos fenômenos explicados: é que o homem soube compreendê-los e integrá-los em sua existência, como inovador da natureza. Só o homem é um ser que inova, e é por isso que somente ele é capaz de valorar. No fundo, chegaremos à conclusão de que o problema do valor reduz-se à própria espiritualidade humana. *Há possibilidade de valores porque quem diz homem diz liberdade espiritual, possibilidade de escolha constitutiva de bens, poder nomotético de síntese com liberdade e autoconsciência.*

O psicólogo poderá instruir-nos sobre a gênese e o desenvolvimento das experiências axiológicas, mas caberá ao filósofo integrar o processo psíquico e a explicação de ordem conscienciológica em uma compreensão total que ligará o problema do valor à fonte de que emana. O valor

---

3. Note-se, para evitar equívocos, que, do ponto de vista em que aqui nos situamos, que é o ontognoseológico, não cabe examinar o problema das relações todas entre ser e *valor,* e da possibilidade de reduzir-se este àquele. Ontognoseologicamente, "valor" contrapõe-se a "ser", tomado este termo como "dado", ou como "realidade fática". A análise de outros aspectos da correlação "ser" — "valor" cabe propriamente à Metafísica.

Se *tudo que é deve ser,* de tal modo que o valor possa ser visto como a raiz mesma do *ser,* eis uma questão que ultrapassa os limites da Ontognoseologia, nos quais se enquadram as páginas deste Curso. É a mesma razão pela qual nos limitamos a afirmar a natureza *dialética* do mundo da cultura, isto é, do mundo que reflete a polaridade e a implicação *ser-dever ser* do homem, deixando de considerar o problema mais vasto da *dialeticidade do ser,* ou, por outras palavras, o caráter dialético de quanto se processa tanto no plano da natureza como no da História.

FILOSOFIA DO DIREITO

é dimensão do espírito humano, enquanto este se projeta sobre a natureza e a integra em seu processo, segundo direções inéditas que a liberdade propicia e atualiza.

Se examinarmos os acontecimentos históricos, verificaremos que compõem uma experiência feliz ou malograda nas conjunturas do tempo, com vitórias e com desenganos, mas sempre no propósito de dominar a natureza e de estabelecer formas de convivência, segundo uma paz ordenada. Tudo aquilo que o espírito humano projeta fora de si, modelando a natureza à sua imagem, é que vem a formar paulatinamente o cabedal da cultura. O problema do valor leva-nos, portanto, diretamente aos domínios da cultura. Não compreendemos, pois, teoria do valor como algo de formalmente lógico e de esquemático, quase como modelo espectral, mas, ao contrário, só admitimos uma teoria do valor inserida no processo histórico, como momento ou expressão da experiência humana através dos tempos, traduzindo o ser mesmo do homem em toda a sua imprevista atualidade criadora.

O homem, cujo *ser* é o seu *dever ser*, construiu o mundo da cultura à sua imagem e semelhança, razão pela qual todo bem cultural só *é* enquanto *deve ser*, e a "intencionalidade da consciência" se projeta e se revela como intencionalidade transcendental na história das civilizações, isto é, como *invariante axiológica* fundamental.

90-A. Contra esta nossa tese de que a pessoa é o valor-fonte de todos os valores, foi-nos objetado que a pessoa é uma categoria histórica, ou seja, uma conquista da obra civilizadora da espécie humana e que, consoante conhecida afirmação de Durkheim, "essa auréola de santidade da qual está hoje investida a pessoa humana é de origem social", devendo-se à evolução histórica a consciência social do valor da personalidade[4].

Não contestamos, evidentemente, esse dado histórico, mas não nos parece lícito confundir o aspecto genético com o aspecto *lógico* da questão. A idéia de sociedade, longe de constituir um valor originário e supremo, acha-se condicionada pela *sociabilidade do homem,* isto é, por algo inerente a todo ser humano e que é a "condição de possibilidade"

---

4. V. Durkheim, *Jugéments de Valeurs et Jugément de Realité, loc. cit.*

da vida de relação. O fato de o homem só vir a adquirir consciência de sua personalidade em dado momento da vida social não elide a verdade de que o "social" já estava originariamente no ser mesmo do homem, no caráter bilateral de toda atividade espiritual: a tomada de consciência do valor da personalidade é uma expressão histórica de atualização do ser do homem como ser social, uma projeção temporal, em suma, de algo que não teria se convertido em experiência social se não fosse intrínseco ao homem a *"condição transcendental de ser pessoa"*.

Entre pessoa e sociedade há, pois, uma correlação primordial, um vínculo de implicação e polaridade, de tal sorte que o homem vale como homem *na* sociedade, ainda que só milênios após tenha podido atingir a consciência de sua individualidade ética e de sua co-participação a uma "comunidade de pessoas".

A sociedade é essencial à "emergência dos valores", como diz Cuvillier[5], mas essa emergência é condicionada pelo valor transcendental e intrínseco do homem como tal.

Por outro lado, a pessoa, como autoconsciência espiritual, é o valor que dá sentido a todo evolver histórico, ou seja, o valor a cuja atualização tendem os renovados esforços do homem em sua faina civilizadora. Como expomos mais longamente em *Experiência e Cultura,* se surgem sempre novos valores, não é menos certo que certos valores — como o da vida humana e, mais recentemente, o da ecologia —, uma vez revelados à consciência humana, tornam-se *invariantes axiológicas,* atuando universalmente "como se" fossem inatos.

---

5. "A sociedade não é a fonte dos valores: é a fonte de *emergência* dos valores e de sua manifestação à consciência." *(Manuel de Sociologie,* Paris, 1950, II, pág. 526.)

Título IV

Ética e Teoria da Cultura

Capítulo XV

Cultura, Espírito e Liberdade

Criação e Tutela de Bens

91. O conceito de "cultura" adquiriu um conteúdo denso e preciso graças às especulações da Filosofia mais recente, do século passado e do nosso, especialmente na literatura alemã, onde houve o cuidado preliminar de situar-se o problema no plano filosófico, indagando-se de suas conexões com a Antropologia filosófica, com a Teleologia e com a História. Evitou-se, desse modo, uma acessível, mas precária, explicação empírica do mundo da cultura, com a qual se satisfazem certos sociólogos e economistas.

A palavra, na sua raiz, é limpidamente latina, pois já os romanos faziam distinção entre *cultura animi* e *cultura agri*. A agricultura era apreciada em seu valor humano, mas sem se confundir com a outra espécie de cultura, a cultura do espírito. Ambas são expressões de cultura. O homem realiza cultura, tanto quando lança uma semente à terra, como quando cria por si mesmo uma expressão de beleza. Tudo aquilo que o homem realiza na História, na objetividade de fins especificamente humanos, nós denominamos cultura.

A cultura, portanto, poderia ser compreendida da seguinte forma: — *é o cabedal de bens objetivados pelo espírito humano, na realização de seus fins específicos,* ou, com palavras de Simmel; — *"provisão de espiritualidade objetivada pela espécie humana no decurso da História".*

De certo modo, podemos dizer que a *cultura* é o correlato da *consciência*. Esta é sempre "consciência de algo", donde a tese husserliana

214   MIGUEL REALE

sobre a *intencionalidade* como seu fulcro e essência. Ora, a cultura pode ser vista como projeção histórica da consciência intencional, isto é, como *o mundo das intencionalidades objetivadas no tempo historicamente vivido.*

É necessário esclarecer que não são apenas as coisas materiais e tangíveis que compõem o mundo da cultura, mas também os conhecimentos lógicos que se adquirem a respeito dos homens e das coisas e as atitudes ou formas de comportamento social. Tanto compõe a cultura uma estante como um teorema de Pitágoras, um quadro de Rafael ou uma estátua de Donatello. Há, portanto, tantas formas *e* expressões de cultura quantos os valores que nesses bens se traduzem ou se expressam, significando uma integração do dado da natureza no *processus* da existência humana.

O ponto que não devemos olvidar é o que nas páginas anteriores se fixou: a cultura encontra no espírito a sua fonte primordial, revelando-se através da História em múltiplas manifestações. Diremos, recorrendo a símile imperfeito, que a cultura está para o espírito como as águas de um rio estão para as fontes de que promanam. Não se pode compreender um curso fluvial sem suas nascentes, embora ele não se confunda com seus mananciais, e estes condicionem, em jacto perene, a perenidade do mesmo rio. Diríamos, igualmente, que o espírito humano, na sua universalidade, revelada pelos indivíduos que compõem a espécie, possibilita uma série de realizações e de atos exteriores, em virtude dos quais podemos penetrar naquilo que há de essencial no homem. Podemos e devemos examinar o homem, não só em sua individualidade biopsíquica e em sua estrutura moral, mas também naquilo em que ele se reflete, ou seja, em suas produções e em suas obras. Há, portanto, uma ligação fundamental e essencial entre *Axiologia,* ou Teoria do Valor, e *História;* entre *História* e *Cultura.*

Pensemos agora no que representa o direito, não apenas como ciência, mas sobretudo como experiência histórica. A Ciência Jurídica, apareceu depois, como interpretação lógico-formal e normativa de uma sociedade que até então vivera o direito sem o teorizar.

A experiência jurídica é algo que antecede à respectiva consciência científica. Que é a experiência jurídica senão uma forma de experiência cultural, um instrumento de *civilização?*

FILOSOFIA DO DIREITO

O homem não é apenas um realizador de interesses, de coisas valiosas, ou de "bens", porque é também um ser que sente indeclinável necessidade de proteger o que cria, de tutelar as coisas realizadas e de garantir para si mesmo, acima de tudo, a possibilidade de criar livremente coisas novas.

92. O direito marca e reflete essas tendências ou inclinações fundamentais do espírito, na tutela e na realização de valores, razão pela qual a História do Direito revela sempre, como já dissemos alhures, uma tensão íntima entre o movimento para o futuro (amor de novos bens) e a estabilidade e a tradição (amor de bens adquiridos).

A experiência jurídica representa a especificação de uma forma de tutela ou de garantia social do que é valioso. E se dissermos que nada é tão valioso como a *possibilidade de realizar livremente novos bens valiosos,* compreenderemos que o problema da *liberdade* se põe no âmago da experiência do direito, como de toda a experiência ética, pela razão fundamental de ser a liberdade a raiz mesma do espírito.

Consoante observação de Wilhelm Windelband (1848-1915) só é possível falar de preceito, ou de norma de conduta e de sua vigência, admitindo-se que existe no homem um poder capaz de saltar por cima das funções naturalmente necessárias da vida psíquica, possibilitando o cumprimento da prescrição normativa: esse poder é a *liberdade,* domínio do homem sobre sua consciência, *"a determinação da consciência empírica pela consciência normativa"*[1]. Donde pode dizer-se que a Ética é a realização da liberdade, e que o Direito, momento essencial do processo ético, representa a sua garantia específica, tal como vem sendo modelado através das idades, em seu destino próprio de compor em harmonia, liberdade, normatividade e poder.

Como se vê, a concepção do direito como experiência histórico-cultural abre perspectivas renovadoras para a Ciência Jurídica, inclusive porque nos dá consciência de que o direito não é um presente, uma dádiva, algo de gracioso que o homem tenha recebido em determinado

---

1. WINDELBAND, *Prelúdios Filosóficos,* trad. de W. Roces, Buenos Aires, 1949, págs. 257 e segs. Cf. MIGUEL REALE, *Pluralismo e Liberdade,* cit., págs. 31 e seg. e *Lições Preliminares de Direito,* São Paulo, 1973.

216 MIGUEL REALE

momento da História, mas, ao contrário, o fruto maduro de sua experiência multimilenar. É como experiência histórica que se explica e se modela a experiência jurídica, revelando-se como fenômeno universal essencialmente ligado à atividade perene do espírito[2].

Dizia Hegel que o direito é a expressão do espírito objetivo, e esta frase, que se prestou a tantas interpretações ambíguas e tendenciosas, alberga muito de verdadeiro, se lograrmos penetrar em seu significado autêntico. Preferimos dizer que o direito é expressão do *espírito objetivante,* do espírito que toma consciência de si mesmo enquanto se realiza no plano da natureza, afeiçoando a natureza à sua imagem.

Eis aí por que motivo a concepção culturalista do direito deve ser *concepção humanista* do direito. Partimos dessa idéia, a nosso ver básica, de que a *pessoa humana é o valor-fonte de todos os valores.* O homem, como ser natural biopsíquico, é apenas um indivíduo entre outros indivíduos, um ente animal entre os demais da mesma espécie. O homem, considerado na sua objetividade espiritual, enquanto ser que só se realiza no sentido de seu dever ser, é o que chamamos de *pessoa.* Só o homem possui a *dignidade originária de ser enquanto deve ser,* pondo-se essencialmente como razão determinante do processo histórico.

---

2. O culturalismo jurídico tem velhas raízes no pensamento brasileiro. Basta lembrar Tobias Barreto e Sílvio Romero. Ao primeiro, nos quadros de seu monismo-teleológico, com que pretendeu conciliar Kant e Haeckel com apoio em Noiré, Jhering e Herman Post, devemos interessantes considerações sobre a "antítese" (sic) entre a natureza e a cultura, assim como quanto ao Direito como "produto histórico, um produto cultural da humanidade". "No imenso mecanismo humano", escreveu ele, em 1882, "o Direito figura também, por assim dizer, como uma das peças de *torcer* e *ajeitar,* em proveito da sociedade, o homem da natureza." (Cf. Questões Vigentes, in *Obras Completas,* ed. do Estado de Sergipe, vol. IX, págs. 54 e segs. e 159 e segs.: Sílvio Romero, *Ensaio de Filosofia do Direito,* 2ª ed. págs. 250 e segs.) Sobre esta matéria, v. Miguel Reale, O Culturalismo na Escola do Recife, *in Anais do I Congresso Brasileiro de Filosofia,* vol. I, págs. 209 e segs., depois inserto em *Horizontes do Direito e da História,* 2ª ed., São Paulo, 1977, cit., e *Doutrina de Kant no Brasil,* São Paulo, 1949, I Ensaio, e Antonio Paim, *História das Idéias Filosóficas no Brasil,* São Paulo, 1967, págs. 152 e segs.

Também atualmente podemos lembrar vários juristas integrados na compreensão cultural do Direito e do Estado, com esta ou aquela outra tendência, como, por exemplo, Oliveira Viana, *Instituições Políticas Brasileiras,* Rio, 1949, Pinto Ferreira, *Princípios Gerais do Direito Constitucional Moderno,* Recife, 1947, e Machado Neto, *op. cit.*

FILOSOFIA DO DIREITO

A idéia de valor, para nós, encontra na pessoa humana a sua origem primeira, como valor-fonte de todo o mundo das estimativas, ou mundo histórico-cultural.

Quanto Kant dizia: — "Sê uma pessoa e respeita os demais como pessoas" —, dando ao mandamento a força de um imperativo categórico, de máxima fundamental de sua Ética, estava reconhecendo na pessoa o valor por excelência. É nesse sentido que podemos concordar com Francisco Romero, quando diz que "ser é transcender".

De maneira que poderíamos acrescentar que, quando o homem se põe a estudar a *cultura,* não faz senão estudar a si mesmo, na riqueza imprevisível de suas energias criadoras, como se o espírito se reencontrasse ou se reconhecesse espelhando-se nos feitos da História.

Quando verificamos a existência de valores na História, a objetividade desses valores implica um *dever,* porque *estamos, no fundo, obedecendo a nós mesmos, em nosso significado universal de homens.* O dever ser dos valores vem daí, da fonte de que eles promanam.

93. A cultura é um patrimônio de bens que o homem acumula através da História, mas não é apenas um cabedal de bens. O ser humano por si mesmo burila-se ou aprimora-se em seus atos mais naturais. Cremos que o homem assinala um processo de aprimoramento crescente através das idades. O homem civilizado, o homem culto, reveste-se de certa "dignidade" ao realizar os atos mais naturais da vida, enriquecido de algo denunciador de aperfeiçoamento no seio da espécie, em contraste com a rude animalidade do homem primitivo. Temos, assim, de chegar à convicção de que não é cultura apenas o produto da atividade do homem, porque também é *cultura a atividade mesma do homem enquanto subordinada a regras.* A maneira de ser, de viver, de comportar-se, em uma palavra, a *conduta social* é um dos elementos componentes da cultura, como é cultura um utensílio culinário ou um avião de bombardeio.

O mundo dos valores e da cultura tem sido preocupação dos mais diferentes pensadores, desde o início das cogitações filosóficas, embora se não empregassem os mesmos termos. Não resta dúvida, porém, que foi a partir da segunda metade do século passado que se adquiriu plena consciência desse mundo, considerado suscetível da perquirição cientí-

218   MIGUEL REALE

fica, segundo um sistema de categorias próprias. Devemos, por certo, a Giambattista Vico (1668-1744) a primeira visão autônoma do "mundo histórico", genialmente projetada no livro que recebeu este expressivo título: — *Princípios de Uma Ciência Nova.* É dele que provém a grande corrente em que brilham os nomes de Herder, Hegel, Nietzsche, Dilthey, Rickert, Simmel, Scheler, N. Hartmann e Spranger[3].

É preciso, desde logo, distinguir entre o conceito sociológico e o filosófico de cultura. Antes de fazer tal distinção, desejamos chamar a atenção para não se confundir a palavra *cultura* no seu sentido corrente com o termo *cultura* que estamos empregando em sentido filosófico. Cultura, no sentido comum, traduz uma absorção pessoal de conhecimentos e o aprimoramento do espírito em razão dos conhecimentos adquiridos. Note-se que não reduzimos a cultura a uma soma de conhecimentos, pois, como adverte Ionesco, com sutileza, ela é antes "aquilo que resta, quando se esqueceu de tudo" ou, como escrevo em *Experiência e Cultura,* é "o que nos resta quando se retiram os andaimes da erudição". O simples erudito acumula conhecimentos, mas não aprimora o espírito em razão do que aprende. Poder-se-ia dizer que ele permanece "estranho" ao que sabe, com ciência, mas sem sabedoria. No homem culto, ao contrário, os conhecimentos transformam-se em razão de vida, em dimensão de seu próprio ser. O erudito geralmente é um homem árido, enquanto que o homem culto se mostra aberto a todas as palpitações da vida. A cultura no sentido comum, porém, não se confunde com a palavra *cultura* na acepção especial que estamos aqui examinando, embora entre os dois significados haja natural correlação.

Estrutura dos Bens Culturais

94. Para compreender-se claramente o que seja o conceito filosófico de cultura, para ver como é insuficiente o seu conceito sociológico ou antropológico, devemos partir da observação de que a cultura é um sistema ou um conjunto de *bens culturais.* Que é que constitui ou forma um *bem cultural?* O bem cultural apresenta sempre dois elementos: — ao primeiro chamaremos de "suporte", e ao segundo de "significado", sendo do este a expressão particular de um ou mais valores.

---

3.   Cf. *infra,* cap. XVIII e MIGUEL REALE, *Experiência e Cultura,* cit.

FILOSOFIA DO DIREITO

Alguns exemplos simples bastam para demonstrar este fato. Tome-se uma estátua, que pode ser de bronze, de granito, ou de mármore. A matéria representa o suporte de um significado de beleza. Que é que importa em uma estátua? Depende. Há certas estátuas cujo valor único assenta no material de que são feitas... Em uma realização autêntica de valor, o que sobreleva, no entanto, é o seu significado. O que interessa, o que vale em uma estátua é a sua *forma,* que traduz uma expressão de beleza, assim como em um quadro o que vale não é a tela, mas aquilo que o toque criador do artista soube projetar no mundo objetivo, tornando universal a singularidade de uma vivência, e perene o fluxo de sua experiência axiológica.

É claro que existe ligação essencial, a adequação necessária, entre o "suporte" e o "significado". Os grandes artistas, os verdadeiros mestres sentem amor pela matéria que vão trabalhar, porque, de certa maneira, preferem material que já contenha, como que adormecida, uma dada imagem de beleza. Não é invenção, mas verdade histórica, a preocupação de Miguel Ângelo de ir escolher pessoalmente os blocos de mármore, nos quais já vislumbrava, com sua imaginação criadora, as projeções estupendas do Davi ou do Moisés. Inegável a adequação, numa estátua, entre o material e o significado possível, mas, em última análise, é o significado que sobreleva e marca a razão de ser de um bem cultural. Não desprezamos, é claro, a matéria de que as coisas belas são feitas, mas sabemos que um toque genial de beleza pode eternizar o que há de mais banal e precário.

Infelizmente, nos domínios da Sociologia, ou da Antropologia, não faltam ilações ou generalizações precipitadas, pela preocupação de se querer explicar a maneira de ser, a alma de um povo, tão-somente à luz dos utensílios empregados em sua vida cotidiana, utensílios estes vistos e recebidos na materialidade natural de *suporte,* com esquecimento ou deturpação de seu *significado* ou *valia* em função de outros elementos existenciais. É que se empobrece o conceito de cultura, reduzindo-o às notas do "produzido" ou do "materialmente objetivado", olvidando-se a fonte primordial de que promanam. "Coisificam-se", desse modo, as criações do espírito, e o culturalismo se converte em uma descrição naturalística de bens, aparentemente objetiva, porque na descrição se insinua e se insere o coeficiente de preferências do observador.

220   MIGUEL REALE

O pior, porém, é quando se pretende transformar os dados da indagação sociológica em conclusões de valor filosófico, com generalizações cientificamente injustificáveis.

95. Que é que pode ser suporte de um bem cultural? Falando para estudiosos de Direito, vamos tomar um exemplo do complexo mundo jurídico. Vejamos um cheque ou uma letra de câmbio. Eis um bem cultural que tem *suporte material,* um pedaço de papel apresentando palavras e números, que nossos olhos vêem, de cuja efetividade nos certificamos. Este pedaço de papel, com o que nele está impresso, alberga um significado jurídico. Os bens jurídicos não são senão espécies de bem cultural.

Não devemos pensar que só existem *bens* econômicos. Nos estudos de Economia Política, aprende-se, por exemplo, que *bem econômico* é aquele que é capaz de satisfazer a um desejo, de atender a uma necessidade, sendo suscetível de troca ou permuta etc. Ora, o bem econômico é apenas um dos bens culturais, como o são os artísticos, os jurídicos ou os religiosos.

O *bem jurídico* pode ser, como no exemplo citado, algo de material, a que adere um significado ou um valor, assim como pode não ter suporte tão aparente, sem que isto altere a sua natureza.

Pensemos no depoimento de uma testemunha, na confissão de um réu, no ato de declaração de vontade dos nubentes. Em tais casos há um *ato psíquico* como suporte de um significado jurídico, algo que a ciência psicológica pode explicar e que contém em si um *significado* de ordem jurídica. Um fenômeno psíquico pode ser, em suma, condição do manifestar-se ou do produzir-se de um valor jurídico.

Pensar-se-á, à primeira vista, que não nos é dado ultrapassar o campo dos "objetos naturais", que podem ser ou *físicos* ou *psíquicos.* É necessário atentar, porém, àqueles bens jurídicos que apresentam como suporte *objetos ideais;* e talvez causará estranheza saber que é desses bens jurídicos que mais cuida o jurista, ao buscar na lei, não apenas os seus enlaces lógico-formais, mas o seu "espírito" e a sua projeção axiológica.

É certo que todas as normas jurídicas, como as reunidas em um Código, são material ou fisicamente representadas, mediante signos ou

FILOSOFIA DO DIREITO

símbolos verbais, mas o "juízo lógico" que a estrutura é, por sua vez, suporte de significados que transcendem evidentemente o plano lógico-formal, referindo-se à existência humana e à salvaguarda de seus valores.

A distinção entre "suporte" e "significado" não tem alcance absoluto. Assim como em plano correlato o que é *formal,* em um sentido, pode ser *material* em outro, também o que já é *significado,* pode por sua vez ser veículo de significações diversas[4].

É o que ocorre com a norma jurídica, que não é simples entidade lógico-formal, suscetível de ser concebida com total abstração de seu conteúdo de natureza axiológica. Ao contrário, além do valor lógico que lhe deve ser inerente (pois todo juízo alberga sempre uma pretensão de verdade e de certeza), o *juízo de dever ter* aponta para um valor, destina-se a promover a tutela de algo valioso, de ordem moral, econômica, estética etc.

Se todo juízo, como dissemos, implica um mínimo axiológico, que é a pretensão da verdade asseverada, assim como um mínimo ontológico, que é a referibilidade aos objetos em sua universalidade, devemos concluir que, máxime quando se trata de juízos jurídico-normativos, o nexo formal não pode ser destacado de seu conteúdo estimativo.

Donde o cuidado e o critério com que se devem desenvolver os temas de *Lógica jurídica,* cujo âmbito e pretensões não podem coincidir com os da Ciência do Direito.

A discriminação ora feita entre o *suporte lógico-ideal* da regra jurídica e o seu *significado estimativo,* não vos deve fazer olvidar que, nesta espécie de bens, suporte e significado devem se compor em complementaridade necessária, em adequação rigorosa, que bem raro é atingida, por exemplo, entre matéria e forma em uma obra de arte.

---

4. Sobre as distinções entre "signo", "expressão" e "significação" etc., v. HUSSERL, *Investigaciones Lógicas,* trad. esp., Morente-Gaos, 1929, II, cap. I, págs. 31 e segs.: "Todo signo é signo de algo; porém, nem todo signo tem uma *significação,* um 'sentido', que seja 'expresso' pelo signo. Em muitos casos não se pode nem se quer dizer que o signo 'designe' aquilo do qual é chamado signo. E ainda no caso de ser justo este modo de falar, observe-se que *designar* não vale sempre tanto como aquele *significar* que caracteriza as 'expressões'." V. mesmo volume, págs. 96 e segs.

No juízo lógico-normativo, suporte e significado estão de tal modo unidos que em geral se tem admitido apenas suportes de ordem natural, reais ou psíquicos. Nesse ponto, merece reservas o entendimento de Ernst Cassirer quando sustenta que os *objetos culturais,* tanto como quaisquer outros objetos, ocupam também seu lugar no espaço e no tempo, situam-se aqui e agora, nascem e perecem, "com a manifestação de um *sentido* que não pode ser separado do elemento *físico,* mas a ele adere e nele está encarnado"[5].

O reconhecimento da existência de bens culturais dotados de *suporte ideal,* — além dos de suportes de ordem *física* ou *psíquica,* — parece-nos essencial à compreensão daquelas formas de vida que só se realizam e se aperfeiçoam quando atingem o plano da *normatividade,* como é o caso da experiência jurídica, impensável sem *regras de direito,* isto é, sem enlaces lógicos servindo de suporte a valores ou sentidos de comportamento social reputados necessários à comunidade.

Uma lei jurídica, como objeto cultural que é, surge, não há dúvida, com a sua *vigência,* em determinado momento e em certo lugar, mas não há que confundir a sua "expressão gráfica" e a sua "historicidade" com o que é pertinente à sua estrutura, ao suporte lógico-ideal portador de um significado.

Se, como observa Cassirer, "o ideal só existe representado de algum modo material, acessível aos sentidos e encarnado nesta representação", uma relação lógico-normativa, por sua vez, pode ser suporte de algo que possui significado para além do âmbito da Lógica. Se assim não fosse, as normas jurídicas significariam sempre a mesma coisa, enquanto que a experiência está inegavelmente demonstrando que, não obstante a inalterabilidade da estrutura lógico-formal dos preceitos jurídicos, estes comportam uma variação de significados, em função da interveniência de outros preceitos ou de mutações operadas na tábua de valores vigentes em uma comunidade.

Donde poder-se concluir que o mundo do direito é constituído de três espécies de *bens jurídicos,* distintos segundo a natureza dos suportes mediante os quais se manifestam e se comunicam os valores que neles se consagram, desempenhando um papel de primeiro plano os bens ju-

---

5. E. Cassirer, *Las Ciencias de la Cultura,* México, 1951, págs. 68 e 69.

FILOSOFIA DO DIREITO

rídicos de suporte ideal, ou *normas,* que são "proposições lógicas", cuja função é enunciar um "juízo de valor". Como já dissemos, há uma correlação essencial entre o aspecto *lógico* ou proposicional de uma regra de direito, e o seu aspecto *axiológico,* referente ao conteúdo do preceito, mas, se isto põe a exigência de uma *Lógica Deôntica,* ou *Lógica do dever ser,* — cujas raízes remontam a Kelsen, — não é dito que a Ciência do Direito possa ser reduzida a uma pura investigação de ordem lógica.

Uma clara e rigorosa compreensão da natureza dos bens jurídicos, que compõem o mundo histórico-cultural do direito, desde já nos previne outras quaisquer interpretações setorizadas da vida jurídica, tal como o demonstraremos na segunda parte deste Curso.

Capítulo XVI

Ciclos de Cultura e Constelações Axiológicas

Ordenação dos Valores

96. Toda cultura é histórica e não pode ser concebida fora da história. Examinando as diferentes expressões da cultura no tempo, verificamos que elas são governadas pela apreciação dominante de um valor em relação a outros. Este fato é devido a serem os valores suscetíveis de ordenação ou de hierarquia. Enquanto que os objetos ideais não se ligam entre si por uma subordinação hierárquica, tal ligação não só é possível, como é necessária no mundo dos valores. Os valores não estão isolados uns dos outros, como sustenta N. Hartmann, mas se ordenam de forma gradativa. Podemos mesmo dizer que os valores são ou subordinantes ou subordinados, terminologia esta, no fundo correspondente àquela que distribui os valores em valores fundamentais e valores secundários.

Surge aqui, desde logo, um problema: — haverá valor subordinante absoluto, ou os valores são todos relativos a cada momento da história humana, dependendo das circunstâncias mutáveis da vida social? Já dissemos que há um valor que deve ser reputado valor fundamental ou valor-fonte, como condição que é de todos os demais valores. Trata-se daquele que chamamos "valor da pessoa humana", a cuja luz se aprecia o problema da cultura sem se cair no *transpersonalismo* que dissolve a individualidade moral no todo coletivo.

FILOSOFIA DO DIREITO

Outros acham, no entanto, que o valor fundamental não é o da pessoa humana, mas é dado, por exemplo, pelas exigências econômicas, das quais todas as outras seriam mera e simples superestruturas ou decorrência.

Outros sustentam ainda que o valor fundamental é o *da vida,* visto como nada lhes parece tão imperioso e decisivo como o amor à existência, o esforço de sobreviver, a tal ponto que o valor da vida, na plenitude de seu significado, é posto, como em Nietzsche, acima do bem e do mal.

Essa diversidade de focos ordenadores das estimativas levou Eduardo Spranger à sua conhecida correlação ou funcionalidade entre atos espirituais e valores dominantes, implicando estruturas típicas, ou "formas de vida".

Segundo o citado autor, é possível distinguir seis tipos ideais de homem, segundo os quais se podem compreender os tipos mistos da experiência histórica: o homem *teorético,* dominado pelo valor da *verdade;* o homem *econômico,* absorvido pela estimativa do *útil;* o homem *estético* atraído pelo valor do *belo;* o homem *social* conduzido pelo valor do *amor;* o homem *político* determinado pelo valor do *poder;* e, por fim, o *homem-religioso* embebido do valor do *santo*[1].

Não haveria, assim, valores fundamentais de caráter universal, mas em função de determinados tipos de polarização valorativa, correspondentes a diversas estruturas da personalidade.

Na tipologia de Spranger observa-se aquela tendência, já apontada nos valores, no sentido de subordinar tudo a si, de envolver as demais experiências estimativas na medida que é peculiar a cada um deles. Assim, o *homem econômico,* tentado pelo domínio dos bens materiais, sujeita tudo, os homens e as coisas, a exigências vitais, inclinando-se a não ver na verdade ou no belo mais do que expressões do útil ou do econômico. O mesmo dá-se com o *homem teorético,* que esvazia a existência de suas vibrações morais e estéticas, para perder-se no mundo abstrato das *leis de objetividade,* pondo a ciência no ápice da vida espiritual. Igualmente, o *homem político,* perdido nas razões inflexíveis do *poder,* sentir-se-ia acima do bem e do mal, não por desprezá-los, mas só

---

1. Cf. EDUARDO SPRANGER, *Formas de Vida,* Rev. Do Occidente, Buenos Aires, 1948.

por compreendê-los em função das necessidades inexoráveis da ordem e da autoridade. O mesmo se diga quanto aos outros *tipos* ideais de Spranger, que, considerados como esquemas abstratos de referências, iluminam as trajetórias da experiência humana, que, no entanto, jamais com elas coincide, campo paradoxalmente uno e solidário de contradições que é o homem.

Ao lado dessas e de outras doutrinas que apresentam este ou aquele outro valor como fundamental ou *valor fundante,* existem, no entanto, os que contestam a possibilidade de qualquer valor subordinante, dizendo que todos eles são relativos e que só a realidade axiológica, no seu todo e no seu processo unitário, poderia ser concebida como absoluta.

Os hegelianos ou neo-hegelianos, por exemplo, confundem o valor fundante com o seu processo total. A História realiza os valores, e a História, no seu todo, seria a própria Filosofia. Esta redução da Filosofia à História, recebida como a realização total dos valores, é encontrada em alguns pensadores contemporâneos e especialmente nos neo-hegelianos, como, por exemplo, é o caso de Benedetto Croce.

Cultura e Civilizações

97. Verdade é que através da História encontramos fases ou épocas que se distinguem por certa ordenação da vida social dos indivíduos e dos grupos, segundo uma distinta tábua de valores. Isto quer dizer que os valores são suscetíveis de uma ordenação gradual, de hierarquia. Efetivamente, há épocas em que a sociedade parece dominada pelo valor do santo ou do religioso, de maneira que em torno desse valor se ordenam todos os demais: — as ciências do verdadeiro, assim como as ciências de conduta, somente se concebem e se admitem, então, nos limites previamente traçados por aquela exigência de ordem religiosa ou transcendente. São as épocas chamadas "teocêntricas" que põem o problema religioso no centro da existência total, como aconteceu em certos momentos da Idade Média.

Outras épocas, ao contrário, são dominadas pela estimativa do econômico ou do útil, que não acaba propriamente reduzindo a verdade ao útil, mas por dar uma dimensão fortemente utilitária ao conceito de verdade. Não é segredo para ninguém que a nossa é uma época imedia-

FILOSOFIA DO DIREITO

tista e pragmática, e que vivemos, mais do que em qualquer outra, em um ambiente no qual o valor econômico polariza todos os demais.

Há, portanto, épocas distintas, segundo a forma com que se ordenam os valores, cuja visão total representa a maneira pela qual se concebe o universo e se estima a vida. Cada tábua de valores corresponde a uma concepção do universo e da vida, uma *cosmovisão* ou *Weltanschauung*.

No desenrolar do processo histórico-cultural, constituem-se determinadas unidades polivalentes, correspondentes a ciclos axiológicos distintos, como que *unidades históricas* da espécie humana no seu fluxo existencial, a que chamamos de *civilizações*. A história da cultura não é, pois, unilinear e progressiva, como se tudo estivesse de antemão disposto para gerar aquele tipo de *civilização* que vivemos ou que desejaríamos viver, mas se desdobra ou se objetiva através de múltiplos ciclos, em uma pluralidade de focos irradiantes.

Segundo Pitirim A. Sorokin, não obstante a diversidade de concepções, pode-se dizer que as filosofias sociais de nossa época acordam em alguns pontos essenciais, notadamente no reconhecimento de que "no oceano infinito dos fenômenos sócio-culturais existe uma espécie de grande entidade cultural, ou de sistema cultural, ou *civilização,* que vive e atua como uma unidade real"[2].

Surgem aqui vários problemas sobre o possível sentido dominante da História; se há efetivamente *progresso,* ou se trata de mera ilusão; se existe ou não continuidade no processo estimativo que se realiza na História; ou, se, ao contrário, cada ciclo cultural ou civilização se exaure em si mesmo, sem herança para os ciclos culturais posteriores. Esta concepção foi sustentada notadamente por Oswald Spengler, na sua obra tão discutida sobre *A Decadência do Ocidente,* na qual as civilizações são apresentadas como ciclos cerrados, onde a experiência humana sur-

---

2. Pitirim A. Sorokin, *Las Filosofías Sociales de Nuestra Época de Crisis,* trad. de E. Terron. Madri, 1954, págs. 340 e segs. Acrescenta Sorokin que os outros pontos de coincidência entre as suas teorias, por exemplo, e as de Splenger, Toynbee, Danilevsky, Berdiaeff etc. são, em resumo, os seguintes: a) o número reduzido das civilizações; b) a existência de diferenças essenciais entre os tipos básicos ou protótipos de civilizações; c) a fundamentação de cada um deles a certos *pressupostos filosóficos* ou *valores últimos;* d) a conexão de cada sistema com a realidade empírica formando uma *unidade causal significativa;* e) o encontro de certas características gerais em todos os supersistemas ou civilizações.

228 MIGUEL REALE

ge, desenvolve-se, atinge o apogeu, entra em crepúsculo, definha e morre, segundo leis análogas às que presidem à evolução dos organismos biológicos. Na teoria spengleriana, apesar de reconhecer-se a identidade morfológica e de sentido evolutivo na história geral das civilizações, cada uma destas possui uma história que lhe é própria: se toda civilização atravessa as mesmas fases de desenvolvimento, desde a "primavera" dos mitos criadores até ao "inverno" das concepções materialistas e céticas, cada uma delas obedece ao seu espírito irrenunciável e intransponível, como se dá, por exemplo, com a cultura "apolínea" dos gregos, a "mágica" dos árabes, ou a "fáustica" do Ocidente. Daí a exclusão de influências mútuas, o insulamento das diferentes culturas, tornando impossível a transladação de formas de vida e de seus esquemas interpretativos, por exemplo, do mundo clássico para o do antigo Egito, ou deste para o de nossos dias[3].

Fundado em mais vigorosa e abundante messe de saber histórico, Arnold J. Toynbee, em sua obra fundamental *A Study of History,* discrimina cuidadosamente as várias "sociedades" que, no seu modo de ver, foram até agora constituídas pelo gênero humano, sendo umas primitivas, e outras derivadas (as *civilizações* propriamente ditas) cada qual com a sua índole e ritmos peculiares de gênese e de desenvolvimento.

Toynbee não reitera a tese spengleriana na "intransmissibilidade das civilizações", pelo menos em parte, pois admite "sociedades derivadas", e apresenta exemplos de "filiação", como o da civilização ocidental. Todavia, não deixa também ele de pagar forte tributo à inclinação empiricista de modelar o processo histórico segundo os esquemas das ciências naturais, dando importância menor às influências internas do que às externas, e exagerando a possibilidade de compreensão e de assimilação dos valores de uma civilização por pessoas ou grupos pertencentes a outra[4].

---

3. Cf. OSWALD SPENGLER, *La Decadencia del Occidente,* trad. de M. García Morente, Madri, 1940, 5ª ed. Quanto à necessidade de uma concepção plurivalente ou integral da História, v. o que escrevemos, em 1936, como Introdução ao livro *Atualidades de um Mundo Antigo,* com especial referência ao pensamento de SPENGLER.

4. Nesse sentido, v. R. G. COLLINGWOOD, *Idea de la Historia,* trad. de E. O'Gorman e J. Hernández Campos, México, 1952, págs. 190 e segs.; e SOROKIN, *op. cit.,*pág. 374.

FILOSOFIA DO DIREITO

O certo é que os modernos filósofos da História[5] muito embora divirjam na compreensão dos fatos históricos, acabam reconhecendo que toda civilização se funda em determinados pressupostos axiológicos (donde o caráter essencialmente valorativo do processo histórico) e, mais ainda, que nos distintos ciclos culturais, por mais remotos que sejam, será possível sempre vislumbrar identidade de fatores, o que demonstra a universalidade da fonte espiritual geradora das civilizações.

Talvez seja possível afirmar que, através dos grandes quadros das civilizações, sobre os quais o homem se debruça, como sobre um espelho, em busca de sua fisionomia autêntica, existe algo que assinala um valor positivo primordial, que é a capacidade do espírito humano de revelar-se de infinitos modos, de reagir fecundamente no imprevisível e surpreendente jogo das circunstâncias, compondo em síntese criadora e vital o disperso e fragmentado mundo das experiências particulares.

No renovado esforço do homem de vencer-se e de vencer a natureza, na História concebida, em suma, como a *"autoconsciência mesma do homem"*, os valores de uma civilização podem ser assimilados ou experimentados, com ou sem deturpação, por pessoas pertencentes a outras coordenadas estimativas, e as forças primordiais do espírito circulam através das civilizações, vivificando-as, como se cada uma delas fosse uma nota oportunamente inserida na orquestração sinfônica da qual somos, ao mesmo tempo, compositores e executores.

Por outro lado, parece-nos inegável que, em nossa época, torna-se mais viva a interferência e a complementaridade das civilizações subsistentes, podendo-se falar, embora com toda cautela, em um processo geral de integração histórica, no sentido de que a marcha civilizadora da espécie aponta, indefinidamente, para uma *communitas gentium,* em que pesem os contrastes intercontinentais de nossa época[6].

É claro que, admitindo a influência recíproca das civilizações coexistentes, ou mesmo a de uma civilização do passado sobre a nossa (a

---

5. Não obstante a condenação de Croce e de seus seguidores, a Filosofia da História continua a ter cultores eminentes que reconhecem, é claro, os seus títulos existenciais. O mesmo se diga da Sociologia, que também Croce considerava o produto de um equívoco.

6. Sobre o "processo de integração" como lei de tendência no desenvolvimento dos agregados humanos, v. nossa *Teoria do Direito e do Estado,* São Paulo, 3ª ed., 1970, 1ª Parte.

"influência interior", de que fala Collingwood), deixamos em suspenso a grave questão de saber-se se o homem pode tirar proveito da experiência alheia, ou se, ao contrário, deve aprender por sua própria conta e risco, à custa de acertos e malogres irrenunciáveis.

A experiência ética é, em si mesma, intransferível, por mais que nos enriqueçamos pela ilustração de valores experimentados por outrem. É mister que cada homem os prove diretamente, sendo como que Cristo de sua própria redenção.

Classificações dos Valores

98. A possibilidade de uma variável ordenação hierárquica dos valores, condicionando diversas civilizações ou ciclos de cultura, demonstra que há uma distinção fundamental entre eles. Não pretendemos, evidentemente, separar de maneira absoluta um valor dos demais, porque já vimos que os valores promanam de uma única fonte e que, portanto, algo existe entre eles que os une e lhes dá objetividade. É possível, no entanto, discriminar os valores segundo suas projeções históricas, embora sua classificação seja problema dos mais árduos e até mesmo insuscetível de solução rígida.

Várias tentativas de classificação dos valores foram feitas, algumas procurando seguir critério formal, outras critério de conteúdo. As classificações formais são mais rigorosas, porque, adotado certo ângulo visual, procuram extremar um valor de outros, mas, sobre oferecerem grande complexidade, como é o caso da classificação de Hans Freyer, acabam dando desmedida atenção a elementos extrínsecos secundários.

Do ponto de vista *formal*, pode admitir-se uma distinção geral entre valores *subordinantes* e valores *subordinados,* que alguns indicam como *valores-fim* e *valores-meio,* ou então, como valores *autônomos* e *derivados,* expressões que, em última análise, se correspondem, por distinguirem entre o que vale por si mesmo e o que recebe sua valia de outros focos de estimativa.

Há, com efeito, valores em si mesmos *(Selbstwerte,* como diz W. Stern), como estrelas dotadas de luz própria, ao passo que há valores planetários, significantes em razão de sua referência ou derivação. Por

FILOSOFIA DO DIREITO 231

outro lado, há valores que podem ser *fins* em um sentido e *meios* em outro, não sendo possíveis discriminações axiológicas de alcance absoluto, com esquecimento de que, sendo os valores projeções do espírito, cada um deles de certa forma exige os demais para a sua compreensão autêntica, pois, como nota Spranger, "diversas direções de valor são referidas umas às outras pela unidade da consciência do eu".

Do ponto de vista material, outra distinção se apresenta entre: a) *valores sensoriais,* concernentes ao sujeito, ao homem, enquanto ser dotado de *sensibilidade,* abrangendo os valores *hedonísticos* (do agradável, do prazer) os *vitais* e os *econômicos;* e b) *valores espirituais,* referentes ao homem enquanto ser capaz de ideal, compreendendo os valores *teoréticos, estéticos, éticos* e *religiosos.*

Especial menção merece a discriminação hierárquica, que Max Scheler nos dá, distribuindo o mundo das estimativas, desde os graus inferiores do agradável e do desagradável, passando pelos valores vitais e pelos espirituais (o belo e o feio, o justo e o injusto), até os valores religiosos (valores do sagrado e do profano).

Max Scheler admite a cognoscibilidade *a priori* dos valores, dispondo-os segundo uma gradação polarizada entre dois extremos (o *positivo* e o *negativo).* Adota ele os axiomas de Francisco Brentano, que fixam as relações do ser para com os valores positivos e negativos, ou seja:

A existência de um valor positivo é, em si mesma, um valor positivo.

A existência de um valor negativo é, em si mesma, um valor negativo.

A inexistência de um valor positivo é, em si mesma, um valor negativo.

A inexistência de um valor negativo é, em si mesma, um valor positivo[7].

Entre os citados extremos, ordenam-se, segundo Scheler, os "sistemas de qualidades dos valores materiais", ou *modalidades dos valores,* formando o autêntico *a priori material* de nossa intuição de valores e de

---

7. V. MAX SCHELER, *Ética,* trad. cit., vol. I, págs. 123 e segs. Quanto às *modalidades de valor,* referidas no texto, cf. especialmente págs. 151 e segs.

preferências: são as modalidades do *agradável* e *desagradável;* dos valores *vitais;* dos valores *espirituais* e, por fim, a dos valores do *santo* e do *profano,* como acima dissemos.

Para completar o pensamento scheleriano, é necessário frisar que essas quatro modalidades mantêm uma *hierarquia apriorística:* os valores *vitais* (compreendidos na antítese *nobre-vulgar* etc.) compõem uma série de valores *mais altos* do que a do agradável e desagradável: os valores *espirituais,* por sua vez, são superiores aos *vitais,* assim como os valores do *santo* se põem no ápice do domínio axiológico.

Nessa ordem escalonada, o valor *moral* não consiste propriamente na imposição de um fim determinado, mas na realização de um *valor positivo,* sem sacrifício de um valor superior. Não figura, assim, o *bem* na tábua de valores scheleriana, pois o ético se determina segundo a linha de realização autêntica de um valor positivo. Qualquer que seja o *valor positivo,* que se vise realizar ou preservar, pratica-se o *bem.*

99. Para nossa finalidade, vamos preferir uma simples discriminação do ponto de vista do conteúdo, geralmente desenvolvida pelos autores, com esta ou aquela outra variante. É a seguinte:

É esta mais uma exemplificação de valores do que uma classificação que pretenda satisfazer a todas as exigências lógicas. Poderíamos dizer

FILOSOFIA DO DIREITO

que, dentre os valores fundamentais, destacamos os acima apontados, por serem aqueles em torno dos quais se ordenam valores subordinados, constituindo verdadeiras "constelações axiológicas", que dominam, às vezes de maneira absorvente, comportamentos individuais e coletivos, embora, não é demais repeti-lo, todos eles gravitem em torno do valor primordial, que é o do homem como *pessoa,* em razão do qual e pelo qual todos os valores valem.

Em primeiro lugar, temos o valor do *verdadeiro,* que alguns autores designam pura e simplesmente com a palavra *verdade,* dando a este termo um sentido axiológico.

A verdade, como tal, não é propriamente um valor, mas uma relação objetiva. O verdadeiro é a expressão axiológica da verdade, ou seja, a verdade em sua dimensão espiritual. O verdadeiro condiciona estudos sobre o conhecimento, quer na sua *estrutura* — e então temos a Lógica — quer na sua *funcionalidade* — e então temos a Gnoseologia ou, para empregarmos termo mais compreensivo, a Ontognoseologia, e, no plano positivo, as diversas ciências.

Esta matéria já foi apreciada de maneira sumária, panorâmica, nas páginas anteriores, não havendo necessidade de acrescentar outras considerações.

O segundo valor é o do *belo,* que é o valor fundante das artes e dá lugar à Estética.

Será este valor um valor autônomo ou será redutível a algum outro? É conhecida a definição socrático-platônica de que o belo é o esplendor do verdadeiro. Há quem negue ao belo plenitude de significado, apresentando a beleza como instrumento para realização de algo de verdadeiro, de bom ou de útil, de econômico, tomado este adjetivo no seu sentido mais amplo.

Surge, assim, o problema da autonomia ou não da arte, de saber-se se há uma realização possível do belo em si mesmo, pela plenitude de seu significado, ou, se deve ser considerado apenas um instrumento a serviço de uma ideologia, de um fim qualquer, social ou individual. Cremos que o belo é irredutível a outros focos de estimativa, e, se brilha mais em consonância ou em harmonia com os demais valores, nem por isto perde a força de sua especificidade.

234 MIGUEL REALE

O terceiro valor, mais conhecido pelos estudos já realizados de Economia Política, é o valor do *útil*. A Economia Política, na sua acepção mais ampla, é a ciência do útil, isto é, dos bens suscetíveis de satisfazer aos desejos e às exigências do homem em sociedade e que, por conseguinte, se destinam à troca e ao consumo.

O *útil* é o valor fundante da atividade econômica, comercial, industrial ou agrícola, e, ao mesmo tempo, põe uma série de problemas que a Ciência econômica procura resolver, implicando em indagações que constituem o objeto da Filosofia econômica.

Não faltam, como se sabe, os que pretendem transformar o valor do útil no valor por excelência, marcando a linha dominante do processo histórico, a tal ponto que todos os outros valores, inclusive o ético e o religioso, seriam simples resultantes de processos técnicos de produção, ditados pelas crescentes exigências da vida social.

Em quarto lugar, temos como valor fundamental o valor do *santo* ou do *religioso;* o valor do transcendente, do destino humano para além da contingência existencial; é o valor fundante das religiões, assim como a razão de ser da Filosofia das religiões.

Teríamos, em quinto lugar, segundo alguns autores, o valor da *vida,* que não deveria ser entendido no sentido biológico do termo, mas indicando a realização plena da existência individual e da convivência.

Chega-se mesmo a apresentá-lo como o valor primordial, considerada ciência por excelência a que diz respeito à vida do homem na totalidade de suas expressões, quer psíquicas, quer sociológicas, tanto espirituais como materiais. Nossa época sente, aliás, uma atração muito forte pelo problema da vida ou da existência. Isto não deve causar estranheza em um momento histórico em que nada parece tão ameaçado como a própria vida ou tão precário como a própria existência.

O aparecimento da Filosofia da existência, da qual o existencialismo é uma expressão, assim como o florescer da Filosofia da vida, é explicável nas presentes coordenadas e circunstâncias históricas, porquanto a Filosofia não é jamais uma série de conjeturas formuladas por alguns homens erradicados e separados do meio social e histórico a que pertencem. Nessas correntes, tem-se insistido muito justamente na tese de que todo sistema ou pensar filosófico está condicionado por uma

FILOSOFIA DO DIREITO

vivência histórica, sendo impossível conceber-se a atitude de um pensador sem se levar em consideração a sua existência, segundo a fórmula que Ortega nos apresentou: — "eu sou eu e a minha circunstância"[8].

Pensamos, no entanto, que a *vida* como tal não é um valor primordial, mas sim pelo sentido que encerra ou pede encerrar, como condição de realização material de todos os valores. Todos os valores, em certo sentido, referem-se à vida, sendo ela veículo de estimativas.

Por outro lado, o valor vital pode considerar-se redutível ao *útil,* tomado este termo em acepção lata, pois o útil só o é na medida em que se harmoniza com as exigências fundamentais da existência. Sob dado ângulo, poder-se-ia falar em *útil-vital,* marcando uma única integração axiológica.

Resta-nos ainda tratar do valor do *bem,* cuja consideração, no entanto, envolve toda a problemática da Filosofia de Direito, motivo pelo qual lhe destinamos o último capítulo desta Propedêutica.

---

8. ORTEGA Y GASSET, *Obras Completas,* Madri, 1947, II vol., pág. 19.

Capítulo XVII

Natureza e Cultura

Bens Culturais e Ciências Culturais

100. Vimos que a cultura, consoante explanação de Simmel, pode ser considerada o patrimônio de espiritualidade constituído pela espécie humana através do tempo. Na cultura, contém-se, portanto, tudo aquilo que o homem adicionou e continua adicionando à natureza, afeiçoando-a às suas tendências fundamentais. Daí termos afirmado que a cultura é o espírito em processo de objetivação, a realização objetiva e objetivável do espírito, ou, por outras palavras, *"o mundo das intencionalidades objetivadas"*, porquanto é no homem, na integridade de seu ser consciente, que se encontra a fonte de toda a cultura.

A cultura abrange, como vimos pela análise de seus possíveis suportes, bens culturais materiais, bens culturais ideais e bens culturais éticos.

As ciências todas, no seu conjunto, também fazem parte da cultura, como bens culturais que são. Daí a necessidade de se fazer uma distinção que resultará destas perguntas: — Terão as ciências a mesma natureza? Todas elas, sendo bens culturais, terão a mesma estrutura e configuração?

Aqui é preciso distinguir: — todas as ciências são bens culturais, mas nem todas as ciências podem ser consideradas *ciências culturais*. A Física é, evidentemente, um bem de cultura, mas é uma *ciência natural*. Já o Direito, a História, a Pedagogia são ciências histórico-culturais, porque o objeto dessas ciências já é algo de constituído pelo homem, algo de elaborado pela experiência da espécie humana através do tempo.

FILOSOFIA DO DIREITO

Dizemos então que ciências histórico-culturais propriamente ditas são aquelas cujo objeto já é um produto da História, ou, por outras palavras, um bem cultural.

Distingue-se, assim, de maneira bem clara, o campo das ciências físicas e matemáticas e o das ciências culturais ou histórico-culturais, embora seja sempre uno o espírito científico como atitude crítica de captação da verdade.

Isto quer dizer que há dois mundos fundamentais, que chamamos o *mundo da natureza* e o *mundo da cultura*. Este último, às vezes, é chamado "mundo do espírito", "mundo histórico", "espírito objetivo" ou "vida humana objetivada", expressões que poderemos empregar indistintamente, uma vez esclarecido o seu conteúdo. Como se vê, as ciências culturais não têm como objeto o estudo dos indivíduos ou das pessoas como tais, mas sim as expressões superindividuais do espírito objetivante, como o Direito, a Moral, a Arte, a Religião, a Linguagem etc.

101. Nas páginas anteriores dissemos que o homem constrói um mundo histórico sobre o mundo dado.

Quando foi que o homem adquiriu plena consciência desse mundo criado por ele e que, no fundo, é a projeção de si mesmo? Nos pensadores clássicos já encontramos referência a esse mundo, que não se confunde com o outro, que é simplesmente "dado". Cícero, por exemplo, no *"Pro Archia"*, já fala daquelas ciências que dizem respeito à Humanidade, *quae ad humanitatem pertinent*, mas era ainda uma concepção preparatória[1]. Foi apenas no século XVIII que surgiu uma tomada de posição consciente diante do mundo da história, com a convicção de que tal mundo alberga categorias lógicas próprias. Esta consciência histórica, nós a notamos em vários autores, segundo formas diversas, como, por exemplo, em Voltaire, em Montesquieu ou em Ferguson, mas adquire caráter definitivo na obra de Vico, uma das maiores figuras do pensamento humano.

Giambattista Vico, que escreveu suas obras fundamentais na primeira metade do século XVIII, teve plena consciência de ter descoberto

---

1. *"Etenim omnes artes, quae ad humanitatem pertinent, habent quoddam commune vinculum, et quase cognatione quadam inter se continentur"* (cap. 1, § 2º).

238   MIGUEL REALE

uma nova ciência, que diz respeito a um mundo novo, dotado de perspectivas maiores que as dos novos mundos.

A obra fundamental do pensador napolitano ostenta um título que, à primeira vista, parece pretensioso — *Princípios de uma Ciência Nova,* tão firme era a sua convicção de estar instituindo as bases epistemológicas de um campo novo de experiência.

Ele mesmo indagou das razões pelas quais o homem, tendo teorizado tanto sobre o mundo da natureza, só tardiamente tomara conhecimento do mundo histórico ou dele cuidara apenas parcialmente, em perspectivas isoladas, mas não como um todo.

Encontramos nos *Princípios de Uma Ciência Nova* a justa ponderação de que nós conhecemos melhor o que está fora de nós do que o que está em nós mesmos. E tem ele esta imagem preciosa: nossos olhos são feitos de tal modo que vêem facilmente o que está fora deles, mas precisam de um espelho para se verem a si mesmos[2].

102.   As idéias fundamentais de Vico sobre o que podemos chamar *Filosofia da Cultura* tiveram prodigioso desenvolvimento no mundo germânico, especialmente graças a Herder, a Hegel e a seus continuadores. Não podemos estudar aqui toda a problematicidade do culturalismo no pensamento alemão, até chegar a Dilthey, Spranger e os mestres atuais da Teoria da Cultura. Limitamo-nos a breve referência à obra de Wilhelm Dilthey (1833-1911), básica para o pensamento contemporâneo, especialmente por representar uma ponte de passagem das explicações positivistas e empíricas para mais largas concepções do universo e da vida.

É ele apontado por muitos como o Kant da razão histórica. A contribuição do mestre do criticismo na determinação dos pressupostos epistemológicos da Física e da Matemática, Dilthey teria repetido no campo da História, preocupado com as categorias próprias do saber histórico.

Como é possível penetrar nesse mundo, que é o mundo da cultura? Qual a chave que nos abre o mundo histórico? No fundo, é este um dos propósitos fundamentais de Dilthey, cujos trabalhos foram desenvolvidos

---

2.   Cf. *Scienza Nuova Seconda,* Sezione Terza, Bari, 1942, vol. I, pág. 118.

FILOSOFIA DO DIREITO

por um grande número de pensadores, embora orientados por doutrinas diversas, com base em sua límpida distinção: *"A natureza se explica; a cultura se compreende"*.

A nosso ver, para a distinção entre o mundo da natureza e o mundo da História e, conseqüentemente, para a distinção entre ciências físico-matemáticas e ciências histórico-culturais, é indispensável partir de uma distinção formulada por autores como Dilthey, Max Weber, ou Spranger, entre "explicar"' e "compreender", distinção à qual já nos referimos sumariamente e que desenvolvemos com alterações que nos parecem necessárias no estado atual dos estudos epistemológicos. É dessa análise que vamos partir, para chegarmos à distinção nítida entre o conceito de *lei,* que os físicos elaboram, e o conceito de *lei* ou *norma,* que podem ter os juristas.

Explicação e Generalização — Compreensão e Integração de Sentido

103. Trata-se de saber se, existindo distinção entre o mundo da natureza e o da cultura, lhes são aplicáveis as mesmas categorias lógicas, a mesma metodologia; ou, se ao contrário, cada região da realidade exige vias de acesso distintas para seu entendimento.

A distinção entre *explicar* e *compreender* corresponde à que já foi feita entre *ser* e *dever ser,* ou seja, entre nexos de causalidade e nexos de finalidade. Estes pressupõem aqueles, para a sua realização, mas não têm sua natureza determinada pelos efeitos da realização mesma: há valores que nos enlaçam como fins supremos, muito embora não nos seja dado realizá-los integralmente.

Os enlaces de *dever ser,* ou *normas,* que Windelband ainda considera "formas específicas de realização das leis naturais", ou, por outras palavras, "formas de realização das leis naturais que devem ser aprovadas sob o pressuposto de se ajustarem a um fim de validez geral"[3], serão melhor compreendidas se lembrarmos que a ordenação normativa não resulta de uma simples *seleção* de meios, que as ciências naturais propiciam tendo em vista alcançar um fim de validez geral, mas implica antes uma *opção axiológica,* isto é, uma *tomada de posição* estimativa

---

3. *Op. cit.*, pág. 267.

240   MIGUEL REALE

que a seleção dos meios ou os esquemas interpretativos vigentes por si sós não determinam.

Desde que o processo cultural e ético tem como fundamento a *liberdade,* a opção axiológica, assumida *perante* o fato, representa uma indeclinável necessidade de envolvê-lo, de "compreendê-lo". É por isso que, se as leis naturais não coincidem com as leis normativas, também não se lhes contrapõem: reconhecidos certos valores como fins, afirmadas as exigências do *dever ser,* a estas subordinamos, por um ato de inteligência e de vontade, os resultados atingidos no conhecimento das leis do *ser*[4].

Cultura não é senão concretização ou atualização da liberdade, do poder que tem o homem de reagir aos estímulos naturais de maneira diversa do que ocorre com os outros animais, cujas reações são de antemão predeterminadas pela natureza de seu ser, no círculo de suas necessidades imediatas. Nos capítulos anteriores já nos referimos à nossa concepção do *espírito* como *consciente e livre poder de síntese* que permite ao homem superar os fatos mediante a elaboração de esquemas interpretativos e instrumentos eficazes de ação. É a díade *"liberdade-poder de síntese"* que nos dá a essência da vida espiritual; é ela que constitui a fonte dos enlaces superadores dos estímulos que aprisionam os outros animais, possibilitando ao homem elevar-se à previsão das *leis* e das *normas,* assim como à instauração progressiva de bens que potenciam o seu ser histórico.

Estudando esse problema que nos leva ao âmago da vida cultural, Ernst Cassirer lembra (e o tema já fora focalizado por Bergson) o papel e o significado da *ferramenta* na história da espécie. Para poder descobrir a ferramenta, enquanto tal, o homem tem de lançar os olhos por cima de suas necessidades imediatas, libertando-se de impulsos momentâneos, para pensar em necessidades "possíveis", o que implica certa "previsão", um antecipar-se conquistando o futuro.

---

4. MIGUEL REALE, *O Estado Moderno,* 3ª ed., 1935, págs. 44 e segs., onde já escrevíamos: "As leis que indicam uniformidade e dependência de fenômenos consideradas em si mesmas, são indiferentes. Não são boas nem más. O critério ético surge somente quando surge o homem delas se servindo para alcançar um fim", e ainda: "O conhecimento científico das leis de causa eficiente não tem como conseqüência o aniquilamento da liberdade humana, mas, *ao contrário,* aumenta o poder humano de interferência, estende cada vez mais as condições da Liberdade".

FILOSOFIA DO DIREITO

"Esta *representação* antecipada do futuro caracteriza todos os atos humanos. O homem necessita representar imaginariamente algo, que não existe, para logo passar dessa *possibilidade* à *realidade,* da potência ao ato"[5].

Ora, dentre as ferramentas com que o homem se projeta na História, destaca-se o *Direito,* um dos mais delicados processos de previsão e de garantia da espécie, sendo superada a variabilidade contraditória dos comportamentos singulares para se atingirem *esquemas ideais* ou *modelos de ação,* isto é, *formas típicas* e *exemplares de conduta,* compatíveis com *certa* margem de previsão geradora de confiança nos resultados de nossas iniciativas.

Dado mais este esclarecimento sobre a especificação do reino da cultura, voltemos à distinção entre "explicar" e "compreender"[6].

Dizemos que *explicamos* um fenômeno quando indagamos de suas causas ou variações funcionais, ou seja, quando buscamos os nexos necessários de antecedente e conseqüente, assim como os de interdependência, capazes de nos esclarecer sobre a natureza ou a estrutura dos fatos; e dizemos que o *compreendemos* quando o envolvemos na totalidade de seus fins, em suas *conexões de sentido.*

É a razão pela qual as *leis culturais* não se desdobram gradualmente, umas relações resultando das outras segundo uma ordem progressiva de adequação aos fatos; elas antes se *implicam e se pressupõem segundo uma exigência complementar,* só encontrando confirmação por estarem inseridas numa trama congruente e coerente de enlaces ou conexões.

Explicar é descobrir na realidade aquilo que na realidade mesma se contém. Quando o físico estuda um fenômeno, longe de acrescentar

---

5. E. Cassirer, *Las Ciencias de la Cultura,* cit., págs. 43 e segs. Cf. H. Bergson, *L'Évolution Créatrice,* cit., págs. 149 e segs.

6. Cf. Dilthey: "As ciências do espírito diferenciam-se das ciências da natureza, em primeiro lugar, porque estas têm como seu objeto fatos que se apresentam dispersos na consciência, procedentes de fora, como fenômenos, enquanto que nas ciências do espírito se apresentam desde o íntimo, como realidade e, originalmente, como uma conexão viva (...) A natureza a *explicamos;* a vida anímica a *compreendemos". (Psicología y Teoría del Conocimiento,* trad. de Eugenio Imaz, 1945, págs. 227 e segs.) Cf. ainda, do mesmo autor: *El Mundo Histórico,* cit., págs. 102, 153, 162, 229 e *passim* e *Introducción a las Ciencias del Espíritu,* cit.

242   MIGUEL REALE

algo ao fato observado, empenha-se no sentido de reproduzi-lo sem deformações, tal como ele é. O ideal do físico é a completa despersonalização, a fim de que o fato se revele sem qualquer deturpação atribuível a um coeficiente pessoal. É sabido, no entanto, que, por mais que se aperfeiçoem os processos de raciocínio e que por mais que se aprimorem os instrumentos de indagação, permanece sempre um resíduo na pesquisa científica, que se subordina ao coeficiente pessoal do observador que não parte jamais de *fatos brutos,* mas sim de fatos sobre os quais já incidiram interpretações e teorias. Le Roy diz muito bem que, mesmo nas ciências chamadas exatas, existe a presença do homem de ciência, em virtude da escolha de uma perspectiva e não de outra, de uma forma e não de outra na observação do fato. Daí a clara fórmula de H. Poincaré: "O fato científico não é senão o fato bruto traduzido numa linguagem cômoda"[7].

De qualquer maneira, porém, esse coeficiente pessoal de estimativa é limitado e não chega a inserir-se no conteúdo mesmo da pesquisa. É a essa luz que continua válida a afirmação de que, nas ciências da natureza, a explicação pode ser vista, de maneira geral, como objetiva e neutra. Por mais condicionados que estejam por pressupostos teóricos, não se pode afirmar que prevaleçam referências a instâncias valorativas, quando o físico ou o químico realizam uma análise em seu laboratório ou observam os fenômenos da natureza. Poderíamos dizer que essa maneira de indagar é puramente especulativa, tomando-se esta palavra no seu sentido restrito, visto como o que se pretende é refletir o real como que num espelho, sem defeitos e sem refrações. Geralmente, evitamos, neste ponto da matéria, o uso do termo *especulativo,* porque logo implicaria tratar das chamadas ciências práticas e ciências normativas, suscitando toda uma série de discriminações e distinções que serão feitas oportunamente.

A possibilidade, ainda que relativa, de abstrair-se do coeficiente de estimativa *individual* do cientista é compatível com o caráter *explicativo* do saber positivo, até ao ponto de ser ideal embora nem sempre viável, a substituição do pesquisador "pela experiência estadeada no registro impessoal dos aparelhos, dos instrumentos, a fim de que nenhuma das condições subjetivas do observador influa na exatidão da análise"[8].

---

7. H. Poincaré, *La Valeur de la Science,* Paris, pág. 231. Sobre todos esses pontos, v. Miguel Reale, *Experiência e Cultura,* sobretudo capítulo VII.

8. Edgard Sanches, *Prolegômenos à Ciência do Direito,* Bahia, 1927, pág. 65.

FILOSOFIA DO DIREITO 243

Feitas as ressalvas supra ao conceito de *explicação,* podemos concordar com o neopositivista Hans Reichenbach quando diz que "a generalização é a essência mesma da explicação", e que, quando se *explica* um fato, há demonstração de sua pertinência a uma lei geral. Acrescenta o citado autor que a *explicação* é a redução às causas, motivo pelo qual a relação causai deve ser também interpretada em termos de generalidade[9]. O que nos parece, no entanto, inaceitável, é apresentar a "explicação", assim entendida, como a única forma de conhecimento científico, inclusive no campo das ciências sociais.

Juízos de Valor e Juízos de Realidade

104. Ao explicar o fenômeno, ou seja, ao desenvolvê-lo como "dado" em suas causas e conseqüências, o cientista positivo elabora *juízos de realidade,* impropriamente chamados também *juízos de existência.* Os juízos de realidade, explicativos do ser tal como este se mostra fenomenicamente, culminam na elaboração de *leis,* tomado este termo em sentido restrito, com exclusão das *leis culturais,* às quais nos referiremos a seguir.

As ciências naturais procuram atingir leis, quer dizer juízos explicativos ou juízos de realidade, ou, então, um conjunto de juízos que são sempre juízos de realidade.

Não é demais recordar a distinção fundamental entre juízo de realidade e juízo de valor. O primeiro pode ser expresso singelamente nos seguintes termos: *S é P, ou* seja, implica um enlace de atributividade necessária de uma qualidade a um ente.

---

9. Cf. HANS REICHEMBACH, *The Rise of Scientific Philosophy,* cit., págs. 5 e segs. e 157 e segs. Cf. o estudo de F. MIRÒ QUESADA, "Sentido ontológico del conocimiento físico", nos *Anais do Congresso Internacional de Filosofia de São Paulo,* 1956, vol. III, págs. 871 e segs., no qual se declara que é sobre o conceito de *explicação* que recai todo o peso das discussões havidas quanto às estruturas epistemológicas das teorias físicas. Segundo o citado pensador peruano, é a *explicação* que serve de "critério de verdade" às pretensões cognitivas dos físicos: "Quando uma teoria (um conjunto de princípios físicos) permite explicar os fenômenos e as leis empíricas, impõe-se como verdadeira. A explicação revela-se, assim, como o princípio supremo do conhecimento físico". *Loc. cit.,* pág. 879. Sobre a noção de *lei causal,* tenha-se presente o exposto à pág. 175, nota 4.

A outra espécie de juízo, que deve ser examinada, é a dos juízos de valor, que têm uma forma expressional diversa, da seguinte maneira: *S deve ser P.* A distinção, como se vê, não está no predicado, mas na maneira de enlace ou de vinculação entre o sujeito e o predicado.

Alguns autores dizem que juízos de valor são aqueles cujos predicados são valores. Até certo ponto, seria procedente essa afirmação, se acrescentássemos que o que distingue o juízo de valor é a maneira pela qual o predicado se liga ao sujeito: essa ligação resulta de uma apreciação subjetiva, ou melhor, da participação da consciência de quem valora no ato de constituir-se o liame. Ao contrário, nos juízos de fato ou de realidade, a ligação entre sujeito e predicado resulta da apresentação mesma do objeto, impondo-se ao sujeito cognoscente, cuja consciência não pode senão verificar o enlace, sem possibilidade de opção e de preferência.

Pois bem, se examinarmos as explicações das ciências exatas, tais como as ciências físicas, verificamos sempre que os seus instrumentos de trabalho e de raciocínio são dados por juízos de realidade, e que o objetivo visado é atingir leis, nas quais se expressam e se determinam os "enlaces objetivos" acima apontados.

Outra observação, não menos relevante, é a de que o homem que estuda o mundo da natureza passa de maneira direta do fato para a lei. Que é, em verdade, uma lei física? *É uma síntese estatística ou uma explicação sintética do fato.* O físico observa uma série de fenômenos, fazendo abstração do que é secundário ou particular, para retirar apenas aqueles elementos que são constantes, comuns a uma mesma série de fatos. O físico procura fixar os laços ou relações que prendem necessariamente um fato a outros, *de maneira geral,* e não as particularidades contingentes ou os aspectos secundários dos fenômenos. É claro que o cultor da ciência positiva realiza um trabalho penetrante de *seleção e abstração,* extraindo do fato as suas notas essenciais, os seus "enlaces necessários". Não há, porém, como dissemos há pouco, uma *opção* no sentido próprio deste termo, porque são os próprios elementos observados que ditam a escolha, impondo-se objetivamente ao espírito do pesquisador: a opção por uma via, ainda não manifesta e comprovada, só pode ser feita em caráter hipotético, subordinada ao risco do tentâmen, e sujeita à verificação experimental.

Bem diversa é a *síntese* realizada pelo cultor das ciências humanas em geral, quando enuncia uma *lei sociológica* ou uma *norma jurídica:*

FILOSOFIA DO DIREITO 245

estas traduzem sempre, além da relação causai ou funcional peculiar ao suporte fático, a *conexão de sentido* ou, por outras palavras, a diretriz axiológica de desenvolvimento ou de obrigatoriedade resultante da "tomada de posição" inerente a todo acontecimento social e histórico. Em vez, pois, das *sínteses explicativas,* próprias das ciências naturais, temos *sínteses compreensivas,* nos domínios das ciências culturais, a cada tipo de lei correspondendo critérios distintos de enunciação lógica e de rigor no tocante à sua verificabilidade. Daí as diferenças discerníveis também no plano de sua aplicação prática.

No plano das *normas* éticas, a contradição dos fatos não anula a validez dos preceitos: ao contrário, exatamente porque a *normatividade* não se compreende *sem fins de validez objetiva* e estes têm sua fonte na *liberdade* espiritual, os insucessos e as violações das normas conduzem à responsabilidade e à sanção, ou seja, à concreta afirmação da ordenação normativa.

Toda lei física é, no fundo, o fato mesmo em sua expressão adequada. A ligação entre fato e lei, neste campo que estamos examinando, opera-se no plano do "ser", de tal maneira que basta um fato em sentido contrário para que se desmorone toda uma teoria. Sendo a lei físico-matemática uma súmula do fato, bastará uma discordância para que se revele a infidelidade da imagem racional que ela pretende significar, donde a afirmação, aparentemente paradoxal, feita por Karl Popper, de que a *"refutabilidade"* é inerente às leis científicas.

É por esse motivo, outrossim, que *não existe possibilidade de sanção* no plano das leis físicas. Estas são o resultado da indagação do fato, e, como é este que importa captar, a pesquisa não implica a possibilidade de uma sanção, para que o respectivo processo fático tenha o seu curso de uma forma determinada.

Lembrar-se-á, a esta altura, a viva *disputa* contemporânea, nos domínios da Nova Física, sobre a "indeterminação" ou a "contingência" das leis naturais, e o caráter estatístico ou probabilístico dos enunciados científico-positivos, para não falar no sentido meramente *conjetural* que lhes atribui Karl Popper, tese esta que procuramos esclarecer em nosso livro *Verdade e Conjetura.*

A distinção entre *leis* e *normas* não se prende, porém, de maneira absoluta, ao problema do determinismo ou do indeterminismo. É mister

246   MIGUEL REALE

distinguir entre necessidades ou contingências *fáticas* e necessidades ou contingências *deontológicas:* a não-referibilidade a valores caracteriza sempre as leis puramente naturais, qualquer que seja o índice de sua previsibilidade [10].

Daí serem as leis causais desprovidas de sanção. *A sanção é algo que se acrescenta à norma, para a garantia de seu adimplemento,* tal como ocorre no mundo jurídico ou no mundo moral. Ela inexiste no mundo da natureza como tal, onde as conseqüências sobrevêm segundo nexos determinados ou determináveis. (cf. págs. 255 e segs.)

Se um engenheiro, por exemplo, constrói uma ponte sem levar em consideração as leis sobre a resistência dos materiais, ele poderá esperar que a ponte, de um momento para outro, venha abaixo. A queda da ponte não é o resultado da interferência de algo externo ao processo, mas resulta do fato mesmo em seus nexos e conseqüências. Isto não encontramos no mundo moral, ou no dos fatos sociais, enquanto examinados como fatos do homem, porque, em tais domínios, existe o problema da sanção, coisa que os juristas podem sentir de maneira bem clara.

As Leis do Mundo Cultural

105. Vejamos agora a outra face do problema, no que diz respeito ao que chamamos mundo da cultura ou mundo histórico. Bastará explicar os nexos causais de um bem cultural, para sermos senhores dele em sua integridade? As simples explicações causais não são suficientes para esclarecer-nos sobre a natureza daquilo que chamamos bem cultural. Bastará pensar, por exemplo, em uma estátua e no que uma estátua significa. Se, por exemplo, conseguirmos saber quais são as causas materiais ou eficientes de uma estátua, não é dito tenhamos dela uma compreensão total. Não adiantará saber apenas que a estátua é de granito ou de bronze, feita por este ou aquele artista. O que interessa na estátua não são seus elementos materiais ou causais, mas sim seu sentido ou significado, que é a "matéria autêntica" da forma artística. *Compreender não é ver as coisas segundo nexos causais, mas é ver as coisas na integrida-*

---

10. V. o que escrevemos, às págs. 240 e 255 e segs. e em *Lições Preliminares de Direito,* cit., capítulos III e IV, bem como em *Experiência e Cultura, loc. cit.*

de de seus sentidos ou de seus fins, segundo conexões vivenciadas valor ativamente[11].

É mister, pois, distinguir entre as *leis físicas* ou naturais, de ordem *explicativa,* e as *leis culturais* que envolvem uma "conexão de sentido", ou a vivência do real, sendo de ordem *compreensiva.* Uma das espécies de leis culturais são as *normas,* que implicam o reconhecimento da necessidade ética de se agir ou não em certo *sentido.*

Os bens de cultura compreendem-se, não se explicam apenas. O explicar é condição do compreender, porque em todo objeto cultural existe um elemento que é o "suporte". A compreensão marca, ao contrário, o íntimo contacto (vivência) com o elemento valorativo ou axiológico, que nos dá o sentido ou significado de um fato humano. Sem "compreensão", entendido o termo na acepção especial que lhe estamos dando, não existe ciência cultural.

Se lembrarmos, a esta altura, que as regras morais e as jurídicas são bens de cultura, compreenderemos logo que elas não podem ser apenas explicadas, porque devem ser "compreendidas".

Interpretar o Direito é trabalho axiológico, e não puramente lógico, como se desenrolassem as conseqüências das leis mercê de simples dedução. A sentença de um juiz é também um trabalho estimativo, de compreensão axiológica, e não mero silogismo, como encontramos explicado — e muitas vezes em autores de grande importância — na Teoria do Processo.

Nunca será demais acentuar que a sentença só na aparência é um silogismo, não sendo redutível a simples dedução formal, assim como a interpretação do Direito não é mero trabalho de Lógica formal, mas possui antes *natureza dialética,* implicando conexões fático-normativas segundo valores.

---

11. Sobre esta matéria, v. as obras de DILTHEY, SIMMEL, MAX WEBER e Eduardo Spranger citadas na bibliografia. Lembrem-se estas palavras de SPRANGER: "O eixo da compreensão radica nas leis valorativas do espírito. *Compreender é tanto* como *penetrar na constelação especial de valor de uma conexão espiritual". (Formas de Vida,* 3ª ed., Rev. do Occidente, Buenos Aires, pág. 426.)

248 MIGUEL REALE

106. Esclarecendo, assim, que as ciências culturais elaboram juízos de valor, após terem tomado contacto com a realidade, verificamos que determinadas ciências culturais, como a Moral e o Direito, ao elaborarem tais juízos de valor, atingem uma posição ou momento de *normatividade*, que não é necessária para todas as ciências culturais, como é o caso, por exemplo, da Sociologia e da História: estas são ciências puramente *compreensivas* ou *explicativo-compreensivas;* aquelas, ao contrário são *compreensivo-normativas*[12].

Sob esse prisma, as espécies de *leis* poderiam ser compendiadas no seguinte quadro:

LEIS	*explicativas ou naturais*............................. (de nexos causais ou funcionais)		
	compreensivas ou culturais (de conexões de sentido)	*puramente compreensivas (sociológicas, históricas etc.)*	ESPECULATIVAS
		compreensivo-normativas ou éticas (as normas morais, jurídicas etc.)	NORMATIVAS

As leis culturais expressam sempre *um sentido para um ou mais valores,* segundo diretriz compreensiva dos significados próprios da realidade estudada, diretriz essa que adquire alcance *ético* quando se declara a *obrigatoriedade* de determinados atos e abstenções. A Socio-

---

12. Não concordamos, pois, em conceber a História e a Sociologia como "ciências explicativas", tal como faz WINDELBAND *(op. cit.*, pág. 292). São ambas ciências que, tendo por objeto bens culturais, não podem deixar de ser "ciências de compreensão". O que se verifica é que a sua referência a *fins* não envolve necessariamente o momento da *normatividade:* poderíamos chamá-las de ciências *explicativo-compreensivas*. Já a Moral e o Direito são ciências *compreensivo-normativas*. Aliás, o próprio mestre da Escola Sud-Ocidental alemã assinala que os fins de que cuidam as investigações histórico-evolutivas nada têm que ver com a normatividade, com a sujeição a um ideal *(loc. cit.* Cf. *supra,* pág. 237 e segs.)

FILOSOFIA DO DIREITO 249

logia, por exemplo, não impõe regras à conduta humana, muito embora possa prever as conseqüências desta ou daquela classe de comportamento no seio do grupo[13]. Já o Direito é uma ciência à qual é inerente e essencial o momento *regulativo*.

A *norma jurídica* é, por conseguinte, uma espécie de *norma ética,* assim como esta é uma espécie de *lei cultural.* Daí a impossibilidade de estender aos domínios do Direito, princípios e métodos peculiares às pesquisas da Física ou da Matemática: cada região ôntica possui leis próprias, bem como a metodologia correspondente às suas estruturas objetivas.

As leis físicas são o resultado de uma elaboração direta a partir do fato, porque são explicações transubjetivas do fato. A norma jurídica tem o fato como sua condição, mas não como razão suficiente de sua gênese. É necessária a interferência de um outro elemento, que é o *valor,* marcando a tomada de posição estimativa do homem perante o fato. No mundo da Moral e do Direito, os fatos elevam-se à categoria de normas, graças a prismas de valor; enquanto que, no mundo das leis físicas, a passagem do fato para a lei é direta, sem que a mediação de elementos axiológicos sejam o fator determinante do resultado.

O mesmo fato, já o dissemos, pode ser estudado, por exemplo, por um médico, um biólogo ou por um jurista. Um indagará da *causa mortis,* por processos puramente explicativos, procurando nas leis biológicas ou fisiológicas uma explicação para o óbito resultante de uma agressão. O jurista ou o próprio médico legisla, colocado diante do mesmo fato, toma uma atitude diferente. Faz o fato passar por um prisma estimativo, de maneira que ele adquire um significado, uma *referibilidade de sentido.* Existe, portanto, uma distinção fundamental entre a maneira de apreciar-se o fenômeno por um físico-matemático ou por um jurista. Cada campo da realidade exige seu processo próprio de indagação e de *síntese.*

Há um grande equívoco em pensar que nós podemos transferir categorias lógicas de um campo para outro, empregando uma terminologia emprestada da Física, da Anatomia ou da Biologia, para se explicar

---

13. V. RECASÉNS SICHES, *Tratado General de Sociología,* México, 1960, 3ª ed., págs. 12 e segs.

melhor o fenômeno jurídico. O Direito tem sua dignidade, o que quer dizer suas categorias próprias de pensamento.

Nós, juristas, não precisamos de empréstimos lingüísticos pois encontramos na realidade que nos é própria, o instrumental lógico mais adequado e necessário. Toda vez que um jurista vai procurar na casa alheia termos emprestados e expressões técnico-científicas peculiares aos matemáticos e aos biólogos, ele está alienando a imagem do Direito e, de certa maneira, comprometendo na Jurisprudência a sua dignidade. A dignidade é bem esta consciência do que é próprio. É o amor àquilo que especificamente nos pertence.

Infelizmente, nós, os juristas, temos vivido em abdicação crescente. Abdicamos diante de qualquer novidade científica que surja, como se fôssemos cientistas de segunda classe, em busca do que nos podem oferecer, ora os psicólogos, ora os físicos, ora os químicos, na deturpação de um patrimônio bimilenar que é a técnica lógica e expressional do Direito. Não se contesta que, às vezes, a pesquisa da experiência jurídica pode nos levar a conclusões análogas ou correspondentes às alcançadas por outros cientistas, — o que se deve, no fundo, à unidade fundamental das ciências, — mas nada justifica que, por simples mimetismo, se transladem princípios e leis da Física para a tela do Direito, independentemente da pesquisa autônoma no âmbito da realidade que nos cabe estudar.

A determinação, que estamos fazendo do mundo do Direito, tem, entre outras vantagens, a de mostrar que nós não podemos procurar, às cegas, em outras ciências aquilo que só a nossa situação, nos limites ônticos do Direito, nos pode dar.

O jurista, portanto, realiza um trabalho de compreensão, quer dizer, de estimativa, procurando interpretar a regra em seu significado, em seu sentido, subordinando-lhe o fato, que a prova dos autos retrata, na totalidade de sua força.

Se arrancarmos o elemento valorativo do mundo da cultura, nada terá sentido. Groethuysen, discípulo ilustre de Dilthey, dá-nos exemplo interessantíssimo, mostrando o que representa o elemento estimativo na compreensão dos fenômenos culturais.

Imaginemos, diz ele, que repentinamente a Humanidade se torne insensível, sem vibrações estéticas, por ter-se-lhe obliterado o sentido do belo. Que representariam então os museus, como o Louvre, ou o do

FILOSOFIA DO DIREITO

Vaticano? Uma coleção de coisas, uma reunião de objetos em que nada vibra. Pedaços de granito ou de mármore, blocos de bronze, retalhos de telas, algo que se parte, que se fragmenta. Poder-se-ia "explicar" o material todo, mas já se não poderia "compreender". O elemento axiológico é a essência da compreensão da cultura. No fundo, cultura é *compreensão;* e compreensão é *valoração. Compreender, em última análise, é valorar, é apreciar os entes sob prismas de valor, vivenciando-os.*

A discriminação que acabamos de fazer é das mais importantes, porque ela nos abre perspectivas para a compreensão do que seja a Ciência do Direito e de sua metodologia na realização das tarefas mais próprias do jurista.

Interpretar uma lei não é explicar a lei, mas é compreendê-la. Não basta ter o espírito lógico, procurando penetrar nas *nuances,* nos matizes dos textos legais, porque, muitas vezes, esse trabalho de mera análise formal leva à deturpação do Direito.

Dante já dizia ser Mefistófeles um grande lógico: não raro mata-se a verdade, reduzindo-a apenas à sua forma lógica pura. Não há maior inimigo dos bens culturais do que a preocupação de transformá-los em logicidade pura. É o que acontece quando se quer esvaziar o Direito de seu conteúdo, para que pareça com uma forma geométrica, sem correspondência perfeita na realidade concreta da vida.

Veremos estas tendências puramente formalísticas e logicísticas do Direito procurando transformar as normas jurídicas em meros juízos lógicos, que poderiam ser estudados em si e de per si, sem receber o conteúdo da experiência humana, que é essencialmente histórico.

Capítulo XVIII

Leis Naturais e Leis Éticas — Teoria e Prática

O Problema da Sanção

107. O FATO E A LEI — Já dissemos que as leis naturais não são sancionadas, nem sancionáveis, porque as conseqüências por elas previstas resultam necessariamente do fato em seus nexos causais[1]. As leis morais ou jurídicas não se podem, porém, compreender desprovidas de sanção. Examinemos melhor o assunto que é de manifesta importância.

Houve quem tentasse estabelecer as bases de uma Ética sem sanção, mas a tentativa é reputada, em geral, falha. Não é possível conceber ordenação da vida moral sem se prever uma conseqüência que se acrescente à regra, na hipótese de violação. Parece paradoxal, mas é verdadeiro que as leis físicas se enunciam sem se prever a sua violação, enquanto que as leis éticas, as jurídicas inclusive, são tais que seu inadimplemento sempre se previne. É próprio do Direito a possibilidade, entre certos limites, de ser violado. O mesmo se deve dizer da Moral. A violação da lei física envolve conseqüências imanentes ao processo,

---

1. Deixamos aqui de examinar o complexo problema da "necessidade" das leis causais. Bastará lembrar que a inferência nelas enunciada pode ser apenas provável, mas a probabilidade deve ser consideravelmente superior à metade para que o princípio em questão possa ser chamado validamente de "lei causai" (RUSSELL, *Human Knowledge,* pág. 326). (V. *supra,* págs. 156, 218 e segs.)

FILOSOFIA DO DIREITO

prescindindo de disciplina acessória. Por outro lado, quando se observa que um fato não é plenamente explicado por uma lei física, esta não subsiste mais como lei, mas apenas como momento do conhecimento que se põe de maneira nova, capaz de abranger o fato não previsto e conflitante. No mundo ético, ai de nós se cada fato novo envolvesse a destruição da regra!

As leis que proíbem o homicídio ou o furto são violadas diariamente, e, nem por haver homens e grupos que violem ditas leis, elas devem deixar de existir. Ao contrário, nós podemos dizer, como disse um grande filósofo da Itália no século passado, Rosmini, que o Direito brilha com esplendor invulgar onde e quando violado[2]. É exatamente no momento da violação da lei jurídica que ela resplende com mais intensidade, provocando a tutela, a garantia, a salvaguarda daquilo que se estima valioso.

Há, pois, uma diferença fundamental entre esses dois grupos de leis, das leis físicas e das leis éticas, de ordem causai umas, teleológicas as outras; insancionáveis as primeiras, sancionáveis as segundas; leis não referidas ao mundo dos valores, as físicas; leis essencialmente axiológicas, as que regem o mundo do direito ou da Moral. São dois mundos, que não se repelem nem se excluem, mas, ao contrário, se completam, porque na base do mundo da cultura está sempre o mundo da natureza.

O jurista ou o cultor das ciências morais não desprezam o que é natural, mas o "compreendem", aceitando as explicações que as ciências exatas lhes propiciam, delas se servindo para a consecução de seus fins[3].

---

2. Antonio Rosmini Serbati, *Filosofia del Diritto,* 1865, 2ª ed., vol. I, pág. 126.

3. Não há, pois, antinomia entre natureza e cultura, e, consoante dizer que Eduardo Spranger, "toda cultura radica no seio da natureza e no complexo vital condicionado por ela", sendo certo que "em virtude do significado insuflado à matéria e aos elementos naturais, o substrato sensível converte-se em algo diferente do que constituía a sua mera peculiaridade física. A atribuição de um sentido vai se tornando cada vez mais independente do caráter particular do substrato material". (*Ensayos sobre la Cultura,* cit., págs. 45 e segs.)

Entre nós, Tobias Barreto talvez tenha exagerado o contraste entre natureza e cultura ao escrever que esta é "a *antítese* (sic) da natureza, no tanto quanto ela importa uma mudança no *natural,* no intuito de fazê-lo belo e bom" *(Questões Vigentes,* ed. do Estado de Sergipe, pág. 140) mas a sua compreensão revela-se bem mais nítida do que a de Sílvio Romero ou de Clóvis Bevilágua. Sobre este assunto, v. nosso ensaio "O Culturalismo na Escola do

254   MIGUEL REALE

108. Todas as ciências da realidade têm a experiência como seu ponto de partida, procurando apreender ou captar aquilo que nela ou por ela se revela. Algumas ciências limitam-se, como vimos, a explicar funcionalmente os fenômenos, enquanto outras implicam uma compreensão de natureza teleológica, a qual pode determinar uma tomada de posição estimativa do espírito e, por conseguinte, a formulação de normas.

Do fato se passa à lei, assim como da lei se volve ao fato. Esta passagem, no entanto, não se realiza da mesma forma, pelo mesmo processo, quando se trata de fato puramente físico, ou então, de um fato de ordem cultural, seja econômico, histórico, jurídico ou moral.

No primeiro caso a passagem é, de certa maneira, direta, visto como a lei física não faz senão retratar nos fatos aquilo que neles é constante e está implícito. Explicar, como esclarecemos anteriormente, é tornar explícito aquilo que está implícito no fato. O cientista que no seu laboratório realiza experiências químicas procura revelar nexos objetivos que já se contêm no fato, embora tenha de recorrer logicamente a elementos estranhos de referência ou redução e se valha das teorias vigentes.

Assim sendo, embora se explique um fato por outro, por referência ou redução, a explicação não resulta de algo positivamente atribuível ao sujeito em virtude de seu *coeficiente de estimativa,* que pode ser de ordem individual ou coletiva.

A compreensão, que é própria das ciências culturais, representa, ao contrário, um ato positivo de envolvimento do fenômeno, quase que diríamos de "penetração do objeto" para situá-lo no seu sentido total para a existência humana. Essa integração vetorial ou de sentido pode culminar na determinação de *leis gerais de tendência* ou em *esquemas ideais* e tipificadores de ação, ou então, em verdadeiras *normas* de con-

---

Recife", nos *Anais do I Congresso Brasileiro de Filosofia,* São Paulo, 1950, vol. I, págs. 209 e segs. e em *Horizontes do Direito e da História,* cit.

O ponto de vista de TOBIAS coincide, aliás, com o de vários culturalistas do Direito, como, por exemplo, MAX ERNEST MAYER que escreve: "Só a natureza é cega para o valor e, por isso, é a antítese da cultura". *(Filosofía del Derecho,* trad. de Legaz y Lacambra, Ed. Labor, 1937, pág. 81.)

FILOSOFIA DO DIREITO

duta: donde a distinção entre ciências culturais puramente *compreensivas* e ciências culturais *normativas,* a que já fizemos referência[4].

É por essa razão que para se atingirem leis, como, por exemplo, as leis jurídicas, torna-se necessária uma tomada de posição volitiva perante o fato, tomada de posição que constitui momento essencial de sua gênese, o que não ocorre no domínio da Sociologia e da História. Em ambos os casos, porém, há valoração e compreensão, pois são todas ciências culturais.

Entre o fato natural e a lei física não existe solução de continuidade, porquanto a lei sistematiza o que se contém implicitamente no fenômeno mesmo. A explicação é, pois, *funcional* e insuscetível de receber "sanção", conceito este muitas vezes confundido com a simples idéia de efeito ou de conseqüência.

Já no plano das ciências culturais é *possível* haver sanção e muitas vezes a sanção é necessária, quando se trata daquela espécie de ciências, cujas valorações implicam uma escolha e a afirmação de *pautas obrigatórias de conduta.*

Neste ponto julgamos conveniente tratar do problema da sanção, sobre o qual vamos desenvolver, mais tarde, algumas considerações, visando propriamente à natureza da sanção jurídica. Por ora, vamos examinar o problema da sanção em âmbito mais amplo ou filosófico.

Sanção é toda conseqüência que se agrega, intencionalmente, a uma norma, visando ao seu cumprimento obrigatório.

Sanção, portanto, é somente aquela conseqüência querida, desejada, posta com o fim específico de tutelar uma regra. Quando a medida se reveste de uma expressão de força física, temos propriamente o que se chama *coação.* A coação, de que tanto falam os juristas é, assim, uma espécie de sanção, ou seja, a sanção de ordem física.

Esclarecido, assim, o conceito de sanção, perguntamos se ela é compatível com o plano das ciências naturais.

---

4. Cf. cap. XVII, págs. 240 e segs. e *Lições Preliminares de Direito,* cit., capítulo IV.

256   MIGUEL REALE

À primeira vista, parece que sim, que quem desrespeita a natureza sofre uma sanção. É que nós estamos dando indevidamente a um "efeito físico" o nome de sanção. É claro que o médico, que dê uma dose de arsênico superior à resistência do doente, provoca efeito de conseqüências desastrosas. O não cumprimento de uma lei natural envolve necessária e automaticamente uma conseqüência. Não devemos, porém, chamar a esta conseqüência de sanção, porque ela está *imanente no processo.*

No plano da natureza, o efeito já se contém no fato, resultando da posição de certos antecedentes de forma predeterminada. Não é possível ou necessária a interferência de nenhum ato volitivo para que a conseqüência sobrevenha.

No mundo jurídico, ao contrário, a conseqüência pode sobrevir ou não, conforme surja ou não, extrínseca ou externamente ao processo, uma sanção.

Quantas e quantas violações da lei jurídica não são perpetradas sem conseqüências! Não nos referimos só aos crimes impunes por ignorados, mas às lesões jurídicas que se verificam no plano do Direito Civil ou do Direito Comercial, e que passam, muitas vezes desapercebidas ou sem qualquer emenda ou sanção. A conseqüência no mundo da natureza não resulta, por conseguinte, de uma tomada de posição do sujeito ou do homem, ligando deliberadamente ao processo uma conseqüência. Isto só acontece no plano ético, que, desse modo, suscita o problema da tomada de posição perante os fatos, para agregar-lhes algo extrínseco a eles, com fundamento em sua garantia social[5].

Podemos ter aqui uma idéia preliminar ou prévia da norma como o resultado de uma tomada de posição perante um processo fático, para abrangê-lo no sentido de um valor a realizar de maneira garantida.

Toda vez que surge uma regra, há certa *medida estimativa do fato,* que envolve o fato mesmo e o protege. A norma envolve o fato e, por

---

5.   Pode-se afirmar que em todo juízo de valor, como lembra STEVENSON, há um propósito de persuadir, uma pretensão de convencer para induzir à ação. Sobre o alcance e os limites desta doutrina, bem como do neopositivismo jurídico em geral, v. BAGOLINI, "Aspetti della critica dei valori etico-giuridici nel pensiero contemporaneo", na *Rev. Int. di Fil. del Diritto,* 1950, fasc. II.

FILOSOFIA DO DIREITO

envolvê-lo, valora-o, mede-o em seu significado, baliza-o em suas conseqüências, tutela o seu conteúdo, realizando uma mediação entre o valor e o fato.

109. Há, portanto, uma distinção clara entre a lei física e a lei ética ou, se quiserem, mais particularmente, entre a lei física e a lei jurídica, podendo dizer-se que a *lei ética* é uma espécie de *lei cultural* (concernente sempre a fatos humanos) de tipo normativo, implicando sempre uma sanção. É claro que nem toda *lei cultural* é lei ética pois há as de tipo puramente compreensivo, como as leis sociológicas, por exemplo, que traduzem apenas "conexões de sentido", sem normatividade. A falta de normatividade e de sanção é que leva alguns autores a ver na Sociologia uma ciência *explicativa,* tanto como as ciências naturais. Sendo, porém, a sociedade em si mesma algo de historicamente constituído, isto é, um bem cultural, as leis respectivas transcendem o plano da mera explicação causal, por mais que o sociólogo pretenda ver os fatos sociais objetivamente como coisas.

Podemos dizer, outrossim, que a lei física é uma explicação funcional do fato, processada em virtude de juízos de realidade ou juízos de fato, sem importar em sanção, porque os efeitos já estão imanentes no próprio fato, sendo previsível nos limites de certas implicações explicativas.

A lei ética ou, de maneira especial, a lei jurídica é a compreensão de um fato enquanto cultural, que se realiza em virtude de uma tomada de posição volitiva, de que resultam juízos de valor, que implicam responsabilidade e sanção.

A distinção entre as duas esferas parece-nos bastante clara. Devemos, porém, evitar certos equívocos, como o de pensar que se trata de duas ordenações separadas, radicalmente distintas, como se jamais se tocassem. É este o erro que encontramos em certos autores apegados ao formalismo ético de Kant, e, especialmente, em alguns neokantianos ligados à Escola de Marburgo: se, como já dissemos, a *cultura* pressupõe a *natureza* como condição de sua gênese e desenvolvimento, a *compreensão* pressupõe a *explicação.* A compreensão que o jurista adquire da norma de direito implica o conhecimento *explicativo* dos *fatos* a que a norma se refere, fatores esses que envolvem necessariamente enlaces de causalidade ou de ordem funcional.

258 MIGUEL REALE

Outra observação que desejamos fazer é quanto aos efeitos e ao alcance das duas classes de lei ora examinadas.

No mundo da natureza, pode-se estabelecer uma funcionalidade estatística entre condições e conseqüências. Dadas iguais circunstâncias, prevêem as leis naturais os mesmos e determinados efeitos[6]. No mundo da cultura, a condições idênticas podem ligar-se dispositivos jurídicos diversos de um país para outro, em virtude de variações nos índices de estimativa ou dos interesses ideológicos em conflito.

Os romanos, que foram mestres da experiência jurídica, diziam que uma pequenina diferença de fato ocasiona distintas e profundas conseqüências de direito: — *minima differentia facti maximas inducit consequentias juris.*

Muitas vezes, o advogado equivoca-se, aplicando numa determinada hipótese jurídica resultados ou modos de apreciações que foram válidos para outro caso. O jurista, no fundo, é como o médico, que deve fazer o diagnóstico de cada doente e não o diagnóstico das doenças.

Não é só no Direito Penal que é mister considerar singularmente a pessoa de cada delinqüente dotado de características irredutíveis a qualquer outra pessoa; também no campo do Direito Civil ou Direito Comercial devemos atentar para a singularidade de cada caso.

Por outro lado, todo fato que se põe contra uma norma jurídica desencadeia uma sanção; todo fato não previsto na conceituação de uma lei física não implica sanção, mas sim a correção do enunciado da lei. Sob este prisma, uma lei sociológica é comparável a uma lei física, participando de características de urna e da outra espécie de ciências, o que lhe dá certa imprecisão de contornos. Daí termos dito que as leis sociológicas, assim como as históricas, são "espécies de leis culturais de caráter puramente compreensivo", enquanto que as leis éticas são "compreensivo-normativas" (v. *supra,* nº 106).

---

6. Sobre a concepção das "leis causais", conforme ao atual estado das ciências, v. RUSSELL, *op. cit.,* págs. 326 e segs. e ainda *Our Knowledge of the External World,* Londres, 1925, págs. 214 e segs., onde se lê: "Uma lei causai habilita-nos a inferir a existência de uma *coisa* (ou *acontecimento)* da existência de uma ou mais outras coisas" (pág. 216).

FILOSOFIA DO DIREITO   259

A diferença, no entanto, entre lei física e lei jurídica é bem mais nítida. Imagine-se se todo ato de furtar ou de matar tivesse como conseqüência revogar o Código Penal. No entanto, qualquer fato que surja como exceção às previsões da lei química ou física respectiva implica, *ipso facto,* a necessidade de adequação da lei ao fato.

Reconhecida a distinção entre o que se chama o mundo da natureza e o mundo da cultura, importa não os destacar de maneira absoluta, mas antes compreender sua ligação essencial.

É preciso configurar os mundos da cultura e da natureza sem antinomias inexoráveis: — toda cultura tem em sua base a natureza. Isto resulta evidente do simples exame que já fizemos de que o valor pressupõe sempre um suporte, algo em que se apóia e através do qual se manifesta. Os valores revelam-se nas coisas valiosas e não em si ou de per si, como categorias ontológicas puras. De maneira que podemos dizer que a cultura é a natureza mesma transformada pelo homem, na medida em que essa transformação se harmoniza com o que há de específico no homem.

O mundo da cultura poderia ser considerado "envolvente" em confronto com o mundo da natureza. As ciências culturais não podem prescindir dos fatos. A compreensão é algo que surge com a explicação ou depois dela, mas que, em todo caso, a envolve e supera: tal superamento do plano explicativo, menos acentuado na Sociologia, mais acentuado nos domínios da História, torna-se ainda mais pronunciado no campo das ciências éticas, como a Moral e o Direito.

O jurista, antes de pôr o problema da norma, que é um problema de tomada de posição perante o fato, deve estar habilitado a analisar objetivamente a realidade social e a explicar os seus elementos e processos, segundo os ditames de ciências não-normativas como a Sociologia e a Psicologia.

Ciências Especulativas e Normativas — Ciência e Técnica

110. As considerações anteriormente expendidas levam-nos a situar de forma um pouco diferente da usual um dos problemas mais delicados, que é o da distinção entre *ciências especulativas* e *ciências normativas.*

260   MIGUEL REALE

No fundo, toda ciência é especulativa, porquanto representa sempre uma atitude teorética de captação do real nos seus nexos causais ou em seus significados. As ciências da natureza são sempre puramente especulativas, ao passo que no domínio da cultura há, como já vimos, possibilidade de se distinguirem dois tipos, segundo a existência ou não do enlace de normatividade.

As ciências, com efeito, cuja tarefa se exaure na mera explicação ou na pura compreensão, são propriamente ciências especulativas puras ou especulativas propriamente ditas. Há outras ciências culturais cuja compreensão implica, necessariamente, como é o caso do Direito, uma tomada de posição apreciativa, da qual decorre a formulação de *regras* que estatuem a obrigatoriedade de um comportamento, cominando penas aos transgressores ou vantagens e garantias aos que as cumprirem *(sanções penais e premiais)*.

Enquanto que as ciências *especulativas* (explicativas ou puramente compreensivas) se limitam a enunciar leis que *indicam* conexões causais ou conexões de sentido, as ciências *normativas* vão além: *prescrevem* o caminho que *deve ser* seguido, tendo em vista a realização ou a preservação de algo reputado valioso. É certo que também as ciências puramente compreensivas, como a Sociologia e a História, possuem um *conteúdo* de natureza estimativa, mas *o que as distingue das normativas ou éticas é a diferente maneira de apreciar o elemento axiológico: naquelas os valores são meios ou formas de compreensão; nestas os valores são, além disso, motivo e razão de conduta.*

A Ciência Jurídica é uma ciência cultural normativa, visto como o jurista não se limita a explicar o que ocorre, mas envolve, abrange o que acontece, postulando um fim a ser atingido, fim este que é medida de conduta[7].

Evitamos, de certa maneira, o emprego da expressão "ciência prática", porque pode dar lugar a algumas confusões.

Põe-se, a esta altura, outro problema. Onde situar o que se chama *Técnica* e qual a nota distintiva das "normas técnicas"? Será possível

---

7. Cf. *supra,* ns. 106 e 109. Para maiores elucidações, v. MIGUEL REALE, *O Direito como Experiência,* cit., Ensaio V, *Lições Preliminares de Direito,* cit., capítulos I e II e *Experiência e Cultura,* cit.

identificar Técnica e Ciência normativa? Ou representam duas posições diversas?

O problema é dos mais delicados, porque existe um campo onde as normas técnicas coexistem com as éticas. O Direito está cheio de normas técnicas. Muitos filósofos ou teóricos do Direito declaram que as normas jurídicas são apenas normas técnicas. Há mesmo um livro de um filósofo do Direito — Adolfo Ravà — intitulado *O Direito Como Norma Técnica*. É esta a tendência por assim dizer dominante na Jurisprudência norte-americana, no sentido de explicar o Direito em termos tecnicistas.

A Técnica, no entanto, é uma aplicação particular e opcional da ciência. A Ciência normativa, a nosso ver, é momento necessário e universal que se põe em dados casos, em razão da natureza axiológica da questão tratada, cuja compreensão envolve o reconhecimento de um *dever* a ser cumprido, muito embora possa não ocorrer. A Técnica, ao contrário, resulta da "explicação" dos fatos, com *opção* de agir para alcance de um determinado fim particular. É a razão pela qual, se a norma ética também assegura uma opção de agir desta ou daquela outra maneira, já consagra, no entanto, de antemão, dada via de comportamento como legítima ou lícita, cominando sanção aos que preferirem trilhar as demais.

Poderíamos dizer que a *Técnica* abrange regras necessárias quanto aos *meios* (a Técnica equaciona meios idôneos ao resultado a ser atingido) mas deixa livre a escolha dos fins, embora implique um processo de valoração; já a *Ética* se ordena segundo regras que põem necessariamente *fins* de validade universal, do qual resultam o *dever* e a *sanção* legitimando os meios ou vias admitidos.

A regra de direito brota, de maneira vinculatória, da apreciação axiológica de certos fatos. É o próprio processo compreensivo que, em certo momento, coloca o observador perante a necessidade de uma atitude estimativa, da qual resulta a *norma* como via a ser universalmente seguida, quaisquer que sejam os pontos de vista do destinatário. Já no campo das regras técnicas, a preferência por uma via não tem caráter *vinculatório,* podendo o destinatário optar por outras que julgar mais convenientes ao fim visado.

Como escreve Ravà, as *normas técnicas* constituem uma derivação das lei da natureza, e quase uma sua inversão para fins práticos. A lei natural declara: toda vez que se verifica A, verifica-se B; a norma técnica inverte esse enunciado, dizendo: se queres que se verifique B, procura fazer verificar A.

Acrescenta o pensador peninsular — e esta observação bastaria para contraditar sua inclusão do Direito no campo da Técnica — que toda violação de normas técnicas acarreta uma *sanção natural* (melhor diríamos: conseqüências inevitáveis, automáticas e previsíveis), enquanto que a violação das normas éticas pode permanecer sem sanção. Além disso, a sanção representa sempre "algo de acrescentado, de artificial, ou pelo menos de estranho à natureza mesma da norma, e não de intimamente conexo com ela e inelutável, como acontece com as normas técnicas"[8].

111. TEORIA E PRÁTICA — A distinção das ciências em *teóricas,* que têm por objeto o conhecimento em si mesmo e *práticas,* que visam o conhecimento como guia da conduta, é bastante antiga, já que nos vem de Aristóteles, o qual, aliás, acrescenta uma terceira divisão, a das ciências *poéticas* ou produtivas como se vê em sua *Metafísica,* L. VI, cap. I.

Essa distinção é aceita e desenvolvida por continuadores do estagirita que distingue as ciências em *especulativas* e *práticas,* segundo tenham por objeto a ordem das coisas ou a ordem de nossos atos. Quando uma ciência tem por objeto uma ordem de relações necessárias, insuscetível de ser alterada por nossa inteligência e por nossa vontade, como, por exemplo, a ordem do universo estudada pela Astronomia, é uma *ciência especulativa.* Com referência aos fenômenos de ordem física não podemos fazer senão "speculari", observar, não nos sendo lícito alterar a ordem dos fatos. A ciência especulativa tem, pois, por objeto uma ordem que existe independente de nossa vontade. Já as *ciências práticas* se caracterizam por estudarem ordens de relações contingentes, suscetíveis de ser modificadas segundo fins que nos são conaturais, como, por exemplo, a Ética. Entre as *ciências especulativas,* os escolásticos colocam, de acordo com o grau crescente da respectiva abstração dos dados da experiência,

---

8. ADOLFO RAVÀ, *Diritto e Stato nella Morale Idealistica, I,* "Il diritto come norma técnica", Pádua, 1950, págs. 11 e segs. Para uma crítica de seu tecnicismo jurídico, v. MIGUEL REALE, *Fundamentos do Direito,* cit., págs. 207 e segs.

FILOSOFIA DO DIREITO 263

a Física (termo que ainda empregam para indicar o conjunto das ciências naturais), a Matemática e a Metafísica. Entre as ciências práticas ou operativas estão a Estética, a Lógica e a Ética, que têm em vista, respectivamente, orientar na realização da beleza, da verdade, ou do bem. É claro que o Direito é considerado uma ciência prática, subordinada diretamente à Ética, como a espécie se contém no gênero.

Não vamos aqui mostrar a insuficiência ou o limitado alcance dessa classificação das ciências. O que nela nos parece procedente é a noção geral de que há ciências que visam mais ao conhecimento pelo conhecimento, ao passo que outras visam mais conhecer para agir, ou seja, ordenam o conhecimento segundo uma essencial preocupação prática, e mais ainda se elevam a uma *normatividade necessária*. Isto, porém, não nos parece bastante para conservar a distinção entre ciências teóricas e práticas.

Observa Del Vecchio que os primeiros princípios, que constituem o objeto da Filosofia, podem se referir ao *ser* e ao *conhecer,* ou ao *agir,* ou, como preferem dizer outros, ao *ser enquanto verdade* ou ao *ser enquanto bem:* daí a divisão geral da Filosofia em *teórica* e *prática.*

Mesmo assim entendida a divisão geral, logo surgem divergências entre os pensadores, pois, ao passo que o mestre de Roma considera a Metafísica, a Gnoseologia, a Lógica, a Psicologia e a Estética como partes da Filosofia Teórica, dividindo a Filosofia Prática ou Ética tãosomente em Filosofia Moral e Filosofia do Direito, outros não concordam com a colocação da Lógica e da Estética na primeira daquelas classes, alegando que estas ciências visam dirigir o homem na realização do belo e do verdadeiro e seriam, por conseguinte, *práticas.*

Tais divergências se explicam uma vez que atentemos ao fato de que não existem ciências teóricas nitidamente diferençadas das ciências *práticas,* assim como não existe diferença absoluta entre *teoria* e *prática*[9].

---

9. Sobre esta questão, v. as considerações expedidas por João Mendes Júnior nas obras indicadas em nosso trabalho "Escolástica e Praxismo na Teoria do Direito de João Mendes Júnior", na *Rev. Bras. de Filosofía,* São Paulo, 1957, págs. 35 e segs. e no volume *Filosofia em São Paulo,* 2ª ed., 1976.

264 MIGUEL REALE

Não existem, em verdade, homens exclusivamente práticos, assim como não existem homens exclusivamente teóricos. Mas é inegável que certos homens vivem mais preocupados com os trabalhos da inteligência pura, enquanto outros se afirmam, de preferência, no campo das realizações práticas. Como diz Croce em sua *Filosofia della Pratica*, basta o exame superficial dos caracteres somáticos humanos para se ter a intuição da diferença relativa que corre entre indivíduos "teóricos" e indivíduos "práticos", aqueles de temperamento mais nervoso e inquieto, estes de temperamento mais muscular e de gestos positivos. O certo é que se não pode negar, como ainda observa Croce, o caráter deveras peculiar que a volição e a atividade prática conservam perante o conhecimento, pois "a luz intelectual é fria, a vontade é cálida", e quando "da contemplação teorética se passa à ação e à prática, tem-se quase o sentimento de gerar; e os filhos não se fazem com pensamento e com palavras"[10].

De certa forma podemos dizer que a Humanidade se distribui entre dois extremos ideais, entre o tipo ideal do homem teorético absorvido na contemplação pura da verdade, e o tipo ideal do homem prático dedicado inteiramente à ação, que pisa a terra só com o sentido de posse e não com a curiosidade de conhecê-la ou contemplá-la. Isto, porém, não é bastante para legitimar a distinção entre ciências teóricas e práticas.

112. Há autores que contestam a distinção ora exposta entre ciências naturais e ciências culturais, dizendo que só existe um tipo de ciência, cujo modelo é dado pela Física. Todas as ciências deveriam tender a explicar seus fatos como fatos físicos. É especialmente no chamado neopositivismo que encontramos exemplos dessa atitude monística, no sentido de só existir uma ciência ou um tipo de lei segundo o modelo exemplar da Física *(fisicalismo)*. Segundo esse prisma, quando uma ordem de estudos ou de indagação não satisfaz a tais pressupostos, não possui "validade científica", mas podemos afirmar que, hoje em dia, são bem poucos os positivistas lógicos que compartilham de tal ponto de vista demasiado estreito.

A conclusão a que se chega neste campo é exatamente no sentido de que o Direito, por exemplo, não é uma ciência, mas uma simples arte

---

10. Benedetto Croce, *Filosofia della Pratica*, 4ª ed., Bari, 1932, pág. 12.

ou uma técnica mais ou menos feliz, conforme aplique as verdades expressas nas leis físicas que regeriam a sociedade.

A nosso ver, aceitar esse monismo científico, pretendendo reduzir tudo ao espelho das ciências físicas, representa um dos mais graves equívocos, importando na alienação do homem às coisas.

Isto talvez possa interessar àqueles que pensam que a Humanidade será governada cada vez mais pelas coisas. Nós acreditamos, ao contrário, que as coisas serão governadas cada vez mais pelos homens.

Aqui se põe o problema do próprio homem. Fichte disse muito bem que, antes de se saber que Filosofia se tem, é preciso saber que tipo de homem se é. Há os que nascem para se modelarem segundo coisas, como há os que existem para modelar as coisas segundo o homem.

Capítulo XIX

Bem Pessoal e Bem Coletivo

Justiça e Bem Comum

113. PESSOA E SOCIEDADE — Na discriminação dos valores [1], demos realce ao valor do *bem* como força ordenadora da Ética e momento culminante da vida espiritual, pois é só tendendo a realizar o que lhe parece ser o seu bem, em harmonia com os demais, que o homem se revela aos outros e a si próprio.

Já Aristóteles, no início da *Política,* nos ensina que o homem não quer apenas viver, mas *viver bem.* Esta expressão não deve ser tomada, é claro, no sentido aparente de fruição de valores materiais, confinada nossa existência entre os horizontes das preocupações imediatas. O bem, a que o homem se destina e que lhe é conatural e próprio, diz respeito ao seu aperfeiçoamento moral, como único ente, cujo *ser* é o seu *dever ser,* como tal capaz de modelar-se segundo influências subjetivas e sociais, mas afirmando a sua liberdade instauradora de algo original.

Sendo um ser, cuja autoconsciência exige o reconhecimento da correspondente dignidade alheia, o *bem* do homem não pode deixar de ser integração de duas perspectivas: a do *ego* e a do *alter.*

Se, como diz Scheler, o *bem* consiste em servir a um valor positivo sem prejuízo de um valor mais alto, o bem social ideal consistirá em

---

1. Cf. cap. XVI.

FILOSOFIA DO DIREITO 267

servir ao todo coletivo respeitando-se a personalidade de cada um, visto como evidentemente ao todo não se serviria com perfeição se qualquer de seus componentes não fosse servido.

Na realidade, impõe-se preservar o bem do indivíduo como ponto final, como fim a que se deve tender de maneira dominante; mas, ao mesmo tempo e correspondentemente, é mister salvaguardar e acrescer o bem do todo, naquilo que o bem social é condição do bem de cada qual. Há, portanto, dois aspectos do problema do bem ou, por outras palavras, dois momentos de realização do valor do bem — um individual, outro social.

O bem, enquanto bem do indivíduo, como fim último dessa direção axiológica, constitui o objeto da Moral, e objetivo último da Ética. É nesse sentido que Miguel de Unamuno dizia que o homem vale mais que toda a Humanidade. Não é no sentido sociológico ou jurídico. A Moral tende a apreciar o homem naquilo que é específico e singular da pessoa.

O bem, visto como valor social, é o que chamamos propriamente de *justo,* e constitui o valor fundante do Direito. Já em nossa tese sobre os *Fundamentos do Direito,* sustentamos duas proposições fundamentais: 1) — toda Axiologia tem como fonte o valor da pessoa humana; e 2) — toda Axiologia *jurídica* tem como fonte o valor do *justo,* que, em última análise, significa *a coexistência harmônica e livre das pessoas segundo proporção e igualdade.*

O valor próprio do Direito é, pois, a *Justiça* — não entendida como simples relação extrínseca ou formal, aritmética ou geométrica, dos atos humanos, mas sim como a unidade concreta desses atos, de modo a constituírem um *bem intersubjetivo* ou, melhor, o *bem comum.*

A *Justiça* que, como se vê, não é senão a expressão unitária e integrante dos valores todos de convivência, pressupõe o valor transcendental da pessoa humana, e representa, por sua vez, o pressuposto de toda a ordem jurídica. Essa compreensão histórico-social da Justiça leva-nos a identificá-la com o *bem comum,* dando, porém, a este termo sentido diverso do que lhe conferem os que atentam mais para os elementos de "estrutura", de forma abstrata e estática, sem reconhecerem que o *bem comum* só pode ser concebido, concretamente, como um processo inces-

268   MIGUEL REALE

sante de composição de valorações e de interesses, tendo como base ou fulcro o valor condicionante da liberdade espiritual, a pessoa como fonte constitutiva da experiência ético-jurídica.

A distinção dos aspectos relativos ao bem *enquanto social* e ao bem *enquanto individual* evidencia tanto a necessidade de distinguir, como a de correlacionar o Direito e a Moral, como veremos oportunamente[2].

Queremos apenas acrescentar que a Moral e o Direito não esgotam a problemática da Ética. Além da conduta moral e da conduta jurídica, existem outras formas de comportamento, que são governadas por outras expressões possíveis do bem, como podemos ver nas chamadas regras de "costumes", isto é, de convenção social, de trato social, de etiqueta, de elegância, e civilidade que realizam, a seu modo, o valor do *bem*.

Em conclusão, a discriminação acima já nos habilita a situar a experiência jurídica como: 1) uma experiência histórico-cultural; 2) de natureza ética; 3) e normativa; 4) que tem como valor fundante o bem social da convivência ordenada, ou o valor do justo.

114. Não é possível tratar aqui de todas as doutrinas que têm procurado determinar o conteúdo do bem. Alguns autores prendem-se à linha do pensamento clássico, concebendo o bem como felicidade, ou seja, como a realização daquilo que postula a plenitude do ser e, como tal, a harmonia do indivíduo consigo mesmo. De maneira geral, poder-se-ia dizer que, em tal caso, o bem é aquilo a que o homem tende por natureza, graças ao que representa em seu espírito a nota dominante ou o elemento fundamental, que é a razão. Viver segundo a natureza é viver segundo a razão.

Outros autores reduzem o bem à noção do útil, ou do economicamente apreciável, ou, então, à satisfação dos valores mais imediatos da existência.

Se nos colocarmos no ponto de vista do conteúdo, haverá tantas concepções do bem quantas as expressões axiológicas fundamentais, porquanto o poeta dirá que seu bem consiste na realização dos valores

---

2. V. *infra*, caps. XXXIX e segs.

FILOSOFIA DO DIREITO

estéticos, enquanto que o homem de negócios traduzirá seu ideal em algo de mensurável e vital.

Superando, no entanto, as divergências particulares de conteúdo, fica sempre de pé a noção de que bem é aquilo a que todo homem tende, de conformidade com as suas inclinações naturais, desde que a forma de agir de cada um seja condição do agir dos demais numa unidade concreta e dinâmica entre as partes e o todo.

Não basta que, ao procurar o bem que nos atrai, não causemos dano a outrem, consoante concepção individualista e cômoda que consagra o isolamento ou a autonomia de cada homem como centro de uma trajetória social indiferente à sorte dos demais. Já o dissemos e vale a pena repetir: o homem deve ser apreciado segundo o prisma do indivíduo, e segundo o prisma da sociedade em que ele existe. São duas formas ou maneiras fundamentais de apreciar-se o problema do bem, marcando, efetivamente, dois momentos de um único processo, visto como a colocação de um envolve, necessariamente, a colocação do outro. É nesse sentido que podemos distinguir, mas não separar, o estudo do bem em duas grandes órbitas: a do *bem enquanto individual* e a do *bem enquanto social*. A Moral estuda o bem enquanto individual, ou seja, polarizando tudo em relação ao problema do indivíduo, enquanto que o Direito põe a tônica, o acento caracterizador, sobre aquilo que é social.

Advertimos logo que nem o Direito descuida daquilo que é próprio do indivíduo, nem tampouco a Moral é cega no que tange ou cabe ao todo. Sabemos que existe a *Moral Social,* que se refere aos costumes e comportamentos intersubjetivos dotados de sanção própria. Por outro lado, como será explicado melhor mais tarde, o jurista não descuida do problema do indivíduo, nem muito menos ignora a importância decisiva que o elemento intencional e subjetivo representa na experiência do Direito.

Poder-se-ia dizer que a Moral cuida, de maneira direta, imediata e prevalecente, do bem enquanto individual, e que o Direito se preocupa, de maneira direta, imediata e prevalecente, do bem enquanto do todo coletivo, isto é, do bem comum ou justiça.

Na sua acepção geral, *Ética significa ciência normativa da conduta ou do comportamento humano.* Trata-se, portanto, de um gênero que contém em si espécies, entre as quais citamos a Moral e o Direito.

270   MIGUEL REALE

115. Alguns autores, como, por exemplo, Del Vecchio e Radbruch, mantendo-se fiéis à distinção kantiana entre "doutrina do direito" e "doutrina das virtudes", como parte da "doutrina dos costumes", são partidários de uma dicotomia rigorosa, dizendo que a Ética não abrange senão o Direito e a Moral. Del Vecchio esclarece, aliás, que no seu entender a Ética individual é a Moral, e a Ética social é o Direito[3].

Se perguntarmos que é que representam as regras de "civilidade", de bons costumes, de etiqueta, etc., responderá Del Vecchio que tais normas são de caráter secundário, meras derivações ou aplicações, ora das regras jurídicas, ora das regras morais. Não formariam um campo próprio ou uma região autônoma, mas algo de subordinado aos dois ramos capitais por ele discriminados.

Pensamos, porém, que esta dicotomia não se justifica, porquanto as regras costumeiras, e as demais que compõem a *Moral Social,* e que formam tão larga parte de nosso viver comum, possuem algo que lhes assegura autonomia. Não se pode confundir, por exemplo, uma regra de cortesia com uma regra jurídica, porquanto o ato de cortesia só vale enquanto espontâneo, não se podendo mesmo conceber que alguém possa ser cortês pela violência ou pela força, enquanto que o Direito, muitas vezes, mas nem sempre, se realiza por meios coercitivos.

Por outro lado, as regras de trato social não dizem respeito ao homem como indivíduo, mas sim ao homem como membro de uma coletividade, como sócio. É porque o homem vive integrado em sociedade e entra em relação com os demais que existem as regras de civilidade impropriamente denominadas de "convenção social". Elas ocupam, em suma, uma posição intermediária, mas autônoma, entre as regras jurídicas e as da Moral. Julgamos, assim, que o bem, *enquanto intersubjetivo* pode ser visto segundo dois ângulos distintos, que abrem a perspectiva do Direito e dos costumes sociais.

116. Esta matéria será objeto de estudos mais pormenorizados quando chegarmos ao capítulo das relações entre o Direito e a Moral. Cabe aqui, todavia, mais uma observação de importância quanto ao problema da *justiça,* palavra que se invoca tão freqüentemente sem se

---

3. Cf. cap. XXIV.

FILOSOFIA DO DIREITO

cuidar carinhosamente de seu significado autêntico, sem se indagar de sua rigorosa projeção estimativa. O bem, enquanto coletivo e essencial à sociedade, é o que denominamos *justo* ou *justiça*.

Estamos usando, portanto, a palavra *justiça* na sua significação objetiva, mas não deve ser esquecida a sua acepção subjetiva, visto como tais sentidos, longe de se excluírem, se exigem e se completam.

Lendo obras clássicas, como as de Aristóteles ou Santo Tomás, encontramos comumente a palavra *justiça* entendida no seu sentido *subjetivo,* o que ocorre também entre os juristas romanos. Justiça indica, então, uma *vontade* ou *virtude* do homem. É nesse sentido que os romanos concebiam a justiça como "constans ac perpetua *voluntas"*.

A justiça é vista como inclinação, tendência, forma de querer, como algo, em suma, que está no homem mesmo antes de se realizar na sociedade.

Se o homem age, no entanto, segundo a justiça, obedecendo àquele impulso subjetivo, instaura uma dada ordem social, uma *ordenação de convivência.* Também a essa ordenação social por ele objetivada se dá o nome de justiça ou de justo.

Em nossos dias, usa-se de preferência o termo *justiça* no sentido objetivo, ou seja, para indicar a *ordem social* que os atos de justiça projetam ou constituem, motivo pelo qual temos defendido a tese de que, objetivamente, a *justiça se reduz à realização do bem comum,* ou, mais precisamente: *é o bem comum "in fieri", como constante exigência histórica de uma convivência social ordenada segundo os valores da liberdade e da igualdade.*

Justiça quer dizer, então, ordem social justa, cuja natureza e significado é objeto fundamental da Filosofia do Direito. Em regra, em nosso Curso, usaremos a referida palavra em seu sentido objetivo, tendo o cuidado de indicar toda vez que tomarmos o termo como *virtude* ou *vontade* constante de atribuir a cada um o que lhe é devido.

Individualismo, Personalismo e Transpersonalismo

117. Se afirmamos que o justo é a realização do bem comum ou, por outras palavras, que é o bem enquanto fim intersubjetivo do agir,

272   MIGUEL REALE

surgem, desde logo, três grandes posições possíveis que vamos esquematizar sumariamente.

Em primeiro lugar, há aqueles que sustentam que a ordem social justa não é outra coisa senão o resultado da satisfação do bem do indivíduo como indivíduo *(individualismo)*.

No âmago do pensamento político e econômico do individualismo existe a tese essencial de que, se cada homem cuidar de seu interesse e de seu bem, cuidará, *ipso facto,* do interesse e do bem coletivo. Cada homem, realizando seu bem, realizaria, mediante automático equilíbrio dos egoísmos, o bem social ou o bem comum.

Daí a tese de que o Estado deve ter uma função primordial e essencial, que se esgotaria praticamente na tutela jurídica das liberdades individuais. Cada homem, podendo realizar plenamente seu bem, daí resultaria, como conseqüência inevitável, a felicidade comum. É a tese do individualismo social ou do individualismo jurídico.

Outra posição possível é a daqueles que contestam a possibilidade de uma harmonia espontânea entre o bem do indivíduo e o bem do todo. Sustentam eles, ao contrário, que o bem do todo é condição *sine qua non* da felicidade individual, e que, na realidade, devem preponderar sempre os valores coletivos, só adquirindo autenticidade e plenitude a existência humana quando a serviço do bem social *(transpersonalismo)*. Com tais pressupostos, desdobram-se as perspectivas jurídico-políticas de uma concepção societista ou coletivista do justo, reputando-se equívocas todas as teorias que apresentam a "pessoa humana" como bem supremo. Nesse sentido, não se poderia falar em "Moral individual" senão como aspecto ou momento da "Moral social".

Uma terceira corrente de pensamento procura superar as duas primeiras, mostrando que entre os termos *indivíduo* e *sociedade* não existe nem a harmonia espontânea que a primeira idealiza, nem a inelutável subordinação que a segunda nos oferece. Sustenta — e a nosso ver com razão — que não há possibilidade de se pensar em uma combinação harmônica e automática dos egoísmos individuais, mas também reconhece que a satisfação daquilo que interessa à sociedade, tomada como um todo, nem sempre representa a satisfação de cada indivíduo, que possui algo de irredutível ao social.

FILOSOFIA DO DIREITO 273

Há uma tensão constante entre os valores do indivíduo e os valores da sociedade, donde a necessidade permanente de composição entre esses grupos de fatores, de maneira que venha a ser reconhecido o que toca ao todo e o que cabe ao indivíduo em uma ordenação progressivamente capaz de harmonizar as duas forças.

Fácil é perceber o alcance destes problemas, que condicionam toda a dinâmica jurídica, implicando diferenças básicas que necessariamente balizam a compreensão e a interpretação do Direito. Conforme o conceito que se tenha da justiça, a Política e o Direito comportarão esta ou aquela outra interpretação.

Se em um país dominar a concepção individualista, tudo se fará no sentido de interpretar a lei com o fim de salvaguardar *a autonomia do indivíduo* e de sua vontade em toda a sua plenitude. Ao se interpretarem os códigos, cuidar-se-á sempre de preservar o indivíduo contra as interferências do Poder Público, por se reconhecer que cada homem é o juiz maior e melhor de seus interesses e que, no fundo, cuidando de si mesmo, saberá satisfazer às exigências lícitas da coletividade como tal.

Se, ao contrário, predominar em uma sociedade a concepção coletivista, que der ao todo absoluta primazia sobre as partes, a tendência na interpretação das normas jurídicas será sempre no sentido da limitação da liberdade em favor da igualdade. Não se põe, com efeito, o problema da composição entre o indivíduo e a sociedade, sem que concomitantemente não surja o problema das relações entre a liberdade e a igualdade.

Existirá, é claro, uma terceira maneira de interpretar-se a regra jurídica, quando o intérprete for animado pelo desejo de estabelecer, em concreto, em cada caso ocorrente, aquilo que representa a harmonia possível dos dois fatores.

Em suma, a terceira corrente não estabelece *a priori* uma tese no sentido do predomínio do indivíduo ou do predomínio do todo, mas se coloca numa atitude aderente à realidade histórica, para saber, em cada circunstância, na concreção e fisionomia de cada caso, o que deve ser posto e resolvido em harmonia com a ordem social e o bem de cada indivíduo.

Esta última tendência (a do *personalismo)* é, quase sempre, acorde em reconhecer que no trabalho de composição entre os valores do todo e os dos indivíduos brilha um valor dominante, uma constante axiológica do justo, que é o valor da pessoa humana. O indivíduo deve ceder ao todo, até e enquanto não seja ferido o valor da pessoa, ou seja, a plenitude do homem enquanto homem. Toda vez que se quiser ultrapassar a esfera da "personalidade" haverá arbítrio.

Dizemos, então, em síntese, que na apreciação do bem social ou do justo, ora prevalece uma atitude individualista, ora uma atitude coletivista, ora de cooperação "personalista". A atitude de colaboração personalista, a que nos referimos, não se deve confundir com o *personalismo*, em seu sentido corrente e pejorativo. O personalismo significa o reconhecimento do valor intocável do indivíduo enquanto este se põe como pessoa. A idéia de pessoa representa um elemento ético, que só se revela quando o indivíduo entra em relação com os demais indivíduos e, ao afirmar o seu próprio "eu", é levado a reconhecer, concomitantemente, o valor do "eu" dos demais, transcendendo os limites biopsíquicos de sua individualidade.

Assim como a relação entre o sujeito e o objetivo é o fundamento da Ontognoseologia, a relação de "um eu" com "outro eu" *(alteridade)* é o fundamento da Ética. Poder-se-ia dizer que *a pessoa é a medida da individualidade,* pois quando um indivíduo se coloca perante outro, respeitando-se reciprocamente, ambos se põem como pessoas.

A idéia de *alteridade* será examinada por nós mais tarde, porque é nela que vamos assentar a teoria do *culturalismo jurídico personalista,* que foge tanto do individualismo, que faz abstração de indeclináveis valores sociais, como do transpersonalismo, que acaba por sacrificar o indivíduo aos valores absorventes de uma classe, da sociedade ou do Estado.

PARTE II

Ontognoseologia Jurídica

Título V

Os Temas da Filosofia Jurídica

Capítulo XX

Objeto e Divisão da Filosofia do Direito

Conceito de Filosofia do Direito

118. O termo *Filosofia do Direito* pode ser empregado em acepção lata, abrangente de todas as formas de indagação sobre o valor e a função das normas que governam a vida social no sentido do justo, ou em acepção estrita, para indicar o estudo metódico dos pressupostos ou condições da experiência jurídica considerada em sua unidade sistemática.

No primeiro sentido, Filosofia do Direito corresponde, em última análise, a "pensamento filosófico da realidade jurídica", e é sob esse enfoque que se fala na Filosofia do Direito na Antiguidade Clássica, na Idade Média, ou mesmo na época pós-renascentista. É fato inconteste, pois, que houve discursos filosóficos sobre o Direito antes de terem surgido filósofos do Direito propriamente ditos: eram filósofos e teólogos, moralistas ou políticos que voltavam a sua atenção para o fenômeno jurídico, indagando de suas razões e finalidades.

Não se deve estranhar que tenha havido pensamento filosófico-jurídico, desde quando surgiu a Filosofia, no Ocidente ou no Oriente, em cada área cultural segundo distintas diretrizes. É que o homem é naturalmente levado a filosofar sobre todos os acontecimentos dotados de *validade universal,* ou seja, sobre todas as formas de vida que se revelem constantemente presentes no decurso de sua experiência histórica. Se onde está o homem aí está o Direito, não é menos certo que onde está o Direito se põe sempre o homem com a sua inquietação filosófica, atraído pelo propósito de perquirir o fundamento das expressões permanentes de sua vida ou de sua convivência.

É claro que um jusfilósofo contemporâneo, valendo-se dos parâmetros que hoje caracterizam a sua disciplina, pode tratar da Filosofia Jurídica de Aristóteles ou de Tomás de Aquino, de Hobbes ou de Espinosa, expondo-lhes o pensamento segundo a unidade sistemática implícita em suas pesquisas, mas é, *mutatis mutandis,* tarefa análoga à de quem extrai uma Filosofia Jurídica dos livros de Ética de Bergson ou de Nicolai Hartmann. Na realidade, todo filósofo, ao cuidar das questões pertinentes ao ser ou à existência do homem, não pode deixar de focalizar a problemática jurídica, analisando-lhe, quer a sua possível origem, quer o seu destino ou finalidade, pelo simples motivo de que o Direito é uma das dimensões essenciais da vida humana.

É claro que as formulações teóricas legadas pelos filósofos sobre o legal ou o justo (e um dos seus temas recorrentes é exatamente esse do conflito entre o obrigatório por força de comando legal e o obrigatório em virtude de ditame espontâneo da consciência) representam contribuições irrenunciáveis, inseridas como temas ou problemas no âmbito da Filosofia do Direito *qua talis.*

Parece-me, pois, que cabe distinguir entre uma *Filosofia Jurídica implícita,* que se prolonga, no mundo ocidental, desde os pré-socráticos até Kant, e uma *Filosofia Jurídica explícita,* consciente da autonomia de seus títulos, por ter intencionalmente cuidado de estabelecer as fronteiras de seu *objeto próprio* nos domínios do discurso filosófico. O surgimento da Filosofia do Direito como *disciplina autônoma* foi o resultado de longa maturação histórica, tornando-se uma realidade *plenamente spiegata* (para empregarmos significativa expressão de Vico) na época em que se deu a *terceira fundação* da Ciência Jurídica ocidental, isto é, a cavaleiro dos séculos XVIII e XIX. A meu ver, com efeito, se os romanos constituem, pela primeira vez, o Direito como ciência, graças à esquematização predeterminada e institucional das classes de comportamentos possíveis, a segunda fundação do Direito, como estudo sistemático de uma ordem normativa autônoma, ocorre com Cujas e demais representantes da "Jurisprudência culta" do século XVI, para readquirir nova consciência jurídico-positiva fundante, com a elaboração, no início do século XIX, do Código Civil de Napoleão e as contribuições comple-

FILOSOFIA DO DIREITO

mentares da Escola da Exegese e da Escola Histórica ou dos Pandectistas, ficando superada de vez a pseudociência do Jusnaturalismo Racionalista, duplicata inútil do Direito Positivo.

Pois bem, é por ocasião desse terceiro momento de fundação científico-positiva do Direito que a Filosofia Jurídica começa a adquirir a configuração que nos vem do século XIX, tendo como fonte inspiradora o criticismo kantiano, com o qual se esboça a passagem do *estudo do Direito Natural* para o *estudo da Filosofia do Direito* propriamente dita, fato este que a nova compreensão da Ciência Jurídica iria esclarecer e consolidar. Não concordo, pois, com Del Vecchio quando afirma que Kant pouco teria acrescentado às concepções jusnaturalistas, pois a ele devemos a colocação da temática filosófico-jurídica em termos de compreensão das "condições transcendentais" da experiência jurídica, a começar de sua afirmativa essencial de que "*o direito é o conjunto das condições mediante as quais o arbítrio de cada um deve se acordar com o arbítrio dos outros segundo uma lei universal de liberdade*". Abstração feita de aceitar-se ou não tal conceito, que marca o ápice da concepção liberal do Direito, o que nele me parece valer como verdade adquirida é a correlação entre o conceito de Direito e os de *condicionalidade* e *realizabilidade* da ação no plano prático.

É a partir da correlação entre o conceito do Direito e o fato jurídico concreto (apesar de apenas esboçada por Kant em sua *Doutrina do Direito*) que o problema filosófico-jurídico começa a ser situado segundo bases próprias, inclusive sob o prisma lingüístico, pela substituição, cada vez mais predominante, do termo *Direito Natural* por *Filosofia do Direito*, desde a obra decisiva de Gustavo Hugo, significativamente intitulada *Tratado de Direito Natural como Filosofia do Direito Positivo*, denominação que, como lembra Guido Fassò, inspirou a John Austin o título de sua obra póstuma, *Lições de Jurisprudência ou Filosofia do Direito Positivo*.

Nesse sentido, como ponto decisivo e marcante da passagem do Direito Natural (entendido como direito abstratamente concebido) para a Filosofia do Direito, vinculada à idéia de experiência jurídica, vale a pena lembrar que os *Lineamentos fundamentais de Filosofia do Direito* de Hegel têm como contrapágina de rosto este título: *Compêndio de Direito Natural e Ciência do Estado*.

Se, ao depois, um ou outro autor, como Ahrens, ainda se mantém fiel à denominação *Curso de Direito Natural,* e se este termo ainda é preferido até hoje na linha da ortodoxia escolástica, é inegável o reconhecimento de que o termo Filosofia do Direito ganhou *status* próprio, embora suscitando uma série de problemas a que vou, brevemente, me referir.

Concebida a Filosofia do Direito como uma disciplina autônoma, que pode ter ou não como um de seus temas o do Direito Natural, dúvidas surgiram sobre sua situação no contexto da Filosofia Geral, falando-se, por exemplo, em Filosofia *particular,* ou *especial,* chegando-se a negar a sua viabilidade, dada a natureza universal da problemática filosófica... Trata-se, a meu ver, de um pseudoproblema, porquanto a Filosofia do Direito é a Filosofia mesma quando seu objeto é a experiência do Direito, por sua validade universal, como se dá, também, com a Filosofia da Arte, da Linguagem etc.

A questão que autenticamente se põe, dividindo os jusfilósofos, é bem outra, pertinente à amplitude da temática filosófica que a realidade jurídica condiciona ou exige. Assim é que vemos o espectro das opiniões alargar-se, a partir de posições de aberto negativismo, que convertem a Filosofia do Direito em simples "visão unitária" da Ciência Jurídica mesma (o que, a rigor, não tem sentido) ou no exame de sua metodologia, ou, então, como é mais freqüente, em mera *Teoria Geral do Direito,* de caráter puramente empírico, isto é, como o conjunto sistemático dos modelos hermenêuticos e normativos concebidos em função do ordenamento jurídico, tal como este logicamente se apresenta, sem qualquer indagação sobre os seus fundamentos axiológicos, ou sobre a natureza da experiência jurídica como algo de distinto do corpo das regras jurídicas positivas.

Variante dessa redução empiricista da Filosofia do Direito à Teoria da Ciência do Direito é a doutrina daqueles que a concebem, à maneira de Norberto Bobbio, como *"a teoria da linguagem jurídica",* a partir, por exemplo, da Lógica jurídica deôntica e de exigências sintáticas e pragmáticas, como se apresenta em outras esferas do positivismo lógico-jurídico, que oferece várias perspectivas. Em todas essas colocações do problema o que é posto entre parêntesis é o problema do *valor,* por entender-se que todo entendimento axiológico redunda num discurso "metafísico ou não-científico", e, destarte, destituído de sentido.

FILOSOFIA DO DIREITO

Outras vezes, porém, vai-se além de expressões puramente formais (consideradas, no fundo, de caráter imaginário, ou fictício) para afrontar-se um problema de conteúdo ou de infra-estrutura, apresentando-se, então, o Direito, como o faz o realismo escandinavo (Karl Olivercrona, Alf Ross e outros), como asserções normativas que correspondem a *exigências de fato* no plano da ação julgada necessária, fundando-se a sua validade, não como valor ou norma superior, mas como linguagem determinada pela eficácia da ação ou da conduta.

Se há, todavia, jusfilósofos que optam pelo *fato* como horizonte da normatividade jurídica, outros há que entendem ser esta logicamente plena, resolvendo-se a sua validade no seio da ordem normativa mesma, em função de uma norma fundamental que, transcendentalmente, condiciona todo o sistema. Refiro-me à *teoria pura do Direito* de Hans Kelsen, com a sua conhecida tese da *norma fundamental,* que teremos a oportunidade de estudar no Capítulo XXXII.

Não faltam, porém, filósofos do Direito, e não se pode dizer que sejam em menor número, para os quais a Filosofia do Direito é incompatível com toda e qualquer espécie de reducionismo. Ora, quem acompanhou com cuidado as referências feitas ao Direito, nas páginas destinadas à *Propedêutica Filosófica,* já percebeu que me inclino no sentido da compreensão da Filosofia do Direito em toda a sua *integralidade,* tanto assim que a defino como sendo o *"estudo crítico-sistemático dos pressupostos lógicos, axiológicos e históricos da experiência jurídica".*

Trata-se de noção que nos parece abranger o que há de essencial em nossa disciplina, embora não nos mova a preocupação de definir. A que é que, na realidade, visa a Filosofia do Direito? Em primeiro lugar, indaga dos títulos de legitimidade da ação do jurista. O advogado ou o juiz, enquanto se dedicam às suas atividades, realizam certa tarefa, cumprem certos deveres. Qual o título que legitima essa experiência humana e lhe empresta dignidade? É a primeira pergunta, a que diz respeito ao problema *do fundamento ético do Direito.*

A segunda ordem de questões refere-se aos *valores lógicos da Jurisprudência* ou da Ciência do Direito. A que critérios deve manter-se fiel o jurista, para poder ordenar a experiência social com coerência e rigor de ciência? O problema lógico une-se, assim, ao problema ético, formando ambos um todo harmônico, unitário, que só por necessidade de análise haveremos de separar. Dessa correlação resulta um perene

MIGUEL REALE

esforço, quer do legislador, quer do jurista, no sentido de estabelecer adequação cada vez mais precisa e prática entre os esquemas lógicos da Ciência do Direito e as infra-estruturas econômico-sociais, segundo os ideais éticos que informam e dignificam a coexistência humana. É assim que exigências *lógicas, éticas* e *histórico-culturais* compõem a trama dos assuntos fundamentais pertinentes à Filosofia Jurídica.

São essas, na realidade, as três questões básicas, cuja implicação e polaridade preocupa os filósofos do Direito, embora outras existam, mas com interesse menor ou consecutivo. A rigor, pois, não se deveria falar em "tarefas" ou em "pesquisas" diversas no âmbito da Filosofia do Direito, porquanto o que sempre se visa é a compreensão da experiência jurídica na unidade de seus elementos integrantes, o que quer dizer, a realidade do Direito como realidade *ético-lógico-histórica* em uma implicação de perspectivas.

Feita esta ressalva, cujo significado logo mais se apreenderá em todo o seu alcance, será possível afirmar que os temas ou assuntos fundamentais da Filosofia do Direito referem-se ao *conceito* de Direito, à *idéia* de Justiça e à respectiva *integração no plano histórico,* suscitando-se estas perguntas fundamentais: — Como se determina *conceitualmente* o Direito? Como se concebe *idealmente* a Justiça? Como essas exigências de ordem lógica e ética se concretizam na ordem *social e histórica* do Direito Positivo? São três perguntas que, como veremos no capítulo seguinte, pressupõem um estudo de ordem geral.

Muitas têm sido as formas de discriminar os temas de nossa disciplina, desde que o estudo passou a ter denominação própria, distinta do chamado Direito Natural, pois é sabido que nem sempre se estudou Filosofia do Direito com esta denominação. Antigamente, o estudo recebia outras designações, apresentando-se até o século XVIII sob a rubrica tradicional de Doutrina do Direito Natural[1].

---

1. Muito embora se possa dizer que é com HEGEL que se afirma a orientação, iniciada com GUSTAVO HUGO no sentido de se filosofar sobre o *Direito Positivo,* e não sobre um *Direito Natural abstrato,* os *Lineamentos de Filosofia do Direito* daquele mestre do idealismo germânico ainda são encimados pelo título genérico *Naturrecht und Staatswissenschaft im Grundrisse* (Berlim, 1821). Para HEGEL "Direito Natural" e "Direito Filosófico" são expressões sinônimas.

FILOSOFIA DO DIREITO

Com este título ou equivalentes, ensinou-se a matéria na Faculdade de Direito de São Paulo no decorrer do século passado, até se reduzir a mera Enciclopédia Jurídica, sob o influxo das idéias positivistas. Mas, qualquer que seja a denominação — pois há autores que preferem empregar o termo "Filosofia do Direito e do Estado", ou "Filosofia Jurídica e Social" —, o que importa é discriminar os assuntos ou os temas principais que competem especificamente à nossa disciplina, sem transformá-los em compartimentos estanques.

A Divisão Tripartida

119. Para melhor compreensão de como dividimos a Filosofia do Direito, convém confrontar, inicialmente, dois tipos de divisão que apresentam entre si muitos pontos de contato, sendo da autoria de dois grandes representantes do neokantismo, Rudolf Stammler e Giorgio Del Vecchio.

A divisão de Rudolf Stammler (1856-1938) é anterior à de Giorgio Del Vecchio, mas vamos expor primeiro a deste, porque representa o desenvolvimento de uma colocação do problema que se prende à tradição dos estudos e, especialmente, à discriminação feita por seu antigo mestre, Icílio Vanni, autor de obras seguidas com muito carinho pelos catedráticos que nos antecederam na Faculdade de Direito da Universidade de São Paulo.

Icílio Vanni (1855-1903) foi, sem dúvida, o jurista-filósofo mais conhecido entre nós por volta de 1900, e o que maior e mais profunda influência exerceu em todos os países da América do Sul, especialmente em virtude de suas ainda preciosas *Lições de Filosofia do Direito* (1904, ed. póstuma).

Vanni era positivista, mas um positivista que procurava conciliar os ensinamentos de Augusto Comte com as exigências da Sociologia pós-comteana, em uma visão mais ampla dos problemas filosóficos, inspirando-se em alguns legados culturais de Emmanuel Kant. Foi por isso que sua doutrina foi denominada "positivismo crítico".

Del Vecchio parte de Vanni, para logo superar sua posição empírica, assumindo uma atitude de relevo no neokantismo contemporâneo,

286 MIGUEL REALE

cujos pressupostos procura conciliar com a grande tradição do Direito Natural clássico, sendo justo lembrar a contribuição que naquele sentido foi dada por Igino Petrone.

Pois bem, é dentro desta linha de evolução que encontramos uma *divisão tripartida* da Filosofia do Direito, obedecendo ao critério de que o homem é um ser que é, conhece e age. *Conhecer, agir* e *ser* são três pontos de vista levados em consideração para se discriminarem os problemas da Filosofia Jurídica.

O primeiro problema concerne ao conhecimento do Direito, aos conceitos de que se devem valer os juristas para ordenar logicamente a experiência do Direito; refere-se às estruturas lógicas que permitem ao jurista realizar sua tarefa científica.

Merece ser lembrada, nesse passo, uma discriminação feita por Kant em seus *Princípios Metafísicos da Doutrina do Direito.* Dizia o filósofo que o jurista, tal como o advogado ou o juiz, pode resolver sobre o que seja "de direito", sobre *quid sit juris,* cabendo, porém, ao filósofo do Direito indagar do que seja "o Direito" mesmo, sobre *quid sit jus.*

Na realidade, quando um advogado propõe uma ação, expõe uma ordem particular de fatos e, por sua adequação à lei e aos princípios de Direito, fundamenta um pedido ou uma pretensão. Toda petição inicial envolve a afirmação de que algo é *de direito,* ou seja, *conforme ao Direito.* O juiz, ao prolatar a sentença, examina as pretensões do autor e do réu e decide sobre o direito que compete a cada um. Não faz, no entanto, qualquer indagação sobre a validade do Direito em si mesmo, nem sobre o que seja o Direito. Esta última ordem de pesquisas pertence à Filosofia Jurídica, reunindo-se sob a denominação de *Gnoseologia Jurídica,* segundo uns, ou *Lógica do Direito,* segundo outros. É claro que, por ora, não fazemos objeções ou reservas a estas denominações, preferindo expor apenas a matéria sem comentários críticos[2].

---

2. Além da obra de VANNI citada no texto, v. IGINO PETRONE, *Filosofia del Diritto,* ed. de G. Del Vecchio, Milão, 1950, e GIORGIO DEL VECCHIO, *Lezioni di Filosofia del Diritto,* 5ª ed., Milão, 1946. Em geral seguem a divisão tripartida, embora com certas ressalvas, FELICE BATTAGLIA, *Corso di Filosofia del Diritto,* 3ª ed., Roma, 1949, vol. I, págs. 16 e segs., e ADOLFO RAVÀ, *Lezioni di Filosofia del Diritto,* Pádua, vol. I, págs. 39 e segs. e muitos outros. Para apreciação crítica, cf. ALESSANDRO LEVI, *Per un Programma di Filosofia del Diritto,* Turim, 1905.

FILOSOFIA DO DIREITO

Determinado o conceito de Direito e fixadas as notas que constituem a juridicidade, abre-se um segundo campo de indagação, relativo à atitude do jurista perante um *dever* a cumprir, em função de sua *valoração do agir.*

Se o Direito existe como realidade social, e se em razão desta se estabelecem juízes e tribunais, assim como se movimentam clientes e advogados, é sinal que há fins a serem atingidos ou, pelo menos, fins que os homens julgam necessários a seu viver comum. Que fins ou valores norteiam os homens e que deveres resultam desses fins?

Esta segunda ordem de indagações constitui objeto de uma parte especial da Filosofia Jurídica que Icílio Vanni e Del Vecchio denominam *Deontologia Jurídica.*

O termo *Deontologia* se prende à tradição da filosofia utilitarista de Jeremias Bentham (1748-1832), nome familiar aos cultores do Direito no Brasil, dada a influência exercida sobre nossos juristas do Primeiro Império e, especialmente, sobre Bernardo Pereira de Vasconcelos, em seu *Projeto de Código Criminal.*

A filosofia de Jeremias Bentham, que é o utilitarismo, marca um momento muito importante na evolução das idéias da Inglaterra, tendo sido completada depois pela obra de Stuart Mill, autor seguido de perto por Pedro Lessa, antigo professor da Faculdade de Direito de São Paulo, no que se refere a certos problemas de Lógica.

Jeremias Bentham propunha chamar à parte da Ética, destinada ao estudo dos deveres, de Deontologia; este termo nós ainda o conservamos como efetivamente próprio para designar a *teoria dos deveres em geral* [3].

---

3. Cf. BENTHAM, *An Introduction to the Principles of Morals and Legislations,* Londres, 1823 (a 1ª ed. é de 1789) e *Deontology* (1834). É nesta segunda obra que BENTHAM escreve: "A palavra *Deontologia* deriva de duas palavras gregas, τὸδεòυ (o que é conveniente) e λογία (conhecimento); isto é, conhecimento daquilo que é justo ou conveniente". É claro que para BENTHAM a base da Deontologia é o princípio da utilidade, visto como, diz ele, "uma ação é boa ou má, digna ou indigna, merecedora de aprovação ou de repulsa, na proporção de sua tendência a aumentar ou a diminuir a soma de felicidade pública". (Cf. "Deontologie ou Science de la Morale", *in Oeuvres de Jérémie Bentham,* Bruxelas, 1840, vol. III, pág. 359.)

Se Deontologia é teoria dos deveres, e, por conseguinte, da ação moral, restaria, segundo a divisão ora apreciada, examinar uma terceira ordem de problemas, que são os ligados ao Direito como *fato,* como experiência social e histórica.

Como é que o Direito surge? Qual a sua gênese, quais as linhas determinantes de seu desenvolvimento? Que é que a experiência jurídica contém como tendência fundamental? Como os ideais do Direito se revelam na História?

A esta terceira parte é dado por Del Vecchio o nome de *Fenomenologia Jurídica,* visto como nela se estuda o Direito principalmente como fenômeno ou fato social, mas, como veremos, a expressão tornou-se ambígua após o advento da Filosofia *fenomenológica.*

Divisão de Stammler

120. Apresentada a divisão tripartida, ainda hoje mais em voga, vejamos a de Rudolf Stammler que, embora desdobrada em cinco partes, no fundo mantém uma correspondência muito grande com a primeira.

Na divisão feita pelo grande filósofo do Direito alemão, há duas partes fundamentais e três complementares.

A primeira tem por finalidade o estudo do conceito de Direito, tomada a palavra "conceito" no sentido kantiano de categoria fundamental *a priori* que condiciona a experiência jurídica possível.

Rudolf Stammler (1856-1938) é um dos maiores representantes do neokantismo. Não é demais lembrar aqui que o neokantismo mais chegado à nossa época, a cavaleiro dos séculos XIX e XX, apresenta duas grandes tendências ou escolas, segundo se dá maior importância à *Crítica da Razão Pura* ou à *Crítica da Razão Prática.*

A primeira corrente que elabora com grande finura os princípios lógicos do kantismo é a Escola de Marburgo, apresentando vários nomes de relevo, como, por exemplo, os de Cohen e Natorp. É nessa Escola que se situa a figura de Rudolf Stammler, aplicando seus princípios no campo das ciências sociais e jurídicas. A outra grande corrente do neokantismo é a chamada Escola de Baden, mais ligada à Filosofia dos valores

FILOSOFIA DO DIREITO 289

de Windelband e Rickert, da qual provém um notável grupo de juristas ou filósofos do Direito, com trabalhos decisivos para a concepção culturalista da vida jurídica, como Lask Radbruch e Münch[4].

Ora, Stammler, como neokantiano, tem em vista a determinação lógica das categorias puras fundantes da experiência do Direito.

Na primeira parte de seus estudos, de natureza lógico-formal, procura estabelecer o *conceito universal do Direito,* um conceito tão universal que abranja todas as experiências jurídicas possíveis, do passado, do futuro, posto como "estrutura transcendental" do Direito histórico ou positivo.

Terminado este estudo e em consonância com ele, Rudolf Stammler propõe-se o problema da *idéia do Direito,* ou seja, o problema da *Justiça.*

É muito significativa esta ligação feita por Stammler entre *conceito de Direito* e *idéia do Direito,* chegando à conclusão de que é só nos referindo à idéia de justiça que podemos alcançar o conceito de juridicidade. Ao superar-se o formalismo kantiano, também resultaram superados, como veremos, esse destaque entre conceito e idéia, conceito e realidade, que ainda se observa no pensamento stammleriano, a nosso ver pouco convincente na demonstração de como é que as "estruturas lógicas" se compõem e se integram com as "exigências éticas" na unidade histórica da vida jurídica.

A doutrina de Stammler, destinada a abrir novas perspectivas à Filosofia Jurídica, foi exposta em várias obras, mas de maneira sistemática e unitária em seu *Tratado de Filosofia do Direito* (1911), merecendo especial menção um livro cujo título, à primeira vista, pode parecer estranho: — *Doutrina do Direito Justo* (1902).

Neste trabalho, que é uma das monografias mais preciosas do pensamento jurídico contemporâneo, Rudolf Stammler sustenta que não há necessidade, nem possibilidade de uma coincidência absoluta entre a experiência jurídica e o ideal de justiça, devendo-se notar que ele

---

4. Sobre as Escolas de Marburgo e de Baden e os problemas do Direito, v. Miguel Reale, *Fundamentos do Direito,* cit., cap. V e *infra,* cap. XXXVIII.

290 MIGUEL REALE

aprecia aquela (a experiência jurídica) de maneira abstrata e intelectualista, e não como processo integrante de valores éticos.

Há na história, segundo Stammler, exemplos em abundância demonstrando que, muitas vezes, o Direito Positivo entra em conflito com os ideais do justo. Requer-se, no entanto, que o Direito seja sempre uma *"tentativa de Direito justo"*. Pode ser uma tentativa falha, um esforço malogrado, mas o que é indispensável é que haja tensão no sentido do justo, inclinação rumo ao ideal de justiça. Sem essa referibilidade ao justo não há Direito, afirma Stammler, que nos põe, desse modo, perante um problema que só pode ser enunciado, mas não resolvido, no quadro de sua concepção lógico-formal.

O pensamento stammleriano, que alcançou ampla ressonância, merece ser examinado de maneira especial, por sua inegável atualidade, ao pôr em realce o problema do Direito como estimativa, e ao conceber a regra ou norma de Direito como *norma de cultura,* reconhecendo a importância dos problemas dos valores para a Jurisprudência, embora fazendo-o, repetimos, de um modo excessivamente lógico-formal em harmonia com os esquemas aprioristas da Escola neokantista de Marburgo.

A segunda parte da Filosofia do Direito, destinada a estudar a *idéia* do Direito ou do justo, ele a desenvolve ainda em termos kantianos, visando a esclarecer "o fim último ideal que há de informar e dirigir todas as aspirações jurídicas" no curso da História.

Pensamos que é de grande importância a afirmação de Stammler, de que nem todo Direito é Direito justo, mas que todo Direito deve ser ao menos uma tentativa de ser Direito justo. Realça aqui, em verdade, o problema nuclear da Filosofia Jurídica, que é o da relação entre a experiência concreta e os ideais que se revelam através da História, enlaçando os homens e os grupos.

Em consonância com seus princípios, Stammler procurou colocar, de maneira diversa, o problema do Direito Natural, assim como também aconteceu com Del Vecchio. Ambos são jusnaturalistas, ou seja, adeptos do Direito Natural. A concepção stammleriana ficou sendo conhecida como do *Direito Natural de conteúdo variável,* que logrou ser aceita por alguns autores de formação positivista, como é o caso, por exemplo, no Brasil, de Clóvis Beviláqua, o qual considera aquela concepção perfeitamente compatível com seu empirismo fundamental.

FILOSOFIA DO DIREITO 291

Vejamos, porém, quais as três outras partes que Stammler acrescenta às duas primeiras, as quais, em sua essência, coincidem com os dois primeiros problemas propostos por Del Vecchio, quanto às *formas puras a priori* do Direito e da Justiça.

A terceira questão seria relativa à *Origem do Direito,* devendo-se notar que nessa parte não se encontra outra coisa senão o estudo do Direito como fato social e histórico condicionado; uma análise do Direito Positivo em sua vigência e eficácia, assim como à luz de suas fontes determinantes, tal como nele se consubstanciam as aspirações humanas nos ciclos históricos.

A quarta parte, denominada *Técnica Jurídica,* revela-se aplicação da primeira, visando a determinar, no âmbito da Jurisprudência positiva, o alcance das estruturas lógicas reclamadas pelo jurista em todos os ramos de seu saber, como, por exemplo, as de sujeito de direito, direito subjetivo, relação jurídica, regra de direito etc. Essa ordem de estudos é geralmente incluída pelos demais autores na parte que denominam Gnoseologia ou Lógica Jurídica e a que daremos o nome de Epistemologia Jurídica.

Finalmente, em uma quinta ordem de estudos, preocupa-se Stammler com a *Prática do Direito,* desde os problemas postos pelos modos de argumentar do jurista, até às relações entre a justiça e a aplicação concreta do Direito. Não trata, é claro, da aplicação em face de dado sistema de Direito vigente, mas sim dos princípios que deverão ser sempre seguidos para realizar-se o *Direito justo.*

121. O que podemos notar, cotejando as discriminações feitas por Stammler e por Del Vecchio, é que a divisão da Filosofia do Direito depende, como é natural, da prévia colocação dos problemas éticos e gnoseológicos. Nos casos ora considerados, observa-se uma distinção comum entre *conceito* e *idéia* do Direito, segundo moldes kantianos, da qual decorre uma série de exigências relativas à correspondência entre uma e outra, não *in abstracto,* mas em concreto, no Direito historicamente condicionado.

Não resta dúvida, porém, que, apesar da diversidade na discriminação dos temas, seja esta feita em duas ou mais partes, ou reduzida a um só problema, o certo é que o filósofo do Direito sempre se

292 MIGUEL REALE

volve à experiência jurídica para indagar de seus pressupostos lógicos e deontológicos, assim como para captar esses valores no Direito como "experiência concreta", como ideal que se faz História e a transcende, em uma ordem humana que é sempre um momento de ordenação lógica e ética.

Em última análise, as duas teorias ora examinadas focalizam problemas de inegável cunho filosófico-jurídico, mas, a nosso ver, todas as discriminações feitas *pressupõem um estudo geral e prévio, a partir da experiência jurídica mesma.* Tal ordem de pesquisa acha-se implícita nas divisões propostas por Stammler e por Del Vecchio, sendo necessário explicitá-la, obedecendo à diretriz dominante no pensamento contemporâneo no sentido de *ir-se às coisas mesmas.*

Antes de discriminar, em suma, as diversas partes da Filosofia do Direito — e a fim de que tal discriminação seja logicamente possível —, torna-se imprescindível ir à realidade jurídica como tal, recebendo-a como "um todo", na unidade de seus elementos subjetivos e objetivos, conforme será exposto no capítulo seguinte.

Capítulo XXI

ATemática Geral e os Temas Especiais

A Ontognoseologia Jurídica

122. Nas páginas anteriores, fizemos cotejo entre o critério de divisão da Filosofia do Direito seguido por Giorgio Del Vecchio, que supera a posição de Vanni, e o adotado por Stammler, concluindo com a observação de que, no fundo, há uma correlação entre as duas colocações, subordinadas ambas a dada orientação gnoseológica, a do criticismo transcendental.

Vamos agora mostrar como dividimos a Filosofia do Direito. Trata-se de divisão de caráter pessoal e que obedece àquilo que já foi esclarecido e posto no Curso geral de Filosofia[1].

Partimos da observação de que nos parece impossível uma solução monovalente ou monística da teoria do conhecimento, no sentido ou de reduzir o sujeito cognoscente ao objeto ou, ao contrário, de reduzir o objeto ao sujeito cognoscente.

---

1. Embora com variantes terminológicas, mereceu o critério aqui proposto a aceitação do eminente RECASÉNS SICHES, em seu *Tratado General de Filosofía del Derecho,* cit., págs. 160-163, para discriminar as partes especiais da Filosofia do Direito. O que denominamos Epistemologia Jurídica recebe, na obra de RECASÉNS, a qualificação de *Teoria Geral ou Fundamental do Direito,* ao lado da *Estimativa ou Axiologia Jurídica* e da *Culturologia Jurídica (loc. cit.).*

294 MIGUEL REALE

Afastamo-nos, em suma, quer do monismo empirista, que faz do sujeito simples reflexo do objeto, quer do monismo idealista, que faz do objeto mera produção do sujeito, assim como — sempre é bom lembrá-lo — do dualismo que não leve em conta a correlação dos dois termos, pois entre ambos há uma ligação só explicável à luz de uma dialética, não de negação e resolução, à maneira hegeliana, mas de *complementariedade.*

São termos que se exigem reciprocamente e se completam, mantendo, porém, cada qual seu valor irreversível. É por essa razão que já dissemos, na Parte I, e aqui relembramos sumariamente, que toda Gnoseologia implica uma indagação do objeto, sendo, efetivamente, uma Ontognoseologia.

Na Ontognoseologia, porém, ora o problema é posto do ponto de vista do sujeito, ora do ponto de vista do objeto, sendo estas duas considerações complementares, não podendo ser separadas. Só podem ser distintas como aspectos ou momentos de um *único processo.* Poder-se-ia dizer — e o "símile" tem as mesmas raízes — que entre aqueles dois termos ocorre o mesmo que foi assinalado por Hans Freyer entre "relações de vida" e "conexões de sentido", ou por outras palavras, entre "vida" e "sentido" como dimensões da realidade espiritual: — "Sua diferença só pode ser pensada dialeticamente, isto é, de maneira tal que em ambos os momentos se encontre contida a unidade do todo e, sem embargo, se mantenha entre eles a clara contraposição" [2]. Em ambos os casos, mais do que contraposição, o que há é uma "implicação" segundo um processo dialético de polaridade que, consoante explicação anterior, é essencial à compreensão de todo o "mundo da cultura".

A *Ontognoseologia Jurídica* é parte geral da Filosofia do Direito destinada a determinar em que *consiste* a experiência jurídica, indagando de suas *estruturas objetivas,* bem como, a saber, como tais estruturas são *pensadas,* ou seja, como elas se expressam em *conceitos.*

A realidade social do Direito, na qual vivemos e em razão da qual elaboramos nossas cogitações, formulando juízos e teorias, deve ser estudada segundo esses dois prismas correlatos: em suas *estruturas*

---

2. Cf. HANS FREYER, *La Sociología, Ciência de la Realidad,* trad. de F. Ayala, Buenos Aires, 1944, pág. 30.

FILOSOFIA DO DIREITO

ônticas, e em consonância com as *categorias racionais* que tornam possível a sua compreensão.

Neste campo de indagações, é possível, com efeito, assumir duas posições distintas, embora correlatas: — ou nos colocamos do ponto de vista do sujeito, ou do ponto de vista do objeto, *a parte objecti* ou *a parte subjecti,* visando, sempre, porém, à unidade de composição e de processo que aqueles pontos de vista implicam.

Se nos pomos sob o ângulo visual do objeto, vemos o Direito como uma realidade ontológica, ou melhor, ôntica, cuja consistência nos cabe indagar. Trata-se, em suma, de responder, em um crescendo, a esta série de perguntas: — Em que consiste o Direito? Qual a estrutura da realidade jurídica e sua situação no mundo da cultura? Quais os seus elementos componentes? Como tais elementos se põem em relação uns com os outros? Que é que marca a unidade dessa realidade, que temos em conta de jurídica? Que é que, em suma, nessa realidade a torna "compreensível" como *jurídica?*

Já ponderamos que a realidade é muito mais complexa do que parece à primeira vista, sendo dispensável repisar os dados do que denominamos Teoria dos Objetos. Só nos cabe, agora, determinar a que espécie de objeto se refere a Ciência do Direito.

A realidade jurídica, como veremos, não pertence à esfera dos objetos ideais, nem à esfera ou ao âmbito dos objetos psíquicos, pois lhe corresponde uma estrutura própria, a dos *objetos culturais* e, mais propriamente, a dos objetos culturais *tridimensionais,* por implicarem sempre elementos de *fato* ordenados *valorativamente* em um processo *normativo.*

A definição do Direito será o resultado concomitante da indagação sobre a consistência da realidade jurídica e as características dessa região ôntica.

À medida que situamos o Direito na esfera de realidade que lhe é própria, determinando a estrutura do objeto que lhe corresponde, volvemos a nós mesmos, indagando como aquela realidade se representa em nosso espírito como *conceito.* Caber-nos-á, em suma, determinar o "ser" do Direito e o seu "conceito", em uma implicação de pesquisas. O problema que se põe, de início, por conseguinte, não é o de uma definição do Direito enunciada como algo de vazio e sem conteúdo, algo de puramente formal, porquanto deve envolver a realidade à qual se refere, ou que menciona de maneira necessária e universal.

123. A Ontognoseologia Jurídica, como parte geral da Filosofia do Direito, reveste-se do caráter de uma *teoria fundamental,* não só no concernente à tarefa de determinar a natureza da realidade jurídica, em confronto com a Moral e demais expressões da Ética, como à de esclarecer os meios de compreensão correspondentes ao objeto *Direito* em geral, assim como a seus estratos ou aspectos considerados de maneira distinta, embora em função dos demais e em sentido de complementariedade.

Aparecerão, desse modo, em toda a sua unilateralidade e insuficiência, quer os esforços dos empiristas buscando nos fatos contingentes um conceito de Direito como produto de simples generalização, quer os dos aprioristas brindando-nos com enlaces formais de cujas conseqüências em geral se eximem, para que não fiquem envolvidos em seus esquemas os conteúdos dos comportamentos ilícitos...

Na indagação ontognoseológica, em suma, recebe-se o Direito no âmbito do processo cognitivo, ou da correlação sujeito-objeto, evitando-se apreciá-lo como um "dado natural", já perfeito e acabado, pronto para ser decalcado pelo jurista, como também em sua pura expressão formal e adiáfora, capaz de dar cunho de "juridicidade" a uma conduta humana em si mesma de natureza econômica, religiosa, estética, mas nunca jurídica.

Revelada a natureza do Direito como setor distinto da vida *cultural,* incumbir-nos-á distingui-lo dos demais, em uma análise em profundidade do problema da conduta ou do comportamento, que nos fará compreender a estrutura tridimensional *normativa* do mundo do Direito, em confronto com as demais experiências que também apresentam as notas da tridimensionalidade.

A determinação da situação do Direito no mundo da cultura é um dos capítulos fundamentais e mais complexos da Filosofia Jurídica. Como já dissemos, a cultura é um sistema unitário de integração de valores. Poderíamos dizer que, assim como um dos princípios diretores da Física teórica é o de que o *universo forma um todo solidário,* também vale igual princípio na esfera histórico-cultural.

FILOSOFIA DO DIREITO

Por essa *razão*, a distinção de um domínio no todo da experiência social, para ser objeto de estudo à parte, implica a necessidade de se terem presentes, sobretudo no final da pesquisa, as correlações efetivamente existentes, importando, por conseguinte, saber não só como o Direito se distingue, por exemplo, da Moral e dos Costumes como também quais as suas ligações essenciais.

É somente em correlação com essas indagações ônticas, que será possível considerar o outro lado do problema, o do *conceito do Direito;* — só assim este possuirá um conteúdo vivo, uma significação repleta de vivência. Compreende-se, pois, a diferença entre o ponto de vista do filósofo do Direito e o do jurista na consideração do fenômeno jurídico.

A Ciência do Direito, ou Jurisprudência, caracteriza-se como estudo sistemático de preceitos já dados, postos perante o intérprete (administrador, advogado ou juiz) como algo que ele deve apreender ou reproduzir em suas significações práticas, a fim de determinar o âmbito da conduta lícita ou as conseqüências resultantes da violação das normas reveladas ou reconhecidas pelo Estado.

A Filosofia do Direito, ao contrário, em lugar de ir das normas jurídicas às suas conseqüências, *volve à fonte primordial de onde aqueles ditames de ação necessariamente emanam,* ou seja, não observa a experiência jurídica de fora, como um dado ou um objeto externo, mas sim *in interiore hominis.*

Com razão observa Hegel que o conceito do Direito, conforme o seu devir, não se inclui na Ciência do Direito, mas é antes por esta admitido como um pressuposto ou um dado. Já no conhecimento filosófico a necessidade de um conceito é primordial, oferecendo-se desde logo à nossa meditação como *problema a ser resolvido.*

O Direito, porém, não é uma coisa, como uma árvore ou uma casa que o espírito compreende em suas estruturas, mas é um momento da atividade espiritual mesma, objetivada em relações sociais. Daí dizermos que o espírito, na especulação filosófica, dobra-se sobre si mesmo e torna a encontrar-se com o foco de todas as projeções práticas e volitivas, cuja trama compõe a convivência social, para indagar do *por que* da experiência jurídica e não de *como* ela se processa.

Desse modo, as conexões entre Direito e Moral, Direito e Política, ou Direito e Economia encontram sua razão de ser, *objetivamente,* nos nexos que os comportamentos exteriores revelam; mas, de um ponto de vista *subjetivo* e correlato, residem na própria unidade espiritual, razão última e verdadeira daquelas conexões.

A Ontognoseologia Jurídica é, pois, *o estudo crítico da realidade jurídica e de sua compreensão conceitual,* na unidade integrante de seus elementos que, como veremos, são suscetíveis de serem vistos como *valor,* como *norma* e como *fato,* implicando perspectivas prevalecentemente éticas, lógicas ou histórico-culturais.

Daí o posterior desenvolvimento da pesquisa em três partes especiais, destinadas respectivamente ao estudo de cada um dos aspectos da experiência jurídica. Vejamos como se discriminam essas *Partes Especiais,* de conformidade com o seguinte esquema:

DIVISÃO DA FILOSOFIA DO DIREITO

Parte Geral   *Ontognoseologia Jurídica*

Epistemologia Jurídica, ou doutrina das ciências do Direito (o problema da vigência e dos valores lógicos do Direito);

Partes Especiais

Deontologia Jurídica, ou doutrinas dos valores éticos do Direito (o problema do *fundamento* do Direito);

Cultorologia Jurídica, ou doutrina do sentido histórico do Direito (o problema da *eficácia* social do Direito).

Epistemologia Jurídica

124. A Epistemologia Jurídica não é apenas a doutrina da Ciência do Direito ou Jurisprudência, consoante comumente se afirma, e era dito nas primeiras edições deste livro, mas constitui antes a doutrina do conhecimento jurídico em todas as suas modalidades. É que, com o constituir-se de novos campos de estudo do Direito, tais como a Socio-

FILOSOFIA DO DIREITO

logia Jurídica, a Etnologia Jurídica ou a Lógica Jurídica, alargaram-se, concomitantemente, os horizontes epistemológicos, os quais não podem mais ficar adstritos às exigências da Ciência Dogmática do Direito, por mais que esta assinale o momento culminante do processo comum de investigação.

Uma das tarefas primordiais da Epistemologia Jurídica consiste, aliás, na determinação do objeto das diversas ciências jurídicas, não só para esclarecer a natureza e o tipo de cada uma delas, mas também para estabelecer as suas relações e implicações na unidade do saber jurídico. Compete-lhe, outrossim, delimitar o campo da pesquisa científica do Direito, em suas conexões com outras ciências humanas, como, por exemplo, a Sociologia, a Economia Política, a Psicologia, a Teoria do Estado etc.

É só graças a essa visão compreensiva que é possível situar com rigor os problemas epistemológicos da Jurisprudência ou Ciência Dogmática do Direito, a qual ocupa o centro do quadro jurídico, não só pela maturidade de seus estudos, devido a uma tradição mais que bimilenar, mas também porque representa, como já dissemos, o momento culminante da experiência do Direito.

Muitas são, pois, as questões com que se defronta a Epistemologia Jurídica, que poderia ser definida como sendo a *doutrina dos valores lógicos da realidade social do Direito,* ou, por outras palavras, *dos pressupostos lógicos que condicionam e legitimam o conhecimento jurídico,* desde a *Teoria Geral do Direito* — que é a sua projeção imediata no plano empírico-positivo — até as distintas disciplinas em que se desdobra a Jurisprudência.

É nessa linha de estudos que caberá ao epistemólogo do Direito determinar, por exemplo, que tipo de experiência é essa que denominamos "experiência jurídica"; qual a natureza e o papel da Lógica Jurídica e a sua situação perante a Ciência Dogmática do Direito; como se põem os problemas de sistematização e integração dos institutos jurídicos; se nos quadros de um único ordenamento ou, ao contrário, numa pluralidade deles; qual a natureza da Hermenêutica Jurídica e os seus pressupostos, em função do papel por ela desempenhado na tela da Teoria

300 MIGUEL REALE

Geral do Direito; qual a natureza e a estrutura das normas jurídicas, se elas devem ou não ser concebidas como "bens culturais de suporte ideal" (v. *supra,* pág. 222) insuscetíveis, portanto, de serem tratadas como simples "proposições lógicas"; se a tradicional teoria das fontes do Direito deve ou não ser atualizada à luz de uma teoria dos "modelos jurídicos", e assim por diante[3].

Poder-se-ia dizer, em suma, à vista desses exemplos, que a Epistemologia Jurídica recebe da Ontognoseologia Jurídica o *conceito de Direito* e o desenvolve na multiplicidade de suas projeções e conseqüências, especificando, em função das exigências práticas da vida jurídica, as "categorias regionais da juridicidade", conforme a feliz terminologia de Recaséns Siches[4], tais como as de *direito subjetivo, direito objetivo, relação jurídica, fonte do direito, modelo jurídico, instituição, ficção jurídica* etc., que são como que as vigas mestras do edifício jurídico, assegurando-lhe *validade lógica* ou *vigência.*

Costumamos dizer que a Epistemologia Jurídica, ao estudar o Direito, considera, de maneira prevalecente, o problema da *vigência,* mas sempre em função da *eficácia* e do *fundamento*[5].

Quando fixarmos as bases da *teoria tridimensional do Direito,* compreender-se-á melhor as razões pelas quais não destinamos rigidamente a cada uma das partes especiais da Filosofia do Direito, respectivamente, os problemas da vigência, da eficácia e do fundamento, acentuando que a análise de qualquer deles implica sempre a dos demais.

A tríplice perspectiva não deverá jamais partir a unidade essencial da experiência jurídica, na congruência e complementariedade viva de seus elementos.

---

3. Para uma visão mais completa dos temas da Epistemologia Jurídica, v. MIGUEL REALE, O *Direito como Experiência,* cit. No que se refere às noções de "Dogmática Jurídica", "Hermenêutica Jurídica", "fontes" e "modelos jurídicos", cf. nossas *Lições Preliminares do Direito,* cit.

4. Luís RECASÉNS SICHES, *Vida Humana, Sociedad y Derecho,* México, 1945, e "Adiciones" à sua trad. das Lições de DEL VECCHIO, Barcelona, 1930, vol. II.

5. Cf. o cap. final do tít. X, quanto aos problemas do *fundamento,* da *eficácia* e da *vigência.*

FILOSOFIA DO DIREITO

Deontologia Jurídica

125. Ao lado do estudo de ordem epistemológica, como seu complemento, configura-se uma série de problemas pertinentes à *Deontologia Jurídica*. Não concordamos em chamar a esta parte de Estimativa Jurídica, porque também a *Culturologia Jurídica,* como veremos, tem caráter axiológico e, portanto, estimativo.

A Deontologia Jurídica é a indagação do fundamento da ordem jurídica e da razão da obrigatoriedade das normas de Direito, da legitimidade da obediência às leis, o que quer dizer indagação dos fundamentos ou dos pressupostos éticos do Direito e do Estado.

Por que o Direito obriga? Quais as razões pelas quais nós, que nos temos em conta de seres livres, somos obrigados a nos subordinar a leis que não foram postas por nossa inteligência e por nossa vontade? É lícito contrariar as leis injustas? Qual o problema que se põe para o juiz ou para o estadista, quando uma lei positiva se revela, de maneira impressionante, contrária aos ditames do justo? *Qual o fundamento do Direito na sua universalidade?* Repousa ele apenas no fundamento empírico da força? Reduz-se o Direito ao valor utilitário do êxito? Brotará a estrutura jurídica, inexoravelmente, dos processos técnicos de produção econômica, ou representa algo capaz de se contrapor, muitas vezes, às exigências cegas da técnica? Ou o Direito terá fundamento contratual? Esta última é uma pergunta mais importante do que se pensa, visto como o contratualismo ocupa campo vastíssimo na história da cultura jurídico-política, e ainda hoje está implícito em doutrinas que se vangloriam de pureza metódica.

Quando um Rousseau ou um Kant fundamentam o Direito contratualmente, surge uma série de problemas. Poderemos perguntar, por exemplo, se é exato que o autor do *Émile* admitia a realização *histórica* de um contrato em determinado momento ou se, ao contrário, a sua concepção tem caráter puramente lógico ou hipotético.

Pensamos que Rousseau jamais imaginou o contrato social como fato efetivamente verificado, pelo encontro dos homens numa floresta, por exemplo, para "combinar" regras de bem viver. Isto jamais passou pela cabeça do grande genebrino. Sua idéia de "pacto social" é a de um modelo ideal como pressuposto da convivência humana, conforme dou-

302   MIGUEL REALE

trina que depois foi burilada magistralmente por Emmanuel Kant, que concebeu um contrato originário de puro valor *transcendental*.

Segundo Kant, no momento em que os homens se encontram, permutam utilidades e vivem em comum, já são governados por um contrato condicionante da vida social, que tem valor puramente lógico. No fundo, podemos dizer que, segundo os contratualistas mais evoluídos, nós vivemos *"como se"* tivesse havido um contrato. É uma ficção de ordem lógica e ética, para se explicar o fundamento da sociedade, do poder político e do Direito.

Este é apenas um exemplo para mostrar de que problemas cuida a parte da Filosofia Jurídica que denominamos Deontologia Jurídica. Poder-se-ia dizer, pois, que a *Deontologia Jurídica é a teoria da justiça e dos valores fundantes do Direito*[6].

Esta explicação resulta da convicção que temos de que existe, sem dúvida alguma, um valor fundamental para a esfera jurídica, que é o valor do justo, mas que este valor implica a coordenação harmônica de outros valores, tais como a liberdade, a igualdade etc. Daí falarmos em valores fundantes do Direito, cuja harmonia em unidade compõe o justo.

A justiça social é uma composição harmônica de valores sociais, de maneira que cada homem possa realizar a plenitude de seu ser, e a sociedade atingir o máximo de bem-estar, compatível com a convivência pacífica e solidária.

Culturologia Jurídica

126. Realizando o estudo dos valores que determinam a experiência jurídica e marcam o significado da experiência histórica do Direito, surge um terceiro problema, que é de ordem filosófico-histórica. Toda esta parte poderia ser resumida nestas perguntas: — *Que sentido tem a história do Direito?* Será em pura perda o esforço multimilenar do homem através do tempo, fundando instituições, renovando institutos, elaborando códigos? Que fatores condicionam a concreção histórica do justo, e

---

6. Para maiores desenvolvimentos, v. MIGUEL REALE, *Fundamentos do Direito,* cit. e *Lições Preliminares de Direito,* cit., capítulo XXVII.

FILOSOFIA DO DIREITO

que se poderá afirmar dessa condicionalidade, nas suas exigências ideais? O que acontece no mundo jurídico será o resultado arbitrário de atos de homens singularmente dotados de inteligência e de vontade? Ou haverá, em última análise, uma *tendência dominante* e vinculadora no processo histórico do Direito? Marchamos para um crescendo de liberdade ou, ao contrário, nosso destino é uma igualdade amorfa? Qual o destino do homem vivendo a experiência do Direito?

São problemas palpitantes que nos colocam em contato com a experiência histórica, com os valores da Sociologia e da Teoria do Estado. Não se trata, notemos bem, de fazer-se um estudo de História do Direito, estabelecendo conexões entre fatos jurídicos no tempo ou buscando uma explicação genética dos acontecimentos jurídicos. Trata-se de receber os dados que o historiador do Direito fornece, para indagar de seu *sentido real,* de seu significado essencial, não apenas na órbita de uma experiência particular, mas na totalidade da existência do homem.

Importará, por exemplo, saber se existe continuidade no processo da experiência jurídica ou se esta é partida por ciclos históricos, isolados uns dos outros. Volvendo os olhos para o passado, vemos, por exemplo, a experiência jurídica romana, começando com um formalismo primitivo, balbuciando as primeiras regras rituais e míticas e, paulatinamente, se aprimorando até os frutos insuperados do período clássico, para esparramar-se e diluir-se na decadência do II Império e, finalmente, desaparecer, legando-nos a cristalização de uma cultura maravilhosa nos fragmentos lapidares do *Digesto.* Será esse o destino inexorável, previsível de toda experiência jurídica?

E se outros processos do Direito se sucedem, como o da Idade Média e o da Era Moderna, poder-se-á declarar que a história do Direito é formada de ciclos culturais estanques, separados uns dos outros, ou haverá, apesar de tudo, ligando tais experiências, um patrimônio comum, transferido de geração em geração? Haverá uma lei de progresso marcando a evolução jurídica total ou há "crises" e "retornos" como traços inevitáveis na experiência do justo, no *evolver das civilizações?*

A esta terceira parte damos o nome de *Culturologia Jurídica,* porque é, no fundo, a vivência do Direito como cultura, como esforço humano de conquista e de preservação daquilo que se concebeu ou se sentiu como valioso.

304 MIGUEL REALE

Poder-se-ia também denominar a esta parte de Axiologia histórico-jurídica, porque se trata, em síntese, de um estudo de Filosofia da História do Direito, que se não deve confundir com o da História da Filosofia do Direito: — nesta refletem-se as questões postas pela primeira[7].

É muito fácil confundir o ponto de vista do historiador ou do sociólogo, nesta matéria, com o do filósofo do Direito, mas uma coisa é a História e outra a Filosofia da História. É claro que um historiador, cuidando de um problema cultural, tendo como objeto de indagação a própria experiência humana, não pode deixar de ter uma atitude filosófica. Não se cuida do homem sem o prisma da Filosofia. Poderá ser uma atitude filosófica vacilante ou, então, primária, mas haverá sempre uma implicação filosófica em todas as cogitações sobre os problemas humanos. O historiador pode e deve, em suma, ter sua compreensão filosófica dos fatos humanos, mas não é o cunho de sua tarefa, o objeto próprio de sua pesquisa. O historiador examina os fatos em sua singularidade e também no seu sentido de conexão com os ciclos culturais, mas não os integra, enquanto historiador, em uma unidade de sentido, como elemento compreensivo do universo e da vida.

Há, portanto, complementariedade entre esses pontos de vista, mas é necessário que se distinga entre o estudo do Direito feito pelo historiador e o elaborado pelo filósofo.

Eis aí, portanto, como dividimos a Filosofia do Direito, conservando algo das discriminações tradicionais, mas alterando-as em alguns pontos básicos, notadamente na parte em que não destacamos o "conceito" do conteúdo da experiência social e procuramos dar novo sentido à ligação apresentada por Stammler, formalismo à parte, entre o "conceito" e a "idéia" do Direito.

Desejamos, para concluir, lembrar, a propósito da divisão ora apresentada, que muitas vezes um problema volta a ser estudado pela parte seguinte, porque é impossível querer catalogar os assuntos filosóficos como quem corta fatias de uma coisa corpórea, distribuindo-as separadas umas das outras. Será impossível, por exemplo, tratar do problema da justiça sem envolver aquilo que já se indagou na Epistemologia

---

7. Sobre esse problema do "sentido da História", cf. nosso livro *Experiência e Cultura*, cit.

FILOSOFIA DO DIREITO 305

Jurídica e, muitas vezes, no estudo da idéia de justiça, deveremos fazer referências a problemas da Culturologia Jurídica.

Em segundo lugar, desejamos ainda esclarecer que a divisão apresentada tem a finalidade de mostrar que a Ciência Jurídica não é uma ciência puramente formal, que só diga respeito a conceitos e categorias lógicas, porque nela predominam problemas de conteúdo, que são de natureza axiológica, social e histórica.

Nesta divisão tomamos posição contrária ao normativismo lógico tão em voga. Kelsen, por exemplo, não aceitaria jamais a divisão ora proposta porque, no seu entender, para o jurista como tal só existe Teoria ou Ciência do Direito em sua validade lógico-normativa, não implicando, senão relativamente, a consideração do conteúdo social ou estimativo para a caracterização das regras jurídicas.

Toda divisão da Filosofia do Direito pressupõe, é claro, uma tomada de posição e só deve valer como ponto de referência para quem procura ver a realidade do Direito na complementariedade de todas as suas perspectivas.

127. De uma forma ou de outra, por mais que haja variações na distribuição da matéria, é possível notar-se um entendimento geral quanto às tarefas primordiais da Filosofia Jurídica.

Não será exagero dizer que a Filosofia do Direito, como conjunto de verdades vinculadas na unidade de um sistema, com seus problemas relativamente definidos, é forma de saber que só se constituiu definitivamente no decorrer da passada centúria.

Filosofou-se sobre a experiência do Direito e da justiça mesmo antes de ser ela disciplinada segundo esquemas ou categorias científicas, mas a especulação se desenvolvia quase toda no âmbito da Moral, sem clara percepção crítica de seus específicos fundamentos.

Por outro lado, embora tenham os juristas, dignos deste nome, sempre sentido a necessidade indeclinável de indagar dos pressupostos da ordem jurídica positiva, ora filosofando no momento mesmo da construção dogmática, ora dedicando a tais estudos obras especiais, o certo é que uma ciência filosófico-jurídica com objeto próprio só aparece quando *a Ciência do Direito se converte num dos problemas essenciais da Filosofia,* iniciando-se a revisão crítica das obras legadas pelos cultores do Direito Natural ou Racional da época da *Ilustração.*

Se com Pufendorf e Thomasius, na segunda metade do século XVII, a doutrina do Direito Natural já tende a ser concebida em quadros autônomos, desligados da Teologia e da Moral, é sem dúvida na obra de Kant e de Fichte que se afirma, não dizemos a idéia de uma Filosofia *especial* do Direito, mas sim a de que o problema do Direito é suscetível de especulação filosófica autônoma.

Desde então, pode dizer-se que o tema prévio de todo filosofar sobre o Direito versa sobre a natureza mesma desse filosofar, para saber-se se a Filosofia do Direito é uma *Filosofia especial,* ou um *momento* ou parte da Filosofia; se ela se reduz à *Filosofia do Direito Positivo,* conforme afirmação de Gustavo Hugo, ou se transcende a esfera da positividade jurídica, não faltando os que só lhe atribuem por tradição o nome de Filosofia, restringindo-a ao plano da Teoria Geral do Direito.

Não obstante esses contrastes, que apreciaremos oportunamente, o certo é que estamos bem distantes daqueles tratados de Direito Natural que cuidavam de tudo como se fora a ciência suprema, descobrindo um tipo ou modelo ideal de instituto jurídico para cada porção da realidade histórica do Direito.

Sistematizada a Ciência do Direito no século passado segundo mais claros fundamentos — e a obra de Savigny assinala momento culminante nesse processo de determinação conceitual da Jurisprudência — a pesquisa filosófico-jurídica recebe, em devolução, os frutos das sementes que lançara, e novas tarefas se lhe impõem para uma adequação cada vez mais rigorosa entre as exigências do Direito e as da sociedade.

Título VI

Empirismo e Apriorismo Jurídicos e suas Compreensões Unilaterais

Capítulo XXII

O Conceito de Direito Segundo as Doutrinas Empíricas

128. A colocação da Ontognoseologia Jurídica como parte geral da Filosofia do Direito já indica, evidentemente, a escolha de certo rumo como necessário à determinação da realidade jurídica e de suas categorias lógicas. Para esclarecer melhor este problema, vejamos como a matéria tem sido posta nas últimas décadas, pois se os empiristas respondem de uma forma e os aprioristas de outra, não são menos significativas as doutrinas que procuram rever suas conclusões, tentando uma compreensão integral da vida do Direito.

A Ontognoseologia Jurídica representa também uma tentativa de superar, em unidade nova, os pressupostos empíricos e aprioristas, cujas teses fundamentais passamos a examinar.

Posição de Pedro Lessa

Na apreciação das doutrinas empíricas é de justiça lembrar, como exemplo significativo, o pensamento de Pedro Lessa que, antes de ascender ao Supremo Tribunal Federal, foi mestre de nossa disciplina, em São Paulo, dando-lhe grande relevo, com certo cunho de atualidade quanto às idéias dominantes em seu tempo, prevalecentemente evolucionistas e empíricas.

O pensamento deste antigo mestre de nossa Academia encontra-se exposto especialmente em seus "Estudos de Filosofia do Direito", cole-

310   MIGUEL REALE

tânea de trabalhos publicados na *Revista da Facilidade de Direito*, por ele depois revistos e acrescidos de outros estudos[1].

Nessa coletânea, Pedro Lessa (1859-1921) assume posição eminentemente empírica, como se pode ver lendo o capítulo destinado à Metodologia do Direito e à determinação do conceito de Dogmática Jurídica.

Lessa inspirou-se em Stuart Mill, que foi, além de grande economista e psicólogo, mestre de Lógica, de Filosofia Moral e de Política.

A Lógica empírica do pensador inglês influiu na substância do pensamento de Lessa, no sentido de fazer uma discriminação entre *Ciência* e *Arte,* Ciência do Direito e Dogmática Jurídica.

Qual a tarefa que deve realizar a Ciência do Direito? Segundo Lessa, o jurista, no seu trabalho de ordem científica, deverá proceder como agem os estudiosos do mundo da natureza, partindo dos fatos, comparando-os entre si, notando as relações constantes, estabelecendo leis e atingindo, afinal, princípios.

O jurista deve, portanto, elevar-se dos fatos particulares até as leis jurídicas e aos princípios gerais, mediante uma aplicação rigorosa dos processos indutivos que Stuart Mill procura descrever, com grande engenho, completando a obra de Bacon. A indução é para ele o método de pesquisa e de perquirição científica por excelência. Só ela nos daria verdades novas, porque só ela parte dos fatos para permitir o acesso ao plano das leis e dos princípios[2].

---

1. Cf. PEDRO LESSA, *Estudos de Filosofia do Direito,* 2ª ed., Rio de Janeiro, 1916; JOÃO ARRUDA, *Filosofia do Direito,* 3ª ed., São Paulo, 1942; JOSÉ MENDES, *Ensaios de Filosofia do Direito,* São Paulo, 1905, e o nosso trabalho "Pedro Lessa e o Positivismo em São Paulo", inserto no volume *Filosofia em São Paulo,* 2ª ed., 1976.

2. Foi esse, aliás, um ponto de vista dominante no século passado, que mereceu de EINSTEIN estas ponderações: "Não há método indutivo que nos leve aos conceitos fundamentais da Física. A falta de entendimento desse fato constituiu o erro filosófico básico de tantos investigadores do século XIX. Foi essa provavelmente a razão pela qual a teoria molecular e a de MAXWELL só puderam ser estabelecidas em data relativamente recente. O pensamento lógico é necessariamente dedutivo; baseia-se em conceitos hipotéticos e em axiomas" (*Out of my Later Years,* cit., pág. 78).

FILOSOFIA DO DIREITO

O jurista, portanto, seria um observador e um analista da realidade humana, da realidade social, visando a explicá-la através dos seus nexos de constâncias expressos sob a forma de leis ou de princípios, cuja base primeira é de ordem psicológica, como em todas as ciências morais.

Valendo-se dos processos indutivos, a Ciência Jurídica, por conseguinte, nos forneceria o arcabouço lógico, as idéias mestras, sujeitas a aplicação posterior. É aqui que cessa o momento da *Ciência*, para começar, segundo Lessa, o momento da *Arte*. Obtidas as leis e fixados os princípios, tem início o momento da aplicação das leis e dos princípios, com todas as características de um trabalho artístico. Interpretar as leis, coordená-las em institutos, sistematizá-las em unidades maiores e cuidar dos processos de sua aplicação concreta, eis o objetivo fundamental da Dogmática Jurídica.

A Dogmática Jurídica é concebida, desse modo, como uma arte explicativa e construtiva do Direito, mediante processos dedutivos. A dedução seria, portanto, um método secundário e complementar, destinado a guiar o intelecto partindo dos princípios para as suas conseqüências, e a estruturar logicamente o saber jurídico no plano da ação.

A distinção entre Ciência e Arte, que é claramente posta por Stuart Mill, converte-se, na obra de Pedro Lessa, em uma distinção entre Ciência Jurídica e Dogmática Jurídica. Note-se que ele chega mesmo a dizer que a Dogmática Jurídica não é propriamente arte, mas a explanação de uma arte. Tomar conhecimento dos textos legais vigentes, coordená-los nos seus nexos fundamentais, uni-los em institutos e sistemas, considera-se puro trabalho artístico, válido em razão da prévia indagação científica de base indutiva e de uma terceira ordem de pesquisas, que é a *filosófica*. Filosofia, Arte e Ciência esgotam a problemática jurídica, compondo, no seu todo, a *Ciência do Direito* no seu sentido lato[3].

---

3. Segundo Pedro Lessa, em verdade, a Filosofia do Direito é "parte distinta, mas não separada da Ciência do Direito, síntese final dessa ciência" *(op. cit.,* pág. 87). Indica ele três ordens de indagações como próprias da Filosofia Jurídica: a) a Metodologia ou a Lógica da Ciência do Direito; b) a doutrina sistemática dos princípios fundamentais do Direito, unificando todo o saber jurídico; c) a determinação das relações do Direito com as ciências que têm por objeto o homem e a sociedade. Daí a sua definição da Filosofia do Direito como "a parte geral da Ciência Jurídica, que determina o método aplicável ao estudo científico do Direito, expõe sistematicamente os princípios fundamentais dos vários ramos do saber jurí-

312   MIGUEL REALE

Que é que fundamenta toda essa concepção de Lessa? É a idéia de que podemos partir dos fatos jurídicos, para atingir leis e princípios. Em sua concepção não transparece qualquer impossibilidade da passagem do fato para a norma jurídica. Ele não chega, aliás, a propor o problema, não existindo qualquer diferença entre as diversas ciências, dominado que estava por um monismo científico quase que absoluto. Dizemos quase absoluto, porque Pedro Lessa era um adepto do Direito Natural, embora de forma um pouco diversa da tradicional; a aceitação de um Direito Natural, mesmo de base empírica, implica uma colocação do problema para além dos pressupostos puramente fisicalistas do monismo epistemológico.

Ora, este exemplo de Pedro Lessa é bem expressivo da corrente que denominamos empirismo jurídico. O que caracteriza o empirismo jurídico, repetimos, é uma tese fundamental sobre a possibilidade de partirmos dos fatos para alcançarmos as leis e os princípios por meros processos de abstração e generalização.

Será esta tese fora de dúvida? Será mesmo logicamente possível partir dos fatos para se formularem *leis* no campo do Direito, e leis destinadas a reger ou ordenar a conduta? Esta pergunta foi feita por vários pensadores do século passado, tendo sido repetida e desenvolvida, de maneira sistemática, pela Filosofia Jurídica de nosso tempo.

Crítica do Empirismo Jurídico

129. Mesmo no clima acentuadamente naturalista do século passado não faltaram objeções fundamentais ao empirismo como as feitas por Trendelenburg e Rosmini, o primeiro, um dos renovadores do pensamento aristotélico, e o segundo, conhecido pelo seu ontologismo, que implicava a recepção de teses tradicionais, mas com visão moderna, tendente à restauração do pensamento católico ao influxo das grandes correntes pós-renascentistas.

---

dico, e ensina as relações deste com as ciências antropológicas e sociais" *(op. cit.,* pág. 96). No mesmo sentido, com uma clara compreensão da Filosofia científica de POINCARÉ, MACH, CLAUDE BERNARD, BOUTROUX etc., v. EDGARD SACHES, *Prolegômenos à Ciência do Direito,* Bahia, 1927.

FILOSOFIA DO DIREITO

Foi, porém, no fim do século passado e especialmente na primeira metade deste que dois juristas filósofos ordenaram todas as objeções fundamentais que podem ser feitas ao empirismo jurídico. Nos trabalhos de autoria de Del Vecchio e de Stammler podemos encontrar essas objeções, de grande importância para a colocação posterior do problema.

Os empiristas pretendem partir dos fatos jurídicos para atingir leis e princípios e, no fundo, pensam poder também seguir os mesmos fatos para alcançar o conceito universal do Direito. Ora, não resta dúvida que se deve partir da experiência para se atingir um conhecimento científico, mas os empiristas, quando partem de um fato que declaram *jurídico,* já estão dando como resolvido aquilo mesmo que se propunham resolver.

Se não sabemos qual a consistência do Direito, se não possuímos nenhum elemento que nos habilite a distinguir o que é jurídico daquilo que é econômico, moral, religioso etc., como podemos declarar que estamos partindo de um *fato jurídico?* Ao dizer que estamos analisando um *fato jurídico,* já possuímos evidentemente as notas da juridicidade indispensável ao reconhecimento da qualidade "jurídica" atribuída ao fenômeno observado.

No pensamento empírico há um círculo vicioso, porque se dá como sabido o que se pretende resolver. Não possuindo ainda as notas da juridicidade, não temos título nem legitimidade lógica para o reconhecimento de algo como sendo jurídico.

Esta objeção é frontal. Feita pelos aprioristas, tem por fim demonstrar que, no ato de realizar-se uma pesquisa da experiência jurídica, já devemos ser portadores de categorias anteriores à experiência mesma e que logicamente possibilitam a experiência. Nós, dizem eles, reconhecemos dados fatos como jurídicos, porque possuímos conceitos jurídicos transcendentais que condicionam logicamente a experiência do Direito, embora não se trate de *idéias inatas,* mas de conceitos atingidos por ocasião da experiência mesma.

Examinaremos, posteriormente, a parte construtiva da doutrina apriorista. Por ora, vamos ver apenas as objeções formuladas contra o empirismo. Ainda estando de acordo com a parte crítica, que aprioristas como Del Vecchio e Stammler desenvolvem, poderemos divergir do caminho que eles apontam a seguir. Podemos adiantar mesmo que a

314 MIGUEL REALE

colocação ontognoseológica do problema repele o apriorismo formal de Del Vecchio e de Stammler, que reduzem o Direito à subjetividade pura, a formas vazias de conteúdo.

Os adeptos do neo-empirismo, tomando conhecimento da crítica ora resumida, observam que, quando eles partem de um fato jurídico, recebem este fato em *caráter hipotético,* "como se" fosse jurídico, para depois, pelo cotejo de outras observações, verificar a verdade da hipótese, em função, portanto, de dados experiênciais.

Tentaram, pois, elidir a objeção, dizendo que eles não partem de fatos postos como jurídicos, mas dados hipoteticamente com este caráter, a fim de se fazer uma verificação *a posteriori.* Assim argumentando, colocam-se em posição que se não deve confundir com a dos empiristas do século passado: enquanto que para estes, como assinalamos, era a *indução* o método exclusivo das ciências, os neo-empiristas a substituem pelo método *hipotético-dedutivo,* no qual se combinam a indução e a dedução matemática, sendo certo, todavia, que é sempre a observação dos fatos que prevalece por só subsistirem as ilações matemáticas que tiverem a contraprova experimental[4].

A resposta dos neo-empiristas, que é inegavelmente sutil, não deixa de reconhecer em parte as insuficiências do empirismo anterior, mesmo porque o método hipotético-dedutivo revela a contribuição positiva do espírito no momento da pesquisa científica, libertando a Ciência de um equívoco, que consistia em tomar a realidade como um "dado" capaz de se impor ao observador, sem que houvesse por parte deste uma atitude de certa forma criadora e sempre condicionada por certo "prisma teórico".

Porém, é preciso não esquecer (e aqui aparece uma segunda objeção ao empirismo): admitida a excelência do método hipotético-dedutivo no estudo dos fatos jurídicos, como seria possível contestar que os fatos

---

4. Empiristas há, no entanto, como JAMES GOLDSCHIMDT, segundo os quais o argumento exposto no texto implicaria um sofisma, pois "qualificando um vegetal de árvore, supõe-se o conceito de árvore, e nem por isso tal conceito deixa de ser empírico". *(Estúdios de Filosofía Jurídica,* Buenos Aires, 1947, pág. 14.) Confunde-se, assim, sem dúvida, a gênese do conceito com a sua validade universal esquecendo-se que o Direito não é uma "coisa" posta *ab extra* em relação ao espírito.

FILOSOFIA DO DIREITO   315

jurídicos, além de serem sempre particulares e contingentes, podem ser também contraditórios?

Ora, quando nos propomos atingir um conceito de Direito ou penetrar na consistência do fenômeno jurídico, o que visamos é algo de *necessário* e de *universal*. Não queremos um conceito jurídico que só seja válido para aqueles fatos hipoteticamente admitidos, traduzindo uma simples súmula estatística de observações realizadas. O que pretendemos determinar é um conceito de Direito válido na sua universalidade, tanto para o Direito dos babilônicos como para o atual e o Direito futuro e, até mesmo, note-se bem, para sociedades hipotéticas ou imaginárias, como a "Cidade do Sol" do monge Campanella.

Sendo o fato sempre condicionado, espacial e temporalmente, é sempre *particular* e *contingente*. Se assim é, retrucam os críticos do empirismo, seria necessário saber como é possível partir de fatos particulares e contingentes e até mesmo contraditórios, para se atingir aquilo que é necessário e universal. Estabelecer algo como necessário e universal é superar o contingente e o particular, razão pela qual não é legítimo afirmar-se que podemos estabelecer as estruturas lógicas fundamentais da juridicidade só com os elementos fornecidos pela experiência.

Vejamos outra ordem de objeções formuladas pelos aprioristas a quantos procuram explicar o Direito tão-somente à luz dos fatos. Já vimos que, segundo Lessa, a aplicação do método indutivo no campo jurídico permitiria obter a formulação de leis, como acontece na tela da Física ou da Química.

Ser e Dever Ser

130. Aqui surge exatamente um problema que também não foi proposto por Pedro Lessa em sua obra, apesar de já ter sido discutido no Brasil. Trata-se da possibilidade lógica da passagem do *ser* para o *dever ser*.

Toda regra jurídica traduz um imperativo de conduta, a obrigatoriedade de um comportamento, uma exigência de ação ou de omissão. Quando se fala em lei jurídica, fala-se na obrigatoriedade de um comportamento possível. A lei físico-natural, como já dissemos, é, em

316   MIGUEL REALE

sua essência, uma súmula estatística dos fatos. O cientista, nos domínios da Física, procura refletir o fato na sua objetividade, expressando-o em fórmulas possivelmente quantitativas e matemáticas. Há uma descrição ou explicação objetiva do fenômeno, de maneira que seja possível prever certas conseqüências relativamente, uma vez advindas dadas circunstâncias. É próprio da lei físico-matemática habilitar-nos a prever uma ou mais conseqüências como *necessárias,* uma vez configurada certa hipótese. A conseqüência resulta *imanentemente* do fato, não havendo necessidade de uma norma ou de uma regra exterior que venha juntar-se ao fato para garanti-la. As leis físico-matemáticas não possuem sanção, porque a sanção é algo de extrínseco à regra, algo que se acrescenta à lei, para garantia de sua obrigatoriedade.

Em virtude da característica do *dever ser* inseparável das leis jurídicas, levanta-se outra objeção fundamental, que os empiristas, a nosso ver, têm procurado em vão superar: — Como é, em suma, que o jurista parte de fatos, que "são", para atingir a esfera daquilo que "deve ser"?

Notemos bem este ponto, que é dos mais importantes à compreensão do fenômeno jurídico. O analista da natureza, fundado no maior número possível de fatos passados e presentes, estabelece os esquemas dos fatos futuros, previstos com maior ou menor rigor, para quando ocorrerem determinadas hipóteses, sendo-lhe possível conceber configurações lógico-lingüísticas ou "modelos" mediante os quais é simplificada idealmente, reduzindo-se-a aos seus elementos mais simples e mais relevantes, uma estrutura complexa, como se fora o "retrato sintético" do fato.

Para o jurista, ao contrário, os "modelos" de comportamento, isto é, os "institutos jurídicos" concebidos como estruturas normativas de uma classe de ações, não constituem meras previsões de fatos futuros possíveis no âmbito e em função de dados pressupostos, mas traduzem antes o reconhecimento de que certos fins são *social* e *eticamente necessários:* os "modelos" jurídicos não são, pois, esquemas ou sínteses de ordem lógico-operacional ou técnica, mas sim *ordenações deontológicas de caráter ético,* muito embora fundadas na análise objetiva de dadas situações sociais e históricas.

Em verdade, o estudioso das ciências jurídicas não se contenta com a descrição dos fatos, para prevenir ou evitar sua ocorrência. A história

FILOSOFIA DO DIREITO

do Direito Penal é uma luta permanente contra o fato da delinqüência, da criminalidade. O Direito, sendo afirmação e exigência de valores, não é mero resultado da pressão dos acontecimentos sociais, mas resulta de múltiplos elementos, entre os quais os *fáticos* são condição necessária, mas não suficiente à formação do enunciado normativo.

Ora, como já havia sido dito por Kant, não podemos encontrar, na simples verificação daquilo que *é,* a indicação do que *deva ser,* sendo essa uma verdade que se não pode contestar[5].

A Réplica dos Empiristas

131. Caráter indicativo do Direito — Como podem ou pretendem os empiristas fugir a essa objeção fundamental? Alguns juristas, apegados à orientação empírica e dotados de agudo senso filosófico dos problemas, pensaram poder responder à objeção, contestando, pura e simplesmente, o caráter imperativo das regras de Direito. É esta a colocação, por exemplo, de Duguit, considerado máximo representante do empirismo jurídico na França, embora a evolução de seu pensamento

---

5. Cf. Émile Boutroux, *La Philosophie de Kant.* Paris, 1926, págs. 294 e segs. — Existe no Brasil um antecedente valioso da discussão ora em apreço e dos mais interessantes. Referimo-nos à polêmica entre dois grandes espíritos, um das Letras e outro da Jurisprudência: Sílvio Romero e o Conselheiro Lafayette. Sílvio romero, que foi professor de Filosofia do Direito no Rio de Janeiro, enfileirava-se entre os representantes do empirismo jurídico, seguindo orientação equivalente à de Pedro Lessa na Faculdade de Direito de São Paulo. (Cf. *Ensaio de Filosofia do Direito,* 2ª ed., Rio, 1908.) Já o Conselheiro Lafayette, cuja obra de civilista e de internacionalista representa, sem dúvida, um dos pontos mais altos de nossa cultura jurídica, é um espírito de formação kantiana. Sílvio Romero sustentava a tese empírica, admitindo a possibilidade de um conceito de Direito como resultado de abstrações indutivas. Já Lafayette criticava tal possibilidade: não há razão lógica alguma que nos obrigue a aceitar como um dever aquilo que apenas é. Nada se legitima, no plano da Ética e do Direito, tão-somente pelo fato de acontecer, pela circunstância de ser.

A crítica de Lafayette, publicada sob o pseudônimo de Labieno, pode ser encontrada em um curioso livrinho, intitulado *"Vindiciae",* que na primeira parte é uma resposta muito sutil às críticas de Sílvio Romero ao estilo de Machado de Assis e, na segunda, uma apreciação sarcástica, irreverente, da obra filosófico-jurídica do mestre nordestino, especialmente na sua tentativa de atingir um conceito universal de Direito a partir do dado empírico da condicionalidade social. Cf. Miguel Reale, *A Doutrina de Kant no Brasil,* São Paulo, 1949, I Ensaio.

318   MIGUEL REALE

demonstre a superação progressiva dos pontos empíricos inicialmente adotados[6].

Analisaremos, mais tarde, a doutrina de Duguit a propósito do problema da "eficácia" do Direito. Por ora, vamos apenas mostrar como é que Léon Duguit procurou responder a esta crítica que, evidentemente, atinge um elemento nuclear de suas concepções. Em primeiro lugar, não pretende ele, de maneira alguma, contestar a impossibilidade da passagem do *ser* para o *dever ser* — e este já é um grande mérito, que denota a superioridade de seu intelecto.

Duguit prefere demonstrar que a objeção não procede, porque as *regras jurídicas não são regras de dever ser,* nem tampouco *imperativas.*

O Direito, diz ele, é um conjunto de regras técnicas de caráter meramente hipotético e indicativo. O Direito não obriga a isto ou aquilo, mas se limita a indicar certas conseqüências, toda vez que se verificarem determinadas hipóteses. O Direito é indicativo. A regra de Direito indica um caminho possível, que fica na livre escolha do sujeito. Se o sujeito escolher um caminho, arcará com certas conseqüências. As regras jurídicas seriam, em suma, equiparáveis às leis econômicas também apresentadas como puramente indicativas.

Será procedente essa afirmação de Duguit? A nosso ver, todos os esforços desenvolvidos pelos empiristas para mostrar o caráter meramente indicativo do Direito falharam, e falharam à vista do elemento "sanção", cuja natureza não souberam explicar. A hipótese que se põe no mundo da natureza não é a hipótese que se põe no campo do comportamento ético. No mundo da natureza, quando um fato é hipoteticamente previsto, do bojo de sua estrutura resulta uma conseqüência com certa margem de probabilidade, sem recurso a qualquer instância volitiva. A hipótese, que toda regra jurídica contém, postula, ao contrário, a superveniência de outra norma que venha garantir a sua obrigatoriedade. É aqui que reside a diferença entre o meramente indicativo e o imperativo. A regra jurídica não se limita a indicar um caminho, pois, se deixa a faculdade de opção por outras vias, já consagra também a escolha feita pelo legislador, tanto assim que este a mune adequadamente de sanção para garantir seu adimplemento.

---

6. Cf. *infra,* cap. XXXI.

FILOSOFIA DO DIREITO 319

É verdade que uma regra jurídica permite ao devedor que pague ou não pague um título em seu vencimento, mas é também verdade que o legislador *já fez a escolha,* no sentido de *dever ser* pago, tanto assim que comina uma pena àquele que deixar de sol ver o débito.

Toda regra jurídica, formulada embora sob esquemas indicativos e hipotéticos, consagra sempre a escolha de um valor que se julga necessário salvaguardar. A punição do infrator da lei significa que o legislador considera necessária uma conduta. O homem é livre de escolher este ou aquele caminho, mas, uma vez efetuada uma escolha em conflito com a lei, a sanção não resulta automaticamente da escolha feita, mas é a conseqüência da aplicação de outra norma jurídica em vigor, prevista para garantir o adimplemento da primeira. Não é possível, portanto, confundir uma regra jurídica com uma lei física, onde a conseqüência é imanente aos nexos causais do fenômeno.

À primeira vista, parece que a explicação de Duguit e de outros empíricos é muito engenhosa. Seria muito cômodo, efetivamente, ter uma concepção do Direito como algo meramente indicativo, de maneira que o homem se sentisse orgulhoso de sua liberdade em cada caso ocorrente na vida jurídica. Mas, se examinarmos a vigência de uma regra de Direito, verificaremos que, quando o legislador positiva a norma, já fez a escolha de um caminho, já concebeu como obrigatório um resultado; e é por ter concebido uma obrigatoriedade que ele impõe uma conseqüência a quem se afastar da via reputada lícita.

O caráter *obrigatório,* portanto, da regra jurídica, parece-nos irrecusável. Se tirarmos do Direito o caráter de obrigatoriedade, o Direito passará a ser o reino do arbítrio. E, então, perguntaríamos: — Se o Direito é apenas indicativo, que é que legitima a pena resultante da escolha livre e lícita de uma via? Se o Direito apenas indica e não estabelece distinção entre caminhos possíveis, toda sanção é um arbítrio, toda pena uma violência. O próprio Duguit reconheceu a precariedade da redução do Direito a mero indicativo e, então, passado o primeiro entusiasmo de seu naturalismo jurídico, chegou a uma conhecidíssima distinção entre "normas jurídicas" e "normas técnicas".

O Direito, diz ele, é formado por um pequeno grupo de "normas jurídicas", que são obrigatórias porque brotam da sociedade no seu todo e expressam as exigências da solidariedade humana. Destas normas obrigatórias, que são o Direito por excelência, resultam regras de natu-

320   MIGUEL REALE

reza técnica, que constituem, a seu ver, a grande massa das regras que compõem os códigos e as leis.

No livro *Fundamentos do Direito,* analisamos essa colocação da doutrina de Duguit, mostrando que, no momento em que ele distingue a norma jurídico-objetiva da regra técnica, no fundo reconhece que o Direito não é tão indicativo como imaginara e que, efetivamente, não é por esta forma que os empiristas podem fugir às objeções opostas à sua doutrina.

O Neo-empirismo Jurídico

131-A. Pois bem, as observações ora feitas são válidas, *mutatis mutandis,* para outras formas mais atuais de empirismo jurídico, desde as que se desenvolvem sob o influxo do neo-positivismo até ao chamado "realismo escandinavo". Este se distingue daquele por sua radical posição empiricista, que não se limita ao plano estritamente jurídico, enquanto que neo-positivistas há que, paradoxalmente, somente o são nos domínios do Direito, compartilhando de explícitas ou camufladas posições ontológicas ou historicistas em outros âmbitos do conhecimento, como o da Historiografia ou da Política.

Karl Olivecrona e Alf Ross, dois expoentes do "realismo escandinavo", são exemplos de empirismo coerente, estabelecendo entre *fato* e *norma* uma linha de continuidade estrita, visto ser contestado qualquer dualismo entre realidade e valor. Nessa linha de pensamento somente se admitem regras de direitos suscetíveis de *verificação empírica,* isto é, estabelecidas em função de fatores observáveis, ou, então, redutíveis logicamente a enunciados normativos já comprovados *(verificação analítica).* Nesse contexto, a regra jurídica é pretensamente considerada vazia de conteúdo axiológico, — não sendo boa, nem má, mas tão-somente "jurídica", — de tal modo que a "validade" repousa sobre um "juízo probabilístico" sobre a sua futura aplicação pelos órgãos judicantes[7].

---

7.   *"Direito válido,* escreve ALF ROSS, indica o conjunto abstrato de idéias normativas que servem como esquema de interpretações dos fenômenos jurídicos em ação, o que por sua vez implica que essas normas sejam efetivamente seguidas, e seguidas por serem experimentadas e vividas *(experienced and felt)* como socialmente obrigatórias", ou seja, pelo

FILOSOFIA DO DIREITO

Todo empirismo esbarra nessa e em outras dificuldades insuperáveis quando quer afrontar o problema da *validade* ou da *obrigatoriedade* do Direito, saltando de uma solução a outra *"senza trovar pace"*, como o demonstram as alterações sucessivas por que passou a doutrina de Alf Ross, cuja importância real se revela mais no plano da Epistemologia Jurídica.

É em virtude da apontada dificuldade que grande número de positivistas, considerando "comodamente" sem sentido o problema da correlação entre *fato* e *valor*, *"ser"* e *"dever ser"*, preferem fazer abstração dele, para se limitarem a analisar os valores lógico-sintáticos do Direito positivo em vigor, reduzindo, no fundo, a Filosofia Jurídica a uma análise da linguagem do legislador e do jurista.

Não negamos o valor das contribuições da Filosofia Analítica, e, mais amplamente, do Neo-positivismo, no que se refere à depuração da Ciência do Direito de pseudo-problemas, mas, do ponto de vista que diretamente aqui nos interessa, os seus adeptos, ou repisam, sob terminologia nova, velhas teses empiricistas, ou então excluem, sumariamente, dos domínios filosófico-jurídicos um de seus temas fundamentais, que é o da indagação sobre a *consistência* e a *validade* do Direito. A declaração de que o jurista deve se limitar ao estudo do Direito que é, com abstração do Direito que *deve ser*, pode valer como atitude metodológica, mas deixa em suspenso uma série de questões que o filósofo do Direito não pode desprezar[8].

---

juiz e outras autoridades jurídicas, ao aplicar o direito... (ALF ROSS — *Diritto e Giustizia*, trad. de Giacomo Gavazzi, Turim, 1965, págs. 18 e seg.; *Towards a Realistic Jurisprudence*, Copenhagen, 1949). Cf., outrossim, KARL OLIVECRONA — *Law as Fact*, 2ª ed., Londres, 1971. Mais atualizada, com modificações do próprio autor, é a trad. italiana sob o título *La struttura dell'ordinamento giuridico"*, com valiosa introdução do tradutor, Enrico Pataco, Milão, 1972). Para Olivecrona, em última análise, só nos resta aceitar o Direito como um *sistema* que *ai está como um fato*, e que se impõe aos legisladores e aos juízes, embora possa ser modificado por eles. Para uma aguda crítica da redução que faz ALF ROSS dos *enunciados prescritivos* a meros *enunciados descritivos*, cf. LOURIVAL VILANOVA — *As estruturas lógicas e o sistema do Direito Positivo*, São Paulo, 1977, págs. 41 e segs. e 55 e segs.

8. Sobre o neo-positivismo, em geral, cf. VIRGÍLIO GIORGIANNI — *Neopositivismo e Scienza del Diritto*, Roma, 1956; NORBERTO BOBBIO — *(Giusnaturalismo e positivismo giuridico*, Milão, 1965; LUIGI BAGOLINI — *Visione della giustizia e senso comune*, Bolonha, 1968; H. L. A. HART — *The concept of Law*. Oxford, 1961, "Legal positivism", em *Enciclo-*

322   MIGUEL REALE

A bem ver, em todas as modalidades de empirismo existe uma subreptícia "valoração" do "fato observável", erigido em pedra de toque da normalidade jurídica, quando não se dá o caso, bem expressivo, de um Herbert Hart que, para legitimar a obrigatoriedade da ordem jurídica, não tem outro remédio senão admitir como "características indispensáveis" do Direito Positivo as "formas mínimas de proteção das pessoas, da propriedade e dos contratos". Por tais motivos, rejeita as teses positivistas segundo as quais as normas jurídicas podem ter qualquer conteúdo, abstração feita dos valores éticos[9]. Vemos, desse modo, reconhecida a essencialidade dos motivos axiológicos na experiência do Direito.

---

pedia of Philosophy, Nova Yorque, Londres, 1968; UBERTO SCARPELLI — *Cos'è il positivismo giuridico,* Milão, 1965, e a sua coletânea intitulada *Diritto e Analisi del Linguaggio,* Milão, 1976; MIGUEL REALE — *O Direito como Experiência,* cit.; ANTONIO-ENRIQUE PEREZ LUÑO — *Jusnaturalismo y positivismo jurídico en la Italia Moderna,* Bolonha. 1971. Sobre o "realismo norte-americano", v. THEOPHILO CAVALCANTI FILHO — *O problema da segurança no Direito,* São Paulo, 1964. Cf., outrossim, TÉRCIO SAMPAIO FERRAZ JR. — *Direito, retórica e comunicação,* São Paulo, 1973 e ROBERTO JOSÉ VERNENGO — *Curso de Teoria General del Derecho,* 2ª ed., Buenos Aires, 1976, sobre a situação atual do problema da linguagem e da imperatividade jurídicas.

9.   Cf. HERBERT HART — *The Concept of Law,* Oxford, 1961, págs. 195 e segs.; *Positivism and the Separation of Law and Morals,* 1958, inserto na coletânea organizada, na Itália, por VITTORIO FROSINI, sob o título *Contributo al'analisi del diritto,* Milão, 1964.

Capítulo XXIII

A Concepção do Direito na Doutrina de Stammler

O Direito como Forma do Querer

132. Analisadas as doutrinas empíricas, vejamos que caminho nos apontam os aprioristas neokantianos, entre os quais devemos destacar as figuras de Stammler e de Del Vecchio, não só pelo valor intrínseco de suas teorias, mas também por terem dedicado trabalhos especiais à determinação do conceito de Direito.

Antes de mais nada, é preciso recordar que Stammler pertence ao movimento neokantista da chamada Escola de Marburgo. Prevaleceu nesta a preocupação de determinar os pressupostos das ciências, tendo como padrão o modelo das colocações fundamentais feitas na *Crítica da Razão Pura*[1].

---

1. Cf. Rodolf Stammler, *Leherbuch der Kechtsphilosophie,* Berlim e Lípsia. 9ª ed., 1923; *Die Lehre von dem richtigen Rechte,* Berlim, 1902; *Wirstchaft und Kecht,* Lípsia, 1896. Sobre a doutrina de Stammler, *vide* Luís Recaséns Siches — *Panorama del pensamienlo jurídico en el Siglo XX,* México, 1963, t. I, pág. 47-48; François Geny — *Science et técnique en droit privé positif,* 3ª ed., Paris, 1925, t. 2. págs. 126-190; Luis Legaz Y Lacambra — *Filosofia del Derecho,* 2ª. ed., Barcelona, 1961, págs. 116 e segs., e *passim;* e Francisco Elias de Tejada — *Tratado de Filosofia del Derecho,* t. II, págs. 636 e segs. Superficiais as críticas de Julius Stone, em *The Province and Function of Law,* Cambridge (Mass.), 1950, págs. 319 e segs.

Stammler, em última análise, quer saber quais são os pressupostos lógicos ou "formas puras" da Ciência do Direito, assim como os esquemas gerais condicionantes da realidade jurídica enquanto realidade histórica e social, tomando posição perante o *historicismo* então dominante de cunho eminentemente empírico.

Assim como Kant na *Crítica da Razão Pura* indaga das condições lógicas que tornam a Geometria ou a Física possíveis. Stammler pensa poder indagar das condições lógicas que tornam a Ciência do Direito também legítima. O que Kant efetua para as ciências naturais de seu tempo, Stammler pretende repetir para as ciências jurídicas, sustentando, entre outras coisas, que Kant não teria sido rigorosamente kantista ao tratar do problema jurídico, influenciado em demasia pela tradição jusnaturalista e, especialmente, por aquela representada pelo iluminista alemão Thomasius.

Daí o *desideratum* de seguir o criticismo transcendental com mais rigor e pureza do que o fizera o próprio Kant em seus *Princípios Metafísicos da Doutrina do Direito*. Este o plano de trabalho de Stammler, tendo como ponto de partida a crítica da indução, geralmente apresentada como método por excelência na conceituação do Direito, sendo dedicada especial atenção à análise da Escola Histórica, assim como à teoria marxista sobre os fundamentos econômicos do Direito.

Se existe uma experiência jurídica, pensa ele, é porque algo a torna logicamente possível. Se o Direito é fenômeno universal, que existe onde quer que exista o homem, é porque existe no homem mesmo a sua explicação necessária.

Indagar das razões lógicas do fato jurídico é indagar, em suma, das *categorias transcendentais* da experiência do Direito.

Segundo Stammler, não devemos absolutamente fechar os olhos para a experiência, mas também não devemos empobrecê-la, fragmentando-a desde logo em compartimentos estanques, que não nos permitiriam penetrar naquilo que lhe é essencial. Devemos partir sempre da experiência, mas como condição ou ocasião necessária para dar-nos conta de algo que logicamente é anterior à experiência mesma.

Até agora, diria Stammler, não se tem feito outra coisa senão apreciar-se o *processo genético* do Direito, procurando atingir-se um resultado à luz da transformação dos fatos históricos. Esta transformação,

FILOSOFIA DO DIREITO

que tanto apaixona a Escola Histórica, implica a necessidade lógica de um "pressuposto" que os fatos, enquanto fatos empíricos e particulares, não nos podem oferecer, de maneira que o devemos buscar no exame do próprio homem enquanto ser que conhece e que age[2].

Volta-se, assim, Stammler, para o exame do homem e da realidade que o circunda. O ponto de partida de Stammler é a *consciência*, não como entidade psicológica onde se desenrolam fatos da vida interior, mas como atitude integral do homem perante si mesmo e perante a realidade em que se situa. O homem segundo a discriminação de Stammler, ou se põe perante as coisas, para contemplá-las, ou se põe perante a realidade, no sentido de um fim a atingir. *Ou percebe e conhece, ou quer.*

Percepção e querer (*"wollen"*) são duas orientações necessárias e universais do espírito, às quais não podemos fugir. No fundo, esta discriminação de Stammler corresponde àquela a que já fizemos referência tantas vezes, entre *ser* e *dever ser,* entre cujas esferas ele levanta uma separação quase que radical.

Dissemos que o homem vê as coisas enquanto *são,* ou as vê enquanto *devem ser.* Também para Stammler esta discriminação, que ele vai buscar nas fontes da *Crítica da Razão Pura* de Kant, reveste-se de valor fundamental. Enquanto nos limitamos a perceber e a explicar os fenômenos, estamos no mundo da causalidade, que é destinado às ciências exatas, físicas, químicas etc. Enquanto, porém, nos colocamos sob o prisma do querer, surge um outro mundo, que é o mundo dos fins ou das finalidades.

Eis aí um dado inicial, um ponto de partida inamovível. Há duas atitudes possíveis para o homem, como sujeito universal do conhecimento: — ou percebe e explica, ou quer segundo fins.

Em razão dessas duas atitudes fundamentais, configuram-se também duas possibilidades de ordenação do real. Ora ordenamos as coisas *per causas,* ora ordenamos as coisas segundo fins. *Causalidade* e *finalidade* são duas explicações fundamentais das possíveis atitudes do homem enquanto se põe perante si mesmo e a realidade.

---

2. Quanto à posição de SAVIGNY e da *Escola Histórica,* cf. *infra,* cap. XXX, ns. 166 e segs.

133. Ora, é intuitivo para Stammler que os fatos jurídicos, quaisquer que eles sejam, jamais correspondem a algo que se desenrole diante de nós como meramente causado, redutível ao fato natural. O plano todo da ação enquadra-se no mundo do querer e da finalidade. É preciso notar que, por enquanto, Stammler não faz qualquer distinção entre fatos jurídicos e não jurídicos, porque o que ele procura determinar com rigor é a característica comum a todos os fatos humanos como "expressões do querer".

A atividade humana, seja ela moral, religiosa ou jurídica, é sempre modalidade do querer. Para fazer tal afirmação, não precisamos partir de um fato considerado jurídico ou de outro considerado moral, porque ela envolve a totalidade dos fatos humanos, sem implicar, de início, qualquer discriminação.

O Direito, então, podemos dizer que é "fato do querer", uma expressão do *wollen,* porque manifestações do querer são todas as atividades humanas. Já os romanos, na sua intuição primordial do Direito, haviam visto no fenômeno jurídico uma expressão de *voluntas.*

Como se deve entender a palavra *querer* na doutrina de Stammler? Incorreríamos em confusão gravíssima se interpretássemos as palavras "querer" ou "vontade" em termos psicológicos. Quando o filósofo do Direito — a quem nós devemos, sem dúvida alguma, a renovação dos estudos de nossa disciplina — fala em "querer", ele não faz menção da energia psíquica, geradora de opções e atitudes, porque, se assim fosse, estaríamos ainda no plano da causalidade. A vontade não é, do ponto de vista lógico, concebida como *energia,* que implica uma relação *causai* entre determinada substância e o *efeito* concreto a que ela conduz.

Querer é optar por um fim e subordinar a esse fim determinados meios. Toda vez que a nossa atitude é no sentido de nos servirmos de meios para atingirmos fins, dizemos, stammlerianamente, que estamos "querendo". O conceito de querer de Stammler é um conceito teleológico e, mais precisamente, um conceito lógico e não um conceito psicológico: — "uma pauta diretora de nossa consciência, consistente na eleição de *meios* para a consecução de *fins".* O querer, em suma, é uma forma de ordenação da conduta, enquanto subordina meios a fins. (Cf. *Tratado de Filosofia do Direito,* L. I, ns. 2 e segs.)

FILOSOFIA DO DIREITO

Como é que os meios podem ser subordinados a fins ou, por outras palavras, quais são as modalidades do querer, Quais as formas lógicas dos conteúdos da consciência, como espécie de "querer"?

Estudando as modalidades do querer, podemos, talvez, chegar à conclusão de que o Direito corresponde a determinada forma de querer. O querer, diz Stammler, pode ser, em primeiro lugar, um querer *autônomo,* que é aquele que encontra em si mesmo sua medida e sua valia, e não supõe outro querer para realizar a sua finalidade.

O homem, às vezes, quer e é o último juiz de seu querer. O homem propõe-se fins, escolhe os meios e não se subordina a outros laços que não aqueles que brotam de seu querer mesmo. Temos aí o *querer autônomo,* que ele diz ser o querer dos atos morais.

No plano da Moral, o indivíduo é o último juiz, porque é a nossa consciência que tem a última palavra. Quando se trata de um ato de natureza moral, podemos consultar-nos com amigos, solicitar orientação de mestres ou de sacerdotes, mas, no momento culminante da opção, a opção deverá ser nossa, para ter valor moral. O querer moral é um querer autônomo, é um querer individual, que se põe no sujeito e pelo sujeito, embora este possa ou deva entrar em relação com outrem.

Será, porém, que todas as formas de querer se reduzem a esta? Diz Stammler que há uma forma de querer que envolve o querer de outrem, que necessariamente postula uma correspondência no querer alheio. Quando esta forma de querer implica a necessidade lógica do querer alheio, temos o *querer entrelaçante* ou *vinculante,* no qual o *querer de outrem é meio para atingir-se um fim:* — "Vontade vinculatória é aquela que enlaça entre si várias vontades como *meios recíprocos* em suas relações".

Pensemos no que se realiza em um contrato. Um contrato somente é possível enquanto a vontade de cada um dos contratantes é meio para realizar a finalidade que todos pretendem atingir. A Moral, evidentemente, não permite essa transformação do querer de outrem em meio de nosso querer.

O certo é que já avançamos mais um passo na análise em profundidade do querer. Já vimos que existe um querer que é entrelaçante e que põe a presença de outrem como razão do querer e que, por isso, se chama querer *heterônomo* ou *"querer social"*.

Como pode ser, porém, o querer entrelaçante? Pode ser de duas formas: — ou o enlace implica a adesão do querer de outrem, ou pode prescindir dessa adesão ou co-participação.

Vejamos o que acontece no plano das regras de etiqueta, de cortesia, de bom costume, nas chamadas regras de "convenção social". São também formas de querer entrelaçante, porquanto põem sempre um querer em função de outro, mas o que as caracteriza é o fato de ser-lhes sempre necessária a adesão espontânea do "obrigado", sem o que o ato não teria valia. Cumprimentar alguém à força não é praticar ato de cortesia. Esta postula espontaneidade por parte da pessoa à qual a norma se destina.

Não queremos dizer, note-se bem, que a cortesia exija pureza de intenções. Implica apenas intenção ou assentimento. Se cumprimentamos alguém por interesse ou não, isto não importa. O querer nas "convenções sociais" não é, pois, *autárquico,* capaz de valer por si mesmo, sem a anuência dos "obrigados".

Autarquia é o poder de bastar-se a si mesmo, não se devendo confundir autarquia e autonomia. Querer autárquico é aquele que vale por si mesmo, sem precisar, necessariamente, da adesão daqueles que vincula.

Ora, diz Stammler, há na experiência humana formas de *querer entrelaçante e autárquico,* ou seja, que impõem certo comportamento, determinada conduta, qualquer que possa ser a reação daqueles a que se destinam, pois é próprio dessas formas de querer "subtrair a vinculação à vontade dos indivíduos vinculados".

Se aplicarmos essa categoria a todos os fatos comumente tidos como jurídicos, encontraremos sempre a aplicação de seus elementos. O Direito existe como experiência histórica em virtude dessa modalidade de "querer entrelaçante autárquico", como categoria gnoseológica constitutiva da experiência jurídica mesma.

Vejamos, rapidamente, se é bem assim. O Direito, efetivamente, não postula a adesão do sujeito passivo no ato de seu cumprimento. Ao juiz pouco se lhe dá que o devedor esteja pagando revoltado, porquanto basta à ordem jurídica o cumprimento objetivo da obrigação. O preso, revoltado na cela, cumpre a lei, tanto como aquele que se conforma com a pena

FILOSOFIA DO DIREITO

imposta, embora possam resultar do bom ou mau comportamento do detento conseqüências diversas à luz de outros enfoques normativos.

O querer jurídico, portanto, é um querer entrelaçante e autárquico, que se põe objetivamente acima do querer empírico de fulano ou de beltrano. A objetividade do querer é uma das características do querer do Direito. Esta objetividade é de tal ordem que está quase sempre garantida, munida de meios e processos para que sua atualização se imponha, inclusive pela força, se necessário pela violência.

E, então, Stammler completa seu conceito de Direito, dizendo: — *"O Direito é uma forma de querer entrelaçante, autárquico e inviolável"*. É esta nota de "inviolabilidade" que distingue o ato jurídico do *ato arbitrário*. Este último pode ser querer entrelaçante e autárquico, mas implica sempre uma vinculação *em cada caso,* um querer que surge isoladamente. No Direito há, porém, outra característica lógica, que é a *permanência* e a *unidade objetiva* do querer, como querer preciso, uniformemente determinado em razão dos fins humanos: — Não se estabelece uma regra jurídica para cada caso, mas uma regra para a totalidade dos casos da mesma espécie, o que exclui o privilégio e o arbítrio.

Quando Stammler atinge esse ponto de suas investigações, com as quais, de certa forma, se antecipa a uma análise fenomenológica, visando a atingir a *essência* do Direito, — dirá que o valor do "conceito de Direito" é o de uma *forma pura,* de uma categoria *a priori,* que condiciona a experiência histórica possível.

Conceito e Idéia do Direito

134. Não se deve, porém, confundir o seu *conceito de Direito,* que se aplica a todas as experiências históricas, com a *idéia de Direito,* que é mera abstração ordenatória da totalidade das vontades possíveis: — para Stammler, essa idéia é a de uma "comunidade pura", onde seja possível a todos "querer" igualmente na liberdade de seu querer e na igualdade de seu querer com o dos demais. Ter-se-ia, assim, um critério, não para determinar *o que é o justo,* mas para aferir e saber *se é justa* qualquer ordem jurídica positiva: — uma forma histórica do Direito que desatender aos pressupostos formais da *liberdade das pessoas* e de sua *igualdade,* por sujeitar uma ao arbítrio da outra, ou dar a uma o que à outra se recusa, deverá ser considerada injusta.

A sociedade, que se ordena de maneira tal que o querer entrelaçante da lei coincida com o querer dos indivíduos e dos grupos, é uma sociedade justa.

O ideal jurídico é viver em uma sociedade de indivíduos "livre-volentes", ou seja, em uma sociedade na qual, subordinando-se cada qual ao querer superior da lei, no fundo não esteja subordinado senão ao seu próprio querer, ao seu querer mais autêntico e profundo. É uma colocação nova da doutrina do Direito de Kant, como estamos vendo, com a satisfação mais rigorosa de exigências críticas nela já implícitas.

É preciso ainda esclarecer que, segundo Stammler, o conceito de Direito não possui qualquer conteúdo empírico, não correspondendo a este ou àquele outro fenômeno histórico, assim como o seu ideal de comunidade pura é destituído de conteúdo concreto, marcando apenas as condições de um enlace social totalmente harmônico. Trata-se de uma forma de ordenação da realidade humana, capaz de receber todos os conteúdos possíveis. Esta forma aplica-se tanto à experiência particular do Direito que tinham os chineses e os romanos, como àquela que se opera em nossos dias. A forma do Direito condiciona logicamente a experiência que é fundamentalmente econômica. Foi em obra célebre, conhecida geralmente com o título abreviado de *Direito e Economia,* que Stammler sustentou ser o Direito uma forma universal da experiência social, que é *de conteúdo econômico.* A Economia dá o conteúdo àquilo que é formalmente jurídico.

Nesse livro, que teve imensa repercussão, Stammler estuda e critica a doutrina marxista do Direito, a qual pretende reduzir a experiência jurídica a um reflexo da ordem econômica ou a uma superestrutura dos processos de produção ditados por exigências vitais. Stammler sustenta, ao contrário, que a Economia pode ser o conteúdo historicamente variável do Direito, mas não a forma ordenatória desse conteúdo mesmo: a *forma* do econômico é uma ordenação jurídica, correspondente a uma das estruturas universais da conduta humana.

Foi com base nesses pressupostos formais que Stammler elaborou a sua conhecida doutrina do *"Direito Natural de conteúdo variável",* que teve vários sequazes no Brasil, convindo lembrar que Clóvis Bevi-

FILOSOFIA DO DIREITO

láqua, apesar de fundamentalmente empírico na sua orientação geral, não lhe recusava adesão[3].

Segundo o mestre de *Die Lehre von dem richtigen Rechte,* o Direito Natural não é simples duplicata do Direito Positivo, mas é formado pelas categorias puras que governam *a priori* a experiência histórica, empregando-se aqui a expressão *a priori* no sentido kantiano de universal e válido como condição transcendental da experiência jurídica possível.

O conteúdo do Direito Natural, no entanto, varia de lugar para lugar e de época para época. O que é jurídico hoje pode não se pôr como jurídico amanhã, mas, nessa mudança contínua de conteúdos, há algo no Direito que possibilita as mudanças: — são as categorias lógicas fundamentais do querer, que condicionam as realizações sociais no sentido do ideal do justo.

---

3. Cf. CLÓVIS BEVILÁQUA, *Estudos Jurídicos* (História, Filosofia e Crítica), Rio, 1916, pág. 103.

Capítulo XXIV

A Concepção do Direito na Doutrina de Del Vecchio

Direito e Intersubjetividade

135. Acompanhamos, em suas grandes linhas, o desenvolvimento da teoria de Stammler, cuja finalidade é superar as colocações puramente empíricas apresentadas sobre a natureza e o conceito do Direito.

Vimos que Stammler pretende atingir o conceito universal e necessário de judicidade, e que ele, como bom kantista, parte da convicção de que somente aquilo que é formal é universal, afirmação esta que corresponde à outra, de que só o a *priori* tem as características de universalidade necessária. O conceito que ele nos oferece do Direito pretende ter sido alcançado aprioristicamente, através de uma indagação daquilo que já está implícito no homem, como sujeito cognoscente.

Esta atitude de Stammler corresponde, em linhas gerais, à de um outro grande filósofo do Direito, posterior a ele, que expõe a matéria com grande limpidez e acuidade, embora com fidelidade menor à Filosofia neokantiana. Referimo-nos a Giorgio Del Vecchio[1].

---

1. GIORGIO DEL VECCHIO, *Lezioni di Filosofia del Diritto*, Roma, 5ª ed., Milão, § 3º, nº 16. Cf. do mesmo autor: *I Presupposti Filosofici della Nozione del Diritto*, Bolonha, 1905; *Il Concetto del Diritto*, 2ª ed., Bolonha, 1912; *Saggi Intorno allo Stato*, Roma, 1935; *La Giustizia*, 2ª ed., Bolonha, 1924. Há tradução portuguesa destes dois últimos trabalhos, da

FILOSOFIA DO DIREITO

Del Vecchio também parte da afirmação de que é impossível alcançar um conceito universal de Direito, tendo como base apenas os fatos jurídicos, porquanto estes fatos são diversos e até mesmo contraditórios. O que em determinado momento histórico, ou em dada sociedade é considerado jurídico, perde esse caráter em outras épocas e lugares. Se tivéssemos, pois, que partir dos fatos para atingir um conceito de Direito, não lograríamos superar o que nos fatos mesmos se revela contraditório.

O conceito de Direito, segundo Del Vecchio, não deve possuir nenhum conteúdo, o que quer dizer que não pode se ligar a nenhuma das circunstâncias que a realidade jurídica apresenta espácio-temporalmente: é condicionante, e não condicionado. Uma proposição jurídica não é tal senão enquanto participa da forma lógica universal do Direito; fora dessa forma, que é indiferente ao variar dos conteúdos, nenhuma experiência poderia ser qualificada como *jurídica.*

A noção de Direito deve ser, por conseguinte, *adiáfora* com relação aos seus conteúdos. Invocaríamos o exemplo de um vaso cristalino, suscetível de receber todos os líquidos possíveis, dando-lhes apenas uma *forma,* mas não uma cor, se o vaso "condicionasse" e "delimitasse" o conteúdo, como se deve pensar do Direito, cuja forma lógica é um dado *a priori* (isto é, não empírico) como condição-limite da experiência jurídica em geral.

O conceito de Direito, em suma, destinar-se-ia a ordenar logicamente múltiplas experiências, tornando-as possíveis como experiências jurídicas, excluída qualquer concepção do Direito que possa envolver algum conteúdo, como aconteceria, por exemplo, se a sua noção fosse reduzida a uma *norma,* ou então, a um *ideal,* isto é, a uma determinação da justiça superior aos dados da experiência histórica.

Neste ponto, Del Vecchio, tanto como Stammler, é influenciado pelas exigências fundamentais de Kant, que também pretende uma Ética puramente *formal,* expressão de uma *vontade pura,* de um "querer" que não expresse idéia de valor ou de fim particular como seu conteúdo ou motivo.

---

autoria de Antônio Pinto de Carvalho, ambos incluídos na coleção "Direito e Cultura", de Saraiva Editores.

334   MIGUEL REALE

Ora, é dentro dessa orientação metodológica que Del Vecchio põe o problema do Direito, partindo da verificação de que este sempre se refere ao agir humano, ao operar do homem, observação que pode ser reconhecida independentemente desta ou daquela forma particular que a realidade jurídica empírica apresente. Onde quer que se manifeste o Direito, encontra-se uma *ação,* ou seja, um fato de natureza que é ao mesmo tempo um fato de vontade.

Sendo o Direito expressão da vontade humana, da ação do homem, devemos verificar como pode ser a ação e de que elementos ela se compõe.

Aqui é que o filósofo do Direito italiano lembra um problema que depois examinaremos com maiores minúcias, sobre a *inferioridade* e a *exterioridade* da ação, mostrando que ambas são seus elementos essenciais, simultâneos e co-implicados. As ações humanas, destarte, podem ser apreciadas sob dois prismas: ou em relação ao sujeito mesmo que as pratica (caso em que a escolha de um caminho exclui a interferência de outrem, por ser um *dever moral),* ou em relação a um sujeito posto perante outros sujeitos (caso em que o agir de uma pessoa implica um não-impedimento por parte de outra, ou seja, um *dever jurídico).*

Dessa diversa ordem de valoração resulta que as ações ora se medem a partir do elemento intencional de cada sujeito, e segundo um critério propriamente *moral;* ora são apreciadas a partir do aspecto exterior, na medida em que se proporcionam à ação dos outros homens, segundo um critério diverso, que é o *jurídico.*

Não pretende Del Vecchio, com isto, dizer que o Direito nunca se preocupe com o plano das intenções, pois bastaria o exame do dolo, lembra ele, ou da culpa, na elaboração dos contratos, para se admitir a importância da intenção no mundo jurídico. O que quer dizer é que, em um caso, a medida ou o critério da estimativa é dado pela pessoa mesma do agente, que tem a possibilidade de escolher entre vários modos de agir; enquanto que, no outro caso, o critério resulta de um enlace entre dois ou mais sujeitos, de tal maneira que a pretensão de um corresponda a uma obrigação por parte do outro, segundo uma ordem objetiva de coexistência.

136. Desenvolvendo essas idéias, Del Vecchio volta, de certa forma, à colocação clássica do problema, já fixada na obra aristotélica. Foi Aristóteles o primeiro a ver, cuidando do problema da justiça, que

FILOSOFIA DO DIREITO 335

onde se dá uma relação de justiça existe sempre ligação entre duas ou mais pessoas. Esta noção de *hilateralidade* ou de *alteridade* constitui tema amplamente desenvolvido na Ética de Santo Tomás de Aquino, na qual também Del Vecchio se inspira. É por esta razão que Del Vecchio se considera um clássico, visto como, depois de partir de pressupostos kantianos, pretende atingir as fontes primordiais do pensamento ocidental, que são as fontes platônico-aristotélicas.

O conceito de *alteritas* é essencial no pensamento de Del Vecchio, e corresponde, *mutatis mutandis,* ao conceito de "querer entrelaçante" que já examinamos na doutrina de Stammler.

Del Vecchio afirma que não podemos conhecer sem os dois termos que são o *sujeito* e o *objeto,* mas o objeto pode também consistir em outro *sujeito.* Não existe apenas uma relação entre o *eu* e o *não eu,* tal como se dá no plano puramente gnoseológico, porque existe também uma relação entre o *eu* e o *outro eu,* tal como se verifica no plano ético.

A Ética é o estudo dos comportamentos possíveis dos sujeitos enquanto uns se põem perante os demais. Sendo assim, é preciso examinar quais as possíveis colocações de um "eu" perante "outro eu", do *ego* perante o *alter,* colocações que para Del Vecchio são apenas duas, visto como as ações só podem ser consideradas *a parte subjecti,* ou *a parte objecti,* sem possibilidade de terceira solução.

Em primeiro lugar, temos, com efeito, uma colocação em que o sujeito se mantém como *instância valorativa* de sua própria conduta, de tal maneira que, embora se enlaçando a outrem, se conserva livre na escolha e no agir, determinando sua atividade segundo seu próprio critério: — a *Moral* impõe ao sujeito uma escolha entre várias ações do *mesmo sujeito* e o critério de opção é *"subjetivo".* As avaliações morais são, em suma, *subjetivas* ou *unilaterais,* pois a norma moral tem por exclusivo destinatário o próprio sujeito. Daí a conclusão de que *"a Moral é a parte subjetiva da Ética".*

Quando se verifica uma relação com o *alter,* de maneira que o *ego* se mantenha livre, temos a Moral. O critério que governa a atividade puramente moral é um critério que se polariza no sujeito, sem envolver o outro, como seu momento lógico, necessário e objetivo.

336   MIGUEL REALE

Há casos, porém, em que o eu não só põe o outro eu, mas acaba pautando o seu agir por algo que não se reduz ao ângulo deste ou daquele sujeito, mas à implicação dos dois sujeitos. Esta idéia torna-se clara no exemplo de um contrato bilateral, dando nascimento a um laço obrigacional que implica tanto a posição do sujeito ativo, como a posição do sujeito passivo. O vínculo é, nesta hipótese, *objetivo,* no sentido de que sobrepaira aos dois sujeitos obrigados, coordenando os seus comportamentos em uma unidade de fins. À relação de dois sujeitos, de maneira que a pretensão de um corresponda sempre à pretensão de outro, e vice-versa, é que Del Vecchio denomina *intersubjetividade.*

Na Moral, o *ego* pode dirigir-se ao *alter,* mas não se prende a ele; enquanto que no Direito o *ego* se enlaça ao outro, e o outro, concomitantemente, se enlaça ao primeiro sujeito. Daí a noção de Direito que Del Vecchio nos dá, como "coordenação objetiva das ações possíveis entre vários sujeitos, segundo um princípio ético que as determina, excluindo qualquer impedimento". Donde outra conclusão — *"O Direito é a parte objetiva da Ética".* Há, pois, correlação essencial entre Moral e Direito: "O que é dever é sempre direito; e não pode ser dever o que não seja direito"[1-A].

Já se deve ter percebido certa correspondência fundamental entre esta concepção e a de Stammler. Há diferença de perspectiva, mas, metodologicamente, os dois pensadores empregam processos análogos.

Justiça e Alteridade

137. Depois de ter estabelecido o conceito de Direito desta forma, Del Vecchio declara que há necessidade de se determinar a idéia de Direito, que é o fim a que o Direito tende. Sobre a justiça Del Vecchio escreveu preciosa monografia, concluindo por apresentar uma concepção que, segundo seu modo de ver, é a que se amolda à tradição clássica do pensamento ocidental.

1-A. GIORGIO DEL VECCHIO, *Lezioni di Filosofia del Diritto, Roma,* 5ª ed., Milão, § 3º, nº 16, cit.

Note-se que, segundo DEL VECCHIO, a Ética se biparte em Moral e Direito, não restando posição autônoma à *Moral Social,* cuja base são os costumes e as normas de convivência social. Quanto à insustentabilidade dessa tese, cf. *infra,* capítulo XXIX.

FILOSOFIA DO DIREITO

Na citada obra sobre *A Justiça* há algumas afirmações que desejamos transcrever, dada a importância que apresentam para o conhecimento de sua doutrina:

"O sujeito, na relação que o contrapõe ao objeto, pode também vir a reconhecer neste a *qualidade de sujeito*. Sempre que isto acontece, surge relação específica: — *a relação intersubjetiva* (um *eu* perante *outro eu*).

"Os dois termos dela já não são um *eu* e um *não eu* — como se verifica quando um homem vê uma coisa — mas surge precisamente uma relação entre dois *eus* diferentes; como se pode dar entre dois homens.

"Note-se agora: semelhante relação tem na consciência dos sujeitos dela a sede própria. Não é, pois, dado extrínseco, encontrado casualmente pelo sujeito e por ele passivamente contemplado, como se é tantas vezes tentado a representá-la, de modo sensível à custa de hipótese cômoda, mas ilusória. Pelo contrário, ela é atributo imanente, inamovível, uma função *a priori* da própria consciência"[2].

Eis aí a primeira conclusão de Del Vecchio, no sentido de que somos capazes de atingir um conceito de Direito que representa algo de inamovível e de imanente, *a priori* em nossa própria consciência.

Um outro tópico:

"A idéia de alteridade, ou seja, de *posição objetiva do eu*, deriva, necessariamente, assim, dos elementos essenciais da consciência".

"Fornecem as experiências fenomênicas e históricas, sem dúvida, a matéria a estas formas *a priori* do *espírito*. Estas, por sua vez, só podem receber uso concreto quando aplicadas a objetos do mundo exterior ou a outros sujeitos. Mas tal fato não deve impedir-nos de reconhecer o caráter *a priori* das citadas formas"[3].

---

2. *La Giustizia,* cil. Seguimos no texto com ligeira variante, a tradução publicada pelo Boletim do Min. da Justiça de Portugal, pág. 23, já adotada na 1ª ed.

3. *Loc. cit.,* pág. 26.

Desejamos ainda acrescentar outra passagem, que é bem esclarecedora da posição delvecchiana:

"Para o nosso assunto, importa sobretudo fixar este princípio: existe uma forma específica de consciência — podemos chamar-lhe *consciência transubjetiva* —, mediante a qual o sujeito se apreende na posição de estar aos outros contraposto objetivamente, e reconhece que pertence a uma ordem de relações que o abrange com os outros. Em suma, importa aceitar que há uma *consciência de si mesmo em forma objetiva, para a qual a subjetividade se projeta na coordenação intersubjetiva*"[4].

Isto quer dizer que, na esfera moral, segundo o autor peninsular, o *ego se* mantém *ego*, mas no plano jurídico o *ego* se põe como *socius*, como membro de uma comunidade e inseparável dela. Na medida em que nos proporcionamos a outrem, e os outros se proporcionam a nós, respectivamente, ambos somos sócios de uma comunidade que só é possível em razão dessa coordenação de comportamentos livres.

Eis aí, em largos traços, alguns pontos da teoria de Del Vecchio sobre este assunto particular que estamos examinando e que representa valiosa antecipação à análise da experiência do Direito inspirada na fenomenologia husserliana.

Para o mestre italiano, "o conceito de bilateralidade é a pedra angular do edifício jurídico", e é em razão dela que o Direito apresenta a característica da "coercibilidade", entendida como "possibilidade jurídica da coação". A "bilateralidade", considerada em sua pura validade lógico-formal, permite-nos determinar o *conceito de Direito;* vista, no entanto, como norma diretora, ou seja, em seu sentido deontológico, possibilita-nos a compreensão da *idéia do Direito,* isto é, da *justiça.*

Segundo Antônio José Brandão, é na obra de Del Vecchio que "pela primeira vez na história do pensamento filosófico-jurídico, Direito e Justiça, reunidos no mesmo conceito lógico-formal, passam a corresponder à mesma coisa, embora referida diferentemente a duas funções distintas da Razão: a teorética e a prática, com duplo alcance, gnoseológico e deontológico". Acrescenta o jurista-filósofo português que, no

---

4. *Ibidem.*

FILOSOFIA DO DIREITO

entanto, "permanece misteriosa a sua passagem de princípio gnoseológico para princípio deontológico"[5].

É que, como veremos, o conceito de Direito de Del Vecchio implica elementos axiológicos inconciliáveis com seu formalismo transcendental, revelando-se a unilateralidade de sua compreensão jurídico-filosófica.

---

5. ANTÔNIO JOSÉ BRANDÃO, *O Direito, Ensaio de Ontologia Jurídica*, Lisboa, 1942, págs. 63 e segs. Para uma síntese do pensamento de DEL VECCHIO, cf. Luís LUISI, no prefácio à coletânea de ensaios do mestre italiano sob o título *Direito, Estado e Filosofia*, Rio, 1952. A rigor, é em DANTE que tanto *jus* como *justitia* são concebidos em termos de alteridade ou *proportio ad alterum*. Cf. *infra*, cap. XL.

Título VII

A Realidade Jurídica e o Problema Ontognoseológico

Capítulo XXV

O Inevitável Conteúdo Axiológico do Direito

Crítica do Apriorismo Jurídico

138. Vejamos as observações que julgamos necessário fazer a respeito dos ensinamentos dos dois ilustres representantes do neocriticismo, cujas teorias procuramos resumir.

Em primeiro lugar, não nos parece que o conceito de Direito de Del Vecchio e de Stammler seja puramente formal. Eles pretenderam atingir, não há dúvida, um conceito universal de Direito, vazio de todo e qualquer conteúdo, destituído de qualquer elemento axiológico, assim como de qualquer dado concreto de ordem econômica ou histórica. Analisando, no entanto, o conceito de Direito de ambos, fácil é verificar que a sua conceituação do fenômeno jurídico parte do valor atribuído à liberdade humana, valor subentendido em todas as suas construções formais.

Conceber, com efeito, o Direito como uma coordenação objetiva de comportamentos reconhecidos reciprocamente como legítimos, com exclusão de impedimentos extrínsecos à mesma coordenação intersubjetiva, implica pressupor em cada sujeito o direito de liberdade.

O próprio Del Vecchio, em uma passagem de sua obra *A Justiça*, faz uma afirmação que para nós tem o valor de uma confissão sobre o conteúdo oculto de seu pretenso formalismo. Uma das grandes teses do pensamento contemporâneo é no sentido de mostrar a impossibilidade de uma Ética puramente formal. Mais de uma vez já nos referimos à obra fundamental de Max Scheler, criticando o formalismo de Kant e mostrando que toda Moral é sempre axiológica, ou de conteúdo valorativo. A esta regra não escapa também a concepção neokantista de Stammler e de Del Vecchio que, no fundo, colocam o direito de liberdade como valor supremo, do qual resulta a experiência jurídica.

A passagem, a que nos referimos, é a seguinte:

"Dos princípios que ficaram enunciados", afirma o preclaro jurista italiano, "núcleo vital das mesmas teorias, segue-se que a liberdade é por essência ingênita a qualquer homem. Em face dos outros, portanto, cada um de nós tem um *direito natural à liberdade*. Entre os homens, relativamente a este direito, não existe diferença alguma; a propósito dele, irmana-os perfeita igualdade. Eis por que cada um de nós sente que pode e deve pretender dos outros respeito pela integridade própria, assim física como moral; que às várias direções da atividade humana devem corresponder outras tantas especificações do mesmo direito fundamental, ou seja, da *liberdade harmonizada e elevada ao universal,* segundo a idéia de uma possível coexistência"[1].

Na realidade, pois, a idéia de liberdade como um direito natural não é conseqüência da teoria exposta, mas é antes condição dela. Se Del Vecchio e Stammler não tivessem aceito a liberdade como direito natural, à maneira de Kant (para quem a liberdade é o único direito inato), eles não teriam reelaborado uma concepção do Direito como coordenação intersubjetiva de poderes de agir.

No fundo, o conceito kantiano do Direito reaparece com roupagens novas, ditadas por novas conjunturas históricas e sociais, tanto na obra de Stammler como na de Del Vecchio, refletindo exigências da cultura individualista e burguesa em uma quadra histórica de maior ajustamento às exigências coletivas.

Em primeiro lugar, portanto, contestamos que as duas concepções dos mestres idealistas sejam *formais,* mesmo porque o conceito de

---

1. *A Justiça,* cit., págs. 42 e segs. Aliás, DEL VECCHIO reconhece que "o conceito de Direito pertence à categoria dos *valores".* Cf. *Lezioni,* cit., pág. 201.

FILOSOFIA DO DIREITO   345

formal é relativo: — algo que é formal em um sentido, deixa de sê-lo em outro.

Em segundo lugar, quando Del Vecchio ou Stammler examinam o problema de um sujeito posto perante outro sujeito, ou o de uma vontade situada perante outra vontade, entram em linha de conta inegáveis elementos objetivos, que transcendem a esfera da subjetividade.

Pretendiam eles atingir aprioristicamente um conceito de Direito, como categoria lógico-formal, já totalmente implícita na consciência de cada sujeito. Parece-nos, porém, que suas conclusões refletem o contato do sujeito cognoscente com a realidade posta como objeto irredutível a ele. Não se trata de categorias lógicas puras que já se contenham no sujeito, porque elas surgem ontognoseologicamente, na correlação sujeito-objeto. Na realidade, no momento em que não pomos apenas o *não eu,* mas reconhecemos *outro eu* (condição de intersubjetividade), reconhecemos necessariamente algo que se põe como valor *objetivo,* irredutível à nossa subjetividade. Mais ainda, poder-se-ia dizer que a correlação com *outros eus* é condição para que o *eu* tome consciência de sua valia, de maneira que o "eu" e o "outro" se põem concomitantemente.

Concordamos plenamente com a crítica feita ao empirismo, porque nos parece que, efetivamente, os empíricos não conseguem superar a contingência dos fatos particulares e nos dão um conceito de Direito puramente nominal (uma síntese estatística ou probabilística de fatos contingentes), contentando-se com um conceito de Direito flutuante ao sabor dos acontecimentos históricos.

Mas se é necessário atingir um conceito universal de Direito, não concordamos com a tese de que o universal deva ser sempre *formal,* e de que só é universal e necessário aquilo que é subjetivamente *a priori.* Há, em suma, neste ponto, uma divergência de princípios quanto ao problema do conhecimento, consoante pensamos ter explicado na primeira parte de nosso Curso, sobre a Ontognoseologia.

Tais divergências não nos impedem, no entanto, de reconhecer que as teorias neocriticistas tiveram o grande mérito de chamar a atenção para uma análise integral do problema jurídico, revelando a insuficiência das exposições quase superficiais com que se contentara a geração positivista do fim do século passado.

Por outro lado, as duas doutrinas neokantianas, acima expostas, dado o seu caráter lógico-formal, não logram mostrar-nos como se atualiza ou se opera a correspondência entre "conceito" e "idéia" do Direito no plano histórico, onde acabam por apresentar igual juridicidade ordenamentos surgidos para disciplina tanto de comportamentos lícitos como de ilícitos, não havendo critério para distinguir-se entre as comunidades de homens de bem e as constituídas por delinqüentes...

Em conclusão, se é aceitável a parte crítica do apriorismo, impõe-se uma reelaboração dos problemas por ele postos com tanta acuidade, mas sem a preocupação deliberada de encontrar no plano da consciência pura ou da subjetividade a explicação transcendental dos fenômenos jurídicos.

139. Vimos quais as afirmações feitas pelos empiristas e pelos aprioristas, quanto ao caminho ou ao processo que devemos seguir, a fim de determinarmos a consistência da realidade jurídica, bordando alguns comentários críticos.

Isto posto, podemos fixar as grandes linhas do caminho que pretendemos percorrer em nossa indagação sobre a natureza da experiência do Direito.

Nossa exposição procura manter-se fiel, como é natural, aos princípios já fixados na parte do Curso destinado à Filosofia Geral, notadamente quanto à "implicação" de sujeito e objeto no ato de conhecer.

Como já temos dito e repetido, os dois elementos do conhecimento se exigem reciprocamente, embora cada qual mantendo sua polaridade. Se é certo, repetimos, que nós só podemos conhecer na medida ou na condicionalidade do sujeito, não é menos certo que o conhecimento não pode prescindir das características e das estruturas daquilo que é apreendido pelo sujeito mesmo. Se é claro, para lembrar um exemplo já dado, que não podemos apanhar um bloco de neve sem lhe imprimir o sinal de nossos dedos, também é certo que para isso é necessário que a neve tenha tal consistência que a faça sofrer tal pressão e decalque.

O conhecimento, em suma, é formado pela convergência ou pela funcionalidade de elementos subjetivos e objetivos. Sendo assim, não vamos pretender a determinação da experiência jurídica trancando-nos

FILOSOFIA DO DIREITO

em nós mesmos, na pura análise descritiva de nossa vida espiritual, nem tampouco nos contentaremos com a simples descrição empírica do fenômeno jurídico. Nossas conclusões resultarão, ao contrário, do cotejo dessas duas pesquisas, como momentos de um único processo gnoseológico, em que há elementos *a priori,* tanto no sujeito como no objeto.

Procederemos a um exame da realidade jurídica, assim como a uma análise do sujeito, do homem, em suma, como ser capaz de Direito, e só afirmaremos algo na medida em que as duas análises coincidirem em pontos fundamentais, integrando-se como momentos necessários de um processo dialético de implicação e de polaridade. Será a coincidência ou a convergência dos resultados um critério de verificação objetiva da verdade historicamente atualizada.

Desta maneira, procederemos a uma indagação que não pretende, de maneira alguma, ligar-se a um monismo metodológico, como se fosse necessário optar radicalmente por um método apriorístico ou não. Pensamos, ao contrário, que são dois momentos de indagação, que se exigem e se completam reciprocamente, postulando atitudes metódicas complementares e integrando-se em unidade plurivalente.

Recapitulemos, que nunca é demais recapitular, os pontos capitais dos dois processos que nos parece necessário superar em uma nova síntese.

Existem duas grandes correntes que se contrapõem, ponto por ponto, nesta matéria. Uma é a dos empíricos, que pretendem elevar-se ao conceito fundamental de Direito, partindo de uma multiplicidade de fatos particulares; outra, a dos aprioristas, proclama a impossibilidade de formulação empírica de um conceito de validade universal, sustentando, ao contrário, que ele deve ser apriorístico, ou seja, imanente à consciência e, portanto, anterior à própria experiência dos fatos jurídicos, sendo condição de seu conhecimento e de sua atualização como tais.

Resumimos a crítica que Del Vecchio e Stammler ofereceram à teoria empírica, mostrando haver um círculo vicioso no empirismo, dando como resolvido, justamente, o que lhe cabia resolver.

Entretanto, a solução apresentada por Kant e por alguns de seus continuadores não satisfaz; a afirmação de que devemos determinar o

348   MIGUEL REALE

conceito de Direito *a priori* possibilita, a nosso ver, o equívoco de erigir-se em norma absoluta o ponto de vista pessoal do filósofo, não obstante estar ele pretendendo partir de dados axiomáticos postos pela subjetividade pura.

Se entre os empiristas temos um círculo vicioso, de outro lado, no apriorismo neokantiano, deparamo-nos com uma indeterminação de conteúdo, através da qual se apresenta e prevalece contraditoriamente um conteúdo particular, cuja revelação demonstra a insuficiência das vias metódicas seguidas.

É significativo, outrossim, observar que a exigência de conceitos puramente formais, que vem de Bierling a Del Vecchio, coincide paradoxalmente com a de alguns adeptos do empirismo, para os quais, sendo o Estado a única fonte do Direito, só historicamente seriam determináveis as relações "justas" ou "injustas". É curioso, por exemplo, lembrar que também Hobbes considera as ações humanas adiáforas, só recebendo qualificação jurídica por força de decisão do príncipe[2].

Para um apriorista formal a juridicidade do ato não resultará, é claro, da adequação a um comando supremo, mas da adequação a uma norma transcendental: em ambas as hipóteses, contudo, evidencia-se o caráter relativo e contingente da juridicidade como experiência concreta.

Os aprioristas têm chegado, aliás, a conclusões as mais discordantes na concepção do Direito, o que demonstra a necessidade de atender-se a elementos objetivos, ou seja, a uma colocação do problema que reconheça a insuficiência do empirismo, que tudo relativiza, e do apriorismo formal, que torna o Direito em si vazio de conteúdo e de significado.

Em resumo, as doutrinas apriorísticas de tipo kantiano pecam por serem *abstratas* e *a-históricas,* incapazes de compreender o Direito no seu conteúdo essencial, como experiência ética que em seu sentido ideal não pode acolher indiferentemente a multiplicidade indistinta dos infinitos comportamentos possíveis; pois é só à luz de critérios axioló-

---

2.   "Ante imperia justa et injusta non existere, ut quorum, natura ad mandatum sit relativa; *actioque omnis sua natura adiaphora est.* Quod justa vel injusta fit, a jure imperantis provenit". Hobbes, *De Cive,* cap. 12, nº 1.

FILOSOFIA DO DIREITO

gicos, na unidade do evolver histórico do Direito, que nos é possível recusar juridicamente a certas ordenações ditadas pela solidariedade do vício ou do crime[3].

Além do Empirismo e do Apriorismo Jurídicos

140. O grande mérito de Kant e seus continuadores é reconhecer que o espírito humano oferece uma contribuição positiva e sintética, sua, no ato de apreender a realidade. O espírito humano não faz mera cópia passiva daquilo que existe. Nosso espírito tem um poder nomotético, uma força que interfere no ato de conhecer, acrescentando algo aos dados brutos que nossos sentidos apreendem, realizando uma síntese. Mas não se opera a síntese sem que algo preexista ao processo gnoseológico, possuindo condições adequadas à cognição.

Nesse sentido, poder-se-ia dizer que o elemento *a priori* traduz a contribuição originária do espírito, a sua capacidade de interferência na ordenação do real para determiná-lo e abrangê-lo, segundo esquemas genéricos, sem, contudo, reduzi-lo integralmente às suas categorias racionais.

Não podemos deixar de reconhecer que, de fato, a nossa inteligência não é simples quadro-negro onde os sentidos vão gravando impressões recebidas. É uma força criadora que implica a ordenação de algo na medida de sua capacidade, de maneira que à contribuição unificadora do espírito corresponde sempre um elemento apriorístico inerente a todo conceito universal.

A empiria, os dados imediatos da experiência apresentam-se como elementos até certo ponto desconexos, sem claro liame entre eles. É a nossa inteligência que os ordena, sendo certo que esse ato de ordenar é também um ato de criar, desenvolvendo-se em função de algo que, como objeto determinável, não se reduz à subjetividade pura, mas é pressuposto por ela.

---

3. Referimo-nos ao problema da juridicidade das "associações ilícitas", como a da camorra ou a dos "gangsters", que os formalistas, provenham do positivismo ou do neokantismo, são acordes em proclamar.

350 MIGUEL REALE

Para definir o Direito, devemos partir, não há dúvida, de dados fornecidos pela experiência; mas não são "dados" como aqueles que o cientista, no plano das ciências físicas, pode observar *ab extra,* sem direta participação a uma *instância axiológica,* a qual é da essência de todo bem cultural. O dado da experiência jurídica é sempre um *conteúdo estimativa,* algo que implica necessariamente um sentido, o que exclui a possibilidade de tratá-lo como um fato natural, cujos nexos causais são explicáveis segundo leis de coexistência ou de sucessão, sem componentes estimativos[4].

Daí o valor de "hipótese de trabalho" atribuído à aceitação de determinados fatos como jurídicos, para submetê-los a uma série de análises, confrontos e estimativas, visando a alcançar a essência da juridicidade. Nessa atitude, empirismo e apriorismo de certa forma se conciliam, superados pela posição ontognoseológica.

Estamos, pois, vendo que, longe de salientar um conflito ou uma contraposição entre as duas correntes, há uma tendência do pensamento contemporâneo para a unidade, para a composição, no sentido de que o estudo do problema jurídico seja feito a partir da experiência (como querem os empiristas), mas através de processos que reconhecem a contribuição sintética do espírito, assim como a possibilidade e necessidade de prévia "descrição fenomenológica" da realidade recebida hipoteticamente como jurídica, revelando-se, a seguir, no plano histórico,

---

4. VINCENSO MICELI, que anima a sua concepção positivista de fecundos elementos críticos, reconhece que "não podemos procurar na realidade o conceito de Direito se não temos já na nossa mente um embrião desse conceito, um critério preliminar para escolha de seus elementos constitutivos", mas acrescenta que, por outro lado, não poderíamos construir o nosso conceito se aqueles elementos não existissem na realidade. *(Principii di Filosofia del Diritto,* Milão, 1914, pág. 50.)

O que chamamos realidade é, porém, *algo de determinável conceitualmente,* mas que só se apresenta como realidade enquanto se determina, consoante resulta da natureza *ontognoseológica* do conhecimento. Em toda pergunta sobre o real há um pré-conhecimento do objeto, e não há pergunta que se não dirija a um perguntado, tendo a cognição o escopo preciso, como notou HEIDEGGER, de trazer o perguntado até ao conceito concreto. (Cf. ANTÔNIO JOSÉ BRANDÃO, *O Direita, Ensaio de Ontologia Jurídica,* Lisboa, 1942, pág. 44.) Consoante dizer de HARTMANN, "há uma antecipação ideativa da imagem do objeto, a que o cognoscente deve a ignorada inspiração dos meios de se apropriar da imagem real". Vide *supra,* Parte I, cap. IX.

FILOSOFIA DO DIREITO 351

a vigência universal dos conceitos aos quais aquela realidade se subordina.

Fixemos melhor o assunto. Na solução do problema, há, inicialmente, uma opção espiritual por determinados fenômenos postos hipoteticamente como jurídicos; e, complementarmente, a aplicação de critérios crítico-históricos para, partindo daqueles dados, alcançar-se o conceito universal de Direito. A análise fenomenológica que desdobra as camadas do real, desvendando a essência de um único dado, auxilia-nos nessa indagação complexa.

Podemos, assim, partir da experiência jurídica dada, do Direito como fato histórico, que vem sendo aprimorado e aperfeiçoado através dos tempos, ou então partir da análise de elementos subjetivos, mas, qualquer que seja o ponto de partida, as duas pesquisas deverão integrar-se em unidade, uma se desenvolvendo com referência à outra, por serem expressões distintas de *algo* em si mesmo inscindível e não justaposto.

Não vamos estudar — note-se bem — um conjunto de doutrinas ou de interpretações de autores sobre este ou aquele fato jurídico, porque o que nos interessa é o conteúdo histórico da experiência jurídica mesma.

Tomaremos como objeto de nossa indagação um fato qualquer, geralmente tido como pertinente à experiência jurídica. Há certos fenômenos a respeito de cuja juridicidade não há divergência, embora possa haver divergência na maneira de sua interpretação. O fato do "contrato de compra e venda", por exemplo, traduz, indiscutivelmente, um fato econômico, que apresenta uma dimensão jurídica. Podemos, portanto, examinar tal fato, tomando-o como momento da experiência jurídica, sem formular qualquer indagação sobre os seus pressupostos lógicos ou éticos. A nossa primeira atitude será provisoriamente acrílica, mas no sentido de não pôr, logo de início, uma pergunta sobre os pressupostos do fenômeno que nos cabe indagar, ou das condições de sua cognoscibilidade: resulta, no entanto, de uma exigência crítica de rigor e objetividade.

Na descrição desse fenômeno, ou de outro qualquer da mesma natureza, procederemos dominados por um propósito de prudência e de cautela, atribuindo juridicidade ao fato em razão de mera hipótese de trabalho ou, como temos preferido dizer ultimamente, como uma *conjetura,* a qual pode ser até mesmo a antecipação de uma verdade ao

352   MIGUEL REALE

depois comprovada, muito embora o juízo conjetural possa valer como tal, isto é, como juízo de plausibilidade. Não se afirmará, é claro, a juridicidade de um fato de maneira absoluta e necessária, só porque todos os espíritos convirjam em reconhecê-lo como tal. A concordância geral em torno da natureza de um fato é indício de verdade, mas não é prova bastante e suficiente.

Consideremos, portanto, um dado fenômeno *como se* fosse jurídico, preferindo aquilo que na tradição do Direito se reconhece como tal, e assim procederemos a uma *análise fenomenológica,* que depois culminará, sem solução de continuidade, em um estudo crítico-histórico, sendo ambas as pesquisas momentos de um processo dialético de complementariedade.

Poder-se-ia dizer que a *intencionalidade,* revelada fenomenologicamente essencial ao mundo da consciência, projeta-se na experiência total do homem, objetivando-se como intencionalidade histórico-cultural, em cujo âmbito se situam os "bens jurídicos", expressivos das exigências ideais da espécie humana em busca de liberdade e de ordem.

Capítulo XXVI

O Direito e a Investigação Histórico-Axiológica

Análise Fenomenológica da Realidade Jurídica

141. Na pesquisa sobre a consistência da experiência jurídica, podemos valer-nos, pelos motivos já expostos, de dois processos de indagação que não se excluem, mas se completam: a *análise fenomenológica da realidade jurídica* e a *reflexão dessa realidade como vigência no processo das idéias.*

Em primeiro lugar, vamos recorrer, na descrição do fato jurídico, a alguns dos elementos que compõem o chamado método fenomenológico de Husserl. Aqui, devemos esclarecer que uma coisa é a Fenomenologia como método e outra coisa é a Fenomenologia como sistema filosófico[1].

Segundo aquele mestre contemporâneo, que partiu da Filosofia da Aritmética para abrir novos rumos ao pensamento contemporâneo, podemos e devemos penetrar na essência das coisas, disciplinando o espírito através de uma descrição de essências.

O método fenomenológico de Edmundo Husserl (1859-1938) teve grande repercussão em vários domínios da ciência e tem sido aplicado,

---

1. Nesse sentido, v. HEIDEGGER, *Sein und Zeit (El Ser y el Tiempo),* trad. de José Gaos, México, 1951, págs. 32 e segs., § 7º.

354 MIGUEL REALE

com sucesso, também por psicólogos, juristas e médicos, porque, efetivamente, representa uma feliz e rigorosa disciplina de captação da essência dos dados que se nos oferecem na consciência, sejam eles reais ou imaginários. Fundamento desse processo é a *"intencionalidade da consciência"*, isto é, a propriedade peculiar a esta de ser sempre "consciência de algo".

Sustenta Husserl que podemos intuir os fenômenos de forma puramente intelectual, sem ser necessário — do ponto de vista lógico, e não do ponto de vista genético-psicológico —, recorrer a confrontos ou a comparações entre dois ou mais seres, como acontece na aplicação do método indutivo. A intuição coloca-nos diante de um único fenômeno, que devemos analisar em sua imediata presencialidade, visando a atingir ao seu "eidos" ou essência, com todo o *rigor* exigido pelo saber filosófico, ou, como frisa Husserl, segundo fases "dotadas de evidência apodítica".

O primeiro dever do estudioso, ao aplicar o método fenomenológico, é procurar afastar de si todos os preconceitos, todos os prejuízos porventura formados a respeito do mesmo fenômeno, notadamente quanto à sua transcendência, ou realidade fora da consciência (*"epoqué" fenomenológica*). Devemos colocar-nos em um estado de disponibilidade perante o objeto, no sentido de procurar captá-lo, na sua pureza, assim como é dado na consciência, sem refrações que resultem de nosso coeficiente pessoal de preferências, para poder descrevê-lo integralmente, com todas as suas qualidades e elementos, recebendo-o "tal como se oferece originariamente na intuição" *(descrição objetiva)*.

Posto o sujeito perante o objeto, é necessário descrevê-lo de maneira neutra, como é dado imediatamente à consciência, sem se formular, logo de início, qualquer pergunta sobre a existência extramental do objeto, como algo de separável ou independente do sujeito. A análise processa-se, então, através de uma sucessão de perguntas, que vão como que desdobrando o objeto em suas camadas ou estruturas, elevando-se de uma intuição empírica à intuição da essência, desprezando o puramente fático e particular.

Na descrição do objeto, devemos, por isso, ir colocando entre parêntesis tudo o que se ponha ao espírito como sendo evidentemente acessório, em uma seleção gradual que tenha em vista tão-somente des-

FILOSOFIA DO DIREITO   355

tacar as notas essenciais ou *eidéticas* relacionadas entre si por fundamentação necessária. No dizer de Husserl, por um momento se pratica a *dúvida metódica;* duvida-se metodicamente de tudo o que não se ofereça como evidente na consciência, na relação intuicional[2].

Se quisermos, por exemplo, saber qual a consistência de um objeto como esta mesa, a fim de poder penetrar-lhe a essência, devemos considerá-la apenas como conteúdo da consciência, pondo entre parêntesis o fato de sua existência extramental, para uma descrição pura e imediata. Verificamos, por exemplo, que se trata de mesa envernizada, dotada de certa forma. Podemos, de maneira evidente, reconhecer, num ato espiritual, que a circunstância de ser ou não envernizada, de ser de mármore ou de bronze, são qualidades acessórias, que não dizem respeito à consistência daquilo que procuramos determinar como sendo o objeto "mesa" como tal.

Através desta análise em progressão, podemos e devemos atingir uma ou várias notas que não poderemos mais colocar entre parêntesis, porque, se o fizermos, o próprio objeto acabará entre parêntesis... Quando atingimos esse ponto, esse dado não abstraível, temos o que se denomina o *eidos,* a essência da coisa *(redução eidética).*

Note-se, desde logo, que o método fenomenológico implica uma mudança de atitude com referência ao objeto que se quer descrever, atitude esta que brota de uma *exigência crítica* de rigor e de evidência. Não se deve confundir, pois, com a mera descrição empírica que pressupõe a "existência" de um fato ou de um ser *fora ao processo cognoscitivo.* Ao contrário, para o fenomenólogo a existência autônoma ou não do objeto não é pressuposta pelo sujeito, pois tudo se situa no interior do processo intuitivo mesmo, na correlação sujeito-objeto, com abstração

---

2.   *"Fenomenologia"* escreve HUSSERL, "quer dizer, por conseguinte, a teoria das vivências em geral, e, encerrados nelas, de todos os dados, não só reais, mas também intencionais, que possam nelas se mostrar com evidência. A fenomenologia *pura* é, desse modo, a teoria dos fenômenos puros, dos fenômenos da *consciência pura,* de um *eu puro,* não se situando no terreno da natureza física e animal ou psicofísica..." (Cf. *Investigaciones Lógicas,* trad. de Morente e Gaos, Madri, 1929, vol. IV, pág. 241 e *passim.)*

Não se deve olvidar, como acentua MERLEAU-PONTY, que a *Fenomenologia* é "uma Filosofia *transcendental* que põe em suspenso, para compreendê-las, as afirmações da atitude natural" (Cf. *Phenoménologie de la Perception,* Paris, 1955. pág l.)

de tudo o mais, inclusive das noções comuns ou científicas sobre a ordem da natureza.

Ora, este processo de descrição e redução de essência completa-se, na doutrina de Husserl, com uma terceira fase, que é a da reflexão da consciência intencional sobre si mesma *(reflexão fenomenológica)*, que marca sua orientação idealista, porquanto, depois de ter levado a termo a *descrição do objeto* de maneira perfeitamente neutra, e de efetuar a *redução eidética,* ele pretende volver à subjetividade transcendental, para descobrir o objeto como intencionalidade pura, como "conteúdo intencional da consciência".

É preciso, porém, não olvidar que, tendo Husserl concebido a consciência como "referência a algo" *(intencionalidade da consciência),* disto resultou um conceito de "subjetividade transcendental" que — longe de se reduzir ao "eu puro", universal e formal próprio da Filosofia de Kant — se refere a um "eu puro" cujo fundamento, observa Ferrater Mora, se acha constituído pela temporalidade e historicidade[3]. Sem se levar em conta essa alteração substancial, não se compreende, em todo o seu alcance, a lição de Husserl sobre o *"a priori* material", não dependente do sujeito cognoscente, mas inerente às "coisas mesmas".

Pensamos ser necessário ir além, como tem sido feito, aliás, embora em sentido diferente, por outros estudiosos da fenomenologia, a fim de reconhecermos que a reflexão subjetiva — dada a funcionalidade apontada pelo mesmo Husserl entre a "consciência intencional" e o *"a priori* material" — não pode deixar de implicar:

---

3. Sobre as estreitas ligações entre KANT e HUSSERL, v. FRANCISCO LARROYO, *Valor y Problemática en General,* México, 1936, pág. 50. A exigência de uma correlação mais íntima entre fenomenologia e História nota-se, aliás, na última fase do pensamento de HUSSERL, como se depreende especialmente de sua obra *La Crisi della Scienza Europea,* cit., na qual, após correlacionar o seu "conceito generalíssimo de transcendental" com o "mundo da vida comum" *(Lebenswelt)* afirma que "as ciências do espírito têm como tema o homem enquanto ser histórico, o homem que dispõe e age subjetivamente no seu mundo circundante" (pág. 316). Cf. ENZO PACI, *Funzione delle Scienze e Significato dell'Uomo,* Milão, 1965, I Parte, págs. 39 e segs. e, em geral, MIGUEL REALE — *Experiência e Cultura,* cit., sobretudo o Capítulo V, intitulado "Da fenomenologia à ontognoseologia".

FILOSOFIA DO DIREITO

a) — a correlação lógica essencial entre sujeito e objeto e, por conseguinte, a impensabilidade do "eu transcendental" sem referibilidade a objetos ou ao "mundo" em que se situa.

b) — o reconhecimento da tensão dialética que une sujeito a objeto e vice-versa, como termos distintos mas complementares.

A consciência intencional, em verdade, ao volver sobre si mesma, já se acha enriquecida de todo o cabedal de significações objetivas, captado no momento da "redução eidética": ao dobrar-se sobre si mesma, não se reconhece mais como "eu puro", vazio e meramente virtual, mas, ao contrário, se põe como fulcro constitutivo da correlação subjetivo-objetiva por ela e com ela instaurado *(reflexão ontognoseológica)* assim como se dá conta de ser o *valor fundante* da experiência cognoscitiva em seu desenvolvimento histórico, graças ao progressivo alargamento do campo das objetividades, à medida que "algo mais" vai se convertendo em *objeto* do conhecimento e em *objetivo* da ação *(processo histórico-cultural)*.

Daí dizermos que a "reflexão fenomenológica" culmina numa "reflexão histórico-axiológica", o sujeito cognoscente se reconhecendo refletido nas suas próprias objetivações espirituais, no plano das realizações culturais, como as das Artes, das Ciências ou do Direito, cujo sentido autêntico e válido é preciso reconduzir às suas fontes originárias, numa operação de desocultamento e de busca das intencionalidades fundantes, sem as quais não logramos saber o que elas significam.

Aceitamos, em suma, o método fenomenológico como um processo feliz de descrição e compreensão de um fenômeno, especialmente sendo de natureza *cultural,* mas o integramos, como se verá logo mais, na correlação subjetivo-objetiva *(ontognoseológica)* conatural ao espírito culminante numa *"reflexão histórico-axiológica"*, visto como o homem acaba se reencontrando nas obras e bens que institui no processo da experiência histórica, ainda que delas possa dissentir *hic et nunc*[4].

---

4. No concernente ao assunto, v. MIGUEL REALE, *Experiência e Cultura,* cit., Capítulo V, e os dois primeiros capítulos de *O Direito como Experiência,* cit.

MIGUEL REALE

Cabe notar que também Descartes, no *Discurso sobre o Método,* estabelece certas regras para subordinar o conhecimento ao critério da evidência. De certa forma, Husserl é o "Descartes do Século XX". Ele mesmo salienta esse parentesco espiritual em suas *Meditações Cartesianas,* nas quais se vangloria de ser um cartesiano, no sentido de uma volta aos valores de evidência apodítica, da "intelecção" *(Einsicht)* como visão imanente à consciência pura.

Talvez a insuficiência dessa orientação esteja exatamente na pretensão de transformar a "evidência", revelada no estático nexo intuicional, em único fundamento da certeza, quando esta só é possível na congruência discursiva das evidências, na convergência ou harmonia de resultados obtidos graças a uma pluralidade de meios de pesquisa integrados em um processo dialético de natureza crítico-histórica, tal como é exigido pelas "ciências culturais" e nos parece ser um corolário da concepção da consciência como intencionalidade.

A orientação fenomenológica, além de implicar um processo analítico de grande alcance, apresenta outro alto e inestimável mérito, que é, de certa maneira, a revalorização do *particular,* como matéria de cogitação científica.

Aristóteles dissera, em determinado sentido, que não existe ciência a não ser do geral; o método fenomenológico restitui dignidade àquilo que é particular e específico, quando visto em sua *essência,* como via de revelação do universal[5].

Aplicando o método fenomenológico na análise de um fato aceito hipoteticamente como jurídico, elidimos assim a crítica segundo a qual, de uma multiplicidade de fatos, contingentes e contraditórios, não podemos nos elevar a um conceito universal.

---

5.   Sobre o exato sentido da tese aristotélica quanto a só haver "ciência do genérico", v. as judiciosas observações de DELFIM SANTOS, *Conhecimento e Realidade,* Lisboa, 1940, págs. 91 e segs.: "O passo de ARISTÓTELES *(Metafísica,* 1.060-b) parece que em vez de ser traduzido: *não há ciência senão do geral* deve ser traduzido por *não há ciência senão no genérico".* "Seria, de fato, estranho que o filósofo, que pôs em relevo, pela primeira vez na história da Filosofia européia, o sentido categorial do pensamento, tivesse afirmado que só é possível ciência do universal."

FILOSOFIA DO DIREITO   359

Não desejamos encerrar estas considerações, sem recordar que a indagação fenomenológica encontrou, no domínio da *Ética*, aplicações fecundas nos trabalhos já citados de Max Scheler e de Nicolai Hartmann, os quais completaram a obra de Husserl mostrando quão decisiva é, na pesquisa dos atos intencionais, a *intuição estimativa*, fundada em "um sentir, um preferir, um amar e um odiar".

É nesse amplo sentido que consideramos de real alcance a análise fenomenológica no plano da Filosofia Jurídica, reconhecendo, no entanto, que as intuições são pontos de partida para uma compreensão total, que só poderá ser alcançada graças à reflexão histórico-axiológica ou, o que vem a dar no mesmo, em virtude do conhecimento da realidade jurídica como um processo dialético que integra em unidade viva os interesses ou valores que se implicam e se polarizam na experiência social.

Da Redução Fenomenológica à Reflexão Histórico-axiológica — Implicação e Polaridade

142. Nas páginas anteriores, após sucinta explanação do método fenomenológico, demos as razões pelas quais nos parece que toda reflexão subjetiva transcendental se resolve em uma reflexão subjetivo-objetiva ou ontognoseológica, visto fundar-se o ato cognoscitivo em um *"a priori* material", consoante Husserl no-lo demonstra.

Compreende-se que Husserl se proponha volver à subjetividade transcendental, por ser esta a raiz mesma do espírito, o espírito como liberdade e poder de síntese, força originária instauradora de valores e de História, mas, exatamente porque o espírito se objetiva, ao inclinar-se intencionalmente para algo, as significações objetivas são dele inseparáveis. A imagem do homem — e o Direito é parte essencial dessa imagem — está, pois, tanto nele (como virtualidade criadora) como no *processus* histórico de suas criações através do tempo.

Consoante já exposto na Propedêutica, toda forma de conhecimento implica uma correlação ou funcionalidade entre sujeito e objeto, de modo que se abre dupla via de acesso à verdade, a qual somente resultará do encontro ou da convergência de ambos os resultados, ou melhor, de sua implicação como momentos de um único processo.

A descrição essencial de um fenômeno cultural qualquer, em última análise, resolve-se na necessária indagação que qualificamos de *histórico-axiológica*, ou *crítico-histórica*, inerente à subjetividade transcendental.

O Direito, qualquer que seja o conceito que sobre ele se tenha, corresponde sempre a algo de vivido como tal através dos tempos, a uma *experiência* da qual se teve maior ou menor consciência, mas que assinala uma *"direção constante para a garantia de algo"*.

O Direito, portanto, possui conteúdo histórico que nos cabe analisar como conjunto de significações, e não apenas como seqüência mais ou menos regular de fatos. Não basta, por conseguinte, acolher um fato como se fosse jurídico, pois importa verificar como é que foi "recebido" como tal através do tempo. A compreensão histórico-axiológica deve completar a outra, ou seja, a resultante da descrição e da redução fenomenológica, insuficiente porque revelada de maneira estática, posto entre parêntesis o elemento dinâmico da História: *no ato em que o objeto de uma pesquisa histórico-cultural se reflete na consciência transcendental, esta se põe como temporalidade*[6].

Aqui já nos defrontamos, em suma, com o problema da situação do fenômeno jurídico no plano da experiência humana ou da cultura, isto é, com o Direito apreciado como *objeto de compreensão* da espécie humana em sua dramaticidade histórica.

Que posição ocupa o Direito no mundo da cultura? Na experiência espiritual do homem, que momento é representado pela experiência jurídica? Ora, o "conteúdo intencional" do Direito só nos pode ser dado na tela da História, podendo-se dizer que a *subjetividade,* à qual se volve a "reflexão fenomenológica" é a do homem na temporalidade de seu ser histórico, em sua concreta universalidade.

Esse estudo não pode ser indutivo, nem mesmo intuitivo, visando à pura descrição das essências, porque se desenvolve na concretitude das relações subjetivo-objetivas que, unitariamente, a outra coisa não correspondem senão ao processo histórico-cultural da espécie humana.

---

6. Para maiores desenvolvimentos, consultem-se os trabalhos referidos na nota 4 *supra*.

FILOSOFIA DO DIREITO

No fundo, "experiência histórico-cultural" e "processo ontognose-ológico" são expressões de um só problema fundamental e onicompreensivo que é o da relação, não apenas em termos teoréticos, mas também práticos, entre as objetividades e a consciência, entre sujeito e objeto.

A correlação de polaridade e complementariedade que existe entre *sujeito* e *objeto*, no plano teorético, encontra correspondência, no plano prático, entre *valor e realidade*, aquele termo jamais se exaurindo neste, ambos pressupondo-se reciprocamente distintos, embora complementares. Daí dizermos que a dialética da complementariedade governa o mundo da cultura, como *teoresis* e como *praxis*[7].

Do conceito de cultura, que já fixamos anteriormente, devemos, pois, partir para indagar o que representa a experiência jurídica no complexo da experiência humana. Teremos, assim, uma indagação do fenômeno jurídico, *segundo o ponto de vista de sua objetividade* (objeto da descrição fenomenológica) e uma pesquisa complementar do ponto de vista de como o Direito se manifesta *histórica e axiologicamente no sujeito cognoscente em universal* (estudo crítico-histórico). Em outras palavras, cabe-nos ver o Direito como *experiência social* e o Direito como *compreensão espiritual*, isto é, *a parte objecti* e a *parte subjecti*, em sua *intencionalidade no plano da consciência e no plano da História*.

Somente através desse duplo processo de implicação, isto é, em virtude do apontado *processo dialético de implicação e polaridade*, é que atingiremos alguns resultados sobre a consistência ou a natureza do fenômeno jurídico, assim como de qualquer outro fenômeno cultural.

Desse modo, a análise fenomenológica, em lugar de tomar o sentido da *reflexão* subjetivo-transcendental, como na doutrina de Husserl, atinge o plano da fenomenologia do espírito, na qual a realidade jurídica se revela em sua universalidade, como *momento da consciência histórica* ou, por outras palavras, como forma de atualização da *Humanitas* na História.

Depois de todas as considerações expendidas sobre a natureza dialética da cultura, como integração incessante de experiências estima-

---

7. Para melhor compreensão destes pontos, cf. o que escrevemos *supra,* às págs. 105 e segs., sobre o *criticismo ontognoseológico* e, mais amplamente, *Experiência e Cultura,* cit.

362 MIGUEL REALE

tivas, parece-nos resultar clara a compreensão do Direito, fato cultural que é, também como realidade dialética de composição de conflitos, segundo um processo que implica, consoante se verá, a solidariedade dinâmica de vários elementos, segundo forças que tendem a preservar os bens já adquiridos, e outras que se projetam na liberdade constitutiva de novos bens.

Essa exigência de compreensão dialética e integrante da realidade cultural justifica-se não só em virtude da dependência existencial de sujeito e objeto, posta em evidência em nossa concepção ontognoseológica, como também em razão da bipolaridade essencial dos valores.

A experiência jurídica, onde a tensão entre abstrato e concreto, *ser* e *dever ser,* mais se manifesta, dada a correlação necessária entre a objetividade da norma e as decisões e os fatos particulares, e onde toda relação é relação entre dois sujeitos, a experiência jurídica não seria autenticamente abrangida sem se atender aos termos que se implicam segundo a tábua de estimativas dominante em uma comunidade[8].

---

8. Embora desenvolvendo outra ordem de idéias, CARLOS COSSIO chega a conclusão análoga, escrevendo que "o método adequado para conhecer um objeto cultural é um *método empírico-dialético,* pois este é o que se constitui sobre o ato gnoseológico da compreensão. A dialética em geral é a síntese realizada pelo espírito enquanto atividade espontânea e própria de uma tese e uma heterotese em função de uma mútua implicação totalizadora, pois não é necessária que seja uma antítese como julgou HEGEL, sendo a antítese apenas um caso particular de heterotese". *(La Teoría Egológica del Derecho,* Buenos Aires, 1944, pág. 39.)

Partindo de uma interpretação original do pensamento de PANTALEO CARABELLESE, também LUIGI BAGOLINI contrapõe à dialética gentiliana de *negação* a dialética da *polaridade.* (C. BAGOLINI, *Diritto, e Scienza Giuridica nella Critica del Concreto,* especialmente págs. 25, 39 e 65.)

Quanto ao conceito de *compreensão* como *implicação* ou enlace de sentidos, v. MAX WEBER, *Economía y Sociedad,* trad. de Echavarria, México, 1944, vol I, e as obras já citadas de DILTHEY e de SPRANGER.

Cf. as penetrantes observações desenvolvidas por LOUIS LAVELLE sobre a natureza do processo dialético, embora em plano diverso do nosso. *(De l'Acte,* Paris, 1946.)

Cf. MIGUEL REALE, *Experiência e Cultura,* cit., capítulo VI; *O Direito como Experiência,* cit, Ensaio III e *Teoria Tridimensional do Direito,* cit., págs. 83 e segs., e o artigo "Ciência do Direito e Dialética", na *Revista Brasileira de Filosofia,* 1973, fasc. 91, págs. 261 e segs., ora inserto em *Horizontes do Direito e da História,* 2ª ed., cit.

FILOSOFIA DO DIREITO

143. Neste estudo, será de importância fundamental o recurso à Teoria da Linguagem como meio de acesso aos conteúdos espirituais. Procedemos, muitas vezes a respeito da linguagem, como procedemos com referência ao ar, do qual só nos apercebemos quando dele sentimos falta. Tudo quanto o homem sabe, sabe através de palavras e símbolos, através da linguagem. Procurar a raiz de uma realidade muitas vezes é procurar a raiz de um vocábulo. A etimologia das palavras é manancial precioso de verdades a respeito dos fenômenos, mesmo porque as palavras raramente surgem por acaso, mas são antes postas em função de algo que se impõe inicialmente ao espírito. Nem mesmo os povos selvagens ou primitivos usam as palavras sem qualquer motivação. Nós, no Brasil, para citar só um exemplo, temos a prova maravilhosa da precisão extraordinária com que nossos indígenas davam nomes aos lugares. Ainda hoje, podemos saber qual a característica de uma região, pela precisão das palavras empregadas pelos indígenas em sua toponímia espontânea e poética.

As palavras envolvem, pois, de maneira imediata o real. Poder-se-ia dizer que surpreendem a realidade em seu estado nascente, no vigor de sua projeção inicial.

A mesma coisa acontecerá no domínio de nossas pesquisas. Vamos completar nossa indagação sobre a consistência do Direito, formulando uma pergunta sobre os significados da palavra Direito. O Direito é uma expressão que alberga uma série de significados. As múltiplas acepções da palavra Direito terão surgido por acaso ou refletirão, ao contrário, aspectos de uma realidade subjacente, cuja consistência nos cabe indagar?

Pois bem, a esse conjunto de processos que procuram alcançar a "compreensão" da realidade jurídica sob vários prismas e perspectivas chamamos de método crítico-histórico, ou histórico-axiológico, caracterizado pelo fato de não pretender atingir resultados, quer aprioristicamente, quer empiricamente, mas, ao contrário, superando estas duas posições em uma funcionalidade essencial entre o sujeito cognoscente e o objeto conhecido, tendo como referência permanente os dados fornecidos pela análise fenomenológica da "experiência social" do Direito, da qual aquela experiência é inseparável: — na realidade, os dois processos metódicos se articulam e se completam, em uma orientação que já denominamos "ontognoseológica". Nesta ordem de indagações, daremos importância fundamental, à discriminação do campo de incidência da experiência jurídica, que deve ser distinto daquele que cabe, por

364 MIGUEL REALE

exemplo, ao economista, ao psicólogo, ao historiador, e assim por diante. É impossível fazer-se uma determinação da experiência jurídica, sem se delimitar, por exemplo, o campo do Direito perante o da Moral. Ao se estudarem as relações entre o mundo moral e o jurídico, teremos ocasião de caracterizar melhor o objeto da Ciência do Direito.

144. Há uma tendência generalizada, entre muitos cultores das ciências positivas, no sentido de receber, como ponto assente e não suscetível de dúvidas, o âmbito de suas tarefas cognoscitivas, sem se darem ao trabalho de previamente determinar o objeto da própria ciência. O mesmo acontece com os juristas voltados para os problemas de Dogmática Jurídica, isto é, empenhados tão-somente no estudo sistemático das regras e institutos jurídicos vigentes. Se no primeiro caso, porém, podem ser reduzidas as conseqüências, dada a natureza da ciência que cultivam, já não se verifica o mesmo nos domínios da Jurisprudência, cuja compreensão diversa traça separações radicais no plano prático. Se, por exemplo, um jurista está convencido de que o Direito é apenas um conjunto de regras ou de normas, será relativo seu interesse por tudo o que diga respeito ao Direito como fato social. Ao contrário, se o jurista se convence de que o objeto da Jurisprudência é dado pelo fenômeno social ou econômico, as regras passarão a ter valor secundário, e sua disciplina adquirirá cunho marcadamente sociológico. Se outro jurista se convencer, no entanto, de que as verdades autênticas do Direito são dadas pela razão e que tanto os fatos como as regras devem, necessariamente, se conformar àquelas *verdades primeiras,* serão estas verdades que passarão a constituir o objeto fundamental da Ciência Jurídica.

Assim sendo, pode dizer-se que haverá tantas maneiras de se interpretar o Direito quantos forem os modos de se conceber o objeto da Ciência Jurídica. Não se trata de um problema de importância apenas para o filósofo do Direito, porque está implícito na indagação de qualquer jurista, tenha este ou não conhecimento dos pressupostos ou das condições de suas atitudes.

Daí a necessidade de se determinar rigorosamente o objeto da Ciência Jurídica partindo da análise fenomenológica de algo de que o Direito é sempre modalidade ou expressão: do comportamento ou conduta social do homem. Se onde há ação do homem há Direito, e vice-versa, e se esta é uma verdade fundada à luz da experiência histórica, a "teoria da conduta" se põe como pressuposto da "teoria do Direito", como passaremos a examinar.

Título VIII

Fenomenologia da Ação e da Conduta

Capítulo XXVII

Conduta e Ordem de Fins

Ato e Valor

145. De conformidade com as exigências metodológicas firmadas nas páginas anteriores, nosso estudo deve ter como ponto de partida a análise fenomenológica da ação e da conduta, para verificarmos que espécie de conduta é a que denominamos *conduta jurídica*. Nos Títulos seguintes verificaremos como é que a experiência jurídica, assim onticamente determinada, se reflete no processo histórico das idéias e dos sistemas.

Parece-nos fora de dúvida que o Direito não se refere ao homem na totalidade, ou na integralidade de seu agir, mas tão-somente ao homem enquanto ser que, agindo em sociedade, assume dadas posições perante os demais homens, suscetíveis de gerar pretensões recíprocas ou pelo menos correlatas.

O Direito não cuida do homem em todas as suas manifestações, enquanto apenas contempla ou se projeta no mundo dos valores estéticos, científicos ou religiosos, a não ser para tornar possíveis e garantidas essas atividades, sem envolver o conteúdo mesmo dos valores visados.

Sem fazer, por ora, qualquer discriminação entre as várias espécies de fatos jurídicos, podemos, em suma, reconhecer que, onde quer que exista o Direito, há uma ação positiva ou uma omissão (ação negativa) do homem, algo de redutível ou de relacionável a uma modalidade de ação.

368 MIGUEL REALE

Em que sentido e em que condições a ação humana é suscetível de ser vista como "ação jurídica" ou momento dotado de "qualificação jurídica"?

De modo geral, as atividades instintivas repetem-se, não se transmitem. Um "joão-de-barro", ao fazer sua casa, constrói-a repetindo um sistema de movimentos comuns a todos os demais, reproduzindo sempre os mesmos processos, como algo já causado em seu ser e não escolhido por ele. O "joão-de-barro", por outro lado, não ensina a fazer o seu abrigo maravilhoso. É próprio da cultura humana a *transmissão dos valores,* o que demonstra a ligação fundamental que existe entre cultura e pedagogia, cultura e educação.

Só o homem educa, porque só o homem se conduz. O problema de educar liga-se ao problema da autodeterminação. Eu educo, porque me conduzo — *"educo, quia duco"*: — educo, porque sou capaz de conduzir-me. Se eu fosse meramente conduzido, sem consciência dos motivos determinantes de meu agir, não teria título para transferir ou transmitir valores a outrem. O homem, enquanto é meramente causado, não se distingue dos outros animais, a não ser pela consciência de sua determinação, porquanto realiza os mesmos atos de que participam todos os seres do mesmo gênero.

O específico do homem é conduzir-se, é escolher fins e pôr em correspondência meios a fins. *A ação dirigida finalisticamente* (o *ato* propriamente dito ou a *ação* em seu sentido próprio e específico) é algo que só pertence ao homem. Não se pode falar, a não ser por metáfora, de ação ou de ato de um cão ou de um cavalo. O "ato" é algo pertinente, exclusivamente, ao ser humano. Os outros animais movem-se; só o homem atua. A atuação pressupõe consciência de fins, possibilidade de opção, projeção singular no seio da espécie, aprimoramento de atitudes, aperfeiçoamento nos modos de ser e de agir. Seu problema liga-se ao da *cultura,* e, como esta, tem sua raiz na *liberdade,* no *poder de síntese* que permite ao homem instaurar novos processos, tendo consciência de estar integrado na natureza e no complexo vital condicionado por ela.

Destaquemos, agora, o problema da ação, para examinar seus elementos constitutivos.

A ação, em seu sentido rigoroso, ou o *ato, é* energia dirigida para algo, que é sempre um *valor.* O valor, portanto, é aquilo a que a ação humana tende, porque se reconhece, em um determinado momento, ser

FILOSOFIA DO DIREITO 369

motivo, positivo ou negativo da ação mesma. Não se indaga aqui da natureza ou das espécies de valores, mas apenas se verifica que, toda vez que o homem atua, *objetiva ou contraria algo de valioso.* Atuar sem motivo é próprio do alienado. Alienado a aquele que está alheio ao seu conduzir-se. É o que perdeu o sentido de sua direção e de sua dignidade.

Põe-se aqui o problema grave da *alienação,* do estado do homem que se encontra divorciado de sua essência, alheio ou estranho a si mesmo, com todas as conseqüências que vêm sendo apontadas desde Hegel e Marx até Gabriel Marcel, e que deveriam estar sempre presentes ao espírito do jurista e do político, cuja dificuldade primordial consiste em conceber e realizar uma ordem de convivência, *na qual os homens, os grupos e as classes não se alienem.*

Dizer que o homem é um ser racional é o mesmo que dizer que é um ser que se dirige. A atuação, portanto, implica sempre uma valoração. Todo valor, por conseguinte, é uma abertura para o dever ser. Quando se fala em valor, fala-se sempre em solicitação de comportamento ou em direção para o atuar.

Valor e dever ser implicam-se e exigem-se reciprocamente. Sem a idéia de valor, não temos a compreensão do dever ser. Quando o dever ser se origina do valor, e é recebido e reconhecido racionalmente como motivo da atuação ou do ato, temos aquilo que se chama um *fim.*

Fim é o dever ser do valor reconhecido racionalmente como motivo de agir.

No pensamento clássico, não se faz precisamente esta discriminação entre *valor* e *fim,* de maneira que muitas vezes se fala apenas em *fim,* mas toda doutrina finalística oculta em seu seio uma teoria axiológica.

Trata-se de questão muito complexa esta da relação entre Axiologia e Teleologia. Para nós, toda Teleologia tem como pressuposto uma Teoria dos valores. É possível falar em fins, porque antes se põe o problema do valioso.

Neste ponto, poderíamos lembrar nosso prefácio ao belo livro de Luigi Bagolini, *Direito e Moral na Doutrina da Simpatia,* no qual aduzimos algumas observações à margem do estudo desse ilustre mestre, procurando demonstrar a inviabilidade de uma concepção teleológica sem uma base estimativa ou axiológica.

370   MIGUEL REALE

A nosso ver, a noção de *fim é* decorrência da de *valor.* O *fim é valor* enquanto racionalmente pode ser captado e reconhecido como motivo do agir. Já vimos que ao mundo dos valores ascendemos por vias emocionais, e que o *valor* transcende sempre às nossas formas de compreensão racional. A beleza, a justiça e todos os demais valores não se esgotam em fórmulas ou esquemas racionais. O que declaramos *fim* não é senão um momento de *valor* abrangido por nossa racionalidade limitada, implicando um problema de *meio* adequado à sua realização.

O nexo ou relação de *meio* a *fim é,* e não pode deixar de ser, de natureza racional; mas a referibilidade ou imantação a um valor pode ser ditada por motivos que a razão não explica. A História humana é um processo dramático de conversão de valores em fins e de crises culturais resultantes da perda de força axiológica, verificada em fins que uma nova geração se recusa a "reconhecer".

Fins e Categorias do Agir

146. Como diversos são os valores e, de conseqüência, os fins que o homem se propõe, a ação teleologicamente determinada ou o *ato,* pode ser discriminado segundo tenha por *fim:*

a) — conhecer ou realizar algo, sem visar direta e necessariamente a outras ações possíveis (ações de natureza *teorética,* ou de natureza *estética);*

b) — conhecer ou realizar algo, visando direta e necessariamente a outras ações possíveis (ações de natureza *prática:* ou *econômicas,* ou *éticas).*

Na primeira categoria, as ações de tipo teorético têm como elementos conclusivos *juízos,* cujas expressões mais altas são *princípios* e *leis;* enquanto que as de tipo estético se resolvem em *formas.* No primeiro caso, graças a *princípios* e a *leis,* explicam-se os múltiplos aspectos do "ser", como o fazem a Matemática, a Física, a Biologia, a Sociologia etc. (atividades teoréticas); ao passo que, pelas *formas,* se objetivam os sentimentos e os impulsos, os motivos de beleza, sendo tanto mais perfeitas quanto maior a riqueza dos fins (atividade estética).

FILOSOFIA DO DIREITO 371

Nas atividades teorética e estética, a lei e a forma constituem, de certo modo, a plenitude do agir: — delas não brota uma atitude necessária para a ação, pois são *ambas modalidades de conhecimento,* de explicação ou de compreensão, mas que não postulam *fins* em razão do fim já atingido pelo conhecimento. Da especulação, assim como da atividade estética, pode resultar uma ação, um momento de "prática", mas não será derivação resultante por intrínseca necessidade da *"lei"* revelada ou da *"forma"* realizada. Há validade nas leis científicas muito embora não apresentem qualquer aplicação prática imediata.

De certo modo, poder-se-ia dizer que o agir do físico atinge o auge no momento da formulação da *lei,* e que, mais fortemente ainda, a *forma* assinala a plenitude da ação criadora do artista, de uma ação que, objetivando-se, basta-se a si mesma, em si mesma e por si mesma significa.

A ação do cientista do mundo da natureza é sempre uma abertura para novas técnicas de conhecimento e de operar, mas o *fim que o move não são apenas as ações possíveis,* nem estas *são essenciais à determinação de seu significado.* É inegável que o conhecimento das leis naturais potencia ou aumenta as possibilidades de previsão e de ação do homem, mas, além das ações como tais não constituírem o conteúdo das referidas leis, há leis da Física ou da Química destituídas de resultados práticos, ou que só os produzem após permanecerem longo tempo sem aplicação de caráter utilitário. Daí o valor inestimável da pesquisa pura, de todo em todo desinteressada, que, às vezes, só mais tarde venha adquirir um *sentido vital.* O pragmatismo, partindo da observação comum de que a ciência serve à vida, chega à conclusão errônea de que toda ciência possui um significado prático ou econômico, no que coincide com marxistas de vários matizes[1]. A rigor, porém, a atividade científica — apesar de estar sempre condicionada às estruturas histórico-culturais, e de ser sempre dotada de um significado para a vida — não é em si mesma atividade de ordem essencialmente prática, mas sim teorética: o

---

1. Mais inaceitável ainda é a doutrina de CROCE, para quem as ciências naturais, como "construções de pseudoconceitos", não teriam em vista a ação, *por serem a ação mesma, (Logica come Scienza del Concetto Puro,* Bari, 1909, págs. 22 e segs.) Como pondera CARLOS ASTRADA, "uma coisa é a finalidade prática, o rendimento útil da ciência, idéia que cabe discutir e considerar em seu verdadeiro alcance, e outra são os princípios e fins da mesma que informam a sua tarefa cognoscitiva". *(Ensayos filosóficos,* Univ. Nac. del Sur., 1963, pág. 22.)

372　　　　　　　MIGUEL REALE

momento da *praxis* pode faltar, sem ofensa à sua natureza; e, quando surge, não altera ou enriquece os seus termos, sendo uma decorrência ou uma resultante da lei, da qual o homem se vale para alcançar um resultado particular. A *Técnica* é o momento de aplicação, o momento "econômico" da atividade teorética.

Na atividade *estética* ainda é mais acentuado o destaque entre o processo pelo qual e no qual se conclui a ação criadora, e outras ações possíveis. Toda obra de arte assinala uma pausa no agir. A *forma* será tanto mais plena quanto maior a riqueza dos motivos criadores do artista e (o que é mais importante) quanto maior a adequação entre tais impulsos e a sua objetivação, pois é só graças aos momentos mais altos da atividade estética que se nos revela a possibilidade de integração do uno e do multíplice, do abstrato e do concreto, do irracional e do racional, em correspondência total entre o desejado e o possuído, sem deixar resíduos, sem suscitar impulsos para novas tentativas de agir, sem envolver aplicações empíricas particulares. Donde a impressão de repouso, de fuga do empírico, que nos dá a obra de arte autêntica, não por ser a fuga do real e da vida, mas exatamente por ser a plenitude do real e da vida[2].

Se passarmos ao exame da segunda das categorias fundamentais de ação acima discriminadas, verificaremos que o que as distingue é o fato de não visarem a um resultado como tal, mas como simples momento que conduz a outros comportamentos possíveis: não é senão ponto de partida para novas ações complementares. Assim, por exemplo, o alcance de um *bem econômico* é condição ou estímulo para novas atividades tendentes à conquista de novas utilidades, pois, na realidade, só é econômica uma ação enquanto é momento ou elo no processo da produção das riquezas.

Como se trata de ações que são base ou condição de ações sucessivas da mesma natureza, dizemos que são *ações práticas*.

Neste tipo de ações cabe distinguir, porém, as que se sucedem segundo um nexo opcional de conveniência ou de oportunidade, o que lhes dá um cunho técnico *(ações econômicas)* e aquelas que se ligam por uma necessidade deontológica reconhecida pelo agente como razão essencial de seu agir *(ações éticas)*.

2.　Sobre esse sentido de *plenitude* e outros característicos da atividade estética, v. nosso livro *Experiência e Cultura,* cit, págs. 259-271.

FILOSOFIA DO DIREITO 373

É claro que também a atividade econômica pode se converter em *conduta ética* quando o agente se submete a um sistema de fins, sem se subordinar a regras de mera conveniência pessoal, mas sim a normas reclamadas pelo bem da comunidade que o abriga.

Desse modo, podemos distinguir certas ações ou atividades, as de ordem ética, que, ao atingirem um termo visado, subordinam-se a *normas* ou a *regras,* abrem-se para o campo das ações possíveis, como uma flor que se vai converter em fruto: *a ação possível é, no fundo, o conteúdo mesmo da norma ética, o seu destino, o seu significado.* Sem referibilidade à *praxis,* a *norma* não tem significado; erradicada do processo de que provém e do processo a que se destina, não é compreendida em sua verdadeira natureza. Donde o equívoco dos que a concebem como puro juízo lógico ou mera forma sem conteúdo.

Momento da dinâmica social e da existência coletiva, em seu projetar-se como linha entre passado e futuro, a norma exprime sempre a congruência e a integração de dois elementos: o valor e a ação. Há, por conseguinte, uma modalidade de ação que é de tipo *normativo.* É a essa categoria de ação que damos o nome de *conduta ética,* que pode ser *religiosa, moral, política, jurídica.*

A distinção que aqui fazemos entre a atividade que tem por fim formular *leis* ou realizar *formas,* e a *atividade ética,* que se converte necessariamente em normas, encontra parcial correspondência no ensinamento aristotélico da *Ética a Nicômaco* (VI, 7, 1.141-b, 9 e segs.), onde se distingue "deliberação" de "cognição", a primeira relativa às coisas humanas que postulam fins e exigem "prudência"; a segunda concernente ao conhecimento objetivo daquilo que não pode ser de outro modo: no primeiro caso, o conhecer é pressuposto do *agir* (e a lei se converte em norma); no segundo, o conhecer basta-se a si mesmo[3]. A nossa discriminação, incluindo a atividade estética entre as que se aperfeiçoam pela forma, obedece a outros motivos, mas a distinção *lei-norma* permanece essencial.

---

3. Apreciando este passo da *Ética a Nicômaco,* BENVENUTO DONATI lembra o *De Officiis* de CÍCERO (I, 43, § 153) e a distinção entre *sapientia e prudentia.* Cf. DONATI, *Fondazione della Scienza del Diritto,* Pádua, 1929, pág. 34. Quanto à conexão necessária entre *norma* e *realizabilidade,* v. o nosso já citado estudo sobre a Teoria do Direito de JOÃO MENDES JÚNIOR (*Rev. Bras. de Fil.* fasc. 25 e em meu livro *Filosofia em São Paulo,* cit.).

147. Se a ação humana se subordina a um fim ou a um alvo, há direção, ou pauta assinalando a via ou a linha de desenvolvimento do ato. A expressão dessa pauta de comportamento é o que nós chamamos de *norma* ou de *regra*. Não existe possibilidade de "comportamento social" sem norma ou pauta que não lhe corresponda.

A cada forma de conduta corresponde a norma que lhe é própria. A conduta religiosa implica normas ou regras religiosas, assim como a conduta moral implica regras ou normas de *ordem* moral. Em geral, somos levados a confundir a *conduta* com a sua *norma,* tão difícil é separar o problema do comportamento ético do de sua medida.

Comportar-se, de certa forma, é proporcionar-se a uma regra; é integrar, no processo da ação, aquela pauta que marca a sua razão de ser. É por tais motivos que não podemos compreender o estudo das regras jurídicas ou morais como simples entidades lógicas, como meras *noções,* sem a referência necessária ao problema da ação, ao problema da realidade social.

Reduzir, por exemplo, a Ciência do Direito a uma pura ciência de noções lógicas é esvaziar a regra jurídica da conduta que lhe dá sentido e significado. É desse modo que se opera uma distinção entre a nossa maneira de conceber o fenômeno jurídico e a de alguns autores, como, por exemplo, Felice Battaglia. A idéia nuclear dos ensinamentos do mestre de Bolonha sobre o problema da Ciência do Direito decorre do fato de conceber a regra jurídica como uma simples *nozione,* uma simples noção. O filósofo do Direito, diz ele, deve indagar dos fundamentos espirituais ou subjetivos da regra, enquanto que o jurista recebe a regra apenas como um *dado* lógico.

Contestamos que uma regra possa ser erradicada da conduta a que se refere, porque, se fizermos abstração do problema da conduta, não estaremos fazendo Ciência Jurídica, mas sim Lógica Jurídica, por esforço de abstração: — tal estudo de ordem lógica é legítimo e necessário, mas deve ser completado com a implicação da realidade social ordenada, sem a qual a norma não tem valor de *norma jurídica.* Norma e conduta são, por conseguinte, termos que se exigem e se implicam, mas sem se reduzirem um ao outro: — subsistem em implicação recíproca, segundo a que temos denominado *"dialética de complementariedade",* que caracteriza e governa todo o processo histórico-cultural.

FILOSOFIA DO DIREITO 375

Elucidada a correspondência entre *norma* e *conduta,* podemos esclarecer que a *Ética* não é a *doutrina da ação* em geral, mas propriamente a doutrina da conduta enquanto inseparável de sua razão ou critério de medida, de sua *norma,* mediante a qual se expressa teleologicamente um valor. A Ética é, em suma, a ordenação da conduta, o que equivale a dizer: *a teoria normativa da ação.*

Fica assim delineada uma distinção essencial entre *Economia* (atividade prática de cunho opcional e técnico) e *Ética* (atividade não subordinada a fins particulares, e de caráter obrigatório), compondo ambas a esfera de estudos denominada *Teoria da conduta.*

É claro, por outro lado, que uma atitude estética ou científica pode converter-se para certos homens em *norma dominante de ação,* daí resultando a possibilidade de comportamentos éticos de cunho estético ou científico-positivo. Em tais casos particulares, a exigência estética ou científica, dominando o fundo psíquico do agente, deixa de ser o que é, para transformar-se em exigência ética e valer no plano da prática: — para todos os efeitos, torna-se pertencente ao âmbito da *Ética,* porque aquela exigência é considerada *motivo e razão do agir* e, ao mesmo tempo, medida das ações possíveis. Isto, porém, não atinge a natureza inconfundível, *não ética,* da atividade estética ou científico-positiva enquanto se resolve, respectivamente, em *formas* ou em *leis.*

148. Quando o homem age, desloca-se em relação a outros homens: toma uma posição nova perante os demais, assume uma "dimensão" no plano social e histórico, e o faz sempre na dependência de suas circunstâncias.

Todo o fazer humano se refere a homens. Mesmo quando o fazer humano tem como fim a feitura ou a posse de uma coisa, esta é mera condição de uma reação *inter-homines.* A conduta, portanto, é sempre um fato social e humano, um acontecer no "habitat" natural do homem, que é a sociedade, embora, como vimos, nem toda ação seja "conduta"[3-A].

3-A. Compare-se nosso conceito de "conduta" com o significado que MAX WEBER empresta à palavra "ação", a nosso ver com impropriedade terminológica: "Por *ação",* escreve ele, "deve entender-se uma conduta (consista ela em um fator externo ou interno, já em omitir ou permitir) sempre que o sujeito ou os sujeitos da ação *enlacem* a ela um *sentido subjetivo.* A 'ação social', portanto, é uma ação na qual o sentido mentado por seu sujeito

MIGUEL REALE

Mais tarde, quando estudarmos o problema do *social,* mostraremos que a sociedade não é simples dado da natureza, mas também um "construído", algo que a espécie humana veio modelando através do tempo, tendo como fator inicial o instinto de socialidade, a força que levou o homem à convivência, dada a sua estrutura ou conformação biopsíquica.

Diz-se muito freqüentemente que a sociedade é um fato natural, mas é preciso entender esta expressão no seu sentido rigoroso. A sociabilidade é tendência natural do homem, mas a sociedade é permanentemente "construída", algo que uma geração recebe e transmite a outra, quando mais não seja pelo fato fundamental da linguagem, sendo umas gerações mais felizes por poderem transferir proporcionalmente mais do que receberam.

Quando a criança aprende palavras no seio da família, recebe, através das palavras, uma compreensão do social, uma maneira de ser e de comportar-se. É certo, pois, que toda conduta é um fato social e histórico, porque envolve sempre, ou um enlace concreto do homem com outros homens, ou uma posição do homem com referência a outros homens e a seus bens, em uma trama de interesses e de fins que se desenrola no tempo.

Todo agir humano, repetimos, é um agir no meio social e, como a sociedade mesma, a conduta é uma expressão da cultura. A conduta como tal é um *bem de cultura.*

Dizer, porém, que toda conduta humana é conduta social, e expressão do mundo da cultura, é suscitar uma série de problemas, porquanto nem sempre o homem age segundo as mesmas categorias, as mesmas direções, ou iguais razões de enlace.

---

ou sujeitos está referido à conduta de outros, orientando-se por esta em seu desenvolvimento" *(op. cit.,* pág. 4). Esta última observação parece-nos de grande alcance, como veremos ao tratar da *bilateralidade ôntica* de todas as formas de conduta.

Capítulo XXVIII

Tridimensionalidade da Conduta Ética

Momentos da Conduta

149. Nas páginas anteriores se viu que toda ação, seja ela de natureza teorética, estética ou ética, tende a um valor, para realizá-lo, para garanti-lo ou para negá-lo.

O valor do *verdadeiro,* que orienta e domina o homem de ciência e o filósofo no plano ou no momento teorético, resolve-se afinal em *leis,* em relações objetivas ou em *princípios* explicativos do ser, dos quais não resulta medida necessária e obrigatória de comportamento futuro, a não ser quando o homem reconhece nas verdades encontradas um motivo preferencial de ação, caso em que o verdadeiro é estimado como *bem*[1].

O valor do *belo,* que dirige a atividade *estética,* tende a realizar-se em expressões formais, em *formas* nas quais as energias criadoras tornam-se congruentes, como que em uma concentração de forças, donde a aparência de pausa e de tranqüilidade que cerca toda grande obra de arte, pela harmonia do uno e do multíplice, do particular e do universal, superada a tensão subjetiva dos contrastes originários como contrastes

---

1. Farias Brito, por exemplo, considerando que a finalidade do mundo é o conhecimento, como conseqüência imediata de sua concepção do mundo como atividade intelectual, pôde conceber a verdade como fundamento da Ética. (Cf. *Á Verdade como Regra das Ações,* Pará, 1905.)

MIGUEL REALE

particulares: — o que é particular torna-se conhecido como universal na realização da forma artística, nem trai o esforço inevitavelmente ínsito no ato de criação.

A meta da atividade *ética* é dada pelo valor do *bem* que pode ser de cunho moral, religioso, jurídico, econômico, estético etc., desde que posto como razão essencial do agir. Como pondera Radbruch, certos valores assumem uma espécie de dupla valorização, como se passa, por exemplo, quando o valor puramente lógico da verdade, tornando-se também objeto de uma valoração ética, reveste o caráter dum bem moral, dando lugar a um dever, cujo cumprimento é uma virtude que se chama: veracidade[2].

Na realidade, atribuir a um valor a força determinante da conduta é, no domínio da "prática", convertê-lo em fim ético, o que explica possam o estetismo, o utilitarismo ou o cientificismo assumir a dignidade de concepções *morais* da vida. Em tais casos temos *valores objetivados* nas ciências, nas artes, nas instituições jurídicas, valendo como *bens morais,* sem alteração de seu conteúdo axiológico específico.

O certo é que o *bem* ético implica sempre "medida", ou seja, *regras* ou *normas,* postulando um sentido de comportamento, com possibilidade de livre escolha por parte dos obrigados, exatamente pelo caráter de *dever ser* e não de necessidade física *(ter que ser)* de seus imperativos.

Em geral, o *bem,* que na conduta ética se atinge, representa um momento maravilhoso de plenitude do ser (disse-nos Hauriou: "uma gota de justiça realizada tem um valor infinito"), mas não deixa de ser um momento, cuja atualização gera novos ideais, o que demonstra o caráter transcendental dos valores.

Há um caso, no entanto, em que parece haver identificação entre o valor e o bem, entre o fim e o ato mesmo. Referimo-nos à conduta amorosa ou erótica, na qual o *fim* suscita a ação e com esta se confunde, não sendo possível distinguir-se entre a atividade e o bem visado, tal a

---

2. RADBRUCH, *Filosofia do Direito,* cit., pág. 65. Essa *dupla valorização* a que se refere RADBRUCH vem confirmar, por outro prisma, o fenômeno fundamental da *"implicação dos valores",* que se verifica no mundo da cultura. (Cf. *supra,* parte I, cap. XII e nossas *Lições Preliminares de Direito,* cit., capítulos III e IV.)

FILOSOFIA DO DIREITO

identificação entre uma e outro, entre o amor e o amado. É uma forma de conduta que se resolve em atos de *dedicação* e de *conquista,* pois é um dar, não *para* receber, mas um dar que *é* receber. Nela integram-se todos os elementos (o amante, o ato amoroso e o amado) em uma correlação válida em si mesma, sendo um a "norma" dos *outros.*

É essa concreção que distingue a conduta amorosa, envolvendo, às vezes, elementos de exclusivismo e de posse, embora se admita conduta amorosa puramente *ética* quando o amor transcende o objeto amado, importando renúncia ou sacrifício, que é a mais alta forma de "dedicação".

A atividade teorética apresenta outro tipo de implicação ou de adequação entre o agente e o objeto, pois o pesquisador dobra-se sobre o real para captá-lo, sem o converter em objeto de sua vivência estimativa, a fim de extrair do fato as leis de sua estrutura e de seu processo.

Em todas as hipóteses, porém, quer se visem a *leis, formas, normas,* ou a *posse* (inclusive de bens econômicos), há sempre um *termo,* no qual e pelo qual tende a resolver-se a tensão espiritual da ação, segundo as infinitas projeções da existência.

Em todas as modalidades do agir há, em suma, o *fato* de uma energia espiritual que, imantada por um *valor* dominante, se inclina a realizá-lo como *lei,* como *forma,* como *posse* ou como *norma.*

Ora, essa tensão entre as infinitas projeções do *valor* e o esforço objetivo e concreto de captá-lo e de torná-lo próprio em um momento de Ciência, de Arte, de Economia ou de Ética, reflete-se na consistência de todo bem cultural, segundo diversos graus de intensidade, desde a quase completa correspondência de termo a termo, que a conduta amorosa realiza, até o conflito sempre aberto, na experiência ética, entre o bem atingido e o que se projeta incontinente como nova exigência ideal.

Todo bem cultural apresenta, como já vimos, um *suporte* (ponto de apoio ou meio de realização axiológica) e um *significado* (expressão ou sentido do valor no bem realizado) e algo mais que é o elo ou a razão unitária daquele complexo de implicação e de correlação, quer se chame *lei, forma, norma, domínio econômico* ou *ato amoroso.*

Muitas vezes, é certo, o resultado atingido está tão distante das condicionalidades fáticas, tão desligado do processo espiritual concreto

MIGUEL REALE

de sua revelação, que somos levados a julgá-lo por si válido e significante, como ocorre nas Matemáticas, que, no entanto, são inseparáveis do pensamento em seu desdobrar-se conseqüente.

No mundo físico-matemático, onde a atividade especulativa se resolve em *leis,* que são proposições explicativas de relações entre dados empíricos, ou em *formas* lógico-analíticas do pensamento, não há senão relativa tensão entre o abstrato e o concreto, entre os esquemas genuínos do pensamento e as particularidades de fato: a lei reflete o fato e o envolve, mesmo quando reconhecida a margem de incerteza, de insegurança ou de probabilidade de seus esquemas ideais.

Como as ciências na natureza são explicativas do já *dado,* por mais que este na sua singularidade escape a perfeitos esquemas ordenatórios da razão, pode dizer-se que a tridimensionalidade só é prevalecente e própria dos bens culturais resultantes da atividade ética, embora também se apresente no plano estético sob certo prisma.

Especificidade da Conduta Ética

150. A tridimensionalidade, dificilmente perceptível nos domínios da produção teorética, já se revela mais nítida nas obras de arte, na *forma,* por exemplo, de uma estátua que traduz a vitória de um *valor* de beleza imposto à resistência negativa da *matéria.* Mesmo neste caso, porém, a tridimensionalidade prende-se mais ao processo genético da obra de arte, a qual, uma vez atingida, engloba ou inclui em si os dois outros elementos, superando-os na unidade da *forma* triunfante.

É no plano específico da conduta ética, mais do que no plano da ação prático-econômica, exatamente em razão de seu projetar-se *obrigatório* e *geral* para ações futuras, que a tridimensionalidade se mantém como característica ou traço essencial, sem jamais se resolver em *unidade capaz* de pôr termo à tensão entre fato e valor. Não se trata, em tal caso, de expressar-se um juízo, de formular-se uma *lei;* nem tampouco de subordinar-se um conteúdo à plasticidade de uma *forma.* Trata-se de modelar-se o homem mesmo, de "legalizar-se" ou de "formalizar-se" o ser humano que é essencialmente *liberdade* e *inovação: daí* o caráter provisório, insuficiente de toda norma ética particular, cuja universalidade ética reside na tensão inevitável que a liberdade espiritual estabelece entre a realidade e o ideal.

FILOSOFIA DO DIREITO

É a razão, segundo nos parece, pela qual a experiência ética apresenta sempre tensão e implicação necessárias, perenemente renovadas, entre dadas circunstâncias de *fato* e o plano das *estimativas,* o que se reflete na natureza e no devir de suas *normas.*

O homem jamais se desprende do meio social e histórico, das circunstâncias que o envolvem no momento de agir. Delas participa e sobre elas reage: são forças do passado que atuam como processos e hábitos lentamente constituídos, como laços tradicionais e lingüísticos, que a educação preserva e transmite: são forças do presente com seu peso histórico imediato; são forças do futuro que se projetam como idéias-força, antecipações e "programas de existência" envolvendo dominadoramente a psique individual e coletiva.

Esse elemento, que cerca o homem e lhe impõe limites, que é de certa maneira *negativo* perante uma *liberdade* criadora sem peias, é o que chamamos *fato.* Não há conduta humana (e o "humano" aqui é redundante) que não se desenvolva na condicionalidade de um complexo de *fatos* (físicos, econômicos, históricos, estéticos, jurídicos, morais, religiosos), de maneira que sempre o valor é atingido ou negado, não só na proporção da capacidade realizadora subjetiva do agente, mas também em função da totalidade das circunstâncias em que o seu agir se situa: a *norma* representa sempre *tensão* entre *fato* e *valor,* e o *sentido concreto e unitário dessa relação.*

Quando dizemos que o processo cultural (e não o processo do mundo natural, explicável segundo outras categorias e princípios) só é compreensível segundo uma *dialética de implicação e polaridade,* ou de *complementariedade,* queremos referir-nos à tensão *fato-valor,* pois estes elementos não são suscetíveis de se resolverem um no outro, mas tão-somente de se comporem em implicação ou integração, quer através de *formas* estéticas, quer através de *normas* éticas.

Daí a impossibilidade, repetimos, de compreendermos a *norma* como algo *per se stante,* fora do processo em que se instaura e que lhe dá conteúdo, de seus pressupostos *fáticos* e *axiológicos.*

Isto posto, se toda espécie de conduta ética é tridimensional, não bastará apontar a existência de três elementos ou fatores para caracterizar e distinguir qualquer de suas modalidades: a diferença deverá resultar do *modo de enlace* que se constitui entre o elemento *fático* e o *axio-*

lógico para dar nascimento a distintas espécies de *normas,* morais, religiosas ou jurídicas.

Só depois dessa discriminação é que poderemos volver à análise da *tridimensionalidade jurídica,* que julgamos deva ser estudada em concepção específica e dinâmica, ou seja, que não se limite a somar resultados de pesquisas isoladas, com sacrifício da "unidade de tensão" essencial ao claro entendimento do Direito.

Capítulo XXIX

Modalidades de Conduta

Conduta Religiosa

151. Vejamos quais são as principais *modalidades de conduta,* que compõem o amplo domínio da Ética.

O homem, em primeiro lugar, pode agir sem encontrar em si mesmo a razão de agir, nem tampouco nos demais, mas adaptando a sua conduta ou comportamento a algo que é posto acima dos homens individualmente considerados, ou, de sua totalidade.

Há casos em que nos sentimos determinados a agir segundo valores que se põem além do plano de nossa existência, não se proporcionando à dos outros homens, nem tampouco à da totalidade dos homens e à sua história. Tais valores não se referem também à "sociedade" tomada como um todo distinto de seus elementos componentes ou à síntese das aspirações humanas.

Em tais casos, temos a consciência de que o valor determinante da ação *transcende* aos indivíduos e à sociedade. Quando o homem age no pressuposto dessa direção transcendente, temos a conduta religiosa. Pouco importa que um ou outro homem se considere "emancipado" dessa conduta, pois, qualquer que seja o valor autêntico da consciência de "emancipação", o certo é que o homem age freqüentemente num sentido de transcendência, pautando o seu agir e a direção de sua conduta pelo reconhecimento de um fim que não é posto nele mesmo, nem

384   MIGUEL REALE

nos demais homens, nem na totalidade dos homens vista sociológica ou historicamente.

Manifesta-se, portanto, um *valor transcendente,* que não se refere ao indivíduo, ao social ou ao histórico. Trata-se da conduta religiosa, que se desenvolve no espaço e no tempo, como toda conduta, mas subordinada intencionalmente a valores não temporais.

Alguns autores procuram explicar o fenômeno religioso como fenômeno puramente sociológico, dizendo que a conduta religiosa é uma conduta ilusória, porquanto implica a inconsciente ou a voluntária divinização do social.

Em livro que teve grande voga, pela riqueza das anedotas e das informações, mas não pela profundidade das idéias, Salomon Reinach apresenta, por exemplo, a religião como sendo "um conjunto de escrúpulos que opõe obstáculo ao livre exercício de nossas faculdades".

Pensamos que explicações desse jaez ficam na superfície do problema, sem penetrar na essência do fenômeno religioso. Nenhuma explicação sociológica, e muito menos sociologística, logrou até hoje revelar o sentido do religioso, que se caracteriza pela exigência do transcendente, de algo que não se põe dentro da correlação sujeito-objeto, nem se resolve na dialética humana, inclusive na que denominamos "dialética de implicação e polaridade", caracterizada por não resolver um termo no outro.

Na conduta religiosa, não nos contrapomos a algo, nem pretendemos resolver algo em nós, por resolução ou implicação, mas *participamos* de algo que só é nosso na medida em que o reconhecemos acima de nós. Na conduta religiosa, há um *dar-se* como condição de compreensão, um "subordinar-se" como razão de conquista estimativa, o que mostra sua analogia com certas formas mais altas de conduta amorosa. Nesta, no entanto, a dedicação é entre o agente e o objeto da ação (o ente amado) em um ato de integração subjetiva, de posse integral e submissão, "dedicação e senhorio".

O problema da conduta religiosa parece-nos inamovível, essencial à plena compreensão da existência. Somos seres destinados à morte, e é principalmente dessa consciência que surge o *sentimento de transcendência,* de dedicação ao não transitório, de carência do Eterno que cui-

FILOSOFIA DO DIREITO

damos descobrir no íntimo de nossa consciência, na singularidade de nosso eu, abstração feita aqui da natureza e "racionalidade" de tal convicção.

Max Weber pôs bem em evidência o caráter individual da conduta religiosa, não obstante se desenvolver esta no meio social: "A conduta íntima", escreve ele, "só é social quando orientada pelas ações de outros. Não o é, por exemplo, a conduta religiosa quando não é mais que contemplação, oração solitária etc."[1].

Conduta Moral

152. Os homens não se vinculam em seu agir apenas por valores de transcendência, mas também se ligam por algo que está neles mesmos ou, então, nos outros homens.

Há necessidade de reconhecer que em certas formas de comportamento sentimo-nos ligados por nós mesmos. A direção que seguimos brota do que há de mais singular e recôndito em nosso ser. Praticamos determinado ato e sentimos que é reflexo ou expressão de nossa personalidade, e que, por conseguinte, o motivo de nosso agir é um motivo que se põe radicalmente em nós. A instância última do agir é o homem na sua subjetividade consciente. Quando a ação se dirige para um valor, cuja instância é dada por nossa própria subjetividade, estamos perante um ato de natureza moral.

O que distingue a conduta moral é esta pertinência da estimativa ao sujeito mesmo da ação. De certa forma, poderíamos dizer que no plano da conduta moral o homem tende a ser o legislador de si mesmo. Não é preciso, porém, que ele mesmo tenha posto a regra obedecida, porque basta que a tenha tornado sua. Quando o nosso comportamento se conforma a uma regra e nós a recebemos espontaneamente, como regra autêntica e legítima de nosso agir, o nosso ato é moral. Nem é certo afirmar que a recepção da regra seja sempre o resultado de uma compreensão "racional": — basta que haja receptividade, que pode ser espontânea e natural, como a do homem rústico que jamais teve noção

---

1. MAX WEBER, *op. cit.,* vol. I, pág. 21.

do "significado" de uma norma. A conformidade "racional" e deliberada do ato à regra é excepcional: no comum dos atos morais, vive-se a regra em seu sentido pleno e espontâneo, tal como se oferece na riqueza de seus motivos e atrações.

O que importa, pois, é que haja sempre recepção e assentimento. Ninguém pode praticar um ato moral pela força ou pela coação. A Moral é incompatível com qualquer idéia ou plano de natureza coercitiva, quer de ordem física, quer de ordem psíquica.

No ato moral é essencial a espontaneidade, de tal maneira que a educação para o bem tem de ser sempre uma transmissibilidade espontânea de valores, uma adesão ao valioso, que não implica nenhuma subordinação que violente a vontade ou a personalidade.

Neste ponto, Kant viu bem, quando pôs em evidência o elemento de espontaneidade no mundo moral, mas sacrificou, por seu racionalismo formal, vias de espontaneidade não menos puras do que as da razão pura prática.

A idéia de *pessoa* vem exatamente desse reconhecimento do homem como um ser que deve ser autenticamente ele mesmo. O homem é pessoa enquanto age segundo sua natureza e motivos, na totalidade de seu ser, sem se alienar a outrem. O *indivíduo é* o homem enquanto causalmente determinado; mas a *pessoa* é o homem enquanto se propõe fins de ação, sendo raiz inicial do processo estimativo.

Por outras palavras, o homem enquanto mero indivíduo, como ser puramente biológico, não foge às regras determinadas causalmente, só superando o plano naturalístico quando se põe como instaurador de valores e fins. O homem, visto na essência de sua finalidade, *é pessoa,* isto é, um ser com *possibilidade de escolha constitutiva de valores.*

Vimos, portanto, que existe uma modalidade de conduta, cuja direção se encontra no homem mesmo como instância que valora o agir e dá a pauta do comportamento; — é a *conduta moral.*

153. Dissemos que, quando o homem se integra em uma conduta religiosa, a medida de seu agir, a pauta de seu comportamento, ele não a põe em si próprio ou em outro sujeito, mas em algo que admite ser transcendente ao elemento social.

A conduta religiosa é sempre o reconhecimento de um valor que não tem a medida do humano; que transcende, portanto, a esfera de qualquer subjetividade, tanto a do sujeito que atua, como a da sociedade em que esta atitude se revela. Há, portanto, um valor transcendente em toda atitude ou conduta de natureza religiosa.

A conduta religiosa é social, por ser necessariamente comportamento do homem enquanto membro da sociedade, de um sujeito situado perante outro (S — S), mas tal situação não se compreende no âmbito da Sociologia: — trata-se de uma posição do *sujeito* perante *outros sujeitos,* em razão de uma instância valorativa que não está no primeiro, nem no segundo, mas que *transcende a ambos*:

A flecha, que se vê no gráfico *supra,* está a indicar a razão de transcendência quanto às relações intersubjetivas, em uma representação aproximada da conduta *religiosa,* enquanto que a conduta erótica poderia ser assim configurada:

O ato moral, ao contrário, é um ato que encontra no plano da existência do sujeito-agente a sua razão de ser e, mais propriamente, tem sua instância axiológica no plano da existência do sujeito que pratica a ação. A instância valorativa, a medida axiológica da ação, é dada, em última análise, pelo foro do sujeito. É nesse sentido que Thomasius irá falar de foro íntimo como próprio das regras morais. O sujeito é, no fundo, o juiz último que mede, com seu critério, a ação moral, que não é possível ser concebida sem adesão e assentimento. Daí a representação aproximada da conduta moral:

$$S \longleftarrow\!\!\langle\!\langle\, S$$

Conduta Costumeira

154. É possível conceber-se e admitir-se uma outra hipótese, que é aquela em que a instância valorativa ou a medida fundamental do agir não se encontra propriamente no sujeito que age, mas, ao contrário, no outro sujeito, nos demais sujeitos, segundo esta representação:

$$S \,\rangle\!\rangle\!\longrightarrow\, S$$

Este é o campo vastíssimo das ações que se referem aos *costumes sociais,* às regras consuetudinárias de trato social, ou de civilidade, tais como as de etiqueta, cortesia, ou cavalheirismo.

Efetivamente, existem condutas que o homem segue em razão do que lhe dita a convivência social, sendo mais guiado pelos outros do que por si mesmo, mais se espelhando na opinião alheia do que na própria opinião, recebendo do todo social a medida de seu comportamento. Donde falar-se em *Moral Social,* na qual a força dos usos e hábitos é relevante.

As regras de etiqueta, de cavalheirismo, de trato social, o *costume,* em suma, tomada esta palavra na sua acepção mais ampla, coloca o homem na atitude de quem está se conformando ao viver comum e, em certos casos, fá-lo partícipe do comportamento dos demais, subordinando-se ao estalão apreciativo dominante no seio do grupo.

Não podemos esquecer estas regras, cuja importância fundamental Hegel soube apreciar em seus *Lineamentos de Filosofia do Direito.* Aqui e agora, por exemplo, estamos seguindo tais regras, na maneira pela qual nos vestimos, nos sentamos, usamos da linguagem, no todo de nosso comportamento. Por elas se situa o *homem na sociedade,* por sua maneira de ser e de conduzir-se, de participar dos bens da vida, assim como em suas reações perante o mal sofrido, em sucessivos atos de *participação.*

FILOSOFIA DO DIREITO   389

O que nessas regras sobreleva é a "conformidade exterior". Não é dito que não seja possível nesse domínio haver espontaneidade e sinceridade, ciência e consciência de sua legitimidade, mas estes não são requisitos *essenciais*.

Se pensarmos, por exemplo, no gesto de cumprimentar, de apertar a mão, facilmente poderemos compreender que é tanto cortês, no sentido de ter cumprido a regra de cortesia, aquele que aperta a mão de outrem com sinceridade, como quem o faz por simulação. Aliás, os hipócritas são dos que mais se esmeram em cumprir as regras de etiqueta com minudência, em todos os seus matizes e variações.

Há, pois, nesse domínio das regras de trato ou civilidade, social, certa nota dominante de exterioridade, porquanto a pauta do julgamento, a instância axiológica do agir, é mais dada pela pessoa dos outros do que por nossa própria pessoa. Pode haver coincidência entre nossa sinceridade e nosso agir, mas o elemento intencional, em tal caso, é acessório: — o ato de cortesia ou de gentileza, por exemplo, subsiste, desde que a exterioridade do gesto ou do comportamento seja observada.

A nosso ver, portanto, esta proporção do homem aos esquemas e modelos sociais em razão da ação objetiva, sem implicar necessariamente a íntima adesão do agente, é uma característica das ações pertinentes ao "costume" em geral.

Comparando a conduta costumeira com a outra categoria, anteriormente discriminada — a Moral —, podemos observar que ambas são bilaterais, no sentido de que pressupõem sempre a presença de dois ou mais homens. Trata-se, porém, de bilateralidade diversa, do *ponto de vista estimativo,* porquanto o ato moral não prescinde jamais da íntima e sincera participação do sujeito da ação. O problema da bilateralidade tem sido muito estudado na história da Filosofia do Direito, mas nos parece que não tem sido caracterizado suficientemente à luz do *sentido deontológico* da intenção e participação do agente perante os que com ele se relacionam.

Conduta Jurídica

155. A propósito do conceito de Direito de Del Vecchio, já tivemos ocasião de mostrar que para este mestre italiano o Direito é *bilate-*

390   MIGUEL REALE

ral, ao passo que a Moral deveria ser reconhecida como sendo *unilateral.* Aqui, é necessário fazer uma pausa para esclarecer a maneira pela qual se devem empregar rigorosamente os termos bilateral e unilateral.

A palavra bilateralidade pode ser usada ou em sentido ôntico ou em sentido axiológico; ora levando-se em conta a relação ou nexo entre dois ou mais indivíduos, ora atendendo-se mais propriamente ao *sentido* dessa relação mesma. Tanto o Direito como a Moral são bilaterais, porquanto são sempre fatos sociais que implicam a presença de dois ou mais indivíduos. Não existe ato moral fora do meio social. Quando se fala, pois, em *bilateralidade do Direito,* o que se visa é mais o sentido dessa relação, a instância valorativa ou deontológica que nela se verifica, e não o seu aspecto de puro enlace social que também existe na Moral[2].

Fazemos questão de frisar esta distinção, razão pela qual, ao discriminar a matéria, colocamos sempre um sujeito perante outro sujeito (S — S), para mostrar que, tanto na conduta religiosa, como na jurídica e nas demais, há *de* certa forma "relação de homem para homem".

Como, porém, essa relação se verifica? Qual a instância de medida dessa relação? Segundo o prisma valorativo ou deontológico é que podemos falar em unilateralidade ou bilateralidade.

No plano da Moral, como é o sujeito mesmo a medida de seu agir, a regra diz-se axiologicamente *unilateral.* Já no campo dos costumes sociais, como o indivíduo encontra na sociedade, no outro sujeito, a pauta do seu agir, devemos dizer que, axiologicamente, as respectivas regras são *bilaterais.*

É claro que essas discriminações devem ser recebidas com o sentimento da complexidade da matéria, visto como há regras que marcam um campo divisório muito difícil entre o plano da Moral e o dos costumes em geral, bastando lembrar a gama de motivos capazes de dar aos costumes a qualificação de "costumes jurídicos".

---

2.   Onticamente, por conseguinte, todas as formas de conduta são *bilaterais,* mas axiologicamente a Moral não o é. Nesse sentido, não procede a objeção feita ao critério da bilateralidade por FELICE BATAGLIA por entendê-lo não específico do Direito, mas comum a toda a vida ética. (Cf. *Corso di Filosofia del Diritto,* vol II, Roma, 1950, 3ª ed., págs. 282 e segs.) Veremos oportunamente quais as reservas ou os desenvolvimentos necessários à teoria da bilateralidade. Cf. *infra,* cap. XLV.

FILOSOFIA DO DIREITO

Quando falamos, por exemplo, em adesão de um sujeito ao ato moral, esta adesão pode ser de muitos graus. Pode acontecer que um indivíduo pratique um ato moral por "adesão" de ordem pura e estritamente racional: — aceita uma via e segue-a, porque racionalmente se convenceu de que é seu dever, sem existir, no entanto, adesão de todo o seu ser, numa harmonia de tendências e volições. Outros, ao contrário, praticam atos morais por assentimento espontâneo da alma, sem qualquer rigorismo racional, sem dúvidas e conflitos interiores, sem saberem sequer dar a "razão" de seu comportamento. Entre esses dois extremos (o do *rigorismo moral* e o do *moralismo natural* e espontâneo) desdobra-se a gama variegada dos atos morais de que é capaz a espécie humana.

Também no campo das normas consuetudinárias é possível plena adequação entre a intenção e a exterioridade, assim como também é possível a sua obediência fria e gélida, sem qualquer "participação" do sujeito.

Eis por que estamos analisando os fatos do comportamento humano tão-somente segundo suas linhas dominantes, sem desconhecer as chamadas *zonas cinzentas* que existem entre esta ou aquela outra esfera de conduta, pois o Direito está permeado de Moral, e a Moral permeada de ditames costumeiros ou, por outras palavras, de Moral Social. Apreciemos, pois, a conduta jurídica em seus elementos mais significativos ou marcantes.

156. Já lembramos, a propósito das normas consuetudinárias, o exemplo do cumprimento e da saudação, cujo exame nos mostra que uma das características desse tipo de regras é de serem *bilaterais, mas de uma bilateralidade não exigível*. Não podemos ser obrigados a cumprimentar alguém, nem haverá obediência às regras de cortesia se nos coagirem a sermos gentis.

Acontece, porém, coisa diversa, quando devemos cumprimento a um magistrado, em audiência, ou quando o soldado deve continência ao capitão. Já aí o tratamento de Excelência devido ao magistrado não é mero tratamento de cortesia, embora o homem bem-educado não precise de regras obrigatórias para ser cavalheiro: — trata-se de obrigação que reconhecemos como sendo jurídica.

O fato é que o capitão pode exigir que o soldado lhe preste continência e, ante a recusa, pode e deve aplicar-lhe uma pena. Aquilo que

392 MIGUEL REALE

para os demais homens é uma simples convenção ou costume, para determinado campo da atividade humana passa a ser *obrigação jurídica.* A medida deste comportamento, porém, não é dada nem pelo sujeito que age, nem pelo outro sujeito a que se destina, mas é dada por algo que os entrelaça em uma *objetividade discriminadora de pretensões,* muitas vezes, mas nem sempre e necessariamente, recíprocas.

A razão de medir do Direito não se polariza em um sujeito ou no outro sujeito, mas é *transubjetiva.* A relação jurídica apresenta sempre a característica de unir duas pessoas entre si, em razão de algo que atribui as duas certo comportamento e certas exigibilidades. *O enlace objetivo de conduta que constitui e delimita exigibilidades entre dois ou mais sujeitos, ambos integrados por algo que os supera, é o que chamamos de bilateralidade atributiva.* A essência do fenômeno jurídico é dada por esse elemento que se não encontra nas outras formas de conduta.

Notemos que não se trata de transcendência para além do real, mas de superamento da subjetividade no plano social, razão pela qual se fala em *transubjetividade.* Na relação jurídica há sempre um valor que integra os comportamentos de dois ou mais indivíduos, permitindo-lhes e assegurando-lhes um âmbito de pretensões exigíveis. Daí a representação gráfica sempre aproximada:

$$S \overset{\leftarrow}{\to} S$$

Isto é, aliás, consagrado no Direito Positivo brasileiro, quando nosso Código estatui que não se pode exigir a prestação de outrem, sem que antes se tenha satisfeito a própria. É da essência da vida jurídica a *exigibilidade objetiva,* e verificaremos que todas as demais características lembradas pelos jusfilósofos para distinguir o Direito da Moral são resultantes da apontada nota distintiva que é a essencial.

Vemos, portanto: 1º) — que o homem pode se situar perante outros homens segundo padrão ou medida que os transcende — diríamos, mesmo, que está além da existência de um e de outros; 2º) — que o ser humano pode se relacionar com outro, encontrando cada qual no outro a medida ou o fim de seu agir; 3º) — que o homem pode se pôr em relação com outros, conservando-se senhor e juiz último de sua conduta;

FILOSOFIA DO DIREITO

4º) — que o homem pode se situar em face dos demais, adequando-se, conformando-se à sociedade; 5º) — que o homem pode se situar perante outros homens de tal maneira que todos, em tal momento, se liguem em razão de algo que seja *transubjetivo*.

A conduta *ética*, pode, pois, ser vista sob cinco modalidades fundamentais: — religiosa, amorosa, moral, costumeira e jurídica.

157. Cabe ainda distinguir outra atividade prática, embora destituída de caráter necessariamente *ético*, dada a sua natureza técnica, não normativa. Referimo-nos à *conduta econômica*, enquanto objeto de Ciência Econômica, apesar de dar lugar à Política Econômica, que transpõe para outro plano a compreensão da atividade produtiva. Ora, na conduta econômica, o sujeito se põe perante outro sujeito em razão de um *bem* ou *riqueza* permutável ou suscetível de fruição ou posse. No plano da conduta econômica, um sujeito não interessa aos demais, a não ser enquanto produtor ou detentor de bens suscetíveis de domínio, permuta e uso, segundo certas medidas ou proporções, as quais serão consideradas legítimas ou não segundo a idéia de *justiça social* acolhida. Isto nos demonstra como o fato econômico implica sempre e necessariamente um "esquema valorativo", a cuja luz o ato de produzir bens ou serviços adquire sentido variável segundo a ideologia política dominante.

Para completarmos as representações gráficas que ilustram, embora de maneira pouco fiel, as distintas modalidades de conduta, poderíamos indicar a conduta econômica, proporcionando o agir dos sujeitos segundo bens e valores recíprocos, ou seja:

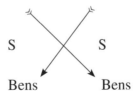

Por esse enlace já se evidenciam as conexões entre a conduta econômica e a jurídica, mostrando que o vínculo econômico se estabelece em razão de pessoas, mas sempre em função de *bens* suscetíveis de qualificação e atribuição diversa, em função da ordem social vigente. O certo é que, uma vez realizado um fato econômico, envolve incontinenti um outro tipo de vínculo, o jurídico, que une os *sujeitos* em razão de

394   MIGUEL REALE

exigências defluentes dos distintos critérios que disciplinam, em cada país, a distribuição dos bens produzidos.

Não é demais ponderar que haveria outros tipos de conduta a apreciar, como, por exemplo, a *conduta política,* cuja análise implica o estudo da correlação entre o Direito e o Poder, pois a ação política envolve relações intersubjetivas de domínio e senhorio, ou de mera subordinação, sem que lhe seja essencial a espontânea correspondência por parte dos destinatários, tal como acontece na autêntica conduta amorosa.

Pode acontecer, no entanto, que em alguns casos, o Chefe de Estado se esmere no amor pelo bem público e possa, como tal, ser amado. Amor feito de admiração e de respeito, em que não desaparece o sentido eminente da autoridade. É compreensível, por isso que haja mais possibilidade de amor pelos soberanos despidos das asperezas do Poder, e respeitados como expressões das aspirações comuns[3].

Mas, abstração feita das inúmeras formas pelas quais ela se exerce, e dos objetivos que a inspiram, a conduta política, em sua essência, desenvolve-se entre os *extremos* tensionais do exercício do Poder e da *prestação de serviços à coletividade,* o que explica a natureza problemática e dramática de suas normas.

---

3. Sobre o comportamento político, e as correlações entre Direito e Poder, v. MIGUEL REALE, *Pluralismo e Liberdade,* 2ª parte, especialmente págs. 207 e segs.

Título IX

Explicações Unilaterais ou Reducionistas da Realidade Jurídica

Capítulo XXX

Antecedentes Históricos

158. Fixada, graças à análise fenomenológica, a natureza tridimensional da conduta ética em geral, assim como o caráter bilateral atributivo da conduta jurídica, cabe-nos indagar desses dois elementos em sua *reflexão histórica,* de conformidade com as exigências metodológicas firmadas em páginas anteriores. (Cf. n⁰ 142.)

De como a bilateralidade atributiva se refletiu no processo histórico das idéias trataremos na última parte deste volume, a propósito das relações entre Direito e Moral. Vejamos, preliminarmente, como a tridimensionalidade se reflete no plano das doutrinas. As doutrinas jurídicas não surgem por acaso ou obedecendo a inclinações subjetivas deste ou daquele jurista. Refletem antes exigências que em determinado tempo e lugar são sentidas profundamente pelos intérpretes dos fatos sociais e econômicos.

As atuais concepções trivalentes ou tridimensionais do Direito assinalam uma exigência de compreensão integral da experiência jurídica, resultante da convergência de três grandes movimentos doutrinários, a saber:

a) — o *normativismo jurídico abstrato,* ou teoria do Direito como simples sistema de comandos ou de regras;

b) — o *eticismo jurídico* que, vendo o Direito como sistema de regras, o subordina rigorosamente a valores morais;

c) — o *empirismo jurídico* que, ao se contrapor ao normativismo puro, põe em realce a dimensão "fática" do Direito, renovando com rigor científico certas teses já debatidas pelo *historicismo* na primeira metade do século passado.

398   MIGUEL REALE

É claro que as linhas do desenvolvimento histórico dessas doutrinas muitas vezes se entretecem, cruzando-se em tramas ecléticas, as quais não chegam, no entanto, a realizar aquela *crítica de pressupostos,* sem a qual é de todo em todo impossível o nascimento de uma autêntica apreciação tridimensional.

Isto posto, passemos a apreciar *per summa capita,* tal como o consentem a índole e os limites deste Curso, os ensinamentos de cada uma das três citadas correntes, de cujo cotejo e contraste haveria de ressaltar, como dissemos acima, a exigência de uma compreensão integral.

Formação de uma Consciência Normativa

159. A teoria do Direito como conjunto sistemático de normas é a concepção dominante entre os juristas, notadamente no Brasil, sem se falar nos comentários de textos que ameaçam se tornar a "ciência" de maior voga e prestígio ao arrepio dos altos ensinamentos de Augusto Teixeira de Freitas (1817-1883), Francisco de Paula Batista (1811-1881), Pimenta Bueno (1803-1878) ou Lafayette Rodrigues Pereira (1834-1917).

A doutrina normativista atende, sem dúvida, ao elemento integrante e relativamente conclusivo de todo processo de formação jurídica (a regra de Direito), podendo ser invocada uma nobre e antiga tradição, cuja história representa a história mesma da Ciência do Direito, desde os fins da Idade Média até ao findar do século passado.

O *normativismo jurídico,* em verdade, lança suas raízes na medieval Escola dos Glosadores, a quem devemos o renascimento dos estudos romanísticos nos cursos jurídicos de Bolonha, de onde partiram os ensinamentos de Irnério, no século XII, suscitando um prodigioso labor exegético, conforme se reflete na *Magna Glosa,* de Acúrsio (1182-1258); seguiram-se-lhe "comentaristas" autorizados, como Bártolo (1314-1357) e Baldo, para ter início, na Época Moderna, no século XVI, a chamada Escola dos Humanistas ou dos cultos com as figuras eminentes de Alciato e Cujácio. Da análise dos textos do Direito Romano e de seus comentários, a Jurisprudência veio se elevando, paulatinamente, ao plano

FILOSOFIA DO DIREITO 399

da crítica histórica e filosófica, às primeiras ordenações sistemáticas conduzidas com rigor científico.

De Andréa Alciato (1492-1550) e Jaques Cujas ou Cujácio (1522-1590) parte uma grande linha de estudiosos empenhados em atingir uma visão compreensiva e sistemática da ordem jurídica, como ordem coerente e unitária de regras: — é a essa corrente que se ligam nomes como os de Donellus (Doneau), na França; Gentili, na Itália; Antônio de Gouveia, o célebre Antonius Gouveanus (1505-1566), em Portugal; Covarruvias, na Espanha; ou Vinnius, na Holanda.

Nos séculos seguintes, a obra de construção normativa iria prosseguir, talvez sem o brilho formal dos humanistas, mas com maior preocupação sistemática, revelando-se essa orientação em dois sentidos: a) — *em trabalhos de juristas*, voltados para a problemática da ação ou da prática, como Jean Domat (1625-1697), com a sua obra fundamental *Les Lois Civiles dans leur Ordre Naturel,* e Robert Joseph Pothier (1699-1772), com suas clássicas *Pandectae Justinianae, in Novum Ordinem Digestae*, e o conhecido *Traité des Obligations*, na França; ou Struvio e Stryckio, na Alemanha; e, no que tange às letras jurídicas portuguesas, o grande Pascoal José Melo Freire (1738-1798), cujas *Instituições sobre Direito Civil e Criminal* constituem pedra angular da Jurisprudência lusa; b) — *na obra de filósofos* do Direito, pertencentes ao Direito Natural aristotélico-tomista, como o eminente Francisco Suárez (1548-1617), autor do *De Legibus,* ou adeptos do Direito Natural racionalista, cuja orientação, notadamente na corrente que do *De Jure Naturale et Gentium* de Samuel Pufendorf (1632-1694) vai a Christian Wolf (1679-1754), seria no sentido de atingir *normas racionais* puras, com progressivo abandono da *praxis* romana.

Num e noutro sentido, porém, tanto entre os que "aplicavam" o Direito como entre os que "teorizavam" sobre ele, firmava-se cada vez mais a convicção de que a Jurisprudência tinha como *objeto* o sistema das regras jurídicas, expressão de imperativos racionais ou resultado da evolução histórica: —- divergiam na explicação da gênese do Direito, mas não diferiam na apreciação prevalecentemente *normativa* da experiência jurídica.

Vê-se, pois, que, quando Napoleão Bonaparte ordenou a legislação francesa em Códigos admiravelmente discriminados e sistemáticos,

400 MIGUEL REALE

dando cumprimento a viva aspiração dos mentores da Revolução Francesa, não fazia senão levar a cabo um longo processo histórico de "racionalização" jurídica que atingia a sua maturidade e que marcava uma "linha de inclinação" constante na estrutura mesma do *Ancien Régime*.

Compreende-se, pois, o entusiasmo com que a Europa recebeu o Código Civil francês ou "Código de Napoleão", de 1804, assim como os demais Códigos, que iam dar início à *ciência contemporânea do Direito;* o Código de Processo Civil, de 1807, o Código de Comércio, de 1808, o de Instrução Criminal, do mesmo ano, e o Código Penal, de 1810.

A sociedade burguesa triunfante exprimia suas aspirações e balizava seus interesses em leis de grande perfeição formal, segundo os princípios fundamentais de *liberdade* de iniciativa e de contrato, de *segurança,* e de *certeza* em todos os atos da vida civil, de clara definição de direitos e deveres, de faculdades e de sanções.

Que aconteceu quando surgiu o Código Civil Napoleônico, que iria servir de base e de modelo para toda a civilística européia, com exceção do mundo anglo-americano, que elaborou suas regras jurídicas segundo outras influências e motivos?

160. No período anterior à Revolução Francesa, o Direito era dividido ou fragmentado em sistemas particulares, quer do ponto de vista das classes, quer do ponto de vista material e territorial. Havia um Direito para o clero, como outro havia para a nobreza, e outro ainda para o povo, ao mesmo tempo que cada região possuía seu sistema particular de regras, seus usos e costumes, muitas vezes conflitantes, regendo-se determinadas relações pelo Direito Canônico e outras pelo Direito Estatal.

Era um sistema jurídico complexo, dominado pelos esquemas gerais das *Ordenações Regias, completadas pelos usos e costumes,* pelos preceitos do Direito Romano e do Canônico, pela opinião comum dos doutores e os recursos ao Direito Natural, concebido este de maneira abstrata, como que um Código de Razão do qual defluia uma duplicata ideal do Direito Positivo.

Compreendem-se facilmente as dificuldades e os conflitos resultantes dessa coexistência de sistemas normativos, dando lugar a abusos

FILOSOFIA DO DIREITO

401

e fraudes. No Direito luso foram tantos os artifícios na prova de normas consuetudinárias e na invocação do Direito Romano e de glosas de Acúrsio e de Bártolo que o legislador se viu na contingência de excluir estas e de limitar aquelas, subordinando sempre a ação do intérprete ao Direito Natural, conforme os ditames da *boa razão,* inerentes às "Leis das Nações cristãs, iluminadas e polidas", como se proclamava na célebre Lei de 18 de agosto de 1769, exemplo notável da política *iluminística* do Marquês de Pombal[1].

Havia, em suma, um flagrante contraste entre a doutrina, que já atingira notável grau de sistematização, e a obra legislativa multifacetada e empírica, comprometida pela força de interesses particularistas e pelo apego a técnicas rotineiras. O processo político de centralização, que assinalara o fortalecimento da autoridade real e constituíra, como dissemos, tendência constante no regime anterior, não desenvolvera a correspondente unificação legislativa: — caberia à Revolução de 1789, por um paradoxo da História, levar a cabo aquela linha de desenvolvimento cultural; era a burguesia que atingia a plenitude de sua força política e econômica, pondo por si mesma a lei que durante séculos inspirara nos conselhos dos reis[2].

Na realidade, o Código Civil Napoleônico veio em boa hora completar a obra da Revolução Francesa e da Jurisprudência anterior. Proclamada solenemente a igualdade de todos os homens perante a lei, tornou-se necessário concretizá-la com a promulgação de uma lei só para todos os franceses. Desse modo, dois princípios se realizavam reciprocamente — todos são iguais perante a lei, e há uma lei geral para todos.

Os usos e costumes têm uma vantagem, que é a de refletir, de maneira imediata e mais autêntica, as aspirações de um povo, mas os comprometem sobremodo a particularidade, a insegurança e a incerteza de seus imperativos.

---

1. Cf. EDUARDO ESPÍNOLA, *Sistema do Direito Brasileiro,* 3ª ed., Rio, 1938, vol. I, págs. 164 e segs.

2. V. MIGUEL REALE, *Formação da Política Burguesa,* São Paulo, 1934. *Vide* o capítulo VI de nosso livro *Nova Fase do Direito Moderno,* cit., sobre a influência da Revolução Francesa no mundo jurídico, págs. 73 *usque* 86.

O Código Civil, pondo paradeiro aos conflitos das normas costumeiras e ao cipoal dos textos extravagantes, representou um corpo harmônico e lógico de preceitos, como expressão da razão mesma, capaz de atender a todas as hipóteses ocorrentes na vida, de maneira que tudo já estivesse de certo modo garantidamente ordenado no sistema legislativo. A aspiração fundamental do homem da Revolução Francesa, na grande linha que depois veio a prevalecer — a linha de Montesquieu e de Mirabeau —, consistia na defesa intransigente do indivíduo e de suas iniciativas, na liberdade e na segurança das relações jurídicas, na proteção da propriedade privada, como o individualismo econômico a concebia.

Ao repudiarem o radicalismo democrático de Rousseau, conservaram, no entanto, a idéia rousseauniana de que a *lei é a expressão da vontade geral,* e viram-na realizada no Código Civil — um Código único, como expressão do viver comum.

Promulgado o Código, fortaleceu-se entre os juristas a convicção de que a sua tarefa fundamental deveria consistir em interpretar seus textos de maneira autêntica, em confrontá-los entre si, tirando deles os resultados fundamentais graças a um fino labor de sistematização.

Não se admitia que o Direito Positivo tivesse lacunas, porquanto bastaria um trabalho de interpretação, conduzido segundo regras determinadas, para obter-se a resposta conveniente a todas as lides e demandas. Não existia, segundo pensavam, qualquer fato social para o qual se não encontrasse solução possível e previsível na totalidade da ordem jurídica positiva. É a idéia, portanto, de que o Direito Positivo não tem lacunas e que, através de um trabalho de interpretação, tornada extensiva graças à analogia e aos princípios gerais do Direito, é sempre possível resolver todos os problemas jurídicos. Daí a força de postulados da ordem jurídica atribuída a estes dois preceitos: — ninguém se escusa alegando ignorar a lei; o juiz não se exime de sentenciar a pretexto de lacuna ou de obscuridade legal.

Em primeiro lugar, o que se pressupõe é que a lei, sendo a expressão da vontade coletiva, traduz também a vontade autêntica de cada pessoa singular. De outro lado, o juiz, através de um trabalho de exegese, poderá encontrar sempre uma solução para cada caso.

Foi assim que surgiu, na França, aquela grande e poderosa Escola, que tem o nome de Escola da Exegese, reunindo em seu seio os maiores

FILOSOFIA DO DIREITO 403

civilistas da Europa no século passado, no mundo francês e em todos os países que seguiram a esteira do Direito Napoleônico, o que quer dizer, principalmente as nações latinas da Europa e da América e o mundo germânico.

A Escola da Exegese e a Jurisprudência Conceitual

161. A Escola da Exegese, que ainda exerce notável influência na *forma mentis* de muitos juristas contemporâneos, apresentou mestres do maior relevo, como, por exemplo, Demolombe, Troplong, Laurent, Marcadé. De modo geral, suas teses fundamentais acham-se consignadas em dois grandes Tratados de Direito Civil, que representam esplêndidos monumentos da civilística francesa. Referimo-nos ao *Curso de Direito Civil Francês,* de Aubry et Rau, de 1838-44, e ao *Tratado* de Baudry-Lacantinerie e de seus colaboradores, na última década do século passado, o segundo de caráter mais expositivo, aquele de maior força inovadora.

Nesses dois tratados refletem-se todas as tendências da Escola da Exegese em sua evolução. Não foi uma Escola estática, apegada ferrenhamente às mesmas teses, mas uma grande corrente que procurou se adaptar às exigências do tempo, resistindo, durante meia centúria, com grande equilíbrio e finura, às críticas formuladas contra seus postulados.

A tese fundamental da Escola é a de que o Direito por excelência é o revelado pelas *leis,* que são normas gerais escritas emanadas pelo Estado, constitutivas de direito e instauradoras de faculdades e obrigações, sendo o Direito um *sistema de conceitos* bem articulados e coerentes, não apresentando senão lacunas aparentes.

O verdadeiro jurista, pensam seus adeptos, deve partir do Direito Positivo, sem procurar fora da lei respostas que nas leis mesmas seja possível e necessário encontrar. Surge, assim, a idéia de uma *Dogmática Jurídica conceitual,* ou de uma *Jurisprudência conceitual,* como objeto primordial do jurista. Ao jurisconsulto cabe, como sua tarefa por excelência, a análise cuidadosa e metódica dos textos, desenvolvida no tríplice plano gramatical, lógico e sistemático. Da interpretação dos preceitos, dos quais é necessário partir, e de sua ordenação lógica, inferem-se os institutos jurídicos, que reúnem as regras segundo dife-

404 MIGUEL REALE

rentes centros de interesses e uma *ratio juris específica.* O instituto jurídico do contrato de sociedade por cotas, por exemplo, é formado graças à integração conceitual de regras e de preceitos concernentes a dado tipo de relações intersubjetivas, determinado por finalidades econômicas e por especiais razões de certeza e de discriminação da responsabilidade e do crédito. Os institutos jurídicos não se encontram, porém, isolados uns dos outros, mas, por sua vez, se integram em unidades maiores (direito de família, direitos reais etc.), cuja totalidade compõe os *sistemas* do Direito Civil, do Direito Processual etc. O objeto de estudo do jurista é, porém, em última análise, sempre a *regra de Direito,* quer isoladamente, quer no seu confronto com outras regras complementares, na unidade coerente e cerrada de seus comandos, sob o enlace dedutivo de princípios ou preceitos normativos fundamentais.

Essa concepção *normativista e conceitual* do Direito foi admiravelmente expressa por Aubry et Rau na célebre frase: — *"Toute la loi dans son esprit aussi bien que dans sa lettre... mais rien que la loi".* Lei que devia ser atingida em seu espírito, é certo, mas sem acréscimos ou adições ao nela já declarado. Costuma-se dizer que a interpretação era então compreendida como um trabalho rigorosamente *declaratório,* por admitir-se como indiscutível o princípio de que toda a evolução do Direito só poderia se operar através do processo legislativo, e jamais em virtude de uma contribuição integradora ou supletiva do intérprete, jurisconsulto ou juiz. Melhor será talvez apresentar, como traço característico da Escola da Exegese, a convicção de que no sistema legal já estava *implícito* algo que competia ao intérprete tornar patente ou *explícito,* respondendo ao estímulo das hipóteses ocorrente. Explicar as palavras do legislador, revelar toda a sua ressonância, mas subordinando-se a seus ditames, como tradução do querer comum[3]. Para a rigorosa apreensão lógico-formal do texto, não sendo este suficientemente claro, mandava-se recorrer à "intenção do legislador", através do estudo dos precedentes legislativos, ou então, se procurava determinar a sua "intenção presumida", de acordo com a situação social do tempo.

---

3. Na realidade, *sem deliberado propósito* (e estará talvez aqui um seu traço relevante e característico), mas de maneira imperceptível e gradual, a Jurisprudência conceitual foi *inovando* no sistema das leis positivas. Basta lembrar, como exemplo magnífico, toda a teoria francesa da responsabilidade civil, edificada sobre a lacunosa legislação napoleônica.

FILOSOFIA DO DIREITO 405

É claro que essa concepção, de repassado otimismo, prevaleceu enquanto perdurou um equilíbrio relativo entre os Códigos e a vida social e econômica. Quanto mais esta se renovava, sob o impacto da Técnica e da nova Ciência, quanto mais se aprofundavam abismos no mundo dos interesses econômicos, mais se sentia a necessidade de recorrer ao subterfúgio ou ao expediente da "intenção presumida" do legislador. Por essa brecha, relações de fato, forças econômicas e morais irrompiam no plano da cogitação do jurista, dando *conteúdo* à regra insuficiente em sua abstração: — a *Escola da Exegese* encontrava em si mesma o princípio de sua negação, revelando-se a "unilateralidade" de suas concepções, que puderam prevalecer até e enquanto o mundo das normas constituiu a expressão técnica de uma realidade histórico-social, não dizemos subjacente, mas sim *implícita* em seu conteúdo.

162. A *"Analytical School"* — Enquanto isto acontecia na França, desenvolvia-se na Inglaterra um movimento paralelo. Também na comunidade britânica, logo nas primeiras décadas do século XIX, constituíra-se, por obra de um eminente jurista, a chamada *Escola Analítica de Jurisprudência,* cujo fundador, John Austin, traçou seus pontos capitais nas célebres conferências de Londres, de 1832. Não obstante a natureza especial do Direito anglo-saxônico, determinado pelo valor normativo do precedente jurisprudencial, também se afirmou a atitude metódica de compreender o Direito segundo esquemas lógico-formais, como sistema de vínculos normativos, aceito o princípio de que o costume não possui qualificação *jurídica* até e enquanto não é consagrado pelo órgão judiciário do Estado. Por outro lado, também o Direito jurisprudencial só o é enquanto emanação da soberania, de maneira que a fonte primordial da juridicidade é a vontade do Estado.

A obra de Austin ficou quase desconhecida no mundo europeu e nos países da América do Sul, só passando a ter maior atualidade após o novo surto de normativismo que se deve a Hans Kelsen. Vamos ver, dentro em pouco, como a teoria kelseniana veio relembrar vários motivos da Escola Analítica de Austin, que assinala, pois, um momento de compreensão do Direito como corpo de regras oferecidas à explicitação do intérprete.

163. Os Pandectistas — Também na Alemanha encontramos uma orientação correspondente, na obra dos chamados *pandectistas,* para

406 MIGUEL REALE

os quais o Direito se oferecia como corpo de regras, cujo modelo era dado pelo sistema do Direito Romano.

Nesse sentido, destacam-se obras como as de Dernburg, Windscheid, Brinz, Glück e muitos outros mestres, empenhados no estudo do "Direito comum alemão de origem romana", ou seja, do Direito Romano integrado na comunidade germânica por via de usos e costumes e modificado pelo Direito Canônico, por leis imperiais alemãs e pelo Direito consuetudinário local. Se pensarmos que foi esse complexo sistema de Direito que vigorou na Alemanha até entrar em vigor o seu Código Civil, em 1900, pode compreender-se a importância dos pandectistas, cuja orientação também foi *essencialmente normativista,* embora segundo outros pressupostos que não os da Escola da Exegese, pois em toda essa corrente se nota a influência da Escola Histórica, adaptado o historicismo às exigências de uma tarefa estritamente sistemático-dogmática.

Para os pandectistas a *lei é* a fonte verdadeira e autêntica do Direito, segundo o princípio assim exposto por Glück: "É fora de qualquer dúvida que um costume jurídico recebe a sua força obrigatória da vontade do legislador, sem a qual não se pode, em geral, imaginar qualquer direito positivo". A tese da *estatalidade do Direito* impunha-se de forma avassaladora[4].

Admirável foi a obra dos juristas germânicos na dupla tarefa de *sistematização* e de *teorização* da experiência jurídica, com a primeira compondo a unidade arquitetônica dos juízos normativos, com a segunda esclarecendo e demonstrando a verdade de seus fundamentos; e, desse modo, *sistema* e *teoria* compuseram-se estreitamente vinculados, assinalando uma fase de maturidade na história da pesquisa jurídica.

Ao influxo das novas correntes filosóficas, renovaram-se as estruturas do Direito, precisaram-se os objetos das disciplinas particulares, sendo elevadas à dignidade das teorias científicas e das categorias filosóficas, ramos do Direito, como o *Processual,* até então relegados a uma função secundária e adjetiva. Nesse trabalho prevaleceu, inicialmente, o

---

4. Cf. GLÜCK, *Commentario alle Pandette,* 1, 1, § 85, trad. de Ferrini. Cf. JHERING, *Der Zweck im Recht* (trad. Meulenaere), pág. 311; "Não são regras de Direito senão aquelas que o Estado investe desse caráter".

FILOSOFIA DO DIREITO

cunho normativista tradicional para, logo mais, se impor mais viva compreensão da atividade jurisdicional.

O que dissemos, pois, com referência ao plano do Direito Privado poderíamos repetir, *mutatis mutandis,* na órbita do Direito Público, onde, aliás, a orientação normativa e estatalista assumiu preponderância graças às obras magistrais de Gerber, Laband e Jellinek, em contraste com a tese da socialidade do Direito, tão ardorosamente defendida por Otto Gierke, em cuja obra resplendem os melhores frutos da tradição historicística e os valores do *pluralismo jurídico* ao reconhecer o Direito das entidades corporativas, declarando-o irredutível ao Direito do Estado.

164. A Escola Italiana — Foi na meditação e na crítica dos ensinamentos da Escola de Exegese e dos Pandectistas que se formou aquela plêiade magnífica de jurisconsultos itálicos que aponta Vittorio Scialoja (1856-1933), como seu indiscutível patrono, reunindo nomes da altura de Chiovenda, Coviello, Orlando, Vivante, Manzini e Arturo Rocco, com afirmações poderosas em todos os domínios da cultura jurídica.

Se algo caracterizou essa magnífica floração de jurisconsultos, não obstante a diversidade de atitudes e de diretrizes seguidas, foi o desejo de compor em unidade harmônica o abstrato e o concreto, o valor estrutural e certo das normas de Direito com o seu conteúdo histórico-social, mantendo-se fiel à claridade latina das idéias com assimilação fecunda do denso lavor filosófico e dogmático dos mestres germânicos. Poder-se-ia dizer que os mestres peninsulares seguiram à risca o programa traçado por Scialoja: "O teorético não pode conseguir clareza em nossas matérias se não e enquanto se proponha a tese da aplicação prática. Diga ele a si mesmo: — Tudo o que estou em vias de formular, que conseqüências produzirá no campo das relações práticas? Produzirá alguma? E se produz, quais serão as suas conseqüências?"[5].

Para não invocar senão mais dois exemplos dessa inclinação fundamental que se traduz em uma prevalecente afirmação *normativa,* sem olvido do substrato *social* concreto, eis duas significativas afirmações

---

5. Cf. Scialoja, "Diritto pratico e Diritto teórico", *in Rivista del Diritto Commerciale,* 1911, I, pág. 942. Cf. Guido Calogero, *Saggi di Etica e di Teoria del Diritto,* Bari, 1947, pág. 170, que qualifica de "áureas e famosas palavras" a citada lição de Scialoja.

de Vittorio Emmanuele Orlando e de Cesare Vivante: "Na base da abstração jurídica está toda uma série de processos reais, verificados no mundo exterior e em nosso ser interno", afirmou o constitucionalista emérito opondo reservas ao formalismo conceitual de Jellinek[6]. "É uma deslealdade científica, é um defeito de probidade falar de um instituto para fixar-lhe a disciplina jurídica sem o conhecer a fundo na sua realidade", pondera, por sua vez, o comercialista insigne[7].

Nem faltou à Jurisprudência itálica um sopro político-social renovador, como o das páginas vivas de Cimbali[8], sem se falar no sentido integral do Direito que mais tarde iria se revelar na doutrina de jurisconsultos como Santi Romano, Emilio Betti, Francesco Carnelutti e Giuseppe Capograssi.

165. A JURISPRUDÊNCIA BRASILEIRA — Seria imperdoável, por injusto, silenciar o significado da tradição jurídica nacional, embora as conjunturas históricas lhe tenham negado até hoje projeção no plano universal das idéias, inclusive em virtude da reduzida projeção da língua portuguesa, "última flor do Lácio inculta e bela".

A grande linha que de Teixeira de Freitas vem a Clóvis Beviláqua assinala a convergência de múltiplas solicitações e influências, sem resultarem afetadas as raízes lusíadas e os ensinamentos romanístico. Mais apegados aos textos legais uns, mais preocupados outros com as circunstâncias histórico-sociais, não se pode negar aos nossos melhores juristas um vivo senso de concreção e de eqüidade, mal interpretado pelos medíocres como preferência pelo casuísmo, que é a arterioesclerose da Ciência Jurídica.

Se a nossa Jurisprudência tem obedecido a uma crescente adequação ao mundo dos fatos, segundo o ensinamento inesquecível de Teixeira de Freitas, em 1860, de que "a vida real não existe para os sistemas, e pelo contrário os sistemas devem ser feitos para a vida real"[9], é preva-

---

6. Cf. Notas à *Dottrina Generale della Stato,* de G. JELLINEK, Roma, 1921, vol. I, págs. 264 e segs.

7. Cf. *Trattato di Diritto Commerciale,* 5ª ed., Milão, 1927, vol. I, Prefácio.

8. CIMBALI, *La Nuova Fase del Diritto Civile,* Turim, 3ª ed., 1895.

9. Cf. TEIXEIRA DE FREITAS, *Código Civil — Esboço,* ed. do Governo Federal, Rio, 1952, vol. I, pág. 18.

FILOSOFIA DO DIREITO   409

lecente, não resta dúvida, o elemento *normativo* ou *técnico-dogmático* em nossa concepção do Direito. Revelam essa tendência até mesmo recentes afirmadores do sociologismo jurídico, cujas categorias vamos logo mais examinar, e que, após reduzirem o Direito a meras relações de fato ou a condições de vida, não abandonam as estruturas tradicionais, da Dogmática conceitual, no trato de problemas jurídicos específicos, como é o caso significativo de Pontes de Miranda.

O Direito Como Fato Histórico ou Relação Social

166. A concepção ou compreensão lógico-normativa do Direito prevaleceu durante todo o século XIX, não obstante as críticas oportunamente formuladas pela grande Escola Histórica, que desde logo se contrapôs à Escola Filosófica, que exagerava o elemento racional do Direito, e apesar da poderosa personalidade de Rudolf von Jhering batendo-se por uma Jurisprudência rica de conteúdo e de fins sociais.

A ESCOLA HISTÓRICA — O que a Escola da Exegese procurava era uma expressão racional do Direito, o Direito como racionalidade pura, em esquemas ideais que contivessem de antemão toda a vida humana em sua complexidade. A Escola Histórica, especialmente através de Savigny, que foi seu lídimo chefe, reclamou uma visão mais concreta e social do Direito, comparando-o ao fenômeno da linguagem, por terem surgido ambos de maneira anônima, atendendo a tendências e a interesses múltiplos revelados no espírito da coletividade ou do povo.

Daí Savigny ter-se oposto à idéia de elaborar-se um Código Civil comum a todos os alemães, a exemplo do Código Civil francês.

Não há necessidade de referir aqui, pormenorizadamente, àquela memorável polêmica que se travou no início do século passado, entre dois juristas eméritos: — Thibaut e Savigny.

O primeiro advogava a causa de um Código Civil único para a Alemanha, e o segundo se opunha veementemente àquele *desideratum*. Thibaut era um eminente jurisconsulto, não destituído de formação histórica, mas ainda ligado aos pressupostos do Direito Natural de Wolf, o continuador do racionalismo de Leibniz e de Thomasius.

410 MIGUEL REALE

Ele não desconhecia que o Direito é uma realidade histórica, mas nem por isso contestava a necessidade de uma codificação, que lhe parecia instrumento de unidade científica e política.

Savigny, de um historicismo romântico acentuado, contrapôs-se ao ideal de Thibaut, escrevendo um pequeno livro, que ficou na história da Ciência Jurídica como um de seus pedestais: — *Da locação de nosso Tempo para a Legislação e a Jurisprudência* (1814).

Nessas vigorosas páginas, Savigny objeta a Thibaut e a todos os que pregavam a codificação, por entender que a Alemanha não formava ainda uma Nação e que, assim sendo, lhe faltava maturidade para realizar a obra codificadora. A codificação só lhe parecia admissível nos momentos culminantes de um processo jurídico, e não no início da formação política de uma nacionalidade. Pretendia, portanto, que a iniciativa de codificar fosse adiada para quando houvesse um substrato jurídico mais denso, uma experiência mais profunda do Direito como trama de "relações sociais".

Savigny, portanto, manifestava-se contra um plano prematuro de codificação, invocando contra a lei abstrata e racional a força viva dos costumes, tradução imediata e genuína do que denominava "espírito do povo", pois temia que a precipitação codificadora gerasse leis dotadas de *vigência,* de validade técnico-formal, mas destituídas de *eficácia* ou de efetiva existência como comportamento, como conduta.

O Direito deve ser a expressão do espírito do povo, e este, dizia Savigny, manifesta-se especialmente através de regras de caráter consuetudinário, que cabe ao legislador interpretar: — os costumes devem exprimir-se em leis, porque somente são leis verdadeiras as que traduzem as aspirações autênticas do povo.

Eis em luta, no início do século, as duas orientações que iriam marcar a sístole e a diástole, digamos assim, do processo jurídico da centúria passada e que ainda são o ritmo de nosso tempo: — uma corrente a preferir o Direito expresso de maneira abstrata e racional nas leis; e outra a querer o Direito tal como ele aparece na vida histórica, na espontaneidade do viver social, tendo como símile o fenômeno da linguagem. Pode-se dizer que nesse contraste já estão postos os dados do problema que a tridimensionalidade pretende resolver, sem partir a linha

FILOSOFIA DO DIREITO 411

do pensamento jurídico clássico, mas apenas atualizando suas teses fundamentais e tornando explícitas as teses subjacentes.

A opinião de Savigny não foi a que prevaleceu, porquanto exigências históricas puseram desde logo a necessidade, ou da codificação total, ou de sistematizações particulares. Foi o que aconteceu na Alemanha, onde, mesmo antes de se promulgar o Código Civil, já se elaborara uma grande obra de sistematização do Direito, embora com sentido novo, resultante da atitude científica da Escola Histórica no trato dos problemas sociais e na consideração do direito costumeiro[10].

Como já tivemos ocasião de lembrar, a Alemanha só veio a possuir um Código Civil no findar do século passado, sendo, antes, toda a sua vida jurídica disciplinada pelo chamado Direito Romano comum. Os invasores bárbaros do período medieval trouxeram seus usos e costumes, mas cederam paulatinamente ante a superioridade cultural do Direito Romano, que foi a pouco e pouco recebido pela comunidade germânica. É o que se costuma designar como "recepção do Direito Romano", constituindo manancial estupendo para estudo de contatos e influências de ciclos de cultura, pois o Direito Romano tornou-se germânico, afeiçoando-se a exigências diversas das imperantes no mundo latino *(usus modernus pandectarum)*.

Esse Direito Romano, que integrava em si elementos do Direito alemão antigo e continha regras novas, formadas na base de usos e costumes, constituiu um sistema que vigorou durante todo o período do Direito alemão anterior ao Código.

O arcabouço doutrinário provinha do Direito Romano, sendo as questões jurídicas resolvidas em confronto com o *Corpus Juris,* com as *Pandectas.* Daí o grande florescer do Direito Romano na Alemanha, tendo como modelo a obra fundamental de Savigny, *Sistema do Direito Romano Atual* (1840). Não é este um estudo do Direito Romano vigente na República ou no Império, mas do Direito que se mantinha realidade viva na nação alemã de seu tempo.

_____

10. Daí, por exemplo, não obstante o silêncio do Código Civil alemão, ter-se continuado a considerar o *costume* como fonte do Direito a par da lei. Cf. SALEILLES, *Introduction à l'Étude Du Droit Civil Allemand,* Paris, 1904, págs. 78 e segs.

412   MIGUEL REALE

O romanismo, o apego ao Direito Romano, iria, aos poucos, levar os próprios adeptos da Escola Histórica a assumir uma atitude dogmática normativista. Não mais, porém, uma compreensão normativista em termos de lei racional e abstrata, mas posta em termos de leis consagradoras dos costumes.

É por esse motivo que no bojo da Escola Histórica as colocações jurídicas superam os quadros unilaterais da "abstração normativa", para abranger a realidade jurídica de maneira mais concreta. De certa forma, o alto apreço que os "historicistas" revelavam pelas circunstâncias sociais em que o Direito surge, assim como pelo momento normativo, visto como algo não puramente racional e abstrato, já os situa como juristas que, nas coordenadas de seu tempo, viveram a mesma problemática que se tornou mais aguda e premente na crise de estrutura de nossa época.

Muitos continuadores da Escola Histórica, no entanto, não se mantiveram sempre fiéis às exigências vivas do espírito do povo, daquilo que na sociedade é espontâneo, contra o Direito racionalmente querido e logicamente formulado. Em certo momento, fizeram como que um armistício com a Escola da Exegese. Foi tamanha a influência desta corrente que a Escola Histórica, aos poucos, *formalizou seu historicismo.* Esta nos parece uma observação de grande alcance para compreender-se o enfraquecimento progressivo da visão histórica do Direito na corrente dos pandectistas, aos quais já nos referimos.

A Escola Histórica, com o dobrar dos anos, deu preferência à *história dos textos legais,* quando o historicismo autêntico envolve a apreciação direta da vida social como conteúdo e elemento condicionante das regras de Direito. Os seguidores de Savigny limitaram-se a fazer a interpretação histórica, no sentido de ir buscar, para conhecer melhor uma regra, os seus *antecedentes dogmáticos.*

O historicismo cessava, desse modo, de ser historicismo de conteúdo social, para ser historicismo meramente lógico-dogmático. Era natural que, com aplausos da própria Escola da Exegese, adquirisse a quase geral predileção mais um processo de interpretação: a *interpretação histórica,* que vinha completar a *gramatical* e a *lógico-sistemática.* O método histórico, como observou Emil Lask, chegou a constituir o lema

FILOSOFIA DO DIREITO

comum da Jurisprudência moderna[11], não só na Alemanha como em outros países, impondo-se a lembrança da Inglaterra com a grande corrente de Henry Sumner Maine e sua *Historical School of Jurisprudence.*

Mesmo com essa complementação metodológica, não se deixou no entanto, de reconhecer de maneira prevalecente o caráter dogmático-normativo da Jurisprudência, em uma situação que se manteve inalterada até e enquanto perdurou o equilíbrio entre as exigências sociais e éticas e os Códigos, as componentes econômicas e os precedentes jurisprudenciais.

Da Crise na Interpretação da Lei à Crise da Ciência Tradicional do Direito

167. Enquanto a sociedade correspondeu, em sua realidade viva, às regras contidas nos Códigos, foi natural que o jurista se satisfizesse com o problema da *vigência* das normas de Direito. Quando, porém, o mundo ocidental passou a ser atormentado por novas exigências — resultantes do crescimento da população, das conquistas de natureza geográfica, do quase repentino impacto de poderosas forças técnicas e econômicas —, estabeleceu-se uma ruptura entre a lei e o fato social, impondo outras soluções interpretativas, já anunciadas pelo gênio de Rudolf von Jhering, reclamando atenção para o problema do *fim,* como criador de todo o Direito, e o valor da luta, das energias vitais no desenrolar da experiência jurídica.

---

11. EMIL LASK, *Filosofía Jurídica,* Buenos Aires, 1946, trad. de R. Goldschmidt, pág. 5. É nesse sentido particular que se pode aceitar a afirmação de LASK de que os juristas alemães de maior significado nas gerações anteriores a Primeira Grande Guerra haviam professado na Escola Histórica. Seu "historicismo" metódico harmonizara-se com as exigências da Dogmática conceitual, uma Escola influindo sobre a outra, ambas acentuando o caráter *normativo* do Direto. Como bem observou LEGAZ Y LACAMBRA, o cultivo do Direito Romano, com rigoroso e depurado critério científico, ia gerar "um novo racionalismo ou intelectualismo jurídico, tão anti-histórico como o Direito Natural, embora se movendo em um plano distinto, o da Lógica e da Dogmática Jurídica". *(Introducción a la Ciencia del Derecho,* Barcelona, 1943, pág. 92.) Bem menor foi na França a influência da Escola Histórica, embora tenha contribuído a acentuar as reservas ao Direito Natural. O mesmo se pode dizer quanto ao Brasil, cuja história das idéias jurídicas está por fazer-se. (Sobre o *historicismo* de TEIXEIRA DE FREITAS, v. nossa *Doutrina de Kant no Brasil.* cit.. Ensaio I.)

414 MIGUEL REALE

Compreendeu-se em certo momento da evolução histórica do século passado que os processos tradicionais de interpretação, o gramatical, o lógico-sistemático e o histórico-dogmático, não eram bastantes. Como responder a uma série de exigências e de reclamações sociais, diante do impressionante silêncio das legislações *vigentes?* Podia o juiz, obrigado a sentenciar, aguardar o pronunciamento do Poder Legislativo, deixando em suspenso sua decisão?

A Ciência Jurídica abriga um postulado segundo o qual o juiz não pode deixar de sentenciar, a pretexto de lacuna ou de obscuridade na lei, está certo, mas uma coisa é declarar que o magistrado é obrigado a sentenciar, e outra bem diversa é concebê-lo submetido ao dever de descobrir, graças a artifícios lógicos, preceitos que deveriam figurar no sistema legal do Estado, concebido como *pleno* ou *sem lacunas.*

Para resolver-se o "impasse", desenvolveu-se, em primeiro lugar, um grande trabalho tendente a criar novas *técnicas de interpretação* da vida jurídica; mas, em um segundo momento, eclodiu um movimento orientado no sentido de alterar as bases mesmas da Jurisprudência, e que, segundo alguns autores, chegou a pôr em perigo as estruturas tradicionais do Direito.

A primeira brecha que se produziu na Escola da Exegese, assim como na Escola Histórico-Exegética de conciliação, foi a ficção de procurar-se a intenção presumida do legislador toda vez que se verificasse um conflito entre a lei, em sua expressão formal, e um imprevisto acontecimento histórico. Abandonava-se, assim, a colocação puramente lógico-analítica do problema, para se recorrer a um *elemento empírico,* metanormativo, ou metalegal. Dizer que a lei deve ser interpretada segundo a intenção do legislador é recorrer a um fator extralegal, pois permite ao intérprete a ficção de uma intencionalidade ou de um propósito no momento da gênese da lei, a fim de poder atender a imprevistas exigências presentes.

Mas, como procurar reconstituir em 1880 ou 1890 a intenção de um legislador de 1805? No fundo, o que o intérprete fazia era atribuir ao legislador do passado uma intenção "como se" fosse dele, sendo, na realidade, do intérprete mesmo em função de circunstâncias presentes, atuais e atuantes.

FILOSOFIA DO DIREITO   415

Daí o progresso que logo depois se operou na técnica interpretativa, no sentido de ser a lei interpretada, não segundo a intenção inicial presumida do legislador, mas sim de conformidade com aquela intenção que o legislador teria *se* estivesse vivendo em nosso tempo: — o ficcionalismo pragmático integrava-se, desse modo, nas raízes da problemática interpretativa.

Note-se como o problema se tornava cada vez mais complexo. Não mais a lei na sua pura força lógica, como a Escola da Exegese pretendera de início, mas *a lei acomodada ao fato,* através de um trabalho de enriquecimento de seu conteúdo. Para preencher as necessidades não previstas, facultava-se ao intérprete completar o conteúdo da regra com um trabalho que se chamou de *interpretação histórico-evolutiva.*

Não se tratava mais de fazer uma simples interpretação histórico--formal, no sentido de saber como no passado se legislara sobre o assunto, e quais teriam sido os precedentes preparatórios do preceito legal, mas sim de interpretar-se histórico-evolutivamente o conteúdo das normas vigentes, segundo a expressiva fórmula de Wach; "A lei pode ser mais sábia do que o legislador".

É nessa conjuntura que se situa a personalidade serena de Raymond Saleilles, em cuja obra as tendências do passado e do presente como que confluem, em uma admirável compreensão das exigências "integrativas", não unilaterais ou unilineares, da nova Ciência do Direito, desligando o Direito das fórmulas puramente abstratas para pô-lo em consonância com os processos de "individualização", reclamados tanto no campo penal como no civil.

Avesso à simetria enganosa do logicismo formalista, Saleilles advertia: "Em lugar de construções *a priori,* das quais se devam deduzir conseqüências práticas, construamos nossas instituições jurídicas, assim no Direito Privado como no Direito Público, segundo os resultados ou as leis da experiência, tendo em vista as necessidades imediatas da prática, sem nos preocuparmos com as contradições teóricas e os ilogismos em que possamos incorrer; e deixemos aos teóricos futuros o cuidado de pôr lógica e razão pura no edifício movediço que a História cria. A Lógica por-se-á nele quando tiver cessado de viver; ela imobilizará o

416 MIGUEL REALE

que estiver já imobilizado; tudo o que vive ou evolui não se preocupa com a Lógica e o absoluto"[12].

Se rejeitava, no entanto, a Lógica das estruturas jurídicas ideais, reclamava obediência à "construção ideal que resulta da *natureza das coisas*", nas coordenadas do processo histórico[13].

168. Já estávamos, assim, em plena fase de transição. A rigor, bem pouco restava das premissas com que a Escola da Exegese tecera suas deduções com tanto êxito e finura em busca de uma *explicitação normativa*: — o que passava a ter vigor era a função positiva do intérprete e, até certo ponto, sua *função criadora,* injetando, permitam-nos o termo, novo conteúdo social e ético no âmago dos preceitos legais.

Aconteceu, porém, que o desajustamento entre o sistema de leis e os fatos sociais foi se tornando cada vez mais grave. Alguns juristas passaram a reconhecer que os processos de interpretação histórico-evolutiva, que possuem no eminente Saleilles o seu maior defensor, não eram suficientes, pois muitas vezes nem mesmo se encontrava lei cujo conteúdo pudesse ser aplicado de maneira social-progressiva. Revelaram-se casos tão imprevistos na vida jurídica que era impossível rebuscar uma lei ajustável, por artifício de interpretação, às circunstâncias morais e econômicas. Surgiu, a essa altura da teoria jurídica do século passado, um movimento que ficou conhecido como sendo de *Livre Pesquisa do Direito,* cujos reflexos chegam até nossos dias, suscitando diferentes orientações firmadas por juristas e juristas sociólogos, franceses e alemães, como Gény e Ehrlich, Leroy e Bülow, ou norte-americanos, como Benjamin Cardozo e Roscoe Pound e, mais recentemente, os neo-realistas, como Jerome Frank e Karl N. Llewellyn.

Esse movimento de idéias, da *Libre Recherche,* da *Freie Rechtsfindung,* ou da Pesquisa Científica do Direito, cujas teses principais examinamos em nosso livro *O Direito como Experiência,* teve o mérito de salientar o significado do elemento *fático* e das exigências *éticas,* em contraste com as insuficiências do *normativismo* abstrato da Jurisprudência conceitual.

---

12. SALEILLES, *De la Personnalité Juridique,* Paris, 1910, págs. 213 e segs.

13. *Ibidem.*

FILOSOFIA DO DIREITO

Segundo François Gény, não se deve deturpar a interpretação legal lançando mão de artifícios como o do método histórico-evolutivo, que lograra as boas graças de juristas como Saleilles, Lambert, Windscheid, Köhler, Cimbali, Gabba ou Ferrara. A lei deve ser interpretada rigorosamente tal como formulada pelo legislador. A primeira tese de Gény é, como se vê, de fidelidade à Escola da Exegese.

Admitido, porém, este ponto, ele reconhece que *existem lacunas no Direito Positivo,* de modo que o intérprete ou o jurista deve reconhecer lealmente a existência desses "claros" e propor-se o problema deles decorrente. Diante das lacunas, como fazer? Apresenta-nos Gény uma doutrina cuja tese central é no sentido de que no Direito há o "dado" e o "construído", sendo este o elemento técnico e normativo que se apóia no outro, no dado *(donné),* que pode ser de ordem *material* e *espiritual.*

Havendo carência de previsão legal, cabe ao julgador, preliminarmente, determinar a norma correspondente *in concreto* à hipótese mediante recurso à experiência costumeira: o *costume* reconquista, desse modo, nova dignidade de *fonte formal,* que ficara comprometida ao sopro racionalista do movimento codificador, notadamente nos países de tradição romanística, não obstante as reivindicações da Escola Histórica.

A ascenção do Direito costumeiro nos quadros da Dogmática Jurídica, não apenas no plano do Direito Público e Comercial, por sua natureza mais aderente às exigências psicológicas e sociais, mas também nos domínios do Direito Civil, assinala um recuo do formalismo abstrato, inclusive no Brasil, cujo Código Civil de 1916 ainda se mantivera apegado ao mais estrito *legalismo,* mantendo-se aberta a via de acesso à riqueza das normas costumeiras mercê do trabalho doutrinário e jurisdicional, antes mesmo do disposto no atual art. 4º da Lei de Introdução ao Código Civil.

Segundo Gény, verificada também a insuficiência do *costume,* não há mais que fugir ao imperativo da *livre pesquisa científica,* devendo o intérprete atender à *"natureza das coisas"* e aos ditames do Direito Natural, o qual não consistiria em uma idéia pura, mas em uma *realidade moral*, reconhecida como tal pela consciência.

Como o Direito Natural precisa transmutar-se em Direito Positivo, para tornar-se adequado a seus fins e integrar-se na vida da comunidade,

418   MIGUEL REALE

é que surgem os *meios de determinação e de precisão* que se denominam fontes do Direito Positivo[14].

Não cabe aqui analisar os processos cautelosos que Gény aconselha para a delicada tarefa de preencher as lacunas legais com os dados do "irredutível Direito Natural". O que importa é notar o abandono de um princípio que até então reinara soberano na Jurisprudência conceitual: o da necessidade de esquemas ideais prévios, balizadores da atividade do intérprete e asseguradores de certeza e de segurança. Ao lado das *fontes formais*, que são nítidas e de caráter predeterminado, coloca-se, para empregarmos expressões características do mestre de Nancy, "uma fonte superior, menos límpida, mas mais plena, onde deverão ser buscadas as soluções exigidas por uma ordem jurídica completa: é o Direito Natural ou Objetivo, revelado pela consciência, afinado pela razão, o qual intervém constantemente, sem ciência daqueles mesmos que o empregaram, na elaboração progressiva do Direito Positivo"[15].

Os padrões tradicionais da Jurisprudência, de caráter técnico-formal, eram, desse modo, atingidos pela irrupção de elementos *axiológicos e fáticos* alterando o sentido e o conteúdo, a validade mesma das estruturas normativas.

Foi nesse clima, superadas desde logo as linhas de ponderação e prudência traçadas por François Gény, que se abriram perspectivas diversas, em um entrecruzar de doutrinas, umas apelando para *dados concretos* de ordem social e econômica (a Jurisprudência dos interesses de Max Rümelin e Philip Heck; o realismo jurídico de Léon Duguit; o sociologismo jurídico de Ehrlich, Kantorowicz, Pound e Horvath; a teoria do fato normativo de Petrasisky etc.), ou então reclamando atenção para o problema dos *valores e dos fins* (o chamado "Renascimento do Direito Natural"; o eticismo jurídico; a Axiologia Jurídica de Lask,

---

14. Cf. François Gény, *Méthode d'Interprétation el Sources en Droit Privé Positif*, 2ª ed., Paris, 1932; *Science et Technique en Droit Privé Positif*, Paris, 1922-1924. Notável a síntese de seu pensamento no artigo que escreveu para os *Archives de Philosophie du Droit et de Sociologie Juridique*, 1931, pág. 9-41. Quanto ao nosso conceito de *fonte do direito, em correlação com os* modelos *jurídicos e os modelos doutrinários, v. Lições Preliminares de Direito*, cit., capítulos XII a XV.

15. *Archives*. cit., pág. 20.

FILOSOFIA DO DIREITO 419

Münch e Radbruch etc.) enquanto, obedecendo a renovados pressupostos, se afirmava a corrente do *normativismo* lógico de Hans Kelsen e de seus epígonos[16].

Eis aí três orientações que brotaram da crise da Jurisprudência conceitual, apelando, respectivamente, para *o fato*, o *valor* ou a *norma* discerníveis em todas as modalidades de experiência jurídica.

Antes de estudarmos as doutrinas que, de uma forma ou de outra tentaram integrar essas três tendências, julgamos de bom alvitre destacar três de suas expressões mais típicas, limitando, porém, nossa análise, dados os limites deste Curso, às questões concernentes à natureza e à estrutura do Direito, ou seja, ao problema da determinação "ôntica" do fenômeno jurídico.

---

16. Para uma visão panorâmica dessas correntes, lembramos especialmente: F. Gény, *Science et Technique,* cit., vol. II, págs. 52 e segs.; ROSCOE POUND, *Law and Morals,* Londres, 1926, 2ª ed., e *Interpretation of Legal History,* Harvard, 1923; RECANSÉNS SICHES, *Direcciones Contemporâneas del Pensamiento Jurídico,* Ed. Labor, 1926; L. LEGAZ Y LACAMBRA, *Introducción a la Ciência del Derecho,* cit., págs. 84 e segs.; FRANCISCO OLGIATI, *Il Concetto di Giuridicità nella Scienza Moderna del Diritto,* Milão, 2ª ed., 1950; WILHELM SAUER, *Filosofía Jurídica y Social,* trad. de Legaz, Ed. Labor, 1933, págs. 11 e segs.; KARL LARENZ, *La Filosofía Contemporánea del Derecho y del Estado,* trad. de Galán e Truyol, Madri, 1942; Julien BONNECASE, *La Pensée Juridique Française de 1804 à l'Heure Présente,* Bordéus, 1933; os "Recueil d'études sur les sources du droit en l'honneur de François Gény", Paris, 1934, e *Interpretations of Modern Legal Philosophies,* essays in honor of Roscoe Pound, Nova Iorque, 1947, e *Annuaire de l'Institut de Philosophie du Droit et de Sociologie Juridique,* Paris, 1934-36-38; GIOIELE SOLARI, *Individualismo e Diritto Privato,* Turim, 1939; *Storicismo e Diritto Privato,* Turim, 1940, e *Studi Critici di Filosofia del Diritto,* Turim, 1949; JULIUS STONE, *The Province and Functions of Law,* 2ª ed., 1950; RECANSÉNS SICHES, *Nueva Filosofia de la Interpretación del Derecho,* México, 1956; e Karl Larenz, *Methodenlehre der Rechtswissenschaft,* 1960 (trad. castelhana de E. Gimbernat Ordeig, Barcelona, 1966).

Na Literatura Brasileira, cf. especialmente PONTES DE MIRANDA, *Sistema de Ciência Positiva do Direito,* Rio de Janeiro, 1922, vol. II, págs. 221 e segs.; CARLOS MAXIMILIANO, *Hermenêutica e Aplicação do Direito,* Rio, 2ª ed., 1933, págs. 82 e segs.; MÁRIO FRANZEN DE LIMA, *A Hermenêutica Tradicional e o Direito Científico,* Belo Horizonte, 1932; MIGUEL REALE, *O Direito como Experiência,* cit., e *Nova Fase do Direito Moderno,* cit.

Capítulo XXXI

O Sociologismo Jurídico

Observações de Ordem Geral

169. Sob a rubrica de sociologismo jurídico — expressão que preferimos a realismo jurídico, empirismo jurídico etc. — reunimos todas as teorias que consideram o Direito sob o prisma predominante, quando não exclusivo, do *fato social,* apresentando-o como simples componente dos fenômenos sociais e suscetível de ser estudado segundo nexos de causalidade não diversos dos que ordenam os fatos do mundo físico.

O sociologismo jurídico traduz uma exacerbação ou exagero da Sociologia Jurídica, pois esta, quando se contém em seus justos limites, não pretende explicar todo o mundo jurídico através de seus esquemas e leis, até ao ponto de negar autonomia à Jurisprudência, reduzindo-a a uma arte de bem decidir com base nos conhecimentos fornecidos pelos estudiosos da realidade coletiva[1].

Não há, inegavelmente, fenômeno jurídico que não se desenvolva em certa condicionalidade histórico-social. Se examinarmos o direito de propriedade, por exemplo, verificaremos que os conceitos fundamentais que governam esse campo do Direito Privado repousam sobre dados de

---

1. Sobre a Sociologia Jurídica e suas relações com a Ciência do Direito, cf. cap. XXXVIII, *infra,* § 220, e MIGUEL REALE, *O Direito como Experiência,* cit., págs. 58 e segs. e *Lições Preliminares de Direito,* cit., págs. 35 e segs.

FILOSOFIA DO DIREITO

fato que sofreram alterações profundas ao longo da história, segundo a evolução da técnica e dos processos econômicos.

O conceito atual de propriedade não se confunde com o da propriedade quiritária do Direito Romano, nem com o consagrado pelos Códigos individualistas do século passado. À medida que os processos de produção, os meios de utilização das forças naturais vão se modificando, operam-se mutações inevitáveis nos conceitos jurídicos, nas estruturas do que chamamos "ordenamento jurídico positivo".

Se todo e qualquer sistema de normas jurídicas é condicionado por um conjunto de fatos, que podem ser de natureza econômica, psicológica, racial, demográfica, geográfica etc., devemos evitar o simplismo das explicações unilineares, características de uma época de naturalismo sequioso de encontrar a raiz "única" dos processos humanos.

Não é aceitável, em verdade, qualquer explicação monística dos fatos que governam o mundo jurídico. Há doutrinas que exageram certos fatores sociais, atribuindo-lhes a primazia, quando não a exclusividade na produção do fenômeno político e jurídico. Quase se pode dizer que existe hoje acordo no reconhecimento de que tais explicações redutivistas mutilam a verdadeira natureza da sociedade e do Estado.

O fenômeno econômico, por exemplo, influi decisivamente sobre o fato político e o jurídico, mas é por sua vez governado pelas formações do Direito. Teríamos aqui toda uma teoria a examinar, a concepção materialista da história ou interpretação marxista da gênese do fenômeno jurídico, reduzido a superestrutura de processos de produção, não obstante as ressalvas feitas por Marx e Engels ao reconhecerem a ação regressiva da ordem jurídica sobre as forças que a constituíram.

O que importa, por ora, é notar que para muitas correntes é sempre um *fato* o elemento dominante, quando não exclusivo, do mundo jurídico. Uns apontarão como fato fundamental a raça, outros, o meio físico, a consciência coletiva, a densidade demográfica, o acaso, a interferência dos grandes homens, a fé religiosa, em uma sucessão de construções suntuosas, tão ricas de minúcias e de erudição, quão precárias por seu artificialismo.

Se Marx ou Engels, por exemplo, nos apresentam o fenômeno econômico como sendo o mais importante, temos Ratzel e Desmoulins

MIGUEL REALE

e outros antropogeógrafos subordinando a órbita jurídica às condições do meio geográfico, procurando ligar as instituições jurídicas às variantes do clima e a condições outras de ordem natural, assim como Gumplowicz, Lapouge e outros tudo reduzem a misteriosas reservas étnicas.

O certo é que a vida jurídica está sempre na dependência de múltiplos fatores sociais, como fenômeno cultural que é, tão complexo e multifário como o homem mesmo. O erro consiste, pois, em atribuir a qualquer dos fatos sociais um relevo excepcional e desmedido.

170. Dado o crescente interesse pelo estudo objetivo dos fatos sociais, compreende-se a orientação preferida por certos juristas, levados a ver nessas pesquisas o grande instrumento de libertação da Jurisprudência das garras de uma ordenação legal relativamente estática, em perene conflito com o cambiante drama coletivo.

No Brasil, essa orientação, que já possuía os antecedentes notáveis de Tobias Barreto, Sílvio Romero, Pedro Lessa e João Arruda[2], adquire desenvolvimento na obra de Pontes de Miranda, para quem "o Direito pressupõe no jurista o sociólogo que fundamentalmente deve ser", pois tanto o legislador como o juiz não deveriam usar "de outros métodos antes de empregar o da ciência principal, que é a Sociologia", garantia objetiva do Direito. Eis um corolário natural de sua concepção puramente *fática* do Direito: "Como as leis naturais, as regras jurídicas exigem a objetividade, a *Wirklichkeit*. Para a Ciência do Direito, o que importa é o *Sein*, o ser, e não o *Sollen*"[3].

Para determinados juristas, o que interessa não é a regra jurídica, como imperativo e comando, nem tampouco o valor que ela visa a rea-

---

2. Cf. Tobias Barreto, "introdução ao estudo do Direito", *in Estudos de Direito,* vol. II, págs. 3 e segs., e "Sobre uma nova intuição do Direito", *in Questões Vigentes,* págs. 107 e segs. *(Obras Completas,* vols. VII e IX); Sílvio Romero, *Ensaio de Filosofia do Direito,* cit.; Lessa, *Estudos de Filosofia do Direito,* cit; Clóvis Beviláqua, *Juristas Filósofos,* Bahia, 1897, e *Estudos Jurídicos,* Rio 1916; e João Arruda, *Filosofia do Direito,* cit.

3. Cf. Pontes de Miranda, *Sistema,* cit. 1922, vol. I, págs. 256 e segs. e 474. Em sentido análogo, v. Queirós Lima, *Sociologia Jurídica,* Rio, 1936, 4ª ed. (a 1ª ed. é de 1922); Carlos Campos, *Sociologia e Filosofia do Direito,* Rio, 1943, págs. 90 e segs.; Djacir Menezes, *Introdução à Ciência do Direito,* 3ª ed., Rio, 1952 e, com restrições, Hermes Lima, *Introdução à Ciência do Direito,* 6ª ed., Rio, 1952.

FILOSOFIA DO DIREITO

423

lizar, mas sim os fatos sociais surpreendidos em seus nexos de causalidade expressos em regras de caráter técnico.

Na realidade, são raros os empiristas que, após reduzirem o Direito a conexões fáticas, ou até mesmo ao "conjunto de condições de vida e de desenvolvimento do homem em sociedade", delas desde logo não infiram *regras de Direito,* cuja determinação passa a constituir o objeto real da Jurisprudência. Um *normativismo* de cunho técnico ou operacional, fundado em dados empíricos, é, desse modo, não só possível, mas freqüente. Nem faltam exemplos, e o de Duguit é bastante significativo, de nos oferecerem os empiristas sistemas que, abstração feita do especial sentido que emprestam às normas jurídicas, apresentam salientes pontos de contato com concepções de reconhecido cunho lógico-normativo.

Se para os empiristas a *norma* resulta de *condições* impostas pelas circunstâncias do viver social, e se para um apriorista a norma é *condição lógica* de condutas possíveis; se há, pois, uma diferença essencial no modo de conceber a *condidonalidade* ínsita no conceito de *norma,* não é menos certo que podem empiristas e aprioristas descambar para o mais exacerbado "normativismo".

Devemos notar, porém, que, dada a diferença inicial de concepção, diverso é o caráter vinculatório atribuído aos preceitos jurídicos. Os sociologistas do Direito, *in genere,* levam muito longe a natureza meramente indicativa dos preceitos legais, chegando ao extremo de dizer que o juiz deve ser posto em face de um fato econômico-social com a liberdade de disci8-lo "cientificamente", ficando-lhe assegurada a faculdade de "criar" a norma jurídica exigida pelo caso concreto, desde que forrado de conhecimentos sociológicos.

Esta última concepção, que alcançou seu ponto culminante no chamado "Direito Livre", surgiu em momento de intenso projetar-se da Sociologia, por obra de autores alemães e franceses, que levaram até as suas últimas conseqüências certos pontos de vista de Ehrlich e de Gény, segundo a linha do famoso opúsculo *Der Kampf um die Rechtswissenschaft,* publicado em 1906 por Kantorowicz, sob o pseudônimo de Gnaeus Flavius.

Um dos momentos mais interessantes da Jurisprudência, nos fins do século XIX e nas primeiras décadas do nosso, foi a busca de métodos

424 MIGUEL REALE

mais concretos, e também mais humanos, de interpretação do Direito, partindo do pressuposto de que o fato é elemento predominante e essencial e que nele já está inerente a regra suscetível de revelação ou explicitação graças a processos de pesquisa de caráter científico: em lugar de se *tornar explícita a lei*, pregava-se a *explicitação do fato*, no qual já estariam implícitas as normas suscetíveis de serem cientificamente reveladas, dispensado progressivamente o arbítrio do legislador.

Daí a conclusão extremada de que o juiz deve ser sempre o criador da norma jurídica, tendo em vista o fato que lhe cumpre examinar, desde que senhor das verdades e da técnica proporcionadas pelo estudo das ciências sociais: o jurista deveria, assim, ser aplicador de conhecimentos sociológicos, servindo-se das leis positivas como de simples padrões de referências.

Hoje, depois da crítica serena de tais argumentos, já voltamos a atingir uma posição de maior equilíbrio; se não subordinamos rigidamente o juiz aos textos lógico-formais, é porque não o compreendemos mais alheio ao mundo das realidades humanas, aplicando, como simples autômato, imperativos de leis resultantes tão-só de diretivas abstratas, ou agindo perigosamente à margem da lei positiva, que lhe cabe aplicar com o sentido integral do Direito; mas também não o colocamos acima da lei e das necessidades *sociais* de sua interpretação[4].

Não nos atemoriza, em mais esta oportunidade, afirmar que a verdade está no meio-termo, na conciliação dos extremos, devendo o juiz ser considerado *livre*, não perante a lei e os fatos, mas sim dentro da lei, em razão dos fatos e dos fins que dão origem ao processo normativo, segundo a advertência de Radbruch de que a interpretação jurídica, visando ao *sentido objetivamente válido* de um preceito, "não é pura e simplesmente um pensar de novo aquilo que já foi pensado, mas, pelo contrário, um *saber pensar até ao fim* aquilo que já começou a ser pensado por outro"[5], observação que deve ser completada com a de que a

---

4. Sobre essa questão, v. em nosso livro *O Direito como Experiência*, o ensaio dedicado à Hermenêutica Jurídica (págs. 241 e segs.).

5. GUSTAV RADBRUCH, *Filosofia do Direito*, trad. de Cabral de Moncada, São Paulo, 1937, págs. 160 e segs.

FILOSOFIA DO DIREITO

interpretação de uma norma envolve o sentido do ordenamento todo a que pertence.

Sociologismo Jurídico de Duguit e as Exigências da Solidariedade

171. A explicação do fenômeno jurídico em termos de puro fato revela a sua insuficiência em cotejo com a complexidade da experiência do Direito. É o que se pode observar seguindo as linhas de desenvolvimento da doutrina de Léon Duguit, cujas teses fundamentais vemos reproduzidas sob diversas denominações.

Não se compreende a obra de Léon Duguit (1859-1928) desprendida da corrente do naturalismo social a que ela se filia. O mestre gaulês representa um momento decisivo na Jurisprudência francesa, afirmando sua inquieta e criadora personalidade no meio de uma plêiade de juristas, do porte de Gény, Hauriou, Saleilles, Capitant e tantos outros. Teve ele o mérito de sacudir velhos mitos, que prendiam a Ciência Jurídica francesa a um formalismo abstrato, enredada na trama da exegese dos textos. Ninguém mais do que ele contribuiu para convencer os juristas de França de que o Direito é uma força social, e que o princípio da socialidade do Direito deve ser levado em conta tanto pelo legislador como pelo intérprete da lei. Não se tratava, na realidade, de dizer apenas que "todo direito é social", mas sim de tirar as conseqüências deste princípio no plano dogmático, superando as colocações de um individualismo insustentável.

Duguit parte de uma crítica muito precisa da teoria fundamental de Durkheim no tocante ao conceito de *consciência coletiva*. Concorda ele com o mestre da Sociologia francesa, quanto à primeira parte dos seus trabalhos, ou seja, no plano metodológico, ao lembrar que os fatos sociais devem ser estudados como se fossem coisas, e que no estudo do Direito devemos empregar os mesmos métodos e processos seguidos pelas ciências físico-naturais. Neste ponto há pleno acordo entre o jurista e o sociólogo, ambos integrados na cosmovisão positivista inspirada pelos ensinamentos de Augusto Comte.

426 MIGUEL REALE

A divergência começa quando Duguit se nega a aceitar a idéia de uma consciência coletiva superior às consciências individuais e irredutível a elas. O conceito durkheimiano é acusado de metafísico. Quando Duguit não concorda com uma tese, o maior descrédito que julga provocar é apontá-la como "metafísica"[6]. No seu entender, por ser "metafísica" a concepção de Durkheim deve ser repelida pelo jurista, pois não existem na sociedade senão indivíduos de carne e osso, e nenhuma explicação deve ser buscada, que não assente sobre aquele dado irrecusável.

A teoria de consciência coletiva de Émile Durkheim levar-nos-ia, assevera Duguit, a uma concepção de Estado absorvente, por ser fonte de socialidade excessiva, com olvido de que a sociedade é formada de indivíduos e de que só estes possuem realidade concreta, em razão de cujas exigências a coletividade se organiza.

Que é que nos oferece Léon Duguit como fundamento do Direito, uma vez considerado metafísico o conceito de consciência coletiva? É o "fato" da *solidariedade*. Há palavras que de um momento para outro adquirem popularidade extraordinária, parecendo conter resposta para todos os problemas. Houve um período da História em que o termo "solidariedade" passou a ser uma espécie de *deus ex machina,* em virtude do qual se procurava resolver todos os problemas sociais e políticos. Os próprios economistas construíram uma economia da *solidariedade,* assim como o *solidarismo* se apresentou como a via política salvadora. Ora, a deusa "solidariedade" encantou também o jurista-sociólogo francês, que não escondeu sua admiração por aquela obra efetivamente preciosa de Émile Durkheim, intitulada *Da Divisão do Trabalho Social,* na qual se mostra com grande força a interdependência das atividades humanas e o valor da divisão do trabalho.

Pois bem, Duguit encontra no fato da solidariedade a explicação de todos os fenômenos de convivência, sem exceção[7]. Inspirando-se nos

---

6. Sobre a sua tendência antimetafísica, cf. Gény, *Science et Technique,* cit., vol. II; *Le Systéme Réaliste et Positif,* de Duguit, págs. 191 e segs. Cf. Miguel Reale, *Fundamentas do Direito,* cit., págs. 67 e segs., e *Teoria do Direito e do Estado,* 3ª ed., 1970, págs. 71 e segs., 253 e segs.: Gofredo Telles Júnior, *A Criação do Direito,* São Paulo, 1953, vol. II, págs. 339 e segs.; Luigi Bagolini, *Visioni della Giustizia e Senso Comune,* cit., págs. 335-374.

7. Note-se que Duguit não concorda em afirmar "a existência de uma regra moral *fundada* sobre o fato da solidariedade", porque isto seria fazer Metafísica: o que ele susten-

FILOSOFIA DO DIREITO

estudos durkheimianos, distingue duas espécies de solidariedade: — em primeiro lugar, uma solidariedade mecânica; em segundo lugar, uma solidariedade orgânica. A solidariedade mecânica é aquela que se estabelece quando duas ou mais pessoas, tendendo a um mesmo fim, praticam a mesma série de atos. Num exemplo elementar, podemos lembrar o esforço conjugado de cinco ou dez indivíduos para levantar um bloco de granito. Este é um caso de coordenação de trabalho, que tem como resultado uma solidariedade mecânica.

Quando, porém, os indivíduos, para realizar determinados fins, para alcançar determinada meta, não praticam os mesmos atos, mas atos distintos e complementares, temos a divisão de trabalho orgânica, que tem como resultado uma solidariedade orgânica. Os homens, como é sobejamente sabido, não são autárquicos, não se bastam a si mesmos. A primeira nota que distingue o ser humano é a sua insuficiência como indivíduo. Cada homem precisa, necessariamente, dos outros homens. Daí estabelecer-se uma interdependência inevitável entre os diferentes seres humanos. Cada ente humano tem aptidões ou vocações para determinadas atividades; e, além disso, um conjunto de motivos superindividuais, que não poderíamos examinar neste momento, impele cada membro da convivência para determinado rumo, para determinado setor da vida coletiva. Os homens distribuem-se em campos múltiplos de ação. Cada qual realiza uma tarefa, que pode estar ou não de acordo com suas tendências naturais, mas que ele deve realizar, momentânea ou definitivamente, para poder subsistir. A atividade particular de cada homem deve harmonizar-se com as atividades de todos os outros, daí resultando o estabelecimento de uma divisão geral do trabalho, que é o fato fundamental da sociedade, segundo Duguit. O que constitui a sociedade e lhe dá estrutura é a divisão do trabalho. Uma sociedade será tanto mais avançada quanto mais nela se operar a discriminação das atividades, com o paralelo sentido de integração recíproca. Quanto mais se multiplicam e se diversificam as atividades dos indivíduos, mais acentuado é o índi-

---

ta é que "o homem, ser social, *é obrigado* a conformar-se à lei de interdependência porque, de fato, se não o faz, disso resulta uma reação social ou pelo menos uma desordem social". (LÉON DUGUIT, *Les Transformations Générales du Droit Privé depuis le Code Napoléon*, Paris, 1912, pág. 187.) Na 3ª edição de seu *Traité de Droit Constitutionnel*, Paris, 1928, tít. I, não vê inconveniente em falar em "normas *fundadas sobre o fato social*" (págs. 78 e 89, etc.), embora acentue não ser a norma social senão "a lei inerente ao fato social" (pág. 81).

428   MIGUEL REALE

ce de progresso e de civilização, desde que se completem e se harmonizem as energias suscitadas por interesses individuais e grupalistas, numa solidariedade orgânica.

Ora, a *divisão do trabalho social* tem como conseqüência a *solidariedade social,* como exigência inamovível da convivência e uma rede de serviços reciprocamente prestados: o Estado mesmo resolve-se em um sistema de *serviços públicos.* Eis aí, pondera Duguit, uma concepção fundada tão-somente no plano dos fatos, obtida com a mesma objetividade segura e impessoal que distingue as verdades sobre o mundo físico, apesar de não ser possível confundir, ressalva ele, os *fatos sociais* com os *fatos físicos* ou biológicos[8].

172.   Vangloria-se Duguit de não ter precisado recorrer a nenhum conceito metafísico para chegar à conclusão de que os homens, sendo insuficientes para as suas atividades, são obrigados a ordená-las de maneira solidária. Para chegar a esta conclusão, bastam os consagrados processos de indagação científica, de base experimental. É aplicando, portanto, o *método experimental das ciências físico-naturais* que o jurista pode e deve descobrir o fundamento da organização social, reconhecendo que *"a norma jurídica como toda norma social é o produto do fato social"*[9].

A solidariedade poderá explicar-nos, desse modo, toda a vida social, porque existem leis morais e delas se distinguem as leis jurídicas. Existindo o fato da solidariedade, quando determinado indivíduo pratica ato que prejudica aos demais, provoca, evidentemente, reação. O fenômeno da solidariedade tem como elemento complementar um estado de vigilância da sociedade, zelando pela própria sobrevivência. Os atos dos indivíduos devem realizar e aumentar a solidariedade. Quando a ferem, a sociedade reage.

Esta reação social contra o violador do princípio fundamental da solidariedade pode manifestar-se de três maneiras distintas: — em *leis morais,* em *leis econômicas* e em *leis jurídicas.* Duguit apresenta-nos,

---

8.   Cf. *Traité,* cit., págs. 79 e segs.

9.   *Traité,* cit., pág. 81.

FILOSOFIA DO DIREITO

neste passo, um critério originalíssimo de distinção entre a Moral, a Economia e o Direito, baseando-se exclusivamente na intensidade da reação contra os violadores do princípio de solidariedade.

Leis Sociais e Nexo Teleológico

173. Uma lei social, segundo Duguit, não se confunde, no entanto, com as leis naturais, porque não representa uma relação de causalidade, mas sim um nexo de *finalidade.* Ao surgir esta distinção, pode dizer-se que tem início um processo imperceptível de abandono de sua colocação rigidamente positivista, pois, como observa François Gény, quando ele apela para a noção de *finalidade,* está introduzindo uma noção metafísica ou meta-empírica no bojo de seu sistema[10].

Mas, continuemos. As leis sociais distinguem-se das leis físico-naturais, exclusivamente porque umas traduzem relações causais e outras significam relações finais. O homem, vivendo em sociedade, busca a realização de certos fins, que todos estão compreendidos no conceito de solidariedade. Para realizar os fins da solidariedade social, o homem pratica uma série de atos, atos estes que são governados por leis, que, por isso, são *leis finais.*

As leis finais distribuem-se em três categorias, como já dissemos: — *econômicas, morais* e *jurídicas,* as quais se distinguem segundo o tipo ou a intensidade da reação social que provocam, na hipótese de serem violadas. A Moral social, escreve Duguit, é uma só por seu fun-

---

10. É a razão pela qual neopositivistas como LUNDSTEDT e OLIVECRONA, desenvolvendo idéias de HÄGERSTRON, condenam qualquer elemento axiológico, visando a atingir o Direito como *puro fato* ou como "relações entre fatos". Cf. os estudos dos dois autores acima citados no volume publicado em honra de ROSCOE POUND, *Interpretations of Modern Legal Philosophies,* Nova Iorque, 1947, págs. 450 e segs., 542 e segs. Apesar, porém, de seu deliberado propósito de apresentar o Direito como "a set of social facts", e de reputar sem sentido e até fúteis todas as indagações sobre o fundamento do dever ou da obrigatoriedade jurídica, ambos acabam tratando, sub-repticiamente, de problemas de ordem axiológica, como bem o notou Luigi Bagolini, *in Rivista Internazionale di Filosofia del Diritto,* 1949, fasc. IV, como fazem, por exemplo, ao propor a realização do bem social como objetivo de sua ciência sociológica do Direito, cf. *supra,* págs. 293 e segs.

MIGUEL REALE

damento, por seu caráter geral e por seu objeto, mas ela é complexa e diversa pela intensidade da reação social que a sua violação produz[11].

Quando alguém deixa de cumprir um preceito de natureza econômica, como, por exemplo, de reservar um pouco de seus lucros para o futuro, está praticando um ato que viola, indiscutivelmente, o princípio de solidariedade, ameaçando com sua imprevisão o bem-estar de sua família. Mas o fato de violar uma lei econômica provoca na sociedade uma reação que fica circunscrita ao plano da produção e do emprego da riqueza: — quebra de confiança, reserva nos negócios. A sociedade não vai além desta reação específica, porquanto a obediência pessoal às leis econômicas interessa, em um primeiro momento, direta e principalmente ao próprio indivíduo, e só indiretamente à sociedade. Quando sabemos que um indivíduo dissipa suas economias, redobramos o cuidado em nossas transações econômicas com ele, subordinamos a sua conduta a um juízo crítico, mas esse juízo não chega a afetar a integridade ética do agente. Conforme o grau em que tal fenômeno se manifesta, reage, porém, a sociedade, que pode ir, desde medidas de pressão social, manifestadas em atos múltiplos de descrédito público (reação de ordem moral) até medidas coercitivas, como as de interdição por prodigalidade (reação de natureza jurídica).

Consideremos um caso de violação de lei moral, como a que proíbe mentir, vestir-se como um selvagem ou faltar aos deveres de caridade. Nesta hipótese, a reação já é originariamente forte e generalizada. A sociedade reage porque se sente atingida em algo que ultrapassa a órbita do interesse privado, comprometendo relações de homem para homem: — desse modo, a lei moral representa garantia mais ampla da solidariedade social, envolvendo um juízo de mérito e de demérito, uma tomada de posição do grupo ou da convivência.

Ora, quando o ato viola determinados princípios que constituem a base mesma da vida social, ou seja, o "mínimo ético" (e aqui Duguit invoca a teoria do mínimo ético, de Jellinek) indispensável à vida social, e a sociedade reage organizada e especificamente e, ao mesmo tempo, se forma a certeza da possibilidade da reação: — *temos a lei jurídica.*

---

11. Duguit, *Traité,* vol. I, pág. 89. É claro que, dada a sua posição empírica, Duguit identifica a Moral à Moral Social.

FILOSOFIA DO DIREITO

Neste último caso, a reparação não só é mais intensa, como é *predeterminada* e *organizada*. Vale a pena transcrever a clara explicação que o mestre francês escreveu no I volume de seu *Traité de Droit Constitutionnel*, cuja 3ª edição nos oferece a expressão culminante de sua doutrina: — "Uma regra econômica ou moral torna-se *norma jurídica* quando na consciência da massa dos indivíduos, que compõem um grupo social dado, penetra a idéia de que o grupo ou os detentores da maior força podem intervir para reprimir as violações dessa regra"[12].

Quer dizer que as normas sociais só se tornam jurídicas no momento da "intervenção da coação social", ditada pelo reconhecimento de sua necessidade pela massa dos espíritos: — como essas normas se impõem aos que governam (o que demonstra só ser legítimo o emprego da força nos limites da *justiça* e do *sentimento* de solidariedade), compreende-se e justifica-se detenha o Estado "o monopólio da coação incondicionada".

Configura-se, pois, na teoria de Duguit, uma nova forma de se distinguirem o Direito, a Moral e a Economia, segundo a reação provocada pela violação da norma, no seio de uma coletividade, critério, como se vê, puramente relativista e pragmático que bitola o bem moral e o jurídico pelo elemento extrínseco e contingente da pressão social.

174. O recurso a critérios quantitativos para resolver problemas qualitativos deixa-nos perante a seguinte dificuldade: — Que grau de intensidade é necessário para que uma norma de natureza moral passe a ser de natureza jurídica? Eis o *punctum pruriens* da teoria de Duguit.

Uma regra moral ou econômica, esclarece-nos o ilustre constitucionalista, passa a ser norma jurídica quando a *massa dos espíritos* (preste-se bem atenção nesta expressão) sente a necessidade indeclinável dessa norma, por considerá-la essencial à convivência e à solidariedade social.

---

12. Duguit, *Traité de Droit Constitutionnel*, 3ª ed., Paris, 1928, cit., págs. 53 e segs. A tricotomia normativa de Duguit, que ilustramos com exemplos nossos, apesar de sua imprecisão no determinar os graus de reação social, sempre pressupõe, portanto, uma dicotomia fundamental: — "Toda norma jurídica, escreve ele, com efeito, ou é moral, ou é econômica: mas toda norma moral ou econômica não é necessariamente jurídica" (pág. 92).

432 MIGUEL REALE

Ora, isto equivale a reviver a idéia de "espírito do povo" de Savigny; é volver ao "eu coletivo" de Rousseau; é dar roupagem nova a uma idéia já antiga na tradição histórica, no que tange ao *fundamento* da obrigatoriedade jurídica, contra o qual Duguit reagia em nome da ciência positiva[13].

Sem que isto afete o alto valor da obra de Duguit no plano dogmático, parece-nos irrecusável que ele, partindo de uma grande esperança de construção puramente naturalística e positivista do Direito, acaba readaptando, com roupagens novas, velhas teses da concepção metafísica do Direito.

A tese, por exemplo, de que uma regra surge como Direito quando a massa dos espíritos assim o manifesta, não é senão a declaração de que o Direito é forma de conduta inconsciente e imperceptivelmente elaborada no seio da coletividade, traduzindo aspirações do *espírito do povo*. Não há possibilidade de separar a teoria de Duguit das suas conseqüências inevitáveis, no sentido de uma aproximação cada vez maior a certas doutrinas que exageram a contribuição de forças irracionais na gênese do Direito. Nem se deve esquecer que há sobejos motivos para mostrar conexões entre a teoria de Duguit e a *teoria do reconhecimento* de Bierling, que durante vários anos representou uma espécie de composição eclética de doutrinas, para satisfazer a um período impreciso de especulação filosófico-jurídica, como foi o início deste século. O núcleo essencial da teoria de Bierling consiste na afirmação de que o fundamento do Direito assenta no consenso, expresso ou tácito, dos obrigados. O Direito vale, o Direito obriga, porque o povo, tácita ou expressamente, concorda com as normas vigentes; porque, em última análise, possui *eficácia*[14].

175. O Direito seria, portanto, aquele grupo de regras que, por dizerem respeito à própria subsistência da sociedade, estão dotadas de reação organizada e coercitiva, que as distingue de maneira excepcional.

---

13. É claro que Duguit reage contra tais críticas, lembrando que não fala da "consciência da massa", mas sim da massa das consciências individuais". De uma forma ou de outra, quer se torne entitativa ou não, a massa dos espíritos é sempre uma força irracional e contingente que decide do caráter moral ou jurídico das regras sociais.

14. Sobre Duguit e Bierling, v. Miguel Reale, *Fundamentos do Direito*, 2ª ed., cit. Cf. *infra*, cap. XXXVIII.

FILOSOFIA DO DIREITO

Duguit nega o elemento coação como característica essencial do Direito, mas reconhece que as *normas jurídicas* têm o seu fundamento no sentimento da *solidariedade social* e são garantidas pela força. Desse modo, o que sobreleva não é o poder do Estado, que estabelece a coação, mas sim a sociedade mesma, o fenômeno coletivo, que exige que uma norma seja cumprida: — a coação estatal é um *consecutivum* do Direito, sendo o Estado instrumento dos ideais jurídicos. Uma norma é jurídica antes de receber a sanção do legislador, porquanto se impõe a este "pela força mesma das coisas", quando "a massa dos homens compreende que ela é necessária à *solidariedade,* e é justo que seja sancionada"[15].

O Estado age como simples efeito ou conseqüência daquilo que na sociedade se afirma histórica e socialmente. O Direito surge fora do Estado, cabendo ao Estado, que Duguit identifica com o Governo, tãosomente prestar o *serviço público* de defender aquilo que a sociedade em determinados momentos considera essencial ao viver comum, pois o Estado não é senão um corpo de funcionários, uma de cujas funções consiste em atuar e proteger aquelas normas que a massa dos espíritos deseja que sejam obedecidas como jurídicas.

Eis aí toda uma concepção de Direito baseada exclusivamente na idéia de que a *eficácia social* é o elemento fundamental e que o Direito deve ser expressão natural de comportamentos *efetivos* do povo.

Enquanto que para Hans Kelsen o problema primordial é o da *vigência,* ou da validade técnico-formal, conforme logo examinaremos, vemos Duguit assentando o problema do Direito exclusivamente na questão da *eficácia,* na gênese social dos preceitos que se imporiam ao reconhecimento e à decisão dos governantes.

Se para os mestres da Escola da Exegese o elemento fundamental é a norma, emanada pelo Estado (concepção da *estatalidade do Direito),* já para o mestre francês o que mais importa no fenômeno jurídico é a eficácia, ou seja, a aceitação espontânea por uma comunidade de uma determinada regra jurídica *(socialidade do Direito).*

---

15. Cf. Léon Duguit, *Traité de Droit Constitutionnel,* cit, vol. I, pág. 36.

434   MIGUEL REALE

Nesse sentido mostramos que, segundo Duguit, as regras se distinguem em econômicas, morais e jurídicas, e que a regra jurídica é aquela que passa a ter título específico, em virtude de exigências manifestadas pela "masse des esprits".

Com isso, o que Léon Duguit pretendia era provar a tese de que o Direito não se origina do Estado, nem é criado ou declarado pelo poder público, mas tem origem e finalidade estritamente sociais, impondo-se como imperativo da coletividade, de maneira que os legisladores outra coisa não deveriam fazer senão acompanhar o processo social espontâneo, rejeitando ou acolhendo o que fosse verificado cientificamente na vida de um povo como "exigência da solidariedade", através de uma rede de *serviços públicos*.

O Estado e, mais precisamente, o Governo, seria apenas uma ordenação de *serviços* para apreender a vontade popular, traduzindo-a em regras destinadas à defesa da comunidade. O Direito, por conseguinte, teria como elemento nuclear a validade social, a eficácia ou *efetividade*.

Regras de Direito e Normas Técnicas

176. A doutrina de Duguit sobre a obrigatoriedade do Direito corresponde, em linhas gerais, à *teoria do reconhecimento* de Bierling, cuja interpretação em termos sociológicos nos parece mais plausível, no sentido de que as regras jurídicas repousam sobre o assentimento expresso ou tácito dos governados.

Segundo Bierling, o povo, muitas vezes, limita-se a receber a regra jurídica emanada pelo Estado, incorpora-a em seu viver comum, passando a vivê-la *como se tivesse sido emanada por ele*. Assim, por exemplo, os preceitos ditados pelos governos ditatoriais são recebidos pela coletividade e cumpridos, até mesmo depois do restabelecimento da ordem constitucional.

Acentua Bierling, no que concorda Duguit, que o reconhecimento pode ser expresso ou tácito, mas que, de qualquer maneira, não há possibilidade de fenômeno jurídico sem a citada base de assentimento. Maurice Hauriou dirá que essa base real é sempre o "assentimento costumeiro".

FILOSOFIA DO DIREITO 435

Como se vê, é posto em grande destaque o elemento *eficácia,* porquanto Direito é conduta ou modo de agir efetivamente existente no meio social. O que interessa, primordialmente, é que a norma esteja sendo recebida pela comunidade como sendo de Direito. Não será exagero dizer que nessa teoria se nota profunda influência pragmática: — interpreta-se e valora-se o Direito segundo o sucesso que a regra logra obter no seio da coletividade, o que é bem mais plausível do que subordinar a sua validade, como pretende Alf Ross, à sua futura aplicação pelos juízes...

Voltando, porém, ao núcleo essencial do pensamento de Duguit, verificamos que seu propósito é apresentar-nos uma doutrina do Direito toda baseada em "relações de fato", consoante o modelo das ciências físicas.

Criticando veementemente o conceito de "consciência coletiva", desenvolvido pela Sociologia de Durkheim, por entendê-la metafísica, sem base na experiência, o ilustre constitucionalista apela, como vimos, para o fato da *solidariedade,* segundo o qual pretende explicar toda a dramaturgia jurídica. Expressões diretas desse fato primordial são as *normas de Direito* ("règles de droit"), impostas tanto aos indivíduos como ao Estado: — segundo tais normas fundamentais é que são elaboradas *normas técnicas,* as quais representam a maior parte das regras contidas nos Códigos. Do ponto de vista qualitativo, porém, são as primeiras, as normas jurídicas, as constitutivas do Direito, cabendo às regras técnicas um papel derivado.

Por outro lado, além de transformar o fato da solidariedade em verdadeiro "valor fundante" do Direito, Duguit recorre ao *sentimento do justo* e ao *sentimento da solidariedade* para explicar a gênese do Direito, a predileção por esta e não por aquela categoria de normas.

Tudo isto demonstra que a sua pretendida explicação da experiência jurídica em termos de pura relação fática claudica em pontos essenciais, pois os elementos lógico-normativos e axiológicos acabam por se tornar ingredientes indispensáveis de sua doutrina.

Por mais que Léon Duguit procure afetar atitude de desabusado naturalismo, de incondicional apego ao fato, a exuberância de sua doutrina reclama, a todo instante, a contribuição de *fatores lógicos* (as nor-

436   MIGUEL REALE

mas técnicas) e de *fatores axiológicos,* como o idealizado princípio de
solidariedade e o sentimento de justiça.

Duguit, que era um espírito verdadeiramente original e que tratou
de vários ramos do Direito com singular penetração, não obstante a insuficiência de seus pressupostos metódicos, sentiu, com o correr do
tempo, que a simples idéia de solidariedade não era suficiente para explicar o fenômeno jurídico, recorrendo a duas concepções muito significativas. A primeira delas é a de que todo homem alberga um *sentimento do Direito,* afirmação desconcertante que nos reconduz às matrizes
do Direito Natural, em sua acepção clássica, pois equivale a fundar no
senso do justo e do injusto a formação do Direito e seu reconhecimento
pela massa dos espíritos. Ora, esse recurso a virtudes, inerentes à subjetividade, equivale a um afastamento de seu ponto de vista naturalístico,
que devia consistir na apreensão do fenômeno jurídico no plano puramente *objetivo,* servindo-se exclusivamente da indução e do método
histórico.

Além da idéia de que o sentimento do justo e do injusto explica o
fenômeno da solidariedade, sentiu também Duguit necessidade de distinguir entre *leis normativas* propriamente ditas e *leis técnicas,* para
obviar a uma objeção previsível. O Direito representa um produto da
cultura, tão sutil e tão trabalhado que é impossível atribuir o aparecimento de suas regras à massa dos espíritos, à coletividade tomada como um
todo. O Direito é em grande parte obra dos juristas —, objetaram ao
mestre gaulês. São os juristas que se especializam e, à luz da experiência,
elaboram a Ciência Jurídica. Como é possível querer explicar toda a
armadura técnica do Direito, difícil e complicada — que escapa até
mesmo àqueles que, anos a fio, se dedicam aos estudos do Direito —
invocando uma fonte irracional como a "massa dos espíritos"?

Duguit compreendeu a força da objeção, e procurou resolvê-la,
com grande engenho: — a massa dos espíritos não produz nem consagra
as leis técnicas, mas tão-somente as leis propriamente jurídicas, as *leis
normativas,* ou seja, aqueles grandes princípios norteadores da vida
social. Depois que a massa dos espíritos consagra as leis jurídicas por
excelência, então os técnicos vêm acrescentar a sua contribuição própria,
e criar as *leis técnicas,* as *leis construtivas,* para dar realização aos fins
colimados pelo povo. Forçado pelas objeções consecutivas e seguidas
dos juristas franceses, Duguit chegou a esta afirmação final: — as leis

FILOSOFIA DO DIREITO

jurídicas propriamente ditas são poucas; no Código Civil inteiro, talvez não passem de três ou quatro. As demais regras são regras técnicas, criadas pelos juristas para garantir a realização dos grandes princípios[16].

Mas, que é que tinha dito a teoria do Direito Natural clássico senão exatamente isto, que o Direito Natural é um conjunto de preceitos fundamentais, que o Direito Positivo especifica e determina, em função dos casos ocorrentes? Só que na teoria de Duguit os princípios fundamentais são consagrados pela sociedade, e não resultam apenas da natureza mesma do homem.

Pois bem, se as leis normativas propriamente ditas são quatro ou vinte, ou pouco mais, se quase todo o Direito é formado de regras técnicas, que vale apelar para o princípio de solidariedade? O Direito, no fundo, reflete as preferências do legislador; é o legislador quem decide sobre o Direito *in concreto* e seus modos de atualização. A teoria de Duguit leva-nos, assim, à conclusão de que o Direito é um complexo de regras técnicas com as quais o legislador, com maior ou menor sucesso, busca realizar certas aspirações dominantes do povo[17].

A solidariedade é um fato, mas, como todo fato, pode assumir qualificação ética negativa ou positiva, pois os homens se solidarizam

---

16. Sobre essa matéria e a respectiva bibliografia, v. nossa *Teoria do Direito e do Estado,* 3ª ed.

17. Como se vê, apesar de sua fundamentação empírica, a doutrina de Duguit culmina em um normativismo que foi justamente considerado exacerbado. Segundo Santi Romano, nos trabalhos de Duguit, os momentos do fenômeno jurídico resolvem-se, quando não se anulam, no da "règle de droit". (Cf. *L'Ordinamento Giuridico,* Florença, 2ª ed., pág. 4.) São vários os pontos de contato entre Duguit e Kelsen (o caráter hipotético das normas, a crítica dos conceitos tradicionais de soberania, de direito subjetivo), mas não há que confundir o sentido das duas teorias, empírica uma na conceituação das normas, lógico-transcendental a outra na compreensão dos nexos de normatividade. O mesmo se diga quanto às correlações com a doutrina de Rudolf Stammler, apontadas com finura por François Gény. Cf. *Science et Technique,* cit., págs. 242 e segs.

Quanto a Kelsen, nada melhor do que ler as considerações do próprio Duguit em seu *Traité,* cit., págs. 51 e segs.

Entre o mestre da Teoria Pura e o realista francês, passa a diferença que existe, por exemplo, entre o sentido que Jhering dá ao termo "conjunto de condições" para definir o Direito, e o que à mesma expressão é dado por Kant para igual fim, ou seja, entre "condicionalidade fática" e "condicionalidade normativo-transcendental" do Direito.

438   MIGUEL REALE

tanto para o bem como para o mal. O critério ético e jurídico surge não da solidariedade, mas da atitude espiritual em face dela: — *o elemento axiológico está implícito* na concepção de Duguit, como está em qualquer outra doutrina que torne um fato social como base e explicação da normatividade jurídica.

Os que nos acompanharam até aqui, já devem ter percebido que há na obra de Duguit uma confusão entre *ser* e *dever ser.* Esta questão tem sido repisada por nós, mas por motivos fundamentais. É que sem a distinção entre *ser* e *dever ser* não se compreendem de maneira clara a razão da obrigatoriedade do Direito e a própria natureza da vida jurídica. Ninguém é obrigado a fazer alguma coisa, somente porque alguma coisa é feita ou porque possa vir a ser feita. O fato, por si só, não obriga. A solidariedade é um fato, e, como fato, não envolve direções de comportamento. No fundo, Duguit reduz o mundo dos valores ao mundo do ser, ao fato da solidariedade que realizaria imanentemente todos os valores sociais, como se de um *ser* pudesse resultar um *dever ser.*

Essa a teoria de Duguit, exposta em seus pontos capitais. Marca ela um ponto culminante do naturalismo sociológico, nos domínios do Direito, e, ao mesmo tempo, um ponto de partida na renovação da Jurisprudência francesa. O próprio Duguit, espírito permanentemente alerta, nos últimos anos de sua vida compreendeu a insuficiência de sua teoria e começou a esboçar uma teoria dos valores aplicáveis ao Direito[18]. Ele nos deixou algumas notas interessantíssimas e fecundas sobre a teoria sociológica dos valores, que depois iria ser desenvolvida por um de seus discípulos, Roger Bonnard, em cuja obra ainda mais se acentua e se torna explícita a tricotomia inerente a toda realidade jurídica, como fato, como valor e como norma[19].

176-A. Não podemos concluir este capítulo sem observar que não substituímos a compreensão sociológico-jurídica de Duguit por de um

---

18. Cf. Roger Bonnard, "Les idées de Léon Duguit sur les valeurs sociales" (avec des inedits de Duguit), *in Archives de Philosophie du Droit et de Sociologie Juridique,* Paris, 1932, ns. 1-2, págs. 7 e segs.

19. Nesse sentido, v. Niklas Lühman, *Sociologia do Direito,* I e II, Rio de Janeiro, 1983 e 1985; e Cláudio e Solange Souto, *Sociologia do Direito,* Rio de Janeiro e São Paulo, 1981.

FILOSOFIA DO DIREITO

autor mais atual, como, por exemplo, Niklas Lühman, por parecer-nos ainda representativa dessa orientação doutrinária, no tocante ao exagero do fato social.

Convém, todavia, observar que os sociólogos do Direito atuais inclinam-se mais para o estudo das *estruturas* e das *funções* da experiência jurídica, sem a pretensão de reduzir a Ciência do Direito a um capítulo da Sociologia.

Capítulo XXXII

O Normativismo Lógico de Hans Kelsen e a Eficácia do Direito

Objetivos da Teoria Pura do Direito

177. Quando Hans Kelsen, na segunda década deste século, desfraldou a bandeira da Teoria Pura do Direito, a Ciência Jurídica era uma espécie de cidadela cercada por todos os lados, por psicólogos, economistas, políticos e sociólogos. Cada qual procurava transpor os muros da Jurisprudência, para torná-la sua, para incluí-la em seus domínios.

Foi, dentro desse quadro, que se manifestou o movimento de "purificação" do Direito, que teve como centro a capital da Áustria. Kelsen chamou sua doutrina de Teoria Pura, por querer livrá-la de elementos metajurídicos, excluindo do campo próprio e específico do jurista uma série de problemas, apesar de reconhecer sua legitimidade no plano da Psicologia, da Moral, da Economia, da Sociologia, da História ou da Política[1].

É necessário, dizia Kelsen, conceber o Direito com olhos de jurista, sem procurar a todo instante elementos que a Psicologia elabora, a Economia desenvolve ou a Sociologia nos apresenta. Quando se trata,

---

1. Para uma visão sintética da primeira fase do pensamento de KELSEN, v. nossos *Fundamentos do Direito*, cit., págs. 153 *usque* 170. KELSEN nasceu em Praga, a 11 de outubro de 1881 e faleceu em Berkeley, em 1973.

FILOSOFIA DO DIREITO

por exemplo, de estudar o problema da *vontade jurídica* nos contratos, eis que aparece a explicação psicológica como a única possível, quando, a seu ver, trata-se de categoria jurídica dotada de valor lógico próprio, irredutível ao problema do conteúdo psíquico ou do processo de aferição de interesses. A Psicologia mostra-nos como o ato volitivo tem sua gênese e desenvolvimento, marcando seus momentos e significados, mas a *vontade* de um contrato, vista sob o prisma jurídico, não é algo que se possa explicar segundo o processo empírico das volições dos interessados: — trata-se de um fato que deve ser compreendido em termos de normatividade, segundo esquemas interpretativos peculiares à experiência jurídica.

Outros exemplos poderíamos lembrar aqui, para mostrar qual a preocupação de Kelsen, no sentido de purificar o Direito de elementos não jurídicos, reservando a outras esferas do saber a cogitação sobre o substrato social ou o conteúdo axiológico das normas de Direito como tais.

Nessa tarefa, Hans Kelsen retomava o fio de desenvolvimento clássico da Ciência Jurídica posta pela Escola da Exegese e pela Escola Analítica inglesa, assumindo, às vezes, no calor da polêmica com empiristas e sociólogos, uma atitude demasiado rígida, exagerando certas colocações lógico-formais de sua primeira obra fundamental, *Hauptprobleme der Staatsrechtslehre,* publicada em 1911[2]. Nem é demais notar, desde logo, que o seu apego a construções lógico-formais corresponde a um relativismo filosófico fundamental, a certa incompreensão dos

---

2. Esse programa de trabalho corresponde, de certo modo, ao de John Austin, empenhado em determinar a "província da Jurisprudência", excluindo de seu objeto não só as cogitações de ordem moral como também as tarefas da Legislação ou da Política do Direito. Enquanto, por exemplo, J. Bentham classificava a Legislação na Jurisprudência, Austin preferia incluí-la na Ética. (Cf. Roscoe Pound, *Law and Morals,* Londres, 1926, 2ª ed., págs. 40 e segs., e John Chipman Gray, *The Nature and Sources of the Law,* 2ª ed., Nova Iorque, 1948, págs. 138 e segs.)

Fundamental para o estudo da "Teoria Pura" em confronto com a "Analytical School" é a obra de Hans Kelsen, *General Theory of Law and State,* Cambridge, Harvard University Press. 1946, notadamente Prefácio e págs. 62 e segs., 71 e segs., e seu artigo "The Pure Theory of Law and Analytical Jurisprudence", *Harvard Law Review,* 1941, págs. 44-70, bem como a 2ª edição de *A Teoria Pura do Direito,* de 1960, cuja tradução italiana contém acréscimos e retificações de Kelsen. (Cf. *La Dottrina Pura del Diritto,* trad. e introdução de Mário G. Losano, Turim, 1966. Cf. também a trad. portuguesa de João Baptista Machado, Coimbra, 1962.)

MIGUEL REALE

valores da existência concreta, apresentando a sua teoria, rigorosamente travada, um caráter de abstração ou de a-historicidade, que parece ter sido sentida pelo próprio autor na fase mais recente de suas pesquisas fecundas.

Empenhado na determinação das estruturas e categorias lógicas da Ciência Jurídica, Hans Kelsen superou, com reconhecida genialidade, certas concepções estreitas da Jurisprudência anterior, depurando-a de resíduos jusnaturalistas. A primeira contribuição inestimável de Kelsen, não obstante a unilateralidade de sua concepção, foi no sentido de *determinar melhor a natureza lógica da norma jurídica.* Quando antes se falava em norma de Direito, pensava-se logo na *lei* elaborada pelo Estado ou em uma regra posta pela jurisdição e o costume, conforme se pensasse em termos de tradição romanística ou de Direito anglo-americano: em ambos os casos, prevalecia o sentido de uma ordem ou de um comando, mais do que seu significado de "juízo de valor".

Até por volta de 1934 (período europeu) Kelsen concebe a norma jurídica como entidade lógico-hipotética, capaz de qualificar ou constituir juridicamente a experiência social, abrangendo desde as normas fundamentais das Constituições até aos preceitos dos contratos e das sentenças. O Direito é visto como *um sistema escalonado e gradativo de normas, as quais atribuem sentido objetivo aos atos de vontade.* Elas se apóiam umas nas outras, formando um todo coerente: recebe umas das outras a sua vigência *(validade),* todas dependendo de uma *norma fundamental,* suporte lógico da integralidade do sistema. As normas jurídicas não são comandos ou imperativos, no sentido psicológico do termo, como se atrás de cada preceito houvesse alguém a dar ordens, mas sim *enunciados lógicos que se situam no plano do dever ser*[3].

178. É necessário lembrar que Kelsen é um neokantista, formado e informado no criticismo transcendental que ele aplica com grande rigor no campo da Ciência Jurídica.

Sua obra é, sob certo prisma, continuação da Escola Técnico-Jurídica aplicada à Teoria Geral do Estado, que na Alemanha teve como lí-

---

3. Note-se que, na exposição da doutrina de KELSEN, mantemos nossa distinção terminológica entre validade técnico-formal e validade social, chamando a primeira de *vigência* (KELSEN emprega o termo *validade)* e a segunda de *eficácia.*

FILOSOFIA DO DIREITO   443

deres os três grandes mestres que foram Gerber, Laband e Jellinek; sob outro prisma, sofre direta influência de Rudolf Stammler e da Escola de Marburgo, caracterizada pela transformação da Filosofia em uma crítica pura do conhecimento, segundo os moldes de Cohen e de Natorp.

Sem se lembrarem essas fontes inspiradoras, não se tem uma noção exata da doutrina kelseniana em seus primórdios, que erroneamente se quer ligar ao neopositivismo da Escola de Viena. Há duas Escolas de Viena: — uma, a dos neopositivistas, no campo da Filosofia científica; e outra, a de Kelsen, nos domínios do Direito. Já temos visto, muitas vezes, confusões sobre este ponto, embora se deva reconhecer que, em certas conseqüências, as duas correntes apresentam, máxime nos últimos anos, crescentes pontos de contato, assemelhando-se por sua tendência antimetafísica e pelo *empirismo radical*[4].

Sendo um neokantiano ligado à Escola de Cohen, o princípio fundamental de Kelsen é a distinção a que tantas vezes nos temos referido, entre *ser* e *dever ser,* que, a princípio, se apresenta com caráter irredutível e quase que "entitativo", sob o influxo também da Escola de Baden, para, aos poucos, adquirir um valor, por assim dizer, metodológico-funcional, notadamente no chamado período norte-americano, ou seja, de convívio com o mundo *yankee.*

A Sociologia Jurídica, ou a Jurisprudência Sociológica, consoante terminologia também por ele empregada, é uma Ciência do *ser,* porquanto indaga das conexões *causais* que se operam entre os fatos ou comportamentos jurídicos. A Ciência Jurídica é uma ciência do *dever ser,* visto como se destina a *descrever* as normas que determinam o advento de

---

4. É o que se não poderá contestar ante afirmações como estas: — "A Justiça é um ideal irracional. Por quanto indispensável possa ser para a volição e a ação humana, não pode ser objeto de conhecimento. Do ponto de vista da cognição racional, há tão-somente interesses e, de conseqüência, conflitos de interesses". *(General Theory,* cit., pág. 13.) "A Teoria Pura é, nesse sentido, uma teoria radicalmente realística e empírica" *(loc. cit.).* No entanto, KELSEN jamais concordaria com CARNAP quando considera "sem sentido" os juízos de valor, pois isto, como observa JOSEF L. KUNZ, equivaleria a privar a Teoria Pura de seu fundamento, baseada como é no *dever ser,* donde o conceito de Direito como um *standard* de valoração. (Cf. KUNZ, "Hans Kelsen, septuagenário", *in Rev. Forense,* vol. 141. fascs. 587 e 588.) Na 2ª edição da *Teoria Pura,* trad. cit., pág. 27, nº l, Kelsen repele, aliás expressamente, a redução do "juízo normativo" a um "juízo de fato", feita por MORITZ SCHLICK, o fundador da Escola neopositivista de Viena.

MIGUEL REALE

uma conseqüência, toda vez que se verificar um fato genericamente previsto. Existem, pois, melhor caracterizadas na mais recente orientação do pensamento kelseniano, duas distintas ciências do Direito, segundo exigências postas pela distinção metodológica entre *ser* e *dever ser;* — a Jurisprudência Sociológica e a Jurisprudência Normativa.

Eis aí a primeira afirmação fundamental de Kelsen: — Ciência Jurídica, segundo a Teoria Pura, é uma ciência do *dever ser* e, assim sendo, sua natureza *é* puramente normativa[5].

A norma jurídica não traduz, diretamente, nenhum comando ou imperativo, ponto em que Kelsen concorda com realistas como Duguit, porque a norma é logicamente *indicativa* e de estrutura hipotética, pois se limita a ligar um fato condicionante a uma conseqüência (a *sanção),* sem enunciar qualquer juízo a respeito do valor moral ou político dessa conexão. Se a lei natural diz; — *se A é, B tem de ser,* a lei jurídica declara: — *se A é, B deve ser,* sendo que a cópula "deve ser" significa uma forma de conexão inconfundível com a do nexo entre *causa* e *efeito.*

Essa distinção fundamental entre nexo de *causalidade* e de *imputabilidade* só parcialmente corresponde, no sistema de Kelsen, à distinção entre *ciências naturais* e *ciências sociais,* pois estas abrangem também formas de saber de tipo causai, como são exemplos apontados os da Psicologia, da Etnologia, da História, da Sociologia, "ciências todas da conduta humana como elemento da ordem causal da natureza". Desse modo, ao lado das "ciências sociais causativas", coloca ele as "ciências sociais normativas", não se distinguindo as primeiras das "ciências físicas ou biológicas" senão "pelo grau de precisão que podem alcançar"[6].

---

5. Quanto à impossibilidade de se reduzir a Teoria Pura a uma Lógica Jurídica, como pretende CARLOS COSSIO. V. nosso trabalho "A teoria egológica do Direito", em *Horizontes do Direito e da História,* São Paulo, 2ª ed., cit., págs. 289 e segs.

6. HANS KELSEN, "La Ciência del Derecho como ciência social normativa" (Conferência de 1949), *In Problemas Escogidos de la Teoría Pura del Derecho,* Buenos Aires, 1952, pág. 20. Sobre a improcedência dessa distinção, v., *supra,* nossa distinção entre ciências *compreensivo-explicativas* e *compreensivo-normativas,* t. I, capítulo XVIII.

É preciso lembrar que a possibilidade de ciências sociais *naturais,* já agora admitida por KELSEN, liga-se à aceitação do novo conceito de *causalidade* desenvolvido por alguns teóricos da Nova Física, como expressão de um "sentido de probabilidade meramente estatística".

FILOSOFIA DO DIREITO

Na realidade nem sempre foi esta a maneira de pensar do eminente mestre.

Em sua *Allgemeine Staatslehre*, de 1925, Kelsen, após distinguir *ser* de *dever ser, natureza* e *espírito,* o "reino da realidade psíquica" do "reino da idealidade normativa", situa claramente o Estado e o Direito (aspectos da mesma realidade) no plano do *dever ser:* — "O Estado", diz ele, "não existe no reino da natureza, das relações psicofísicas, mas sim no reino do espírito". "O específico desse *objeto espiritual* (sic) que chamamos Estado consiste em ser um sistema de normas." "O Estado", acrescenta, "considerado como autoridade dotada de força de obrigar — e não é possível expressar de outro modo a sua essência — é, pois, um *valor,* ou, se prefere, a versão normativa de um valor." "O mundo do social em sua totalidade, do qual o Estado não é mais que uma de suas partes, *é um mundo do espírito, um mundo de valores, é precisamente o mundo dos valores"*[7].

É por essa razão que ele criticava com veemência quantos no século XIX, o século da ciência natural, haviam comprometido a Sociologia, "violentando-a, por tratá-la com os métodos das ciências naturais, isto é, vendo no problema da sociedade um problema de realidade e não um problema axiológico, não um problema de espírito, mas sim de natureza". Qualificava, então, esse empenho dos sociólogos em buscar a unidade da sociedade, não na esfera normativa, mas no reino da legalidade natural, como "deserção ante a magnitude e a incomensurabilidade da tarefa que oferece a idéia de uma concepção universal dos valores, sendo certo que, dirigindo suas vistas para o *ser* em lugar do *dever ser,* convertem a sociedade em natureza e perdem seu próprio objeto específico"[8].

---

7. Kelsen, *Teoría General del Estado,* trad. de Legaz y Lacambra, Ed. Labor, 1934, págs. 11, 17, 18, 19 e 20. (Os grifos são nossos.)

8. *Idem, ibidem,* págs. 20 e segs. Essa crítica de Kelsen pode hoje ser feita ao próprio Kelsen, cada vez mais dominado (ponto em que coincide com o neopositivismo) pela tese da "unidade das ciências" e pelo "monismo metodológico". É o que se nota em seu trabalho *Society and Nature,* de 1943, onde o dualismo entre sociedade e natureza já desaparece, por ser a primeira uma parte da segunda, sendo substituído por um vago dualismo entre realidade e ideologia: *O Direito seria uma "ideologia do Poder", e a Teoria Pura uma explanação sistemática dessa ideologia.*

MIGUEL REALE

Dever Ser e Imputabilidade

179. Em que sentido a norma é algo que se põe no plano do *dever ser?* O princípio que governa o mundo do *ser* é, como o já dissemos, o princípio de *causalidade,* de tal maneira que tudo o que acontece pressupõe uma causa; ao contrário, no mundo do *dever ser,* o princípio dominante é o da *imputabilidade,* em virtude da qual se atribui uma conseqüência em razão da prática de determinado ato.

A norma jurídica, no entanto, não preceitua determinada conduta por considerá-la boa, *mas apenas comina uma sanção* (pena ou execução) no caso de se preferir conduta contrária à *juridicamente* devida. O *fazer* é algo que não pertence ao campo estritamente jurídico: — quando um homem pratica certo ato, age por motivos que não são jurídicos. Quem paga uma letra de câmbio não é movido para evitar ações de cobrança ou os males do protesto cambial, mas sim para satisfazer a interesses vitais de ordem econômica e moral, logo, metajurídicos; nem se dirá que a mãe amamenta o filho pensando em deveres jurídicos. O Direito não se confunde, portanto, com o processo psíquico que determina a prática de um ato, nem tampouco se confunde com o conteúdo axiológico, de ordem moral ou econômica, que possa induzir o agente a fazer isto ou aquilo. O jurista toma apenas conhecimento de que dado fato se verificou, e a ele atribui uma conseqüência por simples referibilidade normativa, subordinando-a a "esquemas qualificativos". Daí ser considerada *primária* a norma que estabelece a sanção, e *secundária* a que prescreve ou proscreve dado comportamento[9].

Resulta daí o caráter essencialmente instrumental e técnico que o Direito apresenta na concepção kelseniana, passando a ter valor secundário a norma "não mates", por exemplo, perante a norma primária que liga uma conseqüência sancionada ao ato de matar: "Se matares, serás condenado de tantos a tantos anos". Nesta, que é, específica e propriamente, a norma jurídica, está incluída a outra ("não mates"), que pode

---

9. Como veremos logo mais, nota-se relativa mudança na concepção posterior de KELSEN, que nos fala em norma *determinante* de conduta, ou em norma que *prescreve* um comportamento. Na última fase do pensamento kelseniano, a norma deixa de ser *descritiva* ou *indicativa,* para passar a ser *prescritiva.* (Cf. *infra,* págs. 448 e segs.).

FILOSOFIA DO DIREITO

ser considerada "supérflua", desde que se não dê a este predicado outro sentido que não o estritamente lógico.

Se por motivos de ordem moral ou econômica um devedor pagou o título, tem direito à quitação; se não pagar, sofrerá as conseqüências de uma execução forçada. A regra jurídica, por conseguinte, é uma pura entidade lógica de caráter hipotético, que serve para disciplinar os comportamentos humanos possíveis, cujos conteúdos ou cuja materialidade não é de natureza jurídica. Sob o prisma do Direito, o que *deve ser é* sempre uma *sanção,* como conseqüência do adimplemento ou não de uma regra jurídica.

Vemos, assim, portanto, que, segundo Kelsen, a Ciência Jurídica, propriamente dita, desenvolve-se no plano do *dever ser* lógico, em função de exigências operacionais.

E a *eficácia,* o efetivo comportamento dos homens aceitando ou repudiando a regra *vigente?* Validade ou *vigência,* esclarece Hans Kelsen, sempre lúcido e preciso nas determinações conceituais, "significa que as normas jurídicas são obrigatórias, isto é, que os homens devem se conduzir como tais normas o prescrevem, ou que as devem cumprir e aplicar. *Eficácia* do Direito significa que os homens realmente se conduzem de acordo com as normas ou que ditas normas são realmente aplicadas e cumpridas. *A validade é uma qualidade do Direito; a chamada eficácia é atributo da conduta real dos homens,* e não, como o uso da linguagem parece sugeri-lo, do Direito mesmo"[10].

Examinemos um pouco este problema, que *é,* sem dúvida, um dos mais relevantes da Filosofia Jurídica. Que é que, no fundo, interessa de maneira prevalecente ao sociólogo do Direito e mais ainda ao sociologista do Direito? Interessa-lhe a *eficácia* do Direito. O Direito só é digno desse nome, enquanto corresponde a um comportamento social concreto e efetivo e resulta dele[11]. Uma regra jurídica elaborada tecni-

---

10. KELSEN, *General Theory,* cit., pág. 40. (Os grifos são nossos.)

11. "Para a Sociologia do Direito", escreve Evaristo de Moraes Filho, "só é Direito vigente o que obtém, em realidade, aplicação eficaz, o que se imiscui na conduta concreta dos homens em sociedade, e não o que simplesmente se contém na letra da lei, sem ter conseguido força real suficiente para impor-se aos indivíduos sociais." *(O Problema de uma Sociologia do Direito,* Rio, 1950, pág. 234).

448   MIGUEL REALE

camente pelo órgão do Estado não é regra jurídica no sentido pleno da palavra, quando não encontra correspondência no viver social, nem se transforma em momento da vida de um povo. É regra formal, que ficou com uma vigência puramente "significativa". O Direito autêntico é aquele que se converte em momento de coexistência social. A eficácia é a nota característica do Direito, segundo a visão sociológica da Jurisprudência.

Para Kelsen, ao contrário, o que distingue a regra jurídica é sobretudo a sua *vigência* ou validade técnico-formal[12]. A *eficácia* é elemento distinto e de certa forma secundário. Em um primeiro momento, a doutrina kelseniana foi de um rigorismo normativo acentuado, o que não quer dizer que se desinteressasse pelos dois problemas conexos: — o da infra-estrutura social e o do conteúdo estimativo. O teórico de Viena, concebendo o *dever ser* como categoria lógico-transcendental, e não como simples *forma lógica,* não podia deixar de apreciar a "possibilidade da experiência concreta".

Fê-lo, porém, recorrendo a uma distinção entre *estática* e *dinâmica jurídica,* segundo se aprecia a antítese *"ser-dever ser"* de um ponto de vista gnoseológico, ou de um ângulo prático ou de execução.

Gnoseologicamente falando, dizia ele, há um dualismo irreconciliável entre *ser* e *dever ser,* e a validade se põe em cada uma dessas esferas de maneira distinta, não havendo "nenhuma ponte lógica que comunique o *ser* e o *dever ser,* ou vice-versa"[13].

Já essa relação assume valor diverso quando apreciada em sentido dinâmico, quando surge o problema da *positividade* do Direito, ou seja, "o problema das relações materiais entre um sistema de valor e o cor-

---

12. Ainda nesse ponto merece ser lembrado o antecedente de AUSTIN, negando *qualificação jurídica* até mesmo ao *costume,* até e enquanto não reconhecido pelos tribunais: — "A custom is only a moral rule until enforced by tribunais". *(Lectures on Jurisprudence or the Philosophy of Positive Law,* 3ª ed., Londres, 1869, pág. 553.) Na página seguinte dessa obra clássica, AUSTIN esclarece que de dois modos pode uma regra moral ou uma regra costumeira adquirir o caráter de regra jurídica: — ser adotada por um legislador competente (modo direto de conversão jurídico-normativa) ou ser recebida como fundamento de uma decisão judicial (modo indireto de qualificação jurídica). A *vigência,* como se vê, desenrola-se em um plano distinto do da *eficácia.*

13. *Teoría General del Estado,* cit., pág. 44.

FILOSOFIA DO DIREITO

respondente sistema da realidade, isto é, como *problema da realização dos valores"*. Questão difícil essa, acentuava Kelsen, por dever-se partir de uma antinomia entre "realidade" e "valor", que só se resolve com referência a um *máximo* e a um *mínimo* de correspondência, cada instância mantendo sua órbita própria[14].

Não obstante os propósitos de esclarecimento mais aprofundado da matéria, Kelsen não nos parece tenha ido, em um primeiro momento, além da declaração de que "a antítese entre *ser* e *dever ser* não é absoluta, mas *relativa"*[15], integrando-se *faticidade* e valor *(poder* e *coação),* assim como exigências estimativas no processo da vigência do sistema das normas.

Posteriormente, no entanto, Kelsen desenvolveu sua doutrina, fixando mais clara correspondência entre eficácia e vigência; e isto se deve, a nosso ver, especialmente à convivência com o mundo norte-americano, onde a vida jurídica se expressa no *Common Law,* ou seja, é experiência jurídica ligada ao elemento fático, aos usos e costumes e aos precedentes jurisdicionais.

Kelsen, escrevendo na Áustria e no meio cultural germânico, onde o formalismo jurídico sempre foi bastante acentuado, concebeu a vigência como algo de válido por si mesmo, embora *potencialmente eficaz* (todo transcendental é condição de experiência *possível),* mas ao entrar em contato com o Direito banhado na experiência social, tal como se realiza nos Estados Unidos da América do Norte, compreendeu que era necessário completar sua doutrina, dando maior e diverso relevo ao problema da "eficácia" ou da "efetividade" do Direito, *acentuando e desenvolvendo a parte dinâmica de sua concepção, até então apreciada de forma prevalecentemente estática*[16].

Parece-nos inegável uma segunda fase na Teoria Pura do Direito, assinalada, entre outros pontos, por maior correlação entre o problema

---

14. *Op. cit.,* pág. 24.

15. *Ibidem,* pág. 59.

16. Já se notava, aliás, essa tendência na época da publicação do seu compêndio da *Teoria Pura do Direito* (1933-34), inteiramente refundido pelo Autor, na 2ª edição de 1960, que é a síntese mais significativa do seu pensamento.

450   MIGUEL REALE

da vigência, que é técnico-formal, e o da eficácia, que envolve apreciações de natureza sociológica, histórica e axiológica. Por mais que se tenha querido apontar uma linha de continuidade rigorosa entre o pensamento de Kelsen, do *Hauptprobleme,* de 1911, até a *Reine Rechtslehre,* de 1934, e de sua ida para a Nação norte-americana até sua morte, quer parecer-nos que existe uma progressiva adequação da Teoria Pura a exigências concretas e históricas, em um ritmo que se acelera no mundo americano. É a propósito exatamente da correlação entre *vigência* e *eficácia* que se observa este fato com mais evidência.

Há, sem dúvida, diretrizes constantes no pensamento kelseniano, por ele mesmo compendiadas com grande limpidez, ao ligar sua obra à de Gerber, Laband e Jellinek, com base na Filosofia crítica: — "dualismo de *ser* e *dever ser;* substituição de hipóstases e postulados metafísicos por categorias transcendentais como condições da experiência; transformação de antíteses absolutas (por serem qualitativas e transistemáticas) em diferenças relativas, quantitativas, intrasistemáticas; passagem da esfera subjetivista do psicologismo ao âmbito da validez lógicoobjetiva"[17].

Ninguém recusar-lhe-á fidelidade a essa linha de pensamento, mas não se pode contestar a progressiva adequação de sua teoria a exigências concretas, no sentido de uma correlação dinâmica, quase que operacional, entre a abstração esquemática da norma jurídica e o seu conteúdo fático e estimativo.

Como neokantiano, Hans Kelsen concebera, inicialmente, as normas como *esquemas de interpretação* da experiência social possível, experiência que só é propriamente jurídica enquanto referida a normas de Direito, cuja validez não resulta de sua correspondência aos fatos, nem do conteúdo que possam ter, mas tão-somente de sua situação no interior do sistema, ligando-se uma norma à superior, por nexos puramente lógicos, e assim sucessivamente, até se alcançar a *norma fundamental* recebida como pressuposto da ordem jurídica positiva, ou "fonte comum da validade de todas as normas pertencentes a um mesmo ordenamento".

---

17. HANS KELSEN, *Teoría General del Estado,* trad. de Legaz y Lacambra, Ed. Labor, 1934, Prefácio, pág. VIII.

FILOSOFIA DO DIREITO 451

"Para a Teoria Pura do Direito, pondera Kelsen, essa norma fundamental tem o caráter de um fundamento hipotético. Suposta a validade dessa norma, resulta a validade da ordem jurídica que sobre ela se baseia (...) Só debaixo do suposto da norma fundamental se pode interpretar como Direito, ou seja, como um sistema de normas jurídicas, o material empírico que se oferece à interpretação jurídica (...) Tal norma não é senão expressão do pressuposto necessário de toda concepção positivista do material jurídico"[18].

O *dever ser* da norma não existe senão como categoria relativamente apriorística para a apreensão do material jurídico empiricamente dado, como "categoria gnoseológico-transcendental, no sentido da Filosofia kantiana, e não em sentido metafísico-transcendente"[19], de modo que a sua *validez* ou *vigência* se prende a uma ordem escalonada, independente do reconhecimento e da vontade dos indivíduos, ou seja, de sua *eficácia*.

Por que *vale* ou *vige* uma *norma jurídica?* Porque decorre de outras normas interligadas que se prendem, afinal, a uma norma fundamental *(Grundnorm)* que qualifica como jurídico o último fato apontado como fato *fundamental (Grundakt).* É esse o ponto lógico de apoio de toda a validade do sistema: — é o suposto fundamental consistente em ter-se como válido o que o primeiro órgão constituinte histórico manifestou como expressão de sua vontade, podendo ser assim enunciada: — *age de conformidade com a ordem de competências que decorre da Constituição vigente, cuja validade vem de uma norma fundamental, insuscetível de referir-se logicamente a qualquer outra norma superior.*

Assim sendo, um *fato* só pode ser considerado jurídico por referir-se a uma norma pertencente a um sistema, de maneira que entre *norma* e *fato* há uma correlação necessária, como as *formas a priori,* na concepção de Kant, estão para a *experiência possível,* cada qual situada em um plano irredutível ao outro.

Ao estudar, em um primeiro momento, a correlação entre *norma* e *conduta,* manteve-se Kelsen em atitude de certa maneira estática. Reco-

---

18. KELSEN, *Teoría Pura del Derecho,* 1ª ed., trad. de Tejerina, Buenos Aires, 1941, pág. 99. Cf. 2ª ed., trad. cit., págs. 217-251.

19. *Idem, ibidem,* págs. 49 e segs.

452 MIGUEL REALE

nhece ele, em seu primeiro compêndio sobre a *Teoria Pura do Direito,* não ser possível correspondência completa entre *vigência* e *eficácia* devendo antes existir possibilidade de discrepância entre o ordenamento normativo e o domínio do "acontecer efetivo" subordinado a ele. Sem isto, aliás, uma ordem normativa não teria qualquer sentido, tornar-se-ia dispensável por inútil, como se dissesse: — "deve acontecer o que efetivamente acontece" ou "deves o que quiseres".

Reconhece, outrossim, que a validez lógico-formal (vigência) de uma ordenação jurídica se encontra "em certa relação de dependência" quanto à conduta efetiva dos homens, mas acrescenta, a seguir: — "Essa relação — talvez se pudesse designá-la de maneira figurada como a tensão entre o *ser* e o *dever ser* — não pode ser determinada senão por um limite superior e outro inferior. A possibilidade de correspondência não pode ultrapassar um *maximum* determinado, nem descer de um *minimum* determinado"[20].

A relação entre norma e *factum,* entre o abstrato e o empiricamente concreto, é, em última análise, a que existe entre esquema de interpretação e objeto interpretável, sendo óbvio que aquele deixaria de valer, de ter sentido, se nada houvesse a interpretar: — um mínimo de *eficácia* é essencial ao conceito mesmo de normatividade.

Em outro sentido, porém, a correlação entre *vigência* e *eficácia* tem caráter diverso: — é quanto ao *fato fundamental (Grundakt)* de que depende, embora dele não se origine, o sistema de normas qualificado pela norma fundamental como jurídico e, por conseguinte, cogente. Daí a distinção, não raro esquecida pelos expositores de Kelsen, entre vigência e eficácia da "totalidade de um sistema cerrado de normas" e vigência e eficácia de uma "norma singular", No primeiro caso, a vigência está na dependência direta da eficácia (uma revolução, um golpe de Estado, por exemplo, põe termo a uma ordem de validez e instaura outra), mas já não é afetada a ordem jurídica por faltar a uma de suas normas correspondência efetiva na sociedade; nem por isso, dita norma deixa de ser vigente[21].

---

20. HANS KELSEN, *Teoría Pura del Derecho,* cit., págs. 102 e segs.

21. Note-se o caráter instrumental e pragmático do Direito na concepção de KELSEN. O mestre de Viena acentua, aliás, a natureza de *Técnica Social* do Direito, como conjunto

FILOSOFIA DO DIREITO

É nessa linha de pensamento que se situa a afirmação kelseniana de que a relação entre *vigência* e *eficácia* corresponde à existente entre *Direito* e *Poder.*

Estática e Dinâmica do Direito

180. Na segunda fase do pensamento kelseniano, o *dever ser* como que perde seu caráter de estrutura lógica pura, para adquirir certo sentido dinâmico de cunho metodológico funcional. Aquilo que deve ser não paira mais no plano puramente lógico, mas tende a converter-se em realidade pragmática, em momento de vida social. Estamos, aliás, de acordo em reconhecer o valor desta concepção. Desde os nossos primeiros estudos sobre a matéria, em 1934, mostramos a impossibilidade de uma separação rígida entre o mundo do *ser* e do *dever ser,* concebidos como categorias ontológicas radicalmente distintas. Ora, é impossível focalizar-se o problema da funcionalidade de *dever ser* e *ser,* como assunto de Teoria do Direito, sem necessariamente se ultrapassar a esfera da Lógica Jurídica, ou seja, sem se correlacionar o que está prescrito na norma jurídica *in abstracto* com o que ela efetivamente representa no plano concreto dos comportamentos humanos.

À margem desta questão, não é demais repetir duas observações fundamentais, que se completam: — é verdade que do mundo do *ser* não se pode passar para o *dever ser,* porque aquilo que é não se transforma naquilo que deve ser; a recíproca, porém, não é verdadeira, porque o *dever ser,* que jamais possa ou venha a *ser,* é sonho, é ilusão, é quimera, não é *dever ser* propriamente dito. Quando reconhecemos que algo deve ser, não é admissível que jamais venha a ser de algum modo. Um *dever ser* que nunca se realize parcialmente é uma abstração sem sentido. O que acontece, porém, é que, por outro lado, jamais o *dever ser* poderá converter-se totalmente em *ser.* Para que haja *dever ser, é* necessário que o *ser* jamais o esgote totalmente. É por isso que afirmamos haver entre *ser* e *dever ser* um nexo de implicação e polaridade, o que torna com-

---

de esquemas interpretativos de qualquer ordem coercitivo-normativa, posta por uma situação de fato, válida em razão da norma fundamental. Sobre a relação *vigência-eficácia,* cf., especialmente, *Reine Rechtslehre,* 2ª ed., cit., págs. 238-243.

454   MIGUEL REALE

preensível a *complementariedade dialética* própria do Direito. Kelsen mantém-se, porém, infenso a qualquer compreensão de tipo dialético, contentando-se com explicar a atualização do *dever ser,* isto é, a dinâmica do Direito, tão-somente graças à participação do Poder. Segundo Kelsen, o Direito só se realiza em virtude da interferência de um *ato de vontade,* pois nenhuma norma particular resulta da "norma fundamental", por simples inferência lógica, ou uma operação intelectual: aquela é necessariamente estabelecida por uma autoridade, investida pela norma fundamental do poder de emanar normas *(norm-creating power).* "As normas de um *sistema dinâmico* devem ser criadas através de atos de vontade por aqueles indivíduos que se acham autorizados a criar normas por alguma norma mais alta."[22]

Daí o cuidado que tem Kelsen, em seus últimos escritos, de acentuar sua distinção entre teoria estática e teoria dinâmica do Direito, ou, mais precisamente, entre o Direito como "sistema estático" e como "sistema dinâmico": o primeiro concebível como "sistema de normas determinantes dos atos de conduta humana", o segundo correspondente aos "atos de conduta humana determinados por normas". Desse modo, a norma passa a ter referência mais positiva ao plano da existência concreta, apresentando-se como elemento inseparável da conduta: — "O objeto da Ciência do Direito", assevera o mestre do normativismo, "são as normas jurídicas determinantes da conduta humana, *ou a conduta humana enquanto determinada pelas normas jurídicas,* e isto quer dizer: — a conduta humana enquanto contida nas normas jurídicas"[23].

Sobre o alcance da doutrina kelseniana em matéria de "revisão constitucional", v. o estudo de Teófilo Cavalcanti Filho em *Estudos de Filosofia do Direito,* São Paulo, 1952, págs. 70 e segs.

22. KELSEN, *General Theory,* cit., pág. 113. Daí a justa ponderação de GARCÍA MÁYNEZ: "Tudo somado, a posição kelseniana reduz-se a fundar no *princípio de efetividade* a validez de cada sistema de normas, quer se trate de ordem nacional, quer de internacional". *(La Definición del Derecho, Ensayo de Perspectivismo Jurídico,* México, 1948, pág. 26.)

23. KELSEN, *Problemas Escogidos,* cit., págs. 39 e segs. (Os grifos são nossos.) Mais amplamente *La Dottrina Pura del Diritto,* cit., págs. 219 e segs.

Como observa LEGAZ Y Lacambra, as normas, para KELSEN, não possuem nenhuma "realidade" que transcenda a mente que as pensa: "não expressam, por outro lado, a probabilidade de qualquer acontecimento, mas apenas *pensam* a relação entre dois acontecimentos possíveis na relação de imputação, não causai, que expressa o *dever ser".* (Cf. *Horizontes del Pensamiento Jurídico,* Barcelona, 1947, pág. 451.)

FILOSOFIA DO DIREITO   455

Esclarecendo sua posição perante a doutrina egológica de Carlos Cossio, para quem a Jurisprudência tem por objeto *conduta* e não *normas,* Kelsen reafirma sua convicção normativista, mas aperta mais os laços de sua funcionalidade com o mundo dos atos humanos. Pode dizer-se que esse cuidado pelo problema do comportamento, no âmbito da teoria jurídica, e não mais como assunto metajurídico, de cunho sociológico, assinala bem a mudança operada no pensamento kelseniano: o simples fato de referir-se a uma ligação necessária entre o juízo normativo e a conduta social denota o abrandamento de sua primitiva posição de normativista puro.

Outra conseqüência dessa maior atenção dedicada às exigências fáticas é o crescente emprego de expressões como "Técnica social" ou "Técnica de organização coercitiva da conduta", para caracterizar o Direito, exacerbando os motivos tecnicistas ou instrumentalistas implícitos em sua antiga posição vienense.

A maior preocupação pelos atos humanos, enquanto conteúdo de normas; o desejo de mais rigorosa determinação da funcionalidade norma-conduta em seu aspecto dinâmico; a longa experiência com o *Common Law,* têm levado Kelsen a pôr em primeiro plano problemas que antes ocupavam posição mais ou menos obscura em suas cogitações, fazendo uma distinção fundamental entre a *Ciência de Direito,* que estuda o conteúdo da *norma jurídica (Soll-Norm),* isto é, aquilo que deve ser enquanto *prescrição normativa estatuída por uma autoridade,* e a *Teoria Pura do Direito,* a qual estuda a *proposição jurídica (Soll-Satz),* destinada a *descrever* o "dever ser" da norma. Essa distinção entre o caráter *descritivo* da Teoria Pura do Direito e a natureza *normativa* da Ciência do Direito, já enunciada claramente por Kelsen nas conferências de Buenos Aires, em 1949, adquire contornos precisos na 2ª edição de sua *Reine Rechtslehre,* de 1960.

Não é menos certo que certas questões, como, por exemplo, a do *Poder* como condição de existência de normas particulares, deixam de ser apreciadas em um plano estático e abstrato, para adquirirem um cunho pragmático e empírico imprevisto. O Poder passa a ser focalizado como elemento essencial ao processo de criação do Direito, de tal modo que *nem todo juízo de dever ser é norma,* mas tão-somente aquele que é posto, no curso do processo jurídico, por indivíduos investidos da qualidade de agentes da comunidade, como autoridades legais competentes.

456   MIGUEL REALE

Isto posto, o jurista enuncia *proposições jurídicas (regras de direito),* enquanto que só as autoridades constituídas, qualquer que seja a forma de investidura, democrática ou não, estabelecem *normas de direito.* Ora, dizer que "as *normas jurídicas* como objeto da Ciência do Direito são função das autoridades jurídicas competentes ou, por outra, função da comunidade jurídica", e, desse modo, distingui-las das *regras jurídicas* graças tão-somente à sua referibilidade ao *Poder,* significa, ao que parece, que a Teoria Pura abandona a sua originária posição *lógico-transcendental.*

É a razão pela qual a norma jurídica passa a ser vista sob nova luz, em sua *imperatividade,* não deixando de causar surpresa uma afirmação como esta, feita por Kelsen há poucos anos: — "A tese que defendi em meu *Hauptprobleme...* de que o *Rechtssatz* (a proposição jurídica) não é um imperativo, mas apenas um juízo hipotético, refere-se à *regra de Direito* formulada pela Ciência do Direito, e não às *normas jurídicas* criadas pelas autoridades jurídicas. Estas normas jurídicas podem muito bem expressar-se sob a forma gramatical do imperativo"[24].

Vemos, então, o discípulo de Kant enleado em frases que teriam sido recebidas com entusiasmo por Tobias Barreto e seus corifeus no clima naturalista do século XIX: — "O Direito é uma ordem de compressão"; "a função essencial do Direito é regulamentar o emprego da força nas relações mútuas dos homens"; "o Direito é uma organização da força".

O certo é que Kelsen deixa de considerar o Direito apenas como sistema de normas logicamente escalonadas, para examiná-lo também em sua aplicação prática: o seu estudo, por tais motivos, embebe-se de preocupação social e histórica, perfilando-se o *fato* ao lado da *norma,* pelo menos em termos de *possível* conversão pragmática da *vigência* das normas de Direito na *eficácia* do comportamento dos consociados aos quais ela se refere. Daí, aliás, o seu derradeiro conceito de *norma jurídica* como *"o sentido objetivo de um ato de vontade";* ou a afirmação

---

24. Cf. *loc. cit.,* pág. 47. Será difícil, porém, aceitar-se esta restrição, pois não só Kelsen empregava as expressões "normas de direito" e "proposições jurídicas", como sinônimas, como também declarava prejudicial ou sem sentido o problema do "destinatário da norma" em virtude de sua teoria.

FILOSOFIA DO DIREITO   457

de que o dever objetivamente enunciado pela norma jurídica "vincula o destinatário"; ou, ainda, a já apontada distinção entre *proposições jurídicas (Rechtssätze)* e *normas jurídicas (Rechtsnormen),* concebidas estas como *"prescrições,* e, como tais, ordens, *imperativos" (sic)* e aquelas como juízos hipotéticos que afirmam que deverão sobrevir certas conseqüências no caso de se verificarem certas condições previstas por dado ordenamento jurídico[24-A].

Uma Tricotomia Implícita

181. Mas, se o elemento fático adquire maior relevo na concepção final de Kelsen, embora *vigência* e *eficácia* continuem sendo categorias relativas a distintos fenômenos, sem uma plena e real conexão dinâmica e histórica, não há dúvida que o elemento axiológico ainda se conserva subentendido ou até mesmo absorvido pelo momento lógico-normativo.

Pretende o jurista austríaco manter-se alheio a qualquer *ideologia,* a qualquer pressuposto metafísico transcendente ou jusnaturalista, mas a verdade é que todo o seu sistema obedece à inspiração de um relativismo estimativo que consagra a *equivalência de todos os valores.* Caberia à Ciência do Direito, como Técnica de organização social e coordenação feliz de processos coercitivos, tornar respeitadas as normas correspondentes à força histórica dominante, isto é, relativas à *"ideologia do Poder"* consagrada como Direito vigente, abstração feita desse caráter ideológico.

Um liberalismo cético, afinalista, porque aberto igualmente a todos os fins, anima as idéias desse campeão da democracia sem conteúdo social e econômico determinado, tal como no-lo revelam as páginas de sua *Teoria Geral do Estado* ou de sua obra sobre a *Essência e Valor da Democracia.*

Embora pouco sensível ao problema das estimativas, e timbre em declarar-se livre de qualquer ideologia política, é ele bem um lídimo representante do liberalismo relativista e cético, o qual, como adianta Legaz y Lacambra, "na falta de um conteúdo vital próprio, está pronto a deixar-se penetrar pelos mais variados conteúdos subministrados pelos

---

24-A.   Cf. KELSEN, *Reine Rechtslehere,* trad. italiana, cit., págs. 87 e segs.

458   MIGUEL REALE

distintos partidos políticos"[25]. Afirmação aceitável desde que se reconheça como essencial em sua doutrina o alto objetivo de assegurar a todas as correntes igual possibilidade de manifestar-se no plano político, a salvo de qualquer solução totalitária.

182. Pensar-se-á, por outro lado, que, ao admitir o Direito como *dever ser,* Kelsen introduz um elemento moral como conteúdo do Direito. Tal não se dá, porém, pelo menos segundo o ângulo de suas intenções teoréticas.

Tanto o eticista, aquele que reduz o Direito a mero capítulo da Moral, como o normativista, que só vê nele regras de puro valor lógico, apresentam o fenômeno jurídico como fenômeno de *dever ser.*

A expressão *"dever ser"* pode ser tomada em duas acepções distintas: — ou em sentido moral, ético; ou em sentido puramente lógico.

Para o moralista, "dever" é o correlato de um preceito que se dirige à consciência de alguém, visando a vincular-lhe a vontade. Os comandos éticos são de tal ordem que impõem certa forma de conduta, exigindo a obediência do sujeito a certa diretriz de comportamento, sob pena de ser-lhe cominada uma sanção.

O "dever ser", do ponto de vista ético, implica sempre o pressuposto de um *fim* que *deve ser* realizado. O eticista dá, pois, ao termo "dever ser" um sentido concreto, apontando para um *bem* que deve ser colimado, ou a um *mal* que deve ser evitado.

Mas o "dever ser" pode ser também estudado sem essa nota ou conteúdo ético, limitando-se a designar apenas uma orientação objetiva de comportamento, de alcance puramente operacional: equivale à mera indicação de caminhos possíveis, sem qualquer apreciação de ordem moral.

Nesse ponto não houve alteração no pensamento kelseniano, pois, nas penetrantes conferências lidas em Buenos Aires, reitera seu ponto de vista: — "É importante notar que para a regra de Direito este termo

---

25. Cf. L. LEGAZY LACAMBRA, *Introducción a la Ciencia del Derecho,* cit., pág. 108. Cf., do mesmo autor, *Filosofía del Derecho,* 2ª ed., Barcelona, 1961, págs. 119 e segs.

FILOSOFIA DO DIREITO

(Sollen, ought, il doit, dever ser) não tem nenhuma conotação moral. A proposição de que juridicamente uma conduta humana deve ter lugar não significa que essa conduta seja moralmente boa"[26].

O *"dever ser"* lógico contém uma obrigação hipotética, ao passo que o *"dever ser"* ético envolve o problema do conteúdo da norma. Daí a distinção entre o eticismo e o normativismo lógico: — os eticistas também concluem que o Direito é norma, mas norma que vale pelo conteúdo do comportamento que prescreve; os normativistas puros sustentam que a norma jurídica obriga, mas apenas em virtude de seu enlace lógico na totalidade do sistema, e não pelo sentido moral de seu comando[27].

Para Kelsen, como vimos, o Direito não é senão um sistema de preceitos que se concatenam, a partir da Constituição, que a norma fundamental manda cumprir, até aos contratos privados e às sentenças. Desse modo, a concepção kelseniana redunda em um monismo normativista, do ponto de vista da atividade jurisprudencial. Consiste essa doutrina em dizer que para o jurista a realidade não pode ser vista a não ser como sistema de normas que se concatenam e se hierarquizam. Todo o mundo jurídico não é senão uma seqüência de normas até atingir, sob forma de pirâmide, o ponto culminante da norma fundamental, que é "condição lógico-transcendental" do conhecimento jurídico.

Em todo país existe forçosamente a necessidade de ser por todos aceita certa ordem jurídica, com o reconhecimento de que os seus preceitos devem ser observados, sob pena de se aplicarem sanções precisas e predeterminadas. Se existe Constituição, ela representa o grau máximo da hierarquia legal. Mas, acima dela, porém, há uma norma não escrita, logicamente necessária, que diz: — "O que nesta Constituição se pactua deve ser mantido".

---

26. *Op. cit.,* pág. 55.

27. Kelsen, *General Theory,* cit., págs. 112 e segs. Kelsen, afastando-se de Kant, não atribui às normas morais um caráter "categórico", afirmando que as ações positivas não podem ser prescritas sem condição: — "A condição sob a qual está prescrita a omissão de um ato é o conjunto de todas as circunstâncias nas quais o ato poderia ser executado". *(Problemas Escogidos de la Teoria Pura del Derecho,* cit., pág. 31.) Puro jogo de palavras, no fundo. É claro que *categórico* é aquilo que *deve ser em todas as condições possíveis de execução do ato,* enquanto que hipotético é o imperativo dependente de *determinadas* e *particulares condições.*

460   MIGUEL REALE

A rigor, como para Kelsen a ordem jurídica internacional é a única soberana — pois dela receberiam os Estados as respectivas esferas de competência —, a *norma fundamental* é a fonte direta de validade do *jus gentium*, e, somente através deste, seria a base de validade dos ordenamentos estatais. O fundamento do Direito Internacional repousa, segundo Kelsen, numa norma segundo a qual "a coação deve ser exercida por um Estado contra outro nas condições e no modo previsto por um certo costume estatal"[28].

Kelsen não diz que a norma fundamental está escrita no coração humano por Deus, ou que representa algo de intuitivo em nosso espírito. Para ele, a ordem jurídica positiva não só é o único Direito existente, como também basta-se a si mesma, tendo em si mesma a sua razão de valer, como Técnica Social específica e organização da coação.

As regras jurídicas dispõem-se, pois, de maneira escalonada, em forma de pirâmide, em cuja base estão regras particulares ou normas singulares, o que demonstra como o normativismo de Kelsen não deve ser confundido com o formalismo *legal* dos autores tradicionais. O embasamento da vida jurídica é formado por normas particulares, como as que os indivíduos estabelecem nos seus contratos e convenções, recebendo todas validade enquanto subsiste a *eficácia* do sistema total.

Para Kelsen, tanto é Direito a norma constitucional como as regras particulares contidas em uma sentença. A vida jurídica é uma *"Stufenbau"* isto é, uma construção escalonada, que vai desde a hierarquia das normas constitucionais até as simples convenções entre os indivíduos. Essas normas, no entanto, quer resultem do poder legislativo, de um golpe de Estado, ou de uma multiplicidade de atos de vontade, são válidas, porque inseridas na ordenação lógica de um sistema ("o Direito é a ordenação coercitiva da conduta humana" e "a técnica da ordem social"); elas significam somente que, dada determinada conduta, está previsto o advento de determinadas conseqüências, por um nexo lógico de imputabilidade, e que, seguindo-se a conduta contrária, *evita-se a coação*. A Teoria Pura independe, pois, da "ideologia do Poder" de que emana a norma.

---

28. Cf. *Reine Rechtslehre* 2ª ed., trad. cit., págs. 244 e segs. Na nota 3 da pág. 246, KELSEN, com base na sua última concepção da norma fundamental internacional de caráter consuetudinário, repudia expressamente a teoria da norma *"pacta sunt servanda"* como fundamento do Direito Internacional.

FILOSOFIA DO DIREITO 461

Outra conclusão a que chega Kelsen é a de que, do ponto de vista normativo, não existe diferença entre Estado e Direito. Para o político ou o economista, haverá diferença; mas, para o jurista, o *Estado é o Direito enquanto subjetivado*. Toda regra jurídica pressupõe logicamente um sujeito; da mesma maneira, a totalidade do ordenamento jurídico deve pressupor um ponto geral de referência: — é a pessoa jurídica do Estado. O ordenamento jurídico, enquanto subjetivado, ou seja, enquanto "centro de imputabilidade", identifica-se com a entidade estatal, muito embora possa e deva o Estado ser estudado segundo outros critérios e categorias pelo sociólogo e pelo político, atendendo-se, então, ao seu conteúdo econômico e ideológico.

Também no tocante à concepção do Estado pode-se notar uma *crescente integração de perspectivas* na teoria kelseniana. A princípio, o mestre austríaco exagera o seu ponto de vista jurídico, reduzindo toda a Teoria Geral do Estado à Teoria Jurídica do Estado — mero aspecto subjetivado ou personalizado do Direito —, condenando o dualismo de Jellinek, que distinguia acertadamente entre teoria *jurídica* e teoria *social* do Estado[29].

Mais tarde, amainados os embates polêmicos, o relativismo essencial de Kelsen não teve dificuldade em admitir, embora distinta da perspectiva jurídico-normativa e sem uma nítida determinação, a necessidade de outras análises, sociológicas e teleológicas, da convivência política, procurando estabelecer suas conexões com a "dinâmica do Direito".

Nesse sentido, merecem especial reparo as páginas redigidas para a edição castelhana de sua obra fundamental, declarando não ser possível a democracia senão como "compromisso e transação entre grupos opostos", para não se transformar no seu contrário, em uma autocracia.

Após acentuar a ligação necessária entre "concepção do mundo" e "concepção do Estado", pondera que a questão decisiva é, em última análise, esta: "Há ou não um conhecimento da verdade absoluta, uma visão dos valores absolutos?" Se crê em verdades absolutas, abre-se o

---

29. Sobre esse ponto, v. MIGUEL REALE, *Teoria do Direito e do Estado,* cit., onde atribuímos uma terceira ordem de pesquisas à Teoria do Estado, pertinente à indagação *in concreto* dos fins da comunidade política.

462 MIGUEL REALE

caminho para a autocracia, enquanto que o ideal democrático se impõe quando nos convencemos de que o conhecimento humano não pode alcançar mais que verdades e valores relativos[30].

A "ideologia do criticismo e do positivismo", consoante expressões por ele empregadas, ou, dizemos nós, o seu "subjetivismo Axiológico", condiciona toda a sua doutrina, que, em razão de uma prévia atitude filosófica cética ou relativista, reduz a teoria do Direito a uma *descrição* de normas jurídicas válidas de conteúdo certo. Não se põe, em suma, o problema das estimativas na experiência concreta do Direito, porque tal problema já fica elidido nos primeiros passos da pesquisa.

183. Na realidade, porém, a compreensão total do Direito, na doutrina de Kelsen, não exclui, mas antes tem implícita uma *tricotomia*. Como observa Kunz, essa tricotomia está na base da obra kelseniana, que abrange uma *Teoria Pura do Direito* ao lado de uma *Teoria da Justiça* e de uma *Sociologia Jurídica,* como distintas apreciações da experiência jurídica, respectivamente sob os prismas lógico, filosófico e sociológico[31]. São três perspectivas fundamentalmente distintas, mas, como vimos, por mais que Kelsen pretenda ser normativista, nos domínios da Ciência do Direito como tal, ele jamais se liberta de enfoques fáticos e axiológicos. O mesmo ocorre quando trata dos problemas da justiça ou do Direito como fato social. Podemos, pois, dizer que o aspecto normativista *prevalece* na Teoria Pura, por ser seu propósito dominante focalizar o momento normativo. Ora, na tridimensionalidade jurídica concreta, tal como será exposto a seu tempo, essa *prevalência* não se apresenta apenas em termos quantitativos, mas obedece a uma *compre-*

---

30. Cf. *Teoría General del Estado,* cit., págs. 472 e segs.

31. Cf. JOSEF L. Kunz, "Sobre a problemática da Filosofia do Direito nos meados do século XX", *in Revista da Faculdade de Direito de São Paulo,* 1951, traduzido da *Österr. Zeitschrift für öffentliches Recht,* Viena, vol. IV. Em outro artigo (v. *The University of Chicago Law Review,* vol. 13, A. Z.), KUNZ também reconhece que a fundamentação filosófica do 2º H. KELSEN se apresenta algo mudada e enfraquecida em sua diretriz crítico-transcendental. A substância das idéias parece-lhe, porém, imutável. (Cf. KUNZ, *La Teoría Pura del Derecho,* México, 1948, pág. 80.) No mesmo sentido manifesta-se a maioria dos autores, como se pode ver na coletânea *Hans Kelsen — Estudios y ensaios en su homenage,* organizada por AGUSTIN SQUELLA — Valparaizo, Chile, 1974. Essa perda de "transcendentalidade" ainda mais se acentuará, como veremos a seguir.

FILOSOFIA DO DIREITO   463

ensão dialética, o que demonstra a tese de que a tridimensionalidade em Kelsen se acha apenas implícita, com valor mais metodológico do que ôntico, com perda do sentido unitário da experiência jurídica.

Quem estudar a última grande obra de Kelsen, a *Teoria Geral das Normas,* publicação póstuma de 1979, não poderá senão reconhecer a crescente importância dos elementos a-lógicos em seu sistema, a partir do conceito nuclear de norma jurídica e sua inesperada referência à "vontade do legislador", até ao conceito de "norma fundamental", que perde seu caráter hipotético para apresentar-se como pura ficção, um *als ob* à maneira de Vaihinger[32].

O certo é que, através de sua perene e exemplar autocrítica — e segundo Mário Losano haveria três fases no pensamento de Kelsen, iniciadas respectivamente em 1910, 1930 e 1960[33] — mesmo quando Kelsen toma posição perante a Lógica Jurídica contemporânea, verificamos também que, não obstante suas ressalvas, cresce no horizonte da Teoria Pura do Direito a preocupação pelos *valores* e *fins.*

Daí resulta que a plena visão kelseniana do Direito é dada pelos resultados convergentes ou harmonizáveis de três ordens diversas de pesquisas, segundo o que denominamos "tridimensionalidade genérica do Direito"[34].

Donde a necessidade de se reverem os pressupostos das colocações unilaterais, para a integração dos três momentos em uma unidade de síntese, restituindo-se à Jurisprudência como tal o seu conteúdo material e o seu sentido axiológico, de conformidade com a pesquisa que temos procurado desenvolver neste Curso.

---

32. Cf. *Algemeine Theorie der Normenn,* Viena, 1979. Há tradução brasileira de José Florentino Duarte, *Teoria Geral das Normas,* Porto Alegre, Fabris, 1986. Sobre a última posição de KELSEN, *vide* M. REALE, *Nova Fase do Direito Moderno,* cit., págs. 195-208.

33. V. Introdução à tradição italiana por ele dirigida, *Teoria Generais delle Norme,* Turim, 1985, pág. LVI.

34. Sob essa perspectiva metodológica, escrevi um ensaio "A visão integral do Direito de Kelsen", *in Direito Natural/Direito Positivo,* São Paulo, Saraiva, 1984, pág. 58-74.

Capítulo XXXIII

O Moralismo Jurídico e a Natureza da Norma de Direito

O Comando Jurídico

184. Na polêmica entre sociologistas e normativistas do Direito, uns reivindicando o primado do elemento fático-causal, e outros sustentando a prevalência do elemento lógico-normativo, é natural que tomassem posição distinta os juristas preocupados com a validez das normas jurídicas em razão de seu conteúdo, não admitindo possa existir *juridicidade* tão-somente em razão de mera "subordinação lógico-sistemática". A esses juristas, que não compreendem *juridicidade* indiferente à licitude ou à ilicitude moral da conduta prescrita ou proibida, vinculando o Direito à Moral de maneira absoluta, damos o nome genérico de *moralistas,* na falta de melhor qualificação.

De um lado, aproximam-se eles dos normativistas lógicos enquanto concebem o Direito como *norma* ou expressão de *dever ser,* mas deles se separam por entenderem que uma norma na qual não se reconheça de forma positiva a licitude da conduta exigida, é vazia, pura forma sem significado, processo técnico que resvala na superfície da vida concreta, em razão da qual e para a qual o Direito se constitui e se legitima. É absurdo, em suma, no seu modo de ver, uma norma sem função diretiva e que não obrigue em consciência, quando a essência de uma regra consiste na ordenação de meios a fins.

De outro lado, os moralistas dão em parte razão aos empiristas quando reclamam uma conexão entre a norma e a realidade social, mas

FILOSOFIA DO DIREITO

não os acompanham na redução do *normativo ao normal,* ou ao freqüentemente verificado.

Se o Direito obriga, se enlaça de maneira soberana a vontade dos obrigados, é porque possui um título de legitimidade, uma *objetividade* que resulta da força de seus comandos, haurida era princípios superiores às contingências de lugar e de tempo e capaz de conquistar a adesão das consciências.

O *dever ser* para o eticista não pode ser, pois, um enlace extrínseco à natureza do comando, mas sim uma resultante de fins que o homem se propõe e que devem prevalecer contra as resistências fáticas, assim como superar as insuficiências da técnica normativa.

O *dever ser* dotado de conteúdo ético, a normalidade como imperatividade, os comandos assentes em razões teleológicas, a ordem jurídica baseada em princípios universais e *obrigatórios,* ou a eles vinculados, eis algumas das características que sumariamente podemos atribuir a essa concepção do Direito, que pretende contar com a autoridade dos ensinamentos clássicos.

185. Não se confunda o *moralismo jurídico* com a velha Escola do Direito Natural, racionalista e abstrata, que idealizava uma ordem jurídica plena e perfeita, à luz de cujos dispositivos deveriam os legisladores e os juizes plasmar suas criações ou decisões jurídicas.

Mesmo fazendo abstração do jusnaturalismo, não será ainda certo dizer que no eticismo se incluem todos os adeptos de um Direito Natural ou Racional, concebido como o conjunto de princípios sobre que se apóia a ordem jurídica positiva. Se é verdade que os partidários do Direito Natural de feição clássica[1] formam a vanguarda dos eticistas, há também autores que não aceitam outro Direito além do Direito Positivo e se limitam a afirmar a natureza moral das regras de Direito. Daí podermos distinguir entre eticistas, adeptos ou não, de um conceito de Direito Natural.

---

1. Sobre esse problema, v. *supra,* cap. VII, Parte 1. Como se deve ter notado, denominamos *jusnaturalismo* o conjunto das teorias modernas da Escola do Direito Natural (GRÓCIO, HOBBES, LOCKE, THOMASIUS, PUFENDORF, ROUSSEAU etc), reservando a denominação de *clássico* ao Direito Natural ligado à tradição aristotélica, estóico-romana e tomista.

MIGUEL REALE

Na impossibilidade de estudarmos as múltiplas manifestações desse pensamento, lembraremos, a exemplo do que foi feito nos capítulos anteriores, algumas teses de Viktor Cathrein, Georges Ripert e Giovanni Gentile, representantes de orientações distintas.

O Moralismo Jurídico de Cathrein

186. É Viktor Cathrein um dos mais ilustres expoentes da concepção tomista do Direito Natural, cujos princípios desenvolve com admirável precisão, em cotejo com as mais vivas correntes do pensamento jurídico de seu tempo[2].

Distinguindo-o cuidadosamente da concepção de Grócio e dos jusnaturalistas do século XVIII — para os quais o Direito Natural tinha as características de um sistema ideal de Direito, perfeito e pleno, como puro ente de razão —, Cathrein observa que o verdadeiro Direito Natural — que é universal, porque válido para todos os homens, todos os tempos e lugares, e *necessário,* porque exigência inamovível da natureza racional do homem — não significa senão "a totalidade das leis éticas naturais que se referem à vida social humana e prescrevem seja dado a cada um o que *é seu",* compreendendo deveres jurídicos positivos (deves dar a cada um o seu) e deveres jurídicos negativos (não deves fazer mal a ninguém).

Tudo o que pode ser *deduzido* desses dois preceitos fundamentais como conclusão necessária pertence ao Direito Natural em sentido próprio, tratando-se, não de um Direito ideal que *deva ser,* mas de um Direito *existente, real, válido.* Por isso, não constitui simplesmente um preenchedor de possíveis lacunas do Direito Positivo, porque é antes "a

---

2. Cf. VIKTOR CATHREIN, *Filosofia Morale,* trad. de Eurico Tommasi, 2ª ed., Florença. No Brasil é vigorosa a tradição tomista do Direito, desde os *Elementos de Filosofia do Direito,* Recife, 1880, de JOSÉ SORIANO DE SOUZA, até os trabalhos de ALCEU DE AMOROSO LIMA (Tristão de Athayde): *Introdução ao Direito Moderno,* Rio, 1933, e *Política,* 2ª ed., Rio, 1932. Nessa corrente destacam-se nomes como JOÃO MENDES JR., VICENTE RÁO, ALEXANDRE CORREIA, ARMANDO CÂMARA, LEONARDO VAN ACKER, RUI CYRNE DE LIMA, JÔNATAS SERRANO, ALVES DA SILVA e JOSÉ PEDRO GALVÃO DE SOUZA. (Cf. bibliografia, no fim deste volume.) No pensamento de VAN ACKER nota-se viva influência de BERGSON e de outros filósofos contemporâneos.

FILOSOFIA DO DIREITO

base indispensável, ou seja, o terreno sobre o qual repousa e do qual provém todo o Direito Positivo"[3].

Do Direito Natural derivam, por simples *conclusão,* certos preceitos que são iguais entre todos os povos, a eles se subordinando as *determinações* particulares que variam no espaço e no tempo em função de motivos de conveniência ou de oportunidade, de que são árbitros os detentores do poder político. Num e noutro caso, porém, o Direito Natural deve balizar a ação do governante, do legislador e do juiz, como limite intransponível e universal.

Desse modo, o Direito é parte essencial da ordem moral, cuja realização o Criador exige do gênero humano sobre a Terra: "Como toda ordem ética, também a ordem jurídica tem a sua raiz na vontade racional divina, que rege o mundo; o seu *escopo* é o adimplemento dos desejos de Deus e encontra — na vontade divina — os seus limites, que não é lícito ultrapassar"[4].

É certo que à lei jurídica basta o simples cumprimento exterior (legalidade), enquanto que a lei moral implica sobretudo a intenção, mas não é menos certo que a primeira *obriga em consciência* aquele agir externo, não podendo, outrossim, prescrever nada de imoral e de injusto por natureza.

O conteúdo moral da norma de Direito é, pois, essencial na concepção de Cathrein, que não admite possam prevalecer contra o *valor ético* razões de *vigência técnico-normativa* ou *injunções fáticas.* Daí as ponderações feitas a propósito da ação do juiz: "Se a justiça da lei é apenas duvidosa, o juiz pode, em regra, decidir segundo a lei; se, ao contrário, a injustiça da lei é manifesta, não pode cooperar em sua execução. A ordem jurídica natural constitui o limite intransponível da ordem positiva. Pode acontecer que, para se oprimirem minorias inconformadas, se promulguem determinadas leis evidentemente injustas, em cuja execução ninguém pode cooperar sem se tornar cúmplice. Em tais

---

3. *Op. cit.,* págs. 593 e segs. Cf., do mesmo autor, *Filosofía del Derecho, el Derecho Natural y el Positivo,* trad. de Jardon e de Barja, Madri, 3ª ed., 1940, págs. 195 e segs.

4. *Filosofia Morale,* cit., pág. 625.

casos, o juiz consciencioso tem o dever de renunciar à função de magistrado"[5].

Repugna-lhe a idéia do Direito possuir Moral própria e por si bastante. Confuta, assim, com veemência, a tese de Bergbohm, segundo a qual é diante do Direito infame que se revela a virtude mais nobre do jurista, isto é, a capacidade de agir contra as suas mais profundas e santas convicções.

De igual modo, contrapõe-se ele à indiferença axiológica de Austin, manifestada nesta passagem lembrada por Bergbohm: "A existência de um direito é uma coisa, e o seu valor ou não valor é outra. Uma questão é saber se *é* ou *não é;* outra bem diversa é indagar de sua correspondência a uma norma geralmente aceita. Uma lei que realmente existe é lei, por mais que provoque a nossa desaprovação..."[6]

187. Pode dizer-se que na posição de Cathrein projeta-se, transposta para o plano ético, uma faceta da adequação fato-norma-valor, que já apreciamos no normativismo lógico de Kelsen. Se para este a *vigência* da norma está em função de um *minimum* e de um *maximum* de *eficácia,* para o mestre tomista a *vigência* é posta entre um *minimum* e um *maximum* de fundamento moral.

Entre o mínimo da imoralidade apenas duvidosa e o máximo que converteria a regra jurídica em regra moral propriamente dita, abre-se um campo vastíssimo deixado às *determinações* do Poder, o que dá à concepção tomista do Direito uma reconhecida plasticidade: a virtude de corresponder, até certo ponto, ao mundo dos fatos concretos e contingentes.

---

5. *Ibidem*, pág. 615. "Uma lei notoriamente prejudicial ao bem comum, não é, como tal, verdadeira lei; não produz nenhuma espécie de dever de consciência; é tão-somente uma aparência de lei." (*Filosofía del Derecho,* cit., pág. 291.) Quanto à resistência às leis injustas, v. GEORGES RENARD, "La théorie des leges mere poenales", *in Mélanges Maurice Hauriou,* Paris, 1929, págs. 623 e segs.; L. DUGUIT, *Traité,* cit., tít. III, §§ 98 e segs.; M. HAURIOU, *Précis de Droit Constitutionnel,* 2ª ed., 1919, pág. 276; JEAN DABIN, *La Philosofhie de l'Ordre Juridique Positif,* Paris, 1929, págs. 668 e segs., e GEORGES BURDEAU, *Traité de Science Politique,* Paris, 1950, tomo III, págs. 596 e segs.

6. *Op. cit.,* pág. 606.

FILOSOFIA DO DIREITO 469

O problema que permanece em pé consiste, porém, no critério de determinação do "manifestamente ético", ou vice-versa, suscitando questões que não podem ser pressupostas. As determinações legais, que as circunstâncias particulares reclamam, obedecem a outros motivos e processos técnicos que não os singelamente concebidos, como se a obra do jurista se desenvolvesse a partir de preceitos *deduzidos* de outros, aceitos como evidentes. Além disso, os preceitos geralmente apontados como cardeais ou "primeiros" apresentam-se vazios de conteúdo, como aquele que manda dar a cada um o que é *seu,* deixando em aberto a determinação do *devido* a cada qual como próprio "segundo proporções estabelecidas pela natureza das coisas". Como observa Fonsegrive, se toda gente convém em dar a cada um o que é *seu,* a dificuldade começa tão logo se procure saber precisamente o que é devido a cada um[7].

Na realidade, na concepção ora examinada, ou se perde de vista a experiência concreta, da qual se pretende *inicialmente* partir para se atingir por indução e abstração conceitos e valores universais de juridicidade, ou então, passam a predominar as *determinações ulteriores,* pouco significando os limites abstratos admitidos como intransponíveis.

Parece-nos, em suma, que o normativismo ético, por sua carência de sentido histórico concreto e por sua distinção abstrata entre o juridicamente lícito e o ilícito, só determinável com referência a uma ordem moral pré-constituída, não logra compreender a realidade jurídica na totalidade autêntica de seus elementos; de certa maneira, o elemento axiológico da norma permanece fora do processo, no qual o fato se ordena normativamente em virtude de valores real e concretamente vividos.

O Moralismo Jurídico de Ripert

188. Não é muito diverso, na substância das idéias, o moralismo jurídico de Georges Ripert, embora infenso à teoria do Direito Natural.

Jurista-filósofo, não o preocupa a determinação prévia das categorias informadoras da Ética, preferindo aceitar como base de seu trabalho,

---

7. FONSEGRIVE, *Morale et Société,* pág. 92.

MIGUEL REALE

como um dado histórico, a concepção dominante da Moral cristã consagrada na cultura do Ocidente[8].

Isto posto, propõe-se demonstrar o caráter moral da regra de Direito em sua parte mais técnica, a matéria das *obrigações,* essencialmente teórica e abstrata, geralmente apresentada como a expressão ideal da Lógica Jurídica.

Abstração feita do jusnaturalismo implícito em sua concepção, como tem sido bastas vezes demonstrado[9], o que o mestre de Paris procura revelar é "a vida secreta da obrigação jurídica", ou seja, o seu inamovível conteúdo moral.

A rigor, diz ele, "não há entre a regra moral e a regra jurídica diferença alguma de domínio, de natureza e de fim. Nem pode haver, porque o Direito deve realizar a justiça, e a idéia do justo é uma idéia moral". Entre elas existiria apenas uma diferença de caráter *(sic),* pois a regra moral torna-se regra jurídica, consoante expressão de Gény: "graças a uma injunção mais enérgica e a uma sanção exterior necessária ao fim a ser alcançado"[10].

A regra moral encarna-se e torna-se precisa em virtude da "elaboração técnica da regra jurídica", e esta, uma vez sancionada pelo legislador, passa a ter vida distinta, visto como o Direito se contenta com a obediência à lei, sem pedir contas dos motivos dessa obediência. Não é dito, porém, que o Direito possa se destacar de suas raízes, para viver

---

8. Era essa também a posição de SAVIGNY, que declarava suficiente ao seu labor de jurista o reconhecimento de que o fim geral do Direito "pode ser reconduzido simplesmente à destinação ética da natureza humana, tal como nos é exposta na Moral cristã". *(Sistema del Diritto Romano Attuale,* trad. Scialoja, Turim, 1886, vol. I, pág. 75.) No mesmo sentido, TEIXEIRA DE FREITAS, *Nova Apostila à Censura do Sr. Alberto de Morais Carvalho, sobre o Projeto do Código Civil Português,* Rio, 1859, págs. 47 e segs. Cf. MIGUEL REALE, *A Doutrina de Kant no Brasil,* cit.

9. Cf. VICENTE RÁO, *O Direito e a Vida dos Direitos,* São Paulo, 1952, vol. I, págs. 81 e segs.

10. Cf., de GEORGES RIPERT, *La Règle Morale dans les Obligations Civiles,* Paris, 1925, pág. 10. O texto de F. GÉNY acima lembrado encontra-se em *Science et Technique,* cit., tomo II, pág. 361. *Cf.,* também de RIPERT, *Droit Naturel et Positivisme Juridique,* Marselha, 1918; *Le Déclin du Droit,* Paris, 1949, e *O Regime Democrático e o Direito Civil Moderno,* trad. de J. Cortezão, São Paulo, 1937.

FILOSOFIA DO DIREITO   471

tão-só pela força de sua técnica: ao contrário, só subsiste mercê da contínua absorção da seiva moral.

Não há necessidade de recorrer à idéia vaga de um Direito Natural, pois basta reconhecer a Moral como fator constitutivo do Direito, e a necessidade de sua correspondência à "força viva da Moral" para lograr reconhecimento e eficácia no seio da sociedade. Tanto no momento da elaboração da lei, como no da sua aplicação e interpretação, a Moral intervém de maneira decisiva, sendo certo também que certas regras jurídicas não têm outra justificação senão a decorrente de regras morais, as quais, por sua vez, se apóiam "em uma certa concepção religiosa do mundo".

Passa então a estudar, com grande finura, o significado da Moral no campo do Direito Civil, mostrando a insuficiência da Dogmática formal na interpretação dos contratos, na solução da validade das convenções e dos processos técnicos de sua revisão, dos problemas postos pelo abuso do Direito, pelo enriquecimento sem causa etc.

A obra de Ripert, considerada do ponto de vista estritamente filosófico-jurídico, vale sobretudo pela reivindicação do conteúdo axiológico do Direito, que acaba se impondo às formas técnicas que se supunham válidas em si e por si, mas deixa em suspenso uma série de questões que não podem ser apenas supostas. Dizer que a Moral é uma força viva constitutiva do Direito, e depois estabelecer entre regra moral e regra jurídica apenas a distinção extrínseca resultante de um ato de vontade do legislador, que arma umas regras de sanção e as torna obrigatórias e precisas, é passar rente ao problema crucial da relação fato-valor-norma, sem lhe emprestar a devida significação.

Os dados do problema não escaparam a Ripert; está mesmo implícita em sua doutrina certa correlação dinâmica entre Técnica Jurídica e conteúdo axiológico, o que o fez, acertadamente, apontar o artifício do corte de François Gény entre *dado* e *construído*[11], mas não encontramos em seus estudos a "compreensão" do por que as regras de Direito se não reduzem a ditames de ordem moral, sendo bastante precárias explicações como estas: "A precisão técnica faz a regra jurídica perder o seu caráter

---

11. *La Règle Morale,* cit., pág. 25.

472   MIGUEL REALE

moral", ou, então, "a regra moral, passando pelas mãos do legislador (?)
deverá sair transformada em regra jurídica"[12].

O Moralismo Concreto de Gentile e de Binder

189. Nas duas concepções acima examinadas, a regra jurídica é
vista como regra moral em sua essência, mas Direito e Moral são pensados como duas categorias, ou melhor, como duas instâncias distintas,
a segunda servindo de base ou de tábua de aferição para a primeira.
Poderíamos dizer que, em ambos os casos, o moralismo conserva-se
abstrato, realizando-se por subsunção normativa, embora possa e deva
depender de *atos de vontade* do legislador para as imprevisíveis *determinações legais* particulares, reclamadas por circunstâncias diversas de
lugar e de tempo.

Já o mesmo não se dá naquelas doutrinas que, desenvolvendo a
linha do pensar hegeliano, apresentam Direito e Moral como momentos
de um único processo de objetivação espiritual. Em verdade, na grande
corrente idealista que se prende a Hegel, o Direito não se concebe como
um dado ou um fato discernível de outros fatos, mas como um momento do desenvolvimento do espírito.

Para não invocarmos senão um exemplo, e dos mais eloqüentes,
bastará salientar que para a doutrina de Giovanni Gentile (1875-1944) ,
cuja personalidade se eleva ao lado da de Benedetto Croce na história
do recente idealismo itálico, o Direito surge da Moral e é atividade moral do começo ao fim: "Na História, onde toda a vida espiritual se atualiza", escreve ele, "o Direito paira entre a Moral, da qual surge, e a
Moral, a que se destina; e cada momento da História, assim no indivíduo
como no conjunto dos homens que são todos um indivíduo, é um momento de moralidade que resolve uma situação jurídica para dela fazer
nascer uma nova"[13].

Essa intrínseca identidade *(medesimezza)* entre Direito e Moral na
vida concreta do espírito, de tal forma que a segunda seria "vontade em

---

12. *Op. cit.,* págs. 384 e segs.

13. GENTILE, *I Fondamenti della Filosofia del Diritto.* Florença, 1937, 3ª ed., pág. 97.

FILOSOFIA DO DIREITO

ato" e o primeiro o "querer já querido" *("volere già voluto")* leva Gentile a retomar a posição otimista de Hegel em face do Direito vigente, da norma jurídica em vigor, a qual, enquanto não revogada não pode ser considerada em si mesma injusta.

Uma lei injusta é o caso-limite da oposição empírica entre a liberdade e a lei, visto como a liberdade, que em si contém a sua lei, opõe-se empiricamente a uma lei que lhe é externa. Enquanto, porém, uma lei injusta não é ab-rogada, representa a vontade do Estado que está imanente no cidadão, de modo que a injustiça da lei não é toda injustiça: pode dizer-se mesmo que ela é uma justiça *i n fieri,* que a pouco e pouco amadurecerá até a ab-rogação da própria lei... E essa ab-rogação sobrevém por força daquela lei constante e imanente, que governa a objetivação da liberdade em seu processo universal concreto[14].

Infenso à consideração do Direito como um *fato,* pois "quem diz *fato* diz natureza, determinismo, mecanismo, necessidade bruta, privada de qualquer lume de finalidade ou racionalidade", Gentile só compreende o Direito como realidade moral, o que, porém, o induz paradoxalmente a ver em cada momento do Direito, não obstante sua injustiça particular, um elo necessário no processo ético total, visto como todo valor exige um desvalor como opostos necessários no ato idêntico do espírito.

Opera-se, em conseqüência, a subordinação do fenômeno jurídico à atualização universal e imanente da liberdade, que é a essência da vida ética; nem há mais como distinguir entre *ser* e *dever ser,* porque o que *é, deve ser* na integração unitária de um processo, no qual o indivíduo, não como ente da natureza, mas como espírito, torna-se universal.

Na obra de outro neo-hegeliano, de Julius Binder (1870-1939), que ainda mais se atém aos motivos do mentor do idealismo absoluto, nem mesmo subsiste qualquer distinção entre Direito e Moral. Enquanto que para Gentile, a norma jurídica particular é um momento entre uma antiga e uma nova realização ética, para Julius Binder é o Direito que representa a plenitude da vida ética. Declara ele que "a Moral é simplesmente um degrau para se alcançar o verdadeiro Direito", não sendo superior

---

14. *Op cit.,* pág. 102.

474   MIGUEL REALE

mas sim inferior ao Direito, superamento da mera subjetividade, unidade de vontade particular e universal, liberdade que "é em si e por si"[15].

Eis como, nesta terceira expressão de moralismo jurídico, esfumam-
se as diferenças tipificadoras da vida jurídica como tal, e, sob a invocação de uma lei geral de liberdade historicamente objetivada e objetivável,
corre-se o risco de divinizar-se o fato, o Direito armado de força coercitiva, como antítese necessária do esperado aperfeiçoamento ético[16].

190. É inegável, segundo nos parece, que nas doutrinas ora examinadas se acentua a tensão entre *fato, valor* e *norma,* elementos que o
moralismo jurídico procura em vão compor na unidade das exigências
éticas. Daí outras soluções que visam a superar o dualismo ou a antítese
entre norma e fato, evitando, de um lado, a redução operada pelo ima-
nentismo idealista e, de outro, a indiferença axiológica da concepção
stammleriana de um Direito Natural de conteúdo variável. Referimo-nos
a todas as tentativas de renovação do Direito Natural mercê de sua maior
adequação à experiência jurídica, tal como se nota na idéia do "Direito
Natural de conteúdo progressivo", de Georges Renard, ou do "Direito
Natural de aplicações variáveis e mesmo progressivas", consoante fórmula de preferência de Jean Dabin[17].

Em ambos os casos, aspira-se a um contato mais real e mais íntimo
com o mundo das coisas e o das idéias, segundo uma compreensão atualizada dos processos técnicos da Ciência do Direito. As teses tomistas

---

15. JULIUS BINDER, *La Fondazione della filosofia del Diritto,* trad. A. Giolitti, Turim,
1945, págs. 107 e 133.

16. A respeito de GENTILE e de suas considerações sobre a lei injusta, poder-se-ia lembrar a ressalva de BATTAGLIA com referência a HEGEL, a quem geralmente se atribui a negação de todo dualismo entre *ser* e *dever ser,* com a conseqüente divinização do *fato:* "Parece-nos", escreve o mestre de Bolonha, "que essa é uma interpretação falha do pensamento
de HEGEL, o qual não quer dizer que seja racional tudo o que é real, de qualquer modo, mesmo que seja anormal; o que ele diz é que só é racional aquilo que na História se apresenta
objetivo e permanente, e, por conseguinte, plenamente real". *(Corso,* cit., vol. I, pág. 266.)
Mesmo que assim fosse, ao destinatário da norma injusta não restaria senão conformar-se,
na esperança de que a justiça amadurecesse.

17. Cf. GEORGES RENARD, *Le Droit, l'Ordre et la Raison,* Paris, 1927, págs. 119 e
segs.; JEAN DABIN, *La Philosophie de l'Ordre Juridique Positif,* Paris, 1929, págs. 290 e
segs.; *Théorie Générale du Droit,* Bruxelas, 1944, págs. 205 e segs.

FILOSOFIA DO DIREITO

fundamentais de um Direito Natural, concebido como conjunto imutável de princípios racionais orientadores da vida prática, e não como sistema cerrado, completo e ideal de comandos; a idéia de um Direito Natural harmonizável com as soluções particulares da lei positiva, segundo contingências de lugar e de tempo; a reconhecida plasticidade do sistema, em suma, é levada a conseqüências que, se não parecem ortodoxas aos olhos de muitos escolásticos, põem em evidência a já apontada tensão entre o abstrato e o concreto, entre a norma como esquema formal e a conduta jurídica como momento irreversível da experiência humana. Ao lado dos puros ditames racionais vai-se abrindo lugar para a contribuição positiva da vontade, das estimativas sociais e das mutações históricas [18].

Essas novas orientações traduzem, em última análise, o desejo quase que universalmente sentido de uma Jurisprudência que tenha em conta a realidade jurídica, com abandono de explicações unilineares e redutivistas, conciliando-se as exigências axiológicas com as técnico-formais, em crescente harmonia com a existência e o aperfeiçoamento da comunidade [19].

---

18. Segundo RENARD, o Direito Natural é suscetível de uma dupla "progressão", em primeiro lugar "desenvolvendo as virtualidades implícitas em seu próprio princípio", e, em segundo, "por assimilar os meios históricos que ele tem por missão conduzir à Ordem", assinalando um desdobrar-se de conseqüências, cujo princípio é intangível, mas que vão perdendo certeza à medida que se desenvolvem segundo as circunstâncias, em *jus naturae, jus gentium* e *jus civile (op. cit.,* págs. 126 e segs., 285 e segs.). Vide as duas outras séries de conferências do Autor, subordinadas aos títulos *Le Droit, la Justice et la Volanté,* Paris, 1924, e *Le Droit, la Logique et le Bon Sens,* Paris, 1925. Para uma apreciação crítica de sua posição, v. DABIN, *La Philosophie de l'Ordre Juridique,* loc. cit.; BONNECASE, *Science du Droit et Romantisme,* cit., págs. 342 e segs., 666 e segs.; e FELICE BATTAGLIA, *La Crisi del Diritto Naturale,* Veneza, 1929, págs. 40 e segs.

19. Sobre como esse desejo de concreção se reflete nas mais recentes teorias existencialistas do Direito Natural, v. J. BAPTISTA MACHADO, *Antropologia, Existencialismo e Direito,* Coimbra, 1965.

Título X

Teoria Tridimensional do Direito

Capítulo XXXIV

O Termo "Direito" e Sua Tríplice Perspectiva Histórica

A Intuição Axiológica do Direito

191. No domínio das ciências físicas as palavras possuem quase sempre sentido claro e unívoco, que não admite confusões. Para um físico ou um químico, os termos são, em geral, previamente estabelecidos, por ser de antemão possível realizar um acordo terminológico, máxime quando as formulações científicas se alçam ao plano da linguagem matemática ou dos símbolos convencionais.

Quando passamos, porém, para as ciências sociais ou humanas, encontramos palavras que albergam uma multiplicidade de sentidos, razão pela qual Bergson já nos disse que as palavras são prisões capazes de receber múltiplos conteúdos. É preciso, às vezes, partir tais esquemas e estruturas formais, para penetrarmos na riqueza de seus significados. A multiplicidade de acepções é, aliás, muito maior quando se trata daquelas palavras que o homem emprega com mais freqüência, porque dizem respeito a exigências essenciais à própria vida.

É fácil perceber a extrema complexidade, por exemplo, da palavra *liberdade,* assim como do termo *igualdade,* porquanto, através do tempo, esses vocábulos têm sido usados em sentidos diversos e, muitas vezes, conflitantes. A mesma coisa acontece com a palavra *Direito,* cuja importância para a vida humana explica perfeitamente a razão de tantos sentidos que se lhe agregaram. Por serem palavras cujas raízes se apro-

480   MIGUEL REALE

fundam no mundo contraditório dos interesses e das preferências humanas; por estarem sempre na funcionalidade de forças inovadoras que pretendem subordinar a regularidade dos fenômenos naturais à pauta de fins almejados; por refletirem, em suma, todas as aporias da existência humana, em uma incessante experiência de estimativas, as "palavras cardeais" da cultura e da civilização (liberdade, justiça, igualdade etc.), todas elas não comportam a univocidade peculiar às coisas neutras para o mundo dos valores.

É por tais razões que as vicissitudes da palavra "Direito" acompanham *pari passu* a história do homem ou, diríamos melhor, o processar-se da *Humanitas* na História.

Qual foi a experiência humana da palavra *Direito?* Que conteúdo o homem viveu através desse vocábulo? O estudo desta *estimativa histórica* poderá revelar verdades preciosas a quem deseje penetrar na consistência da realidade jurídica. Vamos, portanto, buscar na História elementos que possam esclarecer nosso problema.

Desejamos, desde logo, notar que não nos move o preconceito evolucionista de partir de dado ponto da História, concebido como primitivo, para depois subirmos paulatinamente a outros pontos considerados como sendo a expressão do melhor. A História não apresenta, muitas vezes, essa progressão da perfectibilidade, como se assinalasse sempre uma passagem do mais rústico para o mais polido.

O preconceito evolucionista tem impedido a compreensão de muitos fenômenos culturais, como acontece, por exemplo, nos domínios da arte, onde ainda alguns porfiam em apresentar, para não dar senão um exemplo expressivo, a arte do Renascimento como o esplendor evolutivo de uma arte que teria sido rudimentar nos chamados "primitivos". Cada época, no entanto, realiza seus valores em sua plenitude e em sua autenticidade, não sendo aconselhável querer destacar uma delas como grau de um processo de ideação iluminística progressiva.

Da mesma forma, não vamos procurar na História o segredo de um Direito que se aperfeiçoou, porque não se pode *a priori* excluir a possibilidade de ter sido a raiz primordial do Direito entrevista nos primeiros contatos estimativos, numa intuição encoberta depois por experiências ligadas a elementos extrínsecos ou instrumentais.

FILOSOFIA DO DIREITO

Mostrando que este nosso estudo não tem qualquer preconceito, senão o de verificar, pura e simplesmente, como o Direito foi *vivido* pela espécie humana, vejamos que é que o homem terá entendido, de início, por Direito, ou como se lhe apresentou o problema da juridicidade.

Quando falamos em Direito, especialmente para estudantes de Jurisprudência, a primeira noção que surge é de um *conjunto sistemático de regras* obrigatórias, de normas, de leis, de comandos, que determinam a prática de certos atos e a abstenção de outros. A idéia que se impõe, de imediato, no espírito de um homem moderno, é a do Direito como *norma,* como lei ou como pauta consuetudinária de agir.

Se, ao contrário, uma pessoa de formação fundamentalmente sociológica procura entender o Direito, é levada a apreciá-lo como *fato* ou fenômeno *social,* subordinado a um conjunto de hipóteses das quais resultarão sempre determinadas conseqüências.

192. Não foi provavelmente nem a primeira, nem a segunda destas compreensões que se apresentou em primeiro lugar ao homem, quando seu espírito se entreabriu para aflorar estes problemas.

Parece-nos lícito conjeturar que o homem viveu inicialmente o Direito como experiência e o realizou como *fato social,* de envolta com os liames míticos e religiosos dos primeiros tempos, tal como a Sociologia e a Antropologia nos ensinam, pois o fato jurídico, como fato histórico ainda indefinido ou indistinto, foi concomitante ao viver do homem em sociedade. A consciência desse fato surgiu, porém, mais tarde, e muito mais tarde ainda a consciência de que tal fato pudesse ser objeto de ciência autônoma[1].

Pode-se dizer que o Direito, de envolta com as demais expressões do viver coletivo, foi antes vivido como um *fato,* e, ao mesmo tempo, como um *fado* a que o homem atribuía a força inexorável e misteriosa dos enlaces cósmicos, talvez inspirado inicialmente, como sugere Cas-

---

1. Não há, pois, como confundir a história do *fenômeno jurídico* com o da "consciência estimativa" por ele provocado. Do mesmo modo se não deve confundir a história dos fatos jurídicos com a história das doutrinas. Cf. ROUBIER, *Théorie Générale Du Droit,* cit., pág. 319.

sirer, pela visão dos astros, cuja "ordem" terá sido a primeira a ser arrancada do caos das impressões, dos desejos e das vontades arbitrárias.

Aos poucos, esse vago e obscuro sentimento da ordem cósmica entrelaça-se e confunde-se com outro sentimento, relativo à ordem de seu próprio mundo, de seus atos e comportamentos.

O homem, nos tempos primitivos, é governado, como se sabe, por um complexo de regras ao mesmo tempo religiosas, morais, jurídicas, indiferençadas no bojo dos *costumes,* elaboradas no anonimato do viver coletivo, exigidas por chefes e sacerdotes. Durou milênios o processo de diferenciação das regras que hoje governam órbitas distintas de conduta, sendo possível que a consciência do justo tenha sido precedida pela da força e da astúcia.

Momento decisivo na História da compreensão humana — em certo sentido é então que começa verdadeiramente a História —, é aquele em que o fato passa a ter um *significado percebido no plano da consciência.* Quando a "imagem do mundo" começa a adquirir vida própria, enlaçando o passado e o futuro, o homem supera o plano do fático e do natural, envolvendo-o no manto de sua imaginação criadora. Sob certo prisma, é pela imagem e pela potenciação da imagem que o homem se supera, naquilo que o ser humano possui de uniforme e de causado, inserindo, não importa se com plenitude ou não de propósitos, algo de inédito e de autonomamente projetante no processo da Natureza.

Não se estranhe, pois, que o homem não tenha admitido, senão muito tardiamente, a possibilidade de se estudarem a *ordem natural* e a *ordem social* segundo critérios objetivos e neutros, independentemente de qualquer referência a forças transcendentes. A invocação de algo estranho à Natureza em si mesma era uma afirmação poderosa do homem: no ato de admitir, miticamente, *mais do que o natural fático,* punha o ser humano a distinção de seu próprio problema, para atualizar-se progressivamente como ser capaz de pensamento e de síntese.

Compreende-se, pois, que o Direito, no seu *substractum* fático, tenha sido eclipsado pelo Direito como conteúdo de estimativa, ligado ao *sentimento do justo,* revelado em expressões irracionais. A primeira intuição foi a do Direito — ou melhor, da "ordem social" na qual o Direito estava em gérmen, pois também ainda não se achava formalmente

FILOSOFIA DO DIREITO

organizado o Poder —, a primeira imagem talvez tenha sido uma *imagem de valor, como vivência confusa de valores,* permanecendo inseparáveis a concepção do universo físico e a do mundo moral.

Conjeturando sobre as primeiras formas de *compreensão* da convivência humana, ou, mais genericamente, sobre as primeiras reações produzidas pelo fenômeno da ordem social no espírito humano — em épocas cujo início seria dificilmente determinável, oferecendo campo a múltiplas hipóteses —, podemos admitir o reconhecimento ou a aceitação de certos valores hipostasiados, o que quer dizer projetados para fora do homem e transformados em entidades por si bastantes.

Embora pareça paradoxal, a primeira conquista no plano da compreensão espiritual implicou uma alienação do homem a potestades superiores, às quais atribuiu a origem daquilo que, na realidade, brotava do íntimo de sua própria consciência. O homem, no assombro dos primeiros conhecimentos, não se pôs como fonte constitutiva do conhecimento, na autoconsciência reveladora do espírito, mas projetou fora de si, para tornar a receber como sendo gerado por outrem, o que no fundo era o fruto de suas próprias virtudes criadoras.

No primeiro contato com a ordem social, com a força dos costumes, que o enlaçava e envolvia em todos os momentos e circunstâncias; nessa "descoberta" de uma ordem que era produto de sua própria experiência histórica, o homem não atribuiu a si mesmo a criação paulatina daquele mundo, mas o concebeu como uma dádiva da divindade, graças a cuja interferência a natureza e a sociedade eram arrancadas do caos.

Assim é que, lembra-nos Cassirer, a epopéia de Gildamés, os livros dos Vedas, a cosmogonia dos egípcios, todas elas refletem, nesse ponto, concepção idêntica. No mito cosmogônico babilônico, vemos Marduk dando combate ao caos informe, contra o monstro Tiamat. Depois de vencê-lo, o herói instaura os eternos signos que simbolizam a ordem do universo e da *Justiça,* pois tudo quanto o homem cria ainda sai de suas mãos rodeado de um mistério inescrutável[2].

A mesma implicação entre mito e história observamos na Grécia, onde, ao elevar-se à consciência do problema que nos ocupa, o ser hu-

---

2. E. Cassirer, *Las Ciencias de la Cultura,* cit., pág. 8.

mano primeiro reverenciou à deusa Justiça receou seus desígnios, obedeceu temeroso a seus comandos, antes de se subordinar aos mandamentos jurídicos como expressão objetiva da convivência e expressão de sua atividade pessoal realizadora.

Têmis e Diké foram, entre os gregos, as personificações do sentido ideal que governa de maneira obrigatória o comportamento social. Poderíamos dizer, com as devidas cautelas, que, de início, por sua origem mítica, a *ordem humana* — na qual se englobava o Direito —, é sentida ou percebida como algo que *deve ser.* O problema do *dever ser* impôs-se na primeira intuição do homem sobre a regularidade ou pressão das forças sociais.

A Justiça é vista por uns pitagoricamente como expressão de harmonia aritmética, como proporção. Por outros, como força que liga entre si os astros e os corpos, como aquela força que determina a passagem do caos para o cosmos. A natureza é harmônica e cósmica, porque presidida pela divindade suprema segundo os "conselhos" de Têmis, que de Júpiter gerou a filha Diké; a deusa dos julgamentos, a deusa vingadora das violações da lei.

Por ser a Justiça um alvo a ser atingido, surgiu a noção do *Direito* como algo que traça uma *direção,* como comportamento enquanto *dirigido* para o ideal personalizado em poderosa divindade. Nessa intuição, o elemento mítico se entrelaça, de maneira prodigiosa, com a experiência humana empírica.

É desnecessário lembrar aqui a importância dos mitos na formação do saber humano. Platão e Aristóteles já puseram em altíssimo relevo a importância dos mitos para a Ciência, mostrando o papel que representam as hipostasizações do homem no processo do conhecimento, porquanto representam maneiras de penetrar no âmago da realidade, naquilo que a realidade tem de mais oculto. Podemos, pois, dizer que a primeira intuição do Direito foi em termos de *Justiça,* ou, se quisermos empregar palavras de nossos dias, em termos axiológicos.

Este sentimento do Direito como Justiça, como valor, como ideal, implicava a idéia de obrigatoriedade, de comando, tanto assim que o ideal se divinizou; e a Justiça foi predicado atribuído à própria divindade.

Servir à Justiça era servir a Deus, de maneira que o homem se sentiu ligado nos seus comportamentos. Os laços resultantes do ideal de

FILOSOFIA DO DIREITO

Justiça foram recebidos como leis. A lei, no seu sentido primordial, é bem um laço, um enlace. O homem que cumpre a lei não faz outra coisa senão respeitar um enlace que é de natureza divina. É por esta razão que o Direito primitivo obedece a um ritual ou a um formalismo religioso, e o desrespeito ao rito equivale à violação do justo. O Direito, aos poucos, foi se libertando desses elementos mitológicos ou míticos, mas guarda ainda algo de seu sentido primordial.

Nós, homens civilizados — ou que nos consideramos tais —, pensamos que a obrigação jurídica é um fato intuitivo e evidente, e não nos apercebemos de quanto custou à espécie humana chegar ao ponto de compreender, por exemplo, a validade de uma obrigação jurídica por si mesma, por ser mera expressão de uma declaração de vontade.

Quando dois homens contratam e pactuam direitos e deveres recíprocos, surge um laço que se põe por si mesmo, como oriundo das vontades das partes e em razão da lei positiva que as faculta e protege. Esta idéia é o produto de uma longa experiência histórica. A primeira expressão do dever jurídico foi de natureza mítica ou religiosa e, consoante nos esclarecem os estudiosos do Direito Romano primitivo, *obligare aliquem* significava, de início, ligar alguém por meio de fórmulas ou de cerimônias religiosas, tanto assim que *obligare* ia de par com *damnare*. A fórmula arcaica *damnas esto* significava: "que ele seja ligado a, obrigado a".

Para garantir o cumprimento de uma obrigação, sentiu-se necessidade de invocar-se uma potência externa, uma potestade divina, pois o homem só se ligava em razão de algo transcedente, razão e princípio do liame. Quando, para não dar senão um exemplo, um homem fazia empréstimo de um boi, enlaçava-lhe os chifres e confiava o laço ao interessado, invocando a proteção da divindade, a fim de que entre eles se estabelecesse um *nexo,* o que quer dizer um *nó* que somente a divindade podia arbitrariamente desfazer[3].

---

3. Para uma visão geral da matéria, v. JAMES G. Frazer, *The Colden Bough,* Nova Iorque, 1943, *passim;* HENRI DECUGIS, *Les Étapes du Droit des Origines à nos Jours,* Paris, 1946, esp. cap. V, e G. DAVY, *La Foi Jurée.* Paris, 1922, *passim.* Cf. MIGUEL REALE, *Lições Preliminares de Direito,* cit., págs. 167-173.

486 MIGUEL REALE

A idéia de enlace ainda ficou com esse sentido em nossa experiência jurídica. Ainda falamos em "laço contratual", em "enlace matrimonial", e assim por diante. Guardamos nas palavras petrificadas o conteúdo mítico que desapareceu.

Aqui, ocorre-nos lembrar que a própria palavra *Justiça* tem em sua raiz também o sentido de *jus*, de *jungere* — unir. Os homens mais se ligaram por forças míticas do que pela autoconsciência de sua própria valia. É só através do tempo que o Direito se humaniza, no sentido de encontrar em si mesmo, no próprio homem, as razões de sua gênese. É muito controvertida, por certo, a etimologia das palavras *jus, justum* e *justitia.* Segundo alguns", derivariam do radical sânscrito *ju* (yu), que quer dizer *ligar,* como ainda se conserva nos termos "jungir" ou "jugo"; outros invocam a matriz védica *yòh,* que corresponde à idéia religiosa de salvação ou propiciação; outros ainda aproximam, desde Grócio e Vico, *jus* a Zeus ou Júpiter. É possível que tais explicações sejam antes harmonizáveis, revelando-se que a primeira noção do *jus* expressou uma ligação propiciatória sob a proteção divina[4].

193. É preciso notar, entretanto, que, apesar de ter projetado para fora de si e de ter antropomorfizado estes fenômenos nas divindades de Justiça, o homem sentiu que, no fundo, a Justiça estava nele mesmo, ao colocar e compreender a Justiça também como uma *virtus.* Quando os romanos se referiam ao Direito, eles o apresentavam como *voluntas.* Há uma correlação necessária e essencial entre a intencionalidade do homem para o justo e o justo como aquilo a que o homem tende.

Quando os homens se sentiram ligados e aceitaram as leis de ligação, entenderam que elas resultavam de algo superior ao próprio homem. Na idéia primordial de lei existe sempre a consciência de uma força extrínseca à lei mesma, ditando o comando e tutelando-o. Onde se diz lei, diz-se legislador, legislador que enuncia o caminho, a direção; e também legislador que garante o cumprimento do que determina.

Não é demais recordar que o homem teve primeiro a noção de lei como "comando" ou "imperativo", para depois concebê-la como relação

---

4. Sobre este problema, v. Pietro de Francisci, *Storia del Diritto Romano,* Milão, 1943, vol. I, págs. 327 e segs.

FILOSOFIA DO DIREITO

objetiva entre fenômenos. A noção de lei modelou-se, de início, sobre a noção de uma ligação entre ordem e obediência, pressupondo sempre a pessoa do autor da norma e a do seu destinatário: — muitas vezes inclinamo-nos a pensar que recebemos dos físicos e dos químicos o conceito de lei, quando, na realidade, foi o contrário que se deu.

Nas primeiras cogitações sobre a natureza física, os homens também foram levados a conceber um legislador governando o fato natural, como quem baixa um comando. O progresso das ciências físico-matemáticas foi assinalado pela libertação cada vez maior do conceito de lei desse resíduo de imperatividade.

Em precioso trabalho, escrito nos Estados Unidos e intitulado *Sociedade e Natureza,* Kelsen estuda, ampla e profundamente, esta questão, mostrando como foram os cultores das ciências físico-matemáticas que transladaram para seu domínio uma noção primordialmente própria da Religião, da Ética e do Direito.

Os cultores das ciências exatas realizaram uma decantação formidável, no sentido de tornar as relações entre os fatos *meramente explicativas,* sem qualquer referência a um legislador ou a uma força estranha ao processo natural. Estes resultados foram tão grandes que os próprios juristas, por sua vez, se impressionaram: — em determinado momento cuidaram de converter suas leis em leis meramente explicativas, no que incorreram em grande equívoco. O que foi um progresso extraordinário no campo das ciências exatas, muito embora não sejam de todo isentas de coeficientes axiológicos, tornou-se deturpação nos domínios das ciências jurídicas e éticas, como já tivemos ocasião de examinar pormenorizadamente.

Explicado este primeiro ponto, perguntamos se, depois de ter-se proposto o problema da Justiça, o homem se preocupou logo com o fato da experiência humana concreta. Não. O Direito, como fato, como acontecimento social e histórico, só foi objeto de ciência autônoma muito mais tarde, em tempos bem chegados a nós, no decorrer do século passado. Trata-se, portanto, de uma ordem de pesquisas muito recente no patrimônio da cultura universal.

A perquirição metódica do Direito como fato só começa a ser especificamente estudada na época moderna. São Machiavelli, Bodin, Hobbes, Montesquieu ou Vico grandes cultores da experiência social,

488   MIGUEL REALE

jurídica ou política, mas a pesquisa do Direito como fenômeno configurável objetivamente com estruturas próprias, só adquire consistência científica nos trabalhos sociológicos e históricos dos séculos XIX e XX. A Sociologia do Direito é uma cogitação recente. E por ter aparecido por último, muitos pensaram que vinha marcar o ápice de uma evolução científica, o apogeu de uma progressão especulativa...[5]

A Intuição Normativa do Direito

194. Na realidade, entre a terceira fase recente e a mais antiga, colocou-se uma outra, na qual o Direito foi visto como *norma* ou como *lex.* Situa-se exatamente neste ponto o que chamamos *Jurisprudência.* A importância do Direito Romano vem daí, de ter tomado contato com o Direito como regra e de ter formulado a possibilidade de uma Ciência do Direito como *ordem normativa.* A esta ciência os romanos denominavam Jurisprudência, que não era o estudo puro e simples dos valores de Justiça, mas a indagação das concreções da Justiça no tempo, nas delimitações espácio-temporais da experiência humana. Os romanos tiveram consciência de que a Justiça se revelava no *factum* da conduta, como experiência humana.

A conhecida parêmia *ex fato oritur jus* não deve ser interpretada em sentido fisicalista, como uma causa que gera um efeito, mas no sentido do encontro do ideal do justo com o fato concreto posto como sua condição.

Parece-nos ter sido suficientemente provado, em face de algumas tentativas de reduzir-se o Direito Romano a uma geometria abstrata de normas, que os jurisconsultos romanos jamais separaram a "norma" de sua circunstancialidade fática, assim como de suas exigências ideais[6].

---

5. Cf. cap. XXXI.

6. Nesse sentido, entre outros, R. VON JHERING, *L'Esprit du Droit Romain,* trad. de Meulenaere, Paris, 1886; PIETRO DE FRANCISCI, *Storia del Diritto Romano,* Milão, 1943. Este segundo autor acentua a importância para o jurista do conhecimento da relação entre elementos de estrutura e elementos finais, e da influência das mudanças destes sobre aqueles *(op. cit.,* pág. 70, nota 2).

FILOSOFIA DO DIREITO

Sob certo prisma é o sentido de concreção que assinala a grandeza dos jurisconsultos clássicos, integrando em unidade o *fato* e o *valor* graças à terceira dimensão representada pela *norma.*

Se os gregos filosofaram sobre a Justiça, desde os pré-socráticos até os estóicos, os romanos preferiram indagar da experiência concreta do justo. A experiência concreta do justo apresenta-se-lhes como *lex* ou como norma. A Justiça é um valor, mas que deve ser medido na experiência social e que, para ser medido, exige um tato especial, um senso particular. A ciência que se destina a estudar a experiência humana do justo chamou-se *Jurisprudência* — por ser o senso prudente da medida. Para o jurista romano, o que mais interessa é a *regula júris,* ou seja, a medida de ligação ou a medida do enlace que a Justiça permite e exige, de tal modo que Justiça e Direito se tornam inseparáveis, considerado que seja como um todo o conjunto da experiência jurídica[7].

A expressão *regula* é de uma clareza extraordinária, não só porque conserva a antiga raiz — *reg,* que determina a idéia de enlace ou comando —, como também porque lembra a idéia de medida e de medida em concreção.

Em português, temos duas palavras que se originam de *regulam:* — uma é regra; a outra é régua. *Régua,* segmento de direção, no plano físico; *regra,* sentido de direção no plano ético, linha de comportamento.

O princípio diretor do jurista, segundo os romanos, é a *ratio juris,* cabendo-lhe indagar de cada circunstância a sua *ratio,* a fim de estabelecer sua medida, sua *regula:* — a *ratio juris* determina a *regula juris.*

Em sentido inverso, quando a *regula juris* já é dada, a interpretação não pode se fixar apenas nos elementos literais ou gramaticais, porque deverá procurar atingir o espírito, a *ratio legis.* Foram estes elementos que habilitaram o povo romano a constituir as categorias da Ciência Jurídica.

Ainda hoje, trabalhamos com categorias ou conceitos básicos formulados por eles, operando a passagem progressiva de um saber empí-

---

7. Cf. nosso estudo "concreção de fato, valor e norma do Direito Romano clássico", em *Horizontes do Direito e da História,* cit.

490 MIGUEL REALE

rico para o saber científico. Não puseram, como os gregos, o problema do "dever ser" do Direito, mas foram homens práticos, quase pragmáticos, para os quais o Direito foi brotando dos fatos, em contato com a experiência. Mas o jurisconsulto romano jamais reduziu o Direito ao mero fato, como depois pretenderam fazer alguns sociólogos contemporâneos, porque eles viram que o jurista domina sempre o fato com a sua *voluntas,* pondo uma *regula,* que é regência segundo medida.

195. Eis aí, portanto, através de um estudo sumário da experiência das estimativas históricas, como os significados da palavra Direito se delinearam segundo três elementos fundamentais: — o elemento *valor,* como intuição primordial; o elemento *norma,* como medida de concreção do valioso no plano da conduta social; e, finalmente, o elemento *fato,* como condição da conduta, base empírica da ligação intersubjetiva, coincidindo a análise histórica com a da realidade jurídica fenomenologicamente observada.

Encontraremos sempre estes três elementos, onde quer que se encontre a experiência jurídica: — fato, valor e norma. Donde podemos concluir, dizendo que a palavra *Direito* pode ser apreciada, por abstração, em tríplice sentido, segundo três perspectivas dominantes:

1) o Direito como *valor* do justo, estudado pela Filosofia do Direito na parte denominada Deontologia Jurídica, ou, no plano empírico e pragmático, pela Política do Direito;

2) o Direito como *norma* ordenadora da conduta, objeto da Ciência do Direito ou Jurisprudência; e da Filosofia do Direito no plano epistemológico;

3) o Direito como *fato* social e histórico, objeto da História, da Sociologia e da Etnologia do Direito; e da Filosofia do Direito, na parte da Culturologia Jurídica.

Esta discriminação assinala, todavia, apenas um predomínio ou prevalência de sentido, e não uma tripartição rígida e hermética de campos de pesquisa. A *norma,* por exemplo, representa para o jurista uma integração de fatos segundo valores, ou, por outras palavras, é expressão de *valores* que vão se concretizando na condicionalidade dos *fatos histórico-sociais.*

FILOSOFIA DO DIREITO

Antes de mostrar como é que essa integração se realiza, é necessário examinar, em suas linhas gerais, algumas teorias que reconhecem o caráter tridimensional do Direito, resolvendo de maneira diversa e até mesmo contrastante as relações entre os elementos, que a análise fenomenológica da conduta já nos revelara, e que a História estimativa do Direito acaba de nos confirmar: ver-se-á, assim, a tridimensionalidade *reflexa* no plano das interpretações doutrinárias.

Capítulo XXXV

O Tridimensionalismo Abstrato ou Genérico

Espécies de Teorias Tridimensionais

196. A análise fenomenológica da experiência jurídica, confirmada pelos dados históricos sucintamente lembrados, demonstra que a estrutura do Direito é tridimensional, visto como o elemento *normativo,* que disciplina os comportamentos individuais e coletivos, pressupõe sempre uma dada *situação de fato,* referida a *valores* determinados.

É preciso observar que a unidade ou a correlação essencial existente entre os aspectos fático, axiológico e prescritivo do Direito não foi logo claramente percebida pelos juristas e jusfilósofos, os quais, como vimos, foram antes tentados a compreender o fenômeno jurídico à luz de um ou de dois dos elementos discriminados, dando, assim, origem às *teorias reducionistas,* objeto de estudo no Título IX desta obra.

Vimos, todavia, que, não obstante os propósitos de pureza metódica alimentados pelos adeptos das doutrinas monistas, o desenvolvimento mesmo de suas concepções veio a revelar os nexos que unem os três fatores, pondo o inevitável problema de sua interdependência ou correlação.

Pois bem, as primeiras doutrinas que se aperceberam desse problema, fizeram-no de modo abstrato, isto é, sem se desvincularem integralmente de perspectivas setorizadas, mas apenas procurando compô-las numa visão final e compreensiva, entendida, por sinal, de maneira diversa e até mesmo conflitante.

FILOSOFIA DO DIREITO   493

Há autores, em verdade, que se limitam a reconhecer que uma *visão integral* do Direito só é obtida mediante a consideração dos três aspectos *supra* discriminados, entendendo alguns ser tarefa do jusfilósofo realizar uma síntese final das análises feitas separadamente pelos especialistas que estudam o Direito como *fato* (sociólogos, etnólogos, psicólogos e historiadores do Direito); como *valor* (axiólogos e politicólogos do Direito); ou como *norma* (juristas e lógicos do Direito). No fundo, o que prevalece, nesse tipo de compreensão, é o antigo entendimento positivista da Filosofia como uma "Enciclopédia do saber científico", com base nos resultados auferidos e aferidos em distintos campos particulares de investigação. Quando se reconhece a viabilidade dessa composição final, em maior ou menor grau, temos o que se poderia denominar "tridimensionalismo genérico de tipo enciclopédico", cuja formulação mais completa nos é dada, como veremos, pela obra de Julius Stone.

Jusfilósofos há, todavia, que não admitem possa haver conciliação entre os pontos de vista teóricos elaborados pela Sociologia, pela Ciência ou pela Filosofia do Direito, cada uma delas constituindo um campo *a se,* insuscetível de correlação, salvo no plano da ação prática ou da *praxis.* É nesse sentido que se desenrola notadamente o pensamento de Gustav Radbruch *(tridimensionalismo genérico antinômico),* bem como o de alguns autores que sofrem a influência do perspectivismo de Ortega y Gasset[1].

Pois bem, o que denominamos *tridimensionalismo específico* assinala um momento ulterior no desenvolvimento dos estudos, pelo superamento das análises em separado do *fato,* do *valor* e da *norma,* como se tratasse de gomos ou fatias de uma realidade decomponível; pelo reconhecimento, em suma, de que *é logicamente inadmissível qualquer pesquisa sobre o Direito que não implique a consideração concomitante daqueles três fatores.* Essa forma de compreensão da matéria veio se constituindo, a partir de 1940, coincidindo, nesse ponto, as contribuições de Sauer com as nossas[2], muito embora obedecendo a pressupostos

---

1. Sobre essas e outras modalidades do tridimensionalismo, cf. MIGUEL REALE, *Teoria Tridimensional do Direito,* 4ª ed., Saraiva, 1986, e *infra,* §§ 197 e segs. Há trad. castelhana desta obra de Juan Antônio Sardina Paramo, sob a égide da Universidade de Santiago de Compostela, 1973, mas corresponde à edição de 1968, também republicada pela Universidade de Valparaizo, Chile, na coletânea "Juristas Perenes".

2. Cf. MIGUEL REALE, *Fundamentos do Direito,* São Paulo, 1940, sobretudo o capítulo final intitulado "ato, valor e norma", e *Teoria do Direito e do Estado,* da mesma data, *passim.*

metodológicos autônomos e distintos. Consoante se verá, nossa teoria culminará na precisa determinação da tridimensionalidade como sendo *uma das notas essenciais e características da experiência jurídica,* ponto de vista este depois compartilhado por Luis Recaséns Siches[3].

Não é demais acrescentar que, assim como há várias modalidades de concepções tridimensionais genéricas, também há diferentes teorias tridimensionais específicas, merecendo realce a distinção entre as que correlacionam os três elementos numa coordenação ou composição integrante, mas estática, de perspectivas (como é o caso de Wilhelm Sauer e de Jerome Hall, aquele dando mais ênfase ao *valor;* este, ao *fato* social) e as doutrinas que entendem só ser possível aquela integração em virtude do processo dialético que governa a experiência jurídica (dialética de implicação-polaridade ou de complementariedade, no nosso entender, dialética da razão vital, segundo Recaséns Siches).

Ao longo deste capítulo e dos seguintes, melhor se compreenderão as distinções ora estabelecidas, as quais podem ser compendiadas na figura seguinte:

ESQUEMA DAS TEORIAS TRIDIMENSIONAIS

Na primeira coluna, indicamos os elementos constitutivos da experiência jurídica — fato, valor e norma; na segunda, assinalamos a nota dominante, que corresponde aos elementos discriminados com o nome de eficácia, fundamento e vigência, cujos conceitos serão a seguir estudados, elaborando noções já oferecidas nas páginas anteriores.

---

3. Cf. MIGUEL REALE, *Teoria Tridimensional do Direito,* cit., cap.

FILOSOFIA DO DIREITO 495

Como existem três elementos, surgiram as tentativas já examinadas de "setorização" do fenômeno, motivo pelo qual na terceira coluna aparecem as diversas "concepções unilaterais": o sociologismo jurídico, o moralismo jurídico e o normativismo abstrato.

Quando se procuram combinar os três pontos de vista unilaterais e, mais precisamente, os resultados decorrentes de estudos levados a cabo separadamente, segundo aqueles pontos de vista, configura-se o que chamamos de *tridimensionalidade genérica do Direito*.

Quando, ao contrário, não se realiza urna simples harmonização de resultados de ciências distintas, mas se faz um exame prévio da correlação essencial dos elementos primordiais do Direito, mostrando que eles sempre se implicam e se estruturam, numa conexão necessária, temos *a tridimensionalidade específica*, que pode ser estática, ou dinâmica e de integração.

Neste último caso, a tridimensionalidade específica do Direito resulta de uma apreciação inicial da correlação existente entre fato, valor e norma no interior de um processo de integração, de modo a abranger, em unidade viva, os problemas do fundamento, da vigência e da eficácia do Direito, com conseqüências relevantes no que se refere aos problemas básicos das *fontes do direito, dos modelos jurídicos* e da *hermenêutica jurídica*.

O Trialismo de Lask e o Monismo Neo-Hegeliano

197. Como já foi advertido, a interpretação tricotômica do Direito tem sido descortinada segundo perspectivas diversas. Na ordem cronológica, e mesmo por sua importância fundamental na história das idéias jurídicas contemporâneas, parece-nos merecer nossa imediata atenção a corrente que se prende à Escola sudocidental alemã, notadamente na diretriz de Emil Lask, Frederico Münch e Gustav Radbruch.

Em sua preciosa *Filosofia Jurídica*, Emil Lask (1875-1915), após uma análise percuciente do historicismo de base empírica e do jusnaturalismo, conclui pela necessidade de seu "superamento", por serem dois escolhos dos quais a Filosofia do Direito deve precaver-se.

O Direito Natural, escreve ele, quer extrair magicamente da absoluteza do valor o substrato empírico; o historicismo pretende extrair

496 MIGUEL REALE

magicamente do substrato empírico o absoluto do valor. O primeiro, destruindo a autonomia do empírico pela hipostasização do valor, incorre no erro da a-historicidade; o segundo, olvidando o valor das normas intemporais, destrói a possibilidade mesma de toda Filosofia e de uma concepção do mundo. Mérito imortal de ambos, foi, porém, ter posto em evidência o *fático* e o *valioso.*

Isto posto, o jovem mestre da Escola de Baden, cuja trajetória iria ser violenta e prematuramente truncada na Primeira Grande Guerra, esboça todo um programa de trabalho no sentido de realizar a síntese das correntes filosófico-jurídicas, até então contrapostas. Essa orientação prenuncia e prepara, aliás, a linha central de sua doutrina quanto à síntese necessária de "racionalismo" e "irracionalismo", "idealismo e realismo", graças ao caráter *intencional* das categorias, sempre referidas a um conteúdo real ou ideal alheio a elas[4].

Na *Filosofia Jurídica,* obra de 1905, ainda sob direto influxo da Filosofia dos valores de Windelband e de Rickert, e sem o fecundo contato que depois iria tomar com as contribuições da fenomenologia de Husserl e o reexame da dialética de Hegel, a solução apresentada esquematiza-se em torno da categoria de *cultura.*

Partindo da antítese entre *valor* e *realidade,* em que se debatia o neokantismo, e tentando superá-la, Emil Lask recorre ao mundo intermédio da *cultura,* nele incluindo o Direito. Este pode ser-estudado sob tríplice perspectiva: como realidade impregnada de *significações normativas objetivas* (objeto da Jurisprudência ou Ciência do Direito, segundo o método jurídico-dogmático) como um *fato social* (objeto da Sociologia Jurídica, segundo o método sócio-teorético), ou ainda como *valores* ou significações, abstração feita da realidade a que aderem e que eles orientam (objeto da Filosofia do Direito, segundo o método crítico ou axiológico)[5].

---

4. Nesse sentido, v. sua obra fundamental *Die Logik der Philosophie und die Kategorienlehre,* 1912. Cf. G. Gurvitch, *Les Tendences Actualles de la Philosophie Allemande,* Paris, 1930, págs. 158 e segs.

5. Cf. Emil Lask, *Filosofía Jurídica,* Buenos Aires, 1946. V. Eustáquio Galán, *La Filosofía del Derecho de Emil Lask en Relación con el Pensamiento Contemporáneo y con el Clásico,* Madri, 1944. V. Miguel Reale, *Fundamentos do Direito,* cit., págs. 180 e segs. e o

FILOSOFIA DO DIREITO

497

Daí reconhecer o alcance da distinção feita por Jellinek entre Teoria Social do Direito e Jurisprudência, segundo se considera o Direito como "um fator *real* da cultura, um sucesso da vida Social", ou como "um complexo de significações, mais exatamente, de *significações normativas,* acerca de seu conteúdo dogmático"[6].

Essa contraposição ou antagonismo entre "realidade" e "significação", entre "ser" e "dever ser" só se justifica, diz ele, à luz de uma concepção *sistemática* das ciências culturais; mas uma compreensão *histórica* da cultura implica o reconhecimento de uma correlação: há um *dever ser* para o filósofo do Direito como tal, cujo caráter dimana de uma validez absoluta, em uma instância supratemporal; e há um *dever ser* para o cientista do Direito, que depende de um dado empírico, da vontade da comunidade como momento de sua validez concreta[7].

Desse modo, o momento do dado empírico, do existente de fato, não é relevante apenas para a doutrina do "ser do Direito", como parecem pensar Jellinek e outros, mas também para a doutrina do "dever ser do Direito". A totalidade dos objetos captáveis pelo Direito cobre-se de certo modo, de um manto teleológico, em uma compenetração entre significação jurídica e substrato real[8].

Discriminados, assim, os pontos de vista e as implicações entre os estudos *filosófico, dogmático* e *social* do Direito, Emil Lask conclui pela afirmação de que o objeto da Jurisprudência não é a lei, mas o Direito: "A lei, conjuntamente com o Direito consuetudinário, com a aplicação judicial da lei e com outros pontos de apoio, não é nada mais do que um dos *indícios* dos quais a Jurisprudência deve obter, mediante um esforço em parte criador, o sistema que se encontra atrás das normas realmente

---

"Prefácio" de CABRAL DE MONCADA à tradução da *Filosofia do Direito* de GUSTAV RADBRUCH. O pensamento de LASK foi estudado por Tércio Sampaio Ferraz Filho, em sua tese de doutoramento na Universidade de Mainz, lembrada na Bibliografia deste livro. Cf. do mesmo autor *Conceito de Sistema no Direito,* 1973, cit.

6. *Filosofia Jurídica,* cit., pág. 63. Sobre a doutrina de JELLINEK e sua significação na história do pensamento filosófico-jurídico contemporâneo, v. nossos *Fundamentos do Direito, 2ª* ed., cit., págs. 91 *usque* 134.

7. *Ibidem,* pág. 68.

8. *Ibidem,* págs. 68 e 74.

válidas, *queridas pelo legislador,* e portanto, completamente *positivas,* de uma época determinada e de uma determinada comunidade"[9].

Eis aí, *per summa capita,* o programa esboçado por Lask que permanece nos quadros de uma ainda imprecisa *tridimensionalidade genérica,* na qual já está implícita, todavia, como a passagem *supra* o demonstra, a necessidade de uma compenetração intra-sistemática e dinâmica dos três elementos. A essa conclusão talvez o nosso Autor tivesse chegado aplicando ao mundo do Direito a sua fecunda concepção da "intencionalidade" das categorias e a correlação dialética genialmente por ele estabelecida entre matéria e forma segundo a categoria fundamental do *valor*[10].

198. INTERMEZZO NEO-HEGELIANO — Da obra de Emil Lask partem múltiplas correntes, umas conservando a sua colocação tridimensional, outras procurando superá-la mediante a integração dos dois momentos (fato e norma) na unidade de um único processo de objetivação de valores, de objetivação histórica da idéia ou do *logos* da justiça. Esta segunda tendência é a que se afirma no neo-hegelismo jurídico, que assinala seus pontos mais salientes nos trabalhos de Frederico Münch, Julius Binder, Karl Larenz e Giovanni Gentile.

Na posição neo-hegeliana, resolvida a antítese entre *ser* e *dever ser,* a via que se abre é a seguida por Julius Binder, cuja passagem do neokantismo para o idealismo objetivo de Hegel revela toda a riqueza e complexidade de motivos que se encerra na concepção culturalista do Direito.

Diz um mestre dinamarquês, Alf Ross, que todas as formas de culturalismo, dada a alegada impossibilidade de explicar como a idéia ou o valor do justo possa ser constitutiva de uma ordem normativa positiva, conservando-se os dois termos distintos e heterogêneos, tenderiam à solução hegeliana, ou seja, à concepção da idéia como imanente na

---

9. *Ibidem*, pág. 87.

10. Não cabe aqui desenvolver as conexões possíveis entre a dialética da implicação e da polaridade (cf. *supra,* cap. XXVI) e a de LASK, ambas distantes do panlogismo dialético de HEGEL, pelo reconhecimento do alcance do elemento alógico e material como irredutível às formas categoriais, embora suscetíveis de relativa apreensão por meio delas.

FILOSOFIA DO DIREITO 499

realidade. Nesse sentido, o professor de Copenhague lembra o exemplo de Binder, evoluindo dos pressupostos da Escola neokantiana de Baden (*Philosophie des Rechts*, 1925) para as teses radicais de Hegel, atualizadas na *Grundlegung zur Rechtsphilosophie*, de 1935[11].

O trialismo que ainda se conserva implícito na obra de Münch, resolve-se inteiramente no monismo de Binder, fiel à dialética hegeliana da identidade dos opostos: o Direito passa a ser visto como realidade ou validade concreta, tornada insubsistente qualquer distinção entre *factum* e *valor*, só concebível de um ponto de vista abstrato e intelectualista, assim como lhe parece sem sentido "o problema do *fundamento* da validade": "o Direito é conhecido, concebido e realizado enquanto válido, e não pode ser conhecido, nem compreendido senão como Direito vigente"[12].

Essa doutrina, que tudo integra em unidade no desenvolvimento dialético do espírito, tem, de um lado, o mérito de revelar a insuficiência de um trialismo estático ou abstrato, confinado na descrição *ab extra* do fenômeno jurídico como se fosse um dado de natureza, mas, de outro, apaga ou torna insubsistentes distinções que não são meras posições abstratas do intelecto, mas refletem estruturas objetivas da realidade cultural do Direito.

É graças à dialética de complementariedade que pensamos ser possível satisfazer às exigências históricas ou dinâmicas atendidas pelos neo-hegelianos, sem se resolverem, uns nos outros, elementos que só têm significado como termos heterogêneos, embora necessariamente correlacionáveis. Só assim, ser-nos-á dado evitar o caminho já experimentado por Hegel e que, no dizer de Cassirer, sacrificou na Filosofia do Espírito o ideal ao fático e, na Filosofia da Natureza, o fático ao ideal.

---

11. Cf. ALF ROSS, *Towards a Realistic Jurisprudence — A Criticism of the Dualism in Law*, Copenhague, 1946, pág. 38. Pensamos, no entanto, que a dialética de complementariedade, tal como se expõe neste livro, permite compreender o processo normativo do Direito sem se cair na redução hegeliana.

12. BINDER, *La Fondazione della Scienza del Diritto*, cit. pág. 154, e *passim*. Cf. cap. anterior, pág. 451. Aliás, após dizer que "o ser do Direito consiste na sua validade", pois "um Direito não válido não é Direito", BINDER acrescenta que o "valer" *(Geltung)* e a "vigência" *(Gültigkeit)* são dois conceitos entre os quais não se pode estabelecer qualquer distinção *(op. cit.,* págs. 153 e 160).

500 MIGUEL REALE

O Trialismo de Radbruch

199. A Posição Relativista de Radbruch — As insuficiências da tridimensionalidade genérica ou abstrata revelam-se, em verdade, na obra daqueles autores que, desenvolvendo o pensamento de Rickert e Lask, mais se mantiveram fiéis às posições de Kant.

Expressiva é, nesse ponto, a doutrina de Gustav Radbruch, cujas linhas gerais expusemos em *Fundamentos do Direito*[13] e que ora nos cingimos a examinar em seu *substractun tridimensional*.

Radbruch renova a distinção entre *realidade* e *valor,* entre *ser* e *dever ser,* acrescentando, porém, em oposição à doutrina de Stammler, não poder subsistir a simples antítese entre um e outro domínio. "Pelo contrário", escreve ele, "entre a categoria *juízo de existência* e a categoria do *juízo de valor é* preciso estabelecer ainda uma categoria intermédia: a dos juízos *referidos a valores (wertbezienhend)*; assim como, correspondentemente, entre as categorias de *natureza* e de *ideal,* é preciso dar um lugar à categoria da *cultura.* Isto é: a idéia de Direito é, sem dúvida, um valor; o Direito, porém, não é um valor, mas uma *realidade referida a valores,* ou seja, um *fato cultural".* "Deste modo", conclui o antigo mestre de Heidelberg, "transitamos, pois, dum *dualismo* para um *trialismo* nas maneiras possíveis de contemplar o Direito, se abstrairmos duma quarta maneira possível que é ainda a da sua contemplação religiosa. Ora, *é este trialismo que faz da Filosofia Jurídica uma Filosofia cultural do Direito"*[14].

Posta, desse modo, a tridimensionalidade, como característica essencial do culturalismo jurídico, Gustav Radbruch procura determinar as três maneiras por que podemos encarar o Direito. A atitude da *Ciência do Direito* é a que refere as realidades jurídicas a valores, considerando

---

13. Cf. págs. 192 e segs. da 2ª ed. da obra citada, à qual pedimos vênia para remeter o leitor, na trad. castelhana de Júlio O. Chiappini, Buenos Aires, 1976, págs. 157 e segs.

14. *Filosofia do Direito,* trad. de Cabral de Moncada, São Paulo, 1937, 2ª ed., pág. 41. Radbruch esclarece, em nota ao pé da página, que essa direção da Filosofia Jurídica, fundada por LASK, é representada por Max Ernest Mayer, Wilhelm Sauer, Tatsos, Adolfo Ravà e Kantorowicz, sendo que este associa, tanto como ele, *relativismo* e *trialismo.* Sobre o culturalismo de Mayer e Ravà, v. *Fundamentos do Direito,* págs. 171 e segs.

FILOSOFIA DO DIREITO

501

o Direito como *fato cultural;* a atitude da *Filosofia do Direito é* valorativa *(bewertend),* visto como considera o Direito como um valor de cultura; havendo uma terceira atitude, superadora dos valores *(wertüberwindend)* que considera o Direito na sua essência, ou como não dotado de essência: é a atitude ou o tema da *Filosofia religiosa do Direito*[15].

A essa discriminação deve acrescentar-se uma outra, a atitude *não valorativa,* cega para os valores, ou *wertblind,* própria da *Teoria Social do Direito,* da *História do Direito,* do *Direito Comparado* ou da *Sociologia Jurídica,* que cuidam do Direito como "fato intercalado numa série causal, como efeito e causa de outros fatos"[16].

A Ciência Jurídica, propriamente dita, estuda, pois, não a vida do Direito, mas sim *normas* que se acham *imediatamente* referidas a valores.

Como se vê, o trialismo de Radbruch desdobra-se em um tetralismo, mas o que é mais importante ponderar é que todas as atitudes acima discriminadas, na concepção desse mestre do relativismo jurídico, conduzem a conclusões *irredutíveis* e *antinômicas.*

As pesquisas do filósofo, do jurista e do sociólogo desenvolvem-se em planos distintos, obedecendo a estruturas e a princípios metodológicos diversos, de maneira que se chega, afinal, ao reconhecimento de que há três tipos de *validade* entre si antinômicas: a *validade jurídica,* que alguns querem explicar em si mesma, por simples subsunção normativa (Kelsen etc.); a *validade social,* que o sociologismo alicerça em processos de eficácia; e a *validade ética,* cuja fundamentação objetiva em vão se tem procurado determinar[17].

Uma das partes mais vivas da obra de Radbruch consiste, a nosso ver, na análise do problema da *validade* segundo três prismas distintos,

---

15. *Op. cit.,* pág. 13.

16. *Op. cit.,* pág. 159. Sobre esse ponto, v. a observação de CABRAL DE MONCADA na nota 1 da pág. 13. Diremos, logo mais, da impossibilidade de uma Sociologia *Jurídica* baseada em uma atitude cega para o mundo dos valores.

17. Cf. RADBRUCH, "Le relativisme dans la philosophie du Droit", em *Archives de Philosophie du Droit et de Sociologie Juridique,* 1934, 1-2, pág. 106: "Em lugar de um ato de verdade, que é impossível, o que se realiza é um ato de autoridade. O *relativismo jurídico desemboca no positivismo".* Cf. nos mesmos *Archives* o estudo de Gurvitch, *Une Philosophie Antinomique du Droit,* 1932, fasc. 3-4, pág. 530.

502   MIGUEL REALE

revelando as antinomias em que se envolve toda apreciação puramente lógica ou mesmo lógico-transcendental dos três aspectos ou momentos da realidade jurídica.

É com grande sutileza que Radbruch distingue as teorias *jurídica, sociológica* e *filosófica* da obrigatoriedade do Direito, apontando as suas antinomias, assim como os absurdos a que chegariam, se rigorosamente seguidas. O jurista, por exemplo, que fundasse a validade de uma norma tão-somente em critérios técnico-formais, jamais poderia negar com bom fundamento a validez dos imperativos baixados por um paranóico que por acaso viesse a ser rei. Aquele que fizesse repousar o Direito em razões históricas ou sociológicas *(teorias da força, do reconhecimento* etc.) ver-se-ia obrigado a avaliar o grau de obrigatoriedade do Direito pelo grau de sua real eficácia, falho de critério para resolver em caso de conflito entre duas "ordens jurídicas"; e, finalmente, quem identificasse o Direito e o Justo, deveria rejeitar toda lei positiva contrária a seus anseios de justiça, o que nos levaria ao caos, pois não há meios científicos de determinação objetiva desse valor supremo do Direito...[18]

Desse modo, o tríplice aspecto da *validade* corresponde ao tríplice problema dos valores do Direito, às três exigências contidas na *idéia do Direito: justiça, certeza jurídica* (segurança e paz social) e *fim,* entre as quais a História nos revela contradições inamovíveis, não cabendo à Filosofia resolvê-las, pois "a sua missão não consiste em tornar a vida fácil, mas, pelo contrário, problemática"[19].

---

18. RADBRUCH, *Filosofia do Direito,* cit., págs. 111 e segs.

19. *Idem, ibidem,* pág. 110. PAUL ROUBIER aceita, em linhas gerais, a tricotomia de RADBRUCH segundo o prisma da obrigatoriedade do Direito", e em função dos valores de *justiça, segurança jurídica* (autoridade, paz, ordem) e *progresso social* (felicidade, subsistência, abundância, cultura etc.). Além de preferir a expressão "progresso social", em seu esquema, o mestre de Lyon afasta-se das antinomias do relativista germânico, observando que, "se a ordem de sistematização dos valores não pode nos fornecer a chave da História do Direito e das instituições, em compensação, dá-nos a ordem de importância dos valores", de maneira que a trilogia "ordem-justiça-progresso" representaria exatamente uma ordem hierárquica de valores. Cf. PAUL ROUBIER, *Théorie Générale du Droit,* 2ª ed., Paris, 1951, págs. 318 e segs. Ao descrever a evolução da escala gradativa dos valores que informam o Direito, ROUBIER pondera que as instituições jurídicas não se apresentam em uma série unilinear, como se o *formalismo,* baseado no valor de segurança, fosse o modo de vida jurídica das sociedades primitivas; o *idealismo,* fundado no valor de justiça, assinalasse o modo de vida das sociedades em seu apogeu; e o *realismo,* preocupado com o bem-estar e o progres-

FILOSOFIA DO DIREITO

Daí a conclusão relativista ou cética de que todas as três formas de validade possuem um valor relativo, referindo-se, como se referem, aos problemas da justiça, das condições sociais e de ordem, nas quais se concentram todas as contradições insolúveis e inevitáveis da vida jurídica[20].

Os elementos fáticos, axiológicos e normativos justapõem-se, a seu ver, em função de acontecimentos ligados às preferências de opinião refletida no livre jogo das atividades político-partidárias, dada a legitimidade em tese de todas as soluções possíveis. Fica aberto, desse modo, natural acesso à melancólica aceitação do fato consumado: "Se ninguém pode definir dogmaticamente o *justo*, é preciso que alguém defina dogmaticamente, pelo menos, o *jurídico,* estabelecendo o que deve observar-se como Direito. [...] Quem se acha em condições de fazer cumprir e respeitar o Direito, já com isso demonstra que é também competente para o definir"[21].

Tridimensionalidade Implícita: Santi Romano e Hauriou

200. Fora do âmbito da teoria da cultura, é possível discriminar outras colocações jurídicas que conservam uma estrutura tridimensional, ao menos implícita, como ocorre no campo do *institucionalismo.*

---

so, caracterizasse as sociedades às portas da decadência. No fundo, formalismo, idealismo e realismo entrecruzam-se, de modo que devem ser todos representados em uma sociedade em pleno desenvolvimento *(op. cit.,* pág. 320). Cf. Miguel Reale, *Teoria Tridimensional do Direito,* cit.

20. O relativismo de Radbruch foi atenuado nos últimos escritos desse eminente jusfilósofo, ao achegar-se a certas teses do Direito Natural clássico. Cf. a 4ª edição da tradução portuguesa de sua *Filosofia do Direito,* Coimbra, 1961, revista e acrescida dos últimos pensamentos do Autor, e uma nota esclarecedora de Cabral de Moncada.

Fundamental, na última fase do pensamento de Radbruch, é a renovação do conceito de *natureza das coisas,* com imediata e larga repercussão no mundo jurídico ocidental. Cf. Radbruch, *Die Natur der Sach als juristische Denkform,* 1963.

21. *Filosofia do Direito,* cit., págs. 110 e segs. Veremos que a *positividade* do Direito é expressão necessária de exigências axiológicas a partir dos valores mais urgentes (a ordem e a paz) e que a interferência decisória do Poder não se explica em virtude da relatividade dos valores em si, mas sim pela possibilidade de múltiplas realizações concretas, todas conciliáveis com as exigências do justo.

504   MIGUEL REALE

À primeira vista, as posições de Maurice Hauriou e de Santi Romano, ambas marcadas por alto senso de concreção, com repúdio às teorias redutoras do Direito, ou à norma ou ao fato, deveriam ser consideradas *bidimensionais,* mas outro é o nosso modo de ver.

A concepção institucional do jurista italiano é de cunho estritamente jurídico, mantendo-se no plano científico-positivo, sem qualquer subordinação da juridicidade a critérios deontológicos. Contrário à redução do Direito à categoria das *normas,* reclamou ele, com vigor e penetração exemplares, mais atenção para *"outros* elementos, de que se não tem geralmente conta e que, no entanto, parecem ser mais essenciais e característicos"[22].

A sua tese fundamental é a de que o Direito "antes de ser norma, antes de referir-se a uma simples relação ou a uma série de relações sociais, é organização, estrutura, posição da própria sociedade na qual se desenvolve, e que ele constitui como unidade, como ente por si bastante"[23].

Desse modo, resolve ele o fenômeno jurídico no fenômeno social-institucional e este no fenômeno jurídico, identificando-os, visto como *instituição* e *norma* nascem *"uno actu",* relacionadas em "mútua implicação", consoante expressões de Messineo, a que Santi Romano dá seu apoio, dizendo mesmo ter sido esse o teorema ou a série de teoremas que se propusera demonstrar em seu trabalho[24].

Ao ilustre jurisconsulto peninsular pareceu dispensável, dado o plano de sua pesquisa de natureza estritamente científico-positiva, propor-se o problema do valor, dos interesses ou dos fins, mas estes resultam implícitos ou subentendidos em um dos termos da *implicação* acima referida, cujo processo representa a dinâmica do Direito. Julga Santi Romano que uma pesquisa de Teoria Geral do Direito deve situar-se em um "terreno histórico-empírico", e que a correlação *instituição-norma* basta-se a si mesma no plano científico, embora sua necessidade possa também ser evidenciada por exigências de ordem filosófica[25].

---

22. Cf. Santi Romano, *L'Ordinamento Giuridico,* 2ª ed., Florença, 1945.

23. *Ibidem,* pág. 22.

24. *Ibidem,* pág. 35, nota à 2ª ed.

25. *Ibidem,* págs. 39 e 84, notas à 2ª ed.

FILOSOFIA DO DIREITO

Ao objetar-lhe Giuseppe Capograssi que "um ordenamento jurídico só o é, e se realiza como tal, enquanto referido a um princípio constitutivo da ação", Santi Romano não negou aquela circunstância, reiterando, porém, que o jurista pode dela prescindir, visto como "um ordenamento *é* porque *é* ", e, enquanto vigora, é o ponto de partida das pesquisas do jurista, não sendo necessário ir além, em busca de seu fundamento, do "porquê" e do "valor" de sua eficácia[26].

Apreciando, em outra passagem de seu admirável *Dicionário*, a função do Direito como sendo a de "estabilizar ou fixar certos momentos ou movimentos da vida social" Santi Romano abre uma perspectiva de ordem filosófico-jurídica que deveria merecer especial atenção dos juristas.

Após ter reiterado a correlação entre fato institucional e ordem normativa, lembra "a necessidade de religar melhor em unidade superior as duas esferas, que têm sido mantidas por demais separadas e distintas uma da outra: a do *ser*, e, na categoria da atividade prática, a do *dever*. De maneira particular, acrescenta, seria útil talvez analisar melhor os caracteres de algumas conexões entre natureza e espírito, que poderiam esclarecer também as relações entre o Direito objetivo, entendido na mencionada acepção (institucional), e o Direito subjetivo, porquanto se é verdade que não há Física sem alguma Metafísica, não é menos verdade que não há Metafísica sem alguma Física"[27].

Pouco nos adianta Santi Romano sobre esse programa de trabalho, mas não diverge, substancialmente, daquele que nos propusemos realizar desde 1939, com a diferença, porém, que jamais nos pareceu prescindível, no plano da Teoria Geral do Direito da Ciência Jurídica, a apreciação do elemento axiológico. Sem a indagação da dimensão axiológica do fato social não nos parece possível nem mesmo a correlação pretendida por Santi Romano entre fato institucional e norma jurídica. Em suma, a consideração estimativa impõe-se também no *momento da pesquisa científica do Direito*, sem que isto implique passagem para o plano da Filosofia Jurídica. A não ser assim, acaba-se atribuindo à "instituição",

---

26. SANTI ROMANO, *Frammenti di un Dizionario Giuridico*, Milão, 1947, pág. 69. Cf. CAPOGRASSI, *Il Problema della Scienza del Diritto*, Roma, 1937, págs. 9 e segs.

27. Cf. *Frammenti di un Dizionario*, cit., pág. 86.

506 MIGUEL REALE

como acontece na teoria de um *valor* imanente, equiparável, por isso, ao *fato normativo* posto por Petrasisky, Jellinek e Gurvitch na base da fenomenologia jurídica.

O mesmo poder-se-á dizer, *mutatis mutandis*, da doutrina institucionalista francesa, de cunho mais sociológico, e de mais ampla e viva compreensão filosófica.

Como já tivemos ocasião de examinar em outro trabalho, o institucionalismo de Maurice Hauriou, cujas bases vieram se alargando ou se universalizando para todos os campos do Direito, graças a Georges Renard, Jean Delos e Georges Gurvitch, representa uma poderosa força de superamento, quer do formalismo jurídico, quer do sociologismo, ao qual, porém, paga tributo talvez excessivo.

Obedecendo às exigências de concreção, que têm constituído uma das notas dominantes do nosso tempo, Hauriou revela plena consciência de que "o problema fundamental do Direito é a transformação do estado de fato em estado de direito", procurando esclarecer as conexões entre a idéia de "ordem social" e a de "justiça", idéias objetivas que estão entre si como a maqueta de uma estátua em relação ao ideal de beleza plástica[28].

O ideal de justiça deve ser permanentemente colimado, mas há um limite intransponível, como o do artista que, ao retocar a maqueta, movido pelo desejo de perfeição, não deve comprometer o equilíbrio estático da obra. Uma ordem social estabelecida contém sempre certa dose de justiça, mas também ela se encontra praticamente em conflito com uma dose nova de justiça ainda não incorporada[29].

Merece ser lembrada a distinção por ele feita entre os valores segundo um critério de *importância* e um critério de *urgência,* pois muitas vezes o Direito consagra os valores mais urgentes (acima de tudo, a segurança, a ordem, a paz) e não os valores em si mesmos mais altos[30].

---

28. Cf. HAURIOU, *Précis de Droit Constitutionnel*, 2ª ed., Paris, 1929, págs. 36 e 51.

29. Cf. HAURIOU, *Aux Sources du Droit* (Cahier de la nouvelle journée, nº 23), págs. 28 e segs., 47 e segs.

30. *Idem, Ibidem*, pág. 49. Vide os artigos de GURVITCH e DELOS no I vol. dos *Archives de Philosophie du Droit*, cit., 1931; GURVITCH, *L'Idée du Droit Social*, Paris, 1932, págs. 647 e segs., e A. DESQUEYRAT, *L'Institution, le Droit Objectif et la Technique*, Paris, 1933.

FILOSOFIA DO DIREITO

É historicamente, no plano da experiência concreta, que Hauriou coloca o problema da correlação entre justiça e ordem, intimamente ligadas, mas em conflito potencial, por albergar o ideal de justiça um sentido de insatisfação renovadora e mesmo revolucionária.

Ora, essas idéias diretoras do viver comum não planam acima da vida, como arquétipos platônicos, mas se inserem na corrente da vida, penetram na realidade social, produzindo-se uma verdadeira transubstanciação, que se revela no Direito Positivo, "un composé d'ordre social soupoudré de justice"[31].

Direito, por conseguinte, não é pura norma, mas é a própria realidade enquanto integrada por uma idéia diretora que congrega as forças de quantos pretendam sua atualização. No plano jurídico as idéias tornam-se fatos sociais, como disse Delos, e incorporam-se à realidade até se transformarem em elementos do mundo exterior, em "instituições"[32].

Como se vê, há no institucionalismo uma tridimensionalidade implícita (as "idéias" diretoras incorporam-se nas "instituições" e produzem as "regras de Direito") representando uma das expressões mais altas da adequação necessária entre os três elementos constitutivos da experiência jurídica. Não será exagero dizer-se que as idéias mais fecundas de Hauriou tornaram-se como que estáticas quando se passou a subordinar o institucionalismo à concepção clássica do Direito Natural, esvaziando-se de seu conteúdo histórico essencial.

Para concluir este parágrafo, lembraremos que uma compreensão historicista do institucionalismo, máxime por sua compreensão do significado do Poder na gênese do Direito, como momento necessário da dinâmica valor-fato-norma, coincidiria, de certa forma, com as perspectivas do que denominamos "concepção tridimensional concreta do Direito"[33].

---

31. Cf. MIGUEL REALE, *Fundamentos do Direito*, cit., págs. 222 e segs., e a Bibliografia aí indicada. Cf. FRANCISCO OLGIATT, *Il Conceito di Giuridicità nella Scienza Moderna del Diritto*, cit., págs. 336 e segs.

32. Cf. JEAN DELOS, *La Société Internationale et les Príncipes du Droit Public*, 1929, págs. 80 e segs.

33. Os limites que nos impusemos neste Curso impedem-nos de apreciar outras doutrinas que traduzem uma conjugação concreta entre os três elementos discerníveis na realidade jurídica. Sem falar em eminentes sociólogos do Direito que, praticamente, se situam

O Trialismo Perspectivístico

201. Uma expressão digna de nota na corrente tridimensional nos é dada por Legaz y Lacambra e Eduardo Garcia Máynez, ambos influenciados não só pelo culturalismo e pela Axiologia contemporânea, como pela Teoria Pura de Hans Kelsen, cujas teses procuram conciliar graças a um perspectivismo fundamental, haurido nas lições de Ortega y Gasset, e às contribuições de Nicolai Hartmann e Max Scheler.

No belo ensaio que dedicou a Hans Kelsen, Legaz y Lacambra revela a série de problemas éticos e fáticos implícitos na doutrina do mestre austríaco, afirmando que a realidade jurídica deve ser apreciada segundo três ângulos visuais distintos: o fenomenológico, o aporético e o ontológico.

Descrito o Direito em seus elementos essenciais, consoante os pressupostos fenomenológicos de Husserl, ascende-se à Aporética, que fixa e descreve as contradições que se mostram no fenômeno jurídico. Uma delas refere-se, exatamente, a *validez* do Direito, que pode ser *jurídica, ética* ou *sociológica,* cujos aspectos nem sempre têm sido rigorosamente distintos.

Como conciliar esses três pontos de vista, dado que um imperativo, formalmente válido, deve ser incondicionalmente cumprido, mesmo sendo injusto ou não tendo correspondência efetiva no viver comum?

---

no plano dos institucionalistas, quanto aos pontos ora observados (EHRLICH, ROSCOE POUND), lembramos o exemplo expressivo de BARNA HORVATH, que não concebe o Direito apenas como forma e conteúdo, mas como "correlação de conteúdo e de forma", superando o antagonismo entre "ser" e "dever ser", "realidade" e "valor", vendo no Direito uma "combinação sinótica, mas não sintética, dos valores e dos fatos" (v. comunicação *in Le Problème des Sources du Droit Positif,* publicado pelo Instituto Internacional de Filosofia do Direito e de Sociologia Jurídica, Paris, 1934, pág. 122); e o de FRANCISCO ANTOLISEI que, nos seus *Problemi di Diritto Penale,* 1940, ao examinar a questão metodológica, bate-se ardorosamente pela "concretezza" do Direito, demonstrando que o problema do *fim,* assim como o do *fato social,* não podem ser considerados metajurídicos, ou suscetíveis de serem abstraídos pelo jurista no momento da pesquisa das *normas.* Ao contrário, são problemas que se impõem em qualquer estudo realista das normas de Direito. (Cf. OLGIATI, *op. cit.,* págs. 276 e segs.) Sobre esses e outros aspectos da questão, pedimos a atenção do leitor para nosso livro *Teoria Tridimensional do Direito,* cit., e os estudos reunidos na coletânea organizada por TEÓFILO CAVALCANTI, *Estudos em homenagem a Miguel Reale,* São Paulo, 1977.

FILOSOFIA DO DIREITO

No plano aporético, não há como recusar a *igual licitude* dos pontos de vista ou perspectivas com que se focaliza a questão, no que concorda com Radbruch.

É necessário, porém, superar o plano das aporias, colocando-se o estudioso acima dos pontos de vista particulares, para abranger o Direito em seu "ser" autêntico. É o que pretende realizar a Ontologia Jurídica, não para resolver aquelas contradições, "mas sim para ter mais clara consciência das mesmas". De Metafísica, escrevia Legaz em 1933, há de bastar-nos "o *minimum* indispensável para obter a explicação clara e simples dos fenômenos: esse *minimum* é a *transcendência do ser* — aqui do ser jurídico — em face de todo objeto (Direito *justo,* Direito *puro,* Direito *vigente...*) e de todo sujeito (método)"[34].

Nos seus escritos posteriores, Legaz y Lacambra supera essas posições iniciais, estabelecendo a unidade do Direito, apresentado como "uma forma de vida social que realiza um ponto de vista sobre a justiça", — e, inspirando-se numa metafísica personalista, elabora uma doutrina do Direito Natural reconduzida às matrizes do pensamento clássico. Isto não obstante, não encontramos na obra do mestre de Madri uma plena integração dos três pontos de vista que tão nitidamente distingue[35].

Em sentido paralelo situa-se a teoria de Eduardo García Máynez, em um perspectivismo quase radical, não se limitando a distinguir três aspectos de uma única realidade, ou três espécies diversas de um só gênero, mas sustentando, ao contrário, a existência de "três noções distintas e irredutíveis entre si": as de "Direito formalmente válido", de "Direito intrinsecamente válido" e de "Direito Positivo".

O primeiro refere-se à *vigência,* ou seja, ao conjunto de requisitos extrínsecos a que deve uma norma jurídica obedecer para ser considerada obrigatória[36]. O Direito intrinsecamente válido é o *Direito justo,* do-

---

34. Cf. Luis Legas Y Lacambra, *Kelsen,* Barcelona, 1933, págs. 316 e segs. Cf. do mesmo autor, *Introducción a la Ciência del Derecho,* Barcelona, 1943, págs. 207 e segs.

35. Cf. Legaz Y Lacambra, *Filosofía del Derecho,* 2ª ed., cit., sobretudo os capítulos sobre Direito Natural e Teoria da Justiça.

36. Cf. García Máynez, *La Definición del Derecho, Ensayo de Perspectivismo Jurídico,* México, 1948, págs. 17, 29 e segs. O termo *vigência* é empregado por nós somente como sinônimo de "validez formal" ou estritamente jurídica, para distingui-la da "validez ética"

tado de um fundamento ético, ao passo que o *Direito Positivo,* independente da validez formal e da validez intrínseca, não é senão o *Direito eficaz,* isto é, efetivamente cumprido no seio de uma comunidade.

A positividade, segundo Máynez, não se refere ao valor objetivo, nem ao valor formal das normas de Direito, mas apenas à sua *eficácia,* correspondendo ao *fato* da observância das normas. Representa, consoante ensinamento de Kelsen, uma zona intermédia de aplicação, que não pode atingir um limite superior de *observância indefectível,* nem descer a outro inferior de *absoluto descumprimento.*

Abstração feita dessa discutível identificação entre eficácia e positividade, cuja determinação fica entregue ao particularismo dos fatos contingentes, notemos que, segundo Máynez, os três conceitos discriminados podem relacionar-se estreitamente, o que amiúde acontece, sem se implicarem, no entanto, *reciprocamente,* pois é possível Direito vigente *não Positivo,* assim como Direito Positivo *não vigente.*

Essa discriminação abstrata do Direito leva Máynez a conceber as três formas do Direito como três círculos secantes, dando lugar a sete combinações diversas, segundo esta representação gráfica:

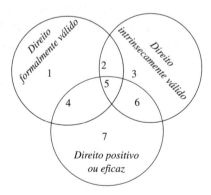

_____

(fundamento) e da "validez social" (eficácia). Neste sentido. LEGAZ Y LACAMBRA, *Filosofía del Derecho,* cit., pág. 503.

FILOSOFIA DO DIREITO

Mais longe não se poderia levar a abstração formal, em uma *"ars"* *combinatória* que desatende ao dinamismo e à historicidade do Direito[37]. É de notar-se que o jurista mexicano atenua o alcance de suas conclusões quando, logo mais, esclarece que só pode haver vigência destituída de positividade, ou vice-versa, no caso de uma norma singularmente considerada, e não quanto à totalidade da ordem jurídica positiva. Não obstante essa ressalva, seu pensamento coloca-se em franco antagonismo à inter-relação ou implicação necessária apontada por vários juristas entre os três elementos da juridicidade[38].

As delimitações, que García Máynez nos oferece, esbarram com dificuldades, a nosso ver insuperáveis, mesmo no plano teorético. Ao determinar, por exemplo, os "supostos do Direito vigente", distribui-os em três classes: *lógicos, axiológicos* e *sociológicos*. Por mais que García Máynez pretenda se manter em um plano puramente formal, ao caracterizar a vigência do Direito, o exame desta questão envolve necessariamente elementos heterogêneos, não formais, como, por exemplo, "a referência à vontade do Estado", ao *fato* do Poder[39], ou o reconhecimento, como "suposto sociológico", de que "a positividade é o normal do Direito"...[40]

Embora reiterando a afirmação central de seu trabalho de que "as notas de validez intrínseca, validez formal e positividade *não se implicam entre si"*, assim como também não se excluem, a parte final do ensaio de García Máynez representa uma original aplicação do objetivismo

---

37. GARCÍA MÁYNEZ, *op. cit.*, págs. 86 e segs. Compare-se com iguais círculos secantes, que SAUER nos oferece para indicar o Direito, a Moral e o Costume, desde que considerados (note-se) "como normas sociais *abstratas"*, isto é, apenas quanto à Forma. *(System der Rechts und Sozial-philosophie*, 1949, pág. 209.)

38. Para SAUER, por exemplo, os três elementos não se colocam um ao lado do outro, como territórios limítrofes, sendo antes três braços, três lados ou três raios de um único e mesmo todo; nem podem deixar de estar ligados uns aos outros, por serem de natureza interligados. (Cf. *Juristische Methodenlehre, cit*, pág. 37.)

39. GARCÍA MÁYNEZ, *op. cit.*, pág. 109.

40. *Idem, ibidem*, pág. 110: "Quando não se trata de um único preceito, mas de todo um ordenamento jurídico, resulta impossível aceitar a independência daqueles termos" (positividade e vigência), pois "a positividade normal do mesmo é condição imprescindível de sua existência". Ora, isto demonstra não lhe assistir razão quando sustenta que entre *vigência* e *eficácia* não há qualquer *implicação*.

MIGUEL REALE

axiológico de Max Scheler e Nicolai Hartmann, no terreno jurídico, colimando uma visão unitária do Direito.

Sintetizando ensinamentos desses mestres, lembra ele que os valores, enquanto princípios éticos, têm de transcender seu ser ideal, para se introduzirem na ordem real da atividade humana, e que esta atualização só se torna possível graças à *consciência estimativa,* sendo a finalidade ou, mais precisamente, o *ato teleológico* a forma categorial de realização da conduta obrigatória[41].

Com base nessas concepções, o mestre mexicano procura "ir além do Jusnaturalismo e do Positivismo", para superar, como já o tentara Legaz y Lacambra, os pontos de vista irredutíveis do dogmático, do sociólogo e do filósofo do Direito, assim como "a lógica imanente dessas três atitudes típicas"[42].

Para ele, os três tipos de Direito tornam impossível qualquer conciliação no plano teorético, assim como uma definição única da "juridicidade", mas não é dito que, na *órbita da ação,* não possam aqueles três elementos ser compreendidos unitariamente, desde que se reconheça "a relatividade essencial dos valores jurídicos, em conexão com as cambiantes circunstâncias de espaço e de tempo", salvando-se a objetividade dos valores mediante concessões às exigências da História: *é o desenvolvimento dialético da idéia do justo* que, nas vicissitudes concretas da experiência (reformas, revoluções etc.) possibilita a coincidência relativa, em uma única ordem jurídica, dos atributos da validez intrínseca, da validez formal e da positividade[43].

Daí a consideração final do Direito apenas no terreno prático, segundo a *relação dialética* entre a idéia de uma ordem intrinsecamente justa e a de uma organização social dotada da atribuição exclusiva de formular e aplicar os preceitos do Direito.

Um dualismo entre *teoria* e *prática* surge, assim, na concepção que estamos examinando, na qual dois mundos resultam justapostos, dominados por critérios metódicos diversos, ficando, uma ao lado da outra, a

---

41. *Idem, ibidem,* cap. VIII.
42. *Idem, ibidem,* págs. 197 e segs.
43. *Op. cit.,* págs. 203 e segs.

FILOSOFIA DO DIREITO 513

"abstração" do perspectivismo e a "concreção" de uma dialética válida apenas no plano da ação.

Uma compreensão integral do Direito, capaz de harmonizar suas exigências teoréticas e práticas, o ser e o valor, a forma e o conteúdo, só será possível, no nosso entender, se nos movermos do reconhecimento da implicação e da polaridade existente entre os elementos constitutivos do mundo do Direito, ao mesmo tempo uno e multíplice.

Essa exigência de *unidade,* sem perda de vista da *tridimensionalidade* do Direito, é essencial, e é sobre esta questão que têm sido elaborados alguns dos trabalhos de Filosofia Jurídica mais representativos das Américas[44].

O Trialismo de Roscoe Pound e Julius Stone

202. As teorias tridimensionais genéricas até agora examinadas, apesar de seus pontos de vista divergentes, revelam, por assim dizer, um perfil cultural comum, pois todas resultam de prévias colocações metodológicas, em função de problemas universais, como, por exemplo, o da relação entre *ser* e *dever ser,* entre realidade e valor, o mundo da Natureza e o mundo da História.

---

44. Seja-nos lícito transcrever aqui o que escreveu CARLOS COSSIO, em sua comunicação ao Congresso do Chile, em 1956: "Afirmar hoje que o Direito é cultura, é referir-se a um lugar-comum. Sem embargo, esta verdade ontológica ainda não penetrou no seio da Ciência normativa do Direito, de forma a transmudar os conceitos dogmáticos fundamentais, dando lugar a uma nova técnica judicial e forense. Afirmar, em consonância com aquela tese, que o Direito se apresenta como fato, como valor e como norma, começa a ser também *uma afirmação corrente no campo jusfilosófico.* Essa é a palavra de JEROME HALL, na América inglesa; de EDUARDO GARCÍA MÁYNEZ, na América espanhola; de MIGUEL REALE, na América portuguesa, todos eles verdadeiros príncipes da inteligência em nosso domínio". *(La Ley,* 12 de junho de 1956, pág. 4.)

Sobre a repercussão de nossa teoria da tridimensionalidade específica e dinâmica, nos meios filosófico-jurídicos, v. a resenha de RECANSÉNS SICHES a nosso livro *Horizontes do Direito e da História,* em *Dianoia,* México, 1957, págs. 404 e segs.; o que escreve o mesmo Autor em seu *Tratado General de Filosofía del Derecho,* cit., e, mais detalhadamente, em *Panorama del Pensamiento Jurídico en el Siglo XX,* México, 1963, t. I, págs. 553-567.

514   MIGUEL REALE

Nos países de língua inglesa, ao contrário, o tridimensionalismo tem-se desenvolvido em maior contato com a experiência sociológica, obedecendo a exigências metódicas postas mais pelas conjunturas da pesquisa positiva do que à luz de pressupostos filosóficos. Nos Estados Unidos da América, tais pressupostos ficam, de certa forma, subentendidos ou implícitos no âmbito daquele amplo "naturalismo", de cunho epistemológico e pragmático, que constitui como que o lugar geométrico para o qual convergem as mais vivas expressões do pensamento *yankee*, a que o neopositivismo veio dar nova feição, sem desviá-lo, contudo, de suas diretrizes fundamentais.

O certo é que, desde Roscoe Pound, passou-se a perceber a insuficiência das explicações unilaterais do Direito, orientando-se grande parte da doutrina no sentido de soluções marcadamente pragmáticas, sem se vislumbrar, entre *fato*, *valor* e *norma*, qualquer possibilidade de conflitos ou de antinomias: a colocação do assunto no plano prático da ação levou, desde logo, os jusfilósofos do *Common Law* a superar antíteses de cunho intelectualístico abstrato.

O que prevalece, entre os autores anglo-americanos, é antes a preocupação de ordenar em unidade orgânica, para pleno conhecimento do Direito, as contribuições alcançadas pelo filósofo, pelo sociólogo e pelo jurista, sem que qualquer deles se desvincule da especificidade da respectiva tarefa. Chegam, como se vê, embora por outras vias, a uma conclusão paralela à dos mestres da área romanística, germânicos ou latinos, sob o influxo direto ou indireto de Lask e Radbruch.

Referindo-se à nossa concepção, ao que denomina "fórmula Reale", segundo a qual "o Direito consiste de normas, cuja compreensão não é possível sem se ter em vista a sua vinculação social e os valores que nela se realizam", Josef L. Kunz escreve:

"Essa tricotomia é plenamente reconhecida por Roscoe Pound; e sobre ela se erige toda a grande obra de Stone. Também Cairns julga necessário encarar o Direito sob esses pontos de vista — *o sociológico, o lógico e o filosófico*[45]. Do mesmo modo, está essa tricotomia como

---

45. Cf. as obras de CAIRNS, *Law and the Social Sciences*, 1935; *The Theory of Legal Science*,1941, e *Legal Philosophy from Plato to Hegel*, 1949. A obra fundamental de JULIUS

FILOSOFIA DO DIREITO

base da obra de Kelsen, na qual ele delimita a sua Teoria do Direito perante uma Teoria da Justiça e uma Sociologia Jurídica"[46].

Acrescenta Kunz que hoje vai se evidenciando, mais e mais, a conclusão de que as três formas de interpretação são necessárias à completa compreensão do Direito, tal como o declara expressamente Roscoe Pound[47], de maneira que se impõe a solução destes problemas: qual a relação entre as três, e qual a que cada uma delas e todas em conjunto mantêm com a Ciência do Direito?[48]

Com a sua habitual clareza, Roscoe Pound pondera que as diferentes Escolas de juristas no século passado não fizeram senão observar elementos distintos do agregado complexo que denominamos Direito. Os adeptos da corrente *analítica* cuidaram exclusivamente do corpo dos preceitos estabelecidos, em virtude dos quais um resultado legal definido é ligado a uma definida situação de fato. Os juristas de tendência *historicista* preocuparam-se mais com as idéias e técnicas tradicionais e os "costumes" condicionadores de decisões conformes às exigências da vida, e, finalmente, o jurista *filósofo* foi tentado a ver mais os fins éticos, as exigências ideais do Direito, o que chamou "lei natural", como padrão de aferição de lei positiva[49].

Após analisar essas três posições, o antigo mestre de Harvard conclui que os três pontos de vista ("law by enactment", "law by convention" e "law by nature") se completam reciprocamente, donde o artifício das separações radicais[50].

É ainda no âmbito da que denominamos "tridimensionalidade genérica" que se situam duas posições aparentemente antagônicas como as de Kelsen e de Stone.

STONE é *The Province and Function of Law*, 2ª ed., 1950, completada por *Social Dimensions of Law and Justice*, Stanford, 1966.

46. Cf. JOSEF L. KUNZ, *Sobre a Problemática da Filosofia do Direito nos Meados do Século XX*, cit., págs. 23 e 37.

47. *Idem, ibidem*, pág. 29. JOSEF L. KUNZ lembra, a propósito, esta afirmação de VERDROSS: "A uma integral contemplação do Direito... só se pode chegar através da combinação desses três modos de observação".

48. *Idem, ibidem*.

49. ROSCOE POUND, *Law and Morals*, cit., págs. 23 e segs.

50. *Idem, ibidem*, págs. 113 e segs.

516   MIGUEL REALE

Julius Stone é de opinião que há três ramos na Jurisprudência, que ele denomina respectivamente de *Analytical Jurisprudence, Sociological (or Functional) Jurisprudence* e *Theories of Justice (or Critical or Censorial Ethical Jurisprudence)* discordando do ponto de vista de Kelsen quando exclui da Ciência Jurídica as duas últimas ordens de pesquisa.

"Alio intuitu", escreve ele, "a divisão 'Teoria Pura do Direito', 'Sociologia do Direito' e 'Filosofia da Justiça' já foi claramente estabelecida por Kelsen. Essa é substancialmente a divisão aqui adotada, se bem que Hans Kelsen a faça visando excluir as últimas do campo da Jurisprudência. Nosso propósito é, ao contrário, regularizar e consolidar o lugar de todas as três. O objetivo de Kelsen, ao pôr aquela distinção, tem sido às vezes desacreditar a Jurisprudência Sociológica ou a Teoria da Justiça como campos apropriados de indagação de natureza *jurídica.*"[51]

Esclarece Stone que a Jurisprudência analítica é mera análise de termos jurídicos e uma pesquisa sobre as "inter-relações *lógicas"* de proposições jurídicas, razão pela qual poderia ser vista como uma Lógica do Direito; a Jurisprudência Sociológica tem por objeto observar e interpretar os efeitos do Direito sobre o homem e do homem sobre o Direito e, finalmente, a Teoria da Justiça destina-se a valorar em termos de *dever ser* os conteúdos, os objetos e os efeitos do Direito.

Como se vê, a posição de Stone ainda não chega ao reconhecimento de que o Direito é sempre *tridimensional em sua estrutura ou consistência,* qualquer que seja a ciência que dele cuide, devendo-se dar um sentido bem mais profundo à observação sutil de Alfred Verdross quando vê o Direito Positivo preso entre os pólos da Axiologia e da Sociologia: "Sua cabeça eleva-se até o mundo do valor, do qual só pode derivar sua validez normativa; seus pés estão plantados no firme campo sociológico da real conduta humana."[52]

---

51. Cf. JULIUS STONE, *The Province and Function of Law,* cit, pág. 30, nº 111. Análoga tricotomia encontra-se em W. FRIEDMANN, *Legal Theory,* 2ª ed., Londres, 1949.

52. *Apud* WILLIAM EBENSTEIN, *La Teoría Pura del Derecho,* cit., pág. 71. EBENSTEIN aproxima com razão o pensamento de VERDROSS ao de RECASÉNS SICHES, como se pode ver em *Los Temas de la Filosofía del Derecho,* e especialmente em seu livro *Vida Humana, Sociedad y Derecho,* México, 2ª. ed., 1945. Em seu *Tratado General de Filosofía del Derecho,* RECASÉNS já assume, porém, uma posição de "tridimensionalidade específica". Cf. de VERDROSS, *La Filosofía del Derecho del Mundo Occidental,* trad. de Mario de la Cueva, México, 1962.

Capítulo XXXVI

O Tridimensionalismo Específico e a Unidade da Experiência Jurídica

A Trilateralidade Estática de Wilhelm Sauer

203. As teorias tridimensionais genéricas se, de um lado, têm o mérito de repudiar as concepções unilaterais ou reducionistas da experiência jurídica, de outro, não logram preservar a unidade do Direito, limitando-se, quando muito, a uma combinação extrínseca de perspectivas.

Na realidade, enquanto não se teve clara percepção da *essencialidade* dos três apontados fatores e de sua correlação na vida do Direito, não se atingiu o cerne do problema. Poder-se-ia dizer que, a rigor, a teoria tridimensional só se aperfeiçoa quando se afirma, de maneira precisa, a interdependência dos elementos que fazem do Direito uma estrutura social necessariamente axiológico-normativa. Como já dissemos, essa tomada de consciência do problema central verificou-se, concomitantemente, na obra do jusfilósofo e penalista alemão Wilhelm Sauer e nos nossos escritos de 1939-1940, sem que um tivesse conhecimento do outro.

São profundas as diferenças entre as nossas concepções, a começar pelo sentido universal ou cósmico do tridimensionalismo de Sauer, quando, a nosso ver, só se pode falar em tridimensionalidade com referência ao plano da *cultura*, pois, os bens que o homem constitui, através da História, pressupõem sempre uma base *fática*, um *valor* determinan-

518   MIGUEL REALE

te da ação, e uma *forma* ou *norma* final, consoante exposto nas páginas deste livro, destinadas à análise fenomenológica da conduta. Para Sauer, ao contrário, tanto o mundo da natureza como o da cultura são apresentados com estruturas trivalentes, no âmbito de uma concepção que já foi acertadamente qualificada de "panteísmo crítico", e cuja singularidade consiste em apresentar a realidade toda como uma combinação de "mônadas de valor", as quais dariam sentido aos fatos, expressos em esquemas formais ou normativos.

O tridimensionalismo de Sauer resulta de seu propósito de tomar contato com a vida jurídica, entendida como realização de valores, parecendo-lhe que a sua compreensão unitária só seria possível com o superamento do positivismo e do idealismo[1].

Levado por esse desejo de visão global e complexiva, reclamara, logo de início, a necessidade de estudar-se o Direito segundo três *perspectivas*, correspondentes a três ordens de saber: o filosófico, o sociológico e o jurídico-formal, cada uma delas insuficiente para uma plena captação da juridicidade. São três ramos do saber, escreve ele, que disputam o conhecimento filosófico do Direito: a Filosofia do Direito, a Jurisprudência e as Ciências Sociais. Correspondem elas a orientações em parte intercorrentes, e em parte distintas, em razão da diversidade das perspectivas e do centro de gravidade de seu processo de trabalho. Se os pontos de vista do jurista e do sociólogo são unilaterais, como simples prolongamento de suas disciplinas particulares, não pode a Filosofia Jurídica deixar de revisar as próprias conclusões à luz daqueles ensimentos[2]. Como se vê, numa primeira fase o pensamento de Sauer corresponde ao da Escola de Baden.

Mais tarde, essa justaposição de perspectivas suscitou-lhe um problema, o de saber se a tridimensionalidade não corresponde a uma discriminação ôntica, inerente à realidade jurídica mesma, antes de resultar

---

1. Cf. WILHELM SAUER, Grundlagen der Gesellschaft — *Eine Rechts-Staats und Sozialphilosophie*, 1924, págs. 32 e segs.

2. SAUER, *Lehrbuch der Rechts und Sozialphilosophie,* Berlim, 1929, págs. 11 e segs.; SAUER, "Der Universale Gedanke in der Rechtsphilosophie", *in Studi Filosofico-Giuridici dedicati a Giorgio Del Vecchio*, vol. II, pág. 365; "Sécurité Juridique et Justice", *in Introduction à l'Étude du Droit Compare (Recueil d'Études en l'Honneur d'Edouard Lambert)*, vol. III, pág. 34.

FILOSOFIA DO DIREITO   519

de mera atitude metódica do sujeito observador. Essa indagação, repetimos, foi feita por Sauer por volta de 1940[3], ou seja, na mesma época em que o problema se configurava, em termos análogos, ao autor deste Curso[4].

Pode dizer-se que, desde então, o trialismo ou, como ele prefere dizer, a "trilateralidade" *(Dreiseiten)* passou a representar, concomitantemente, a *ratio essendi* e a *ratio cognoscendi* do Direito na doutrina de Sauer, que se esmerou em exageros analíticos, procurando determinar tridimensionalmente uma série de questões jurídicas particulares.

Consoante já lembrado, para esse antigo mestre de Köningsberg, não só o Direito, mas qualquer objeto do conhecimento apresenta três dimensões, indicadas como sendo *Stoff (Materie), Form (Norm), Regulativ (Idee, Werí)*[5].

Na segunda edição de seu *System der Rechts und Sozialphilosophie,* de 1949, subordina, mais rigorosamente, a sua concepção tridimensional do Direito à tridimensionalidade mesma do pensamento e da pesquisa. No quadro esquemático que nos oferece da "estrutura do conhecimento teorético", são discriminadas, por exemplo, três dimensões, respectivamente, no plano das *categorias lógicas* (matéria ou fato; forma ou estrutura; lei fundamental ou valor); no plano da *pesquisa filosófica* (vida, cultura, eternidade); no *domínio científico (Ciências da vida:* Psicologia, História e Sociologia material; *Ciências estruturais ou legais:* Lógica, Matemática, Ética e Dogmática Jurídica; e *Ciências fundamentais:* Filosofia social, Filosofia da cultura, Gnoseologia, Metafísica etc.).

É nesse quadro gnoseológico de uma "cosmovisão tridimensional" que Sauer discrimina as províncias do conhecimento jurídico, apresentando, *verbi gratia,* a "ordem jurídica" como dimensão *formal* da "ordem

---

3. Cf. W. Sauer, *Juristische Methodenlehre,* Stuttgart, 1940, págs. 37 e segs., 214 e segs.

4. Cf. *Fundamentos do Direito,* 1ª ed. de 1940, cit., especialmente o capítulo intitulado "Fato, Valor e Norma". Como resulta das páginas deste Curso, para nós a tridimensionalidade caracteriza apenas o mundo da cultura, enquanto que para Sauer se estende também ao plano da natureza.

5. *System der Rechts und Sozialphilosophie,* Basiléia, 2ª ed., pág. 47. Já em 1940, em *Juristische Methodenlehre,* SAUER estendera a teoria trilateral *(Dreiseitenlehre)* a todos os planos do saber *(op. cit.,* págs. 38 *usque* 42).

520 MIGUEL REALE

vital", cujas dimensões *material* e *valorativa* seriam, respectivamente, os Costumes *(Sitte)* e a Moral[6].

Nos domínios particulares do Direito, aplica ele os mesmos cânones epistemológicos, perdendo-se em uma série de distinções que nos parecem artificiais, embora engenhosas, como as feitas ao relacionar fato, norma e valor, respectivamente, com vida, estrutura e idéia[7], de maneira que a sua tridimensionalidade se converte em "esquema de interpretação", mantendo-se em um plano estático, *desligado da experiência jurídica como processo histórico.* Não nos explica, com efeito, como é que os três elementos se integram em unidade, nem qual o sentido de sua interdependência no todo. Falta a seu trialismo, talvez em virtude de uma referibilidade fragmentada ao mundo infinito das "mônadas de valor", falta-lhe o senso de desenvolvimento integrante que a experiência jurídica reclama[8].

A correlação que Sauer estabelece entre os elementos fático e normativo graças às "mônadas de valor" — cujo conceito não chega, aliás, a determinar com a devida clareza — não vai além de uma justaposição de esferas autônomas, no fundo incomunicáveis, como bem observa Renato Cirell Czerna, redundando numa tridimensionalidade *estática* e, como tal, incapaz de dar-nos a *unidade do Direito,* reclamada pela teoria tridimensional como sua *"ratio essendi".*

Pressupostos do Tridimensionalismo Dinâmico

204. A nosso ver, duas são as condições primordiais para que a correlação entre fato, valor e norma se opere de maneira unitária e concreta: uma se refere ao conceito de *valor,* reconhecendo-se que ele desempenha o tríplice papel de elemento *constitutivo, gnoseológico* e *deontológico* da experiência ética; a outra é relativa à implicação que existe entre o valor e a história, isto é, entre as exigências ideais e a sua

---

6. *System,* cit., pág. 49.

7. Cf. nesse sentido, W. SAUER, *Juristische Elementarlehre,* Basiléia, 1944, pág. 53.

8. Cf. Renato CIRELL CZERNA, "A Justiça como História", *in Estudos de Filosofia do Direito,* 1952, págs. 119 e segs. e *Ensaio de Filosofia Jurídica e Social (Direito e Comunidade),* São Paulo, 1965, págs. 181 e segs.

FILOSOFIA DO DIREITO

projeção na circunstancialidade histórico-social como *valor, dever ser e fim.* Do exame dessas duas condições é que resulta a natureza *dialética* da unidade do Direito, como passamos a expor.

Dizemos que o valor *constitui* a experiência jurídica porque os bens materiais ou espirituais, construídos pelo homem através da História, são, por assim dizer, "cristalizações de valor", ou "consubstanciações de interesses". Na parte propedêutica deste Curso e, a seguir, nos capítulos destinados à fenomenologia da ação e da conduta, já vimos como toda atividade humana se destina a satisfazer um valor ou a impedir que um desvalor sobrevenha. As valorações são, pois, um dos ingredientes ônticos do processo cultural, inseparável da "vida quotidiana" *(Lebenswelt).*

Além disso, todo valor implica uma tomada de posição do espírito, isto é, uma nossa atitude positiva ou negativa, da qual resulta, concomitantemente, a noção de *dever (se algo vale, deve ser; se algo não vale, não deve ser)* e a razão legitimadora do ato, por estar "a serviço de um valor". Daí termos afirmado que o valor, sobre ser o elemento constitutivo da experiência ética, é a razão *deontológica* da ação, fornecendo critério aferidor de sua legitimidade. O valor realiza-se, desse modo, como uma sucessão de elementos normativos, cada um dos quais traduz as *valorações* humanas concretizadas através do tempo, sem que nem mesmo a totalidade de tais momentos normativos logre exaurir a potencialidade inerente ao mundo dos valores. Esse o motivo da essencial historicidade do Direito, como experiência sempre renovada de valores, cuja unidade só pode ser de *processus.*

Por outro lado, como será possível conhecer uma experiência ôntica e deontologicamente axiológica, senão através de *juízos de valor,* como são os próprios do intelecto enquanto procura "as conexões de sentido" das realidades humanas? O mundo da cultura, (e nele o mundo do Direito) só pode ser objeto de "compreensão": a via de acesso às realidades valiosas, aos bens de cultura como "intencionalidades objetivadas", é-nos dada pelos juízos de valor. O espírito humano, em suma, para realizar-se como valor originário (o *valor-fonte,* tantas vezes por nós lembrado) dá vida a realidades valiosas; põe e legitima o dever de realizá-las, no conjunto e seqüência do processo histórico; assim como

522   MIGUEL REALE

fornece os meios adequados à sua compreensão[9]. Isto posto, analisemos o que se passa na experiência do Direito.

204-A. VALOR, DEVER SER E FIM — O fenômeno jurídico manifesta-se ou existe porque o homem se propõe fins. Não é possível que se realize, por exemplo, um contrato, sem que algo mova os homens à ação. Quem contrata é impelido pela satisfação de um *valor* ou de um interesse, por um objetivo a atingir, por um *fim* qualquer que constitui o ato, dando-lhe vida e significado como razão de seu *dever ser.*

Um fim outra coisa não é senão um valor posto e reconhecido como motivo de conduta. Quando reputamos algo valioso e nos orientamos em seu sentido, o valioso apresenta-se como fim que determina como *deve ser* o nosso comportamento. Não existe possibilidade de qualquer fenômeno jurídico sem que se manifeste este elemento de natureza axiológica, conversível em elemento teleológico. Quem primeiro viu, no século passado, a importância fundamental da idéia de fim no mundo jurídico foi Jhering, legando-nos seu admirável *O Fim no Direito,* onde nos lembra que sem a idéia de fim não pode haver compreensão do fenômeno jurídico.

Não é por outra razão que suas concepções filosófico-jurídicas podem ser apontadas como precursoras do culturalismo contemporâneo, não obstante seu empirismo fundamental[10].

Os valores, que nos movem à ação, são por nós percebidos graças a um processo inicialmente emocional, não redutível desde logo a fórmulas ou a categorias racionais. Nem tudo no valor é suscetível de ser explicado racionalmente. As vias de acesso até o mundo das estimativas jurídicas são muito complexas, e já vimos que Max Scheler nos fala de "um conhecimento estimativo, ou intuição do valioso, fundados no sentimento e na preferência e, em última palavra, no amor e no ódio"[11]. Por

---

9. Sobre o papel, ao mesmo tempo, ôntico, gnoseológico e deontológico do valor, como expressão da "consciência intencional", v. MIGUEL REALE, *O Direito como Experiência,* Ensaios I e VIII e *Experiência e Cultura,* cit., capítulo VII, *"Valor e Experiência",* págs. 171-206.

10. O antecedente de JHERING pode e tem sido invocado por juristas-sociólogos, por culturalistas e, em geral, por todos aqueles que propugnam a volta da Jurisprudência à realidade social, sem perda de seu signo distintivo, que é a normatividade.

11. SCHELER, *Ética,* cit., vol. I, pág. 101.

FILOSOFIA DO DIREITO

outro lado são, muitas vezes, impulsos emotivos, inesperadas inclinações simpatéticas que determinam nossa conduta e orientam ou contrastam nossas deliberações. Mas, para que se possa falar em *dever*, é mister que se converta em *fim*, isto é, em algo situado e representado *racionalmente* como valioso.

Este ponto parece-nos digno de apreciação mais demorada. O jurista não pode se contentar com uma vaga e intuitiva referência a valores, porquanto deve necessariamente elevar-se ao plano de sua *compreensão racional*. É próprio do jurista pensar em termos de segurança e de certeza, com aquilo que se costuma chamar *forma*. O Direito exige "estrutura formal", racionalidade, distinção e clareza, sem o que seria absurdo declarar-se *obrigatório* este ou aquele outro comportamento. A conversão do elemento axiológico, em fim é um trabalho de ordem racional. Quando com efeito, consideramos algo como sendo um *fim,* com esta palavra estamos indicando e precisando *algo de valioso* a ser atingido, e cuidamos de proporcionar *meios* idôneos à consecução do resultado posto racionalmente como *objetivo da ação.*

É aqui que se põe um problema crucial, qual seja o dá relação entre *valor* e *fim.* Há muito tempo — e nossa monografia sobre os *Fundamentos do Direito,* cuja 1ª edição é de 1940, bem o revela —, essa questão se coloca em plano relevante, convencido como estamos da necessidade de situar nitidamente os campos da Axiologia e da Teleologia à luz das indagações fundamentais da Ética, tais como as de Max Scheler e de Nicolai Hartmann, muito embora discordemos de sua objetivação ontológica dos valores.

No capítulo de sua *Ética* dedicado exatamente ao estudo das relações entre os fins e os valores, afirma Max Scheler que todo intento de uma Ética material resultaria comprometido "se algo só fosse valioso enquanto pudesse ser compreendido como *meio* para um fim qualquer". O grande crítico do formalismo kantiano, após reconhecer que um dos méritos irrecusáveis da Ética de Kant reside na condenação de qualquer forma de Ética que repute bons ou maus os valores na medida de certos fins, acrescenta que, se um valor resultasse de determinado fim (por exemplo: — do bem-estar da comunidade), já não poderia ser reconhecido como um valor moral em si, autônomo, porquanto teria de fundamentar o seu sentido exclusivamente no fato de ligar-se a um meio capaz

524 MIGUEL REALE

de servir ao fim visado[12]. Isto posto, como explicar a ligação entre *valor* e *fim*?

Ao analisar a relação existente entre o *dever ser* ideal e os *valores,* Max Scheler afirma que ela "se rege fundamentalmente por dois axiomas: primeiro, tudo o que é positivamente valioso deve existir; segundo, tudo o que é negativamente valioso não deve existir. A conexão aqui estabelecida não é recíproca, mas sim unilateral. *Todo dever ser está fundado sobre os valores;* os valores, todavia, não estão de maneira alguma fundados sobre o *dever ser*"[13]. Acrescenta Scheler que os valores não se referem ao plano da existência humana, que só se liga ao *dever ser.*

Reportando-nos ao exposto na *Propedêutica* relativamente à Axiologia — onde pensamos ter mostrado a impossibilidade de uma separação entre o mundo dos valores e a História, discordando, nesse ponto, do ontologismo estimativo de Scheler e Hartmann[14] —, não compreendemos como os valores possam ser "dados de um *modo indiferente* com relação à existência ou à não-existência, enquanto que todo *dever ser* está referido necessariamente à esfera da existência".

Ora, se "todo *dever ser* é forçosamente um *dever ser* de algo", como lapidarmente nos lembra Max Scheler, e se todo *dever ser* se funda em valores, é sinal que estes também se referem à existência humana, na sua temporalidade total, ou seja, ao passado, ao presente e ao futuro de nosso existir. No fundo, o *dever ser* é o valor mesmo em sua projeção temporal, no sentido histórico de seu desenvolvimento total, não ficando circunscrito apenas à perspectiva do futuro[15].

Concebendo os valores como existentes *em si* e *por si,* esbarra a Axiologia scheleriana ou hartmanniana em uma dificuldade, ao afrontar

---

12. Max Scheler, *Ética,* cit., vol. I, pág: 61.

13. *Idem, ibidem,* págs. 266 e segs.

14. Cf. Parte I, págs. 200 e segs. deste Curso.

15. Quanto às passagens de Scheler citadas no período *supra,* v. *op. cit.,* pág. 267. Como se vê, reiteramos, no texto, nossa opinião de que a *objetividade* dos valores não exclui, absolutamente, sua referibilidade ao plano da consciência. Neste sentido, cf. W. Marshall Urban, *The Intelligible World, Metaphysics and Value,* Londres, Nova Iorque, 1929, pág. 151, para quem os valores "existem" (tomado este termo em sua acepção ampla) "só para pessoas ou para vontades", com uma "existência imperativa".

FILOSOFIA DO DIREITO

o problema da atualização ou realização dos valores, os quais, se fossem concebidos como simples princípios teoréticos da esfera ética ideal, não poderiam ser considerados "princípios éticos" no rigor desta expressão.

Como os valores não podem se evaporar na "essencialidade", observa Hartmann, e o *ethos* do homem tem um caráter "atual", têm eles que transcender a esfera das "essencialidades" e dos objetos ideais e inserir-se no mundo flutuante dos atos morais. Como essa transcendência se opera é uma questão metafísica que a Ética pode ignorar, bastando-lhe o fato irrecusável de que os *valores atuam,* como é atestado pela consciência[16].

Daí a distinção que Hartmann amplamente desenvolve entre *dever ser ideal* e *dever ser atual* ou *positivo,* representando o primeiro a simples afirmação de que o valioso deve ser, sem expressar, com isto, uma *obrigação;* enquanto que o segundo, referindo-se à ordem da realidade, insere-se no plano da existência, convertendo-se em conduta valiosa e imperativa graças ao homem, à sua "consciência estimativa". Ao comparar as conexões entre os seres ideais e a realidade, graças à adequação dos homens àqueles arquétipos ideais, o mestre germânico aponta as diferenças que passam entre as "estruturas lógicas ideais" e os "valores". Se as primeiras apenas se ajustam ou não aos fatos sem influir sobre eles, permanecendo indiferentes ou inertes, já os segundos não ficam indiferentes aos fatos que se lhes contrapõem: a consciência moral sente aquela oposição, nega o que a contradiz, contrapõe ao "real" a sua própria estrutura, na forma de um *dever ser*[17].

Consoante nosso entender, nada há que objetar a essa caracterização atuante e positiva do valor perante o real, mas ela só nos parece possível desde que se admitam dois outros princípios: que os valores não são simples *objetos ideais;* que não há valor ou *dever ser* indiferentes ao plano da existência, visto como todo valor em si é condicionante da experiência histórica e na História se revela, sem que esta esgote suas virtualidades estimativas.

O homem não é apenas o *mediador* entre a esfera ideal do valioso e a realidade, porque os valores se manifestam no ente Homem, único

---

16. Cf. Nicolai Hartimann, *Ethics,* cit., vol. I, cap. XVII, págs. 236 e segs.

17. *Ibidem,* págs. 232 e segs.; cap. XVIII, págs. 247 e segs.

526   MIGUEL REALE

ente em que a Ontologia e a Axiologia confluem, visto como só ele *é* enquanto *deve ser,* e *deve ser* por ser o que *é*. Como é na História que se realizam os valores, podemos concluir que *todo fim constitui a determinação do dever ser de um valor no plano da praxis.*

O problema da anterioridade lógica dos valores é também o problema de sua objetividade, pois são os fins que, como expressão do *dever ser,* devem pressupor os valores: se assim não fosse, todos os fins acabariam por ficar à mercê das múltiplas inclinações subjetivas em conflito.

Não cabe aqui por certo discutir se a objetividade pressupõe necessariamente uma esfera ontológica autônoma de valores, ou se ela se compreende, como nos parece mais aceitável, nos quadros de uma doutrina que supere as posições, tanto do subjetivismo como do ontologismo axiológicos, sendo os valores concebidos como algo de inseparável dos seres a que dão sentido e significado, assim como do processo espiritual em que a significação mesma se constitue. É esse processo espiritual que, em sua universalidade, condiciona as relações e as estruturas culturais, tornando-as, assim, irredutíveis a qualquer processo de ordem puramente psicológica, emocional ou não. Por serem momentos ou dimensões do espírito o qual outorga sentido aos entes, é que os valores não se resolvem, nem se esgotam na experiência de um sujeito empírico, embora não possam prescindir da experiência subjetiva. Daí a insuficiência do psicologismo estimativo, máxime quando praticamente subordina a idéia de valor à idéia de fim suscetível de realização em função de meios idôneos. É por serem dimensão essencial do espírito em sua universalidade, que os valores obrigam, obedecendo o homem, no fundo, a si mesmo, à *Humanitas* revelada no fluir da experiência histórica.

Talvez não esteja distante deste pensar a tese hartmanniana sobre o homem "mediador entre o valor e a realidade", porquanto nos mostra que o homem não se limita a discernir ou sentir o valioso, mas tem o poder de decidir, de "tomar uma atitude com referência ao que compreende", por ser a *liberdade* fulcro do mundo das estimativas. É esse poder de transformar as exigências do ideal em forças modeladoras do existente que a seu ver assinala a grandeza de nossa espécie[18].

---

18. Cf. *Ethics,* cit., vol. III, cap. I, págs. 19 e segs.

FILOSOFIA DO DIREITO

Abstração feita, todavia, dessa diferença na maneira de situar os valores, não resta dúvida que há um manancial precioso de ensinamentos na obra de Max Scheler e de Nicolai Hartmann para quem pretenda compreender a experiência jurídica nos seus enlaces de *valor, dever ser* e *fins,* sem os quais a tensão entre *fatos* e *valores* não atinge o momento da *normatividade jurídica.*

De grande alcance se nos apresentam, assim, as observações de ambos para a compreensão da integração normativa que será examinada no capítulo seguinte, tomadas, porém, as suas teorias como ponto de partida para uma compreensão ao mesmo tempo *histórica e axiológica.*

Nomogênese Jurídica

205. Não resta dúvida que seria errônea qualquer redução do *dever ser* ao rumo de um processo causai de valorações, como se, dado um valor, deste só pudesse resultar um único "dever ser". Se a experiência axiológica obedecesse às linhas de um determinismo de valorações, a História do homem, e a História do Direito, em particular, não apresentariam tantos contrastes e contradições. Se todo valor implicasse uma só e única forma de *dever ser,* dando sentido à experiência humana e nela e por ela se realizando, deveríamos chegar à conclusão de que o *dever ser* da existência obedeceria, em última análise, mais a tendências e inclinações empíricas e contingentes do que à *vis attractiva* dos valores concebidos como "fontes de ação".

Eis por que, a nosso ver, *valor, dever ser* e *fim* são momentos que se desenrolam na unidade de um processo, que é a experiência total do homem, processo este que não é unilinear e simétrico, mas antes denso de coerências e contradições, de avanços e recuos, de pausas e de acelerações de ritmo, de serenidades e de crises, obedecendo sempre a um ideal de adequação entre realidade e valor, ideal perene, porque conatural e próprio do homem, o único ente que, originariamente, *é* enquanto *deve ser,* com poder de transfundir essa qualidade aos "bens culturais" que instaura.

Pois bem, o Direito insere-se nesse processo de integração do *ser* do homem no seu *dever ser,* representando um de seus fatores primordiais, sendo, como é, uma das mais poderosas tomadas de contato do homem com o *dever ser* de sua existência individual e social, em uma clara postulação de fins.

Necessário é, pois, ponderar que o momento normativo da conduta como "conduta jurídica" corresponde à formulação racional de uma preferência, a uma "medida de agir" em função de valores a realizar ou a preservar, de modo que a normatividade implica uma tomada de posição, uma *voluntas* que põe, concomitantemente, a exigência de meios adequados.

O *fim* não pode ser concebido sem o *valor,* mas é também certo que a idéia de fim é sempre o termo de um processo de compreensão racional, porque quem diz fim, diz também mediação, ou seja, diz também *meio.* Quando nos propomos algo como fim, estamos reconhecendo a possibilidade de existirem meios para atingirmos um resultado: — o nexo ou relação de meio a fim é sempre nexo racional, pois implica a verificação de que certo fato funcionará como "condição" ou "causa" de uma conseqüência previsível.

Ninguém melhor do que Hartmann cuidou dos problemas postos pelo "nexo teleológico", ao mostrar-nos que, na atualização dos fins, os meios funcionam como causas e os fins correspondem aos efeitos. O processo finalístico é dependente do causai, não podendo existir ação, cuja estrutura é sempre teleológica, a não ser em um mundo causalmente determinado.

Desde Kant se sabe que é possível a coexistência de determinismo e liberdade, mas é preciso acentuar, mais e mais, que "uma vontade livre com o seu modo finalístico de eficácia é somente possível em um mundo determinado causalmente. Semelhante mundo — ontologicamente considerado — não se situa em relação antitética para com a liberdade da vontade"[19].

Desse modo, dá-se a interferência da *vontade* na ordenação dos fins e na ordenação dos meios, donde a necessária inserção do *Poder* no processo mesmo da normatividade jurídica. É, com efeito, através de um

---

19. HARTMANN, *Ethics,* cit., vol. III, págs. 77 e segs. Cf. nossas observações sobre esta matéria em *O Estado Moderno,* São Paulo, 3ª ed., 1935, págs. 41 e segs.

FILOSOFIA DO DIREITO

processo ao mesmo tempo axiológico e teleológico que surge a *norma de Direito,* a qual se apresenta, formalmente, como esquema geral de opção pela conduta *reconhecida* de valor positivo e, como tal, preservada; ou então de valor negativo e, como tal, vedada[20].

Imagine-se um legislador diante de uma situação de fato a que deva atender com providências normativas: — o ato de legislar implica consciência especial dos problemas, uma característica "atitude de dever ser", isto é, a certeza de que lhe cabe "optar", eleger uma via, da qual resultará a tutela de um campo de interesses reputados legítimos. Não se trata de um sociólogo dedicado a descobrir conexões entre os fatos, nem de um psicólogo empenhado em seguir os reflexos de um ato ou de uma deliberação do plano da vida interior: — o momento de legislar tem significado próprio enquanto alberga sempre um sentido de "dever ser" ao qual é inerente uma *opção* entre diversas vias possíveis.

O estudo do fato raramente é simples, oferecendo, ao contrário, múltiplos graus de complexidade, o que reveste a obra legislativa de crescente caráter técnico. Pense-se, por exemplo, no fenômeno universal da crise edilícia, na carência de prédios para comércio e residência, reclamando o Estado leis excepcionais de amparo aos inquilinos sem ofensa ao direito de propriedade. Eis um fato que se oferece à cogitação e à estimativa do legislador, exigindo dele grave opção, um conjunto de medidas que envolvem pressupostos de ordem teorética e um atento exame de todos os elementos e circunstâncias, desde os fatores de natureza social, aos de caráter econômico e financeiro, como os decorrentes do êxodo rural e do crescimento vertiginoso e desproporcionado dos centros urbanos. A tais fatores acrescente-se também o próprio Direito já existente, garantidor de interesses e pretensões individuais, e temos toda a complexidade do quadro dentro do qual se processa a obra legislativa.

O *fato,* por conseguinte, que condiciona o aparecimento de uma norma jurídica particular nunca é acontecimento isolado, mas um *con-*

---

20. O ato de *reconhecimento é* por nós apreciado aqui apenas quanto à correlação valor-fim, que assinala um momento culminante da experiência axiológica. Poder-se-ia, no entanto, observar, com WILBUR MARSHALL URBAN, que o reconhecimento *(acknowledgement, anerkennen),* ou melhor, o "mútuo reconhecimento" é um dos aspectos essenciais do valor, condição de sua comunicação inteligível. *(The Intelligible World,* cit., pág. 144.)

junto de circunstâncias, estando o homem rodeado por uma série de fatores que solicitam sua atenção, provocam sua análise e despertam atitudes de reação ou de aplauso, de simpatia ou de repulsa. É por isso que, na 4ª. edição de meu livro *Teoria Tridimensional do Direito,* acrescento um capítulo final dando realce ao conceito husserliano de "vida quotidiana" *(Lebenswelt),* no qual estamos todos imersos, os legisladores, os juízes e os juristas enquanto homens comuns.

Por outro lado, verifica-se a mesma complexidade quando se examinam os múltiplos *valores* que condicionam o ato de escolha de determinado grupo de regras jurídicas, ou até mesmo de uma única norma de direito, ficando prejudicadas as demais vias possíveis. Há, pois, um complexo de fins e valorações, uma série de *motivos ideológicos* (diversidade de pontos de vista programáticos ou doutrinários, assim como divergência ou conflito de interesses de indivíduos, grupos e classes sociais) condicionando a decisão do legislador, cuja opção final assinala o momento em que *uma das possíveis proposições normativas se converte em norma jurídica.*

Podemos comparar, para facilidade de compreensão, o "campus" nomogenético à imagem (fig. *infra)* de um raio luminoso (impulsos e

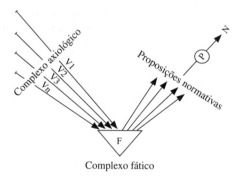

Sobre a inserção do *Poder* no processo nomogenético, v. os complementos do parágrafo seguinte, no qual se esclarece em que acepção especial se emprega, aqui, a palavra *Poder,* como "ato decisório munido de garantia específica,"

FILOSOFIA DO DIREITO

exigências axiológicas) que, incidindo sobre um prisma (o multifaceta-do domínio dos fatos sociais, econômicos, técnicos etc.), se refrata em um leque de "normas possíveis", uma das quais apenas se converterá em "norma jurídica", dada a interferência do Poder.

É, repito, a co-participação opcional da autoridade (seja ela a de um órgão legislativo ou judicante, ou ainda o poder difuso no corpo social) que converte em norma, armando-a de sanção, uma dentre as muitas vias normativas possíveis, dando, assim, origem a um *modelo jurídico,* que é uma estrutura normativa da experiência destinada a dis-ciplinar uma classe de ações, de forma bilateral atributiva. O modelo jurídico assim positivado é momento de um processo, podendo sofrer alterações semânticas através do tempo. Tais mudanças de sentido, liga-das ao caráter criador do ato interpretativo, equivalem a verdadeiras criações normativas, independente da providência, às vezes tardia ou desnecessária, da revogação parcial ou total da norma originariamente formulada.

Cada modelo jurídico, em suma, considerado de per si, corresponde a um momento de integração de certos fatos segundo valores determi-nados, representando *uma solução temporária (momentânea ou dura-doura) de uma tensão dialética entre fatos e valores, solução essa esta-tuída e objetivada pela interferência decisória do Poder em dado momento da experiência social.*

No exemplo que demos, a decisão é do poder estatal expresso através de órgãos determinados (Congresso e Presidente da República), mas o *ato culminante de decidir,* sem o qual não se instaura direito novo nem se altera substancialmente direito antigo, pode ser também o resul-tado do *poder social difuso* em uma comunidade, visto como o chamado direito costumeiro não é senão a consagração de reiterados *atos anônimos de decidir.* Pode ainda um modelo jurídico resultar no plano privado, em virtude de atos fundados na *autonomia da vontade:* temos, então, os *modelos negociais,* ao lado dos *legais, consuetudinários* e *jurisdicionais.*

Ora, é esse caráter *concreto* da norma jurídica, em razão de seus enlaces fáticos e axiológicos, que corresponde ao *"ser de situação"* que é o ser humano.

O homem não pode ser concebido como um ente solto, ou isolado, no espaço ou no tempo. Vivemos, em maior ou menor medida, em fun-

532 MIGUEL REALE

ção do já dado, sendo as inovações, por mais radicais que nos pareçam, sempre dependentes de condições e eventos que se situam atrás de nós no tempo e estão presentes na particularidade do mundo que ora nos circunda. Daí dever dizer-se que o homem que interessa ao Direito não é um abstrato *homo juridicus,* mas um ser concreto, que carrega consigo todas as suas circunstâncias. Não podemos erradicar o homem do meio social, do condicionamento histórico em que existe e tenta realizar-se. Sem atendermos à condicionalidade histórico-social do homem como personagem do Direito, arriscamo-nos a mutilar a experiência jurídica, privando-a de uma de suas características fundamentais.

Quando dizemos, pois, que no Direito existe um elemento de *fato,* não nos referimos a determinado fato empírico, mas ao complexo de todas as circunstâncias já positivadas na experiência jurídica, como um sistema vigente de forças, de natureza psicológica, histórica, econômica, geográfica etc.

É, por conseguinte, num condicionamento fático e axiológico que se processa a gênese da norma de Direito: — a regra jurídica, em verdade, representa o *momento conclusivo* de um processo espiritual de natureza dialética, no qual o fato passa pelo crivo ou pelo critério das estimativas do Poder e se consubstancia nos esquemas de fins que *devem* ser atingidos.

Processo Normativo e Poder

206. Se, na experiência jurídica, *o fato* e o *valor* não se compõem sem a interferência do *Poder,* é mister determinar melhor o papel deste no processo nomogenético.

O aparecimento de cada regra jurídica marca o momento culminante de uma experiência jurídica particular, a qual é solidária das demais através de conexões múltiplas, umas aparentes e facilmente identificáveis, outras subentendidas ou ocultas nas tramas das relações sociais. Daí poder-se dizer que os valores são como que fachos luminosos que, penetrando na realidade social, se refrangem em um sistema dinâmico de normas, cada uma delas correspondente a uma *decisão.*

O fenômeno cultural, já o dissemos várias vezes, implica sempre uma nossa atitude positiva ou negativa em face dos "dados da natureza",

FILOSOFIA DO DIREITO 533

assim como uma reelaboração ou reafirmação de atitudes passadas, ante o que se poderia, *cum grano salis,* denominar os "dados na História". Cultura, no fundo, não é outra coisa senão o conjunto das *posições do espírito,* e de suas projeções, em face da natureza e da vida. Homem culto é aquele que tem o seu espírito aberto às vibrações múltiplas dos valores, sendo tanto mais culto quanto maior sua capacidade de tomar posição perante as estimativas humanas; o homem pronto a entusiasmar-se diante de um quadro de Rembrandt ou ao ouvir um concerto de Bach; que sabe examinar com interesse a expressão gráfica de um problema econômico ou as conquistas da Ciência e da Técnica, é um homem culto. É tanto mais culto quanto mais rica sua compreensão de valores, o que não quer dizer que cada homem não possa ou não deva desenvolver sua vocação específica, concentrando em um setor da experiência as energias de seu espírito. O verdadeiro especialista, no entanto, não se estiola em uma visão parcial da vida, mas enriquece o seu mundo com as perspectivas de outras imantações axiológicas.

Muitos julgam que o homem livre é o trancado em si mesmo, ligado apenas pelo círculo de seus interesses, quando, na realidade o homem é tanto mais livre quanto mais multiplica os seus pontos de contato ou de interferência com outros grupos. Georg Simmel, desenvolvendo estudos a respeito da matéria, diz que a personalidade se multiplica em função do número de círculos sociais de que o indivíduo é partícipe, o que deve ser entendido no sentido de "participação" efetiva e autêntica, nada tendo que ver com o borboletear inconstante que assinala os seres superficiais e medíocres.

Todos, em geral, temos um centro axiológico de gravidade, que garante o equilíbrio de nosso ser pessoal. É uma garantia de especificação, assim como de co-participação criadora, de comunhão com os demais seres e seus problemas. Tomar posição é encontrar-se, e esse encontro envolve sempre uma referência a algo que se põe como válido em relação a nós mesmos.

Esta aparente digressão tem por fim demonstrar que uma *tomada de posição* é inseparável de toda experiência axiológica, manifestando-se, tanto no plano individual como no coletivo, como um *ato decisório,* resultante de um *ato de preferência* entre valores.

Por aí se vê que o problema do *Poder* não deve ser concebido sem conexão com a experiência axiológica, como se fosse uma força material geradora das regras de direito: — a exigência axiológica, que determina pautas de agir, põe, *concomitante* e *paralelamente,* o problema de sua garantia, como se esclarecerá logo mais, envolvendo e delimitando o Poder que participa do processo normativo.

Toda regra jurídica é resultante de uma escolha, às vezes identificável no espaço e no tempo, muitas vezes oculta nas dobras dos usos e costumes. O físico, quando examina fatos, não escolhe nem põe uma lei que inove em relação aos fatos mesmos, mas procura explicá-los com rigor, graças ao seu poder de integrar em sínteses ordenatórias os elementos dispersos e fragmentários do real. O físico só cria na medida em que apreende, explica e sintetiza os fatos; mas o legislador cria na medida em que escolhe e decide, armando de força a escolha feita, a qual pode ter por fim contrapor-se a um fato, como o da criminalidade. Toda norma legal é uma opção entre vários caminhos, pois não é dito que só haja uma via legítima perante uma mesma exigência axiológica, numa dada situação de fato.

A correlação essencial entre *nexo normativo* e *Poder* é de suma importância para uma compreensão realista do Direito, devendo notar-se que a decisão, que é a alma do Poder, não se verifica fora do processo normativo, mas inserindo-se nele, para dar-lhe atualidade ou concreção: o *Poder,* no fundo, é um ato decisório munido de garantia específica.

Seria errôneo, no entanto, asseverar que o Direito seja fruto de mera decisão. O *decisionismo,* que tende a exagerar o fator volitivo ou de opção na gênese do fenômeno jurídico, incide no engano de conceber a decisão como um ato isolado, destacado do conjunto das circunstâncias sociais e dos motivos axiológicos que cercam quem deve decidir, olvidando que quem decide, por mais força que detenha, é também condicionado pelo "mundo da vida quotidiana" *(Lebenswelt)* em que se acha situado.

A liberdade implica, sempre, limites, e toda decisão constitui momento vertical em um processo de estimativas, que se converte em *processo normativo.*

A norma de direito envolve, na realidade, um fato que, iluminado por valores, dá lugar a uma atitude humana e a uma decisão. Daí, repetimos, a importância do problema do *Poder* no processo de formação de cada complexo de relações jurídicas, visto como existe sempre um ato

FILOSOFIA DO DIREITO

de *decisão*, de opção e de ação conseqüente, marcando o surgimento da norma, no quadro das múltiplas vias de possível e legítimo acesso ao mundo dos valores.

Não assiste razão a Radbruch quando diz que é a impossibilidade de determinação do *justo*, ou, por outras palavras, a "incognoscibilidade do Direito justo" que funda e legitima a validade do Direito Positivo: — "Se não é possível fixar e *estabelecer* aquilo que é justo, deve ao menos ser possível *estabelecer* aquilo que ficará sendo o Direito, e isso deve estabelecê-lo uma autoridade que se ache em condições de poder impor a observância daquilo que precisamente foi estabelecido"[21].

É certo que o Poder consagra a norma e a torna efetivamente obrigatória, mas a obrigatoriedade do Direito Positivo não resulta, a nosso ver, da incognoscibilidade dos valores do justo, e sim da relatividade de suas possíveis projeções concretas.

Consoante observa Max Scheler, a relação entre os valores e as normas tem como conseqüência um fato básico para a Ética em geral, bem como para a história das idéias morais: — "Todos os imperativos e normas podem *variar,* embora se reconheçam os *mesmos valores,* não só ao longo da História, como nas diversas comunidades; podem inclusive ser variáveis, contendo os mesmos princípios ideais de *dever ser.* (...) Essa possibilidade de variação dos imperativos, que contém os mesmos valores (inclusive quando se expressam em iguais princípios de *dever ser* ideal), acentua-se em certas circunstâncias, a tal ponto que podem se basear em valores iguais imperativos que expressam coisas opostas"[22].

Compreende-se, desse modo, que a variação dos valores *in concreto* não compromete sua objetividade. A atualização dos valores depende sempre do exame das circunstâncias e de critérios contingentes de conveniência e oportunidade, dos quais decorre a preferência por esta ou aquela dentre as múltiplas vias compatíveis com as mesmas exigências axiológicas.

---

21. RADBRUCH, *Filosofia do Direito,* cit., págs. 27, 103 e 118. No fundo, é o pensamento de relativistas como JELLINEK, MAX WEBER ou KELSEN. Cf. WILLIAN EBENSTEIN, *La Teoría Pura del Derecho,* cit., pág. 133.

22. MAX SCHELER, *Ética,* cit., vol. I, pág. 276.

MIGUEL REALE

Feita essa ressalva, que se nos afigura essencial, não se pode recusar à doutrina de Radbruch o mérito de ter reconhecido a conexão inevitável entre a *positividade do Direito* e o fenômeno da organização do Poder.

Tem-se generalizado ultimamente uma tendência abstratista visando a um "reino ideal do Direito", sem os perigos e os riscos que seriam representados pelo Poder, confundido facilmente com a força e o arbítrio. Mais do que ninguém, Hans Kelsen contribuiu para essa ilusória concepção da juridicidade, sendo dele a afirmação suspicaz de que quem levanta o véu que encobre o Direito e abre bem os olhos, descobre a cabeça de Górgona do Poder[23].

Deste assunto já cuidamos em outras obras, notadamente em *Teoria do Direito e do Estado*[24], mas não é demais salientar que, como diz Hauriou, a exigência ideal que põe a regra de Direito põe também o Poder. O mestre francês, pertencente àquela família de juristas que sabe ser o pior inimigo do Direito aquele que fecha os olhos para o problema do Poder, esclarece-nos que a norma jurídica não emana dos fatos, à guisa de leis físicas, porque seu surgimento implica a consideração do *Poder,* que não é aceito em si mesmo, mas em nome e em razão da "instituição" a que se destina.

Alargando essa concepção institucional diríamos que, considerada a totalidade do processo histórico do Direito de uma comunidade e não cada uma de suas expressões, não raro conflitantes, o processo geral de atualização do Direito segue *pari passu* o do Poder, o qual faz-se cada vez mais Direito, integrando-se nas normas que positiva: — *a convergência do Direito e do Poder é o infinito de uma lei social.*

O *fato* do Poder não interessa, em suma, ao mundo jurídico senão e enquanto se ordena normativamente, inserindo-se, sob certo aspecto, no processo de integração normativa, pois, como dissemos à guisa de

---

23. Cf. WILLIAN EBENSTEIN, *La Teoría Pura del Derecho,* cit., pág. 131. Sobre esta matéria, v. o capítulo que dedicamos às "Pretensões do objetivismo jurídico contra o Poder", *in Teoria do Direito e do Estado,* 4ª ed., cit., págs. 66 e segs., e o ensaio "O Poder na Democracia", inserto em *Pluralismo e Liberdade,* cit.

24. Cf. nossa *Teoria do Direito e do Estado,* cit., notadamente os caps. IV: — "Ordem Jurídica e Poder" e X: — "Análise do Poder de Império".

FILOSOFIA DO DIREITO 537

conclusão de *Teoria do Direito e do Estado,* "o Poder tem isto de característico que, quanto mais ele concorre à positivação do Direito, mais se prende ao Direito declarado e mais por este é circunscrito"[25].

Direito e Poder são termos inseparáveis, mas será vão querer reduzir o primeiro ao segundo, pretendendo transformá-lo em simples *qualidade* ou *energia* da norma de direito, da própria regra em seu momento de eficácia concreta, como tem sido sustentado, por exemplo, por Georges Burdeau, um dos mais sutis estudiosos do Poder[26].

Assim como a integração normativa não esgota as virtualidades axiológicas (há sempre uma nova exigência do justo, da paz etc.), da mesma forma a ordem jurídica não envolve e integra em seu processo a totalidade das exigências fáticas, entre as quais se põem as oriundas do Poder, donde se origina também a dinâmica bipolar e implicadora da juridicidade.

Não se pode afirmar, em suma, que, quando o Poder especifica a norma jurídica, através de uma decisão, o faça fora do processo de atualização normativa do valor: ao contrário, o ato de decisão, a tomada de posição axiológica, em virtude da qual a regra jurídica se constitui ou se aperfeiçoa, faz parte integrante do mencionado processo, razão pela qual o Poder não surge como uma 4ª dimensão. No fundo, a decisão do Poder, seja ele estatal, costumeiro, jurisdicional ou negocial, somente se torna possível e atual em correlação, ou melhor, em função das *valorações* que o condicionam e que legitimam a *opção normativa in concreto.* Faça-se abstração da correlação axiológico-normativa, e o Poder se põe como mera força, insuscetível de qualificação jurídica positiva.

De outro lado, se fizermos abstração do "quantum" de *positivação* representado pelo Poder, as exigências axiológico-jurídicas se esvaem em modelos normativos inoperantes, o que demonstra que o problema do Poder só se compreende devidamente como o faz a teoria tridimen-

---

25. *Op. cit.,* pág. 78, onde desenvolvo a tese da *Jurisfação do Poder.*

26. Sobre a teoria do Poder de GEORGE BURDEAU, v. as considerações que já fizemos em 1940, em *Teoria do Direito e do Estado,* págs. 94 e segs., com base em um ensaio, cujas teses fundamentais foram confirmadas e desenvolvidas em seu *Traité de Science Politique,* Paris, vol. I.

sional, isto é, como momento da tensão fático-axiológica na concreção do processo nomogenético[27].

---

27. Sobre os reflexos dessa concepção do Poder e da normatividade no concernente à teoria das fontes e dos modelos jurídicos, v. nossas *Lições Preliminares de Direito* e *O Direito como Experiência,* cits.

Capítulo XXXVII

Normatividade e Historicidade do Direito

Normativismo Jurídico Concreto

207. No capítulo anterior focalizamos o problema da nomogênese jurídica, concluindo que toda regra de direito representa um momento de equilíbrio, atingido como composição das tensões que, em dada situação histórica e social, se verifica entre um complexo de fatos e um complexo de valores. Sendo a norma jurídica a solução superadora de um conflito de interesses, surge ela como algo destinado a durar, dependendo a sua maior ou menor duração de um conjunto de fatores políticos, econômicos, éticos etc. Em linhas gerais, o êxito de um dispositivo legal depende da correspondência existente entre a sua *vigência* e as estruturas sociais, como condição *sine qua non* de sua eficácia[1]. É a razão pela qual as leis promulgadas de afogadilho, sem adequação com a sociedade a que se destinam, têm vida tão fugaz e precária como a da sua elaboração.

Abstração feita de tais soluções precipitadas ou artificiais o normal é que as regras jurídicas se destinem a *durar,* satisfazendo a um dos princípios basilares da vida jurídica que é o da *economia das formas.* Os juristas somos, por sinal, muitas vezes acusados de certo conservantismo,

---

1. Sobre a relação entre vigência e eficácia como requisito da *positividade do Direito,* v. o exposto no capítulo seguinte.

540   MIGUEL REALE

pelo apego às leis prudentemente elaboradas, em torno das quais já se
constituiu todo um sistema de critérios éticos e de categorias lógicas,
aliando-se o fino lavor da doutrina à diuturna experiência jurisdicional.
As transformações bruscas, assim como as mudanças incessantes não se
compadecem com o sentido ideal do Direito, que é o da harmonia da
justiça com a certeza e a segurança.

Isto não obstante, por mais que as coletividades possam preferir o
Direito posto, receosas de novas estruturas jurídico-políticas, o certo é
que não há regra jurídica que se mantenha imutável. No decorrer de
poucos anos, as leis mudam de significado, indo muito além da intenção
originária de seus autores, sem sofrerem a mínima mudança em seus
elementos gráficos. Esse problema é tão natural à dinâmica das regras
de direito que, a pouco e pouco, vai se constituindo um novo ramo de
estudos, que é a *Semântica Jurídica,* parte da Lógica Jurídica destinada
à análise das formas de variação do significado das regras de direito[2].
Muito embora o assunto ultrapasse os limites ontognoseológicos, não
será demais focalizar alguns de seus aspectos mais gerais, indispensáveis
à compreensão do normativismo jurídico concreto, que a teoria tridimensional procura alcançar.

Pois bem, o processo fático-axiológico, analisado ao estudarmos
a nomogênese jurídica, revela-se também quando não é mais o político
do Direito, ou o legislador, que aprecia o assunto, mas sim o jurista, o
juiz ou o advogado. Só que então o sentido da pesquisa é outro: — como
a norma já é um dado de referência pré-constituído, um "querer já ma-
nifestado genericamente" e posto por ato de autoridade, torna-se necessário interpretá-la à luz das circunstâncias histórico-sociais em que ela
se situa, bem como verificar qual a sua significação real a partir de sua
vigência.

Efetivamente, nenhuma *norma jurídica* conclui ou exaure o processo jurígeno, porquanto ela mesma suscita, no seio do ordenamento e
no meio social, um complexo de reações estimativas, de novas exigências
fáticas e *axiológicas*. É a razão pela qual não se pode concluir que, em
última análise, o Direito seja só normativo: a *norma* é, por assim dizer,

---

2. Para maiores desenvolvimentos, v. MIGUEL REALE, *O Direito como Experiência,*
cit., capítulos III, VII e VIII.

FILOSOFIA DO DIREITO

uma ponte elástica e flexível entre o complexo fático-axiológico, que condicionou a sua gênese, e os complexos fático-axiológicos a que visa atender, no desenrolar do processo histórico.

Dizemos que a norma jurídica deve ser concebida como uma ponte *elástica*, dadas as variações semânticas que ela sofre em virtude da intercorrência de novos fatores, condicionando o trabalho de exegese e de aplicação dos preceitos. Tais alterações de significado, no entanto, encontram natural limitação na estrutura formal da regra jurídica positivada, não sendo possível esforço de exegese que manifestamente desnature o seu enunciado. Quando a norma não mais se ajusta à experiência fático-axiológica, a via que se abre juridicamente é a da revogação ou da ab-rogação.

Todavia, entre o *início da vigência* de uma norma legal e a sua *revogação*, os preceitos jurídicos têm aplicação ou eficácia, "vivem", em suma, como instrumentos de vida que são, através dos atos interpretativos, da crítica da doutrina, das decisões dos juízes, dos administradores e dos tribunais.

É necessário aprofundar o estudo dessa "experiência normativa", para não nos perdermos em cogitações abstratas, julgando erroneamente que a vida do Direito possa ser reduzida a uma simples inferência de Lógica formal, como se uma decisão judicial, por exemplo, fosse equiparável a um silogismo, cuja conclusão resulta da simples posição das duas premissas. Nada mais ilusório do que reduzir o Direito a uma geometria de axiomas, teoremas e postulados normativos, perdendo-se de vista os *valores* que determinam os preceitos jurídicos e os *fatos* que os condicionam, tanto na sua gênese como na sua ulterior aplicação.

A norma de direito representa *um momento necessário do processo de integração fático-axiológica,* mas não é menos certo que, nem bem é ela consagrada por qualquer das fontes reveladoras do Direito, tem início uma série de atos destinados a dar-lhe *eficácia,* tanto no plano da interpretação como no da sua aplicação, dentro e fora dos limites e objetivos forenses[3].

---

3. Quanto ao conceito de fonte, na teoria tridimensional, v. MIGUEL REALE, *O Direito como Experiência,* cit., capítulos VII e VIII, e *Lições Preliminares de Direito,* cit., capítulos XII a XIV, onde se encontra o conceito de *modelo jurídico,* distinto em *modelo jurídico prescritivo* e *modelo jurídico hermenêutico.*

542 MIGUEL REALE

Como veremos no Capítulo XXXVIII, o modo de existir da norma jurídica é a sua *vigência,* e esta só é pensável orientada *para algo,* visando a se realizar como "situação normada", isto é, como comportamento e relação social, ou seja, como *eficácia.*

Ocorre, todavia, que, quando uma regra de Direito entra em vigor, a sua vigência necessariamente se correlaciona com a vigência das normas preexistentes, o sentido de umas podendo influir sobre o sentido de outras. Assim como os valores são entre si solidários, as normas jurídicas também se correlacionam e se implicam, distribuindo-se e ordenando-se em institutos e sistemas, cujo conjunto compõe o "ordenamento jurídico".

É o ordenamento jurídico no seu todo que é pleno (visto como nenhum juiz pode deixar de sentenciar sob pretexto de lacuna ou obscuridade da lei — Código de Processo Civil, art. 126) e não o mero "sistema da legislação" como tal, pois até mesmo o legislador reconhece e proclama as omissões inevitáveis da lei, determinando que, sendo ela omissa, o juiz decidirá o caso de acordo com a analogia, os costumes e os princípios gerais do Direito (Lei de Introdução ao Código Civil, art. 4º).

Recorrendo-se aos costumes, à analogia e aos princípios gerais do Direito integra-se o sistema legal, que se atualiza, assim, como experiência ou ordenamento jurídico; donde se há de concluir que uma regra jurídica não pode nem deve ser tomada de per si, como se fosse uma proposição lógica em si mesma inteiramente válida e conclusa, pois o seu significado e a sua eficácia dependem de sua funcionalidade e de sua correlação com as demais normas do sistema, assim como do conjunto de princípios que a informam. Daí ser imprescindível ultrapassar a expressão particular e fragmentária dos preceitos jurídicos, a fim de que o sentido que lhes é próprio, rigorosa e devidamente captado, seja, depois, completado e até mesmo dinamizado em função e à luz dos restantes preceitos em vigor.

Essa exigência de *totalidade* ou de *compreensão sistemática,* em virtude da qual se correlacionam as partes entre si e com o todo, constitui uma das notas distintivas do *normativismo jurídico concreto,* podendo ser assim enunciada: *"Toda regra de Direito só tem vigência e eficácia na unidade do ordenamento".*

Além desse aspecto, por assim dizer "estrutural" ou "sistemático", é mister, outrossim, atentar para o aspecto "dinâmico" da vida do Direito.

FILOSOFIA DO DIREITO

543

Costuma-se dizer que uma lei só pode ser revogada por outra lei de igual ou superior categoria, e esta é uma verdade no plano da vigência, não o sendo, porém, no plano de sua correlação com a eficácia. Há, com efeito, leis que só possuem existência formal, sem qualquer conseqüência ou reflexo no campo das relações humanas (são as chamadas *leis do papel*) até ao ponto do legislador se esquecer de revogá-las. Se não se opera, salvo casos especiais, a revogação das leis pelo continuado desuso, este as esvazia de força cogente, levando o intérprete, ao ser surpreendido com a sua imprevista invocação, a encapsulá-las no bojo de outras normas, de modo a atenuar-lhes o ruinoso efeito. (Cf. § 219, *infra.*)

Mas, como já ponderamos, não é só nesses casos raros e extremos que se dá a alteração do conteúdo das normas jurídicas. Leis há (e estamos aqui dando preferência ao estudo das leis ou normas legais, apenas para facilidade de exposição, sendo, no entanto, as observações válidas para todas as espécies de normas jurídicas) leis há, sem dúvida, que, durante todo o período de sua vigência, sofrem pequenas alterações semânticas, mantendo quase intocável a sua conotação originária. Isto ocorre quando não se verifica mudança de relevo na *tábua dos valores sociais,* nem inovações de monta no concernente aos *suportes fáticos.*

Muitas e muitas vezes, porém, as palavras das leis conservam-se imutáveis, mas a sua acepção sofre um processo de erosão ou, ao contrário, de enriquecimento, em virtude da interferência de fatores diversos que vêm amoldar a letra da lei a um *novo espírito,* a uma imprevista *ratio júris.* Tais alterações na semântica normativa podem resultar:

a) do impacto de *valorações* novas, ou de mutações imprevistas na hierarquia dos valores dominantes;

b) da superveniência de *fatos* que venham modificar para mais ou para menos os *dados* da incidência normativa;

c) da intercorrência de outras normas, que não revogam propriamente uma regra em vigor, mas interferem no seu campo ou linha de interpretação;

d) da conjugação de dois ou até mesmo dos três fatores acima discriminados.

Exemplos elucidativos da hipótese os temos na Jurisprudência brasileira, e eloqüentes, como ocorreu quando, superado o apego aos

544   MIGUEL REALE

valores formais da lei, próprio da mentalidade individualista, deixamos de aplicar o rigor da lei pessoal do marido, em se tratando de sucessão de bens adquiridos por estrangeiro e sua mulher no Brasil, toda vez que daquela pudesse resultar a preterição dos direitos da esposa que a nossa tradição consagra. Admitindo a existência de uma "sociedade de fato", os nossos tribunais conseguiram superar, *in concreto,* o erro do legislador, que se esquecera das necessidades de um país de imigração, para dar guarida a um universalismo jurídico tanto abstrato quanto iníquo, dadas as peculiaridades e conjunturas da vida brasileira. Foi só bem mais tarde que o legislador converteu em modelo legal o modelo jurisprudencial.

Outro exemplo de alteração semântica no contexto da regra jurídica, em razão de mudança nos critérios estimativos, é-nos dado pelo artigo 413 do novo Código Civil, que faculta ao juiz reduzir as multas estipuladas nos contratos, proporcionalmente ao tempo de seu adimplemento.

Durante muito tempo tal preceito legal foi considerado de caráter *dispositivo* com possibilidade, portanto, de ser regulada a matéria pelas partes de maneira diversa, admitindo-se a exigibilidade da multa por inteiro, quaisquer que fossem o momento ou a causa da inexecução do contrato. Essa foi a jurisprudência dominante até e enquanto prevaleceu o primado da *autonomia da vontade,* incompatível com a ingerência do juiz na vida dos contratos. Quando, no entanto, passaram a predominar as novas tendências de *humanização ou socialização do Direito,* reconhecendo-se a supremacia dos valores de convivência sobre os interesses egoísticos dos mais fortes, aquele mesmo artigo da Lei Civil começou a ser reputado *jus cogens* ou de ordem pública, assistindo sempre ao juiz a faculdade de proporcionar o *quantum* da multa contratual ao tempo correspondente ao seu adimplemento. Com base nessa nova e mais vital compreensão da problemática jurídica, nenhuma eficácia já se confere às cláusulas contratuais que maliciosamente pretendam cercear a ação moderadora da Justiça.

Com estes exemplos torna-se claro que às vezes não é mister mudar uma só palavra em um texto legal para que ele adquira novo sentido: basta que se altere o prisma histórico-social de sua aferição axiológica.

FILOSOFIA DO DIREITO

As leis permanecem graficamente as mesmas, mas se lhes acrescentam outras valências ideais ou ideológicas, condicionando-lhes a aplicação.

Também a verificação de alterações no plano dos fatos tem como conseqüência mudar o sentido das regras jurídicas, passando as palavras a significar algo mais do que aquilo que estava nos propósitos do legislador originário: quando se invoca a norma A (destinada a reger o fato *x*) para disciplinar o fato *y*, não previsto especificamente, nem sempre tal acontece por mero recurso analógico, mas sim porque *x* passou a significar também *y*. Assim, por exemplo, se a técnica de edificação sofreu uma alteração substancial com o advento do cimento-armado e das grandes estruturas metálicas, todas as regras, destinadas a definir as responsabilidades do construtor ou do locatário, no tocante à "estabilidade do edifício" sofrem uma revisão inevitável, adaptando-se as palavras do legislador aos novos dados postos pela revolução tecnológica.

A mesma repercussão no plano da eficácia de uma norma se verifica em virtude da promulgação de leis que vêm estabelecer categorias ou padrões jurídicos diversos, de tal modo que o intérprete, *por dever de unidade sistemática ou de coerência lógica na totalidade do ordenamento,* não pode deixar de rever as teorias consagradas na exegese de um texto legal determinado, correlacionando-o com os esquemas e comandos que lhe enriquecem ou empobrecem o significado. Assim, por exemplo, o advento do Estatuto da Terra ou a nova Lei do Inquilinato não podem deixar de interferir na exegese das leis relativas a arrendamentos rurais ou locações, ainda que não especificamente disciplinados por aqueles documentos legislativos básicos, nos quais se contêm verdadeiras "diretrizes normativas", que nem a doutrina nem a jurisprudência podem ignorar em sua tarefa de realização do Direito.

Por todas essas razões será possível dizer que a norma jurídica é uma forma de integração fático-axiológica, dependendo dos fatos e valores de que se origina e dos fatos e valores supervenientes. É o que podemos expressar com a seguinte representação, fixando a vida de uma regra de Direito no limite de sua *"elasticidade normativa":*

$$V^1 \searrow \quad V^2 \quad \nearrow \searrow \quad V^3 \quad \nearrow \searrow \qquad V^n$$

Processo do normativismo concreto

Como se vê, a figura *supra* focaliza o processo de aplicação concreta e de variação semântica que pode ter uma norma jurídica, podendo-se dizer que o *"ordenamento jurídico"* compreende, de maneira sistemática, todos os processos vigentes de atualização normativa, inclusive, é óbvio, o daquelas normas que, como já dissemos, se mantém imutáveis tanto na forma como no fundo. Daí dizermos que o Direito é *norma* e é também *situação normada,* ou seja, mais do que norma, *é experiência normativa.* A norma jurídica marca o momento culminante da experiência do Direito, não resta dúvida, mas nem por isso deixa de ser *momento* ou *dimensão* dessa realidade, *tomando-se o termo "dimensão" em seu sentido lógico,* sem o reduzir à "dimensão dos corpos físicos", tal como teimam alguns de nossos críticos em fazê-lo, com perda do que há de essencial em nossa teoria: a sua intrínseca historicidade e concretitude.

Segundo, pois, nossa concepção *tridimensional concreta e dinâmica* da experiência jurídica, é em função da íntima tensão *fato-valor* que se *põe* a *norma:* — o construído da norma só tem significado essencial em razão dessa funcionalidade, o que nos leva a conceber o ordenamento jurídico como um *sistema de fontes e de modelos;* estes resultantes daqueles[4].

Quando o homem, segundo prismas valorativos, aprecia uma porção da realidade humana, e essa estimativa é comum a outros homens, abre-se a possibilidade de uma exigência social consubstanciada no que chamamos *norma,* que pode ter a força específica de uma *norma jurídica* quando, pela intersubjetividade dos fins visados, o processo normativo é garantido pelo Poder.

---

4. Sobre o conceito de *modelo jurídico,* cf. meu livro *O Direito como Experiência,* cit., Ensaios VII e VIII e *Lições Preliminares de Direito,* cit., capítulos XIV e XV.

FILOSOFIA DO DIREITO

Na experiência jurídica, considerando-se abstratamente cada um de seus elos ou "casos", sempre se atinge o ponto culminante quando aparece o *nexo normativo,* integrando em esquema unitário as possibilidades de ação objeto de estimativa. É esse momento que se apresenta como o mais próprio de sua ciência aos olhos de um jurista: — é então que tem começo a sua tarefa específica. Como já notamos, tal momento só pode ser considerado conclusivo no âmbito de cada experiência particular, a qual se liga a outros processos de *nomogênese,* num desenvolvimento dialético de implicação e polaridade. Para o jurista, em suma, o Direito não é só norma, mas culmina sempre em sentido de *normatividade,* sendo impossível reduzi-lo à mera conduta.

Já o sociólogo não aprecia o Direito em razão da normatividade. Limita-se a verificar nexos gerais de constância ou de referibilidade entre fatos e valores, mas não se propõe os problemas de *dever ser,* que defluem das normas; não prescreve vias a seguir, nem formula imperativos para a existência. É próprio das ciências éticas, tais como a Moral e o Direito, estatuir normas como medidas de comportamentos possíveis e lícitos, à luz de circunstâncias aferidas valorativamente. É por esta razão que a regra de direito é, sem dúvida alguma, o elemento fundamental para o jurista, apesar de ser inseparável do processo graças ao qual e no qual possui significado.

A situação de maior destaque que a "norma" efetivamente apresenta no processo de juridicidade explica, até certo ponto, a tendência que têm muitos juristas de, aos poucos, esquecer os dois outros fatores do processo — o *fato* e o *valor* — para pensar que a norma possa existir por si mesma, como entidade distinta do ponto de vista lógico e ôntico.

Na realidade, porém, *fato* e *valor, fato* e *fim* estão um em relação com outro, em dependência ou implicação recíproca, sem se resolverem um no outro. Nenhuma expressão de beleza é toda a beleza. Uma estátua ou um quadro, por mais belos que sejam, não exaurem as infinitas possibilidades do belo. Assim, no mundo jurídico, nenhuma sentença é a Justiça, mas um momento de Justiça. Se o valor e o fato se mantêm distintos, exigindo-se reciprocamente, em condicionalidade recíproca, podemos dizer que há entre eles um nexo ou laço de *polaridade* e de *implicação.* Como, por outro lado, cada esforço humano de realização de valores é sempre uma tentativa, nunca uma *conclusão,* nasce dos dois elementos um *processo,* que denominamos "processo dialético de im-

548 MIGUEL REALE

plicação e polaridade", ou, mais amplamente, *"processo dialético de complementariedade"*, peculiar tão-somente à região ôntica que denominamos cultura[5].

Não se podendo conceber *valor* que jamais se realize, nem valor que de todo se converta em *realidade,* há uma *tensão permanente entre aquele e esta,* tensão que, no plano cultural do Direito, é representada pela *norma jurídica, fator integrante* de valor e fato. Dadas, porém, as apontadas características de *realizabilidade* e *inexauribilidade* dos valores, a norma jurídica nunca esgota o processo histórico do Direito, mas assinala os seus momentos culminantes.

Atualização Histórica dos Valores do Direito

208. A História do Direito revela-nos um ideal constante de adequação entre a ordem normativa e as múltiplas e cambiantes circunstâncias espácio-temporais, uma experiência dominada ao mesmo tempo pela dinamicidade do justo e pela estabilidade reclamada pela certeza e pela segurança.

O elemento fático e as exigências ideais, o já "dado" na natureza e na História, em confronto com as perspectivas que os fatos mesmos em seu acontecer tornam possíveis, tudo isto confirma, sob quaisquer

---

5. Cf. vol. I, cap. X, o vol. II, cap. XXVI, NICOLAI HARTMANN, após lembrar a propósito da doutrina das categorias a *lei dialética,* formulada por PLATÃO no *Sofista,* declara que, no caso dos valores morais, a *lei de implicação* desempenha um papel subordinado, o que se compreende nos quadros de sua doutrina que concebe os valores como puros objetos ideais. Isto, não obstante, reconhece que o problema da *implicação axiológica* poderá vir a ser considerado pela doutrina, embora de maneira estruturalmente diversa da que ocorre com a das categorias. Isto é indicado, acrescenta, pelo contraste existente entre *valores* e *desvalores* e pelo seu esclarecimento recíproco, o que o leva a falar duma "dupla dialética com uma polaridade recíproca e constante". *(Ethics,* cit, vol. II, págs. 393 e segs.) Pena é que HARTMANN tenha apenas se referido à *implicação* e à *polaridade* dos valores sob a influência da dialética hegeliana, desenvolvendo, mais amplamente, as relações de *oposição* e de síntese de valores diversos (tomo cit., cap. XXXVI, págs. 407 e segs.), não salientando as suas relações de complementariedade (cap. XXXVII). Na dialética de complementariedade no entanto, atende-se aos inevitáveis conflitos axiológicos, mas se reconhecem também os nexos de implicação que não são menos relevantes, superando-se, desse modo, antinomias aparentemente absolutas. Cf. MIGUEL REALE, *Experiência e Cultura,* cit.

FILOSOFIA DO DIREITO

ângulos que o examinemos, o caráter problemático, mas não irremediavelmente antinômico, de uma realidade cultural que se nos mostra bipolar e integrante.

Se a idéia mesma de Justiça nos conduz à de *ordem,* por mais que seja próprio da sede sempre viva de Justiça o não-conformismo pleno e passivo ante o já estabelecido e o vigente; se o Direito reclama o poder e ambos se mantêm termos antitéticos, heterogêneos, embora implicados em seu evolver; se muitas vezes é mister ceder os valores urgentes para não se comprometer a possibilidade de oportuna realização de valores mais altos; fácil é perceber quão complexo é o problema da "normatividade jurídica", inconfundível com a sua expressão de *dever ser* lógico-formal.

Não será com processos genético-psicológicos que explicaremos o intrincado problema da norma, no qual se equacionam elementos *fáticos* e *ideais,* tornando precárias as tentativas de redução a uma "legalidade" de tipo naturalístico[6]. Legalidade natural e legalidade de *dever ser* integram-se como momentos da *normatividade* que se traduz em pausas periódicas (no caso do Direito, em constituições, em códigos, em leis particulares, em usos e costumes), enquanto na sociedade novas "legalidades" se enunciam para novas formas de juridicidade positiva.

Poder-se-ia dizer, num símile de certa maneira imperfeito, que o fato, como elemento que condiciona o agir do homem, é o *fator negativo,* que se contrapõe à liberdade de iniciativa e de criação, pelo *statu quo.* A tendência a constituir e realizar fins é o *fator positivo,* ou o pólo positivo do agir. Os dois, porém, se exigem e se implicam: — a norma é a centelha que resulta do contato do pólo positivo com o negativo.

Por isso mesmo recusamo-nos a compreender a força da norma abstraída do processo em que ela se constitui e se insere. Uma norma não pode ser erradicada do processo de que faz parte; deve ser interpretada no âmbito de sua condicionalidade social e histórica, mas, por sua natureza histórica mesmo, não fica presa ou ligada às circunstâncias que originariamente a condicionaram, superando-as.

No dizer de Giuseppe Capograssi, o conceito estreito e exclusivista do Direito como norma é superado, porque a ciência adverte que a nor-

---

6. Nesse sentido, v. SCHELER, *Ética,* cit., pág. 279, nota 12.

550   MIGUEL REALE

ma em si não tem nenhum valor, não diz algo senão e enquanto se coloca em uma realidade orgânica, que é o ordenamento jurídico e a instituição, deixando de valer como puro *dever ser,* para ser o que efetivamente é: — momento saliente e essencial, mas momento de um processo do qual se origina e que por ela é expresso[7].

Não se deve, porém, olvidar que ela é o elemento fundamental, o elemento conclusivo aos olhos do jurista, porque reúne, de certa maneira, em si, os dois outros elementos, projetando-se para o futuro, como esquema genérico de conduta possível.

Note-se bem a diferença que existe entre a nossa concepção da normatividade e a de Kelsen. Para este, o Direito é um sistema de preceitos puramente lógicos, devendo o jurista, enquanto jurista, fazer abstração da origem empírica dos preceitos e dos valores morais que ditaram a sua existência.

Para nós, a norma, ao contrário, não pode ser compreendida devidamente fora do processo incessante de adequação da realidade às exigências ideais ou da atualização de fins éticos no domínio das relações de convivência, devendo-se ter presente que ela não tem a virtude de *superar,* absorvendo-os em si e eliminando-os, os elementos que lhe dão ser. O Direito é um processo aberto exatamente porque é próprio dos valores, isto é, das fontes dinamizadoras de todo o ordenamento jurídico, jamais se exaurir em soluções normativas de caráter definitivo.

É nesse sentido que hoje se desenvolve a Ciência do Direito, consoante aquela direção de pesquisa que, sem perder ou comprometer a herança clássica das categorias lógico-formais — através das quais resplendem os valores primordiais da certeza e da segurança —, volve-se mais e mais para a experiência concreta do Direito, concebido como "ordenamento", como "instituição" ou como "realidade cultural".

A idéia nuclear desse movimento de ampla repercussão nos domínios da Ciência Positiva concerne ao conceito de norma como *momento* de atualização de valores jurídicos. A norma, diz, por exemplo, Benvenuto Donati, é um momento de um amplo processo, que é o *processo da*

---

7. CAPOGRASSI, *Il Problema della Scienza del Diritto,* 1937, pág. 9. Lembre-se a fórmula de CESARINI SFORZA: "Fato e Direito existem porque coexistem". *("Ex facto jus oritur",* em *Studi Filosofico-Giuridici Dedicati a Del Vecchio,* vol. I, pág. 95.)

FILOSOFIA DO DIREITO

conduta humana, sob a qual há *necessidades reais* e *necessidades ideais,* cuja satisfação representa o *substractum* indeclinável, pois a consistência do Direito não está nas leis, mas nas "relações de vida"[8].

É o que se verifica em várias outras correntes já referidas no decorrer deste trabalho, assim como na *Integrative Jurisprudence,* de Jerome Hall, que declara ser seu propósito "o esforço persistente no sentido de corrigir o mais sério equívoco da moderna Jurisprudência: — o produto de uma sofisticada separação entre *valor, fato* e *idéia* (forma)"[9].

A esse propósito de concreção visa a satisfazer também a teoria egológica de Carlos Cossio, ao ponto de converter a *conduta* mesma em objeto da Ciência do Direito, mas isto nos parece inadmissível, pois, como ele próprio o reconhece, o Direito é "a conduta humana em sua interferência intersubjetiva", logo algo de *intrinsecamente normativo.*

Assim sendo, não pode ele reduzir a norma a uma pura lente de aferição da conduta, arrancando-a da experiência jurídica, da qual é um dos elementos constitutivos essenciais, para convertê-la em mero esquema lógico. A norma, em suma, não pode ser, ao mesmo tempo, prisma de observação da conduta e ingrediente da conduta mesma. Com isso, COSSIO acaba identificando indevidamente a "teoria normativa" com a Lógica Jurídica[10].

---

8. Cf., além das obras citadas de HAURIOU, ROMANO etc. (v. *supra,* § 200), BENVENUTO DONATI, *Fondazione della Scienza del Diritto,* cit., pág. 61. Cf. GIUSEPPSE CAPOGRASSI, *op. cit.,* págs. 9 e segs.; FRANCISCO CANELUTTI, *Discorsi intorno al Diritto,* Roma, 1937, págs., 114 e *passim;* GUIDO CALOGERO, *op. cit.,* pág. 125.

9. JEROME HALL, *Integrative Jurisprudence,* loc. cit., págs. 313 e segs. Sobre o sentido de "integração" ou de "concreção" no pensamento filosófico-jurídico contemporâneo, v. o citado opúsculo de KUNZ. Este Autor, por sua vez, escreve: "Parece-nos cada vez mais que todos os três ramos da Jurisprudência — o analítico, o sociológico e o jusnaturalista — devem ser combinados para um pleno entendimento do fenômeno jurídico. Há uma forte tendência para uma Jurisprudência *integrativa".* O Direito, consoante sugestão recente de JEROME HALL, "é uma coalescência de norma, fato e valor". As mesmas idéias foram expressas por ROSCOE POUND, que, em 1949, escreveu: "Uma bem completa Ciência do Direito não pode desprezar a investigação analítica ou a filosófica. Cada uma delas é necessária para um efetivo corpo de conhecimento. O erro tem consistido em tomar um aspecto pelo todo. Na mansão da Jurisprudência há muitos aposentos". *(The University of Chicago Law Review,* vol. 20, fasc. l, pág. 164.)

10. Cf. COSSIO, *Teoría Egológica del Derecho,* cit., *passim,* e os comentários às conferências de KELSEN em Buenos Aires (loc. cit.). Sobre a teoria egológica, v. nossas obser-

552 MIGUEL REALE

É incontestável o aspecto lógico da norma, e, por conseguinte, a legitimidade de uma *Lógica Jurídica,* desde que se lembre que, ao lado desta, que se desdobra em *Semiótica* e *Deôntica Jurídicas,* há também uma *Dialética Jurídica.* O que importa é não esvaziar a normatividade de seu sentido histórico e axiológico, reconhecendo-se que uma norma particular só vale como força integrada em um sistema e momento de uma experiência, fora da qual só por abstração pode e deve ser concebida[11].

---

vações *in Revista da Faculdade de Direito de São Paulo,* vol. XXXIX, pág. 136, e *Revista Brasileira de Filosofia,* vol. II, fasc. 3, pág. 609, artigos reunidos em *Horizontes do Direito e da História.*

A nosso ver, a obra de CARLOS COSSIO, por mais que possamos dissentir dela, representa uma contribuição original e valiosa no sentido de buscar a unidade ôntica do Direito reclamada pela "triplicidade de suas facetas".

Para COSSIO, essa unidade só pode ser dada pela conduta humana, em sua "interferência intersubjetiva", discordando desse modo, de nossa concepção *dialética* da tridimensionalidade que ele interpreta ao pé da letra, como se fossem "dimensões" de um ser físico. A sua tese é a de que as três dimensões são "de algo", que é a conduta, ou melhor, é a conduta mesma, "impensável sem as suas formas ôntico-ontológicas".

Pensamos, todavia, que se não pode falar em fato, valor e norma como se fossem *"facetas"* de algo subjacente, ou seja, da conduta humana, que já seria imanentemente jurídica em sua "interferência intersubjetiva", como quer COSSIO; assim como não cabe considerá-los três *"perspectivas"* condicionadoras de três conceitos irredutíveis do Direito, como pretende GARCÍA MÁYNEZ: são antes *"momentos"* de um *processo,* no qual consiste a realidade mesma do Direito.

Por outro lado, não há como confundir, como saliento em meu recente livro *Experiência e Cultura,* a *dialética de complementariedade* com a *dialética hegeliana dos contrários e contraditórios.*

Sobre a nossa divergência com CARLOS COSSIO, *vide* o seu trabalho: "Las actitudes filosóficas de la Ciencia Jurídica", publicado em *La Ley,* Buenos Aires, 12-6-1956, e, sobretudo, o seu "Escolio sobre la teoria de Miguel Reale" em *La Teoria Egológica del Derecho — Su Problema y sus Problemas,* Buenos Aires, 1963, págs. 67-74.

11. Cf. *infra,* pág. 612, quanto às "tarefas" da *Lógica Jurídica.* Note-se que os cultores desta disciplina, quer a estudem segundo o modelo da Lógica clássica, quer a situem nos esquemas da Lógica Simbólica, não pretendem que o seu estudo importe a eliminação do problema do conteúdo ético das proposições normativas. Cf. GEORGES KALINOWSKI — *Études de Logique Dêontique,* Paris, 1972, especialmente, pág. 132 e segs.; ILMAR TAMMELO e HELMUT SCHREIRER — *Grunzüge und Grundverfahren der Rechtslogik,* Munique, 1974, Introdução; LOURIVAL VILANOVA — *Lógica Jurídica,* São Paulo, 1976; e os *Études de Logique Juridique* publicados, em vários volumes, por CH. PERELMAN (Publications du Centre National de Recherche de Logique), Bruxelas, 1966-1976.

FILOSOFIA DO DIREITO

O que nos parece necessário é a indagação do valor das próprias *regras de direito,* que se não destacam da realidade jurídica, como quem arrancasse os olhos para ver os olhos: — são elas, as regras jurídicas, momento integrante e sintético do processo dialético do Direito, que é sempre fato enquanto valorado, ou seja, enquanto norma e situação normada, em perene *fieri.*

A rigor, nem seria necessário falar-se em "norma e situação normada", pois a *norma* é, ao mesmo tempo, o condicionante e o condicionado, o *valor* e o *fato* em síntese dinâmica. Destarte, o Direito é concebido qual momento da vida espiritual, enquanto esta se objetiva como atributividade social, fato social a que um valor impõe um significado, e valor que se não concebe desprendido do fato ao qual adere e graças ao qual historicamente se realiza.

Nesse trabalho de revisão dos pressupostos de nossa Ciência, devemos partir da análise fundamental dos motivos que determinaram correntes tão antagônicas como as que indicamos com as denominações genéricas de "empirismo jurídico" e "logicismo normativo", assim como saber tirar proveito dos ensinamentos revelados naquelas experiências.

Mérito imorredouro dos normativistas puros, não obstante seu apego excessivo aos elementos *formais* do Direito, é a defesa definitiva dos valores lógicos da Jurisprudência, a compreensão das categorias condicionantes do trabalho dogmático, assim como a consciência paralela da dignidade de nossa *linguagem,* dos valores expressionais típicos de nossos conhecimentos. Iludem-se, no entanto, só vendo a expressão lógica das normas jurídicas, esquecidos de que o aspecto lógico não esgota a natureza das regras de direito, que são momentos da experiência humana concreta, ou seja, expressões de um processo em que os pólos do *valor* e do *fato* se tocam circunscrevendo, até ao advento de nova síntese, o circuito da *juridicidade* — entre valor e fato, em suma, não existe uma polaridade absoluta, no sentido de uma contraposição insuperável, porque não só são elementos que reciprocamente se exigem, como é na sua contraposição e integração que reside a vida mesma da norma jurídica.

A parte da Lógica que estuda os modelos jurídicos em sua estrutura formal é de tamanha importância que não admira tenha sido identificada com a própria Ciência do Direito. Dela, no entanto, poder-se-ia dizer que está para a Jurisprudência como a Lógica se põe perante a

Filosofia: — é condição do filosofar e é momento do filosofar; condição da Ciência Jurídica e momento dela. Parafraseando célebre comparação de Croce, anteriormente lembrada, é a logicidade da norma jurídica ou, mais amplamente, dos modelos jurídicos, como um espelho d'água que reflete a paisagem, sendo ele mesmo parte da paisagem.

Não percamos, portanto, a contribuição decisiva dos que souberam encontrar no ordenamento normativo do Direito razões plausíveis para aproximá-lo do mundo dos lógicos e dos matemáticos, mas superemos o momento da logicidade, a fim de abranger as aporias da realidade jurídica na sua condicionalidade histórica e social.

Nesse ponto, chegará a vez de darmos a palavra aos empiristas, amantes dos fatos e de suas exigências positivas, preocupados com os valores do singular e do irredutível que sempre desafiam a argúcia dos advogados e dos juízes.

Tentado e atraído por um ideal sublime de justiça, assim como pela beleza das formas lógicas puras, não pode o jurista se despegar da realidade concreta, das circunstâncias de seu meio social, com todas as suas peculiaridades e contingências: — fica, assim, entre o que *deve ser* e o que *é*, sentindo que a realidade histórica jamais exaure e atualiza os valores ideais que sugere e revela. Ninguém mais do que o jurista experimenta essa antinomia, esse contraste entre o amor do fato contingente, a paixão do singularmente individualizado, e o amor pelas formas gerais de conduta, pelos esquemas normativos em que resplende o sentido lógico da ordem. É nessa tensão, porém, entre o abstrato e o concreto, entre a realidade e o modelo, nesse pulsar entre *ser* e *dever ser* que reside toda a vida dramática e autêntica do Direito.

Mais complexa do que a do próprio artista é a tensão espiritual do jurisperito: — se o primeiro se eleva das intuições dos objetos até as formas puras da beleza, manifestada através das limitações da matéria plenamente dominada, já o segundo não logra encontrar quietude nas formas puras das normas jurídicas, sendo elas, ao contrário, novos motivos e impulsos para volver até o plano da conduta humana, cujo valor próprio lhe cabe captar.

Como superar a antinomia entre a riqueza de significados de um fato concreto e o esquema abstrato das normas, se nestas só lobrigarmos a sua expressão lógica, adiáfora e fria?

FILOSOFIA DO DIREITO

Não bastará discriminar e justapor *fato, valor* e *norma,* esperando passar de um a outro elemento através de confrontos exteriores: — necessário é penetrar no sentido unitário e dinâmico da realidade jurídica que se apresenta tridimensional em seu *processus,* como experiência estimativa que é, o "mundo do ser" condicionando novas aberturas às exigências ideais dos valores em sua objetividade atributiva.

A nosso ver, só essa posição superadora da unilateral visão dos normativistas e dos empiristas é que poderá apagar no jurista a impressão de que a sua sabedoria vem depois das outras, para edificar o castelo precário de seus institutos *post legem;* ou, então, de que fica aquém das outras, sem jamais atingir soluções gerais, obrigando-o a resolver conflitos de interesses graças à elaboração de normas particulares para cada um dos casos ou ocorrências da vida.

Normatividade, Interpretação e Dogmática Jurídica

209. Os frutos desta concepção revelam-se notadamente no plano da interpretação do Direito, que não pode ser visto tão-somente segundo critérios lógico-formais[12].

O juiz ou o advogado, que tem diante de si um sistema de Direito, não o pode receber apenas como concatenação lógica de proposições. Deve sentir que nesse sistema existe algo de subjacente, que são os fatos sociais aos quais está ligado um sentido ou um significado que resulta dos valores, em um *processo de integração dialética,* que implica ir do fato à norma e da norma ao fato, como Carlos Cossio com razão assinala, embora nos quadros de diversa concepção[13].

Querer interpretar um sistema de normas, como o Código Civil ou o Código Penal, tão-somente naquilo que eles expressam no plano lógico-formal, é deixar de lado o próprio problema da vida ou da experiên-

---

12. Cf. Miguel Reale, *O Direito como Experiência,* cit., caps. IX e X e *Lições Preliminares de Direito,* cap. XIV.

13. Cf. Carlos Cossio, *La Teoría Egológica del Derecho,* cit., pág. 258. Cf., do mesmo autor, *El Derecho en el Derecho Judicial,* Buenos Aires, 1945; *La Plenitud del Ordenamiento Jurídico,* Buenos Aires, 2ª ed., 1947, e *El Substrato Filosófico de los Métodos Interpretativos,* Santa Fé, 1940.

556   MIGUEL REALE

cia jurídica, muito embora a Ciência do Direito seja prevalecentemente ciência de *normas*, e desde que estas não sejam reduzidas a meras entidades lógico-ideais.

O jurista deve sempre basear-se na experiência jurídica e nunca se afastar dela. O problema da experiência jurídica é, no fundo, o problema da *atualização normativa dos valores em uma condicionalidade fática*, o que dá origem a *"modelos jurídicos"*, que constituem a base de estudo da Ciência do Direito[14].

Ora, se fatos e valores se integram no momento culminante da normatividade, nós somos contra toda e qualquer doutrina que sacrifique um dos três elementos citados, deixando os outros dois na penumbra. Para nós, esses três elementos se combinam para culminar no momento normativo da experiência jurídica, que é o momento especificamente jurídico, o que nos parece não tenha sido atendido por Jerome Hall em seu acertado propósito de elaborar uma *Jurisprudência Integrativa*, apreciando os elementos do Direito na sua "estrutura estática" e em seu "processo dinâmico", por não ter sabido ultrapassar o plano da Sociologia Jurídica.

Fácil é concluir que, no nosso modo de ver, se a norma apresenta uma feição lógica — como *juízo* lógico que é, cuja natureza cabe à Lógica Jurídica determinar —, não se reduz, porém, a mero enunciado apofântico: é ela sempre momento de uma realidade histórico-cultural, e não simples proposição afirmando ou negando algo de algo. Ora, toda realidade cultural é, essencialmente, *processo* que não pode ser compreendido senão na unidade solidária de seu desenvolvimento dialético. O Direito, visto na totalidade de seu processo, é uma sucessão de culminantes momentos normativos, nos quais os fatos e os valores se integram dinamicamente: é essa unidade concreta e dinâmica que deve ser objeto da Hermenêutica jurídica.

Se as normas não são todo o fenômeno jurídico, mas apenas os momentos culminantes de um processo, por sua vez, a *Dogmática Jurídica, como estudo da normatividade jurídica em unidade sistemática*, não é toda a Ciência do Direito, mas, tão-somente, o *momento culmi-*

---

14. Cf. Miguel Reale, *O Direito como Experiência*, cit., São Paulo, 1968 e *Lições Preliminares de Direito*, págs. 204 e segs.

FILOSOFIA DO DIREITO

nante da Ciência do Direito. Consideramos este ponto de máximo interesse: — a Dogmática, em seus três momentos lógicos de interpretação, construção e sistematização de normas jurídicas, não representa todo o Direito, mas o momento culminante da Ciência do Direito[15].

Se a Dogmática é a interpretação da realidade ou da experiência jurídica de um povo em dada época, tal como decorre dos preceitos vigentes; se ela se desdobra no fino lavor interpretativo das normas, na construção dos institutos como unidades moleculares da doutrina, e se eleva à organicidade dos sistemas, não há como desmerecer seu papel, que por si só poderia justificar a grandeza de nosso mister de advogados e juízes. Mas não é dito que a Ciência do Direito se esgote na Dogmática ou que com ela se confunda. Não faltaram, nem faltam ainda hoje, juristas apegados a essa identificação, mas um exame das raízes do problema parece demonstrar que não é menos Ciência do Direito aquele complexo de exigências e categorias lógicas e axiológicas que condiciona o aparecimento mesmo da lei, destinada a ser recebida e aceita pela Dogmática como um "dado", um pressuposto de suas construções normativas.

Como negar o momento de juridicidade da legislação e, por conseguinte, como ignorar a condicionalidade científica da obra do legislador? Aquela penada que aparentemente deita abaixo uma biblioteca já está carregada de força normativa e, não raro, representa o resultado de novas exigências do justo operando na consciência de um povo: — ela pressupõe outras bibliotecas...

210. A concepção tridimensional do Direito dá-nos a razão de muitos fatos à primeira vista de difícil compreensão.

Se o fenômeno jurídico pressupõe fato, valor e norma, um mesmo imperativo legal é suscetível de produzir conseqüências diversas. Da mesma forma, regras diferentes podem conduzir a conclusões análogas, sem com isto ser afetada a natureza científica da Jurisprudência.

Há de parecer estranho aos olhos do vulgo que os juízes em 1920 ou 1930 tenham aplicado de uma forma o nosso Código Civil, e hoje

---

15. Cf. MIGUEL REALE, *O Direito como Experiência,* cit., Ensaio VI, págs. 123 e segs. e IRINEU STRENGER, *Da Dogmática Jurídica,* São Paulo, 1964.

558 MIGUEL REALE

outros juízes o façam de modo totalmente diverso. A coisa que mais espanta ao homem comum é a volubilidade da Jurisprudência, a todo instante invocada como razão de descrédito dos juristas.

Se a regra jurídica não pode ser entendida sem conexão necessária com as circunstâncias de fato e as exigências axiológicas, é essa complexa condicionalidade que nos explica por que uma mesma norma de direito, sem que tenha sofrido qualquer alteração, nem mesmo de uma vírgula, adquire significados diversos com o volver dos anos, por obra da doutrina e da jurisprudência. É que seu sentido autêntico é dado pela estimativa dos fatos, *nas circunstâncias em que o intérprete se encontra.* Um mesmo artigo do Código Civil pode ter importado uma conseqüência em 1920, com a qual não se harmoniza a conseqüência de nossos dias. As palavras são as mesmas, mas a estimativa varia, condicionada pelo advento de novas circunstâncias, tal como já observamos no capítulo anterior.

Dizemos, assim, que uma regra ou uma norma, no seu sentido autêntico, é a sua interpretação nas circunstâncias históricas e sociais em que se encontra no momento o intérprete. Isto não quer dizer que sejamos partidários do Direito Livre. A doutrina do Direito Livre confere ao juiz o poder de elaborar regras particulares para cada caso concreto, quando a lei lhe parecer omissa ou em conflito com a realidade social.

A regra vigente deve ser sempre uma baliza ao comportamento do juiz que, no entanto, não pode deixar de valorar o conteúdo das regras segundo tábua de estimativas em vigor em seu tempo. Ele, juiz, enquanto homem, já participa dela, e pertence às circunstâncias de sua "temporalidade", como se pode ver em nosso livro *O Direito como Experiência.*

Mesmo quando lhe caiba decidir por eqüidade, não pode o juiz se conduzir como um "emancipado" das idéias e valores dominantes, sobre que se funda a ordem jurídica vigente, pois se presume que o legislador só emane regras em consonância com as exigências da comunidade. Daí a justa ponderação de Calamandrei de que, nas decisões por eqüidade, o juiz deve agir como intérprete de uma consciência preexistente.

211. A apreciação funcional dos três elementos esclarece-nos, por outro lado, o perigo que há de transposições formais de textos de um sistema legal para outro, sem se levar em conta as circunstâncias fáticas e axiológicas a que se referem.

FILOSOFIA DO DIREITO

O Direito comparado, que é sem dúvida a expressão mais atual da Ciência Jurídica, só passou a realizar obra de fecundos resultados quando os comparatistas se preveniram contra o risco de justapor ou de comparar textos legais em si mesmos, com abstração dos fatores morais, econômicos, históricos, psicológicos etc., em que os mesmos textos possuem vigência e eficácia. O que importa, em verdade, é colher ao vivo a experiência jurídica, na plenitude de seus significados.

Quando não se dá conta das diversidades histórico-culturais incide-se em erros graves, como o de alguns publicistas pátrios que equiparam a Suprema Corte dos Estados Unidos da América ao nosso Supremo Tribunal Federal, olvidando que o sistema jurídico do *common law* subtrai ao pronunciamento daquela Corte a massa imensa de relações de Direito Privado que, num país de formação legal de tipo romano-germânico, como é o nosso, sobe ao exame final do órgão máximo da Justiça nacional. Essa é uma das causas de indevidas transladações de teorias de um para outro ordenamento, não só quanto à estrutura dos referidos órgãos, mas também relativamente ao exercício de suas funções.

O mesmo se diga quanto ao Direito Internacional Privado, que se perderá em um intrincado jogo de combinações doutrinárias, enquanto se pretender dar ao problema da "qualificação" um sentido formal, indiferente ao que vale como conteúdo real no sistema das normas em conflito[16].

É por isso, aliás, que a Jurisprudência, apesar de possuir categorias lógicas universais e uma linguagem que acomuna os juristas de todo o mundo, não pode, nem deve prescindir das características e das circunstâncias de cada povo, pois o Direito é *experiência social concreta,* processo vital que obedece a motivos peculiares a cada Nação, e não fruto arbitrário das construções legislativas.

Um Direito universal, sem liames históricos, nem laços tradicionais, é pretensão só compreensível nos quadros de uma teoria panlogística, que esvazie o Direito de seu conteúdo estimativo, como se uma regra pudesse significar algo erradicada do meio social a que se destina.

---

16. Para apreciação do problema, v. LUÍZ A. DA GAMA E SILVA, *As Qualificações em Direito Internacional Privado,* São Paulo, 1952, e MIGUEL REALE, *O Direito como Experiência,* cit., Ensaio VII.

Quer no momento da feitura da lei, quer no da construção e da sistematização dogmáticas, o Direito não poderá deixar de ser compreendido senão como realidade histórico-cultural, de tal sorte que não será exagero proclamar-se marcando bem a posição de nossa disciplina: — pontes e arranha-céus podem construí-los engenheiros de todas as procedências; mas o Direito só o poderá interpretar e realizar com autenticidade quem se integrar na peculiaridade de nossas circunstâncias.

Capítulo XXXVIII

Fundamento, Eficácia e Vigência

Natureza Filosófica do Problema — Conexões
com a Política do Direito, com a Teoria Geral do
Direito e com a Sociologia Jurídica

212. A questão do *fundamento,* da *vigência* e da *eficácia* do Direito põe-se no âmago de todas as formas de pesquisa da juridicidade, apresentando aspectos filosóficos e técnico-científicos, o que se compreende quando se lembra que aqueles termos, em última análise, correspondem, respectivamente, a estas perguntas:

a)   Que é que torna *eticamente legítima* a obrigatoriedade do Direito?

b)   Que é que condiciona *logicamente* a validade das regras jurídicas?

c)   Que é que torna uma norma jurídica *socialmente existente?*

Dos três problemas cuida a Filosofia do Direito, sem perda da compreensão unitária da experiência jurídica, como já tivemos ocasião de lembrar em mais de uma passagem deste livro, mas não são eles menos essenciais às ciências particulares, de maneira que estamos diante de um tema que é *ponto essencial de conexão* entre a especulação filosófica e a investigação positiva.

Só a Filosofia Jurídica, no entanto, indaga das condições primeiras da *validade* do Direito, ou seja, da "validade da validade" em seus três aspectos: o ético, o técnico-jurídico e o histórico-social.

Em conexão necessária desdobram-se as suas pesquisas sobre os valores, enquanto legitimam dadas modalidades de conduta (as intersubjetivas); sobre a logicidade das normas que determinam esses comportamentos; e sobre a efetiva atualização social das exigências axiológicas assim normativamente consagradas.

Daí termos afirmado que, em síntese, a Filosofia do Direito é a *ciência das condições transcendentais da validade jurídica,* ou seja, das condições segundo as quais se tornam possíveis as indagações que, no plano das relações empíricas, são realizadas, respectivamente, pela Política do Direito; pela Sociologia e a Psicologia Jurídicas, e pela Ciência do Direito ou Jurisprudência.

Compreende-se desde logo a grande dificuldade que há no trato dessa matéria, máxime quando se pretenda traçar um limite rigoroso entre as distintas especulações filosóficas ou entre estas e as de cunho científico-positivo.

Toda indagação de Deontologia Jurídica, por exemplo, embora concernente em tese ao problema dos valores do Direito, implica uma referência necessária à estrutura da experiência jurídica e aos modos de positivação do Direito, o que decorre da já reconhecida implicação dos elementos constitutivos da juridicidade. O mesmo dar-se-á na Epistemologia Jurídica, ou na Culturologia Jurídica, visto como não é possível cuidar da vigência ou da eficácia com perda do *sentido axiológico* que faz com que a questão se situe no âmbito específico do Direito, e não no da Moral ou da Economia etc.

Quando, por conseguinte, o jusfilósofo estuda o problema da *eficácia* ou da *vigência* do Direito, deve necessariamente conduzir sua pesquisa *sub specie* axiológico-jurídica, assim como não há problema da *vigência* que não se refira à *eficácia,* nem desta que possa não se referir àquela. As partes especiais da Filosofia Jurídica, por nós discriminadas no Capítulo XXI, correspondem a objetos distintos de especulação como momentos diversos de uma pesquisa, cuja compreensão unitária a Ontognoseologia Jurídica previamente ressalva.

FILOSOFIA DO DIREITO

Acontece, porém, com esta ordem de estudos, algo mais delicado. Se o problema filosófico do *fundamento* do Direito pode ser desenvolvido com abstração das cogitações sobre os fundamentos particulares e empíricos apreciados *in concreto* pela Política do Direito — à qual cabe resolver sobre a norma adequada ou conveniente, conforme variáveis exigências espácio-temporais —, já será mais difícil extremar uma pesquisa de Epistemologia Jurídica ou de Culturologia Jurídica daquelas que, por serem meras generalizações conceituais no plano empírico, cabem mais à Teoria Geral do Direito e à Sociologia Jurídica.

Daí a tendência à simplificação rigorosa do assunto que se nota em alguns trabalhos mais recentes. Nessa ordem de idéias, vemos Norberto Bobbio afastar da Filosofia do Direito as duas partes que concernem ao Direito em sua estrutura formal ou em sua eficácia social.

Segundo Bobbio, a Filosofia Jurídica como tal não abrange senão a Metodologia Jurídica e a Teoria da Justiça: ela determina os *fins* em que a sociedade humana deve se inspirar; a Sociologia Jurídica indica os *meios* que devem ser usados para alcançar melhor aqueles fins; e, finalmente, a Teoria Geral do Direito estabelece a *forma* dentro da qual aqueles meios devem se conter para atingir o fim visado. O Direito seria assim estudado, por três ciências distintas, na sua formação e evolução; na sua estrutura formal, e no seu valor[1].

Esta discriminação, que se prende a uma concepção tridimensional genérica, sacrifica, a nosso ver, problemas que não podem ser resolvidos mediante simples generalizações empíricas, como passamos a enunciar, em largos traços, nos limites compatíveis com a natureza deste Curso.

O Problema do Fundamento

213. Indagar filosoficamente do fundamento do Direito é estudar os valores enquanto deles resultam fins, cuja atualização possa implicar relações intersubjetivas; é penetrar no mundo das exigências axiológicas para determinar as "possibilidades" de realização de formas de coexistência social que sejam *positivas*. Consoante os axiomas de Brentano sobre a realização do valioso, reputamos fundadas ou *positivas* as con-

---

1. NORBERTO BOBBIO, *Teoria della Scienza Giurídica*, Turim, 1950, págs. 18 e segs.

564   MIGUEL REALE

vivências que favorecem, por sua estrutura e sentido, a existência de valores positivos e a inexistência de valores negativos[2].

O problema do fundamento do Direito, desse modo, não se perde na abstração formal de um único tipo idealizado de "sociedade justa", como a concebida por Rudolf Stammler entre homens "livre-volentes". Põe-se, ao contrário, no plano histórico, como *formas possíveis de convivência* segundo a natureza de seu conteúdo axiológico, visto como todo *dever ser* é inseparável das idéias de *valor* e de *fim*.

Cabendo à Filosofia do Direito o estudo das "condições transcendental-axiológicas" do Direito (e não o das condições puramente lógico-formais) é claro que o seu problema essencial é o do fundamento. Seu exame poderá levar-nos a conceber vários *tipos ideais* de sociedades possíveis, nas quais, como a experiência histórica no-lo revela, se distribuam e se escalonem os processos de atualização de valores segundo este ou aquele outro centro de preferência axiológica peculiar a um dado ciclo de cultura ou civilização, para saber como o Direito *se positiva* para salvaguardar as comunidades *positivamente* fundadas[3].

Caberá, então, indagar — e será este um dos pontos salientes da *Deontologia Jurídica* — da existência de algo insuscetível de alteração substancial naqueles tipos de convivência surpreendidos nas linhas dominantes do processo histórico-social.

Sem tentar a síntese dessa ordem de estudos, antecipando conclusões aliás já esboçadas em nosso livro sobre os *Fundamentos do Direito,* limitamo-nos, por ora, a dizer que a verdade nos parece estar com aqueles segundo os quais, na história da experiência axiológica, há *bens* ou formas de atualização de valores que, uma vez adquiridos, não sofrem mais a erosão comprometedora do tempo, podendo ser considerados *invariantes axiológicas.*

Temos, além disso, a convicção de que, apesar das incessantes mutações históricas operadas na vida do Direito, a vida deste pressupõe

---

2.   Cf. *supra,* cap. XVI e *Lições Preliminares de Direito,* cit., capítulo X.

3.   Essa correlação entre coexistência social *positiva* e Direito *Positivo* não é mero jogo de palavras: atinge a essência da juridicidade.

FILOSOFIA DO DIREITO   565

um núcleo resistente, uma *"constante axiológica do Direito"*, a salvo de transformações políticas, técnicas ou econômicas.

A existência de uma "constante estimativa do Direito" é que possibilita, a nosso ver, a compreensão do fenômeno jurídico como fenômeno universal. O fenômeno jurídico, em sua essência, traduz o que há de universal em nosso espírito, o que há de *comum* entre um homem e outro, o *ego* e o *alter.*

Assim como o homem muda cotidianamente sem perder a sua essência, assim como hoje não somos o que éramos dias atrás (mas permanece sempre uma constante psíquica e moral que nos individualiza), da mesma forma, os fatos jurídicos sofrem alterações radicais, mas persiste sempre como que um "eu jurídico", em virtude do qual o fluxo dos acontecimentos não perde a nota da juridicidade que os distingue e legitima.

O problema do fundamento do Direito está, pois, ligado ao do *Direito Natural,* visto como, com esta expressão, se admite a existência de algo irredutível ao Direito historicamente positivado.

São diversas as concepções do Direito Natural, mas bastará, para os fins especiais deste capítulo, distinguir entre uma teoria *transcendente* e outra *transcendental.* A primeira fundamenta o Direito Positivo em algo de intemporal e a-histórico, chegando a conceber o Direito Natural como um arquétipo ideal, uma realidade ontológica válida em si mesmo. Já a segunda a transcendental, limita o campo do Direito Natural ao plano deontológico, em correlação e funcionalidade necessárias com o plano da experiência histórica do Direito.

Nosso conceito do Direito Natural é de caráter *conjetural* e *axiológico:* não representa nada de abstrato ou de abstraído do processo histórico, pois é por ocasião deste que se nos revela como *condição transcendental* de possibilidade da vida do Direito. No fundo, equivale ao conjunto das condições transcendental-axiológicas que tornam a experiência jurídica possível[4].

---

4.   O termo "Direito Natural" parece-nos insubstituível, apesar de lhe terem sido dadas as conotações mais diversas. Até mesmo KELSEN denomina a sua teoria da norma fundamental de "Direito Natural lógico-transcendental". (Cf. KELSEN, *Natural Law Doctrine*

MIGUEL REALE

Ao lado das teorias que admitem algo de estável, ontológica ou deontologicamente, no Direito, doutrinas há, todavia, que o apresentam como uma experiência intrincada e conflitante de soluções particulares, cujo fundamento seria variável nos quadrantes da História, assim como de lugar para lugar. Outros autores chegam mesmo a declarar que a questão do fundamento é um pseudoproblema para o cientista, só podendo ser resolvido na *praxis*, em função de motivos emocionais.

A nosso ver, não se poderia sequer falar de Filosofia do Direito se esta não se empenhasse na pesquisa dos valores que dão legitimidade ética ao sistema do Direito e aos institutos jurídicos particulares.

É nessa ordem de idéias que se põem outros aspectos da validade, como, por exemplo, o problema das regras jurídicas imperfeitas, pois, a rigor, devem ser consideradas *perfeitas* só as normas de Direito dotadas de fundamento ético e que, originadas de um processo coerente e lógico de competências, sejam efetivamente obedecidas pelos membros de uma convivência: nelas, por conseguinte, atende-se a exigências axiológicas, psico-sociológicas e técnico-formais.

Infelizmente, pode haver as nascidas puramente do arbítrio ou de valores aparentes, que só o legislador reconhece. Entretanto, não deixam de ser jurídicas, porque possuem *vigência*. Daí um problema dos mais sutis e relevantes: o da obediência ou não às leis destituídas de fundamento ético e a sua *positividade*.

Há, por outro lado, fenômenos curiosos de mudança de fundamento. Muitas vezes, os meios técnicos não alcançam os resultados previstos; o legislador pensa atingir um fim, mas a lei fica a meio do caminho, insuficiente e incapaz de atingir o alvo colimado.

---

and Legal positivism, trad. de W. H. KRANS; Apêndice à *General Theory of Law and State,* cit., pág. 437: "A teoria da norma fundamental", afirma KELSEN, "pode ser considerada uma doutrina do Direito Natural, em consonância com a Lógica transcendental de Kant".)

Quanto à nossa concepção do Direito Natural, v. nosso estudo "Personalismo e historicismo axiológico", na *Rev. Bras. de Filosofia,* 1955, fasc. 20, e o ensaio "Pessoa, Sociedade e História", em *Pluralismo e Liberdade,* cit., e *Lições Preliminares de Direito,* cit., capítulo XXVII, e sobretudo a 1ª parte de nossa obra *Nova Fase do Direito Moderno,* cit.

Sobre os conceitos essenciais de *constantes* e *invariantes axiológicas,* no decurso do processo cultural, *vide* o que escrevemos em *Experiência e Cultura,* págs. 59 e segs. e *passim.*

FILOSOFIA DO DIREITO

Outras vezes, abre-se a possibilidade de múltiplas vias da atualização, todas igualmente legítimas ou axiologicamente equivalentes, cabendo optar por uma delas segundo motivos ditados por fatos contingentes, em razão do sentido geral do Direito já em vigor, ou de fatores submetidos à prudência do Poder.

Nem todas as leis alcançam sucesso. Algumas realizam fins completamente imprevistos. Cabe aqui a observação de WilhelmWundt sobre a heterogenia dos fins: muitas vezes o homem pratica um ato visando a certo fim, e verifica, com surpresa, ter dado azo à realização de fins diversos e insuspeitados.

Muitos sucessos históricos explicam-se à luz da lei de Wundt. Inicia-se um levante social para atingir-se um objetivo, e eis que, por motivos supervenientes, os fatos complicam-se, e outras realidades se impõem aos que se julgavam senhores dos acontecimentos. Foi o que aconteceu, por exemplo, com a Revolução brasileira de 1930, de propósitos originalmente liberais e que, no entanto, acabou abrindo perspectivas às exigências socialistas ou antiindividualistas, e parece ser mesmo o contraditório destino de todas as revoluções...

Ora, se o Direito nem sempre logra êxito na consecução do valor proposto, é necessário, ao menos, que haja sempre uma tentativa de realizar o justo. Pouco importa que não se alcance êxito; o que importa é que se incline à realização do justo. Daí a frase de Stammler: *"Todo Direito deve ser uma tentativa de Direito Justo"*, frase que pôs em evidência o problema do valor e o sentido humanístico da vida jurídica, reclamando toda uma pesquisa de *conteúdo* que o mestre neokantista não se propusera fazer.

Posta assim a questão, compreende-se que há uma problemática do fundamento para o filósofo e outra para o político do Direito: é a este que compete indagar do fundamento *in concreto,* segundo razões de oportunidade e de conveniência, dando primordial importância à existência ou à possibilidade de *meios idôneos* aos instrumentos de ação prática.

O Direito *positiva-se* através de um processo intrincado que apresenta um momento essencialmente político, que é o da interferência do Poder no âmbito das estimativas, traçando o círculo das classes de ações possíveis. Segundo Benedetto Croce, em se tratando de leis, como as

568   MIGUEL REALE

jurídicas, quer-se uma "classe de ações", sendo as leis "atos *volitivos* que têm como conteúdo uma série ou *classe* de ações", enquanto que no plano estritamente moral o querer tem um valor universal, é "volição do universal"[5].

As leis jurídicas, acrescentamos nós, representam formas de especificação ou tipificação de deveres morais e econômicos, segundo esquemas ideais de conduta considerados necessários, indiferentes ou ilícitos, ou, por outras palavras, axiologicamente positivos ou negativos em relação à sociedade e ao Estado. Sendo axiologicamente muito mais amplo o campo do *Direito possível* do que o do *Direito Positivo*, é este delimitado na órbita daquele através de um inevitável trabalho de especificação de caráter espácio-temporal, a fim de pôr em sintonia as normas vigentes com as múltiplas exigências da sociedade civil.

Em suma, *entendemos por fundamento, no plano filosófico, o valor ou o complexo de valores que legitima uma ordem jurídica, dando a razão de sua obrigatoriedade,* e dizemos que uma regra tem fundamento quando visa a realizar ou tutelar um valor reconhecido necessário à coletividade. O mesmo problema é posto empiricamente pela *Política do Direito,* que assim se liga logicamente à especulação axiológica, por atender aos meios práticos de sua atualização, segundo a tábua dos valores dominantes.

As regras que tutelam, por exemplo, a propriedade individual, são consideradas dotadas de fundamento, porque visam a um valor considerado essencial ao nosso modo de conceber a vida e a sociedade, segundo as estimativas da cultura ocidental. Já em outros lugares poderão tais normas ser consideradas sem fundamento, produto do arbítrio de uma classe dominante.

A regra jurídica, portanto, deve ter, em primeiro lugar, este requisito: deve procurar realizar ou amparar um valor, ou impedir a ocorrência de um desvalor. Isto significa que não se legisla sem finalidade e que

---

5. Cf. CROCE, *Filosofia della Pratica* — Economica ed. Ética, 4ª ed., Bari, 1932, págs. 307 e segs. Sobre a aplicação dessa tese nos domínios jurídicos, cf. CEZARINI SFORZA, *Storia della Filosofia del Diritto in Compendio,* Pisa, 1938, págs. 231 e segs. Como observa L. BAGOLINI, querer uma classe de ações não é, no entanto, um querer abstrato ou sem conteúdo, como pretende CROCE. (Cf. *Studi Senesi,* 1950, vol. LXII.)

FILOSOFIA DO DIREITO

o Direito é uma realização de fins úteis e necessários à vida, ou por ela reclamados.

Existe sempre um valor iluminando a regra jurídica, como fonte primordial de sua obrigatoriedade. Todo o ordenamento jurídico de um povo origina-se de valores, e deles recebe seu sentido e significado. Se tirarmos do Direito Civil ou do Direito Penal a força axiológica que os sustem, será impossível compreender satisfatoriamente o problema da "normatividade".

Lembrar-se-á a existência de leis puramente coercitivas, válidas em virtude do Poder de que emanam, mas não é menos verdade que o simples fato de existir uma regra jurídica já representa, apesar dos pesares, a satisfação de um *mínimo de exigência axiológica: a da ordem e da segurança,* condição primordial do Direito, mesmo para que seja possível preparar-se o advento de outra "ordem" mais plena de conteúdo estimativo.

A idéia de justiça liga-se intimamente à idéia de ordem. No próprio conceito de justiça é inerente uma *ordem,* que não pode deixar de ser reconhecida como valor mais urgente, o que está na raiz da escala axiológica, mas é degrau indispensável a qualquer aperfeiçoamento ético. É sobre esse valor que repousa, em última análise, a obrigatoriedade ou a *vigência* do Direito, razão pela qual dizemos que nele se consubstancia um "postulado da ordem jurídica positiva": *"Em toda comunidade é mister que uma ordem jurídica declare, em última instância, o que é lícito ou ilícito"*[6].

---

6. O reconhecimento dos valores da "ordem" e da "segurança" como pressupostos inamovíveis da experiência jurídica prende-se à tradição do Direito, desde os filósofos gregos e os jurisconsultos romanos até nossos dias, apresentando-se com pequenas variantes que não atingem o "postulado da ordem jurídica", tal como é enunciado no texto. Cf., entre outros, HAURIOU: "A ordem social representa o *minimum* de existência, e a justiça social é um luxo até certo ponto dispensável" *(Aux Sources du Droit,* cit., 49); BRANDEIS: "Na maioria dos assuntos é mais importante que a regra de Direito aplicável seja estabelecida do que seja justa" (cf. EBENSTEIN, *op. cit.,* pág. 116); "O Direito não nasceu na vida humana em virtude do desejo de render culto ou homenagem à idéia de justiça, mas para satisfazer a uma urgência ineludível de seguridade e de certeza na vida social" (RECASÉNS SICHES, *Vida Humana,* cit., págs. 209 e segs.: "A seguridade como radical motivação do jurídico"). RADBRUCH: "Como escreveu GOETHE, no *Fausto* (P. II, ato IV), só pode ser senhor sobre nós aquele que nos assegurar a paz. É esta a norma fundamental sobre que descansa a obrigatoriedade de

570   MIGUEL REALE

214. Seria, no entanto, incompleta ou falha a compreensão do problema do fundamento se nos limitássemos a apreciá-lo de maneira estática, destacando atos singulares da totalidade da ordem jurídica, por estarem em desacordo com as exigências axiológicas informadoras de um ciclo cultural ou, mais ainda, com as conquistas universais da experiência histórica.

Uma lei em conflito com a tábua de valores, que dá sentido e fisionomia a um ordenamento jurídico, representa apenas um episódio, um momento de anormalidade e, como tal, deve ser apreciado em função de todo o sistema do Direito, que condiciona não só a norma particular, mas o Poder mesmo de que emana.

Essa linha de continuidade histórica, apesar das rupturas que às vezes se verificam, tende a restabelecer-se paulatinamente, segundo uma tendência inevitável à congruência lógico-normativa que anima e dirige a prática jurídica e a atividade doutrinária. Nunca é demais repetir que uma regra jurídica só vale inserida no corpo do sistema, recebendo e transmitindo às demais normas um *quantum* de validade, ou seja, influindo, positiva ou negativamente, na interpretação das outras normas e também recebendo destas a luz indispensável à sua própria interpretação.

É a razão pela qual, certas regras, repelidas com veemência ao serem promulgadas, dado o seu caráter manifestamente injusto, perdem muito de sua nocividade quando interpretadas como devem ser, não em si mesmas, mas em função de todo o Direito vigente.

Não resta dúvida que o primeiro dever moral do juiz é cumprir a lei (é este, muitas vezes, como diz Calamandrei, o santo martírio do

---

todo o Direito Positivo. Ela resume-se nestas palavras: "Quando numa comunidade existe um poder supremo, deve respeitar-se aquilo que ele ordena". *(Filosofia do Direito,* cit., pág. 119.) No mesmo sentido, poder-se-iam invocar as opiniões de JELLINEX, KELSEN, ROSCOE POUND, FARIAS BRITO e muitos outros. HINTINGTON CAIRNS chega ao ponto de conceber o Direito em função da idéia de resistência à desordem. (Cf. *The Theory of Legal Science,* cit., cap. 1.) Para a compreensão do problema com referência à *certeza do Direito,* v. a erudita e penetrante monografia de LÓPES DE ONÂTE, *La Certezza del diritto,* Roma, 1950, 2ª ed. Quanto ainda ao reconhecimento do valor *primordial* da ordem e da certeza, v. o vol. *La Crisi del Diritto,* Pádua, 1953, notadamente os trabalhos de CAPOGRASSI e RAVÀ e a recente tese de TEÓFILO CAVALCANTI FILHO, *O Problema da Segurança no Direito,* cit., assim como o trabalho de R. CIRELL CZERNA, "Notas sobre o problema do Direito", em *Direito e Comunidade* (Ensaio de Filosofia Jurídica e Social), S. Paulo, 1965, págs. 198 e segs.

FILOSOFIA DO DIREITO

jurista!) mas, consoante oportuno reparo de Capograssi, é também seu dever "reconduzir a lei singular à inteira *razão objetiva* que se exprime e se concretiza na experiência jurídica, em todo o ordenamento do mundo do Direito, em todos os princípios que o sustem". É esta a moralidade verdadeira do jurista[7].

Apreciado, assim, o problema do fundamento com relação à totalidade da ordem jurídica positiva — não sendo demais ponderar que o Direito Estatal não é o único Direito Positivo, mas aquele em que a positividade se apresenta em mais alto grau — e esclarecido que a questão não pode ser posta fora do âmbito da História, do "processo" geral do desenvolvimento do Direito, verifica-se que fundamento, vigência e eficácia são elementos que se implicam e se exigem reciprocamente.

As normas de direito não são meras categorias lógicas, dotadas de validade formal indiferente ao conteúdo fornecido pelo complexo da experiência humana, de modo que, sob certo ponto de vista, *uma norma é a sua interpretação*[8]. Longe de serem os esquemas de interpretação que os teóricos puros imaginam, como se fossem lentes destinadas a mostrar-nos a realidade em suas referências de imputabilidade, as normas valem em razão da realidade de que participam, adquirindo novos sentidos ou significados, mesmo quando mantidas inalteradas as suas estruturas formais.

O Problema da Vigência e da Positividade

215. As considerações acima revelam que não reduzimos o problema da *vigência* à consideração de seu aspecto técnico-formal, muito embora seja o de maior relevo no âmbito da Teoria Geral do Direito ou da Dogmática Jurídica, que é uma sua especificação.

---

7. Capograssi, Prefácio ao livro *La Certezza del Diritto,* de Flavio López de Onâte, Roma, 2ª ed., 1950, pág. 18. Cf. Calamandrei, "La certeza del diritto e la responsabilità della dottrina" *in Riv. del Dir. Com.,* XL, 1942, págs. 341 e segs.

8. A questão da pluralidade da ordem jurídica positiva e de sua graduação é estudada por nós em *Teoria do Direito e do Estado,* cit., caps. IX e X, e em nosso livro *Estudos de Filosofia e Ciência do Direito,* Ed. Saraiva, 1978.

MIGUEL REALE

Numa concepção puramente normativista, o problema da vigência confunde-se com o dos requisitos formais indispensáveis a que uma regra de direito adquira ou perca vigor (legitimidade do órgão emanador da lei; sua compatibilidade com outros de maior hierarquia; respeito à distribuição das competências; sanção, promulgação e publicação, para nos atermos ao exemplo mais comum das normas legais), pondo-se, quando muito, a questão suscitada por Kelsen da referibilidade da "vigência empírica" do sistema positivo à "validade transcendental" da norma fundamental hipotética. (Cf. cap. XXXII.)

Para nós, ao contrário, a vigência implica, necessariamente, uma referência aos *valores* que determinaram o aparecimento da regra jurídica, assim como às *condições fáticas* capazes de assegurar a sua *eficácia social*. Cabe-nos, por conseguinte, estudar duas correlações: a do *fundamento* com a *vigência,* e a da *vigência* com a *eficácia.*

Há uma força nos valores que os inclina a se realizar, atualizando-se mediante a *vigência* de normas como as de natureza jurídica. Diríamos, parafraseando Hauriou, que os valores são como os deuses pagãos que só vivem bem entre os mortais. No fundo, os *valores somos nós mesmos,* mas não cada um de nós na sua singularidade pessoal, nem a soma dos indivíduos que compõem a espécie, mas sim o espírito humano em sua universalidade, irredutível às experiências estimativas, que são modos ou veículos de revelação do valioso.

Se os valores tendem a se realizar, o fenômeno jurídico é um dos modos principais de integração e vigência do valioso e de sua garantia. Não devemos, por conseguinte, pensar que o Direito seja um valor, em si, por mais que atualize valores, visto como *toda experiência jurídica é finita,* jamais converte totalmente os fatores estimativos em elemento intrínseco de seu processo: como a luz que se não exaure nas cores, embora as cores sejam tais por participarem da luz, cada expressão de realidade jurídica é um *bem cultural* pelos valores de que participa em sua finitude, dando origem a novas e incessantes formas de experiência jurídica[9].

---

9. Sobre a importância do princípio de *inexauribilidade dos fins* numa concepção historicista do Direito, cf. Cesarini Sforza, *Filosofia del Diritto*, 3ª ed., 1958. A inexauribilidade dos fins, pensamos nós, é corolário do princípio de que é próprio do homem *transcender-se,* como expressão do poder nomotético do espírito.

FILOSOFIA DO DIREITO

Se toda exigência axiológica só se verticalizasse em uma única diretriz de conduta com ela compatível, em lugar de abrir um leque de possibilidades múltiplas, não haveria solução de continuidade no processo de positivação do Direito: da exigência axiológica, manifestada através da comum "consciência estimativa", passar-se-ia ao Direito Positivo, não cabendo aos homens de governo senão a serena missão de surpreender os fenômenos jurídicos em estado nascente, para reconhecer e proclamar a obrigatoriedade de suas regras. Os juristas que, como Duguit ou Krabbe, nos falam no primado ou na "soberania do Direito", de uma forma ou de outra idealizam a nomogênese jurídica, preferindo o Direito revelado através do jogo obscuro das forças irracionais, ao risco de um Direito positivado em virtude de uma escolha atualizadora de valores, escolha essa racionalmente feita pela autoridade competente, que nem sempre se confunde com a de um órgão do Estado.

Todavia, ante a possibilidade de diversas formas de atualização do valioso e ante a indeclinável necessidade de atualizá-lo no decurso da história, põe-se o problema da *positividade do Direito,* que consiste em saber como os preceitos jurídicos se tornam vigentes de maneira efetiva, e não apenas aparente.

O termo *positividade* pode ser tomado em duas acepções principais, já discriminadas por Stammler. Em um primeiro sentido, Direito *Positivo é* aquele que regula *juridicamente* aspirações *concretas,* de maneira que todo o Direito histórico, em seu modo concreto de manifestar-se, é *Direito Positivo*[10].

Em uma acepção mais restrita, a expressão *positivo* pode designar aquelas normas e instituições de um Direito histórico considerado simplesmente *em sua existência atual*[11].

Num e noutro caso, a *positividade* é mais do que *vigência* ou *eficácia,* porque podemos conceber três modalidades de Direito Positivo:

---

10. Cf. STAMMLER, *Lehrbuch der Rechtsphilosophie,* cit., pág. 94, § 49. Lembre-se a afirmação de KELSEN: "Por isso é rigorosamente exato afirmar que uma ordem jurídica é *positiva* se individualiza e enquanto se individualiza". *(Teoría General del Estado,* cit., pág. 327.)

11. STAMMLER, *op. cit.,* § 50.

574 MIGUEL REALE

o dotado atualmente de *vigência;* o que já a perdeu; e o que está em vias de obtê-la[12].

Daí a teoria stammleriana da *vigência* como uma "possibilidade de eficácia", ou, para empregarmos suas próprias palavras, "vigência do Direito é a *possibilidade de implantá-lo" (Das Gelten eines Rechtes ist die Möglichkeit, es durchzusetzen),* devendo-se entender a palavra *possibilidade* em sentido kantiano, como o próprio Stammler o adverte.

Na concepção stammleriana do Direito, porém, o problema da positividade, apesar de ter sido justamente apreciado como correlação entre possibilidade e realização efetiva, permanece um problema de certo modo acessório, como um problema *psicológico* relativo aos modos de *realizar* determinadas normas de Direito e de dar-lhes efetividade, tornando-se *"sensível* a vontade que do Direito consiste" ou *"perceptíveis* as aspirações conceitualmente determinadas como jurídicas"[13].

Esse entendimento da positividade como correlação entre vigência e eficácia é também o de René Capitant, o qual, no entanto, exagera a importância do elemento sociológico, declarando que "o Direito Positivo é o Direito *reconhecido válido* para a generalidade de seus súditos"[14].

Transpõe-se, desse modo, o problema para o plano empírico da Sociologia ou da Psicologia Jurídicas, tornando-se a positividade, como acontece na obra de outro eminente neokantiano, uma *nota acessória do Direito*[15] quando nos parece tratar-se, consoante justa ponderação de Carlos Cossio, de uma das questões primordiais da Ciência do Direito[16].

Esse problema, todavia, só poderá ser resolvido se integrarmos vigência e eficácia em uma síntese dialética, e não em termos de Lógica

---

12. *Idem, ibidem,* § 67, pág. 143.

13. *Idem, ibidem,* §§ 68 e 69. São de STAMMLER os grifos em todos os trechos supracitados.

14. RENÉ CAPITANT, *L'Ilicite,* t. I, *L'Imperatif juridique,* Paris, 1929, pág. 123.

15. Cf. DEL VECCHIO, "Sobre a positividade como caráter acessório do Direito", em *Direito, Estado e Filosofia,* cit., págs. 49 e segs.

16. Cf. CARLOS COSSIO, *Teoría Egolótica del Derecho,* cit., pág. 197.

FILOSOFIA DO DIREITO

Jurídica transcendental, como faz Cossio, ou então, mediante soluções empírico-sociológicas de valor ilusório no plano filosófico.

216. A vigência, como se vê, é problema bem mais complexo e profundo do que o ligado ao seu sentido técnico-jurídico, que reclama a satisfação de requisitos formais, como a verificação da competência do órgão emanador da regra; a compatibilidade de uma norma com as normas subordinantes de caráter constitucional ou não; a obediência a trâmites ou processos que condicionam sua gênese em um dado ordenamento etc. Estes são problemas de Teoria Geral do Direito, atinentes à estrutura formal do Direito nos limites de um sistema particular de normas: há, porém, que examinar o que a exigência de "estrutura formal" representa por si mesma, como característica universal da juridicidade.

O mínimo de fundamento axiológico, exigido pela sociedade em qualquer circunstância, postula, também, a *certeza* do Direito, põe e exige um Direito *vigente.* O princípio da *certeza* preside — em díade indissolúvel com o da *segurança* — todo o evolver histórico da *vigência do Direito,* e, por via de conseqüência, a toda a história do *Direito Positivo.*

Diz-se Direito Positivo aquele que tem, já teve, ou está em vias de ter vigência e eficácia. Compete ao filósofo do Direito investigar em que sentido a *positividade* é da essência do Direito; se é uma noção redutível ao conceito de *historicidade;* em que círculos ou âmbitos sociais a positividade jurídica se realiza; se há distinções ou graus nas formas de sua atualização etc.

São, pois, as complexas questões sobre a "sistemática do Direito" e a "unidade da ordem jurídica positiva", assim como o *problema das fontes e modelos jurídicos* que se põem no centro de qualquer estudo sobre a vigência, que é a vida mesma das normas jurídicas.

Caberá à Epistemologia Jurídica examinar tais questões, e outras conexas, a fim de esclarecer se a atualização dos valores do justo se opera em uma única ordem jurídica (teoria da *estatalidade* do Direito) ou em uma multiplicidade de ordenamentos ou ordens institucionais (teoria *da pluralidade* da ordem jurídica positiva), e, nesta segunda hipótese, se todos os ordenamentos possuem igual força obrigatória, a mesma *vigência,* ou se esta se escalona ou se hierarquiza. Eis aí alguns temas de Filosofia Jurídica postos pelo exame da *vigência,* que à Teoria Geral do Direito ou à Sociologia Jurídica não será dado resolver.

576 MIGUEL REALE

A análise da *vigência* em seu aspecto técnico-formal pressupõe todo um mundo jurídico já formado, com as suas normas integradas em sistema e um complexo de atos e de juízos que nele se praticam. O problema filosófico da vigência põe-se antes dessas questões, porque se refere às condições de validade de qualquer ordem jurídica positiva.

Para subordinar-se uma regra a outras e explicar a sua obrigatoriedade, já é mister dar como assentes soluções epistemológicas, entre as quais as da Lógica pura e, especialmente, da Lógica normativa concernente à estrutura das regras de Direito e à natureza dos nexos de *dever ser (Lógica Jurídica Deôntica ou Deôntica Jurídica)*.

Por outro lado, a vigência nunca é de uma regra singular, destacada do sistema, mas só pode ser de "uma regra *no* sistema", donde resultam perquirições necessárias sobre a plenitude ou não de uma dada ordem jurídica, a existência de *lacunas* na legislação ou no ordenamento, assim como sobre se há *normas* fundamentais (lembre-se, por exemplo, a teoria de Kelsen) explicativas da validez do Direito.

A compreensão da vigência na "situação de uma dada ordem jurídica" tem sido posta em evidência no plano dogmático, ao reclamar-se "logicidade" ou "compatibilidade lógica" para toda regra nova que se integre em um sistema. Daí também o entendimento da ordem jurídica como um *lucidus ordo,* no qual cada elemento possui um lugar definido e não pode ter outro, de modo que toda interpretação lógica se revela concomitantemente sistemática. Viu-o bem Rui Barbosa ao lembrar que "a ligação (da matéria dos textos legislativos) não há de ser meramente a vizinhança material entre as linhas do mesmo texto. Ela não se concebe sem a *consentaneidade lógica* entre os dois pensamentos que a contigüidade literal aproximou. Nunca se cogitou, portanto, de mera confinidade material nos diversos parágrafos de uma lei"[17].

Se assim é, do ponto de vista *estático,* outros problemas surgem quando se considera a ordem jurídica em sua dinamicidade, com conse-

---

17. Rui Barbosa, *Anistia Inversa,* Prefácio — Ninguém no Brasil teve mais do que TEIXEIRA DE FREITAS a aguda compreensão da vigência na unidade do sistema, a ponto de advertir: "O sistema inteiro de um código depende muitas vezes de uma disposição" *(Consolidação das Leis Civis,* 3ª ed., Rio de Janeiro, pág. LIX). Nesse sentido, v. as preciosas observações de PAULA BATISTA em sua *Hermenêutica Jurídica,* Recife, 1860.

FILOSOFIA DO DIREITO

qüências relevantes, por exemplo, quanto à doutrina da interpretação ou ao entendimento da real natureza do Direito que deixou de ser vigente, mas continua sendo eficaz em seus efeitos.

Quanto ao primeiro problema, Emílio Betti lembra com acerto o "círculo de reciprocidade e de contínua correlação" existente entre a vigência da ordem jurídica, da qual se infere a máxima da ação, e o processo interpretativo, de tal modo que "interpretar não é apenas renovar o conhecimento de uma manifestação do pensamento, mas tornar a conhecê-la para integrá-la na vida de relação". Não se realiza, por conseguinte, na interpretação, uma pura função recognitiva de um pensamento cerrado em si mesmo, na sua peculiaridade histórica, mas um trabalho fecundo tendente a desenvolver diretrizes para a ação prática[18].

É a razão pela qual não se deve, como observa o citado mestre de Roma, confundir a interpretação jurídica com a de expressões puras da arte e do pensamento: esta visa a reconstituir no seu valor estético e lógico uma intuição ou um pensamento, assim como a interpretação histórica tem em mira a captação do sentido em si pleno de documentos e de ações, na sua autonomia originária e coerente; a interpretação jurídica, ao contrário, não pode se contentar com uma recognição teórica, mas deve ir além, quer para tornar o preceito assimilável à vida, quer para submeter o fato a um diagnóstico jurídico[19].

217. O problema da vigência, aparentemente técnico-formal, envolve, como se vê, questões de natureza estritamente filosófica, sobretudo se lembrarmos que a *forma* (a norma) do Direito é uma exigência de *certeza* e esta, consoante límpida demonstração de López de Oñate, exige uma abstrata formulação normativa, mas abstrata somente na medida indispensável para manter de maneira precisa a estrutura da ação, ou seja, para torná-la objetiva e historicamente concreta[20].

---

18. EMÍLIO BETTI, *Interpretazione della Legge e degli Atti Giuridici* (Teoria Generale e Dommatica), Milão, 1949, pág. 4.

19. *Idem, ibidem,* pág. 6. Cf., do mesmo autor, *Teoria Generale dell'Interpretazione,* Milão, 1955. Nesta obra notamos que o eminente jurisconsulto, fundado em uma concepção histórico-axiológica, chega, em muitos pontos, a conclusões análogas às já firmadas na primeira edição deste livro (1953).

20. LÓPES DE OÑATE, *op. cit.,* pág. 175.

578 MIGUEL REALE

A abstração normativa não se compreende, por conseguinte, sem referência ao plano da ação concreta à qual se destina, tão certo como toda regra de Direito *vige* com pretensão de *eficácia,* assim como lhe não pode faltar pretensão de ser *justa.*

Não é possível vigência sem certeza ou sem organização, pois a incerteza e o arbítrio são incompatíveis com a vida jurídica que traduz sempre um esforço contínuo de composição de pretensões e de interesses. Uma abstração destinada a salvaguardar a conduta concreta, e, ao mesmo tempo, uma organização para preservar a liberdade, eis dois dos objetivos constantes da experiência jurídica que implica sempre uma estrutura formal e uma função normativa.

A *forma,* assim entendida, como tipificação garantidora dos comportamentos que prefigura e legitima (e a *previsibilidade,* já o dissemos, foi fermento da cultura) reflete a plenitude da *positividade jurídica,* dado que esta não pode ser desligada no momento da *vigência,* para só se confundir com o outro momento, igualmente necessário e correlato: o da *eficácia* social dos preceitos.

Desde Savigny e a Escola Histórica, tem-se acentuado a tendência de confundir-se *positividade* e *eficácia* para se determinar o conceito de *positividade*[21].

A *positividade* envolve vigência e eficácia, constituindo uma das formas essenciais de realização social de valores, a qual implica sempre necessidade de uma escolha, de uma opção entre várias vias possíveis. Donde a necessidade de se reconhecer que todo Direito — e não só o estatal, dotado de maior grau de positividade —, não se positiva sem um momento de *voluntas* opcional ou de "arbítrio", se é que se pode falar em arbítrio quando o poder interfere para eliminar o arbítrio, pondo termo à insegurança e à incerteza[22].

---

21. Nesse sentido, v. Max ERNEST MAYER , *Filosofía del Derecho,* trad. de Legaz y Lacambra, Ed. Labor, 1937, pág. 127; EDUARDO GARCÍA MÁYNEZ, *La Definición del Derecho,* cit., págs. 28 e segs.

22. Lembre-se a frase de LÓPEZ DE OÑATE: "O legislador vale-se do arbítrio para eliminar o arbítrio" *(op. cit.,* pág. 146), o que corresponde à incisiva ponderação de HEGEL: "O arbítrio, longe de ser a vontade na sua verdade, é antes a vontade como *contradição".* (Cf. *Grundlinien,* cit., § 15.)

FILOSOFIA DO DIREITO

Desse modo, ao problema da vigência liga-se o do Poder, o qual não pode ser considerado simples *momento da juridicidade,* ou o momento em que uma conduta jurídica se torna vigente; nem tampouco ser apresentado como mera expressão da vigência e da eficácia de uma ordem legal dada.

Parece-nos que a razão está com Hermann Heller quando diz que "enquanto se contrapuser, sem qualquer gênero de mediação dialética, o Direito ao Poder, não se conseguirá compreender com rigor o que é específico do Direito ou do Estado e, por conseguinte, a relação existente entre um e outro. Tornam-se, sobretudo, incompreensíveis a validade e a positividade do Direito sem uma correlação entre Estado e Direito [...]. Privando-se o Direito de seu caráter de formador de Poder *(machtbildenden Charakter)* não existe nem validez jurídico-normativa, nem poder estatal; porém, negado ao Poder o seu caráter de revelador do Direito *(rechtbildenden Charakter),* não existe positividade jurídica, nem Estado"[23].

Pena é que Hermann Heller não haja reconhecido que é impossível essa correlação sem se abandonar a concepção do Direito como *"abstrata* estrutura ou totalidade de sentido", ponto de vista a que se manteve apegado e que comprometeu em parte o programa que se traçara de superar sociologismo e normativismo jurídicos, bem como as antinomias entre "ser" e "dever ser", natureza e espírito, ato e sentido, vontade e norma[24].

Toda compreensão do Direito de caráter formal acaba dando valor secundário ou acessório aos problemas do Poder e da positividade, mesmo quando é reconhecida a funcionalidade entre vigência e eficácia e nesta correlação se faça consistir a característica da positividade. Nesse sentido, são eloqüentes as conclusões insuficientes de Kelsen, de Stammler, de Del Vecchio e de René Capitant.

O Problema da Eficácia

218. Uma norma não surge como arquétipo ou esquema ideal, mas como elemento integrante de um *modelo de uma classe de ações*

---

23. HERMANN HELLER, *Staatslehre,* Leiden, 1934, pág. 191.

24. *Op. cit.,* págs. 41 e 188. Sobre *positividade e organização* cf. WALTHER BURCKHARDT, *Der Organisation der Rechtsgemeinschaft,* Zurique, 1944, págs. 123 e segs.

580   MIGUEL REALE

exigida, permitida ou proibida pela sociedade, em virtude da opção feita por dada forma de comportamento. A regra de Direito é, pelo visto, um esboço de ação, ou melhor, a indicação de um *sentido* que envolve sempre problemas concretos de interpretação, de correspondência necessária entre o seu enunciado e as conjunturas histórico-axiológicas[25].

Em virtude dessa pretensão de eficácia ou de efetiva correspondência no seio do grupo — que completa a pretensão de justiça inerente a todo preceito jurídico autêntico —, muitos autores reduzem a vigência à eficácia, consoante a conhecida afirmação de Max Ernst Mayer: "Validez ou vigência equivale a influência social, a eficácia"[26].

Desse modo, "a medula de toda a legislação, considerada do ponto de vista da Filosofia do Direito", passa a ser o *reconhecimento* de normas de cultura por uma sociedade organizada, notadamente por um Estado, e a validez aparece como sendo "a forma psicológico-social do objetivamente justo"[27].

Essa doutrina seria mais defensável se existisse alguma sociedade homogênea, de maneira que a norma reconhecida pelo Poder também o fosse, sem discrepância, por toda a comunhão social, inclusive quanto à escolha de uma via ou de certos processos técnicos dentre os múltiplos que a realização dos valores possibilita. Dir-se-á que o "reconhecimento" geral se presume na falta de reações coletivas, ou que a aceitação da ordem institucional envolve a do Poder correspondente, bem como o reconhecimento de sua discrição normativa, mas ficará sempre de pé a correlação já apontada entre *vigência* e *eficácia* como da essência da positividade jurídica.

Além do mais, como observa Hans Kelsen, "a eficácia é condição da vigência; mas, condição, não a *razão* dela. Uma norma não é válida *porque* eficaz; é válida *se* a ordem a que pertence é, no seu todo, eficaz"[28].

---

25. Podemos conceber a norma como "o querer de uma classe de ações", mas reconhecendo que quando alguém *quer,* em consonância com a norma, está concomitantemente querendo a norma, o que dá sentido ético e não econômico a seu querer. Daí a impossibilidade de equiparar a norma a uma lei físico-natural: esta é *verificada* em cada experiência que se lhe conforme; aquela é *executada* em cada experiência que se lhe subordine. (Cf. CESARINI SFORZA, *Filosofia del Diritto,* cit.)

26. MAX MAYER, *op. cit.,* pág. 128.

27. *Op. cit.,* págs. 130 e segs.

28. *General Theory of Law and State,* cit., pág. 42.

FILOSOFIA DO DIREITO

Cumpre, porém, acentuar — e isto não é feito por Kelsen nem mesmo quando aprecia o problema sob o ponto de vista dinâmico — *a correlação dialética entre vigência e eficácia, sem a qual não há positividade jurídica.*

Toda norma vigente destina-se a influir efetivamente no meio social e é porque vige e influi que se torna *positiva.* Daí a necessidade de se estudarem as condições empíricas da eficácia, no âmbito da Sociologia Jurídica, assim como as suas "conexões de sentido" no plano da Culturologia Jurídica.

Toda norma jurídica, uma vez *vigente,* pode tornar-se eficaz, mesmo quando já revogada. Poder-se-á objetar que uma lei continua produzindo efeitos depois de revogada só porque outra lei vigente manda respeitar as situações jurídicas definitivamente constituídas ou aperfeiçoadas no regime da lei anterior, ou então porque se deve aplicar a lei em vigor na época em que dados fatos ocorreram. Está certo. Mas isso quer dizer que existe um problema subjacente, digno de acurado estudo, o da *historicidade da vigência,* insuscetível de ser apreciado segundo meras estruturas formais[29].

Na realidade, não há necessidade de qualquer preceito legal obrigando a aplicação da lei vigente em uma época, para dirimir um conflito que nela se configure: é uma decorrência lógica da *vigência* em sua historicidade. Desse modo, uma lei não mais em vigor continua produzindo efeitos, é *positiva,* como certas estrelas remotas, há séculos extintas, que ainda nos encantam com suas cintilações.

O problema da eficácia do Direito não se põe, por conseguinte, apenas para uma ou várias regras particulares, nem estaticamente, para a totalidade do ordenamento: mister é considerá-lo historicamente, para determinar-se o *sentido geral* de sua ocorrência.

A correlação entre vigência e eficácia é de tal ordem, envolvendo toda a problemática da *positividade do Direito,* que ambos os estudos não podem deixar de ser feitos pela Epistemologia e pela Culturologia Jurídicas, no que se refere à caracterização da Ciência do Direito e da

---

29. Sobre o problema do *tempo* no Direito, v. MIGUEL REALE, *O Direito como Experiência,* cit., págs. 218 e segs.

experiência jurídica, embora com propósitos distintos, uma indo da *eficácia* para a *vigência,* e a outra seguindo caminho inverso.

A eficácia, todavia, abrange outras questões ligadas à história do Direito, não para reconstituir as linhas dominantes de uma experiência passada e explicá-la na sucessão de seus eventos, mas para indagar de seu *sentido,* das evoluções e involuções jurídicas, das tábuas de valores do Direito enquanto *objetivados* na história. Essa tarefa, apesar de tantas vezes contestada, não se pode recusar a Filosofia do Direito, desde que não se confunda a Culturologia Jurídica com a Sociologia Jurídica ou com a História do Direito, duas ciências que não ultrapassam o plano empírico, nem podem indagar das condições e dos fins condicionantes da eficácia jurídica em sua universalidade.

Nem há necessidade de repisar que essa ordem de pesquisas implica a dos valores, que a Deontologia Jurídica desenvolve, pois, normalmente, a regra de direito deve *viger* para atualizar *efetivamente* este ou aquele *valor.*

Pode surgir, no entanto, uma lei que jamais venha a ser cumprida por absoluta falta de ressonância no seio da coletividade. Depois de promulgada, existe apenas como "vigência" formal, porquanto a sociedade não se ajusta a seus ditames, ou então, altera seu sentido para que possa ser parcialmente executada...

São as leis que, por não atingirem o momento da eficácia, não se podem dizer *positivas.* Por outro lado, há regras de conduta efetivamente cumpridas e que, por o serem durante certo tempo com convicção de juridicidade, atingem o plano da *vigência* e tornam-se *juridicamente positivas.* Donde poder dizer-se que a positividade surge tanto quando a eficácia se faz vigente, como quando a vigência se torna eficaz, em ambos os casos valendo o pressuposto de um valor a realizar, quando mais não seja o de ordem e segurança.

219. A análise da eficácia suscita uma série de problemas que interessam tanto à Epistemologia como à Culturologia Jurídicas: um deles prende-se à natureza do Direito costumeiro e ao delicado problema da revogação das leis pelo desuso.

Se atentarmos ao Código Civil, veremos que os usos e costumes não ab-rogam, nem revogam lei; é preciso, entretanto, balizar o alcance

FILOSOFIA DO DIREITO 583

dessa asserção nas coordenadas da Dogmática Jurídica. Todos os ordenamentos jurídicos, e o Código Civil é um deles, põem-se como unidades técnico-formais sem lacunas. O Código Civil, o Código Penal, são conjuntos de preceitos lógicos que se ordenam em sistemas; todo código tem a pretensão de ser pleno, de bastar para explicar todas as hipóteses possíveis da vida.

Um dos propósitos do legislador é o de que aquele sistema não possa ser revogado ou modificado, a não ser por outras regras escritas, que, implícita ou explicitamente, contenham a sua revogação. Isto, porém, somente pode ser aceito no plano técnico-formal, ou seja, no plano da Dogmática Jurídica.

A vida social, entretanto, é muito mais exigente e sorri dessas pretensões técnico-formais. O que vemos, em verdade, são preceitos jurídicos que não são vividos pelo povo, por não corresponderem às suas tendências ou inclinações, por múltiplos motivos que não vêm ao caso examinar.

Há um trabalho, por assim dizer, de desgaste ou de erosão das normas jurídicas, por força do processo vital dos usos e costumes. O hábito de viver vai aos poucos influindo sobre as normas jurídicas, mudando-lhes o sentido, transformando-as até mesmo nos seus pontos essenciais, ajustando-as às necessidades fundamentais da existência coletiva.

Se imaginarmos, na história da espécie, a experiência do Direito como um curso de água, diremos que esta corrente, no seu passar, vertiginoso ou lento, vai polindo as arestas e os excessos das normas jurídicas, para adaptá-las, cada vez mais, aos valores humanos concretos, porque o Direito é feito para a vida e não a vida para o Direito.

Essa mudança nos quadros espirituais ou morais da ordem social tem um profundo significado, representando a condição geral em que necessariamente se situa o aplicador do Direito no momento decisivo de sua interpretação.

É por isso que dizemos que uma sentença nunca é um silogismo, uma conclusão lógica de duas premissas, embora possa ou deva apresentar-se em veste silogística. Toda sentença é antes a vivência normativa de um problema, uma experiência axiológica, na qual o juiz se

584 MIGUEL REALE

serve da lei e do fato, mas coteja tais elementos com uma multiplicidade de fatores, iluminados por elementos intrínsecos, como sejam o valor da norma e o valor dos interesses em conflito[30].

Neste particular, o problema da eficácia pode verificar-se em quatro hipóteses: ou a lei encontra logo correspondência na vida social, harmonizando-se vigência e eficácia; ou a lei, embora vigente e por ser vigente, deve subordinar-se a um "processo fático" para produzir todos seus efeitos[31], ou então, pode dar-se um fenômeno delicado: — o das leis que durante um certo período, mais ou menos longo, têm eficácia e depois a perdem; e, finalmente, o caso mais delicado ainda da vigência puramente abstrata, que não prenuncia uma experiência possível, e, como tal, sem qualquer efetividade.

Cabe aos homens de Estado evitar o divórcio entre a realidade social e certas normas, que não têm ou jamais tiveram razão de ser, porque em conflito com as tendências e os legítimos interesses dominantes no seio da coletividade. Infelizmente, muito facilmente se olvida

---

30. Contestando, com razão, a redução da sentença a um silogismo, observa CALOGERO que "a verdadeira e grande tarefa do juiz consiste, não em inferir conclusões, mas antes e propriamente em encontrar e formular as premissas" (Cf. *La Logica del Giudice,* cit., pág. 51.) Cf. idêntica posição em RECASÈNS SICHES, no seu belo trabalho *Nueva Filosofía de la Interpretación del Derecho,* cit., especialmente págs. 128 e segs., onde o ilustre jusfilósofo reclama para o Direito o que ele denomina "logos de lo humano o de lo razonable".

31. Exemplo típico de lei vigente, cuja *positividade plena* dependia de um ciclo ou processo de atos de *eficácia,* tivemos com a lei que restituiu à Municipalidade de São Paulo a sua autonomia. Tendo surgido a questão se podia ou não continuar em exercício o Prefeito *nomeado,* até a posse do Prefeito eleito, ou se a chefia do Executivo devia passar incontinenti ao Presidente da Câmara Municipal, aplicamos os princípios expostos no texto em um Parecer, do qual destacamos o seguinte trecho: "Toda lei é, em regra, uma projeção para o futuro, ora produzindo conseqüências imediatas, desde logo perfeitas em si mesmas, ora *provocando conseqüências, cuja satisfação pressupõe o início de um "processus",* e uma sucessão complexa de atos interligados como anéis de um sistema. Assim como há leis que, do ponto de vista formal da vigência, não são auto-aplicáveis ou *"self-executing",* visto como não são bastantes em si para a sua incidência, dependendo de regulamentação ou de novas regras jurídicas complementares; também há regras jurídicas, como as que asseguram autonomia e competência, cuja *eficácia* (que se não deve confundir com a vigência) implica, não formulação de novas regras, mas a realização de atos harmonizáveis entre si e desdobrados em uma sucessão congruente: enquanto tais atos se não verificam (atos de Poder Judiciário designando eleições, pleito, apuração, diplomação e posse do Prefeito, para focalizarmos a hipótese suscitada na Consulta) a autonomia plena está *in fieri,* como que em gestação". *(A Autonomia da Capital e a Permanência do Prefeito,* São Paulo, 1952, págs. 18-19.)

FILOSOFIA DO DIREITO

que leis falhas ou nocivas, além do mal que lhes é próprio, redundam no desprestígio das leis boas.

O reajustamento permanente das leis aos fatos e às exigências da justiça é um dever dos que legislam, mas não é dever menor por parte daqueles que têm a missão de interpretar as leis para mantê-las em vida autêntica.

As Ciências da Realidade Jurídica

220. Embora já tenhamos deixado explícito nosso pensamento sobre o modo segundo o qual se deve distinguir o âmbito das pesquisas filosóficas, sociológicas e dogmáticas do Direito, respectivamente, não é demais concluir este título, com algumas considerações complementares para situarmos com precisão o âmbito da Ciência do Direito ou Jurisprudência.

Se concebemos a experiência jurídica como onticamente tridimensional, é claro que julgamos insubsistente uma Sociologia Jurídica que só cuide do fato social do Direito, com abstração de seus nexos normativos e axiológicos: faltaria a tal pesquisa a condição específica pela qual ela pretende ser *sociológico-jurídica* e não apenas sociológica. Não é dado ao sociólogo do Direito mutilar a realidade jurídica para cuidar de um fato que, sem estrutura formal e sentido axiológico, perderia a especificidade "jurídica". Se não houvesse a necessária referência às duas outras expressões da juridicidade, o fato não poderia, evidentemente, ser considerado *jurídico,* e a chamada Sociologia *Jurídica* não seria senão Sociologia, pura e simples, ou seja, uma ciência sobre os fatos sociais em geral.

O mesmo se deve dizer da Ciência do Direito, a qual não pode se propor apenas o estudo abstrato das normas, sem suas correlações com o mundo da experiência social e dos valores, embora seja necessário o estudo da norma jurídica *enquanto proposição lógica,* tal como é feito pela Lógica Jurídica formal, que é, porém, apenas uma das partes da Lógica Jurídica.

Com efeito, qualquer norma *jurídica,* privada de sua condicionalidade *fática* e do *sentido axiológico* que lhe é próprio, passaria a ser mera proposição normativa, reduzir-se-ia ao seu *suporte ideal,* que é, no

586   MIGUEL REALE

fundo, o objeto próprio de um estudo de natureza lógica. À Ciência do Direito, ao contrário, não interessa só a forma, mas também e principalmente o conteúdo das normas, em sua *positividade,* como os parágrafos anteriores esclareceram, numa correlação essencial entre *vigência* e *eficácia* dos preceitos.

É a razão pela qual, em nosso livro *O Direito como Experiência,* apresentamos a Jurisprudência como uma ciência que tem por objeto o estudo de *"estruturas normativas"* ou *modelos.* Fácil é perceber que no conceito de *modelo* está explícita a essencial *funcionalidade* existente entre o Direito e a vida social em sua concreção e dinamismo.

Pois bem, assim como o jurista estuda modelos jurídicos, isto é, estruturas fático-axiológico-normativas, também o filósofo do Direito não se limita a estudar os valores em si mesmos. A sua tarefa não se confunde com a do filósofo ou do axiólogo, visto como não lhe cabe indagar do ser dos valores, ou cuidar dos valores em geral, mas sim o estudo dos valores tais como estes se apresentam em função ou no âmbito da experiência do Direito: seu objeto são, por conseguinte, os *valores* na medida e enquanto correlacionados com *fatos e normas,* ou mais precisamente, as condições transcendentais dos modelos jurídicos.

Fato, valor e *norma* devem, em suma, estar sempre presentes em qualquer indagação sobre o Direito, respectivamente como momento dos outros dois fatores. Desse modo, a Sociologia Jurídica, que cuida das condições empíricas da eficácia do Direito, não pode deixar de apreciar a atualização *normativa* dos *valores* no meio social. Poder-se-ia dizer que o sociólogo do Direito, recebendo os valores e as normas como experiência social concreta, tem como meta de sua indagação o *fato* da efetividade dos valores consagrados em normas positivas, ao passo que o jurista, enquanto tal, considera *valor* e *fato* em razão da *normatividade,* a qual é o seu objetivo específico. O filósofo do Direito, por outro lado, indaga das condições transcendental-axiológicas do processo empírico da vigência e da eficácia.

Nos três casos, porém, por diversa que seja a direção da pesquisa, esta não pode deixar de apreciar o fenômeno jurídico na integralidade de seus elementos constitutivos. Isto leva-nos a discriminar todo o campo do conhecimento do Direito nas seguintes ordens fundamentais de pesquisa, *segundo o prisma dominante,* mas não exclusivo, de seus três momentos fundantes:

FILOSOFIA DO DIREITO

FORMAS DO CONHECIMENTO DO DIREITO

	No plano filosófico ou transcendental:	*No plano científico-positivo ou empírico:*
Como Fato	– Cultorologia Jurídica	Sociologia Jurídica, História do Direito, Etnologia Jurídica, Psicologia Jurídica.
Como Valor	– Deontologia Jurídica	Política do Direito.
Como Norma	– Epistemologia Jurídica	Ciência do Direito ou Jurisprudência (Teoria Geral do Direito, Dogmática Jurídica e disciplinas jurídicas particulares).

Como se vê, enquanto a ciência positiva se situa necessariamente em uma atitude *realista ou empírica* (no sentido de que não reduz o objeto às condicionalidades subjetivas, nem faz da correlação sujeito-objeto um seu problema essencial e prévio) já a atitude filosófica é, a nosso ver, necessariamente *transcendental,* pois, ao indagar das condições primeiras da realidade (da realidade jurídica, entre outras) só o pode fazer tendo em conta o sujeito cognoscente, em sua universalidade, e o objeto em correlação essencial com a subjetividade espiritual.

Como Husserl nos esclarece, a atitude natural da ciência positiva é sempre realista no sentido de que não reduz, nem subordina a realidade a condições subjetivas, nem faz da correlação sujeito-objeto um problema essencial e prévio[32]. Ao contrário, a ciência positiva, como ciência de realidades, parte do pressuposto metodológico da autonomia do objeto, como dado empírico, cujas leis procura explicar. O mesmo ocorre no domínio da Ciência Jurídica, o que torna compreensível a natural tendência do jurista, enquanto tal, no sentido de acolher com mais simpatia as interpretações filosófico-positivas do Direito, aquelas, isto é, que não põem qualquer distinção essencial entre Ciência e Filosofia.

---

32. Cf. HUSSERL, *Idées Directrices pour une Phénoménologie,* trad. de Paul Ricoeur, 4ª ed., págs. 32 e segs.

588   MIGUEL REALE

Sob esse prisma, já foi dito com razão que o "positivismo jurídico" é o "lugar geométrico" da mentalidade do técnico ou prático do Direito.

Já é diverso o plano em que, a meu ver, deve colocar-se o filósofo ao converter a própria ciência positiva em um de seus problemas, e ao apreciar a realidade jurídica em sua conexão essencial com o sujeito cognoscente. Uma indagação do objeto, que ponha entre parênteses a sua referência ao sujeito, para considerá-lo metodologicamente *ab extra,* é, repito, a atitude natural e inevitável do conhecimento positivo. Em Filosofia, ao contrário, não é admissível, a meu ver, o estudo de qualquer objeto a não ser como momento de um processo ontognoseológico, o qual é, em si, uno e concreto. A rigor, mesmo o positivista, para chegar à conclusão do monismo metodológico, não pode deixar de partir de uma atitude crítica que ponha em dúvida, ou em crise, a "atitude natural" do conhecimento, indagando da condicionalidade do objeto pelo sujeito, ou vice-versa. A essa atitude crítica, peculiar à Filosofia, como pesquisa dos supostos ou pressupostos da Ciência, é que se deve denominar *transcendental,* como se usa desde a contribuição decisiva de Kant na reformulação do problema gnoseológico.

Cumpre observar que, na anexa "Discriminação do saber jurídico", a *Lógica Jurídica* ocupa uma posição preambular em relação à Teoria Geral do Direito. O termo *Lógica Jurídica* é tomado em sua acepção mais ampla, compreendendo tanto a *Lógica formal ou analítica* — na qual se destaca a *Deôntica Jurídica,* ou Lógica do "dever ser" ou do normativo — quanto a *Lógica concreta ou dialética* — a qual versa sobre o *discurso jurídico* (Teoria da argumentação ou Tópica jurídicas) assim como sobre os fatos e atos jurídicos mesmos em seu imanente desenvolvimento *(Concreção jurídica).*

Tais estudos são realizados, hoje em dia, em íntima conexão com os problemas da linguagem, a tal ponto que, segundo alguns, a Lógica não seria senão um aspecto da *Semiótica,* ou teoria geral dos signos. A *Semiótica* se desdobraria, por sua vez, em *Semântica* (teoria das designações ou significados dos signos), *Sintática* (estudo das conexões formais dos signos entre si) e *Pragmática* (relativa às aplicações ou projeções dos signos no plano prático).

Cabe, outrossim, observar que entre Lógica Analítica e Lógica Dialética não há um abismo intransponível, mas antes natural relação de complementariedade, verificando-se, atualmente, até mesmo alterações

FILOSOFIA DO DIREITO 589

na Deôntica Jurídica, nos quadros da chamada Lógica paraconsistente — da qual Newton Afonso da Costa é pioneiro — para torná-la tanto *descritiva* como *prescritiva,* em função da multidimensionalidade do Direito[33].

Por fim, concluímos estas breves anotações sobre a posição da Lógica no quadro científico do Direito, lembrando que a *Metodologia Jurídica* representa uma explicitação ou aplicação analítico-sintética da experiência jurídica, quer tenha em vista o aspecto hermenêutico, quer o momento construtivo-sistemático do ordenamento jurídico, porquanto o problema do método mais adequado ao estudo de qualquer porção da experiência jurídica sempre se põe *em função* desta e da natureza e estrutura da realidade observada.

Sendo a Metodologia Jurídica o estudo das técnicas e processos de compreensão e construção dos sistemas jurídicos, e destinando-se a aplicar os modelos jurídicos à vida concreta, entendem alguns autores que ela se insere na Ciência do Direito mesma, mas, a rigor, representa o elemento de conexão entre a Lógica Jurídica e a Teoria Geral do Direito, assinalando o momento de aplicação daquela em função das múltiplas peculiaridades do Direito positivo[34].

Como assinalamos na I Parte deste Curso, todo estudo lógico concreto ou funcional culmina necessariamente no momento *metodológico* de sua aplicação aos distintos campos de pesquisa[35].

---

33. Cf. Miguel Reale, *Nova Fase do Direito Moderno,* cit., pág. 131.

34. Para maiores esclarecimentos dessa matéria v. o *Direito como Experiência,* cit., págs. 65-74 e págs. 133 e segs., e *Lições Preliminares de Direito,* cit., capítulo VIII.

35. *Vide supra,* págs. 28 e segs.

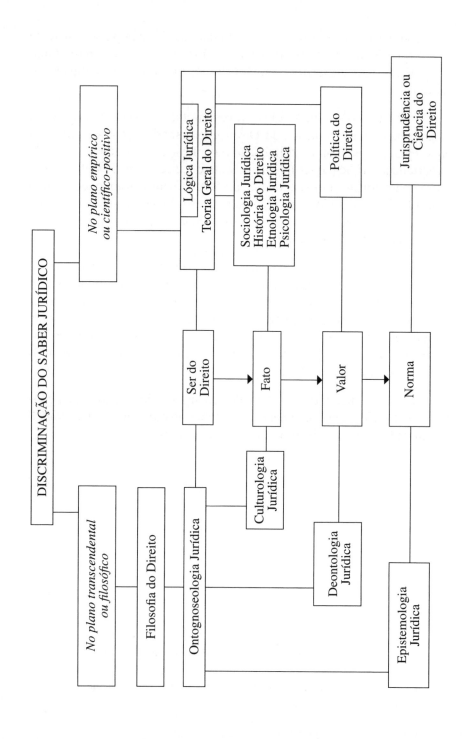

Título XI

Direito e Moral

Capítulo XXXIX

O Problema na Grécia e em Roma

O Direito na "Paideia" Grega

221. Traçamos no capítulo XXIX as grandes linhas distintivas entre as diversas espécies de conduta. Vamos agora examinar, de maneira mais pormenorizada, as relações entre a conduta moral e a jurídica, um dos problemas fundamentais da Filosofia do Direito, e também dos mais delicados e complexos. Desse modo, as notas conceituais, já determinadas fenomenologicamente, passarão pelo crivo da *reflexão histórica.*

Segundo Jhering, a relação entre a Moral e o Direito constituiria o Cabo Horn ou o Cabo das Tormentas da Filosofia do Direito, tão eriçada é de dificuldades. Já mais pessimista, Benedetto Croce chegou a ponto de dizer que se trata propriamente do Cabo dos Náufragos, porquanto teriam falhado todas as doutrinas tendentes a delimitar os dois campos.

Não nos anima, por certo, a intenção de traçar limites nítidos ou rigorosos entre o campo jurídico e o moral, mesmo porque importa mais saber distingui-los em sua *funcionalidade* do que separá-los, enquadrando-os em categorias estanques, isoladas uma da outra e do sistema geral da conduta humana. Que a abstração não nos leve a ponto de esquecer a *unidade fundamental* da vida ética, pois o Direito se esclarece pela Moral, pelos costumes e pela atividade religiosa ou pela econômica, e vice-versa, assim como pelo *todo do convívio social,* no qual aqueles elementos se inserem, de maneira que nos devem interessar tanto as "distinções" quanto as "conexões" existentes.

594 MIGUEL REALE

Neste, como em outros pontos fundamentais, o acerto está em saber distinguir, não em separar. Em tais domínios o homem afoito, quando se depara com uma diferença, julga-se logo autorizado a proclamar uma *separação*, enquanto, na realidade, devemos compreender que certos fenômenos se distinguem, mas não se separam.

Isto posto, vejamos como é que, através do tempo, se pôs o problema; e se foi posto sempre da mesma forma, e quais as teorias mais importantes sobre tema de tão grande significado.

222. Comecemos pelo mundo clássico, pela situação do problema na Grécia e em Roma. O assunto não é menos controvertido quando apreciado do ponto de vista histórico, havendo possibilidade de múltiplas interpretações sobre a existência ou não de uma "consciência do problema" entre os gregos. Pode dizer-se, no entanto, que prevalece o reconhecimento de que na Grécia foram ventiladas certas questões atinentes ao assunto, mas sem ser proposta de maneira deliberada a questão de critérios capazes de distinguir o jurídico do não-jurídico, ou as diversas esferas da Ética.

Na Hélade encontramos, entre os pré-socráticos, uma distinção fundamental, que é também um dos motivos da "Antígone" de Sófocles, cuja atualidade é um conforto para os que cultivam os valores espirituais: a distinção entre o *justo por natureza* e o *justo por convenção,* ou, por outras palavras, entre lei natural e lei positiva.

Conforme Platão nos explica, em três diálogos memoráveis, os sofistas tentaram múltiplas perspectivas de compreensão da lei e da justiça, ora as concebendo rudemente como o predomínio da força, ora como o resultado de um acordo, de um pacto, ou ainda como expressão de tendências naturais contra os abusos da legalidade positiva.

É o que vemos claramente fixado no contraste entre os pontos de vista de Trasímaco, que identifica a legalidade e a justiça com a vantagem de quem é mais forte ou superior ($\chi\rho\epsilon\text{í}\tau\tau\omega\nu$) e o de Cálicles, que antepõe o "direito natural dos mais fortes aos estratagemas das leis defensivas a que recorrem os mais débeis, que se contentam com a igualdade", e, ainda, o de Hípias, optando pelas leis não-escritas, e não pelos precei-

FILOSOFIA DO DIREITO 595

tos convencionais mutáveis e incertos, pois "a lei, tirana dos homens, obriga a muitas coisas contra a natureza"[1].

A explicação contratualista do Direito tem suas raízes mais remotas na História da cultura do Ocidente. Já se esboça o contratualismo entre os sofistas, que reduzem a justiça ao meramente convencional. Esta doutrina vai aos poucos adquirindo cidadania no mundo helênico, até encontrar seus maiores intérpretes na Filosofia de Epicuro. O Direito parece-lhe ser uma convenção feita entre homens cansados de agressões mútuas, exaustos do estado selvagem, cheio de perigos recíprocos, de insegurança para todos[2].

Outros autores dirão o contrário, que o Direito não é fruto de convenção, de algo livremente pactuado pelos indivíduos, mas o resultado de um processo inexorável de força, de poder e mesmo de arbítrio.

Revela-se, portanto, na cultura grega, mesmo antes dos sofistas, uma distinção clara entre o justo por natureza e o justo por convenção ou por lei. Esta doutrina, esclarecida por Platão, é depois desenvolvida de maneira exaustiva por Aristóteles, em cuja obra já encontramos os dados essenciais da problemática que ora nos preocupa.

O estagirita reconhece que existe o justo por lei e o justo por natureza, afirmando que este tem por toda a parte a mesma força, por não depender das opiniões e dos decretos dos homens, expressão que é da natureza racional do homem. A lei é a inteligência menos a paixão, ou seja, depurada de todas as inclinações capazes de lançar um homem contra outro homem, esquecidos das exigências racionais, ambiciosos de mando e ávidos de bens[3].

Na concepção aristotélica, além dessa distinção entre o justo por natureza e o justo por convenção, e da análise das diversas formas de justiça, destaca-se a sua apreciação sutil do problema da justiça como *bilateralidade,* como "bem de outrem", uma "espécie de proporção" de

---

1. Cf. PLATÃO, *República*, L. I, 338-340; *Gorgias,* 482-484; *Protágoras,* 337; v., também, XENOFONTE, *Memorab.,* IV, 4.

2. Cf. EPICURO, "Massime", em *Opere, Frammenti* etc., trad. de F. Bignone, Bari, 1920, fr. 3.133.

3. Cf. ARISTÓTELES, *Ética a Nicômaco,* L. V, cap. 1.

MIGUEL REALE

homem para homem, de modo que "não há justiça de um homem para consigo mesmo".

Tratando da justiça como uma das virtudes, Aristóteles soube genialmente determinar o que a distingue e especifica, a sua proporcionalidade a outrem, ou, em palavras modernas, a nota de *socialidade*. A justiça é uma virtude que implica sempre algo de objetivo, significando uma proporção entre um homem e outro homem; razão pela qual toda virtude, enquanto se proporcione a outrem, é, a esse título, também "justiça"[4].

A concepção da justiça como *bilateralidade* não se encontra apenas esboçada em Aristóteles, mas definida em alguns de seus traços fundamentais. A justiça, lembra ele no Livro V da *Ética Nicomachéia,* é uma virtude completa, não de modo absoluto (isto é, considerada no homem tomado isoladamente), mas nas relações com seus semelhantes, apresentando-se como a mais importante de todas: nem a estrela matutina ou estrela d'alva é tão maravilhosa. Possuí-la é poder ser virtuoso, não apenas em si mesmo, mas *com relação aos outros.* Por esse motivo, é ela, dentre todas as virtudes, a única que se reduz ao *bem de outrem:* a virtude, enquanto relação para com outrem, é justiça, e naquela relação consiste sua essência.

Ao tratar desse problema, Aristóteles não tinha em vista, todavia, descobrir um critério que distinguisse a Moral do Direito, e isto se explica pelas circunstâncias históricas e culturais em que se desenvolveu o pensamento do grande estagirita.

O mundo grego é um mundo em que a Política representa a expressão mais alta do homem, enquanto se dedica ao plano da ação ou à vida prática. Tudo no setor da conduta jurídica ou moral resolve-se propriamente, como momento político. A Política, para Aristóteles, não é apenas a Ciência do Estado, mas é a maior de todas as ciências, a arquitetônica

---

4. Sobre o caráter *social* ou *bilateral* da justiça, v. ARISTÓTELES, *Ética a Nicômaco,* cit., L. V, I, 15-20; *Política,* I, I, 12. Em geral, OLLÉ-LAPRUNE *Essai sur la Morale d'Aristote,* Paris, 1881, págs. 29 e segs.

É interessante observar que, no mundo romano, essa idéia de bilateralidade adquire um cunho *voluntarista,* como no fragmento de MARCIANO: "Neque imperare sibi, neque prohibere quisquam potest". *(Digesto,* IV, 9, 52.)

FILOSOFIA DO DIREITO

das ciências, aquela que contém em si todas as outras, porquanto se refere, não ao bem de cada indivíduo singularmente considerado, mas ao *bem de todos*. A Política, arquitetônica das ciências, representa o ponto culminante da Ética, tudo se subordinando a ela, como as partes se subordinam ao todo. Na realidade, porém, se Aristóteles trata da "Ética" e da "Política" em obras distintas, deve notar-se que se encontram em íntima e solidária conexão, como aspectos da *parte* e do *todo,* como ele mesmo o salienta mais de uma vez[5].

É no Estado, segundo o estagirita, que o homem pode atualizar suas faculdades naturais e, realizando-se, alcançar plenamente o seu *bem*. Daí a conclusão de que os fins e o bem do homem não podem ser conhecidos, nem ser praticamente assegurados pela *Retórica*, pela *Econômica,* ou pela *Ética,* mas tão-somente pela *Política,* a ciência que compreende todas as outras e considera o bem geral, "o que há de melhor", o supremo Bem, alvo de todos os atos de nossa vida[6].

Há, pois, na obra de Aristóteles uma Teoria Geral do Estado, entendida como complexo unitário, no qual ainda não se destaca o *Direito*. Nem é demais lembrar, com Filomusi Guelfi, que na Grécia não existe uma palavra própria para mencionar o Direito, pois o conceito ainda se funde no conceito universal de *justo* (δίχαιου). Reconhece-se, em geral, que o Direito na Grécia permaneceu numa dependência da Retórica e da Moral, não se diferençando propriamente o jurista do filósofo ou do homem de Estado[7].

---

5. "Embora um indivíduo isolado se proponha o mesmo fim que todo um povo, e seja possível apreciar o que toca a um só homem, será mais nobre e elevado ocupar-nos com o bem de todo um povo ou de um Estado. Desse modo, nosso estudo (de Ética) será uma espécie de Ciência Política, numa das acepções deste termo (*Ética Nicomachéia,* L. I, 2). A Ética, assim, não se confunde com a Política, mas não pode ser fundada senão sobre ela. No mesmo sentido, *Moral Magna,* I, l, C. I.

6. Cf. *Política,* L. I, l, e L. III, 7.

7. É a nosso ver, na *Retórica* de ARISTÓTELES, notadamente nos caps. 10 e segs. do L. I (1.368b-1.377), que melhor se configura a sua teoria particular do Direito, ou, se quiserem, da *lei particular* (ὀίδιος νὸμος) ou "a lei escrita que rege cada cidade", subordinada às *"leis comuns* (ὀχιϖίδιος υμος), àquelas que, sem serem escritas, parecem ser reconhecidas pelo consenso universal". Ao referir-se à "lei natural" ou à justiça, "cujo sentimento é

Não é aqui o caso de tratar da concepção do Estado no mundo grego, ou, particularmente, na doutrina aristotélica. Desejamos apenas lembrar que a vida política dos gregos tinha um centro fundamental que era o Estado-Cidade ou a *Pólis*. Sem a idéia de *Pólis* não se compreende a Política dos helenos, tanto assim que a Grécia jamais chegou a constituir uma Nação no sentido que damos modernamente a esse termo, só logrando ser, em certos momentos decisivos, uma federação de cidades sob a hegemonia de uma delas. A cidade era um pequeno Estado dominado por uma classe, dos "cidadãos", colocados uns perante os outros como seres com igual direito de participar da administração da coisa pública. Os homens gregos não tinham plena consciência do que denominamos *liberdade política* e *liberdade jurídica,* como binômio estrutural do Estado Moderno. Nossa idéia ou nosso sentido de liberdade implica a convicção de que existe uma esfera peculiar e própria de ação reservada aos indivíduos, insuscetível de interferência ou de contraste-ação por parte do Estado. O homem grego, ao contrário, não poderia jamais compreender o indivíduo como um núcleo isolado no seio da comunidade política e capaz de contrapor-se à comunidade. Era, como disseram alguns tratadistas, uma liberdade em sentido coletivo, e não uma liberdade em sentido individual.

O importante, portanto, era a igualdade de todos na participação do poder. Esse ideal tinha uma força tão grande que os gregos nem mesmo chegaram a admitir a possibilidade da representação política. Não houve representação política no sentido de confiar-se um mandato a alguém para falar em nome dos indivíduos ou da cidade. Cada indivíduo era cioso de suas prerrogativas, sentindo a necessidade indeclinável de comparecer pessoalmente para exercer suas funções cívicas. Ser livre era estar presente na Ágora, ou nas assembléias populares, para votar pessoalmente e ser votado em igualdade de condições. O sentido de liberdade política é o sentido da presença permanente na praça pública, o que exclui a possibilidade de um governo representativo.

---

natural e comum entre os homens, mesmo quando não existe entre eles nenhuma comunidade, nem contrato", e, ainda ao afirmar que "o eqüitativo parece ser justo, mas é o justo que supera a lei escrita" *(Retórica,* 1.374a e 1.374b) já se delineia a especificidade do jurídico. O mesmo se diga quanto ao desenvolvimento análogo que o estagirita nos oferece na *Ética a Nicômaco,* L. V, cap. 10, 1.137 e segs., sobre a *eqüidade,* a qual sendo a justiça, não é a justiça segundo a lei, mas uma correção do justo legal, bem como o Direito do caso particular.

FILOSOFIA DO DIREITO

A *isonomia*, que era a igual participação na coisa pública, implicava também o igual direito de falar, de manifestar sua opinião, de realizar suas críticas, na *isegoria*.

Alguns autores, como Fustel de Coulanges em sua *Cidade Antiga*, exageraram o sentido meramente coletivo da liberdade clássica, enquanto devemos reconhecer que, efetivamente, era algo distinto da liberdade tal como nós a compreendemos, mas já envolvia certa colocação autônoma do indivíduo, com seus direitos e com seus deveres[8].

Ora, a *Pólis* era a expressão mais alta da vida ética, e, se tudo convergia para a manifestação do indivíduo como momento da vida política, não havia de certa forma necessidade de pôr-se o problema de um critério distintivo entre Moral e Direito.

O Direito como "Voluntas" — A Idéia Romana de "Jus" e de Jurisprudência

223. Se passarmos para o mundo romano, encontraremos uma situação muito semelhante, mas por outras razões. Em primeiro lugar, devemos reconhecer que em Roma já se fundava uma Ciência do Direito autônomo. O Direito não é cultivado apenas por moralistas, por filósofos, teólogos ou sacerdotes. Já surge a figura do *jurisconsulto,* que tem consciência do objeto próprio de sua indagação, e, aos poucos, se converte em um especialista ou profissional de uma nova Ciência ou Arte, cultivando a justiça em seu sentido prático, como *voluntas,* e não como um dos aspectos teóricos da sabedoria.

O Direito Romano é, efetivamente, uma criação nova, que pressupõe em quem o cultiva a convicção de que a experiência humana, por ele estudada, se subordina a categorias próprias, sendo suscetível de ordenação em um todo unitário e coerente.

---

8. Sobre essa matéria, consulte-se nosso trabalho "Liberdade antiga e liberdade moderna", em *Revista da Universidade de São Paulo,* vol. I, onde apreciamos as doutrinas de BENJAMIN CONSTANT, FUSTEL DE COULANGES, JELLINEK, GLOTZ, WERNER JAEGER etc., depois inserto em *Horizontes do Direito e da História,* cit.

MIGUEL REALE

À primeira vista, a compreensão "profissional" do Direito deveria abrir perspectivas para uma distinção entre o Direito e a Moral, à busca de critérios que discriminassem os dois campos, mas, na realidade, esse desenvolvimento teórico não se verifica de maneira concludente: deixa apenas alguns sinais ou esboços de pesquisa.

Não se olvide que o predomínio da concepção política em Roma é o mesmo já examinado em Grécia. O que se disse, até certo ponto, da *Pólis* aplica-se à *Urbs,* visto como o *status civitatis* ou a cidadania é o aspecto dominante da vida do indivíduo, cujo valor só subsiste plenamente enquanto elo de uma vivência coletiva, integrado na *civitas.*

Por outro lado, sabemos que os romanos não foram grandes apaixonados pelos estudos filosóficos, nem pelos pressupostos gerais da vida jurídica, atraídos de preferência pelo plano da atividade prática ou do Direito como *voluntas.*

Estudando alguns fragmentos fundamentais do Direito Romano, assim como as lições de alguns autores, entre os quais se distingue Cícero, verificamos que em Roma se repete a distinção já posta na Grécia entre o Direito Positivo e o Direito Natural, ou melhor, entre o justo por natureza e o justo por lei ou convenção.

Existem mesmo na obra de Cícero passagens de invulgar beleza, nas quais se tece a apologia da *lex* como expressão da *ratio naturalis,* sempre igual por toda parte, sempiterna, que determina o que deve ser feito e o que deve ser evitado. Bem poucas vezes a consciência da *lei natural,* enquanto momento essencial da Ética, atingiu tamanha beleza e precisão como na obra ciceroniana[9].

---

9. ... "lex est ratio summa insita in natura, quae jubet ea, quae facienda sunt, prohibetque contraria... a lege ducendum est juris exordium; ea est enim naturae vis, ea mens ratioque prudentis, ea juris atque injuriae regula" *(De Legibus,* I, 6, 18-9); "est... haec non scripta, sed nata lex, quam non didicimus, accepimus, legimus, verum ex natura ipsa arripuimus" *(Pró Milone,* 3, 10); "est quidem vera lex, recta ratio, naturae congruens, diffusa in omnes, constans, sempiterna; quae vocet ad officium jubendo, vetando a fraude deterreat. . ." *(De Republica,* III, 22.)

Quanto à *bilateralidade* da justiça na doutrina ciceroniana, v., sobretudo, *De Republica,* III, 7: "Justitia foras spectat, et projecta tota est, atque eminet. Quae virtus, praeter ceteras, *tota se ad alienas utilitates prorrigit atque explicat".* As demais virtudes, ao contrário, "quasi tacitae sunt et *intus inclusae".*

FILOSOFIA DO DIREITO

O Direito Natural clássico não se apresenta como uma duplicata do Direito Positivo, mas se resume em alguns preceitos que, sendo base da vida prática, condicionam também o mundo jurídico.

Para os mestres do Direito Natural clássico, este não é senão a Moral mesma enquanto serve de pressuposto ao Direito, expressando, por conseguinte, certos princípios gerais de conduta, como exigências imediatas e necessárias da racionalidade humana.

Essa concepção do Direito Natural é muito diversa da dominante a partir do Renascimento, desde Hugo Grócio e seus continuadores, os quais converteram o Direito Natural em verdadeiro *código da razão,* capaz de conter *a priori* soluções adequadas para todos os problemas jurídicos emergentes da experiência concreta. Na concepção do Direito Natural aristotélico ou estóico não se modela um código abstrato e imutável, contraposto ao código positivo, contingente e relativo.

Em Roma, o que vemos é sobretudo uma concepção do Direito Natural como conjunto dos princípios primordiais do agir, que refletem, de maneira imediata e necessária, as obrigações do homem enquanto homem, e como tais, imanentes do *jus gentium:* pelo menos no período clássico da Jurisprudência romana não prevaleceu uma distinção abstrata entre *jus naturale* e *jus gentium,* parecendo-nos que logrou repercussão bem limitada entre os jurisconsultos a teoria tripartida de Cícero *(jus civile, jus gentium ac jus naturale)* que depois iria ser defendida especialmente por Ulpiano[10].

Mas, se em Roma se repetem motivos do pensamento grego, quanto ao conceito de justiça e de lei natural, já existe algo de novo que surge da experiência própria na aplicação do Direito. Essa consciência mais viva da "juridicidade" reflete-se, por exemplo, naquele fragmento de Paulo, tantas vezes invocado pelos estudiosos da matéria: — *"Non omne quod licet honestum est".* (D., 50, 17, 144.) Este fragmento está a mostrar-nos que os romanos tiveram clara noção de que o *lícito moral* não se confunde com o *lícito jurídico.*

---

10. Cf., sobre este assunto, o nosso já citado ensaio "Concreção de fato, valor e norma no Direito Romano clássico", em *Horizontes do Direito e da História,* cit.

602   MIGUEL REALE

Muitas atitudes gozam de garantia de juridicidade e, no entanto, sofreriam necessária condenação perante a instância de ordem moral. Bastaria dar um exemplo, o do sócio que no final do exercício financeiro se julga com direito de receber igualmente, na proporção de seu capital, embora durante o ano não tenha querido ou sabido dar igual contribuição ao progresso da empresa. Do ponto de vista moral ninguém poderá sustentar que o desidioso tenha o mesmo direito de auferir proporcionalmente os lucros da empresa; do ponto de vista jurídico, porém, de nada valeria a invocação de um trabalho maior, de uma dedicação mais constante, porquanto o Direito deve se contentar com a conformidade objetiva à lei, embora não possa também prescindir dela.

Ora, os romanos sentiram esse grave problema quando viram o contraste entre o *lícito* e o *honesto*.

Se há o campo do lícito e o campo do honesto, qual o critério que nos habilita a discernir uma órbita da outra? A essência de um problema só existe quando se põe o problema do critério, e este não chegou a ser proposto pelos romanos. Houve "consciência" do problema, mas não "ciência" do mesmo, no sentido que depois se afirmará no mundo moderno, a partir, principalmente, de Thomasius.

A questão parece tornar-se mais complexa à vista de outros textos do *Digesto*. Segundo alguns, ainda perdura, em Roma, a confusão entre Direito e Moral, por ser aquele visto por Celso como "arte do bom e do eqüitativo" *(jus est ars boni et aequi* — D., I, 1, 1). Se o Direito é a ciência ou a arte do bom e do eqüitativo, afirmam, não resta dúvida que não existe nem mesmo "consciência de um problema".

Outros estudiosos da matéria observam, no entanto, com muita sutileza, que não é possível tomar o mencionado texto de Celso ao pé da letra. Dizem eles que o fragmento deve ser entendido neste sentido: *o Direito é a ciência do bom enquanto eqüitativo.* O Direito diria, assim, respeito não ao *bom* de maneira genérica (objeto da Moral), mas àquela espécie de bem que tange à eqüidade, ou seja, à igualdade entre os homens em sua proporcionalidade, compondo as exigências da *aequitas* e da *utilitas.*

Mas, superada que fosse a apontada dificuldade, outras surgiriam, ao proceder-se à análise daqueles que no *Digesto* são apresentados como

FILOSOFIA DO DIREITO 603

preceitos fundamentais do Direito: — *"Juris praecepta sunt haec: honeste vivere, alterum non laedere, suum cuique tribuere"*. (D., I, 1, 10.)

Consoante opinião dominante, esses três princípios refletiriam três grandes correntes filosóficas da Grécia.

"Não prejudicar a outrem" traduziria a orientação epicurista de uma ordem social na qual cada homem só fosse obrigado a não prejudicar a outrem. O Direito teria por finalidade traçar os limites de ação dos indivíduos, de forma negativa, não impondo o dever de fazer algo, mas a obrigação de não causar dano, consoante tendência implícita em todas as formas de contratualismo.

O segundo princípio: "viver honestamente", seria de inspiração estóica, segundo o ideal de alcançar a felicidade com fiel subordinação à natureza, aos ditames da razão.

O último dos preceitos já representaria a lição aristotélica da justiça distributiva, como proporção de homem para homem segundo seus méritos.

Mesmo admitindo que essa correlação seja efetiva, o exame dos textos invocados revela a persistência de uma indistinção entre os elementos éticos, morais e jurídicos. Pode dizer-se que "viver honestamente" é um princípio jurídico ou representa, mais propriamente, norma da Moral? "Dar a cada um o que é seu" será princípio distintivo do Direito ou, ao contrário, constitui o critério que torna o Direito e a Moral coincidentes numa correlação necessária? Pelos fragmentos, ora examinados, não podemos, em suma, chegar a uma conclusão plausível, pois também a Moral manda que não se prejudique a outrem.

Em conclusão, pensamos que os chamados *praecepta juris* não nos auxiliam a esclarecer a distinção possivelmente existente no mundo romano entre Moral e Direito, mostrando antes a alta compreensão moral que os jurisconsultos tiveram da vida jurídica.

224. Se passarmos à análise da definição de Jurisprudência, legada pelos jurisconsultos, encontraremos iguais dificuldades. Como os romanos definiam a Jurisprudência? De todas as noções a mais famosa é a de Ulpiano: — *"Jurisprudentia est divinarum, atque humanarum rerum notitia: justi atque injusti scientia"*. (D., I, 1, 10.)

604 MIGUEL REALE

A primeira impressão que se tem é a de que Ulpiano não fez outra coisa senão transladar a definição estóica da Filosofia para o campo do Direito, pois os filósofos do Pórtico definiam a Filosofia com as mesmas palavras que Ulpiano emprega para conceituar a Jurisprudência. Os romanos diziam mesmo que esta era a única Filosofia autêntica, a verdadeira, e não a Filosofia aparente e enganosa (*vera, non simulata philosophia*).

Alguns autores têm procurado demonstrar que a citada definição de Jurisprudência pode ser entendida de forma diversa. O cuidado de examinar o texto de Ulpiano com mais penetração aparece com Heinécio e depois se consolida com Giambattista Vico e toda uma série de intérpretes, entre os quais se destacam, modernamente, Félix Senn e Benvenuto Donati. Dizem eles que, para os romanos, a Jurisprudência é antes a ciência das coisas humanas (*justi atque injusti*) com base no conhecimento das coisas divinas, o que traduziria, de certa forma, a consciência do "jurídico" como algo distinto do campo moral e do religioso: seria a ciência do lícito e do ilícito, tendo como pressuposto a ciência das coisas divinas e humanas, Filosofia ou sabedoria[11].

Desse modo, a definição ulpianéia resulta desdobrada em dois planos: na primeira parte, não seria uma definição da Ciência do Direito, mas sim de seus pressupostos mais altos (*divinarum ac humanarum rerum "notitia"*); na segunda parte, delimitaria, como conseqüência, a aplicação dos critérios transcendentes do justo ao campo variável e concreto do lícito (*justi atque injusti "scientia"*).

De qualquer forma, aqui temos interpretação controvertida dos mesmos fragmentos, o que acontece também em relação aos demais, o que tudo nos convence de que, em Roma, mais do que na Grécia, houve "consciência do problema", mas não "ciência do problema", consubstanciado em indagação objetiva de critérios capazes de situar com segurança a experiência jurídica em relação à experiência puramente moral.

---

11. Cf. GIAMBATTISTA VICO, *Scienza Nuova*, Ed. Niccolini, L. IV, vol. II, pág. 63; Benvenuto Donati, *Fondazione della Scienza del Diritto*, Pádua, 1929, págs. 29 e segs.; FÉLIX SENN, *Les Origines de la Notion de Jurisprudence*, Paris, 1926.

FILOSOFIA DO DIREITO   605

Explica-se este fato na condicionalidade histórico-cultural do mundo romano, cuja elaboração jurídica se reveste de caráter eminentemente prático e pragmático.

Os conceitos jurídicos foram sendo burilados graças ao exame das questões concretas, e as instituições jurídicas modelaram-se através da contribuição dos administradores, dos doutrinadores e dos juízes, sem que, entretanto, houvesse a preocupação de delimitar teoricamente os campos da atividade humana. Eles faziam Jurisprudência "como se" tivessem feito uma distinção entre o Direito e a Moral, mas não cuidaram *ex professo* desse problema, nem de o resolver no âmbito de uma indagação filosófica específica.

Faltou aos romanos, pela natureza de sua formação jurídica, o senso filosófico da questão ora ventilada, como escapara aos gregos, a estes pelo fato de não terem chegado a elaborar um mundo jurídico com configuração autônoma.

Os romanos deixaram um monumento jurídico à espera de uma interpretação filosófica, mas constituíram o seu Direito segundo uma filosofia implícita, resultante de sua atitude perante o universo e a vida, subordinando todos os problemas humanos às exigências e aos interesses essenciais de uma comunidade política, moral e juridicamente unitária. Homens de ação, dominados pelo ideal concreto da justiça (*justitiam namque colimus: et boni et aequi notitiam profitemur* — D., I, 1, 1), não se puseram fora da ação para teorizá-la. Como não nos legaram uma teoria de sua Política, também não nos deram uma Filosofia acabada de seu Direito, o que não deve parecer paradoxal em se tratando de uma cultura polarizada praticamente em torno dos valores da *virtus* e da *voluntas,* como a helênica se desenvolvera especulativamente à luz dos valores centrais do *nous* e do *logos.*

Como observou Wilhelm Dilthey, com exemplar acuidade, os romanos souberam reagir à concepção estóica de uma *razão* identificada com a *natureza* até o ponto de envolver, em um mesmo processo predeterminado e unitário, os homens e as coisas. É na *consciência imediata* que os romanos buscam fundamento para os seus conceitos vitais, morais, jurídicos e políticos, concentrando-se toda a força de seu pensamento na arte de dominar a vida, tal como se manifesta por excelência na atividade jurisprudencial.

Em nenhum outro campo, conclui Dilthey, poder-se-á marcar melhor essa mudança de consciência do que na atitude de Cícero afirmando a liberdade humana perante o estoicismo antigo. A ela dedica especialmente sua obra *De Fato*. Ante a conseqüência, extraída pelos estóicos do logicismo da Filosofia grega, de que a *natura naturans* determina todos os fenômenos, quer se dêem em uma pedra ou na alma de um homem, Cícero opõe os conceitos vitais de seu povo e a consciência imediata: — *"Est autem aliquid in nostra potestate" (De Fato,* XIV, 31)[12].

Foi tal atitude que possibilitou mais plena vivência do Direito, prevalecendo as exigências de ordem prática sobre as especulativas, levando os romanos, como observa Theodor Viehweg, a preferir esquemas e diretrizes de compreensão do Direito de caráter problemático ou tópico, ao invés das deduções lógicas e sistemáticas[13].

---

12. Cf. DILTHEY, *Hombre y Mundo en los Siglos XVI y XVII,* trad. de Eugenio Imaz, México, 1944, págs. 19 e segs.

13. Cf. THEODOR VIEHWEG, *Topica e Giurisprudenza,* trad. de Giuliano Crifò, Milão, 1962. O do Direito Romano é um dos exemplos históricos invocados por VIEHWEG a favor de sua tese sobre o caráter *tópico,* isto é, *problemático* — numa linha de dialética do razoável —, da Ciência do Direito, que seria, assim, infensa ao saber dedutivo-sistemático.

Capítulo XL

Direito e Moral na Idade Média

Concepção Tomista da Lei

225. Com o advento do Cristianismo, opera-se uma distinção fundamental e definitiva entre Política e Religião, entre a esfera do Estado e a órbita de ação própria do homem, o qual deixa de valer apenas como "cidadão" para passar a valer como homem.

Consoante observação feliz de um estudioso do significado do Cristianismo na história das idéias sociais, foi exatamente a sua *a-politicidade,* a sua colocação do problema religioso com total abstração da situação política do homem que importou, paradoxalmente, em verdadeira revolução política, partindo os quadros do monismo estatal antigo, onde a religião se cristalizara nas formas exteriores do culto a serviço dos ideais ou dos interesses de uma comunidade particular.

Essa distinção entre Política e Religião significou, também, clara discriminação entre a esfera da Moral e a da Política, sem contrapor uma à outra; mas, por seu sentido universalista, que envolvia o homem na totalidade de seu ser, não era de molde a suscitar o deliberado propósito de traçar fronteiras entre a Moral e o Direito.

Uma preocupação dessa ordem não era de se esperar em trabalhos, não de juristas ou de moralistas puros, mas sim de teólogos, ou seja, de homens com a atenção voltada para a compreensão de Deus e de suas relações com o homem e com o mundo. Não faltam, porém, perspectivas originais e fecundas, nas obras medievais, cujo exame tem-se revelado de inegável alcance para o objetivo que ora nos preocupa.

226. Num estudo mais demorado, deveríamos pôr em realce a personalidade de Santo Agostinho, que é a grande matriz de todo o pensamento medieval. Dadas as proporções deste Curso, preferimos, no entanto, apreciá-lo tal como se manifesta em Santo Tomás de Aquino, que se inspira não só em Aristóteles, como nos ensinamentos dos juristas romanos, aos quais faz contínuas referências, absorvendo o essencial das lições agostinianas. Sua obra situa-se, aliás, em época de extraordinário labor jurídico, em um dos momentos mais assinalados na História pelo reconhecimento da dignidade da Jurisprudência, dada a projeção invulgar de Irnério e de sua Escola no mundo da cultura.

A teoria de Santo Tomás (1225-1274) encontra-se desenvolvida especialmente na *Summa Theologica*. Quando o grande pensador medieval trata da questão da lei e da justiça, cuida, com admirável penetração, de problemas jurídico-políticos. Há uma completa Teoria do Direito e do Estado admiravelmente integrada no sistema tomista, concepção essa que tem sido estudada e relembrada através dos tempos, como ainda o é hoje, uns conservando-a em sua autenticidade originária, outros pretendendo adaptá-la ao mundo contemporâneo, com acréscimos nem sempre compatíveis com os ensinamentos do aquinate. É claro que, neste apanhado sobre o problema histórico da Moral e do Direito, não focalizaremos senão os elementos correlatos, indispensáveis à compreensão da matéria no desenrolar da experiência espiritual do homem do Ocidente.

É sabido que a idéia de um Direito Natural, já poderosamente afirmada na corrente socrático-aristotélica e na estóica, assim como na obra de Cícero e de jurisconsultos romanos, adquire um sentido diverso nas coordenadas da cultura cristã, não somente por tornar-se uma *lei da consciência,* uma lei interior, mas também por ser considerada inscrita no coração do homem por Deus. O Direito Natural destinava-se a representar a afirmação da nova Lei contra a Lei velha, a mensagem instauradora de uma nova forma de vida.

Compreende-se, desse modo, que em Santo Tomás de Aquino, intérprete máximo da cosmovisão medieval, a noção ou chave-mestra de sua doutrina moral e jurídica seja a de *lex.*

Lei e ordem são dois conceitos que se completam e se exigem em sua doutrina. Por lei, entende ele "uma ordenação da razão no sentido do bem comum, promulgada por quem dirige a comunidade" *(quaedam*

FILOSOFIA DO DIREITO

rationis ordinatio ad bonum commune, ab eo qui curam communitatis habet promulgata)[1]. Esta noção de lei tem valor universal, porquanto não só se aplica ao mundo humano, como também se refere à ordem cósmica. O universo é "cosmos", ou seja, uma ordem, porque o Legislador supremo subordina todas as coisas às suas normas.

O elemento mais alto da Filosofia jurídico-moral tomista é a *lex aeterna,* expressão mesma da razão divina, inseparável dela, que governa todo o universo, como um fim ao qual o universo tende. A idéia de *lex aeterna* não deve ser confundida com a de *lex divina* ou revelada, a qual é uma expressão da primeira, a mais alta forma de sua "participação" aos homens, porque dada por Deus, como no exemplo das Sagradas Escrituras. A lei divina, enquanto lei revelada, é, pois, uma expressão da lei eterna, não se confundindo nem se identificando com ela. A lei divina, de certa forma, é lei positiva, porque é lei posta, tornada explícita por Deus para conhecimento dos homens, incapazes de determinar por si mesmos todos os princípios da vida prática.

A esta altura, cabe rápida referência a uma outra grande corrente do pensamento medieval: a de Duns Scott, para a qual a *lex aeterna* é expressão da vontade, e não da razão divina, ao passo que Santo Tomás é um intelectualista empenhado em explicar a *lex aeterna* em termos racionais, e não em termos volitivos. Veremos, mais tarde, que a orientação voluntarista vai ressurgir no mundo moderno, marcando uma orientação nova para explicação da experiência jurídico-social, mas sem qualquer subordinação teocêntrica.

Ora, sendo o homem uma criatura de Deus, participa da lei eterna na medida relativa de sua razão, de seu discernimento para distinguir o bem do mal, para saber aquilo que deve ser feito e aquilo que deve ser evitado. A *lex naturalis* é uma *participatio,* uma participação do homem à *lex aeterna,* na medida e em virtude da razão humana. Como ser criado, o homem participa das determinações do Criador e, enquanto esta participação se realiza, nós temos a *lex naturalis.* O homem pode ser capaz do conhecimento do que deve fazer, em virtude de algo que é

---

1. Tomás de Aquino, *Summa Theologica,* 1a., 2ae., q. 90, art. 4.

610   MIGUEL REALE

natural a ele, que é sua *racionalidade,* a qual o torna partícipe da obra da criação, embora a *lex aeterna* não possa ser conhecida em si mesma[2].

A *lex naturalis é* uma derivação da *lex aeterna,* através da força da razão, que pode conhecer aquela integralmente: — *"Lex naturalis nihil aliud est quam participatio legis aeternae in rationali creatura"*[3].

A lei natural estatui aquilo que o homem deve fazer ou deixar de fazer, segundo o princípio de ordem prática fundamental de toda a concepção tomista, de que o bem deve ser feito e o mal evitado. Estes princípios, que a razão natural atinge por si mesma, por hábito ou inclinação *(sinderesis),* formam o embasamento da conduta ou do comportamento humano.

O Direito Natural, na concepção tomista, não é, porém, um Código da boa razão, nem tampouco um ordenamento cerrado de preceitos, mas se resume, afinal, em alguns mandamentos fundamentais de conduta, derivados de maneira imediata da razão, por participação à *lex aeterna.* Tais princípios ou normas do Direito Natural impõem-se de maneira absoluta ao legislador e aos indivíduos, de tal maneira que *não se pode considerar Direito qualquer preceito que de modo frontal contrarie as normas do Direito Natural, máxime quando consagradas como leis divinas (jus sive justum).*

Há, pois, um terceiro grau na concepção escalonada da lei. Põe-se o problema da *lex humana* que, ou deriva dedutivamente da lei natural *(per modum conclusionum),* ou representa uma determinação ou especificação da lei natural em cada caso concreto, por obra do legislador *(per modum determinationis),* segundo motivos de oportunidade e de conveniência.

No plano da lei positiva ou, para nos expressarmos com palavras modernas, na esfera do Direito Positivo, reaparece a figura do legislador decidindo da conveniência desta ou daquela lei, ou melhor, elegendo a *lei conveniente* no âmbito das múltiplas possibilidades postas pela lei natural.

---

2. *Idem, ibidem,* 1a., 2ae., q. 93, art. 2.

3. *Op. cit.,* 1a., 2ae., q. 91, arts. 2 e 4.

FILOSOFIA DO DIREITO

Santo Tomás demonstra senso muito agudo e compreensivo da vida humana e de suas contingências *(ratio pratica est circa operabilia, quae sunt singularia et contingentia),* ensinando que mais de uma solução particular pode ser compatível, em certo tempo e lugar, com os imperativos da lei natural. Dentre os vários caminhos conciliáveis com as exigências racionais, cabe ao legislador fazer a escolha segundo critérios de utilidade.

Estamos, assim, diante de uma concepção jurídica escalonada, de uma *Stufenbau,* que vai da lei eterna à lei humana, passando pela mediação da lei natural. Em tal quadro ideológico, seria de certa maneira impossível uma distinção entre o mundo moral e o mundo jurídico: — todos os problemas são postos em uma unidade que se não pode partir, a risco de atingir-se o cerne do pensamento tomista. É uma concepção teocêntrica do Direito, porque fundada numa concepção teocêntrica do universo e da vida. Tem sido observado por vários autores que, no tomismo, como em geral no pensamento medieval, opera-se uma inversão com referência ao mundo antigo: — se neste o Direito se subordina à Moral, naquele é a Moral que, de certo modo, se legaliza, assumindo as características extrínsecas do Direito, a força nomológica da juridicidade. Na realidade, porém, essa legislação resulta da já apontada "interiorização" da lei natural, viva na consciência como ditame do Legislador supremo.

Justiça como "Proportio ad Alterum"

227. Se, na teoria da lei, Moral e Direito se integram em concepção unitária, apesar do reconhecimento dos valores particulares e contingentes ligados à *lei positiva* — mera concretização empírica de um Direito por excelência, inseparável da Moral —, devemos lembrar que o aquinate entreabre a compreensão do Direito como bilateralidade, ao dedicar sua atenção ao problema da *justiça.*

A doutrina tomista da justiça inspira-se em Aristóteles, assim como haure ensinamentos em Santo Agostinho, mas nela emerge algo de novo e profundo. Para Aristóteles, como já tivemos ocasião de dizer, o problema da justiça reduz-se ao da igualdade, que se apresenta em dois momentos: igualdade entre iguais, e igualdade entre desiguais. Às vezes, a igualdade é absoluta, porquanto se refere a coisas que se trocam, tanto

612 MIGUEL REALE

por tanto; mas, outras vezes, a igualdade se realiza entre homens desiguais. A *justiça comutativa* é aquela que preside às trocas, porquanto se presume que na compra e venda, o valor da coisa adquirida corresponda ao preço pago. Nas relações dos homens surge, no entanto, uma outra lei de igualdade, que é aquela que manda tratar desigualmente aos desiguais, na medida em que se desigualem, dando-se a cada um o que é seu, consoante ditame da *justiça distributiva*. O Estado não pode tratar igualmente os indivíduos, situando no mesmo plano o criminoso e o santo. Há desigualdades naturais, assim como há graduação na virtude e no crime, de modo que a justiça distributiva deve atender, proporcionalmente, ao mérito e ao demérito de cada um.

Santo Tomás aprecia o problema da justiça, segundo ensinamentos de Aristóteles em sua monumental *Ética a Nicômaco,* mas desenvolve uma distinção que ficara de certa forma apenas esboçada: a de *justiça legal,* com a qual se completa a trilogia do justo.

A *justiça distributiva* esclarece-nos sobre aquilo que o todo deve às partes, mas há necessidade de se esclarecer e de se discriminar também aquilo que as partes devem ao todo.

Que é que determina o dever dos indivíduos para com o todo, a sociedade, o Estado? É a *justiça legal* ou, como mais tarde se disse, a *justiça social.* Um dos grandes méritos de Santo Tomás, a nosso ver, foi ter dado à justiça legal ou justiça social a preeminência entre todas as virtudes. A justiça por excelência não é a comutativa das trocas, ou a corretiva do domínio penal, nem a distribuitiva, mas, antes, a justiça que traça o caminho das obrigações e dos deveres das partes para com o todo. Estas obrigações são determinadas por *lei,* tendo como centro o poder do legislador, a quem cabe apreciar as circunstâncias variáveis, sem ultrapassar o âmbito da discricionariedade traçado pela *lei natural.*

A *socialidade* da justiça, desse modo tão claramente evidenciada, é submetida a uma análise percuciente, a propósito da *alteridade* ou da *alteritas.*

Santo Tomás vê algo na justiça que a distingue da temperança, da coragem etc.: é que a justiça pressupõe sempre a presença de outrem, segundo uma proporção entre um e outro homem: — *"Justitiae proprium est inter alias virtudes, ut ordinet hominem in his quae sunt ad*

FILOSOFIA DO DIREITO

alterum."[4] Não se pode ser justo consigo mesmo, porquanto a justiça envolve sempre um *alter.* Daí a afirmação de que a virtude justiça é uma *virtude objetiva,* que transcende, digamos assim, a pessoa do sujeito, enlaçando-o à pessoa dos outros sujeitos, enquanto as demais virtudes são *subjetivas,* realizando-se sem proporção a outrem.

É dentro dessa concepção geral que se situa a célebre definição de Direito legada por Dante, na qual é mister apontar uma contribuição nova, um sentido mais acentuado de *socialidade,* a convicção profunda de que o Direito é um fato social, de cuja vigência depende a sociedade toda.

Para Dante, o Direito é *"realis ac personalis hominis ad hominem proportio, quae servata x servat societatem, et corrupta corrumpit",* ou seja, o Direito é "uma proporção real e pessoal, de homem para homem, que, conservada, conserva a sociedade; corrompida, corrompe-a"[5].

Note-se a acuidade no distinguir duas formas de proporção, uma de natureza *real* e outro de natureza *pessoal,* sendo certo que, mesmo na primeira hipótese, se trata sempre de uma proporção *inter homines:* — *"realis ac personalis proportio hominis ad hominem".* Há, pois, dois tipos de relação, uma real, outra pessoal, mas em ambos os casos a relação é de homem para homem, e não entre homens e coisas. Humanismo jurídico e socialidade do Direito, que parecem atitudes tão novas, já estão claramente salvaguardados no pensamento do excelso poeta.

Do exposto resulta que não era a Idade Média clima propício à perquirição deliberada de distinções entre o Direito e a Moral, inclusive em virtude do caráter ecumênico de suas concepções da sociedade, e a afirmação de um Direito cuja fonte primordial era a mesma dos imperativos morais. Foi na condicionalidade histórica do Mundo Moderno que o problema, já implícito nas doutrinas anteriores, se apresentou como algo de urgente e até mesmo de essencial à garantia do homem e da vida interior.

---

4. *Summa Theologica* 1a., 2 ae., q. 5, art. 1.

5. Dante, De Monarchia, II, V, 1. Cf. nossas *Lições Preliminares de Direito,* cit., págs. 80 e segs.

Capítulo XLI

Direito e Moral na Época Moderna — O Contratualismo

Redução Individualista

228. O Renascimento, que marcou o despertar da cultura para um novo mundo de valores, é dominado pela idéia crítica de redução do conhecimento a seus elementos mais simples. Enquanto na Idade Média existia um sistema ético subordinado a uma ordem transcendente, o homem renascentista procura explicar o mundo humano tão-somente segundo exigências humanas.

Poder-se-ia dizer que a *lex aeterna* é posta entre parênteses: — Machiavelli e Hobbes querem explicar o Direito e o Estado sem transcender o plano do simplesmente humano.

Em um primeiro momento, essa explicação opera-se mantendo-se os autores fiéis a certos pressupostos medievais, como acontece na doutrina de Grócio. Na obra do mestre holandês há uma passagem característica, na qual declara que a justiça possui fundamento de razão, de maneira tão inamovível, que ela existiria mesmo que, por absurdo, Deus não existisse. Embora afirmada a existência de Deus, não é dessa idéia que decorre a legitimidade da ordem justa: — é justa por ser expressão de ditames de razão[1]. Os pensadores, depois de Grócio, não sentirão mais

---

1. Hugo Grócio, *De Jure Belli ac Pacis Libri Tres,* Lausana, 1751, "Prolegomena" e L. I, C. I, pág. 10: "Est autem jus naturale adeo immutabile ut ne a Deo quiden mutari

FILOSOFIA DO DIREITO

615

necessidade de fazer qualquer referência cautelosa a valores transcendentes, preferindo explicar o universo jurídico e político segundo dados estritamente humanos.

A redução a fatores componentes mais simples é, como dissemos, uma constante do pensamento renascentista. Procurar os elementos formadores da Ciência é quase que uma palavra de ordem. Indagar da gênese dos fenômenos, de sua origem, é uma tendência constante entre os pensadores integrados na cosmovisão dos novos tempos.

O homem coloca-se no centro do universo e passa a indagar da origem daquilo que o cerca. Não recebe do alto qualquer explicação, porque sujeita tudo a uma verificação de ordem racional, dando valor essencial ao problema das origens do conhecimento, a uma fundamentação segundo verdades evidentes. Essa procura de dados evidentes, suscetíveis de captar a incondicionada adesão do intelecto, leva o "homem moderno" a preferir uma atitude a-histórica, quando não anti-histórica. Não o seduz a redução do fato humano ao seu processar histórico, porque pretende encontrar na universalidade do ente humano, acima das contingências espácio-temporais, a linha explicativa de sua existência. A carência de historicidade, que se nota na obra de Descartes, é comum a humanistas e renascentistas, nos segundos mais que nos primeiros. Pretende-se atingir um ponto de partida incondicionado, e a História só parece oferecer relações condicionadas. Só a Razão, como denominador comum do humano, parecerá manancial de conhecimentos claros e distintos, capazes de orientar melhor a espécie humana, que quer decidir por si de seu destino.

É assim que, no campo do Direito, surge um movimento que ocupa mais de três séculos na história do Ocidente, sob a rubrica ambígua de *Escola do Direito Natural,* abrangendo um número imenso de pensadores, inclusive alguns dos maiores espíritos da chamada civilização burguesa.

A Escola do Direito Natural ou do Jusnaturalismo distingue-se da concepção clássica do Direito Natural aristotélico-tomista por este motivo principal: enquanto para Santo Tomás primeiro se dá a "lei" para

---

queat (...) Sicut ergo ut bis duo non sint quatuor ne a Deo quidem potest effici ita ne hoc quidem, ut quod intrinseca ratione malum est, malum non sit".

depois se pôr o problema do "agir segundo a lei", para aquela corrente põe-se primeiro o "indivíduo" com o seu poder de agir, para depois se pôr a "lei". Para o homem do Renascimento o dado primordial é o indivíduo, como ser capaz de pensar e de agir. Em primeiro lugar, está o indivíduo, com todos os seus problemas, com todas as suas exigências. *É da autoconsciência do indivíduo que vai resultar a lei.*

Poder-se-ia declarar, embora haja impropriedade nos termos, que após o Renascimento o processo de revelação jurídica vai do Direito *subjetivo* para o Direito *objetivo* (o sistema de normas), ao passo que, na Idade Média, era o Direito objetivo, a norma, que assinalava o ponto de partida da compreensão jurídica. E nem por se partir do "indivíduo" havia concreção na gênese nomológica, porque o indivíduo era concebido como ente abstrato, ora bom, ora mau por natureza, consoante os fins políticos que se tinham em vista.

De uma forma ou de outra, no entanto, o dado primordial passa a ser o homem mesmo, orgulhoso de sua força racional e de sua liberdade, capaz de constituir por si mesmo a regra de sua conduta. É por isso que surge, desde logo, *a idéia de contrato.* O contratualismo é a alavanca do Direito na época moderna. Porque existe a sociedade? Porque os homens concordaram em viver em comum. Por que existe o Direito? O Direito existe, respondem os jusnaturalistas, porque os homens pactuaram viver segundo regras delimitadoras dos arbítrios.

Da idéia do indivíduo em estado de natureza, sem leis, sem normas, surge a idéia da possibilidade de contratar. Da possibilidade de contratar deriva o fato do contrato; e do contrato, a norma. Note-se que se opera uma inversão completa na concepção do Direito. Tudo converge para a pessoa do homem enquanto homem em estado de natureza, concebido por abstração como anterior à sociedade. A sociedade é fruto do contrato, dizem uns; enquanto que outros, mais moderados, limitarão o âmbito da gênese contratual: — a sociedade é um fato natural, mas o Direito é um fato contratual.

Modalidades de Contratualismo

229. Por aí se vê que há um *contratualismo total,* que envolve a origem da sociedade e do Estado, e há um *contratualismo parcial,* que diz respeito apenas ao Estado, sem abranger a origem da sociedade.

FILOSOFIA DO DIREITO

617

Aqui já começa a se afirmar uma distinção entre o *Direito* (fundado em um contrato social) e a *Moral,* anterior ao contrato positivo e, de certo modo, sua condição primordial. Não faltarão, porém, tentativas de fundamentação contratualista de todo o domínio da Ética.

O contratualismo assumiu os aspectos mais diversos. Ora foi um contratualismo pessimista, ora um contratualismo otimista. Para Hobbes, por exemplo, o homem é um ser mau por natureza, somente preocupado com os próprios interesses, e sem cuidados pelos interesses alheios, tendo se decidido a viver em sociedade ao perceber que a violência era causadora de maiores danos. A sociedade ter-se-ia originado da limitação recíproca dos egoísmos.

A esse pessimismo contrapõe-se o otimismo de Jean Jacques Rousseau, crente na bondade natural dos homens, que teriam vivido um período paradisíaco, até o momento em que, pela má fé de alguns, teriam sido levados a aceitar um pacto leonino de sociedade.

Para Rousseau, o homem natural é um homem bom que a sociedade corrompeu, sendo necessário libertá-lo do contrato de sujeição e de privilégios, para se estabelecer um contrato social legítimo, conforme a razão. Ao contrato social e histórico, leonino, Rousseau contrapõe o contrato puro da razão. Daí duas obras que se completam: — *Discursos sobre a Origem e os Fundamentos da Desigualdade entre os Homens e Do Contrato Social ou Princípios do Direito Político.* Na primeira, mostra os erros de um contrato tal como foi constituído, em que os indivíduos foram vítimas dos mais fortes e dos mais astutos; na outra, passa a conceber a sociedade do futuro, oriunda de um contrato segundo as linhas puras da razão.

Da exposição que fizemos sobre as doutrinas contratualistas, podemos tirar algumas conclusões, visando sistematizar a matéria.

O contratualismo não é uma doutrina, mas um movimento que abrange várias teorias muitas vezes conflitantes. Podemos distinguir o contratualismo segundo vários critérios. Quanto aos *efeitos do contrato,* por exemplo, pode o contratualismo ser parcial ou total.

Contratualismo total é aquele que, como acontece na obra de Hobbes ou de Rousseau, refere-se tanto à origem da sociedade civil como à do Estado.

618 MIGUEL REALE

Contratualismo parcial é, por exemplo, o de Grócio, para quem a sociedade é um fato natural, oriundo do *appetitus societatis;* aparece, porém, o Direito Positivo como resultado de um acordo ou de uma convenção. Para o mestre do *De Jure Belli ac Pacis,* portanto, o Direito Natural — que é uma expressão da Moral, segundo ensinamentos tradicionais, por ele ainda acolhidos —, não possui fundamento contratual, mas o Direito Positivo, este sim é a expressão de um contrato. Neste caso, o "contrato" vale como categoria distintiva entre o mundo moral, equiparado ao Direito Natural, e o mundo jurídico, só este resultante de convenção. Em suma, enquanto a Moral é *natural,* o Direito é *convencional.*

230. Outra possibilidade de distinção no campo do contratualismo é quanto à *natureza do homem no ato de contratar.* Para uns, o homem é concebido como um ser egoísta e violento, donde uma luta sem tréguas no estado selvagem, superado por uma convenção. É o contratualismo de ordem pessimista, que acaba sempre na apologia de um Estado forte ou de um Estado identificado com a justiça mesma. É a posição de Hobbes, para quem a lei é a justiça, e o monarca é a expressão do justo. Para o autor do *Leviatã,* o Direito e o justo surgem depois do contrato, quando as forças se autolimitam e se disciplinam.

Ao lado desse contratualismo pessimista, existe o contratualismo otimista de Rousseau, que idealiza o homem natural corrompido por um falso contrato social.

Daí a teoria do radicalismo democrático, pregando o pleno governo do povo pelo povo, de maneira direta, sem qualquer intermediário, sem alienar o cidadão a sua liberdade, nem mesmo pela constituição de um mandatário para representá-lo nos Parlamentos...

No meio dessas duas teses extremadas, temos um contratualismo intermédio, correspondente ao constitucionalismo de Locke, achando que o homem no estado da natureza já possui um direito que é anterior ao contrato, o *direito de liberdade,* condição para a feitura do pacto. O homem nasce livre, e é por ser livre que pode pactuar; de maneira que o contrato seria sempre condicionado pela liberdade e pela projeção da liberdade no mundo exterior, como fundamento da *propriedade. Liberty and propriety,* eis os dois elementos nucleares do pensamento de Locke e as duas colunas do majestoso edifício liberal-democrático, cuja consolidação assinala no século XIX a maturidade de uma Política ciosa de garantias individuais.

FILOSOFIA DO DIREITO   619

O contratualismo comporta, ainda, uma outra distinção, segundo prisma diverso, que é o da natureza do contrato mesmo, pelo que pode ser *histórico* ou *deontológico*.

Para alguns contratualistas, especialmente para os primeiros, na passagem da época medieval para a renascentista, o contrato apresenta-se com a força de um fato histórico. Concebe-se o contrato como um fato efetivamente ocorrido em determinado momento da evolução histórica, na passagem do estado selvagem para o estado civilizado. Esta tese encontra-se, de certa maneira, na obra de Altúsio e de Grócio, referindo-se apenas à origem do Direito e do Estado.

Nos grandes contratualistas, porém, com exceção talvez de Locke, a expressão histórica do contrato vai cedendo cada vez mais lugar a uma significação de ordem lógica ou deontológica: — o antecedente dessa doutrina pode encontrar-se na teoria do *contratualismo implícito,* desenvolvida por Francisco Suarez, o maior dos continuadores da doutrina tomista, no século XVI.

Temos a convicção de que Rousseau e Hobbes jamais pensaram no contrato como um fato histórico. Aos olhos do mestre inglês, como aos do grande genebrino, o contrato desempenha apenas uma função de natureza lógica. Eles procuram indagar das condições da ordem jurídica, focalizando o problema da autoridade, da liberdade, da obediência à lei, e são levados a recorrer à idéia de contrato como um elemento explicativo da sociedade e do Direito: — é o contrato como critério deontológico.

O contrato não é um fato histórico, mas um critério de explicação da ordem jurídica. Em mais de uma passagem de suas obras fundamentais sobre o assunto, Rousseau faz questão de observar que as suas observações não devem ser tomadas no sentido efetual e histórico, mas sim em sentido hipotético. Vivemos "como se" tivesse havido um contrato; e a sociedade legítima é aquela que se desenvolve tendo como pressuposto lógico a idéia de um contrato concluído segundo puras exigências racionais[2].

---

2. Sobre estes pontos, v. MIGUEL REALE, *O Contratualismo — Posição de Rousseau e Kant,* São Paulo, 1943, depois incluído no volume *Horizontes do Direito e da História,* cit.

620 MIGUEL REALE

Este seu pressuposto é fundado em razões de ordem psicológica; daí termos dito, em estudo especial sobre o assunto, que a fundamentação contratual de Rousseau é de ordem psicológica. Trata-se de um contrato que encontra na própria natureza humana, na índole psicológica do homem, a sua razão de ser; e é sempre empregado o contrato como critério deontológico e não como fato histórico.

Esta doutrina, na concepção de Kant, atinge um grau mais alto ainda, porquanto o contrato adquire mero significado lógico-transcendental. A concepção de Kant é dominada pela idéia de que o homem é um ser que desde seu nascimento possui um direito inato, o direito de liberdade.

Kant, contrário a todos os inatismos, admite no homem algo de inato — a *liberdade*. Ser homem é ser livre, existindo no homem, portanto, o poder de acordar o seu arbítrio com o dos demais, segundo uma lei geral de liberdade.

O contrato aparece em Kant como uma *condição transcendental,* sem a qual seria impossível a experiência mesma do Direito. O conceito de contrato torna possível a experiência jurídica: — donde a sua definição do Direito como "o conjunto das condições mediante as quais o arbítrio de cada um se harmoniza com os dos demais, segundo uma lei geral de liberdade"[3].

Como se vê, o de Kant é um contratualismo deontológico, mas de base lógico-transcendental, enquanto que o de Rousseau, em quem ele se inspira, tem fundamento psicológico.

Embora nos afastando um pouco mais da linha central de exposição da matéria que nos preocupa, lembramos ainda que, segundo o ideal político que se acalenta, o contratualismo pode apresentar-se sob várias formas. Na concepção de Herbert Spencer, por exemplo, o progresso da civilização assinalaria uma passagem gradativa de um *regime institucional* (próprio das sociedades de base ou estrutura militar) para um *regime contratual* (correspondente às sociedades de cunho industrial). Haveria,

---

3. Cf. KANT, *Metaphysische Anfangsgründe der Rechtslehre.* Einleitung in die Rechtslehre, § B., Ed. CASSIRER, vol. VII, pág. 31.

FILOSOFIA DO DIREITO

assim, uma *crescente contratualização da sociedade,* segundo o ideal de um contratualismo *in fieri.*

Em nossa tese sobre os *Fundamentos do Direito,* pensamos ter demonstrado que há um contratualismo implícito, de ordem lógico-transcendental, na doutrina jurídica de Kelsen, que chegou a invocar, como pressuposto de toda a ordem jurídica, o princípio de que *pacta sunt servanda*[4], assim como também a persistência de elementos contratualistas em teorias aparentemente opostas, como a do "reconhecimento" de Bierling e certas colocações de Duguit.

Voltando, porém, a tratar da matéria em estudo, podemos observar que o contratualismo, focalizando de maneira direta o problema da legitimidade racional da ordem jurídica, não podia deixar de levar os seus cultores a uma delimitação entre a Moral, o Direito e as demais formas de conduta humana. Foi o que se deu por obra de Espinosa, Pufendorf, Thomasius e Kant.

Não desejamos encerrar o presente capítulo sem salientar que o problema das relações entre a Moral e o Direito, como já resulta do exposto, acha-se intimamente vinculado à problemática *política,* implicando questões de conteúdo social e econômico. Trata-se, em suma, de assunto que não pode ser examinado segundo meros critérios formais, suscitando uma série de perguntas que se situam no âmago do processo histórico-cultural.

---

4. O último KELSEN , na 2ª edição de sua *Reine Rechtslehre,* de 1960, repudia essa fundamentação contratualista, mas, apesar de seus propósitos, toda a sua teoria repousa sobre a "harmonia das liberdades", à maneira de KANT.

Capítulo XLII

Exterioridade, Coercibilidade e Heteronomia

Thomasius e seus Objetivos Jurídico-Políticos

231. POSIÇÃO DE THOMASIUS — Foi na última fase da Escola do Direito Natural que surgiu a primeira doutrina explícita e deliberada sobre os critérios distintivos entre o mundo jurídico e o mundo moral, o que se deve atribuir aos méritos de Thomasius (1655-1728), que obedece, na feitura de sua obra, a uma série de influências históricas e políticas vigentes em seu tempo.

Ele é uma das pedras angulares do Iluminismo ou da Ilustração na Alemanha. A "Ilustração" caracteriza-se por vários elementos que não podemos neste momento aduzir, bastando dizer que seus corifeus estão sempre animados pela idéia de salvaguardar a liberdade de pensamento e de alargar a participação do homem aos mais altos valores culturais, como condição essencial de seu aperfeiçoamento ético. Thomasius é um paladino desses princípios, notadamente em sua obra capital, *Fundamenta Juris Naturae et Gentium,* publicada em 1705.

A Europa ainda guardava os sinais das lutas e perseguições religiosas entre católicos e protestantes, assim como os não menos ásperos das seitas protestantes entre si, e de todos contra os suspeitos de heresia, os alheios à comunidade cristã. No meio desses grandes contrastes, o Estado e os poderes eclesiásticos arrogavam-se o direito, quando não o

FILOSOFIA DO DIREITO

dever, de policiar as consciências, julgando e condenando menos pelas práticas exteriores do culto do que por supostas intenções. Daí o desejo ou o programa de fixar-se um critério quase que material de distinção entre *foro interno* e *foro externo,* cabendo o primeiro à Moral, e o segundo ao Direito.

A ação humana é distinta por Thomasius em dois momentos ou fases: uma interna, que se passa na vida interior ou no plano da consciência, e outra externa, que se projeta para fora, relacionando-se com outros membros da sociedade. No primeiro caso, quando a ação se desenrola apenas no plano da consciência, o homem é o único juiz de sua conduta: não existe outro foro a que recorrer senão o foro interno, que é o da Moral. Quando, porém, a ação se exterioriza e provoca o enlace com outros indivíduos, surge a possibilidade de verificação e de tutela por parte da autoridade superior, incumbida de harmonizar o agir de um com o agir dos demais. O foro externo, portanto, é o foro que toca ao Direito. Aparece, desse modo, o critério da *exterioridade* como a primeira nota distintiva que, de maneira clara e rigorosa, Thomasius estabelece para distinguir o mundo moral do mundo jurídico, ou, para empregarmos suas expressões, o *honestum* do *justum*[1].

A teoria de Thomasius foi em geral entendida como envolvendo, não apenas uma distinção conceitual de ordem metódica, mas uma *separação real* entre Moral e Direito, como se a ação tivesse sido desdobrada em duas fases materialmente distintas[2].

Conseqüência importantíssima que Thomasius infere da doutrina da exterioridade refere-se ao que indicamos com a expressão *coercibilidade*.

---

1. Segundo Thomasius, três são as ciências do agir, tendo em vista três aspectos distintos do bem: a Ética, que tem por princípio o *honestum;* a Política, que versa sobre o *decoram,* e a Jurisprudência, que é o estudo do *justum.* A essas três ciências correspondem, respectivamente, os seguintes preceitos fundamentais: "Quod vis, ut alii sibi faciant, tute tibi facies"; "Quod vis ut alii tibi faciant, tu ipsis facies"; "Quod tibi non vis fieri alteri ne feceris". (Cf. F. Battaglia, *Cristiano Tommasio — Filosofo e Giurista,* Roma, 1936.)

2. Esse o entendimento dado pela maioria dos autores, embora não nos pareça que Thomasius haja desprezado a "intenção" como elemento de valoração jurídica. No primeiro sentido, V. Antonio Rosmini Serbati, *Filosofia del Diritto,* 2ª ed., 1865, vol. I, págs. 55 e segs.

624   MIGUEL REALE

Sustenta Thomasius, com muita argúcia, que sendo o ato jurídico de natureza exterior, é possível a interferência do Poder Público, no sentido de exigir fidelidade a um comportamento, ditado pela vida em comum. O Direito, por conseguinte, apresenta-se como algo de coercível, ou seja, de suscetível de execução pela força física. Põe-se, destarte, o problema da coação, que pode ser entendido de diversos modos.

Os primeiros a falar especificamente de coação como elemento distintivo do Direito talvez tenham sido Espinosa e o antecessor de Thomasius, Samuel Pufendorf, o primeiro mestre a quem coube a regência especial de uma cátedra de Filosofia do Direito, ou de "Direito Natural e das Gentes", como se costumava dizer, se bem que o conceito de coercibilidade já estivesse implícito na anterior distinção entre *lex naturalis* e *lex humana,* esta garantida pela autoridade pública. Aliás, poder-se-ia invocar a antiga distinção entre *jus perfectum* e *jus imperfectum* como primeira percepção distintiva entre Direito e Moral.

A noção do Direito como algo de exigível por meio de execução forçada torna-se explícita especialmente na obra de Pufendorf, segundo perspectivas destinadas a obter grande êxito no advento do naturalismo jurídico: a compreensão da realidade jurídica em termos de força material organizada.

Grande mérito de Thomasius foi ter reconhecido que o Direito pode estar unido à coação, mas que não está necessariamente unido a ela. Thomasius viu — e, a nosso ver, viu muito bem — que o Direito não se realiza sempre pela força, porquanto é necessário admitir-se a sua realização espontânea, graças a motivos ditados pelos interesses dos obrigados. A coação sobrevém quando falha o cumprimento espontâneo; o recurso à força é uma segunda instância, um elemento extrínseco ou exterior à regra jurídica, e não um de seus ingredientes essenciais. Para Thomasius, em suma, a coação é um elemento virtual da juridicidade, podendo existir ou não: o Direito é de tal natureza que, quando se realiza a interferência da força, esta não afeta a natureza mesma do Direito.

Já isto não acontece no mundo moral, onde se deve excluir a possibilidade da interferência da força. Um ato moral, realizado por astúcia ou por força, não é ato moral no sentido autêntico da palavra.

Há, portanto, a propósito de Thomasius e de Pufendorf, uma distinção oportuna a fazer-se entre coação *in acto* e coação *in potentia,*

FILOSOFIA DO DIREITO

entre atualização e virtualidade da coação, entre *coercitividade* e *coercibilidade*.

Em Thomasius, apesar de algumas vacilações, pelos estudos que pudemos fazer de seus textos fundamentais, encontra-se uma teoria da coercibilidade, e não da coercitividade.

A Contribuição de Emmanuel Kant

232. Posição de Kant— A doutrina da coercitividade, ou seja, a doutrina que sustenta não haver efetivamente Direito sem coação, recebe de Espinosa e Kant o prestígio de sua autoridade.

Kant, do ponto de vista da Filosofia Jurídica, é um continuador de Thomasius. Alguns autores, como por exemplo, Del Vecchio, chegam mesmo a sustentar que o filósofo do criticismo transcendental teria inovado muito pouco nos domínios tradicionais do jusnaturalismo da época. A nosso ver, porém, não é de todo aceitável esta apreciação da doutrina do Direito de Kant.

O grande filósofo tratou dos problemas do Direito em várias obras, antes de dedicar trabalho especial à problemática jurídica, sendo possível afirmar-se que nos apresenta três critérios para distinguir a Moral do Direito.

Em primeiro lugar, ele aceita o critério da exterioridade já apresentado por Thomasius; em segundo lugar, toma quase que em sentido "atual" o elemento coercitivo que havia sido apreciado de maneira "virtual".

Não se pode falar propriamente em coercibilidade, mas sim em coercitividade na doutrina de Kant. Em mais de uma passagem de sua obra, invoca-se a coação como elemento necessário e intrínseco ao Direito, pelo fato de só se referir à *conformidade exterior do ato*[3].

---

3. "...a coação oposta a esse uso (injusto da liberdade), enquanto obstáculo ao impedimento feito à liberdade, acorda-se com a liberdade mesma segundo leis gerais, o que quer dizer que é conforme ao Direito. O Direito implica, por conseguinte, consoante o princípio de contradição, a faculdade de *coagir* quem o infringe' (...) "Direito e faculdade de coagir

626 MIGUEL REALE

Quanto ao problema da coação, não foi das mais fecundas a contribuição kantista, por acentuar em demasia o significado do elemento coercitivo. A teoria do Direito como coação, no clima positivista que prevaleceu em certo momento do século XIX, passou a ser a dominante. Quem deu, porém, força avassaladora a essa doutrina foi um jurista de grande gênio e de grande capacidade de proselitismo: Rudolf von Jhering.

Jhering sustentava que o Direito se compõe sempre de dois elementos inseparáveis — a norma e a coação —, de tal maneira que conceber um Direito destituído de coação seria o mesmo que pensar em fogo que não ilumina, em chama que não aquece etc.[4].

A doutrina tornou-se tão corrente que certos autores passaram a usar as palavras coercibilidade e coercitividade sem darem conta da distinção que há entre elas. É isso o que acontece, por exemplo, no livro *O Direito Puro,* de Picard, onde verificamos que "coação" e "coercibilidade" são termos empregados sem discriminação clara e nítida, induzindo a graves equívocos. Em Picard a teoria da *proteção-coação* é convertida em verdadeira "chave" capaz de abrir os tesouros da Jurisprudência, como "pedra de toque" da juridicidade, "abre-te Sésamo" da Ciência Jurídica, e outras expressões do mesmo estilo[5].

233. Mas, se Kant merece nosso reparo por ter, de certa maneira, exagerado o aspecto exterior e coercitivo do Direito, devemos também reconhecer que nos apresenta outro critério de grande significado, graças à sua teoria da *autonomia* e da *heteronomia,* cuja rigorosa compreensão exigiria mais apurado estudo de sua Ética.

---

significam, assim, a mesma coisa" (...) "A lei de uma coação recíproca, no acordo necessário da liberdade de um com a dos outros segundo o princípio da liberdade geral, é como que a *construção* do conceito de Direito." (Cf. KANT, *Metaphysische Anfangsgründe der Rechtslehre,* loc. cit. §§ C e D, vol. VII. págs. 42 e segs. da ed. Cassirer.)

4. "O Direito sem a força é uma palavra vazia de sentido: somente a força realiza as normas de Direito, e faz deste o que ele é e deve ser" (...) "A coação exercida pelo Estado constitui o *criterium* absoluto do Direito; uma regra de Direito desprovida de coação jurídica não tem sentido, é fogo que não queima, chama que não ilumina." (Cf. JHERING, *L'Évolution du Droit (Zeck im Recht),* trad. de Meulenaere, Paris, 1901, págs. 173 e 216.)

5. Cf. EDMOND PICARD, *Le Droit Pur,* Paris, 1889, págs. 41 e segs.: "A característica do Direito, o seu *criterium* anatômico, é, pois, a coação social".

FILOSOFIA DO DIREITO

As palavras autonomia e heteronomia têm sido empregadas em sentidos diversos. Há uma acepção puramente kantiana, rigorosa, que só se compreende nos quadros da *Crítica da Razão Prática* e de suas obras complementares sobre a *Metafísica dos Costumes*.

Na doutrina de Kant, autonomia indica a exigência suprema que existe no plano moral de uma adequação ou de uma conformidade absoluta entre a regra e a vontade pura do sujeito obrigado. Quando um indivíduo age de tal sorte que a vontade da lei se torna a vontade dele mesmo, enquanto sujeito universal, temos um ato moral. A moralidade realiza-se, pois, como autonomia, que é o dever e a possibilidade que a vontade tem de pôr a si mesma a sua lei. Ditar a própria lei, não no sentido de que a lei deva ser materialmente elaborada pelo próprio agente, mas no sentido de que ele a reconheceu, a tornou *sua,* em virtude de identificação absoluta entre a vontade pura e o enunciado da regra moral.

Se obedecermos a uma regra moral visando a outros fins além daqueles que nela se contêm, nosso ato não é de moralidade pura. Se nos manifestarmos fiéis às regras morais, por interesse, para nos mostrarmos virtuosos perante os outros, por vaidade, em mero conformismo exterior, nossa conduta está inquinada de um vício que a compromete em sua essência. É nesse sentido que se fala de rigorismo moral na doutrina de Kant, que exige adequação pura entre a norma, como imperativo, e o comportamento como adesão ao preceito tal como ele se apresenta, sem quaisquer outros fins estranhos à regra mesma. A Moral deve ser autônoma, enquanto o Direito se contenta com a *conformidade exterior à regra,* sem envolver necessariamente a adesão da consciência: o Direito é heterônomo ou de legalidade extrínseca.

Como se vê, Kant examina a matéria segundo um ponto de vista qualitativo, com mais profundidade, partindo do seu conceito fundamental de imperativo ético.

A moral kantista está toda centrada no conceito de imperativo. Segundo Kant, o homem não deve agir desta ou daquela maneira, por ser livre, mas é livre porque deve fazer algo que lhe dita a consciência de modo irrefragável. A idéia de liberdade não é alcançada, segundo ele, através de uma análise indutiva dos fatos humanos. Nem nos é possível provar, mediante argumentos de razão, declara Kant, na *Crítica da Razão Pura,* que Deus existe ou não, que a alma é ou não imortal, ou que o

628 MIGUEL REALE

homem é ou não livre. Nem existe possibilidade de conhecimento dessas verdades por "intuição intelectual pura", de maneira que fossem conhecidos como os dados da Ciência matemática.

Na *Crítica da Razão Prática,* entende Kant que há dados imediatos da consciência que nos evidenciam que o bem deve ser feito: são verdades de ordem prática, e não de ordem teorética. Põem-se no plano da consciência determinados imperativos de conduta que não admitem qualquer tergiversação. São *imperativos categóricos* aqueles que, de maneira imediata, prescrevem uma ação como sendo por si mesma objetivamente necessária, e não como simples meio para se atingir certo *fim. Hipotéticos* são, ao contrário, os imperativos que se enunciam como condição para alcance de fins em si mesmos não obrigatórios.

Ora, se há imperativos categóricos, aos quais não podemos nos subtrair, impõe-se o reconhecimento de que somos *livres* para ser-nos possível o cumprimento do dever. Por outras palavras, se devemos agir em determinado sentido, se não podemos deixar de agir consoante a lei universal da conduta (*"age segundo uma norma que possa ter ao mesmo tempo o valor de uma lei universal"*) é sinal de que somos livres; a prática do dever exige a idéia de liberdade. A Moral antiga dizia: o homem é livre e, por isto, é responsável e, sendo responsável, deve agir no sentido do bem. Kant inverte esse raciocínio: o homem é livre, porque deve, isto é, para poder dever. Diz ele que o que se impõe de maneira imediata não é outra coisa senão a consciência do dever. O dever impõe-se a nosso espírito com o mesmo esplendor com que contemplamos nos céus as estrelas. "Há duas coisas que me deslumbram", dizia Kant, "as estrelas, no mundo exterior, e o imperativo do dever, a 'boa vontade', no plano da consciência."

O homem é livre porque deve; não deve porque seja livre. Eis, pois, como o imperativo categórico é o fundamento da moral kantiana. Quando um imperativo vale por si só, objetivamente, sem precisar de qualquer fim exterior, dizemos que é um imperativo autônomo. A Moral é autônoma. Os imperativos morais prescindem de qualquer outra justificação. São fins de si mesmos. Quando a Moral diz "não mates", não precisa de qualquer outra justificação. O próprio imperativo moral basta-se a si mesmo, não requer outra finalidade, senão aquela que se contém no pró-

FILOSOFIA DO DIREITO

prio enunciado. Os preceitos autônomos, que se bastam a si mesmos, por conterem em si próprios a sua finalidade, são preceitos morais.

Já não acontece o mesmo com os preceitos jurídicos. O Direito é eminantemente *técnico* e instrumental. Toda norma jurídica é instrumento de fins, que se não situam no âmbito da norma mesma; não há nenhuma finalidade intrínseca ou inerente à própria regra: sua finalidade é a segurança geral, a ordem pública, a coexistência harmônica das liberdades etc. Daí a possibilidade de um comportamento perfeitamente *jurídico* pela só *conformidade exterior* aos imperativos do Direito: enquanto que a legislação *moral* não pode ser jamais *exterior,* a legislação jurídica pode ser também *exterior*[6].

Os imperativos morais como que nos pertencem de maneira intransferível. Cada um de nós, no plano moral, age segundo uma norma cujos conteúdos se identificam com nossos motivos de agir. No mundo jurídico, não é indispensável essa correspondência íntima ou essa "fidelidade integral a nós mesmos", que é a nota essencial da vida moral. Pode mesmo dar-se o caso de uma conduta jurídica em conflito com os motivos reais da norma cumprida "exteriormente". Daí dizer-se que o Direito é *heterônomo.* Acentuando este elemento, Fichte, na fase inicial de sua elaboração filosófico-jurídica, salienta verdadeira antítese entre Moral e Direito, pelo fato de ser permitido pelo segundo aquilo que a primeira condena: haveria, desse modo, um abismo entre uma e outro, esvaziada a vida jurídica de todo conteúdo moral.

Não resta dúvida que o Direito é formado de regras que não exigem sempre a adesão plena da vontade individual, bastando às vezes a conformidade extrínseca, mas nem por isso há entre Direito e Moral uma contradição inevitável. Se alguém vem a ser condenado pela prática de um crime, não se exclui a sua responsabilidade alegando-se ter havido remorso e reconhecimento da justiça da pena imposta, assim como há cumprimento de pena, quer esteja o agente conformado ou em revolta:

---

6. Cf. KANT, *op. cit.,* pág. 20. Note-se que a legislação ética é jurídica, não é *sempre* exterior, mas é suscetível de o ser: *"Die ethische Gesetzgebung* (...) *ist diejenige, welche nicht äusserlich sein kann; die juridische ist, welche auch äusserlich sein kann".* Lembre-se a "lei universal do Direito" formulada por ele: "Age exteriormente *(handle äusserlich)* de maneira que o livre uso de teu arbítrio possa se acordar com a liberdade de todos segundo uma lei geral". *(Intr. à Doutr. do Direito,* ed. cit., págs. 20 e 32.)

ao Direito basta o cumprimento da pena, mas são sempre razões morais que legitimam a sua aplicação. Cumprida a pena, transcorrido o prazo da condenação, mesmo sem arrependimento ou emenda, o Direito dá-se por satisfeito, por ter coagido o culpado a responder por seus atos, obrigando-o a *ser fiel* a si mesmo: o Direito, em sua exterioridade aparente, atinge o âmago da subjetividade *moralmente* concebida, embora possa estar em conflito com a subjetividade empírica do infrator.

Por outro lado, nem sempre ao Direito basta a "conformidade extrínseca", como no-lo demonstram as hipóteses de anulação do ato, formalmente perfeito, mas viciado de simulação ou fraude. O *sim* que o nubente profere perante o juiz de casamentos não tem juridicamente as mesmas conseqüências, quaisquer que tenham sido os motivos que o ditaram, pois o assentimento pode ter resultado, por exemplo, de coação que invalida o ato.

Há, pois, na doutrina do Direito de Kant, como na primeira de Fichte, uma inegável perda de substância ética, um excesso de mecanicismo ou de tecnicismo, que se torna manifesto em algumas concepções de moralidade precária, como, para não citar senão um exemplo, a que nos oferece sobre o instituto do matrimônio, concebido como simples *commercium sexuale* de conformidade com a lei, ou, "a união de duas pessoas do sexo diferente, pondo em comum, por toda a duração de sua vida, a posse de suas faculdades sexuais"[7].

234. É preciso notar que, com o decorrer do tempo, as expressões "autonomia" e "heteronomia" adquiriram um sentido derivado. Alguns autores, situando-se no plano empírico, passaram a ver a autonomia como sinal distintivo das regras postas pelo indivíduo, ou reconhecidas espontaneamente por ele; a heteronomia passou a indicar as circunstâncias de ser o homem necessariamente obrigado a obedecer a regras postas por outrem, pela vontade anônima dos costumes ou à vontade institucionalizada dos órgãos do Estado.

No mundo jurídico, obedecemos sempre a regras que não são postas por nós mesmos, mas que são postas pelos demais homens ou, então, pela sociedade como um todo. São regras que brotam dos costumes ou

---

7. KANT, *op. cit.*, Parte I, § XXIV.

FILOSOFIA DO DIREITO

então são as leis emanadas pelos órgãos legiferantes. Num e noutro caso, somos obrigados a obedecer a regras que expressam a vontade coletiva, a vontade do legislador, mas, de qualquer maneira, sempre a uma vontade que não a nossa.

Segundo Radbruch, é inevitável o caráter de heteronomia em toda e qualquer ordem jurídica, e, na realidade, a plena consciência que temos de um dever jurídico não o transforma em dever moral.

De onde se pode concluir: 1) que a heteronomia é incompatível com a Moral, mas é compatível com o Direito; 2) que pode haver cumprimento da regra jurídica com plena correspondência entre a "vontade da lei" e a "vontade do obrigado".

Se concebermos a heteronomia como o mínimo exigível pelo Direito (cumprimento da regra sem adesão ou conformidade íntima), será possível aceitá-la, mas reconhecendo que pode haver, e há, freqüente e normalmente, Direito com "autonomia". A heteronomia, como a coação, é uma simples possibilidade: não é dito que o Direito seja *sempre* e necessariamente heterônomo, reduzindo-o ao plano de uma Ética subordinada e de certa maneira espúria, porque realizada por uma vontade indiferente aos motivos da norma obedecida. A "possibilidade de heteronomia" como a "possibilidade da coação" são verificações que nos levam a prosseguir em nossa análise, em busca de algo que no Direito não seja contingente, mas assinale a sua verdadeira essência[8].

---

8. Os problemas, aqui analiticamente examinados, são por nós vistos sob um outro prisma, enquanto *momentos de experiência cultural,* em nosso livro *O Direito como Experiência,* cit., Ensaio XII. Sobre a organização da coação e o papel do Estado, v. nossas *Lições Preliminares de Direito,* cit., capítulo VII.

Capítulo XLIII

Análise do Problema da Exterioridade do Direito

A Exterioridade à Luz da Experiência Jurídica

235. À primeira vista, parece que o Direito só cuida da exteriorização da vontade, pois já Ulpiano observava que ninguém sofre pena pelo simples fato de pensar: — *"Cogitationis poenam nemo patitur."* (D., 50, 17, 144.) Analisando a vida jurídica em todos os seus setores, verificamos, no entanto, a insuficiência da teoria da exterioridade, pelo menos na forma em que tem sido geralmente apresentada, com deturpação, talvez, do pensamento originário de Thomasius e de Kant.

Porventura é insuscetível de qualificação jurídica a intenção do agente em matéria civil ou penal? Não resta dúvida que em ambos os planos impõe-se resposta negativa.

A respeito da interpretação dos contratos, por exemplo, destacam-se duas teorias — uma subjetiva e outra objetiva. Pela teoria subjetiva, os contratos devem ser interpretados segundo a intenção das partes, isto é, ao se analisar um contrato de qualquer natureza, não se deve atender apenas à expressão formal do texto, àquilo que as palavras estão traduzindo em sua objetividade, mas sim procurar reconstituir o momento empírico da vontade, que motivou a realização do negócio. As cláusulas contratuais estariam sempre sujeitas ao exame da intenção real das partes contratantes.

FILOSOFIA DO DIREITO

Contra essa teoria consagrada pelo art. 85 do Código Civil brasileiro, há a que declara que o contrato, sendo lei entre as partes, deve ser interpretado em sua expressão objetiva, reputando-se problemática e pejada de riscos a pesquisa de uma presumida intenção inicial dos contratantes. Em todo contrato existe, dizem os adeptos da tese objetivista, dois aspectos distintos. Há uma vontade empírica, psicologicamente entendida, daqueles que chegam a um acordo, estabelecendo prestações e contraprestações recíprocas; essa vontade empírica é impossível de ser reconstituída pelos juízes e pelos advogados; o que permanece dela são as cláusulas contratuais. Daí resulta outra espécie de vontade: a *vontade jurídica,* inexplicável segundo meros estalões psicológicos.

Para os contratantes, o que deve prevalecer desde a assinatura do contrato é aquilo que as cláusulas convencionais determinam em face da legislação vigente. Dir-se-á que é possível que uma cláusula tenha sido aceita no pressuposto de garantir *x,* mas que, na realidade, garante *y* ou impõe *z.* Isso não interessa: salvo casos comprovados de erro ou de dolo, de simulação ou de fraude, o contrato vale objetivamente, quaisquer que tenham sido os desejos, as expectativas, as "intenções" dos interessados. Em lugar da vontade empírica inicial, de difícil reconstituição, é de preferir-se a *certeza* da "vontade" do contrato.

Eis aí duas teorias fundamentais em matéria de interpretação de contratos, cujas teses encontramos adotadas hoje em dia, provocando, como acontece muitas vezes, soluções ecléticas, mediante as quais se procura atenuar o rigor da teoria objetiva, a fim de que a expressão formal do contrato seja abrandada em virtude da reconstituição da vontade provável dos agentes, segundo um tipo ideal médio de contratante.

A tendência de nossos dias é no sentido de solução menos formal e mais aberta, graças à *interpretação social* dos contratos. Compreende-se que o fato contratual não pode ser erradicado do domínio das circunstâncias em que as duas partes se situaram e se situam, por traduzir antes um fenômeno que deve ser enquadrado no plano social e econômico. Um contrato não pode, em suma, ser desligado da trama de interesses e de estimativas que condiciona sua gênese e desenvolvimento, de modo que o laço contratual deixa de ser uma relação abstrata entre dois sujeitos, isolados do todo social a que pertencem, para inserir-se nas conjunturas histórico-sociais, que muitas vezes alteram em sua substância o alcance das declarações de vontade.

Ressurge, atualizada, a teoria da cláusula *rebus sic stantibus,* ou seja, aquela teoria que deseja tornar os contratos mais plásticos a fim de atender a exigências supervenientes. Assim, se dois indivíduos contrataram, baseados em certa situação econômica e social, é injusto exigir-se deles o cumprimento rigoroso do contrato, no caso de sobrevir uma profunda e imprevista alteração na tábua dos valores econômicos. Sustenta-se que cabe ao juiz atenuar os efeitos do formalmente contratado, não só por não representar mais a intenção real das partes, mas principalmente em função de imperativos de ordem social e econômica supervenientes e imprevisíveis. Pode-se dizer que com o *equacionamento social* dos contratos ficou superada a contraposição abstrata das duas teorias acima referidas, a subjetiva e a objetiva, ambas situadas no âmbito estrito da relação obrigacional, com olvido da função social que o vínculo contratual desempenha. Com essa nova colocação do problema, há antes correlação e complementariedade entre o que foi a intenção originária das partes e aquilo que objetivamente as cláusulas contratuais expressam, prevalecendo a compreensão do laço obrigacional de forma mais aderente à natureza das coisas e às conjunturas histórico-sociais.

Este é um dos assuntos mais belos da Filosofia do Direito Privado e da Teoria Geral do Direito Civil, bastando a sua evocação para perceber-se como a intenção do agente é problema que preocupa a atenção dos juristas.

236. No plano do Direito Penal não é menos fundamental o valor da intenção, porquanto é impossível aplicar-se uma pena sem, de certa forma, se indagar da intenção do agente, especialmente quando toda a penalogia moderna procura achegar-se o mais possível à individualidade de cada agente criminoso.

Na própria caracterização dos delitos, aliás, temos de reconhecer o valor da intenção, como se evidencia até mesmo em figuras como a da preterintencionalidade. Este é um exemplo típico, que nos demonstra como é insuficiente a teoria de Thomasius e de seus seguidores.

Casos há onde a intenção é ainda o único elemento que resolve sobre a criminalidade ou não de determinada conduta. No Brasil, por exemplo, onde não se prefigura o *furto de uso,* não se poderá considerar

FILOSOFIA DO DIREITO   635

furto o ato pelo qual alguém se apossa de bem alheio tão-somente com o comprovado intuito de usá-lo, havendo desde o início o ânimo deliberado de restituí-lo ao dono. Nesse sentido, invocam certos autores o exemplo eloqüente de um soldado que, na iminência de perder a hora de retorno ao quartel, atemorizado com a punição inevitável, se apodera de um automóvel abandonado, dirigindo-se às pressas para a caserna. Surpreendido e preso, põe-se desde logo a questão da existência ou não de furto. Não existindo, como não existe no Direito Positivo pátrio, a figura do *furto de uso,* visto não ter prevalecido o preceito contido no Projeto de Código Criminal de Alcântara Machado, é através da reconstituição intencional e pelo exame de outros elementos (não ocorrência de dano, momentaneidade do uso da coisa etc.) que se poderá considerar o ato punível como furto ou não. Provada a intenção de uso da coisa, sem, todavia, existir a intenção de torná-la sua, não haveria crime qualificado como de furto, embora passível de outras cominações.

Um dos primeiros a pôr em evidência a importância do elemento intencional no Direito foi Aristóteles. Analisando os delitos segundo o prisma da *intenção,* observa ele, em uma passagem penetrante da *Retórica,* que o acusado pode muitas vezes "reconhecer o ato, mas não a qualificação que lhe é dada, ou o delito implicado por aquela qualificação, reconhecendo, por exemplo, *ter subtraído, mas não roubado;* ter espancado, mas não ultrajado; ter tido relações carnais com uma mulher, mas não cometido adultério; ser o autor de um furto, mas não de um furto sacrílego (...). É, com efeito, a *intenção* (προαίρεος) que faz a maldade do ato injusto; ora, as qualificações das ações são concomitantemente denominações das intenções, como, por exemplo, as denominações de ultraje e de furto; porque ultrajar não é em todos os casos espancar, mas espancar para um fim determinado. *v. g.,* a desonra daquele em quem se bate, ou o regozijo próprio. *"Subtrair em segredo não é sempre furtar; é preciso produzir prejuízo* (a quem a subtração é feita) *e apropriar-se do objeto."* Eis talvez a primeira conceituação do furto de uso: subtração de algo sem intenção de apropriar-se ou de causar dano[1].

Poderíamos multiplicar exemplos para demonstrar a improcedência da tese que recusa à intenção relevância jurídica, mas cremos ser

---

1. ARISTÓTELES, *Retórica,* I, 13, 1.374a.

636　　　MIGUEL REALE

dispensável, tão fundamental é o problema de dolo ou de culpa na caracterização dos atos jurídicos.

Valoração do Ato Jurídico

237. As críticas por ora feitas situam-se no plano do Direito Positivo. Se indagarmos da natureza mesma do ato, chegaremos a conclusões análogas, demonstrada a impossibilidade de se dividirem os atos humanos em um momento interno e em outro externo. O que existe são atos unos e íntegros, cuja exterioridade implica a análise dos motivos. É psicologicamente insustentável querer partir a ação humana, embora com a finalidade política louvável de preservar-se o mundo das intenções, pois, sob certo prisma, o pensamento já é um esboço de ação; quando pensamos algo para agir, estamos iniciando um movimento nesse sentido.

Há, porém, um fundo de verdade na teoria de Thomasius, advindo daí a sua aceitação. Tanto a vontade exteriorizada, como a intenção, são elementos de que o Direito cuida, mas ao jurista se apresenta, com maior relevo, o momento exteriorizado do ato. Daí a solução dada por Icílio Vanni e outros filósofos do Direito, ao afirmarem que, se é exato que o Direito também cuida da intenção, cuida *muito mais* da exteriorização dela. Haveria, então, uma diferença quantitativa na apreciação da exterioridade do ato.

Indo além dessa colocação puramente quantitativa do problema, entende Giorgio Del Vecchio que, sobre não se poder considerar relevante apenas o lado intersubjetivo da conduta, toda ela, em sua inteireza, é suscetível quer de valoração moral, quer de jurídica.

Esclarece o antigo mestre de Roma, no entanto, que "as valorações jurídicas partem do aspecto *exterior* do agir humano, porque no campo externo tem lugar a interferência objetiva entre os comportamentos de uma pluralidade de seres coexistentes, donde a exigência de limitação. Nem por isso tais valorações deixam de volver, necessariamente, do aspecto exterior para o momento interior ou psíquico, pois sem isto não seria possível conhecer integralmente uma ação. O critério moral exerce-se, ao invés, no sentido oposto..."[2].

---

2. Giorgio Del Vecchio, *Il Concetto del Diritto*, cit., págs. 68 e segs. No mesmo sentido Alessandro Levi, *Teoria Generale del Diritto*, Pádua, 1950, págs. 134 e segs.

FILOSOFIA DO DIREITO

Não discrepa desse entendimento Gustav Radbruch, quando assim situa a questão: "Não há, pode dizer-se," escreve o antigo mestre de Heidelberg, "um único domínio da conduta humana, quer interior, quer exterior, que não seja suscetível de ser ao mesmo tempo objeto de apreciações morais e jurídicas. Todavia — note-se — aquilo que a princípio parece ser uma distinção de objeto entre a Moral e o Direito, pode manter-se ainda, mas como uma distinção entre duas *direções* opostas dos seus respectivos *interesses*. Isto é: a conduta exterior só interessa à Moral na medida em que *exprime* uma conduta interior; a conduta interior só interessa ao Direito na medida em que *anuncia* ou deixa esperar uma conduta exterior"[3].

Se o ato é indecomponível, ocorre apenas uma diferença de direção na maneira de apreciá-lo. É que o moralista examina a exteriorização do ato para melhor caracterizar a *intenção,* seu objetivo último, ao passo que o jurista visa caracterizar um ato exterior em face de um sistema jurídico positivo de normas e, para ajustá-lo melhor a esse sistema, indaga da intenção do agente.

Os processos de análise são, pois, distintos por motivos de ordem teleológica: o moralista visa, de maneira final, a intenção, porque é em função dela que se caracteriza eticamente o *agente*; o jurista, ao contrário, procede quase de maneira inversa — vai da intenção para o *ato,* a fim de classificá-lo e, à luz dele, qualificar juridicamente o agente[4].

Note-se bem a distinção fundamental entre a imputabilidade jurídica e a moral. A dignidade da conduta moral resulta do valor ou da pureza da intenção, segundo motivos congruentes com o conteúdo dos imperativos: envolvem, por conseguinte, uma correlação harmônica entre a consciência do sujeito e as normas com que se identifica. No plano do Direito, porém, não se estabelece a imputabilidade através da relação entre a intenção e a norma, mas sim, através da relação entre o ato e a norma jurídica. Isso nós podemos verificar em todos os setores

---

3. GUSTAV RADBRUCH, *Filosofia do Direito,* cit., pág. 56.

4. Não nos parece, pois, que se trate "só de precedência ou de prevalência na consideração do ato", como diz DEL VECCHIO. *(Lezioni,* cit., pág. 87.) Mais do que diferença extrínseca ou quantitativa, é de ordem essencialmente qualitativa e teleológica.

do Direito, especialmente no Direito Penal. É em virtude do ato, posto em função das regras jurídicas, que caracterizamos a imputabilidade, dela resultando a qualificação do agente.

A qualificação do agente, no plano jurídico, é, de certo modo, mediata. No plano da Moral, ao contrário, a imputabilidade do agente é direta e opera-se através da intenção, valorada segundo motivos que se contêm todos no âmbito da regra ética. Não é dito, porém, que existam "deveres de pura legalidade", indiferentes ou incompatíveis com a aceitação espontânea e consciente dos ditames jurídicos que se cumprem. Bem pobre coisa seria o Direito se em seus domínios a obrigatoriedade só se caracterizasse pela "conformidade exterior" a uma regra válida sem ressonância nos refolhos da consciência.

Um exemplo, tantas vezes lembrado, vai demonstrar a importância desta assertiva. Pense-se no filho que, em virtude de sentença, presta alimentos aos pais. Se ele conserva na alma a recusa inicial que deu causa à decisão judicial, mas satisfaz pontualmente as prestações estabelecidas pelo juiz, o equilíbrio jurídico é considerado "perfeito", nada se podendo alegar no plano estrito da juridicidade. Não haverá, no entanto, mérito algum do ponto de vista moral. Se, no entanto, o pagamento das prestações alimentícias se animar da espontaneidade natural, a juridicidade do ato coexistirá com a sua dignidade moral, consoante o ideal comum de uma convergência progressiva do Direito e da Moral para um único centro de referibilidade ética.

Capítulo XLIV

Coercitividade e Coercibilidade

Coação Social, Coação Psicológica e Coação Jurídica

238. Afirma Recaséns Siches que as objeções formuladas contra a teoria da coação, se bem tenham tido o mérito de depurar a doutrina coercitivista de algumas interpretações equívocas, já não teriam, hoje em dia, mais significado do que o das curiosidades históricas[1].

Não nos parece, todavia, que assim seja, pois é ainda freqüente a confusão entre os juristas, não só quanto ao uso indiscriminado das acepções sociológica e técnico-dogmática do termo "coação", como a outra entre coação atual e coação virtual, ou seja, entre *coercitividade* e *coercibilidade,* confusão em que se incorre inevitavelmente quando não se reconhece que a *possibilidade da coação* é mero corolário da nota que, esta sim, é essencial ao Direito: a *bilateralidade atributiva.*

Por outro lado, a caracterização kelseniana do Direito como "ordem coercitiva da conduta", veio dar novo alento à inclinação natural dos chamados juristas práticos, a cujos olhos a vida jurídica se apresenta sob a forma da experiência que o Estado tutela de maneira efetiva graças a um sistema complexo de órgãos administrativos e jurisdicionais.

A análise, embora perfunctória das críticas suscitadas pela teoria da coação, não peca, pois, de inatualidade, mesmo porque nos auxiliará

---

1. RECASÉNS SICHES, *Vida Humana, Sociedad y Derecho,* cit., pág. 168.

640 MIGUEL REALE

a compreender melhor os rigorosos limites lógicos da doutrina da coercibilidade.

É claro que, quando nos referimos à teoria da coação ou da *coercitividade,* deve ser entendida apenas a doutrina que não compreende possa haver Direito desacompanhado de coação, por ser esta da essência mesma da juridicidade; *norma e coação* seriam ingredientes inseparáveis de todo fenômeno jurídico.

239. Posto assim o problema, a primeira e mais forte objeção em que tropeça a mencionada doutrina reside em saber como é que o elemento coercitivo pode valer como critério para distinguir-se o Direito da Moral ou para caracterizar-se, por si só, o orbe jurídico, quando logicamente não é ele pensável sem a prévia noção do "jurídico".

Na realidade, não há como confundir *coação* e *força,* sendo aquela, como efetivamente é, a *força disciplinada,* exercida nos limites legitimados pela tutela necessária de bens da convivência.

Sanção e *coação* são duas noções distintas que estão uma para a outra, de certa forma, como o gênero está para a espécie. São múltiplas as *sanções,* ou seja, as *medidas tendentes a assegurar a execução das regras de direito,* desde a declaração da nulidade de um contrato ao protesto de uma letra de câmbio; desde o ressarcimento de perdas e danos sob forma de equivalente indenização até ao afastamento de funções públicas ou privadas; desde a limitação de direitos até a outorga de vantagens destinadas a facilitar o cumprimento de preceitos. Ora, tais medidas, que podem ser *preventivas, repressivas* ou *premiais,* como o diz a Teoria Geral do Direito, podem contar ou não com a obediência e a execução espontânea dos obrigados. No primeiro caso *tollitur quoestio;* no segundo, o Poder Público, a serviço de Direito, prossegue em suas exigências, substitui-se ao indivíduo recalcitrante ou materialmente impossibilitado de cumprir o devido, obriga-o pela força a praticar certos atos, apreende-lhe bem ou priva-o de sua liberdade. Eis aí a *coação* de que trata o jurista é a *sanção física,* ou melhor, a sanção enquanto se concretiza pelo recurso à força que lhe empresta um órgão, nos limites e de conformidade com os fins do Direito.

Para que se possa, por conseguinte, falar em coação, mister é que a *interferência da força* se verifique para fins de Direito e com base em

FILOSOFIA DO DIREITO

uma *norma* que legitime a sanção, o que demonstra que, longe de ser a coação a nota determinante do Direito, sem este ela seria logicamente impensável.

Por aí se vê quanto é grave o equívoco dos que transportam para o mundo jurídico a categoria da "coação" tal como a empregam os sociólogos.

Há juristas-sociólogos que emprestam ao termo "coação" o sentido lato de "pressão social objetiva", discernível segundo uma escala ou gama crescente de intensidade, que seria mais acentuada e definida no plano da vida jurídica, concebendo-se o Estado como "a organização da coação social".

Se atribuirmos a todo fato social a propriedade de implicar uma delimitação necessária do agir dos indivíduos; se admitirmos o caráter "institucional" do social, manifestando-se segundo formas *organizadas* ou *difusas* de reação do todo coletivo contra os infratores dos preceitos, em uma multiplicidade de *sanções* exercidas por indivíduos, por grupos particulares ou comunidades organizadas, — o Direito seria, *faticamente,* uma dessas "formas de sanção", a mais precisa e a mais certa.

Ora, qualquer que seja o alcance desses conceitos no plano sociológico, afigura-se-nos incontestável que a idéia mesma de *coação,* no âmbito jurídico, implica o encontro necessário de dois elementos: uma *pressão* de ordem física ou psíquica manifestada segundo uma *forma ou estrutura,* a menos que se não queira confundir o elemento coercitivo com os processos brutais de imposição, como as punições corporais impostas pelos próprios interessados, as ameaças e as opressões destituídas de qualquer limite ético.

Quando, pois, se invoca o elemento coercitivo para caracterizar o Direito, não se pode estar pensando no elemento *genérico* comum a todo e qualquer fato social, mas sim na pressão social *enquanto organizada de maneira específica,* assinalando um grau *determinado* de *"social control".*

Alguns autores levam ainda mais longe esta objeção, asseverando que o conceito mesmo de coação é absurdo e contraditório no plano da vida espiritual, sendo impossível tanto na Moral como no Direito.

642 MIGUEL REALE

Ninguém melhor do que Croce soube aduzir as razões desse pensar, dando vigor novo à antiga parêmia: *Coactus voluit, tamen voluit.* Se o espírito é liberdade, afirma o pensador italiano, toda ação só pode ser livre e, como tal, é insuscetível de coação. Ação e coação são dois termos que se repelem. Quando um déspota impõe, pela força bruta, certos modos de agir, por mais arbitrários que estes possam ser, a verdade é que os súditos aceitaram "livremente" a violência, preferindo a passividade e a subordinação aos riscos de uma resistência comprometedora de sua vida ou de seus bens: tudo se resolve segundo um cálculo *econômico* de conveniência. No fundo, ao aceitar a imposição, o pretenso coagido *quis a ameaça,* tornou-a sua, como momento de seu querer. O que determina a vida jurídica, conclui Benedetto Croce, são motivos de ordem econômica, segundo opções ditadas por meras razões de oportunidade ou de cálculo[2].

É inegável que um *ato* não pode ser praticado sem certa "participação" do sujeito. O que interessa, porém, não é a *participação,* mas a *espontaneidade* por parte do agente.

De maneira geral, há *coação* quando a conduta de alguém não resulta espontaneamente de uma escolha decorrente do valor intrínseco do objeto escolhido, mas é ditada pelo cotejo de dois objetos, ambos só suscetíveis de "serem queridos" no âmbito de uma alternativa irremediável, posta por outrem. A coação configura-se *objetivamente* no ato de pôr-se a alternativa de uma escolha, com a exclusão de outras escolhas possíveis, e não no ato secundário de se querer o já por outrem querido e imposto.

Em se tratando do Direito, o apontado sentido *objetivo* (e não psicológico, tal como o que se insinua na objeção de Croce) ainda mais se torna evidente, quando se pensa que só há juridicamente coação quando se impõem *conseqüências* resultantes de comandos legais. Pode dar-se o caso de uma substituição do querer do agente (Fulano considera-se obrigado a *x*, e não a *y*), pelo querer tal como é configurado objetivamente na lei ou no contrato (por entender o juiz que Fulano é obrigado a *y*, e não a *x*): em tal caso há divergência de formas de querer, do que

---

2. Cf. Croce, *Filosofia della Pratica,* Bari, 1932, 4ª ed., págs. 310 e segs. Quanto ao problema da "economicidade do Direito" v. Miguel Reale, *O Direito como Experiência,* cit., págs. 33 e 206.

FILOSOFIA DO DIREITO

decorre a *vis compulsiva* pelo prevalecimento do querer objetivo sobre o meramente individual. Pode, outrossim, acontecer que a penhora de bens seja recebida com anuência do devedor, o qual não se opõe à medida, por considerá-la justa e necessária, decorrente de circunstâncias materiais por ele não queridas ou desejadas. Opera-se, pois, a coação jurídica em um plano que não coincide com o do querer psicológico, ora em conflito, ora em harmonia ou em consonância com ele.

Como observa Pekelis, a crítica croceana não implica a negação do conceito de coação no Direito, mas antes a determinação de seu sentido rigoroso e próprio. O termo *coação* só deve ser juridicamente empregado no sentido de uma "ação que modifica forçadamente uma situação de fato", ou, como diz Cesarini Sforza, "é o modo de concretizar-se da sanção"[3].

Objeções à Teoria da Coação

240. É interessante observar que, desde Kant e Fichte[4], até nossos dias, se apegam paradoxalmente à teoria coercitiva do Direito os mais ardosos defensores da liberdade e das prerrogativas dos indivíduos em face do Estado. É que, prévia e cuidadosamente, se destina ao Direito a esfera externa do agir, de maneira que a coação só venha a incidir sobre as relações intersubjetivas ou as condições exteriores da coexistência social. Talvez esteja implícita nessa atitude certa "suspeita do Poder", a fim de que se mantenham claramente distintos o plano moral e o jurídi-

---

3. Perkelis, *Il Diritto come Volontà Costante,* Pádua, 1930, págs. 109 e segs.; Cesarini Sforza, "Norma e sanzione", na *Rivista Internazionale di Filosofia del Diritto,* 1921, vol. I, pág. 26. Para uma análise das teorias fundamentais sobre a coação, notadamente do ponto de vista neotomista, consulte-se a monografia de Edgar de Godói da Mata-Machado, *Direito e Coerção,* Belo Horizonte, 1956.

4. Referimo-nos à primeira fase do pensamento de Fichte, dominada pelas colocações filosófico-jurídicas de Kant, tal como se contém em seus *fundamentos do Direito Natural segundo os Princípios da Teoria da Ciência,* de 1796. A partir de *O Estado Comercial Cerrado,* publicado em 1800, acentua-se em seu sistema uma comunhão entre Moral e Direito, quase que preparando a concreção hegeliana, mas em um sentido *social,* antiindividualista e antiestatista, pelo predomínio da Sociedade civil sobre o Estado.

644 MIGUEL REALE

co, este subordinado àquele, como os "meios" devem se subordinar aos "fins".

Na realidade, a teoria da coação — contra a qual o primeiro a reagir com vigor foi Hegel, considerando puramente *negativa* a definição kantiana do Direito[5] — corresponde a uma concepção técnico-instrumental da juridicidade, envolvendo a idéia de uma antítese entre Direito e cumprimento espontâneo (e, por conseguinte, *moralmente* valioso) da regra jurídica, sem que esta perca o seu significado específico.

É nesse ponto que se apresenta, desde o século passado, tal como se observa nas obras de Trendelenburg e de Krause, a ponderação de que a vida do Direito prescinde, o mais das vezes, da interferência da força: o Direito só excepcionalmente se realiza em virtude de meios coercitivos[6].

Não resta dúvida que não são motivos estritamente jurídicos que levam os homens a agir de conformidade com o Direito. A concepção de um *homo juridicus,* cuja volições e interesses se circunscrevessem ao âmbito do Direito, seria uma ficção, válida apenas como caso limite denunciador do equívoco de uma tese. Basta pensar que o ser mais subordinado aos ditames ou às exigências do Direito, aquele que deve pautar todo o seu comportamento segundo imposições coercitivas, é o *preso,* o homem privado da liberdade, segregado do convívio social.

Na realidade, são valores religiosos, morais, estéticos, econômicos etc., que nos conduzem, deles e por eles brotando a obediência ao Direito. O comerciante, por exemplo, não paga, em geral, uma letra de câmbio, no vencimento, de medo do protesto, nem se pode dizer que esse deva ser o prisma acanhado do jurista.

Mas não é menos certo que a *possibilidade da violação* do Direito é inerente ao Direito mesmo, como realização que é da liberdade. Como diz Del Vecchio, "o Direito é, por sua natureza, *fisicamente violável",* donde a paralela resistência física contra o ato que o viola, nisto consistindo a *coação.*

---

5. HEGEL, *op. cit.,* Introd., §§ 29 e segs.

6. Cf. KRAUSE, *System der Rechtsphilosophie,* Leipzig, 1874, págs. 70 e segs.; TRENDELENBURG, *Diritto Naturale sulla Base dell'Etica,* trad. de N. Modugno, Nápoles, 1873, § 52, págs. 115 e segs.; AHRENS, *Cours de Droit Naturel,* 7ª ed., Lípsia, 1875, § 21, págs. 158 e segs.

FILOSOFIA DO DIREITO

Como se vê, essa crítica atinge em pleno a teoria da *coação atual,* mas vem antes confirmar a doutrina da *coercibilidade,* da coação que existe em "estado potencial" ou "latente", mesmo sendo o Direito em geral espontaneamente cumprido.

O mesmo se diga quanto a uma terceira objeção, concernente à impossibilidade ou à ineficácia da coação para alcançar-se o cumprimento do Direito. É o que acontece especialmente nos casos de obrigações personalíssimas (o exemplo geralmente lembrado é o de um artista insolvável que se recuse a executar a obra pactuada) ou quando a medida coercitiva se defronta com uma situação irreparável.

Se é exato que, em regra, *nemo precise ad factum cogi protest* — parêmia que se deve tomar com cautela, tais as exigências sociais do Direito contemporâneo impondo *substituição judicial forçada* em domínios outrora reservados à autonomia da vontade[7] —, não faltam modos de satisfação do Direito graças a um sistema de compensações ou de *"sanções de equivalência"*[8], o que atenua a impossibilidade aventada.

Por outro lado, se é certo que há casos de Direito desamparados de coação ou dotados de coação ineficaz, não é dito que a impossibilidade material e ocasional ponha termo à *possibilidade de coação*: subsiste a possibilidade de obter-se, pela força, ou a prática do ato ou o ressarcimento decorrente da recusa, tão logo outras venham a ser as condições de fato.

Em tecla análoga bate outra objeção, que não considera situações empíricas e contingentes, mas aprecia a vida do Direito em conexão com a organização do Poder: há órgãos do Poder Público, declara-se, que escapam a toda e qualquer forma de coação, por serem soberanos, insuscetíveis de terem seus atos contrasteados por agentes superiores. Em tal hipótese, conforme observação de Del Vecchio, não basta advertir que em todo sistema jurídico existe um ponto não atingido pela coação: seria necessário, outrossim, demonstrar que sobre aquele ponto pode recair um autêntico dever jurídico, algo de exigível como *direito,* e não

---

7. Caso típico é o do Código de Processo Civil, de 1939, nos arts. 346 e 347, cuja vigência subsiste.

8. Cf. J. Bonnecase, *Introduction à l'Étude du Droit,* 2ª ed., Paris, 1931, nº 42, pág. 79.

646   MIGUEL REALE

como simples pretensão destituída de amparo específico. Quando de Direito se trate, há sempre possibilidade de *tutela,* o que é observável à luz da história do *Estado de Direito,* na qual se assinala, desde a discriminação das competências e a correlação dos Poderes, a apuração crescente das responsabilidades públicas[9].

Assevera-se, também, que se a coação fosse elemento essencial ao Direito, seria necessário negar a juridicidade do *Direito Internacional,* até hoje fundada no consenso espontâneo das Nações. Essa objeção, no entanto, procedente com relação à teoria da *coercitividade,* nada influi na da *coercibilidade.* Mesmo antes do aparecimento de organismos internacionais, dotados de processos coercitivos (sanções econômicas e guerras de repressão aos violadores do Direito das Gentes) era lícito prever-se a possibilidade de seu advento.

Assim como a História do Direito nos mostra uma passagem gradativa da solução dos *conflitos individuais,* do plano da força bruta para o plano da força ética (e jamais se deverá olvidar o sentido ético essencial do monopólio da Jurisdição ou da Justiça avocada pelo Estado); assim como a História nos assinala o desfecho inevitável de um processo de solução puramente judicial dos *conflitos de grupo, ou de classes,* tornando-se dispensável o remédio das greves, que revelam, queira-se ou não, a insuficiência do organismo judiciário próprio; do mesmo modo é logicamente admissível pensar-se em um Direito Internacional baseado na equivalência das soberanias e, só assim, capaz de legitimamente atualizar-se pela possibilidade da *coação.*

Finalmente, vamos fazer rápida referência a uma última objeção, talvez a mais sutil. Prende-se à verificação de que não pode haver coação sem que uma norma determine, expressamente, legitimando-a, a interferência da força. Ora, se a coação fosse um elemento essencial do Direito, não haveria nenhuma norma jurídica que, por sua vez, não estivesse subordinada a outra norma dotada de coação. O Direito seria um absurdo sistema de normas, cada uma delas dotada de coação, garantida por outra, também dotada de coação e, assim, até o infinito, a não ser que se chegasse a um ponto no qual já não houvesse mais Direito, por haver apenas a "norma" ou apenas a "coação", uma desligada da outra.

---

9. Cf. DEL VECCHIO, *Lezioni,* cit., págs. 230 e segs.

FILOSOFIA DO DIREITO

Tal raciocínio seria irrespondível se o ordenamento jurídico no seu todo não fosse também uma norma dotada de coação *possível* em razão da funcionalidade das normas particulares e de suas sanções. As normas de Direito estão articuladas entre si, mas não apenas em sentido unilinear: tutelam-se reciprocamente, segundo variáveis linhas de incidência, de maneira que há sempre possibilidade de coação, embora possa não haver *efetivamente* coação em todo e qualquer momento da vida jurídica[10].

Coação Virtual e Coação Atual

241. Cabe, a esta altura, lembrar uma distinção, que nos vem de Aristóteles, entre "ato" e "potência", entre a mera possibilidade e a atualização de um fato. A concepção aristotélica de ato e potência — que na obra do filósofo grego constitui elemento essencial de sua ontologia — é, indiscutivelmente, de grande alcance, mesmo desligada de seus pressupostos metafísicos originários, que implicam uma valorização maior, ou, o primado daquilo que se atualiza, e, como tal, se aperfeiçoa.

Essa distinção é aplicável em todos os setores da *cultura,* ou do fazer humano, principalmente no domínio das ciências e das artes.

Não erraríamos dizendo que os artistas se distinguem segundo duas concepções fundamentais: uma estática e outra dinâmica; uma de potencialidade e outra de "acabamento" ou de "efetividade" na expressão do belo. É conhecida a correlação estabelecida entre o ato e potência, classicismo e romantismo. A arte clássica, em verdade, traduz o ideal de surpreender os seres em sua virtualidade, ou seja, a sua potência inefável. Se atentarmos para um dos monumentos mais belos da arte renascentista — o Davi, de Miguel Ângelo — sentiremos a força projetante do gesto, no vigor dos seres que desabrolham. O grande artista preferiu fixar o instante inicial de concentração de energias, para o arremesso iminente, em uma expressão antecipadora e sintética de todo o drama. Se passarmos, ao contrário, a um artista genial da época barroca, como, por exemplo, Bernini, encontraremos a mesma figura de Davi surpreendida em pleno movimento, desenvolvendo-se na plenitude da ação, como

---

10. Cf. Pekelis, *Il Diritto come Volontà Costante,* cit., § 20, págs. 105 e segs.

que antecedendo, na estatuária, o efeito rápido de um instantâneo fotográfico.

A distinção entre ato e potência, nota-se, repetimos, em todos os setores da cultura; tanto na Arte, como no Direito, ou nas demais ciências. Baseados nela, podemos fazer uma distinção entre a teoria da *coercitividade* e a da *coercibilidade,* lembrando, como Caldas Aulete o salienta em seu clássico *Dicionário,* que aquele termo é "qualidade de *coercitivo",* enquanto que o outro é "qualidade do que é *coercível".* Pois bem. Segundo os adeptos da primeira teoria o Direito seria dotado sempre e invariavelmente de um elemento coercitivo, sem o qual não haveria Direito; para os da segunda, a coação seria elemento externo do Direito, o qual se distinguiria apenas pela possibilidade de interferência da força.

Na concepção eminentemente finalística do universo, as idéias de Aristóteles sobre ato e potência estavam intimamente ligadas às de matéria e forma. Para Aristóteles, um ser só se atualiza quando realiza a sua forma: a árvore é atualização das potências da semente, assim como a semente tem a potência de atualizar-se como árvore. Há um paralelismo, na doutrina aristotélica, entre matéria e potencialidade, ato e forma, o que talvez explique o fato de se ter considerado *jus perfectum* tão-somente o dotado de coerção efetiva.

O que o termo "potência" traduz, portanto, é a possibilidade de que algo venha a acontecer ou verificar-se, quer inexoravelmente (possibilidade como momento de um processo que *tem de ser),* quer normativamente (possibilidade como momento de um processo que *deve ser).*

Pode dizer-se que essas duas formas de entendimento da *potência* implicam duas modalidades da doutrina da *coercibilidade jurídica,* o que nem sempre tem sido claramente distinto.

Há autores, como Jean Dabin e Recaséns Siches que, reconhecendo embora as falhas da teoria da *coação efetiva* (consoante a fórmula: "Não há Direito destituído de coação"; ou desta outra mais precisa: "Direito e coação são aspectos necessários de um mesmo fenômeno"), concebem a possibilidade da coação como algo que *inexoravelmente* tem que sobrevir, uma vez verificada a violação da regra jurídica.

O antigo mestre de Barcelona pensa "poder afirmar-se terminantemente que o Direito é por essência norma de império inexorável, irre-

FILOSOFIA DO DIREITO

sistível. Uma norma que desse lugar tão-somente a mero dever, uma norma que fundasse um puro dever, e só isto, não seria norma jurídica. Direito sem a dimensão de *imposição inexorável é* uma contradição, é um absurdo, é um pensamento mentalmente irrealizável"[11].

Em sentido paralelo, Jean Dabin discorda de quantos afirmam ser o Direito apenas *suscetível* de coação, ou definem a regra de Direito simplesmente pela "tendência à coação", como fazem, entre outros, François Gény e Léon Duguit.

"Do ponto de vista da coação", escreve o mestre de Lovaina, "e quanto à distinção das regras segundo esse ponto de vista, duas soluções são possíveis: ou a regra é sancionada pela coação, ou não o é. *Tertium non datur.* Somente a coação efetiva fornece a resposta. A "tendência à coação" deixa a regra sem coação e, desse modo, não é, em relação à regra sancionada pela coação, mais que uma regra de outra categoria, ou, pelo menos, uma regra jurídica imperfeita"[12].

Na realidade, porém, o que o estudo anterior nos autoriza a reconhecer é que existe apenas, como elemento distintivo do Direito, a sua *compatibilidade lógica* com a força.

No mundo jurídico recorre-se à força como se recorre a uma *segunda instância* de garantia, sendo a violência, em tal caso, integrada no processo de juridicidade, como algo que a ele se acrescenta sem o alterar em sua essência, e deixando de atuar tão logo restabelecido o ritmo da espontaneidade axiológica normal.

Em suma, se a experiência nos mostra que há casos em que a coação não logra *efetivamente* restabelecer o equilíbrio jurídico partido, por impossibilidade empírica ou por ineficácia; se a pena, como observou

---

11. *Op.* cit., pág. 174.

12. JEAN DABIN, *Théorie Générale du Droit,* Bruxelas, 1944, pág. 32. Em geral, os autores que acentuam o caráter inexorável da coercibilidade jurídica vêem no Direito mais o seu aspecto penal do que o de realização axiológica espontânea. Para Dabin, por exemplo, "todo o Direito Penal é fundado sobre a virtude atemorizante da pena: as leis mostram a força para não ter de se servir dela, ou, pelo menos, para não recorrer a ela a não ser em caso extremo" (...) "Pode dizer-se a exemplo da Lei antiga, que a lei jurídica é e será sempre uma *lei de temor* e não uma *lei de amor,* o que significa que a sua execução deverá se apoiar sempre na força" *(op. cit.,* pág. 27 e nº 2).

650   MIGUEL REALE

agudamente Simmel, quase nunca consegue atingir o "eu" naquela esfera psíquica onde a infração teve sua gênese; se o Direito não deixa de ser Direito onde e quando impunemente violado, e, mais ainda, se a coação a todo instante invocada não fosse antes a morte do que a vida do Direito [13], uma conclusão única se impõe: é a *tendência ao recurso da coação* que pode ser considerada essencial à ordem jurídica. Não é de sua essência a inexorável passagem do virtual para o atual, pelo menos enquanto nos situarmos de um ponto de vista lógico ou deontológico.

O Direito é, pois, coercível. A rigor, *logicamente coercível,* por haver possibilidade ou compatibilidade de execução forçada, e não *juridicamente coercível,* como se expressa Del Vecchio dando como assente a juridicidade que se pretende caracterizar.

Cumpre-nos, agora, indagar da razão dessa compatibilidade, que nos desvendará a essência do Direito.

---

13. "Um Direito que, a todo instante, desse lugar à aplicação efetiva da sanção seria um Direito a cada instante violado. (...) Por conseguinte, um Direito sancionado é necessariamente um Direito excepcionalmente violado e, de conseqüência, geralmente obedecido..." (René Capitani, *L'illicite,* t. I — *L'Imperatif Juridique,* Paris, 1929, pág. 117.)

Capítulo XLV

A Bilateralidade Atributiva do Direito

Bilateralidade Ética e Bilateralidade Jurídica

242. Sendo o ato moral pertinente ao indivíduo em sua essência, em sua dignidade universal de homem, qualquer intromissão externa, obrigando-o a agir, macularia a sua natureza. A possibilidade de coação inexiste no mundo estritamente moral, que requer sempre a adesão espontânea do obrigado, que só assim poderá ser *fiel a si mesmo,* nota ética fundamental. Em resumo, como o ato moral pertence à instância do sujeito, não é dado a outrem realizar o ato *(impossibilidade de substituição)* ou coagir o sujeito a praticá-lo *(impossibilidade de execução forçada).*

A conduta jurídica, ao contrário, não pertence exclusivamente ao indivíduo como sujeito universal, pois somente é jurídica porque e na medida em que se proporciona a outrem. A *exigibilidade* do credor só tem significado em confronto com a posição do devedor. Em uma relação jurídica contratual, por exemplo, existem sempre um sujeito que chamamos de ativo, e outro sujeito que denominamos passivo. Essa terminologia gera, muitas vezes, interpretações equívocas. Não é dito que o sujeito passivo não tenha pretensões. O sujeito é ativo no sentido da prestação principal, mas é, por sua vez, passivo com referência a outros elementos da relação. Se um indivíduo é credor, *v.g.,* de uma letra de câmbio não pode exigir pagamento antecipado, nem pagamento em dólares, quando nossa moeda liberatória é o cruzeiro. O sujeito ativo só o é nos limites da relação, de tal maneira que, quando ele ultrapassa seu âmbito de atributividade, o sujeito passivo torna-se ativo, opondo-lhe um direito seu.

652   MIGUEL REALE

Por que isto é possível? Porque a relação jurídica não pertence ao sujeito ativo, nem tampouco ao passivo, nem pode ser medida pelo ângulo de um ou de outro separadamente. A relação jurídica é algo que supera as pessoas de um e de outro sujeito e se coloca acima deles, unindo-os em um laço de exigibilidades ou de pretensões. Onde quer que haja fenômeno jurídico, encontramos sempre um *nexo transubjetivo,* estabelecendo um âmbito de ações possíveis *entre* ou *para* dois ou mais sujeitos.

Essa observação foi feita, como vimos, na Filosofia grega, assim como na medieval, sem que, no entanto, a nota complementar de *atributividade* tivesse sido apreciada de maneira clara, transpondo-se, desse modo, a *bilateralidade* do plano puramente axiológico da *Justiça* para a experiência concreta do *Direito Positivo.*

A teoria moderna da *alteridade,* se em dado momento se enlaça com a tradição aristotélico-tomista, é antes o resultado de uma revisão crítica da noção de *exterioridade,* de uma análise do imperativo que Kant enunciara como fundamento da razão jurídica (*"Age exteriormente" etc.*) em conexão com a faculdade de coagir. Já em meados do século passado, afirmava Rosmini que a violação de um direito envolve "essa *espécie de exterioridade (sic)* que com palavra latina se denominaria *alteridade"*[1].

Desnecessário é relembrar os estudos posteriores de Stammler e de Del Vecchio, já examinados neste Curso, sobre o caráter entrelaçante ou bilateral do Direito, do qual a coercibilidade e a heteronomia decorrem como corolários[2]. Tais estudos representam uma volta a posições clássicas, mas, repetimos, com uma atitude e uma perspectiva novas, só tornadas possíveis em virtude do trabalho que, desde Thomasius e Kant, vinham sendo desenvolvidos em torno da determinação conceitual da juridicidade.

A norma jurídica não se limita a obrigar: *também faculta,* atribui um âmbito de atividades autônomas a um ou a mais sujeitos, legitimando pretensões ou exigibilidades, assim como o recurso a um Poder, ex-

---

1. ROSMINI, *op. cit.,* pág. 165.
2. Cf. *supra,* caps. XXIII e XXIV.

FILOSOFIA DO DIREITO 653

pressão do querer comum expresso na regra, para que se cumpra o "devido".

Essa idéia tradicional de que o Direito implica deveres correlatos, atribuindo faculdades ou modos jurídicos de ser e de agir, envolve uma série de considerações, máxime à luz de algumas apreciações críticas que tiveram o mérito de abrir perspectivas novas, em razão das quais é necessário superar a doutrina puramente *formal* que nos oferecem os neokantianos.

243. À doutrina da bilateralidade do Direito têm sido opostos vários reparos, quase todos resultantes de uma compreensão imprecisa do problema, como se a bilateralidade não significasse mais que uma correlação entre *posse* e *debere,* entre *pretensão* e *prestação,* ou até mesmo entre *facultas agendi* e *norma agendi,* e também em virtude da interpretação *formal* que em geral lhe é dada.

Invocam-se, em primeiro lugar, relações jurídicas, nas quais o *alter* seria dificilmente configurável, observando-se que, se a bilateralidade é manifesta no domínio do Direito das obrigações, mostra-se discutível não só no plano do Direito real, como também em todos os tipos de *regras de organização* (*Verfassungsrecht*) que determinam essencialmente competências.

No caso dos direitos reais demonstra-se facilmente a improcedência da crítica, pois a bilateralidade não só se põe entre o proprietário e o Estado, a cuja proteção pode aquele recorrer a qualquer instante, como existe sempre com referência aos demais membros da sociedade, os quais lhe reconhecem a pretensão de posse ou de domínio até enquanto não a perturbam ou contestam. Aliás, indo ao fundo do problema, todo direito real é um direito *entre* pessoas *sobre* coisas. Mesmo colocando o problema em termos empíricos, poder-se-ia dizer que, em tal caso, sujeito passivo é toda gente, inclusive as autoridades dos Estados, e sujeito ativo o titular do direito, que o é *erga omnes*[3].

---

3. É conhecida a tese extremada de PLANIOL segundo a qual toda relação *real é* de ordem *obrigacional,* por serem da mesma natureza. Cf. *Traité Élémentaire de Droit Civil,* 9ª ed., 1924, t. I, págs. 656 e segs.

654

MIGUEL REALE

Em se tratando de regras de organização, a bilateralidade também se evidencia, desde que se não queira de antemão reconhecer uma única espécie de alteridade, que analisaremos logo mais, a de ordem *contratual,* a qual implica, sem dúvida, uma correlação ou reciprocidade de pretensões e obrigações. Quando se discriminam competências, distribuem-se *poderes* de agir que, embora distintos, se mantêm interdependentes. Trata-se, na espécie, de *bilateralidade institucional,* na qual não se verifica correspondência a não ser de órgão para órgão, e não entre órgão e sujeitos privados.

244. Objeção que atinge, porém, o âmago do problema, e cujo esclarecimento contribuirá para melhor precisão da matéria, é a feita por alguns filósofos do Direito, de formação hegeliana, ciosos da unidade e da concreção de vida ética e convencidos da inviabilidade de qualquer correlação entre um "eu" e "outro eu", concebidos que sejam de maneira abstrata.

É de Hegel a afirmação fundamental de que o espírito deve descobrir que não é somente *Eu,* mas *Nós:* "Um Eu que é um Nós, e um Nós que é um Eu"[4].

Não se pode olvidar a ressonância dessa compreensão do espírito como *intersubjetividade* no pensamento contemporâneo, pondo-se em realce a ligação necessária de uma consciência singular com outras consciências singulares. "O espírito aparece, aqui", escreve Jean Hyppolite em sua lúcida interpretação da *Fenomenologia do Espírito,* de Hegel, "como a experiência do *Cogitamus* e não mais tão-somente do

---

EMÍLIO BETTI, confutando com razão as conclusões reducionistas do Direito real ao obrigacional, nem por isto deixa de assinalar que também no primeiro há sempre sujeito ativo e passivo, embora lhe pareça injustificado considerá-lo *erga omnes.* (Cf. *Teoria Generale delle Obbligazioni,* Milão, 1953, vol. I, pág. 12.)

4. HEGEL, *Phénoménologie de l'Esprit,* cit., t. I, pág. 154. Na linha desse pensamento, escreve entre nós RENATO CIRREL CZERNA: "Esquece-se que não é possível tomar-se o indivíduo como absolutamente síngulo, porque ele começa a ser tal só a partir do momento em que, por assim dizer, entra em relação consigo próprio. Eu, na realidade, só existo como dois, só existo quando me torno consciente de mim mesmo, quando estou presente a mim mesmo, em cada meu ato..." (Cf. "A Justiça como História", em *Ensaios de Filosofia do Direito,* São Paulo, 1952, pág. 129.) Cf. J. BINDER, *La Fondazione della Filosofia del Diritto,* cit., págs. 20 e segs., e, especialmente, pág. 23, nº 1 com precisos confrontos com a posição de KANT, SCHELLING e FICHTE sobre o problema da *intersubjetividade.*

FILOSOFIA DO DIREITO

Cogito. Ele supõe, simultaneamente, o superamento das consciências singulares e a conservação de sua diversidade no seio da substância. É no coração da consciência singular que descobrimos sua relação necessária com outras consciências singulares. Cada qual é por si e, ao mesmo tempo, é por outrem, cada um exige o reconhecimento do outro para ser si mesmo e deve igualmente reconhecer o outro"[5].

Giovanni Gentile, que forma com Benedetto Croce o cerne do idealismo italiano neste século, não compreende como se possam conceber normas de conduta, inclusive as morais, que não sejam *sociais,* dada a "natureza absolutamente social do espírito humano", nem atribuir ao Direito o caráter exclusivo de compor em harmonia as liberdades individuais: "O acordo das vontades livres, pelo qual é possível a realização de cada singular vontade livre, não é o caráter próprio da sociedade jurídica, mas sim de toda e qualquer sociedade, porque é o caráter da vida do espírito em sua individualidade"[6]. O homem, em suma, para conhecer-se, põe-se como *alter.*

Transpondo essa apreciação crítica da teoria kantiana para a de Del Vecchio, com especial referência ao problema da *bilateralidade,* Battaglia pondera que, consoante conquista do moderno idealismo, é necessário reconhecer que o espírito é "relação absoluta e não pode viver senão em forma relacional", de maneira que a bilateralidade é "o único modo em que se configura a atividade prática".

Posta assim a questão, o antigo mestre de Bolonha não contesta que o Direito, visto como objeto abstraído do processo espiritual unitário, possa ser considerado "bilateral", em confronto com a unilateralidade da vida moral ou da econômica também abstratamente examinadas, mas reafirma que "bilateral não é só o Direito, mas toda a vida concreta

---

5. JEAN HYPPOLITE, *Genèse et Structure de la Phénoménologie de l'Esprit de Hegel,* 1946, pág. 312. O mesmo Autor lembra, a propósito, a importância que HUSSERL deu ao problema da pluralidade das consciências de si *(Méditations Cartesiennes* 5ª Meditação); e a doutrina de HEIDEGGER quando considera a *intersubjetividade (Mitsein)* um "fenômeno" original de nossa experiência. O "ser-com" seria constitutivo da realidade humana e pertencer-lhe-ia ao mesmo título que o seu "ser-no-mundo" *(op. cit.,* pág. 313). Inspirando-se no mestre da Filosofia Existencial, VICENTE FERREIRA DA SILVA FILHO dá-nos páginas penetrantes sobre o problema do eu e do outro em sua *A Dialética das Consciências,* São Paulo, 1950.

6. GENTILE, *I Fondamenti della Filosofia del Diritto,* cit., pág. 74. A crítica de GENTILE, como se vê, dirige-se ao "princípio universal do Direito" de KANT.

656 MIGUEL REALE

do homem", sendo exatamente a alteridade que dá ao Direito um caráter, irmanando-a à Moral[7].

Não nos parece que se supere essa aguda objeção com a lembrança de que a alteridade própria do Direito é algo de mais específico, não se confundindo, assim, com a comum a todo processo espiritual, pois ficará sempre em pé o problema ou a razão da especificidade pretendida[8].

Em um límpido ensaio sobre a verdade na Moral e no Direito, Del Vecchio, paladino da teoria da bilateralidade, produz de certa forma uma trinca no corpo de sua doutrina, ao reconhecer que a *veracidade* tem um aspecto intersubjetivo. "Do fato mesmo do pensamento", escreve ele, "deriva, pelo menos virtualmente, uma relação intersubjetiva. Não sem profunda razão Santo Tomás ensinou que a verdade *(veritas sive veracitas)* se enlaça com a justiça, sendo até mesmo uma *pars justitiae,* visto como também ela, enquanto se manifesta, *est ad alterum."*[9]

Ora, a veracidade, que apresenta tal característica, não é dever jurídico, mas sim moral. Por outro lado, os deveres de cortesia também não se concebem senão *ad alterum,* o que vem demonstrar que a noção tradicional de bilateralidade não pode ser considerada específica do Direito. O "social" é, em verdade, um elemento constitutivo do "humano", de tal modo que bilateral é toda a vida prática, todo o campo da conduta humana e de suas normas. A asserção corrente de que o homem é um "animal político" ou um "ser social" deve ser tomada em toda a sua plenitude, para corrigir-se o equívoco de pensar que estamos situados na sociedade como peças sobre um tabuleiro, quando na realidade "somos a sociedade", ou a "sociedade é em nós". Daí a outra verdade de que não existimos, mas coexistimos, em uma bilateralidade inerente à nossa personalidade social, visto como *quem diz espírito diz alteridade.*

Reconhecida a bilateralidade como uma qualidade da ação humana, mister é, porém, distinguir dois prismas ou instâncias no problema da alteridade: em um primeiro caso, a instância valorativa reside na

---

7. BATTAGLIA, *Corso di Filosofia del Diritto,* Roma, 1950, vol. II, págs. 58 e segs. e 282 e segs.

8. Cf. L. LÓPES DE ONÄTE, *Compendio di Filosofia del Diritto,* Milão; 1944, pág. 164.

9. DEL VECCHIO, *La Verità nella Morale e nel Diritto,* Roma, 1952, pág. 16. Cf. *Summa Theologica,* 1a., 2. ae., q. CIX arts. 1 e 3.

FILOSOFIA DO DIREITO

pessoa do *agente*, que é medida do ato, embora deva pôr-se necessariamente em relação com outrem *(bilateralidade* correspondente a uma instância *subjetiva*, não obstante a inevitável *socialidade* de toda a vida espiritual: é o campo da Moral); no outro caso, a validade da relação decorre de sua "coordenação objetiva", superando o *ego* e o *alter* e envolvendo-os em um nexo comum, em razão do qual são possíveis entre os participantes pretensões recíprocas ou não (bilateralidade de instância *transubjetiva*, ou, como preferirmos denominá-la, *bilateralidade atributiva*, a específica do mundo jurídico)[10].

É claro que esta nota axiológica está mais ou menos implícita na teoria da bilateralidade tal como vem sendo elaborada, desde os pitagóricos, até nossos dias, primeiro quanto à idéia de Justiça e, modernamente, quanto ao conceito mesmo de Direito. Cremos, no entanto, indispensável frisar a importância do elemento *atributividade*, o qual, sem partir a nota que acomuna Moral e Direito, permite-nos distinguir uma do outro.

Sentido Objetivo da Bilateralidade Jurídica

245. A bilateralidade atributiva distingue sempre o Direito, porque a relação jurídica não toca apenas a um sujeito isoladamente, nem ao outro, mesmo quando se trate do Estado, mas sim ao nexo de polaridade e de implicação dos dois sujeitos. Existe conduta jurídica, porque existe medida de comportamento que não se reduz nem se resolve na posição de um sujeito ou na de outro, mas implica concomitante e complementarmente a ambos. Diríamos então que, assim como na Teoria do Conhecimento sujeito e objeto se exigem reciprocamente, também na Teoria do Direito dois ou mais sujeitos se exigem, constituindo, através dessa exigência, a experiência jurídica propriamente dita. Como já escrevemos alhures, o Direito é, em última análise, o Espírito como intersubjetividade objetiva.

Se dizemos que uma conduta jurídica não se caracteriza, nem se qualifica somente pela perspectiva ou pelo ângulo deste ou daquele outro sujeito, mas pela implicação de ambos, compreende-se a possibi-

---

10. Sobre a distinção entre bilateralidade em sentido *ôntico* e *axiológico,* v. o que dissemos *supra,* às págs. 390 e segs.

lidade daquilo que chamamos *exigibilidade*. Tratando-se de uma conduta que pertence a duas ou mais pessoas, quando uma falha (voluntariamente ou não), à outra é facultado exigir. Da atributividade decorre a exigibilidade e desta a coercibilidade. A coercibilidade é um elemento resultante da bilateralidade, um seu corolário imediato. *Em suma, o Direito é coercível, porque é exigível, e é exigível porque bilateral atributivo.*

O conceito de *bilateralidade atributiva* põe em realce o duplo aspecto ou os dois momentos inscindíveis do Direito, o *subjetivo* e o *objetivo*, sendo aquele a expressão necessária do comando jurídico, o qual, no dizer preciso de Miceli, "não pode disciplinar as atividades, acordando a cada qual uma esfera autônoma, senão impondo, ao mesmo tempo, implícita ou explicitamente, a cada um o respeito da esfera autônoma dos demais"[11]. É lição, aliás, tradicional serem o Direito e o dever jurídico conceitos que se pressupõem e se completam, embora desse ensinamento fundamental não raro se olvide ao determinar-se conceitualmente o Direito.

Podemos, pois, dizer que *bilateralidade atributiva é uma relação objetiva que, ligando entre si dois ou mais seres, lhes confere e garante, de maneira recíproca ou não, pretensões ou competências.*

Procuremos desdobrar esse conceito nos seus elementos constitutivos:

a) *objetividade* da relação, para indicar que o liame jurídico é estabelecido em razão de algo que não depende do querer arbitrário e imprevisto deste ou daquele indivíduo, mas é *transubjetivo*. A objetividade da relação jurídica resulta da *objetividade do valor* que a instaura;

b) *bilateralidade* entre dois ou mais seres, que se tornam "sujeitos de direito" (pessoas naturais ou jurídicas) ou então são "órgãos" constituídos a serviço de sujeitos de direito visto como a relação jurídica se põe sempre entre pessoas, ainda quando tenha por motivo o uso de coisas;

---

11. Miceli, *Principi di Filosofia del Diritto*, cit., págs. 66 e segs.

FILOSOFIA DO DIREITO

659

c) *atributividade*: é próprio de toda e qualquer relação jurídica, tomado este termo em sentido lato, ligar e, concomitantemente, dar a razão ou a medida do vínculo posto entre as pessoas ou os órgãos. Como uma pessoa nunca pode ser juridicamente um meio ou instrumento de outra, torna-se necessário que, no ato mesmo em que se a declara vinculada a alguém para algo, algo lhe seja também reconhecido ou conferido, ficando assim disciplinados a exigibilidade e o exercício do vínculo constituído;

d) *garantia*: é outra nota essencial à bilateralidade atributiva, que não se reduz a uma simples declaração teórica de pertinência de algo a alguém, mas é razão de *certeza* e de *segurança* como instrumento prático de ação: a garantida exigibilidade do *devido* resulta da objetividade ou transubjetividade do débito, dando título de legitimidade às formas de *execução coercitiva;*

e) *natureza do liame*: Se a relação jurídica entre dois ou mais sujeitos é sempre objetiva, não é dito que deva ser sempre dotada de reciprocidade. Esta é essencial nas relações do *tipo contratual,* mas não o é nas demais, nas de *tipo institucional,* nas quais nem sempre são razões de igualdade que determinam a situação de um sujeito perante outro, dando origem a prestações e contraprestações;

f) *pretensões ou competências*: pretensões, quando se correlacionam entre si pessoas naturais ou jurídicas; competências, quando se correlacionam entre si quaisquer dos órgãos do Estado, como, por exemplo, ocorre com os Poderes iguais da República, ou com órgãos administrativos ligados por vínculos de coordenação ou subordinação.

Como se vê, a *bilateralidade atributiva,* peculiar ao mundo do Direito, integra em si duas valências, distintas mas complementares, visto como, se ela liga pessoas entre si, ao mesmo tempo lhes discrimina esferas autônomas de ser e de agir: obriga-se e, concomitantemente, lhes confere poderes; põe-se objetivamente acima dos obrigados, mas tão-só para garantir-lhes certa esfera livre de ação; é objetiva ou transub-

660 MIGUEL REALE

jetiva, mas tendo por fim a certeza e a segurança daquilo que é subjetivamente reconhecido ou outorgado a quem é abrangido por seus enlaces.

Poder-se-ia dizer que a bilateralidade atributiva se caracteriza por sua estrutura *axiologicamente binada,* de tal modo que a correlação entre *posse* e *debere,* entre *pretensão* e *prestação,* graças a ela se exprime de maneira objetiva, ficando superado o plano da relação empírica entre dois sujeitos, visto se referir a algo de essencial à vida do espírito: *à possibilidade e à necessidade ética de obrigar-se o espírito também em virtude e em razão de algo transubjetivo.* Este campo de vinculação é o campo próprio do Direito, enquanto que a Moral só rege as ações vinculadas ao âmago da subjetividade. Daí termos dito que *é só no Direito que o espírito se realiza, em sua plenitude, como intersubjetividade.*

Assim sendo a bilateralidade atributiva não se confunde com a bilateralidade comum a toda a vida do espírito, mas constitui uma sua especificação, brotada de exigências indeclináveis da vida social e, indo mais a fundo do problema, de exigências conaturais à vida mesma do espírito.

Em verdade, se é próprio do espírito obrigar-se de maneira espontânea e livre (as janelas do espírito, costuma-se dizer, abrem-se por dentro), é pelo respeito mesmo aos valores do espírito que é mister recorrer à força quando não espontaneamente praticado o devido nas relações da convivência humana. Mas essa interferência da *vis compulsiva* só é legítima *quando o devido por Fulano a Beltrano só o é em razão de algo que se põe acima de um e de outro,* o que demonstra que é a objetividade do débito (decorrência da objetividade do valor determinante da conduta) que dá legitimidade ao ato pelo qual se procura obter compulsoriamente o cumprimento devido.

Do exposto nos parece que resulta bem claro o *sentido de intersubjetividade objetiva* peculiar ao Direito, cuja instância valorativa transcende a singularidade de cada sujeito inscrito na relação ou partícipe dela.

Para pôr em realce a nota de "atributividade" costumamos lembrar um exemplo muito simples e pitoresco, dado por Petrasisky, jurista e filósofo do Direito polonês do início do século, que exerceu grande influência no mundo germânico, especialmente na obra de Jellinek, a

FILOSOFIA DO DIREITO 661

propósito da teoria do *fato normativo* e a fundamentação psicológica da normatividade jurídica, como se poderá ver em nosso livro *Fundamentos do Direito*[12].

O mencionado Autor, para mostrar a diferença entre a Moral e o Direito, distingue entre imperatividade pura e simples e "imperatividade atributiva". A Moral determina que se faça, mas ao destinatário do comando cabe fazer ou não; ao passo que o Direito se caracteriza porque ordena e, ao mesmo tempo, assegura a outrem o poder de exigir que se cumpra. Daí sua conclusão: a Moral é *puramente imperativa*; o Direito é *imperativo-atributivo*.

Petrasisky imagina que um grande senhor, ao sair de seu palácio para tomar um coche, se encontre com um velho postado à sua porta, à espera de auxílio. Poucos rublos bastariam para atender à sua aflição, mas o nobre prossegue indiferente e imperturbável em seu caminho. Toma o coche e, ao chegar ao seu destino, recusa-se a pagar o preço do serviço prestado.

Comparemos as duas situações e a reação emocional que ambas provocam. No primeiro caso, um espectador teria um movimento de simpatia pelo pobre, e de repulsa pelo rico, mas não *atribuiria* ao primeiro a faculdade de exigir a esmola solicitada. Já na segunda hipótese, a *reação emocional* seria mais profunda, dando origem, não apenas a um *juízo normativo* (pois todo juízo normativo ou todo imperativo ético seria explicável, sempre segundo Petrasisky, como fruto de reações emotivas), mas sim a um *juízo normativo de estrutura atributiva*, por força do qual a simpatia e a repulsa se combinam, atribuindo, ao mesmo tempo e simetricamente, a uma pessoa certas faculdades e a outras deveres correlatos. Brotaria, desse modo, da análise do foro da consciência a distinção entre regras jurídicas e regras morais[13].

O exemplo pode ser acolhido, mas outro deve ser o seu entendimento, depois das considerações desenvolvidas sobre a natureza *objetiva* do comando jurídico, que não pode ser compreendido empiri-

---

12. Cf. *Fundamentos do Direito*, 2ª ed., cit.

13. Compara-se essa explicação psicológica de PETRASISKY com a fundamentação simpatética dos atos morais e jurídicos, na escola dos moralistas ingleses. Cf. o belo ensaio de LUIGI BAGOLINI, *Direito e Moral na Doutrina da Simpatia*, cit.

662 MIGUEL REALE

camente, mediante dados de ordem psicológica, com base em interpretações de fatores emocionais ou volitivos, quando é necessário concebê-lo como uma das expressões universais da vida do espírito.

Não é demais esclarecer que a contribuição de Petrasisky, no que concerne à teoria da bilateralidade, não apresenta a originalidade que Gurvitch lhe confere. Depois da explanação feita nas páginas anteriores, é inegável que a sua doutrina é um elo a mais, e dos mais ilustres, em uma longa tradição de pesquisas. A originalidade do citado jurista polonês reside, em última análise, na explicação ou na fundamentação *psicológica* que pretendeu dar à atributividade jurídica, pelo estudo da *gênese emocional* da norma de direito, insistindo vigorosamente sobre o valor das emoções atrativas ou repulsivas provocadas pelo espetáculo da conduta humana[14].

Observe-se, outrossim, que, se de um ponto de vista empírico ou psicológico a *exigência emocional* gera a atributividade, de um ponto de vista deontológico essa relação só pode ser inversa. A atributividade jurídica não pode resultar causalmente do fato emocional, como quer Petrasisky, mas possui antes um *valor objetivo,* irredutível à pura gênese emocional.

A *bilateralidade atributiva* dá-nos a razão de ser do Direito e de sua especificidade exatamente porque se situa em um plano axiológico objetivo em relação aos sujeitos da relação, insuscetível, como tal, de ser reduzido a prismas subjetivos variáveis, quer dos obrigados, quer de quantos participem de seus atos como espectadores.

246. A compreensão objetiva da bilateralidade já demonstra que não é mister, como se sói afirmar, que sejam sempre *recíprocas* ou *simétricas* as relações jurídicas, consoante o modelo dos contratos sinalagmáticos.

O nexo objetivo de alteridade pode ser de tipo *contratual* ou de ordem *institucional,* segundo nele se integrem os sujeitos em um plano de reciprocidade ou não, pois é só no contrato que em princípio se exige paridade entre as mútuas pretensões.

---

14. Nesse sentido, v. Georges Cornil, "À propos d'un livre posthume de Léon de Petrasisky", nos *Archives de Philosophie du Droit et de Sociologie Juridique,* 1934, 1-2, pág. 191.

FILOSOFIA DO DIREITO

663

Observa Georges Gurvitch que "a interdependência dos direitos e dos deveres pode receber expressões diferentes: pode afirmar-se como *coordenadora* (pretensões e deveres recíprocos entre sujeitos ou grupos separados), como *subordinadora* (pretensões e deveres correspondentes entre sujeitos dirigentes e comunidade obrigada) e como *integrante* (pretensões e deveres do todo e de seus membros, interpenetrando-se e afirmando-se em *comunhão,* pois a interdependência aqui se intensifica até a fusão parcial). Mas em todos os casos é um *sistema,* uma *ordem* de regras imperativo-atributivas que se estabelece na base do Direito"[15].

Corresponde essa discriminação, até certo ponto, à outra apresentada antes por Vicenzo Miceli, que distingue a correlação intersubjetiva segundo o "respeito recíproco", a "cooperação ou a assistência", e a "subordinação" das partes[16].

Pensamos que a distinção entre bilateralidade *contratual* e *institucional* é de caráter mais objetivo, sem ficar ligada a posições particulares próprias a cada doutrina, revelando-se de grande alcance na determinação do conceito de *relação jurídica,* até hoje prevalecentemente calcado sobre as matrizes das relações contratuais, a que o individualismo jurídico, de uma forma ou de outra, reduzira a vida toda do Direito e do Estado.

Mister é, pois, alargar o conceito de *relação jurídica* à luz dos elementos que o estudo da *bilateralidade atributiva* nos oferece, a fim de abrangermos as múltiplas modalidades de enlace que constituem a tessitura da experiência do Direito, sem se modelar a sociedade segundo o ângulo exclusivo de prestações e contraprestações recíprocas, do *"do ut des"* que preside, paritariamente, à vida dos contratos[17].

Impõe-se ainda acrescentar que a alteridade de tipo *institucional* pode ser de *coordenação, de subordinação* ou de *integração,* como acontece, por exemplo, respectivamente, nas relações entre os sócios de uma sociedade anônima; entre o Fisco e o contribuinte; e as que se constituem

---

15. GURVITCH, *L'Idée du Droit,* cit., págs. 105 e segs.

16. MICELI, *Principii di Filosofia del Diritto,* cit., pág. 156.

17. Sobre o conceito de *relação jurídica* e suas espécies, v. MIGUEL REALE, *Lições Preliminares de Direito,* cit., capítulo XVII.

entre o marido e a mulher, os pais e os filhos no seio da comunidade familiar. Dessas discriminações surge um conceito mais amplo de *relação jurídica,* que só assim poderá continuar a ser a pedra angular do edifício conceitual do Direito, tal como resulta deste quadro compreensivo:

Relação Jurídica
- a) de tipo *contratual*
- b) de tipo *institucional*
  - de *coordenação*
  - de *subordinação*
  - de *integração*

Capítulo XLVI

Conceito de Direito

Direito e Valores de Convivência

247. Procurando atender aos pressupostos metodológicos determinados no Título VII, realizamos, de início, a análise fenomenológica da ação e da conduta, para a consideração do Direito *a parte objecti*, e, em seguida, volvemos nossa atenção à estimativa da experiência jurídica tal como se encontra refletida no plano histórico-social, e nas doutrinas de alguns de seus intérpretes.

Desse duplo estudo, parece-nos que as conclusões resultam congruentes no sentido de determinar-se o Direito como *realidade histórico-cultural tridimensional de natureza bilateral atributiva,* ou, se quisermos discriminar no conceito a natureza dos três elementos ou fatores examinados, *"realidade* histórico-cultural ordenada de *forma* bilateral atributiva segundo *valores* de convivência", o que significa que a Jurisprudência tem por objeto *fatos ordenados valorativamente em um processo normativo de atributividade.*

Trata-se, como se vê, de uma *realidade espiritual* (não natural, nem puramente psíquica, ou técnico-normativa etc.), na qual e pela qual se concretizam historicamente valores, ordenando-se as relações intersubjetivas consoante exigências complementares dos indivíduos e do todo social.

A integração de três elementos na experiência jurídica (o axiológico, o fático e o técnico-formal) revela-nos a precariedade de qualquer compreensão do Direito isoladamente como *fato,* como *valor* ou como

666 MIGUEL REALE

norma, e, de maneira especial, o equívoco de uma compreensão do Direito como pura forma, suscetível de albergar, com total indiferença, as infinitas e conflitantes possibilidades dos interesses humanos.

É natural que uma concepção formalista do Direito implique uma teoria da bilateralidade de igual natureza, adiáfora e sem conexões de sentido, quando, já o dissemos, só uma apreciação de cunho axiológico, que leve em conta o caráter objetivo da instância de valoração das relações sociais, poderá situar o Direito no plano da conduta ética e, ao mesmo tempo, reconhecer a sua autonomia ôntica.

Cremos ter demonstrado, notadamente nos Capítulos XXV e XXXVI, a impossibilidade de compreender-se o Direito com abstração de seus valores constitutivos. Não basta afirmar que há no Direito intencionalidade ou imantação essencial para o justo: é necessário reconhecer que o Direito, considerado em seu todo, e não neste ou naquele conjunto de regras particulares porventura vigentes, é *momento de justiça*.

Dois extremos devem aqui ser evitados. De um lado põem-se aqueles que pretendem, a todo transe, atingir um conceito de Direito livre de qualquer nota axiológica, projetando a idéia de Justiça fora do processo da juridicidade positiva (Stammler e Del Vecchio); e, do outro, situam-se aqueles que identificam positividade jurídica e justiça, indivíduo e sociedade (Hegel, Gentile, Binder). Nem se esqueçam, sob outro prisma, aqueles que conferem à Justiça mero sentido utilitário ou econômico, traduzindo uma composição extrínseca de interesses ou de vontades.

O Direito deve ser concebido, no entanto, como atualização crescente de Justiça, dos valores todos cuja realização possibilite a afirmação de cada homem segundo sua virtude pessoal. O que importa é, pois, determinar, com possível rigor, o significado do Direito à luz da experiência social e histórica do homem.

248. O Direito é uma projeção do espírito, assim como é momento de vida espiritual toda experiência ética. Mas é, propriamente, *o espírito como intersubjetividade objetiva,* visto como ordena o *ego* e o *alter* na validade integrante do *nós*. Na comunidade juridicamente ordenada os indivíduos não se dissolvem, nem se desintegram, porque é próprio do Direito, dado o seu caráter essencial de atributividade, tanto mais estabelecer nexos de cooperação, de interdependência e de com-

FILOSOFIA DO DIREITO

plementariedade, quanto mais discrimina esferas autônomas de agir. Nem seria concebível o *nós* como tal, com perda da validade singular do *ego* e do *alter,* cuja coordenação aquele termo significa.

Realizar o Direito é, pois, realizar os valores de convivência, não deste ou daquele indivíduo, não deste ou daquele grupo, mas da comunidade concebida de maneira *concreta,* ou seja, como uma *unidade de ordem* que possui valor próprio, sem ofensa ou esquecimento dos valores peculiares às formas de vida dos indivíduos e dos grupos.

Vários são os elementos que devem coincidir em dada porção ou momento da experiência social para que esta possa adquirir qualificação *jurídica.* É mister, antes de mais nada, uma conexão ou *enlace objetivo.* É o que tem sido expresso de maneiras diversas, mas, no fundo, correspondentes: *constans ac perpetua voluntas,* "vinculação objetiva", "querer entrelaçante", "vontade geral" etc. Se varia, nesse ponto, o entendimento dos termos, por se lhes atribuir, ora sentido psicológico ou sociológico, lógico ou deontológico, o certo é que sempre se reconhece que o Direito não está em função do querer de Fulano ou de Beltrano, mas representa uma exigência do todo coletivo, ou, como diz Wilhelm Dilthey, é um nexo que se orienta para uma vinculação externa das vontades em uma ordem firme e de validez geral, mercê da qual resultam determinadas as esferas de poder dos indivíduos em suas relações recíprocas, com o mundo das coisas e com a vontade comum[1].

Não se trata, dessarte, de vinculação ditada pela sociedade considerada como unidade cerrada e uniforme, ao ponto de identificar-se o indivíduo com o todo social, e, em conseqüência, o Direito com o Estado. O Direito do Estado é apenas uma expressão da realidade jurídica, aquela em que a vinculação oferece maior grau de objetividade ou de inviolabilidade, pois a seu lado se põem outras formas de enlace objetivo, que se legitimam, como expressões do *processo de discriminação atributiva;* no plano do Direito o referido processo é a outra face essencial da vinculação inter subjetiva.

Eis aí o segundo elemento, complementar do primeiro: a atribuição necessária de esferas autônomas de ser e de agir aos indivíduos e aos grupos, dada a polaridade dos dois termos a que o Direito deve atender

---

1. Dilthey, *Introducción a las Ciências del Espíritu,* cit., págs. 69 e segs. Cf. ainda, do mesmo Autor, *El Mundo Histórico,* cit., pág. 105. Pelas razões logo mais expostas, preferimos, no entanto, dizer "vinculação objetiva" e não "vinculação externa" das vontades.

MIGUEL REALE

simultaneamente, ou seja, da *pessoa* e da *sociedade,* ambos se exigindo reciprocamente, pois só se é pessoa como partícipe de um viver comum (convivência) e só há sociedade entre pessoas.

Vinculação objetivo-atributiva, diríamos do Direito, não considerando senão o que nele se apresenta como forma, e se a objetividade do enlace não traduzisse necessariamente um conteúdo axiológico, representado, simultânea e complementarmente, pelos valores da *pessoa humana* e da *justiça.* Estes dois valores exigem-se reciprocamente, pois é indispensável que cada homem seja *ele mesmo,* sem ofensa à correspondente destinação alheia, respeitando-se também o que deve caber ao todo, pois resultariam comprometidos os fins das partes se nenhum fim próprio fosse reconhecido à comunidade.

Sendo o Direito um *bem cultural,* nele há sempre uma exigência axiológica atualizando-se na condicionalidade histórica[2], de maneira que a objetividade do vínculo jurídico está sempre ligada às circunstâncias de cada sociedade, aos processos de opção ou de preferência entre os múltiplos caminhos que, como vimos, se entreabrem no momento de qualquer realização de valores. Põe-se, assim, no âmago da experiência jurídica a problemática do Poder, que procura assegurar por todos os modos, inclusive pela força física, a realização do Direito.

Vê-se, pois, que o conceito do Direito implica, outrossim, o elemento do *Poder* (donde dizermos que é uma realidade *ordenada,* ou, por outras palavras, uma *ordenação)* assim como o de *sociedade*: é o Direito *vinculação bilateral-atributiva da conduta humana para a realização ordenada dos valores de convivência.* Temos, assim, de maneira geral, a sociedade como condição do Direito, a Justiça como fim último, a bilateralidade atributiva como forma ordenatória específica, e o Poder como garantia de sua atualização.

Não se reduz, desse modo, o Direito à simples *condicionalidade lógico-transcendental,* com a qual Kant exprimiu o individualismo fundamental de sua época; nem a uma *condicionalidade sociológica,* à

---

2. Cf. Miguel Reale , *De Dignitate Jurisprudentiae,* cit., págs. 45 e segs. *Horizontes do Direito e da História,* cit., págs. 385 e segs. e, mais desenvolvidamente, os capítulos I, II, VII e VIII de *O Direito como Experiência,* cit. e, também, *Lições Preliminares de Direito,* cit., capítulo VI e *Experiência e Cultura,* cit.

FILOSOFIA DO DIREITO 669

maneira de Jhering, tentando um compromisso garantido pelo Poder Público entre interesses individuais reciprocamente compensados; porque só pode e deve ser visto em termos de *condicionalidade histórico-axiológica*, visando a uma ordem social justa, na qual os homens e os grupos possam se desenvolver livremente, assim como completar-se econômica e eticamente uns aos outros no sentido de uma comunidade concreta.

249. É no âmbito da *Epistemologia Jurídica* que se situa o estudo das relações entre a Ciência do Direito e a Sociologia, mas, nos limites essenciais à determinação da juridicidade, bastará dizer que a bilateralidade atributiva põe em evidência a "socialidade" do *jus*.

Não há Direito sem sociedade, e vice-versa. Lembremos, no entanto, que estamos empregando indiferentemente os termos *sociedade* e *comunidade,* sem emprestarmos a essas categorias o valor de entidades contrapostas, quer por pensá-las como *formas, essenciais* ou típicas de associação, quer por apresentá-las como *formas históricas* distintas.

A discriminação que, desde Tönnies, se faz entre *sociedade* e *comunidade,* a primeira significando uma simples união mecânica e exterior dos homens em um agregado social, a segunda traduzindo esse agregado em sentido orgânico, pela participação íntima, ou melhor, pela co-participação a fins comuns, pode ser aceita desde que não se idealizem tais categorias, como se fosse imprescindível optar por um viver de tipo *comunalista* (de preponderância do todo) ou, então, por um viver do tipo *associativo,* ou de prevalência do indivíduo.

A tese segundo a qual a convivência originária do homem é marcada pelo predomínio indiscriminado do todo, como no-lo demonstra a violenta pressão do social entre os povos primitivos, assim como a observação paralela de que a História representa, como já o proclamava Hegel, a realização da liberdade, a emancipação progressiva do homem como indivíduo ou como pessoa, não nos autorizam a preferir, sem recurso a elementos ideológicos, a *sociedade* à *comunidade* ou vice-versa. Tomados estes termos na acepção acima lembrada, diríamos que eles marcam antes dois extremos ou pontos-limite, entre os quais se desenrola a experiência social e jurídica.

Quando a tendência para a *sociedade* (ordem de relações exteriores, na qual se fortalece o âmbito de ação livre ou de discricionariedade

670 MIGUEL REALE

deixada aos indivíduos) é contrabalançada pela pressão da *comunidade* (ordem de relações íntimas de comunhão e assistência, como se tem exemplo na instituição da família), quando, em suma, se logra obter o equilíbrio entre as duas forças que dão dimensão ao ser social do homem, podemos dizer que se realiza uma *comunidade concreta.*

Parece-nos que há mutilação do Direito quando concebido de modo meramente exterior, abstração feita dos *fins comuns* de uma convivência historicamente constituída, chegando-se a resultado análogo quando as individualidades são diluídas na pretensa totalização ética da sociedade ou do Estado[3].

250. Se o Direito sempre se refere ao *todo social,* não de maneira absoluta, mas como garantia de coexistência, não tem cabimento reconhecer qualidade jurídica aos ordenamentos ilícitos ou criminosos, consoante tem sido afirmado por autores que, ou concebem o Direito como simples ordem exterior de coexistência, ou lhe reconhecem apenas natureza econômico-utilitária. Nessa falta de compreensão do Direito como expressão de valores de convivência segundo um centro último de referibilidade, comungam todos os que identificam juridicidade com legalidade, ou juridicidade com economicidade.

Só a perda da nota axiológica essencial explica a redução do Direito a uma coordenação exterior de vontades dirigidas para um fim qualquer, desde que dele se origine uma vinculação garantida pela autoridade do grupo, quando nenhum Direito pode existir *contra* o Estado: os chamados direitos contra o Estado são, na realidade, direitos contra pretensões abusivas ou errôneas dos governantes atribuindo ao Estado o que lhe não compete.

Já escrevemos alhures que o Estado é o *lugar geométrico da positividade jurídica,* para indicar que não pode subsistir, com os caracteres da juridicidade, qualquer ordenamento social em conflito com os demais e com o ordenamento máximo que representa a garantia da coexistência legítima de todos. Do ponto de vista da *positividade jurídica* o Estado é a entidade máxima, embora, sob outros prismas mais altos, como o da

---

3. Sobre esses problemas, cf. nossa obra *Pluralismo e Liberdade,* cit., II Parte.

FILOSOFIA DO DIREITO

religião ou da cultura, por exemplo, seja necessário falar-se em outros termos de excelência.

Dado o caráter integrante próprio dos valores, que se exigem e se compenetram (Nicolai Hartmann fala mesmo em *tendência tirânica* dos valores no sentido de modelar tudo à sua imagem), cada comunhão de interesses ou de exigências estimativas constitui o seu Direito Positivo (pluralidade da ordem jurídica positiva), mas todos se referem a um último ou mais alto centro de integração jurídico-positiva, suscetível de garantir a *coexistência e a realização dos valores múltiplos:* esse centro de referibilidade axiológica marca a excelência do *Direito total da comunidade,* de que o Estado é expressão. Há, pois, uma *gradação da positividade jurídica,* que alcança o seu índice máximo no *Direito estatal,* cuja *objetividade* e *universalidade concreta* se afirma no âmbito de uma comunidade nacional, estágio necessário e condição de uma comunidade internacional, só possível como coordenação de distintos Poderes autônomos respeitados como tais[4].

Se não é pensável o Direito sem conteúdo axiológico, e se a atributividade já é, por si mesma, razão ética de medir, implicando a consideração do *suum* que se outorga ou se nega, nada mais inconsistente do que um conceito de Direito que não expresse as conexões de sentido segundo as quais a Justiça se concretiza como *positividade jurídica,* tornando-se momento de um processo renovado de composição de valores socialmente vividos.

Realizar o Direito é, pelo dito, realizar a sociedade como comunidade concreta, a qual não se reduz a um conglomerado fortuito de indivíduos, mas é uma ordem de cooperação e de coexistência, uma comunhão de fins, com os quais é mister que se conciliem fins irrenunciáveis do homem como pessoa, ou seja, como ente que tem consciência de ser o autor de suas ações, de valer como centro axiológico autônomo, o que só será possível com igual reconhecimento da personalidade alheia.

---

4. Sobre essa matéria, v. nossa *Teoria do Direito e do Estado,* cit., III Parte, notadamente, págs. 296 e segs. O problema do Poder como correlato da "tensão axiológica" ou da força expansiva e conflitante de valores diversos ou de centros diversos de interesses achase mais amplamente estudado em nosso livro *O Direito como Experiência,* cit. À luz desse critério cremos possível examinar filosoficamente a *gradação da positividade jurídica,* que até agora tem sido prevalecentemente considerada de modo empírico, com base apenas em dados sociológico-políticos.

672   MIGUEL REALE

Vê-se, assim, que a bilateralidade atributiva não diz respeito ao homem destacado do meio social, *uti singulus,* mas só pode ter significado com referência também ao homem enquanto membro da sociedade, *uti socius.*

Os Corolários da Atributividade

251. O "querer" que se manifesta no Direito não é um querer psicológico ou puramente lógico, mas um *querer deontológico,* expressão de *fins* que nascem do reconhecimento de valores como razão da conduta social[5].

O Direito é *dever ser* que se projeta necessariamente no plano da experiência concreta, para que caiba o *seu* a cada um dos membros da comunidade e à comunidade mesma. Seria impertinente estudar agora a natureza do *seu* que o Direito atribui, que pode ser de ordem moral ou material, religiosa ou econômica. Ao averiguar as relações entre Direito e Economia, por exemplo, verifica-se que a juridicidade reside no *atribuir,* e não na coisa atribuída. Se o Direito não é o rei Midas, invocado na imagem kelseniana, que transforma em "jurídico" tudo em que toca, não se deve olvidar que entra sempre na órbita do Direito toda realidade humana enquanto implique relações intersubjetivas, mercê de cuja instância axiológica a conduta adquire um significado que seria inexplicável segundo o prisma singular dos participantes.

Sendo a bilateralidade atributiva expressão de uma valoração objetiva *inter-homines,* destina-se a estes, e não a seus bens, que a Economia visa de maneira primordial. Poder-se-ia dizer que as jurídicas são sempre relações entre pessoas; as econômicas, relações objetivas entre *atos de produção de bens,* que o Direito tutela em razão de pessoas.

Ao tutelar um *bem econômico,* o Direito enquadra-o em sua estrutura específica e, nesse sentido, o torna *bem jurídico,* por situá-lo na vigência de um ordenamento, através do qual flui sempre a força dos valores que se realizam em uma comunidade.

É próprio, por conseguinte, do Direito proporcionar os bens, econômicos ou não, em uma ordem de coexistência, segundo um sentido de

---

5.   Sobre o nexo entre *valor* e *fim,* v. *supra,* cap. XXXVI.

FILOSOFIA DO DIREITO

totalidade, ordem essa que é *bem social* ou *bem comum;* isto *é, objetivação da justiça nos limites das circunstâncias histórico-sociais:* o bem comum é, por tal motivo, a medida histórica da justiça, ou a justiça em plena concreção histórico-social, assim como a *eqüidade* representa a justiça em concreção particular, o que reflete, mais uma vez, a polaridade entre o coletivo e o individual, e a necessidade de superar a aporia dos esquemas genéricos e abstratos em conflito com a singularidade dos casos não tipificáveis[6].

Da bilateralidade *atributiva,* consoante acaba de ser determinada, resultam, como seus corolários imediatos, as notas da juridicidade que a doutrina nos oferece quando explica ser o Direito *exigível, heterônomo, coercível, formalmente predeterminado* e etc.

A coercibilidade não assinala simples conformidade lógica entre Direito e coação, mas também uma exigência axiológica: a coação liga-se ao *dever ser* do Direito, pois, quando a norma jurídica primária, que contém o preceito de conduta, não é espontaneamente cumprida, impõe-se o advento de dadas conseqüências, as quais podem consistir no cumprimento forçado da regra infringida, ou em uma pena correspondente ao valor do Direito cuja reintegração se haja tornado impossível. É errôneo pensar que a coação tenha sempre por fim realizar o Direito violado, ou, em sentido contrário, que a sua função normal consista, como pretende Soler, em dispor que se faça *outra coisa* quando não tenha sido feito o que se devia fazer[7]. Ambos os resultados, em verdade, podem ser alcançados pela coação, segundo a natureza daquilo que se tutela e se atribui[8].

Compreendida como exigência axiológica do Direito, a coação pulsa de força ética, quer ao tornar efetivos, graças a processos vários, os resultados que normalmente derivariam da conduta espontânea do obrigado (pela penhora e a hasta pública obriga-se, por exemplo, o de-

---

6. Reportamo-nos, neste passo, ao que escrevemos sobre a diversa maneira de se considerarem o *bem individual* e o *bem social* na Moral e no Direito. *Propedêutica Filosófica,* I Parte deste Curso, cap. XIX.

7. Cf. Sebastián Soler, *Ley, Historia y Libertad,* Buenos Aires, 1943, pág. 181.

8. Cabe aqui relembrar que *coercitividade* não se confunde com *coercibilidade:* aquela é qualidade de coercitivo; esta é qualidade do que é coercível. (Cf. CALDAS AULETE, *Dicionário Contemporâneo da Língua Portuguesa,* Rio, 1958, vol. 1.)

674 MIGUEL REALE

vedor a pagar o débito), quer ao se impor ao transgressor uma pena re-tributiva do mal irremediavelmente praticado (a condenação do homici-da não restitui, por certo, o bem da vida, mas normativamente faz valer o valor atingido).

Em ambos os casos, a eticidade objetiva do Direito coloca o vio-lador das normas jurídicas em consonância consigo mesmo, não com o seu *eu* empírico, mas com o *eu* harmonizável com o *alter* e o *nós,* base da juridicidade[9].

Daí ter-se dito que o Direito é uma espécie de Moral objetiva, ou o *mínimo ético,* expressão dúbia que parece olvidar a funcionalidade essencial que existe entre o mundo moral e o jurídico. O Direito não poderá ser jamais a sobra do naufrágio dos valores morais, ainda que seja para garantir à sociedade uma desoladora sobrevivência. Mínimo ético só haveria se todos infringissem as regras jurídicas e só um homem restasse em condições de aplicar a sanção, mas acontece que, ao ser aplicada a sanção, ressurgiria em toda a intensidade, a força dos valores éticos, o que demonstra a solidariedade da vida espiritual.

Outra decorrência da atributividade é a predeterminação formal do Direito. De todas as formas de experiência humana, o Direito é a que mais exige forma predeterminada e certa em suas regras. Não se com-preende o Direito sem um mínimo de legislação escrita, de certeza, de tipificação da conduta e de previsibilidade genérica. Isto porque o Di-reito, ao facultar-lhe a possibilidade de escolha entre o adimplemento ou não de seus preceitos, situa o obrigado no âmbito de uma escolha já *objetivamente* feita pela sociedade, escolha esta revelada através de um complexo sistema de *modelos.* Mesmo nos países onde vigora o Direito costumeiro, como é o caso da Inglaterra, as normas jurisdicionais e consuetudinárias revestem-se de categorias formais; a diferença que existe com referência à tradição romanística não está na certeza da juri-dicidade, que a todos os sistemas acomuna, mas sim no que tange ao processo ou à gênese dos preceitos. O Direito, portanto, *exige predeter-minação formal,* sendo o *modelo legal* a expressão máxima dessa exi-gência, o que explica seu êxito em confronto com as demais espécies de modelos jurídicos.

---

9. Em sentido análogo, LÓPEZ DE ONÃTE, *Compêndio di Filosofia del Diritto,* cit., pág. 198.

FILOSOFIA DO DIREITO

A *certeza do Direito* vai até o ponto de exigir a constituição de um Poder do Estado, cuja finalidade precípua é ditar, em concreto, o sentido exato das normas. Ligada, portanto, ao princípio da certeza do Direito, temos a compreensão mesma da função jurisdicional.

Não existe, na esfera moral, a predeterminação formal das regras ou dos órgãos destinados a declarar seu conteúdo rigoroso, como se verifica no mundo jurídico, onde a tipicidade não deve ser vista apenas nos domínios do Direito Penal. Lembre-se, por exemplo, que ninguém pode ser punido a não ser em virtude de crime previamente definido. É impossível que o julgador, no momento de aplicar a pena, seja, ao mesmo tempo, legislador e juiz. A predeterminação da figura delituosa é, absolutamente, indispensável. A mesma coisa acontece, de uma forma ou de outra, em todos os setores da Jurisprudência. É por esse motivo que se pode chegar à seguinte conclusão: o Direito Positivo de um povo deve ser considerado pleno, sem lacunas, não estaticamente, entenda-mo-nos, mas *em ato,* em processo, como "ordenamento" e não como mero "sistema de regras". Donde a insuficiência de toda e qualquer concepção do ordenamento jurídico apenas segundo seus elementos lógico-sintáticos.

Pois bem, a apontada exigência de *tipicidade* ou de *predeterminação formal* no mundo do Direito é um corolário da bilateralidade atributiva, em virtude da qual é possível obter-se pela força o respeito às pretensões e prestações juridicamente válidas. É natural, com efeito, que cuidadosa e prudentemente se *certifique* o Direito, sem apego a fórmulas estereotipadas e inúteis, mas também sem horror descabido à forma que lucidamente enuncie o lícito e o ilícito, a fim de prevenir e evitar os abusos e distorções do Poder.

A Moral, fundada na espontaneidade e insuscetível de coação, pode dispensar a rigorosa tipicidade de seus imperativos que, aliás, não devem, por sua natureza, se desdobrar em comandos casuísticos. O Direito, ao contrário, disciplinando e discriminando "classes de ações possíveis", deve fazê-lo com rigor, numa ordenação a mais possível lúcida de categorias e *modelos normativos,* não passando de contraposição abstrata a que é feita, por exemplo, por Viehweg, entre *saber problemático* e *saber sistemático,* excluído este do campo do Direito[10].

---

10. Cf. o exposto *supra,* à pág. 633, nota 13. Sobre a improcedência da contraposição absoluta entre problemática e dogmática jurídicas, v. Miguel Reale. *O Direito como Ex-*

676 MIGUEL REALE

O fato inegável de ser a experiência jurídica incompatível com meras explicações lógico-dedutivas — válidas mais para o suporte ideal ou proposicional das regras de Direito do que para o seu conteúdo — não elimina a compatibilidade entre *problematicidade* e *sistematicidade*, desde que esta seja entendida na concretitude do evolver histórico, com as aberturas e inovações inerentes ao processo de *dever ser.*

Distinção entre Direito e Moral

252. Ao longo deste trabalho, viemos discriminando paulatinamente, numa conjugação de perspectivas de natureza ôntica e histórica, as notas distintivas do Direito e da Moral.

Foi-nos possível verificar que tal problema não se pôs desde logo de maneira precisa e plena, sendo antes o resultado dos acontecimentos históricos e do progresso verificado na categorização lógica da Ciência do Direito, tornando-se necessário, quer por motivos políticos, quer por exigências de ordem técnica e dogmática, uma determinação mais rigorosa das esferas do *lícito moral* ou do *lícito jurídico.*

Mas vimos, outrossim, que, quanto mais os pesquisadores cuidavam de vislumbrar diferenças e distinções, mais se tornavam manifestas, impondo-se igualmente à análise, as razões de correlação e de semelhança entre o Direito e a Moral, ligados um ao outro nas raízes mesmas do espírito.

A *bilateralidade atributiva,* por nós apontada como nota essencial do Direito, põe bem em relevo a sua radical eticidade, por ser especificação da bilateralidade inerente à vida do espírito, não sendo mais que seus corolários aquelas qualidades, como a exterioridade ou a coação, que as conjunturas políticas ou a fisionomia ideológica das diversas épocas consideraram notas primordiais da realidade jurídica.

Torna-se, desse modo, não só possível como aconselhável integrar as diversas perspectivas analisadas numa visão de conjunto, que aponte

---

periência, cit., págs. 135 e segs. No mesmo livro (págs. 31 e segs.) analisamos a *tipicidade* como uma das características da experiência jurídica.

FILOSOFIA DO DIREITO

tanto as correspondências como as distinções entre essas duas manifestações fundamentais da experiência ética, pois é só dessa apreciação compreensiva, na concretitude do processo histórico, que poderá resultar o esclarecimento de tão poderoso tema.

Em conclusão, tomando como fulcro ou centro de referência o conceito de bilateralidade atributiva, talvez seja possível tentar uma sistematização de critérios distintivos entre a Moral e o Direito, sob o tríplice ponto de vista da *natureza do ato,* da *forma* e do *conteúdo,* chegando-se ao seguinte esquema:

		MORAL	DIREITO
	1) *Quanto à natureza do ato*	a) Bilateral.	a) Bilateral atributivo.
		b) Visa mais à intenção, partindo da exteriorização do ato.	b) Visa mais ao ato exteriorizado, partindo da intenção
DISTINÇÃO ENTRE DIREITO E MORAL	2) *Quanto à forma*	c) Nunca heterônoma.	c) Pode ser heterônomo.
		d) Incoercível.	d) Coercível.
		e) Não apresenta igual predeterminação tipológica.	e) Especificamente predeterminado e certo, assim como objetivamente certificável.
	3) *Quanto ao objeto ou conteúdo*	f) Visa de maneira imediata e prevalecente ao bem individual, ou os valores da pessoa.	f) Visa de maneira imediata e prevalecente ao bem social, ou os valores de convivência.

Basta analisar o quadro *supra*[11] para verificar-se que o Direito, à diferença da Moral, da Estética etc., não tem por fim um valor específi-

---

11. Compare-se com o proposto por Icilio Vanni, em suas *Lezioni di Filosofia del Diritto,* cit., págs. 101 e segs., onde a bilateralidade figura entre os elementos formais, sem a nota axiológica que julgamos essencial. É ainda esse elemento que lhe falta na apreciação dos problemas do conteúdo, examinados por ele sob prisma mais propriamente sociológico, assim como prevalecem motivos de ordem psicológica na análise dos modos de apreciação da conduta humana. Vanni, no entanto, timbrava em acentuar o elemento de *attributi-*

co que determine por si mesmo a ação humana, sem implicar a vigência conseqüente de outros valores. O artista vive em razão da beleza, como é à plenitude do ser pessoal que se endereça a Moral. Já o Direito tem como destino realizar a Justiça, não em si e por si, mas como condição de realização ordenada dos demais valores, o que nos levou, certa feita, a apontá-lo como o "valor franciscano", cuja valia consiste em permitir que os demais valores jurídicos valham, com base no valor da *pessoa humana,* valor-fonte de todos os valores.

Essa correlação essencial entre Direito e Justiça, entre o que o homem vai realizando como *jurídico* e o que ele, através da história, se propõe como *justo* que deve ser alcançado, exclui qualquer concepção formal da Justiça, a qual não pode deixar de ser estudada na concretude do processo histórico, como pensamos ter demonstrado na primeira parte de nosso último livro *Nova Fase do Direito Moderno*. No fundo, o *jurídico* é uma experiência, feliz ou malograda, de justiça, e, mesmo quando de bom êxito, tem sempre caráter provisório, tão infinita é a esperança de justiça que nos anima e nos impele através do tempo.

Por ser perene atualização do justo, o Direito é condição primeira de toda a cultura, e nisso reside a dignidade da Jurisprudência, podendo-se conjeturar que a justiça implica "constante coordenação racional das relações intersubjetivas, para que cada homem possa realizar livremente seus valores potenciais visando a atingir a plenitude de seu ser pessoal, em sintonia com os da coletividade".

---

vidade, consoante o ensinamento de ULPIANO, ao definir a justiça, mantendo-se fiel à tradição clássica. Quanto a esta, v. FÉLIX SANN, *De la Justice et du Droit,* Paris, 1927, e a preciosa monografia de DEL VECCHIO, *Justiça,* publicada pela Editora Saraiva, em trad. de Antônio Pinto de Carvalho (vol. X da coleção *Direito e Cultura).*

Referências Bibliográficas

As obras aqui enumeradas são apenas aquelas a que, por uma razão ou por outra, nos referimos no decorrer da exposição, o que explica a ausência de outros trabalhos e monografias indispensáveis ao trato da matéria.

AHRENS (Henri) — *Cours de Droit Naturel*, 7ª. ed., Paris, 1875.

ALIGHIERI (Dante) — "De Monarchia", *in Tutte le Opere di Dante Alighieri*, Florença, 1919.

AMSELEK (P.) — *Méthode Phénoménologique et Théorie du Droit*, Paris, 1964.

ARISTÓTELES — *The Basic Works of Aristotle*, ed. de Richard Mckeon, Nova Iorque, 1941.

ARRUDA (João) — *Filosofia do Direito*, São Paulo, 1942.

ARTETA (Luís E. Nieto) — *Lógica, Fenomenología y Formalismo Jurídico*, Santa Fé, 1942.

ASTRADA (Carlos) — *Ensayos Filosóficos*, Univ. Nac. del Sur, 1963.

ATHAYDE (Tristão de) — *Introdução ao Direito Moderno*, Rio de Janeiro, 1933.

AUBRY (C.) et RAU (C.) — *Cours de Droit Civil Français d'Après la Méthode de Zachariae*, 4ª. ed., Paris, 1869-1879.

AUSTIN (John) — *Lectures on Jurisprudence, or the Philosophy of Positive Law*, 3ª. ed., Londres, 1869.

AYER (A. J.) — *Language, Truth and Logic*, Londres, 1936.

BACON (Francis) — *Opera Omnia*, Francforte-sobre-o-Meno, 1665.

BAGOLINI (Luigi) — *Diritto e Scienza Giuridica nella Critica del Concreto*, Milão, 1942; *Direito e Moral na Doutrina da Simpatia*, trad. de Dora Ferreira da Silva, São Paulo, 1952; *Visioni della Giustizia e Senso Comúne*, Bolonha, 1968, e *Mito, Potere e Dialogo*, Bolonha, 1967.

BARBOSA (Rui) — *Anistia Inversa*, "Prefácio", Rio de Janeiro, 1896.

BARRETO (Tobias) — *Obras Completas*, ed. do Estado de Sergipe, 1925.

BATISTA MACHADO (J.) — *Antropologia, Existencialismo e Direito*, Coimbra, 1965.

BATISTA (Francisco de Paula) — *Compêndio de Hermenêutica Jurídica*, Recife, 1860.

BATTAGLIA (Felice) — *Corso di Filosofia del Diritto*, Roma, 1949; *La Crisi del Diritto Naturale*, Veneza, 1929; *Cristiano Tommasio — Filosofo e Giurista*, Roma, 1936.

BAUDRY-LACANTINERIE (G.) — *Traité Théorique et Pratique de Droit Civil*, 2ª. ed.

680 MIGUEL REALE

BENTHAM (Jeremy) — *An Introduction to the Principles of Morals and Legislation*, Londres, 1823; "Deontologie ou Science de la Morale", in *Oeuvres de Jérémie Bentham*, Bruxelas, 1840.

BERGSON (Henri) — *L'Évolution Créatrice*, Paris, 1920.

BERKELEY (George) — "A tratise concerning the principles of human knowledge", *in Berkeley's Complete Works*, Oxford, 1901.

BATTI (Emílio) — *Istituzioni di Diritto Romano*, 2ª. ed., Pádua, 1947; *Interpretazione della Legge e degli Atti Giuridici* (Teoria Generale e Dommatica), Milão, 1949; *Teoria Generale della Interpretazione*, Milão, 1955; *Teoria Generale delle Obbligazioni*, Milão, 1956.

BETTIOL (Giuseppe) — *Diritto Penale — Parte Generale*, 3ª. ed., Palermo, 1955.

BEVILÁQUA (Clóvis) — *Estudos Jurídicos* (História, Filosofia e Crítica), Rio, 1916; *Juristas Filósofos*, Bahia, 1897.

BINDER (Julius) — *La Fondazione della Filosofia del Diritto*, trad. de A. Giollati, Turim, 1945.

BOBBIO (Norberto) — *Teoria della Scienza Giuridica*, Turim, 1950; *La Persona nella Sociologia Contemporanea*, Nápoles, 1930; *Giusnaturalismo e positivismo giuridico*, Milão, 1965.

BONNARD (Roger) — "L'origine de l'ordonnancement juridique", *in Mélanges M. Hauriou*, Paris, 1929.

BONNECASE (Julien) — *La Pensée Juridique Française de 1804 à l'Heure Presente*, Bordéus, 1933; *Science de Droit et Romantisme*, Paris, 1928; *Introduction à l'Étude du Droit*, Paris, 1931.

BOUGLÉ (Charles) — *Leçons de Sociologie sur l'Évolution des Valeurs*, Paris, 1922.

BOUTROX (Émile) — *La Philosophie de Kant*, Paris, 1926.

BRANDÃO (Antônio José) — O Direito — *Ensaio de Ontologia Jurídica*, Lisboa, 1942.

BREHIER (Émile) — *Les Thèmes Actuels de la Philosophie*, Paris, 1954; *Études de Philosophie Antique*, Paris, 1955.

BRÜHL (Lévy) — *La Philosophie d'Auguste Comte*, 4ª. ed., Paris, 1921.

BRITO (Raimundo Farias) — *A Verdade como Regra das Ações*, Pará, 1905.

BROGLIE (Louis de) — *La Física Nueva y los Cuantos*, Buenos Aires, 1952.

BURCKHARDT (Walther) — *Der Organisation der Rechtsgemeinchaft*, Zurique, 1944.

BURDEAU (Georges) — *Traité de Science Politique,* 2ª. ed., 1965-1969.

CAIANI (Luigi) — *I Giudizi di Valore nell'Interpretazione Giuridica*, Pádua, 1954.

CAIRNS (Huntington) — *Law and the Social Sciences*, 1935; *The Theory of Legal Science*, Chapel Hill, 1941; *Legal Philosophy from Plato to Hegel*, 2ª. ed., Baltimore, 1949.

CALDAS AULETE — *Dicionário Contemporâneo da Língua Portuguesa*, Rio, 1958.

CALOGERO (Guido) — *Saggi di Etica e di Teoria del Diritto*, Bari, 1947.

CAMPOS (Carlos) — *Sociologia e Filosofia do Direito*, Rio, 1943.

CAPITANT (René) — *L'Illicite, t. I, L'Imperatif Juridique*, Paris, 1929.

CAPOGRASSI (Giuseppe) — *Il Problema della Scienza del Diritto*, Roma, 1937.

FILOSOFIA DO DIREITO   681

CARNAP (Rudolf) — *The Logical Syntax of Language*, Londres, 1937.

CARNELUTTI (Francesco) — *Discorsi intorno al Diritto*, Roma, 1937; *Tempo Perso*, Bolonha, 1952.

CASSIRER (Ernst) — *El Problema del Conocimiento*, trad. de W. ROCES, México, 1948; *Filosofía de la Ilustración*, trad. de Eugenio Imaz, México, 1943; *Las Ciencias de la Cultura*, trad. de W. ROCES, México, 1951; *The Philosophy of Symbolic Forms*, New Haven, 1955.

CATHREIN (Viktor) — *Filosofia Morale*, trad. de Eurico Tommasi, Florença, 1913; *Filosofía del Derecho — el Derecho Natural y el Positivo*, trad. de Jardon e G. Barja, Madri, 1940.

CAVALCANTI FILHO (Teófilo) e outros — *Estudos de Filosofia do Direito*, São Paulo, 1952, e *O Problema da Segurança no Direito*, São Paulo, 1964.

CICALA (Francesco) — *Filosofia e Diritto*, 1925.

CÍCERO (Marcus Tullius) — *Oeuvres Philosophiques*, Édition "Les Belles Lettres"; *De Republica e De Legibus*, ed. Ch. Appuhn, Paris, s. d.; *De Officiis Libri Tres ad Marcum Filium*, Paris, 1884.

COING (Helmut) — *Grunzüge der Rechts-philosophie*, 3ª. ed., Berlim-Nova Iorque, 1976.

COLLINOWOOD (R. G.) — *Idea de la Historia*, trad. de O'Gormar e Hernández, México, 1952.

COMTE (Augusto) — *Cours de Philosophie Positive*, 5ª. ed., Paris, 1907.

COSSIO (Carlos) — *La Teoría Egológica del Derecho*, 2ª. ed., 1964; *El Derecho en el Derecho Judicial*, Buenos Aires, 1945; *La Plenitud del Ordenamiento Jurídico*, Buenos Aires, 1947; *El Substrato Filosófico de los Métodos Interpretativos*, Santa Fé, 1940.

COULANGES (Fustel de) — *La Cité Antique*, Librairie Hachette.

CROCE (Benedetto) — *Logica Come Scienza del Concetto Puro*, Bari, 1928; *Filosofia della Pratica*, Bari, 1932.

CZERNA (Renato Cirell) — *A Filosofia Jurídica de Benedetto Croce*, São Paulo, 1955, e *Direito e Comunidade* (Ensaios de Filosofia Jurídica e Social), Ed. Saraiva, São Paulo, 1965.

DABIN (Jean) — *La Philosophie de l'Ordre Juridique Positif*, Paris, 1929; *Théorie Générale du Droit*, Bruxelas, 1944.

DAVY (Georges) — *Le Droit, l'Idéalisme et l'Experience*, Alcan, Paris, 1922; *Étude Sociologique du Problème du Contrat*, Paris, 1922; *La Foi Jurée*, Paris, 1922.

DECUGIS (Henri) — *Les Étapes du Droit des Origines à nos Jours*, Paris, 1946.

DELOS (Jean) — *La Société Internationale et les Principes du Droit Public*, 1929.

DEL VECCHIO (Giorgio) — *Lezioni di Filosofia del Diritto* (XI ed., 1962); *I Presupposti Filosofici della Nozione del Diritto*, Bolonha, 1905; *Saggi intorno allo Stato*, Roma, 1935; *La Giustizia*, Bolonha, 1924; *La Verità nella Morale e nel Diritto*, Roma, 1952; *Direito, Estado e Filosofia*, ed. de Luís Luisi, Rio de Janeiro, 1952.

DESCARTES (René) — *Oeuvres*, ed. de Adam e Tannery, Paris, 1897-1910; *Discours de la Méthode*, 2ª. ed., ed. de Etienne Gilson, Paris, 1939.

DESQUEYRAT (A.) — *L'Institution, le Droit Objectif et la Technique Positive*, Paris, 1933.

DEWEY (John) — *Logica, Teoria dell'Indagine*, trad. de Aldo Visalberghi, 1949.

682   MIGUEL REALE

DILTHEY (Wilhelm) — *Introducción a las Ciencias del Espíritu,* trad. de Eugenio Imaz, México, 1944; *Psicología y Teoria del Conocimiento,* trad. de Eugenio Imaz, 1945; *El Mundo Histórico,* trad. de Eugenio Imaz, 1944; *Hombre y Mundo en los Siglos XVI y XVII,* trad. de Eugenio Imaz, México, 1944.

DOMAT (Jean) — *Les Lois Civiles dans leur Ordre Naturel: le Droit Public et "Legum Delectus",* Paris, 1777.

DONATI (Benvenuto) — *Fondazione della Scienza del Diritto,* Pádua, 1929.

DOURADO DE GUSMÃO (Paulo) — *O Pensamento Jurídico Contemporâneo,* São Paulo, 1955; *Introdução à Ciência do Direito,* 2ª. ed., Rio, 1960, e *Introdução à Teoria do Direito,* Rio, 1962.

DUFRENNE (Mikel) — *La Notion d'"a priori",* Paris, 1959.

DUGUIT (Léon) — *Traité de Droit Constitutionnel,* 3ª. ed., Paris, 1928; *Les Transformations Générales du Droit Privé depuis le Code Napoléon,* Paris, 1912; *Les Transformations du Droit Public,* Paris, 1913.

DURKHEIM (Émile) — "Jugement de réalité et jugement de valeur", *in Sociologie et Philosophie,* Paris, 1951; *Le Suicide,* Paris, 1897; *Règles de la Méthode Sociologique,* 2ª. ed.

EBENSTEIN (William) — *La Teoría Pura del Derecho,* trad. de J. Malagón e A. Pereña.

EHRLICH (Eugen) — *Fundamental Principles of the Sociology of Law,* trad. De W. L. Moll, 1936.

EINSTEIN (Albert) — *Out of my Later Years,* Nova Iorque, 1950; *Il Significato della Relatività,* trad. de A. Radicati di Bròzolo. Turim, 1955.

ELIAS DE TEJADA (Francisco) — *Tratado de Filosofia del Derecho,* Universidade de Sevilha, t. I., 1974; t. II, 1977.

EPICURO — *Massime Capitali,* trad. Bignone, Bari, 1920.

ESPÍNOLA (Eduardo) — *Sistema do Direito Civil Brasileiro,* Rio, 1938.

ESPINOSA — *Ética,* 2ª. ed., ed. Gentile, Bari, 1933; *Tractatus de Intellectus Emendatione,* ed. Carlini, Milão, 1950.

FABRE (Simone Goyard) — *Essai de Critique Phénoménologique Du Droit,* Paris, 1972.

FALCHI (Antonio) — *Storia delle Dottrine Politiche (Introd., Il Pensiero Greco),* Pádua 1939.

FALCHI (Giuseppino F.) — *La Legge Penale,* Pádua, 1942.

FOSSÒ (Cuido) — *Storia della filosofia del diritto,* Bolonha, 1966-1970 (3 vols.).

FEIGL (Herbert) — SELLARS (Wilfrid) — *Readings in Philosophical Analysis,* Nova Iorque, 1949.

FERRAZ FILHO (Tércio Sampaio) — *Die Zweidimensionalität des Rechts als Voraussetzuna für den Methodendnalismus vou Emil Lask,* Meisenheim am Glan, 1970; *Conceito de Sistema no Direito,* São Paulo, 1973; e *Direito Retórica e Comunicação,* São Paulo, 1973.

FERREIRA DA SILVA F. (Vicente) — *Dialética das Consciências,* São Paulo, 1950, e *Obras Completas,* ed. do I.B.F., 1964-1965.

FICHTE (Johann Gottlieb) — *La Seconda Dottrina della Scienza,* trad. de Adriano Tilgher, Pádua, 1939; *Primeira y Segunda Introducción a la Teoría de la Ciencia,* trad. de José Gaos,

FILOSOFIA DO DIREITO

683

Madri, 1934; *Lo Stato Secando Ragione o lo Stato Commerciale Chiuso*, trad. it., Turim, 1909.

FILOMUSI GUELFI (Francesco) — *Enciclopedia Giuridica*, 6ª. ed., Nápoles, 1910.

FONSEGRIVE — *Morale et Société*, Paris, 1916.

FRANCISCI (Pietro de) — *Storia del Diritto Romano*, Milão, 1943.

FRANK (Philip) — *Entre la Física y la Filosofía*, trad. de L. Echavarria, Buenos Aires, 1945.

FRAZER (James G.) — *The Golden Bough*, Nova Iorque, 1943.

FREYER (Kans) — *La Sociología, Ciencia de la Realidad*, trad. de F. Ayala, Buenos Aires, 1944.

FRIEDMANN (W.) — *Legal Theory*, 2ª. ed., Londres, 1949.

GALÁN (Eustaquio) — *La Filosofía del Derecho de Emil Lask em Relación con el Pensamiento Contemporáneo y con el Clásico*, Madri, 1944.

GALILEI (Galileo) — *Il Saggiatore*, vol. 6 das *Obras Completas*, Florença, 1908-1909.

GAMA E SILVA (Luís A.) — *As Qualificações em Direito Internacional Privado*, São Paulo, 1952.

GARCÍA (Basileu) — *Instituições de Direito Penal*, São Paulo, 1951.

GARCÍA MÁYNEZ (Eduardo) — *Introducción a la Lógica Jurídica*, México, 1951; *La Definición del Derecho — Ensayo de Perspectivismo Jurídico*, México, 1948; *Los Principios de la Ontología Formal del Derecho y sua Expresión Simbólica*, México, 1953; *Lógica del Juicio Jurídico*, México, 1955.

GARCÍA MORENTE (Manuel) — *Leciones Preliminares de Filosofia*, Buenos Aires, 1941.

GENTILE (Giovanni) — *I Fondamenti della Filosofia del Diritto*, Florença, 1937.

GÉNY (François) — *Méthodes d'Intérpretations et Sources en Droit Privé Positif*, Paris, 1922-1924; *Science et Technique en Droit Privé Positif*, Paris, 1922-1925.

GIERKE (Otto von) — *Natural Law and the Theory of Society*, trad. de Ernst Barker, Cambridge, 1950.

GIORGIANNI (Virgílio) — *Neopositivismo e Scienza del Diritto*, Roma, 1956.

GLÜCK (Frederico) — *Commentario alle Pandette*, trad. de Contardo Ferrini, Milão, 1898-1901, vol. I.

GOBLOT (Edmond) — *Traité de Logique*, Paris, 1929.

GOLDSCHMIDT (James) — *Estudios de Filosofía Jurídica*, trad. de R. Goldschmidt e Pizarro Crespo, Buenos Aires, 1947.

GOLDSCHMIDT (Werner) — *La Ciencia de la Justícia, Dikeologia*, Madri, 1958.

GONÇALVES DE MAGALHÃES (D. J.) — *Fatos do Espírito Humano*, Paris, 1958.

GRAY (John Chipman) — *The Nature and Sources of the Law*, Nova Iorque, 1948.

GRÓCIO (Hugo) — *De Jure Belli ac Pacis Libri Tres*, Lausana, 1751.

GURVITCH (Georges) — *Essais de Sociologie*, Paris; *Les Tendences Acluelles de la Philosophie Allemande*, Paris, 1930; *L'Idée du Droit Social*, Paris, 1932.

684 MIGUEL REALE

HALL (Jerome) — "Integrative Jurisprudence", in *Interpretations of Modern Legal Philosophies,* Nova Iorque, 1947.

HART (Herbert) — *The Concept of Law,* Oxford, 1961 e *Contributo all'analisi del diritto,* trad. de Vittorio Frosici, Milão, 1964.

HARTMANN (Nicolai) — *Ethics,* trad. de J. H. Muirhead, Londres, 1950: *Les Principes d'une Métaphysique de Ia Connaissance,* trad. de Raymond Vancourt, Paris, 1945; *Ontologia* (Fundamentos), trad. de José Gaos, México, 1954 e *Il problema dell'essere spirituale,* trad. de Alfredo Marini, Florença, 1971.

HAURIOU (Maurice) — *Précis de Droit Constitutionnel,* Paris, 1919; "Aux sources du Droit", in *Cahiers de la Nouvelle Journée,* Paris, 1933.

HEGEL (George W. Friedrich) — *Grundlinien der Philosophie des Rechts e Eigennhandige Randmerkungen zur Rechtsphilosophie,* ed. George Lasson, Lípsia, 1930: *Enciclopédia delle Scienze Filosofiche in Compendio,* trad. de B. Crose, Bari, 1951; *La Scienza della Logica,* trad. it. de A. Moni, Bari, 1925; *Phénoménologie de l'Esprit,* trad. de J. Hyppolite, Paris, 1939-1941.

HEGENBERG (Leônidas) — *Introdução à Filosofia da Ciência,* São Paulo, 1965.

HEIDEGGER (Martin) — *Sein und Zeit* (El ser y el tiempo), trad. de José Gao, México, 1951; *Vom Wesen der Wahreit* (De l'essence de la vérité), trad. de Alphonse de Waelhens e Walter Biemel, Louvain, Paris, 1948.

HELLER (Hermann) — *Staatslehre,* Leiden, 1934.

HESSEN (Johannes) — *Teoría del Conocimiento,* trad. de José Gaos, Buenos Aires, 1938; *Filosofia dos Valores,* trad. de Cabral de Moncada, São Paulo, 1946.

HOBBES (Thomas) — "Leviathan e De Cive", in *Opera Philosophica, quae Latine Scripsit Omnia,* Londres, 1829-1845.

HUME (David) — *Hume's Enquiries concerning Human Understanding and the Principles of Moral,* Oxford Universily Press.

HUSSERL (Edmund) — *A Filosofia como Ciência de Rigor,* trad. port. de Albin Beau, com Prefácio de Joaquim de Carvalho, Coimbra, 1953; *Investigaciones Lógicas,* trad. de Manuel G. Morente e José Gaos, Madri, 1929; *Idéias para uma Fenomenologia Pura e Filosofia Fenomenológica,* trad. de Paul Ricoeur sob o título *Idées Directrices pour une Phénoménologie,* Paris, 1950; *Meditaciones Cartesianas,* trad. de José Gaos, México, 1942; *La Crisi della Scienza Europeia e la Fenomenologia Trascendentale,* trad. de E. Filippini, 2ª. ed., Milão, 1965.

HUSSERL (Gerhart) — *Rechtskraft und Rechtsgeltung,* Berlim, 1925.

HYPPOLITE (Jean) — *Genèse et Structure de la Phénoménologie de l'Esprit de Hegel,* Paris, 1946.

JASPERS (Karl) — *Introduction à la Philosophie,* trad. de Jeanne Hersch, Paris, 1950; *Psicologia delle Visioni del Mondo,* trad. de Vicenzo Loriga, Roma, 1950.

JELLINEK (George) — *Dottrina Generale dello Stato,* trad. de M. Petroziello, Milão, 1921.

JHERING (Rudolf von) — *Der Zweck im Recht* (L'évolution du droit), trad. de Meulenaere, Paris, 1901; *L'Esprit du Droit Romain,* trad. de Meulenaere, Paris, 3ª. ed., 1886.

FILOSOFIA DO DIREITO

685

JOAD (C. E. M.) — *Guide to Philosophy*, Randon House, Nova Iorque.

KALINOWSKI (G.) — *Études de Logique Deontique*, Paris, 1972.

KANT (Immanuel) — *Immanuel Kant's Werke*, ed. de Ernst Cassirer, Berlim, 1922-1923.

KANTOROWICZ (Hermann U.) — *La Lotta per la Scienza del Diritto*, trad. de R. Majetti, Milão, 1908.

KAUFMANN (Felix) — *Logik und Rechtswissenschaft*, Tubinga, 1922; *Metodologia de las Ciencias Sociales*, trad. de Eugenio Imaz, México, 1946.

KELSEN (Hans) — *General Theory of Law and State*, Cambridge, Harvard University Press, 1946; *Problemas Escogidos de la Teoria Pura del Derecho*, Buenos Aires, 1952; *Teoría General del Estado*, trad. de Legaz y Lacambra, ed. Labor, 1934; *Teoría Pura del Derecho*, trad. de Tejerina, Buenos Aires, 1941; *La Idea del Derecho Natural y otros Ensaios e La Paz por Medio del Derecho*, Buenos Aires, 1946; *Society and Nature*, Chicago, 1943; *Reine Rechtslehre*, 2ª. ed., 1960 *(La Dottrina Pura del Diritto*, trad. de Mario G. Losano, Turim, 1966); *Allgemeine Theorie der Normen*, Viena, 1979.

KLUG (U.) — *Juristische Logik*, Berlim, 3ª. ed. de 1966.

KOFFA (Kurt) — *Principles of Gestalt Psychology*, Londres, 1950.

KRAUSE (Karl C. F.) — *Das System der Rechtsphilosophie*, Lípsia, 1874.

KUNZ (Josef L.) — *La Teoría Pura del Derecho*, México, 1948; *Latin-American Philosophy of Law in the Twentieth Century*, Nova Iorque, 1950.

LALANDE (André) — *Vocabulaire Technique et Critique de la Philosophie*, 4ª. ed., Paris, 1932.

LARENZ (Karl) — *La Filosofía Contemporánea del Derecho y del Estado*, trad. de Galán e Truyol, Madri, 1942; *Methodenlehre der Rechtswissenschaft*, 1960 (trad. cast. de E. Gimbernat Ordeig, Barcelona, 1966).

LARROYO (Francisco) — *Valor y Problemática en General*, México, 1936.

LASK (Emil) — *Filosofía Jurídica*, trad. de Roberto Goldschmidt, Buenos Aires, 1946; *Die Logik der Philosophie und die Kategorienlehre*, 1912.

LAVELLE (Louis) — *De l'Acte*, Paris, 1946; *Traité des Valeurs*, Paris, 1951.

LEGAZ Y LACAMBRA (Luís) — *Introducción a la Ciência del Derecho*, Barcelona, 1943; *Kelsen*, Barcelona, 1933; *Filosofía del Derecho*, 2ª. ed., Barcelona, 1961.

LEIBNIZ (Gottfried Wilhelm) — *Textes Inédits*, publicados por Gaston Grua, Paris, 1948; *Nouveaux Essais sur l'Entendement Humain*, ed. de Paul Janet, Paris, 1856.

LESSA (Pedro) — *Estudos de Filosofia do Direito*, Rio de Janeiro, 1916.

LEVI (Alessandro) — *La Société et l'Ordre Juridique*, Paris, 1911; *Per un Programma di Filosofia del Diritto*, Turim, 1905; *Teoria Generale del Diritto*, Pádua, 1950.

LIMA (Hermes) — *Introdução à Ciência do Direito*, Rio, 1952.

LOCKE (John) — *Essai Philosophique Concernant l'Entendement Humain*, trad. de Coste, Amsterdã, 1729.

LÓPEZ DE OÑATE (Flavio) — *La Certezza del Diritto*, Roma, 1950; *Compendio di Filosofia del Diritto*, Milão, 1944.

686 MIGUEL REALE

LÜHMAN (Niklas) — *Sociologia do Direito,* vols. I e II, Rio de Janeiro, 1983 e 1985.

LUISI (Luís) — *Introdução a "Direito, Estado e Filosofia",* coletânea de ensaios de Del Vecchio, Rio, 1952.

LUMIA (Giuseppe) — *Il Diritto tra le due Culture,* Milão, 1966.

MACHADO NETO (A. L.) — *Sociedade e Direito,* Bahia, 1959; *Introdução à Ciência do Direito,* São Paulo, 1960 a 1963.

MANNHEIM (Karl) — *Essays on the Sociology of Knowledge,* Londres, 1952.

MARITAIN (Jacques) — *Introdução Geral à Filosofia,* trad. bras., Rio, 1948.

MARX (Karl) — *Oeuvres Complètes,* trad. de J. Molitor, Alfred Costes Éditeur, Paris.

MATA MACHADO (Edgar de Godói da) — *Direito e Coerção,* Belo Horizonte, 1956.

MAXIMILIANO (Carlos) — *Hermenêutica e Aplicação do Direito,* 2ª. ed., Porto Alegre, 1933.

MAYER (Max Ernst) — *Filosofía del Derecho,* trad. de Legaz y Lacambra, Ed. Labor, 1937.

MÁYZ VALLENILLA (Ernesto) — *Ontología del Conocimiento,* Caracas, 1960.

MAZZARESE (Tecla) — *Logica Deontica e Linguaggio Giuridico,* Pádua, 1989.

MELO FREIRE (Pascoal José) — *Institutiones Juris Civilis Lusitani,* Coimbra, 1860.

MENDES (José) — *Ensaios de Filosofia do Direito,* São Paulo, 1905.

MENEZES (Djacir) — *Introdução à Ciência do Direito,* Rio, 1952.

MERLEAU PONTY — *Phénoménologie de la Perception,* Paris, 1955; *Sens et Non Sens,* 3ª. ed., Paris, 1961; *Les Aventures de la Dialectique,* Paris, 1961.

MICELI (Vincenzo) — *Principii di Filosofia del Diritto,* Milão, 1914.

MILL (John Stuart) — *Système de la Logique Deductive et Inductive,* trad. de Louis Peisse, Paris, 1909.

MIRO QUESADA (Francisco) — *Problemas Fundamentales de la Lógica Jurídica,* Lima, 1955.

MISES (Richard von) — *Positivism — a Study in Human Understanding,* Cambridge, 1951.

MONTESQUIEU (Charles de Secondat, Barão de) — *De l'Esprit dês Lois, in Oeuvres Complètes,* Bibliothèque de la Pléiade, Paris, 1951.

MORAES FILHO (Evaristo) — *O Problema de uma Sociologia do Direito,* Rio, 1950.

MORRIS (Ginsberg) — *On the Diversity of Moral,* Londres, Toronto, 1956.

MÜLLER (Aloys) — *Introducción a la Filosofía,* trad. de José Gaos, 2ª. ed., Buenos Aires, México, 1940.

OLGIATI (Francesco) — *Il Concetto di Giuridicità nella Scienza Moderna del Diritto,* Milão, 1950.

OLIVECRONA (Karl) — *Law as fact,* 2ª. ed., Londres, 1971. Cf. trad. italiana de Enrico Pattaro, com complementos, sob o título *La struttura dell'ordinamento giuridico,* Milão, 1972.

OLIVEIRA VIANNA (Francisco José de) — *Instituições Políticas Brasileiras,* Rio, 1949.

OLLÉ-LAPRUNE (Léon) — *Essai sur la Morale d'Aristote,* Paris, 1881.

ORESTANO (Francesco) — *Filosofia del Diritto,* Milão, 1941.

FILOSOFIA DO DIREITO 687

ORLANDO (Vittorio Emmanuele) — *Note alla Dottrina Generale dello Stato,* de Jellinek, Roma, 1921.

ORTEGA Y GASSET (José) — *Obras Completas,* Madri, 1947.

PACI (Enzo) — *Funzione delle Scienze e Significato dell'Uomo,* 3ª. ed., Milão, 1965.

PAIM (Antônio) — *História das Idéias Filosóficas no Brasil,* São Paulo, 1967.

PASCAL (Blaise) — *Pensées,* ed. de Victor Giraud, Paris, 1926.

PEKELIS (Alessandro) — *Il Diritto come Volontà Constante,* Pádua, 1930.

PERELMAN (Chaim) — *Justice et Raison,* Bruxelas, 1963.

PEREZ LUÑO (Antonio-Enrique) — *Jusnaturalismo y Positivismo Jurídico em Italia Moderna,* Barcelona, 1971.

PETRONE (Igino) — *Filosofia del Diritto,* ed. de G. Del Vecchio. Milão, 1950.

PICARD (Edmond) — *Le Droit Pur,* Paris, 1899.

PINTO FERREIRA (Luís) — *Princípios Gerais do Direito Constitucional Moderno,* Recife, 1947.

PLANCK (Max) — *¿Adonde vá Ia Ciência?,* trad. de Felipe Jiménez de Asúa, Buenos Aires, 1944.

PLANIOL (Marcel) — *Traité Élémentaire de Droit Civil,* 9ª. ed., Paris, 1924.

PLATÃO — *Diahghi* (Filosofi antichi e medievali, Collana di testi e di traduzioni), Bari, 1945-1947.

POINCARÉ (Henri) — *Science et Méthode,* Paris, 1908; *La Valeur de la Science,* Paris, 1909.

PONTES DE MIRANDA (Francisco) — *Sistema de Ciência Positiva do Direito,* Rio, 1922.

POPPER (Karl) — *The Logic of Scientific Discovery,* 2ª. ed., 1968.

POTHIER (Robert Joseph) — *Oeuvres,* 2ª. ed., Paris, 1861.

POUND (Roscoe) — *Law and Morals,* Londres, 1926; *Interpretations of Legal History,* Harvard, 1923; *An Introduction to the Philosophy of Law,* 7ª. ed., Yale University Press, 1946.

PUFENDORF (Samuel) — *De Jure Naturae et Gentium,* Francforte e Lípsia, 1739.

QUEIRÓS DE LIMA (Euzébio de) — *Sociologia Jurídica,* Rio, 1936.

QUINE (W. O.) — *Word and Object,* Nova Iorque e Londres, 1960.

RADBRUCH (Gustav) — *Filosofia do Direito,* trad. de Cabral de Moncada, 2ª. ed., São Paulo, 1937 (4ª. ed., refundida, 1950); *Die Natur der Sache als juristische Denkform,* 1963, trad. cast. de E. Garzón Valdez, Córdova, 1963.

RAMOS (Artur) — *Introdução à Psicologia Social,* 2ª. ed., Rio, 1952.

RÁO (Vicente) — *O Direito e a Vida dos Direitos,* São Paulo, 1952.

RAVÀ (Adolfo) — *Lezioni di Filosofia del Diritto,* Pádua, 1938; *Diritto e Stato nella Morale Idealistica,* I; *Il Diritto come Norma Técnica,* Pádua, 1950.

REALE (Miguel) — *Fundamentos do Direito,* São Paulo, 1940; *Teoria do Direito e do Estado,* São Paulo, 1940; *O Contratualismo — Posição de Rousseau e Kant,* São Paulo, 1946; *O Estado Moderno,* 3ª. ed., 1936; *De Dignitate Jurisprudentiae,* São Paulo, s/d.; *Formação*

688   MIGUEL REALE

da Política Burguesa, São Paulo, 1934; *Atualidades de um Mundo Antigo,* São Paulo, 1936; *A Doutrina de Kant no Brasil,* São Paulo, 1949; *Horizontes do Direito e da História,* São Paulo, 1956 (2ª. ed., 1977); *Filosofia em São Paulo,* 1962 (2ª. ed., 1975); *Pluralismo e Liberdade,* 1963; *Teoria Tridimensional do Direito,* São Paulo, 1968; *O Direito como Experiência,* 1968; *Lições Preliminares de Direito,* 5ª. ed., São Paulo, 1978; *Experiência e Cultura,* São Paulo, 1977.

RECASÉNS SICHES (Luis) — *Vida Humana, Sociedad y Derecho,* 2ª. ed., México, 1945; *Los Temas de la Filosofía del Derecho,* Barcelona, 1934; *Direcciones Contemporáneas del Pensamiento Jurídico,* Ed. Labor, 1929; *Adicciones à Filosofia del Derecho,* de Del Vecchio, Barcelona, 1929; *Nueva Filosofía de la Interpretación del Derecho,* México, 1956; *Tratado General de Filosofía del Derecho,* México, 1959; e *Tratado General de Sociologia.* 3ª. ed., vol. I, México, 1960, *Panorama del Pensamiento Jurídico en el Siglo XX,* México, 1963.

REINACH (Adolf) — *Los Fundamentos Apriorísticos del Derecho Civil,* trad. de Pérez Bances, Barcelona, 1934.

REINCHENBACH (Hans) — *The Rise of Scieintific Philosophy,* 3ª. ed., Berkeley, Los Angeles, 1956: *I Fondamenti Filosofici della Mecanica Quantica,* trad. de Caracciolo di Forino, Turim, 1954.

RENARD (Georges) — *Le Droit, l'Ordre et la Raison,* Paris, 1927; *Le Droit, La Logique et le Bon Sens,* Paris, 1925; *Le Droit, la Justice et la Volonté,* Paris, 1924; *La Philosophie de l'Institution,* Paris, 1939.

RENSI (Giuseppe) — *Lineamenit di una Filosofia Scettica,* 2ª. ed., Bolonha, 1921.

RIPPERT (Georges) — *La Règle Morale dans les Obligations Civiles,* Paris, 1925: *Droit Naturel et Positivisme Juridique,* Marselha, 1918; *Le Déclin du Droit,* Paris, 1949; *O Regime Democrático e o Direito Civil Moderno,* trad. de J. Cortezão, São Paulo, 1937.

RODRIGUES PEREIRA (Lafayette) — *Vindiciae,* 3ª. ed., Rio, 1940.

ROMANO (Santi) — *L'Ordinamento Giuridico,* Florença, 1945: *Frammenti di um Dizionario Giuridicn,* Milão, 1947.

ROMERO (Francisco) e PUCCIARELLI (Eugênio) — *Lógica,* Buenos Aires, 1944.

ROMERO (Sílvio) — *Ensaio de Filosofia do Direito,* 2ª. ed., Rio, 1908.

ROSMINI SERBATI (Antônio) — *Filosofia del Diritto,* 1865.

ROSS (Alf) — *Towards a Realistic Jurisprudence* (a criticism of the dualism in law), Copenhague, 1946.

ROUBIER (Paul) — *Théorie Générale du Droit,* 2ª. ed. Paris, 1951.

ROUSSEAU (J. Jacques) — *Oeuvres Complètes,* Paris, 1883-1886.

RUSSELL (Bertrand) — *Our Knowledge of the External World,* 2ª. ed., Londres: *Human Knowledge, its Scope and Limits,* Londres, 1948; *Les Problèmes de la Philosophie,* trad. de J. F. Renauld, Paris, 1923.

SALEILLES (Raymond) — *Introduction à l'Étude du Droit Civil Allemand,* Paris, 1904; *De la Personnalité Juridique,* Paris, 1910.

FILOSOFIA DO DIREITO

689

SANCHES (Edgard) — *Prolegômenos à Ciência do Direito,* Bahia, 1927.

SANCHES DE LA TORRE (Angel) — *Sociología del Derecho,* Madri, 1965.

SANTOS (Delfim) — *Conhecimento e Realidade,* Lisboa, 1948.

SAVIGNY (Friedrich Carl von) — *Sistema del Diritto Romano Attuale,* trad. de Scialoja, Turim, 1886; *Vom Beruf unserer Zeit für Gesetzgebung and Rechts-wissenschaft,* Heidelberg, 1840.

SAUER (Wilhelm) — *System der Rechts und Sozialphilosophie,* Basiléia, 2ª. ed., 1949 (há trad. castelhana da 1ª. ed. sob o título de *Filosofia Jurídica y Social,* 1933); *Grundlagen der Gesellschaft — Eine Rechts-Staats und Sozialphilosophie,* Berlim, 1924; *Lehrbuch der Rechts — und Sozialphilosophie,* Berlim, 1929; *Juristische Methodenlehre,* Estugarda. 1940; *Juristische Elementarlehre,* Basiléia, 1944.

SCARPELLI (Uberto) — *Cos'è Il positivismo giuridico,* Milão, 1965; e *Diritto e Analisi del linguaggio,* Milão, 1976.

SCHAPP (Wilhelm) — *La Nueva Ciencia del Derecho,* trad. de Pérez Bances, Madri, 1931.

SCHELER (Max) — *Sociología del Saber,* trad. esp., 1935; *Ética,* trad. de Rodríguez Sanz, Madri, 1941.

SCHOCH — *Jurisprudence of Interests,* Cambridge, USA, 1948.

SCHREIR (Fritz) — *Concepto y Formas Fundamentales del Derecho,* trad. de Eduardo García Máynez, Buenos Aires, 1942.

SENN (Félix) — *Les Origines de la Notion de Jurisprudence,* Paris, 1926; *De la Justice et du Droit,* Paris, 1927.

SFORZA (Widar Cesarini) — *Storia della Filosofia del Diritto in Compendio,* Pisa, 1938; *Guida allo Studio della Filosofia del Diritto,* 2ª. ed., Roma, 1946; *Filosofia del Diritto,* 2ª. ed., Roma, 1956.

SIMMEL (Georg) — *Problemas Fundamentales de la Filosofía,* trad. de Fernando Vela, Madri, 1946; *Sociología,* trad. de Pérez Bances, Buenos Aires, 1939; *Problemas de Filosofia de la Historia,* trad. de L. Echavarria, Buenos Aires, 1945.

SOLARI (Gioiele) — *Individualismo e Diritto Privato,* Turim, 1939; *Storicismo e Diritto Privato,* Turim, 1940; *Studi Critici di Filosofia del Diritto,* Turim, 1949.

SOLER (Sebastián) — *Ley, Historia y Libertad,* Buenos Aires, 1943.

SOROKIN (Pittirim A.) — *Las Filosofías Sociales de Nuestra Época de Crisis,* trad. de E. Terron, Madri, 1954.

SOUTO (Cláudio e Solange) — *Sociologia do Direito,* Rio e São Paulo, 1981.

SPENCER (Herbert) — *First Principles,* Londres, 1862.

SPENGLER — *La Decadencia de Occidente,* trad. de M. G. Morente, Madri, 1940.

SPRANGER (Eduard) — *Formas de Vida,* trad. de Ramon de la Cerna, Buenos Aires, 1948; *Ensayos sobre la Cultura,* trad. de Amalia H. Raggio, Buenos Aires, 1947.

STAMMLER (Rudolf) — *Lehrbuch der Rechtsphilosophie,* Berlim e Lípsia, 1923; *Die Lehre von dem richtigen Rechte,* Berlim, 1902; *Wirtschaft und Recht,* Lípsia, 1896.

STARK (Werner) — *Theo Sociology of Knoewledge,* Londres, 1958.

690 MIGUEL REALE

STEGMÜLLER (Wolfgang) — *Corrientes Fundamentales de la Filosofía Actual,* trad. de Federico Saller, Buenos Aires, 1967.

STEIN (Ernildo) — *Compreensão e Finitude* (Estrutura e movimento da interrogação Leidejseriana), Porto Alegre, 1967.

STONE (Julius) — *The Province and Functions of Law,* 2ª. ed., Harvard University Press, 1950, e *Social Dimensions of Law and Justice,* Stanford, 1966.

STRENGER (Irineu) — *Dogmática Jurídica,* São Paulo, 1964.

SUAREZ (Francisco) — *Tractatus Legibus, ac Deo Legislatore,* Coimbra, 1612.

TAMMELO (Iemar) e HELMUT (Schreiner) — *Grunzüge und Grundverfahren der Rechtslogik,* Munique, 1974.

TEIXEIRA DE FREITAS (Augusto) — *Código Civil* (Esboço), ed. do Governo Federal, Rio, 1952.

TELLES JR. (Gofredo) — *A Criação do Direito,* São Paulo, 1953.

TOYNBEE (Arnold J.) — *A Study of History,* Londres, 1934.

TOMÁS DE AQUINO (Santo) — *Summa Theologica,* ed. bilíngüe, trad. de A. Corrêa. São Paulo, 1937.

TRENDELENBURG (Adolfo) — *Diritto Naturale sulla Base del'Ética,* trad. de Modugno, Nápoles, 1873.

TREVES (Renato) — *Nouvi sviluppi della Sociologia del Diritto,* Milão, 1968, e *Introduzione alla Sociologia del Diritto,* Turim, 1977.

TRUYOL Y SERRA — *Historia de la Fisolofia del Derecho y del Estado,* 4ª. ed., Madri, 1970.

URBAN (Marshall) — *The Intelligibe World* (Metaphysics and Value), Londres, Nova Iorque, 1929.

VAIHINGER (Hans) — *The Philosophy of "as if",* trad. de Ogden, Londres.

VANNI (Icílio) — *Lezioni di Filosofia del Diritto,* 3ª. ed., Bolonha, 1908.

VÁRIOS AUTORES — *Interpretations of Modern Legal Philosophies* (Essays in honor of Pound), Nova Iorque, Oxford University Press, 1947.

Annuaire de l'Institut International de Philosophie du Droit et de Sociologie Juridique, Paris, 1934, 1936, 1938 (3 vols.).

Studi Filsofico-Giuridici Dedicati a Giorgio Del Vecchio, Modena, 1930, 1931 (2 vols.).

Introduction à l'Étude du Droit Comparé — Recueil d'Études en l'Honneur d'Edouard Lambert, Paris, 1938 (3 vols.).

Scritti Giuridici in Onore di Francesco Carnellutti, vol. I; *Filosofia e Teoria Generale del Diritto,* Pádua, 1950.

Mélanges Maurice Hauriou, Paris, 1929.

Recueil d'Études sur les Sources du Droit, en l'Honneur de François Gény, Paris, 1934.

Hans Kelsen —Estudios y ensaios en su homenage, Valparaiso, 1971.

FILOSOFIA DO DIREITO

Estudos em homenagem a Miguel Reale, organizados por TEÓFILO CAVALCANTI, São Paulo, 1977.

VERDROSS — *La Filosofía del Derecho del Mundo Occidental*, trad. de Mario de la Cuena, México, 1962.

VERNENGO (Roberto José) — *Curso de Teoría General del Derecho*, 2ª. ed., Buenos Aires, 1976.

VIEHWEG (Theodor) — *Topica e Giurisprudenza,* trad. de G. Grifò, Milão, 1962.

VICO (Giambattista) — *La Scienza Nuova Seconda, ed. de Fausto Niccolini*, Bari, 1942.

VILANOVA (Lourival) — *Sobre o Conceito do Direito*, Recife, 1947, Lógica Jurídica, São Paulo, 1976; *As Estruturas Lógicas e o Sistema do Direito Positivo*, São Paulo, 1977.

VITA (Luís Washington) — *Namoro com Thêmis*, São Paulo, 1958.

VIVANTE (Cesare) — *Trattato di Diritto Commerciale*, 5ª. ed., Milão, 1927.

WEBER (Max) — *Economía y Sociedad*, trad. de L. Echavarria, México, 1944.

WEINBERG (Julius) — *Introduzione al Positivismo Logico*, trad. de L. Geymonat, 1950.

WELZEL (Hans) — *Naturalismus und Weltphilosophie im Straftrecht*, Mannheim, 1935.

WILSON (E. Bright) — *An Introduction to Scientific Research*, McGraw-Hill, 1952.

WINDELBAND (Guilherme) — *Prelúdios Filosóficos*, trad. de W. Roces, Buenos Aires, 1949.

WITTGENSTEIN (Ludwig) — *Tractatus Logico-Philosophicus*, 5ª. ed., Londres, 1951.

WRIGHT (G. H. von) — *An Essay in Deontic Logic and the General Theory of Action*, Amsterdam, 1968; *The Logical Problem of Induction*, 2ª. ed., Oxford, 1957.

ZIPPELIUS (Reinhold) — *Das Wesen des Rechts,* 2ª. ed., Munique, 1973.

Índice Analítico e Remissivo

(Os números correspondem aos parágrafos.)

A

Absoluto: 24, 168.

Ação: Teoria da: 141-157, 201.

— amorosa: 149.

— econômica: 146, 156, 157.

— estética: 146, 149.

— ética: 141, 146, 149, 152-154 (v. Ética).

— religiosa: 146, 152-154.

— teorética: 146, 149 (v. Conduta).

Alienação: 141, 153.

Alma Popular e Direito Positivo: 166, 174.

— e reconhecimento: 174.

Alteridade: (v. Bilateralidade).

Antropologia: 21.

Apriorismo Jurídico: teoria do: 34, 123, 132-137.

Crítica do —: 123, 138, 139.

Além do —: 140.

Analogia: 57.

— no Direito: 161

Aporias — do Direito, 199, 201, 207.

Arbitrariedade: — segundo Stammler: 133.

— segundo Hegel: 217.

Arte: A forma na: 146, 241.

— jurídica segundo Pedro Lessa: 128.

Evolução em —: 191, 241.

e interpretação: 216.

Ato e valor: 141, 201 (v. Conduta).

Ato Jurídico: 237.

Autonomia: — no mundo moral: 133, 135, 152, 153, 155.

Concepção não puramente racional da —: 152, 155.

— heteronomia: 133, 233, 234.

— e autarquia: 133.

Autoridade: (v. Poder).

Axiologia: Noções de: 7, 11, 76-90.

jurídica: 84, 113, 126, 136, 176, 201, 204-207.

— e Metafísica: 89-90.

— e História: 88, 89, 90, 126, 149, 204, 206, 208, 213.

— e Psicologia: 85, 90.

— e Sociologia: 86, 176, 196.

— e pessoa humana: 90, 92, 113, 152, 153.

— e bilateridade: 137.

e Teleologia: 141, 149, 150, 204-207.

e Direito: (v. Direito, Valor, Cultura).

B

Belo: 96, 99, 149.

Bem (valor do bem): 9, 96, 99, 113, 114, 149.

Bem Comum e Justiça: 113-116, 186, 189, 251.

Bens Culturais: sua estrutura: 94, 95, 149.

e Ciências Culturais: 91, 92, 215 (v. Cultura).

Bilateralidade: Teoria da: 117, 133, 135-137, 154, 213.

— e querer entrelaçante: 133.

— e Justiça: 137, 222.

— e personalidade: 117.

— em sentido deontológico: 154.

— em sentido axiológico: 155.

Espécies de —: 243, 246.

— da vida espiritual: 155, 213, 242, 243.

Bilateralidade Atributiva: do Direito: 155, 156, 222, 227, 238, 242-246, 247-251.

Corolários da —: 238, 250, 251.

Bipolaridade dos Valores: 84, 142.

Boa Razão: Lei da: 160.

C

Categorias Transcendentais: 36-A e 37, 197.

— do Direito: 132, 135, 183 (v. Condicionalidade).

Causalidade: — e ordem natural, 78, 103, 104, 107, 108, 178.

— e indeterminismo: 78, 79, 104.

— e finalidade: 82, 132.

— e nexo normativo: 170, 172-175, 178, 179.

Certeza Jurídica: 17, 103, 199, 204, 204-A, 208, 214, 216, 217, 235, 251 (v. Forma e Direito).

Ceticismo: Características do: 69.

— teorético: 69.

— prático: 69.

694 MIGUEL REALE

— metódico: 69.
— jurídico: 69-70.
Ciência: Seu conceito: 3, 22.
— físico-matemática: 20, 21, 99, 110, 149, 178.
— cultural: 20, 84, 89, 91-93, 100-106, 109, 110, 111, 178.
— de rigor: 21, 141.
— especulativa e normativa: 104, 110, 111.
— e técnica: 110, 128.
— e arte: 128.
Unidade da — e monismo metodológico: 5, 80, 112, 139, 178.
Ciências Culturais: 20, 80, 89, 100-106, 110-111, 197.
— compreensivas: 106, 108, 109.
— compreensivo-normativas: 106, 108, 109.
Ciência do Direito, ou Jurisprudência: (v. Jurisprudência).
— e Dogmática: 68, 124, 128.
— como Ciência Cultural: 49, 92, 199, 215.
— no quadro geral das ciências jurídicas: 220.
Civilização:
— segundo Spengler: 97.
— segundo Toynbee: 97.
— como "ciclo-cultural": 89-92, 97, 126 (v. Cultura).
Classe de Ações: Querer —, segundo Benedetto Croce: 213.
— e tipicidade jurídica: 213, 216.
Classificação do Direito: 220.
Coação: — social: 89, 238, 239.
— psicológica: 239.
— no Direito: 152, 173, 174, 188, 231-234, 238-241, 251.
— e força: 238.
— segundo Croce: 239. (V. Direito e Moral, Autonomia e Coercibilidade).
Codificação: — segundo Savigny: 238-240.
— e Revolução Francesa: 160.
— e Escola da Exegese: 161.
Código Civil Napoleônico: 160.
Coercibilidade: Teoria da —: 231, 233, 234, 238-241 (v. Direito e Moral).
"Common Law": 163, 179, 181.
Compreensão e Explicação: 6, 90, 102-103, 105.
Comunidade:
— e Sociedade: 249.
— concreta: 250.
Conceito do Direito:
— nas teorias empíricas: 30-31, 128-130.
— nas teorias aprioristas: 34, 119-121, 230.

— e idéia do Direito: 120, 121, 134.
— como tema da Fil. Jurídica: 118-121, 122-124, 227.
— na doutrina de Kelsen: 182.
— na teoria tridimensional: 247-251.
Concepção do Universo:
— e Axiologia: 10-11.
— e Metafísica: 10.
Condicionalidade: — lógico-transcendental do Direito: 128, 129, 130, 132, 133, 138, 139, 178, 179, 182, 212, 248.
— histórico-social do Direito: 169, 170, 176, 195, 248.
— histórico-axiológica do Direito: 126, 140, 141, 142-144, 212, 213, 248.
Conduta: Fenomenologia da —: 144, 145-157, 204 e 204-A.
— e ordem de fins: 89, 108, 149, 150, 201, 204-207.
— tridimensionalidade de — ética: 122, 149, 150.
— religiosa: 151, 153, 154.
— moral: 152, 153.
— convencional: 154, 155. (v. Costumes).
— cultura: 84, 89, 93, 113, 148.
— e normatividade: 146, 149, 150, 196, 204-207, 209.
— jurídica: 141-144, 155-157, 200, 204-207, 208.
— econômica: 157.
— e alienação: 145.
— e momento normativo: (v. Normal).
Conhecimento: Sua natureza: 16.
Correlação sujeito-objeto no —: 15.
— vulgar: 16.
— científico: 17-18 (v. Ciência).
— filosófico: 24-27 (v. Filosofia).
Condicionalidade histórico-social do —: 21, 37.
Sociologia do —: 21, 37.
— quanto à origem: 28-39.
— quanto à essência: 40-49.
— quanto à forma: 67-75.
— quanto à possibilidade: (v. Método, Indução, Dedução, Dialética).
Conjetura e Direito: 39, 75, 90.
Consciência Coletiva: Teoria da —: 86, 169, 171.
— e valores: 86.
— e metafísica: 86, n. 3.
Consciência Estimativa: 202, 215.
Constante Axiológica: 90-A, 213.
Contrato: natureza do —: 235.
— e instituição: 246.
Contratualismo: — na época moderna: 228-230.
Espécie de —: 222, 229, 230.

FILOSOFIA DO DIREITO

— de Rousseau: 125, 229, 230.

— de Robbes: 229.

— de Kant: 125, 230.

Convenção Social: (v. Costume).

Convencionalismo Gnoseológico: 73.

Costume: — e formas de ação: 133, 154, 178, 179, 192, 203.

— e bilateralidade: 155.

— e Direito: 123, 160, 163, 166, 168, 219, 220, 251.

Cristianismo: — e Direito: 225-227.

Cristianismo: Sentido geral do —: 9, 20, 35-37.

— transcendental: 25-36-A.

— e Hegel: 38.

— ontognoseológico: 37.

— e ceticismo: 69.

— e Direito: 39.

Cultura: Noção filosófica de —: 82, 88, 91-95, 103, 122, 123, 126.

Noção sociológica de —: 93, 192, 197.

— e espírito: 6, 88-90, 91-93, 122, 145, 197, 198, 204, 204-A.

— e bens culturais: 6, 65, 82, 84, 90, 94-95, 100, 123, 149.

— dialética: 26, 65, 123, 141, 142-144, 150.

— e História: 87-89, 91-93, 96-98, 126, 127, 150, 191, 204-206, 207.

— e Direito: 90-92, 100, 122, 126, 127, 142-144, 197.

— e Natureza: 88, 100-106, 108-110.

Ciclos de —: 88, 96-99, 166, 191.

— e Conduta: 93, 145-157.

— e valor: 84, 88, 204-206.

Norma de —: 120 — (v. Norma).

Culturologia Jurídica: Problemas da —: 124, 126, 127, 212, 215, 218.

Correlação da — com a História e a Sociologia do Direito: 125, 127.

D

Dado e Construído: — na doutrina de Gény: 168, 188, 207.

— e concepção cultural do Direito: 207.

Decoro: 231.

Dedução: 59-60, 64.

— silogística: 59.

— amplificadora: 59, 61.

— e Ciência do Direito: 60-61, 124, 128.

Deôntica Jurídica: — 216, 220.

Deontologia: — segundo Bentham: 119, n. 3.

— Jurídica: 119, 124, 125, 195, 212, 213.

Determinismo: — e liberdade: 78, 79, 82, 92, 103,

104, 133, 170, 173-175, 205-208.

Dever Ser: — lógico: 61, 82-83, 86-87, 124, 130, 131, 133, 178-183, 206.

— ético: 9, 182, 184, 206.

— e valor: 68, 82-83, 90, 178, 192, 201-202, 204-207, 213, 251.

— e fim: 133, 184, 203-205, 213, 251.

— e Imputabilidade: 179.

— e Poder: 92, 180, 206.

Dialética: — hegeliana dos opostos: 14, 26, 38, 143, 197, 198, 207.

— da implicação e da polaridade: 65, 68, 84, 103, 122, 139, 142-144, 149, 150, 151, 197, n. 10, 199, 201, 207, n. 5, 216.

— essencial ao mundo da cultura: 26, 122, 123, 141, 142.

— marxista: 39.

— e realidade jurídica: 122, 123, 142-144, 207.

— da natureza: 90.

Correlação — entre vigência e eficácia: 218.

Direito: — como Ciência: 19, 23, 124, 127, 128, 147, 159, 161, 163.

— como fato histórico: 92-93, 164-166.

— e poder: 92, 180, 200, n. 33, 201, 204-206.

— como forma do "querer": 132, 134.

— e Costume: 123, 133, 154-157, 197, 251.

— e Cultura: 92-93, 95, 122, 126, 127, 142, 144, 145, 158, 178, 179.

— e Economia: 131, 134, 157, 169-173, 251.

Estática e Dinâmica do —: 179, 180, 207-211.

— Subjetivo: 124, 245.

— Internacional: 240.

— e Estado: 162, 163, 175, 178, 182, 206, 250.

— e força: 181.

— Costumeiro: 155, 160, 163, 166, 168, 179, n. 12, 197, 218-220, 251.

— como objeto natural: 79, 128-131, 169, 170.

— como objeto ideal: 81.

— e liberdade: 92, 138, 204, 204-A (v. Liberdade).

— e valor: (v. Valor).

— e realidade social: 135-145, 154-158, 200, 204-205, 206-220 (v. Norma Jurídica).

(V. Conceito de Direito, Fil. do Direito).

Direito Comparado: 199, 211.

Direito e Moral: 107-109, 113-116, 127, 152, 173, 184-190, 221-251.

— na Grécia: 221, 222.

— em Roma: 223, 224.

— na Idade Média: 225-227.

— na era renascentista: 228.

— e contratualismo: 229, 230.

696 MIGUEL REALE

— segundo Thomasius: 154, 156, 157.
— segundo Kant: 158, 159.
— e exterioridade: 153, 231-237.
— e coercibilidade: 152, 231-234, 238-241.
— e bilateralidade: 242.
— e atributividade: 243-251.
— segundo Duguit: 173.
Direito Natural: Teoria do —: 34, 49, 68, 119, 127, 128, 160, 166, 168, 176, 184-187, 188, 190, 197, 200, 213, 222, 223, 225, 227, 228-232.
— de conteúdo variável: 39, 49, 120, 134.
— de conteúdo progressivo: 190.
— de aplicações variáveis: 190.
— transcendental e — transcendente: 75, 213, 213 n. 4.
— Iluminismo: 127, 231.
Direito Possível: 213.
Direito Romano: 19, 84, 159, 160, 162, 163, 166, 192, 194, 223, 224.
Divisão da Filosofia: 6-12, 111.
Divisão da Filosofia do Direito: 118-127.
— na doutrina de Del Vecchio: 118-120.
— na doutrina de Stammler: 120-121.
Parte Geral e temática especial: 122, 123.
— segundo Pedro Lessa: 128.
Divisão do Trabalho: 171, 172.
Dogmática Jurídica: 68, 124, 128, 143, 144, 161, 163, 164, 166, 168, 201, 210, 219.
Dogmatismo: Suas características: 67-68.
Espécie de —: 67.
— Jurídico: 68.
— e Dogmática Jurídica: 68.
— e Direito Natural abstrato: 69.

E

Economia: 95, 99, 124, 131, 134, 146, 157, 169, 173, 251.
Eficácia do Direito: 124, 125, 166, 175, 176, 179-182, 187, 196, 199-206, 212-220.
— e Culturologia Jurídica: 167, 168, 212, 218, 219.
— e normativismo lógico: 124, 177-183.
— e Sociologia Jurídica: 175, 197, 199.
Egologia: 208.
Empirismo: Suas características: 14, 28, 32, 51, 128.
Espécies de —: 29.
Empirismo Jurídico: Teoria do —: 30, 128, 131, 131-A, 158, 169-177, 208.
Crítica do —: 129, 130, 135.
Além do —: 140.
— radical: 178.

Enciclopédia: das Ciências: 4-7.
— Jurídica: 5, 124.
Epistemologia: Conceito de —: 8.
Epistemologia Jurídica: Problemas da —: 124, 169, 170, 210, 211, 215, 216, 217, 218, 249 (v. Gnoseologia — Jurídica, conceito de Direito).
Eqüidade: 211, 222 (v. Justiça).
Escola de Direito: — Analítica: 163, 177.
— dos glosadores: 159.
— dos pandectistas: 163.
— filosófica: 166.
— italiana: 164.
— da Exegese: 160, 161, 166, 167, 175, 177.
— Histórica: 127, 165, 167, 202, 217.
Pura do Direito: 177-183.
Técnico-Jurídica: 178, 179, 197.
— da Livre Pesquisa do Direito: 168, 170 (v. Jurisprudência).
Espaço, na doutrina de Kant: 35-36-A.
— na teoria de Einstein: 36 n. 14.
Espírito: sua força integrante: 3, 37-39, 140.
— e dever ser: 104, 178, 198.
— e Cultura: 6, 88-90, 91-93, 100, 122, 198.
— e Liberdade: 91-95, 103, 189, 204, 204-A.
— objetivo: 50, 88, 189.
— do povo: 166, 174.
— e Natureza: 178 (v. Natureza, Cultura).
Estado: — e Direito: 163, 175, 178, 182, 206, 229, 230, 249.
— e coação: 173, 240.
— e positividade jurídica: (v. Graduação da positividade jurídica).
— e integração normativa: 206, 215-217.
— de Direito: 240.
— e realidade espiritual: 49, 178.
— e valor: 178.
— cidade: 222, 223.
Estabilidade do Direito: 162, 163, 175, 216 (v. Poder).
Ética: Seu objeto: 9, 87, 136, 145-157.
— e Axiologia: 11, 82-85, 90-93, 99, 107-117, 141, 149, 204.
— e Teoria da Cultura: 91-117, 145-157 (v. Moral).
— e Política: 222.
Eticismo Jurídico: 158, 184-190, 196.
Etnologia Jurídica: 195, 202.
Exibilidade: 245, 256.
Existência: Filosofia da — 99.
Experiência Axiológica: 140, 141-144, 201, 204-205, 213, 214 (v. Cultura).

FILOSOFIA DO DIREITO

Experiência Jurídica: 23, 140, 141, 142-144, 155-157, 169, 170, 175, 177, 179, 200, 204-207, 214, 216, 219, 248.

Explicação e Compreensão: 6, 101, 103-106, 142-144.

— e Ciências da Natureza: 102-103.

Explicitação: — da lei: 161, 170.

— do fato: 170.

Exterioridade do Direito:

— segundo Thomasius: 153, 231.

— segundo Kant: 233.

— Del Vécchio e Radbruch: 135.

Sentido da —: 235-237.

— e alteridade: 242.

F

Fato: 17, 61, 106, 122, 150, 169, 170, 189, 192, 194, 205, 208.

— científico: 103, 107-108.

— e valor: 106 (v. Norma, Valor e Fato).

— jurídico e norma: (v. Norma, Valor e Fato).

Fato Normativo: 168, 200.

Fenomenalismo: Suas características: 46-47.

— e Emmanuel Kant: 46;

— de Augusto Comte: 47.

Fenomenologia: — de Husserl: 26, 55-56, 141.

— e direito: 56, 141.

— Jurídica: 119.

— da ação e da conduta: 145-157.

Ficcionalismo: 73.

Filosofia: Seu objeto: 1-12, 20-21. Exigência de universalidade da —: l, 20.

A — e o problema dos pressupostos: 3, 20.

— e Ciência: 4-5, 8, 22-27.

— como Enciclopédia das Ciências: 4.

Divisão da —: 6-12.

— Seu caráter crítico: 7, 21.

Condicionalidade da — : 21, 37-38.

— fenomenológica e método fenomenológico: 141.

Filosofia do Direito: necessidade do seu estudo para a formação jurídica: 19-21.

— como a própria Filosofia: 1-3.

Conceito de —: 118

Objeto da —: 1-3, 119-127, 212.

— como Filosofia especial: 127 (v. Direito).

Finalidade: (v. Fins).

Fins: Conduta e ordem de —: 82, 145-157, 201, 204-207.

— e dever ser: 145-148, 200, 204-207, 251.

— meios e nexo de causalidade: 145.

— e categorias do agir: 146-148.

— e leis sociais na doutrina de Duguit: 172-175.

— e Direito: 83, 167, 172, 200, 204-207, 213, 251 (v. Valor).

Fontes do Direito: — formais: 163, 168, 251.

— materiais: 168.

— na Escola da Exegese: 161.

— na Escola Histórica: 166.

— segundo Gény: 168.

Forma:

— e conduta: 146.

— em Kant: 35-36-A, 49.

— em Aristóteles: 241

— e Direito: 49, 120, 132, 133, 141, 204, 204-A, 208, 214, 216, 251 (v. Certeza).

Fundamento do Direito: O problema do —: 123, 125, 134, 196, 198, 199, 201, 212-220.

— e Política do Direito (v. Justiça, Valor).

Furto de Uso: Conceito de — em Aristóteles: 236.

— e intenção: 236.

G

Geometria: Espécies de —: 3.

Glosadores: 159.

Gnoseologia como Ontognoseologia a *parte subjecti:* 8, 12-75.

— e Epistemologia: 8.

— na Filosofia Moderna: 13-15.

— Jurídica na doutrina de Del Vecchio: 119.

Graduação: da positividade jurídica: 213, 214, 216, 248, 250, n. 4.

— dos valores: 84.

— das normas jurídicas: 178, 182, 217.

Graduação do Conhecimento: 16-19.

H

Heterogenia: — dos fins: 213.

Heteronomia: — do Direito: 133, 233, 234, 251.

— Kant: 233.

Possibilidade de — no Direito: 234.

— nas convenções sociais (v. Costume).

Hierarquia: — dos valores: 84, 96-98.

História: — e Filosofia: 23, 88-89, 96-98, 126, 192, 206, 249.

— e Axiologia: 87-88, 91-93, 96-98, 126-149, 189, 191.

— do Direito: 91-92, 191, 192, 195, 196, 199, 206, 214, 241.

— como ciência compreensiva: 106, n.12.

— e experiência jurídica: 120, 121, 126, 127 (v. Historicismo).

698 MIGUEL REALE

Historicismo: Caráter do — Jurídico: 98, 120, 121, 141-144, 164-166, 189, 196, 197, 202, 206-215, 218.
— social e lógico-dogmático: 166.
— e Direito Natural: 166, 202.
Homem: ser do — e dever ser: 9, 89-90, 92, 113, 204.
— mediador entre valor e realidade: 204.
— como indivíduo: 92.
— como pessoa: 89-90.
— e cultura: 89-94 (v. Cultura).
— e formas de vida: 96.
Humanismo: 14, 92.
— pragmatista: 175.
— jurídico: 88, 91-94 (v. Espírito).
"Humanitas": 89, 142, 191, 204, 204-A.

I

Idéia do Direito: 120, 121, 134.
Idealismo: ontológico: — 42-44, 49, 51.
— objetivo: 45, 47, 49, 63, 189.
— subjetivo: 44, 49.
— de caráter ético: 44.
— transcendental: 46, 128-137 (v. Criticismo).
Iluminismo: — na lei da boa razão: 160.
— e Direito Natural: 127, 231.
Imperatividade do Direito: 129-131, 169, 170, 178, 180.
Imperativo: — categórico: 131, 233.
— hipotético: 131, 178, 182 n. 78, 233.
Implicação e polaridade: 64, 68, 84, 103, 122, 139, 141-144, 148, 149, 150, 197, n. 10, 198, 202, 206, 207, n. 169, 216.
Imputabilidade: Nexo de —: 178, 179.
Individualismo: 117, 160, 171, 181, 228, 230, 246.
Indução: 58-59, 60-61.
— no Direito: 61, 87, 128-131, 169, 170, 176.
Fundamento da —: 58.
— formal: 57.
— amplificadora: 57-58.
— e intuição: 58.
— e dedução: 60.
Institucionalismo: jurídico: 200, 243-246.
Integração: Processo de —: 98, 209.
— normativa: 202-209.
Intelectualismo: Suas características: 33.
— e Racionalismo: 32-33.
— e Direito Natural: 34.
Intenção no Direito: natureza da —: 231, 235, 237, 251.
— do legislador: 161, 167.

— nos contratos: 235.
Intencionalidade:
— da consciência: 15, 48, 140.
— histórico-cultural: 90, 140.
— das "categorias": 197.
Interpretação do Direito:
— na Escola da Exegese: 160, 161.
— histórico-evolutivo: 167, 168.
— como explicitação: 161, 168, 170.
Espécies de —: 166-168, 170, 235.
Crise da —: 167, 168.
— e normatividade: 105, 106, 117, 170, 209-211, 214, 216, 219, 235.
Caráter constitutivo da —: 168, 170.
— e Livre Pesquisa: 168, 170, 211.
Intersubjetividade: (v. Bilateralidade).
Intuição: Conceito de —: 26.
— de caráter formal ou real: 52-53.
— e inteligência: 25-26.
— emocional: 25-26, 52-54, 60, 141, 203.
— eidética: 52, 55-56, 60, 141, 142.
— sensível: 51.
— volitiva: 56.
— e objeto: 52, 59.
— e Direito: 54.
— e valores: 87.
— em Bergson: 25.
— em Husserl: 141 (v. Fenomenologia).
— e Ciência: 56.
— e indução: 58.
— axiológica do Direito: 41, 191-193, 203.
— normativa do Direito: 194, 195.
Invariante Axiológica: (v. Constante Axiológica).

J

Juízo: Noção de —: 18, 76.
— de realidade: 104, 149, 209.
— de valor: 18, 95, 104, 106, 163, 199, 209.
Jurisprudência: — como Ciência do Direito: 17, 19, 79, 81, 124, 125, 128, 147, 159, 161, 171, 177, 180, 194, 195, 196, 199-202, 208, 210.
— conceitual: 83, 161-164, 196.
— dos interesses: 30, 83, 168.
Idéia romana de —: 194, 223, 224.
— brasileira: 165.
Objeto da —: 161-164, 167, 180-182, 192, 196, 197, 208, 209, 220.
— integrativa: 208, n. 9 (v. Normativismo de concreção).
Jus: Origem do termo: 192.
— *perfectum:* 231.

FILOSOFIA DO DIREITO

Jusnaturalismo: 34, 185, 186, 197, 223, 228-231 (v. Direito Natural).

Justiça: — e bem comum: 113-116, 186, 206.

Perspectiva histórica da —: 118, 191, 192, 200.

— na doutrina de Aristóteles: 116, 222.

— na doutrina tomista: 227.

— como *voluntas:* 116, 193.

— e valores do Direito: 113, 191-193, 199, 200.

— na temática jurídica: 120, 121, 125, 137, 189, 199.

— e alteridade: 137, 222, 227.

Sentimento de —: 176.

Idéia primordial de —: 191-193.

Teorias da —: 192, 194, 199, 204-207, 212.

— e *factum:* 194, 200, 206-209, 210, 213.

L

Lacunas: — da legislação: 161, 167, 168, 170, 216-251.

— do ordenamento: 216, 251.

"Lebenswelt": 204, 205, 206.

Lei: Noção de —: 17, 107-112, 146, 149.

— ética: 88-93, 146, 193.

— causai: 5, 29, 77-78, 103, 104, 107-112, 149, 173, 193.

— jurídica: 18, 103, 161, 170, 173-175, 176.

— segundo Santo Tomás: 226, 227.

— e norma: 107-112, 147, 170.

Liberdade: — e cultura: 88, 91-95, 103, 104, 140, 145, 149, 150, 204, 204-A, 206, 249.

— e experiência do Direito: 92, 103, 140, 160, 206, 208, 249.

— e determinismo: 78, 79, 82, 103, 104, 133, 170, 173, 204.

— e coação: 232.

— e indeterminismo: 104.

— e poder: 207 (v. Poder).

— como Direito Natural: 138.

— política e jurídica: 222.

Linguagem: Teoria da —: 5, 143, 144, 148, 149, 166, 191, 208.

Lógica e Filosofia: 21, 67, 74, 216.

— e Teoria das Ciências: 8, 21, 74.

— das normas: 124, 208, 209, 216.

— e Ontognoseologia: 8.

— e Matemática: 4, 21, 80.

— e Psicologia: 81.

— e experiência jurídica: 168.

Partes da —: 8.

Lógica Jurídica: 61, 81, 95, 119, 124, 147, 208, 209, 216, 217, 220.

Partes da —: 220.

M

Marxismo: 30, 39, 65, 134, 146, 169.

Matemática: — e Direito: 19, 34.

Materialismo Histórico: 30, 39, 134, 169.

Metafísica: 5, 10, 11, 13, 14, 15, 24, 25, 32, 33, 40, 47, 48, 72, 89, 90, 200, 201, 203.

— e concepção do mundo: 10, 11.

— do conhecimento: 48.

— como pressuposto da Ontognoseologia e da Axiologia: 13, 15, 40, 48, 82.

Método: O problema do —: 23-27, 60.

— e intuição: 25.

— indutivo: 58, 59, 60-62, 87, 128-131.

— dedutivo: 59, 60, 62, 124, 128.

— fenomenológico: 26, 140, 141.

— dialético: 26, 64, 122, 123, 142, 150, 197, 198, 201, 215.

— transcendental: 26, 63, 129, 130, 132-134.

— histórico-axiológico: 26, 65, 142-144.

— e objeto: 23-27, 60 (v. Indução, Dedução, Dialética).

Metodologia: — das Ciências: 23-27.

— da Filosofia: 23-27, 28.

— da Filosofia do Direito: 127-144.

— da Ciência do Direito: 61, 169, 170.

Mínimo Ético: 173, 251.

Mitos: 192.

Modelos Jurídicos: 17, 103, 205, 207, 209, 216, 218, 220, 251.

Moral: 8, 9, 91-93, 98, 99, 107-109, 112-117, 123, 133, 136, 149-153, 173, 174, 184-190, 203, 204, 204-A, 207, 212, 221-251.

Moralismo Jurídico: 184, 190, 244.

N

Natureza: — e cultura: 100-106, 107, n. 3, 109.

Neo-Hegelismo: 189, 198, 244.

Neokantismo: 23, 27, 38, 120, 132-137, 138, 178.

Neopositivismo: 5, 21, 28, 29, 49, 72, 112, 173, 178, 131-A.

Neo-Realismo: 37, 131-A.

Nexo Axiológico: (v. Norma e processo axiológico).

Nomogênese Jurídica: 205, 206.

Norma: O problema da —: 88, 89, 92, 93, 103, 104, 107, 108, 110, 124, 147, 149, 150, 178, 179.

Norma Jurídica: — fato e valor: 123, 140, 145-157, 168, 176, 194, 195, 240, 241.

— e *factum:* 171-173, 179, 194, 198, 205.

— e processo axiológico: 95, 124, 131, 140, 149-151, 179, 197, 200, 204- 222, 248.

700 MIGUEL REALE

— e sua estrutura lógica: 124, 128-131, 178, 207.

— e regra de Direito segundo Kelsen: 177-183.

— na doutrina de Duguit: 131, 169-176.

— na doutrina de Ripert: 188.

— na doutrina de Santi Romano: 200.

— fundamental: 178, 179, 182, 216.

Caráter indicativo da —: 131, 169, 170, 178 (v. Imperatividade).

— e norma técnica: 110, 131, 169, 170, 176.

— momento culminante do processo jurídico: 123, 150, 203, 204, 204-A, 207, 208, 209, 210, 211, 247-251.

— de cultura: (v. Cultura).

— e proposição jurídica: 180.

— e poder: 206 (v. Poder).

— perfeita: 213.

Normatividade Jurídica: O problema da —: 146-149, 150, 194, 195, 196-211, 245 (v. Normativismo Jurídico).

Normativismo Jurídico:

— e sua perspectiva histórica: 158-168.

— concreto: 204, 205, 208, 209, 210, 211, 219.

— da Escola da Exegese: 160, 161.

— lógico: 168, 177-183, 184, 196, 208.

— ético de Cathrein: 16, 187.

— ético de Ripert: 188.

— ético de Gentile: 189.

— de concreção: 123, 196, 204, 204-A, 207, 220, 247-251.

— de ordem empírica: 169, 170, 173, 176, 176 n. 51.

— de Gény: 207.

O

Objeto: Sua correlação com o Sujeito: 15, 40, 47-49, 52, 76, 122, 139.

Teoria dos —: 16, 76-84, 123.

— e método: 23, 60.

— material e formal: 24.

— e Ciência: 23, 27, 77.

— físicos: 52, 60, 77-79, 82, 86.

— psíquicos: 41, 77-79, 82.

— ideais: 40, 48, 60, 61, 80, 81, 82.

— e culturais: 82, 84, 85, 95 (v. Cultura).

— metafísicos: 48.

Obrigatoriedade: — do Direito: 87, 170, 173-175, 176, 179, 198, 199, 201, 206, 212, 214.

Ontognoseologia: 8, 47, 48, 80, 82.

— *a parte subjecti:* 8, 13-15.

— *a parte objecti:* 8, 76-90.

— e Criticismo: 15.

Ontognoseologia Jurídica: 122-127, 128, 212.

Ontologia: (v. Ontognoseologia).

Ordem: exigência, de —: 113-117, 199, 204, 204-A, 208, 213, 216, 248.

— e justiça: 208-213 (v. Justiça).

Origem do conhecimento: 28-39.

— do Direito: 120, 205.

P

Particular: O — na História: 23.

O — e o genérico: 16, 17, 141.

Perspectivismo: — jurídico: 220.

Pessoa: — como valor fonte: 89-95, 152.

— e bem comum: 113-116, 248.

— e personalismo: 117.

— e transpersonalismo: 96.

Compreensão axiológica da —: 90-92, 96-98, 150, 152.

— e sociedade: 248.

— e cultura: 89, 90, 91-93, 96.

Personalismo: 117.

Pluralismo Jurídico: 163-213, 216, 249.

Poder: A problemática do —: 61, 205, 206, 226, 238, 248.

Normatividade e —: 61, 180, 192, 203, 205, 206, 213, 215-217, 238, 251.

Polaridade: (v. Implicação e polaridade).

Política: 222, 225 (v. Estado e Política do Direito).

Política do Direito: 177, 182, 195, 196, 212, 213.

Positividade do Direito: 179, 199, 201, 206, 213, 215-220, 250.

— e vigência: 213, 215, 217.

— e eficácia: 215, 216.

Gradação da —: 214, 250 (v. Vigência e Eficácia).

Positivismo: Noção geral: 4, 6, 7, 47, 69, 72.

— e neopositivismo: 5, 21, 28, 29, 49, 72, 173, 178;

— e fenomenalismo: 47.

— crítico: 119.

Possibilidade do conhecimento: 66-75.

Postulado da Ordem Jurídica: 213.

Pragmatismo: 73, 74, 146.

Prática do Direito: 120.

Pressupostos: O problema dos —: 3, 20, 132, 133, 141, 158, 208.

— do Direito vigente: 201, 208.

Princípios: Dupla acepção do termo — : 18.

— tipos e leis: 17, 18.

— gerais do Direito: 19.

FILOSOFIA DO DIREITO   701

Psicologia: — como Ciência Natural: 18, 82.

A — e os problemas jurídicos: 79, 90, 95, 177, 212, 216, 235, 245.

A — e os valores: 85.

— e Lógica: 81.

Social: 86.

Psicologismo Jurídico: 79.

Q

Qualidades: — primárias e secundárias: 77.

"Quanta": Física dos — e indeterminismo: 78, 79.

Querer: —- na doutrina de Stammler: 132, 133.

— "já querido", em Gentile: 189.

— "classe de ações" segundo Croce: 213.

R

Racionalismo: Suas características: 31, 32.

— e intelectualismo: 32.

— hegeliano: 32.

— e Direito: 33, 34.

— e diálogo com o empirismo: 14, 32.

— e irracionalismo: 197.

Realismo: 41, 42.

— crítico: 37, 42.

— ingênuo: 41.

Reconhecimento: — como elemento da experiência axiológica: 205.

— como fundamento do Direito: 174, 230.

— e eficácia do Direito: 176, 218.

— costumeiro: 176.

Regras de Direito: (v. Normas jurídicas).

Relação Jurídica: 124, 246.

Relativismo: — positivista: 72.

— crítico: 69-71.

— pragmático: 73, 74.

— econômico-gnoseológico: 73.

— e Direito: 74, 75.

Renascimento: — e o problema gnoseológico: 14.

— e redução simplificadora: 228.

— e contratualismo: 229.

Arte do —: 191.

Romantismo:

— e Escola Histórica: 166.

S

Sabedoria: Amor da —: 1.

Sanção: Problema da —: 107-109, 238-241.

Impossibilidade de — no mundo físico: 105, 107.

— e coação: 239.

— e vida ética: 105.

Segurança: — e Direito: 17, 19, 199, 203, 208, 213, 213 n. 186.

Semântica Jurídica: 124, 207, 490-496.

Sentença: natureza da —: 54, 105, 200, 219.

Sentimento: — de justiça: 176, 192.

Ser: O problema do — e a Metafísica: 10, 11.

O problema do — "enquanto conhecido": 8, 15, 76-90.

O problema do — na Filosofia clássica: 13, 15.

Ser e Dever Ser: 49, 60, 82-84, 86, 87, 89, 103, 104, 129-131, 142, 149, 170,176, 178, 179, 197, 200, 204, 204-A, 207, 208, 217.

— na doutrina de Kelsen: 177-183.

— e sua polaridade: 179, 180, 197, 218.

— dentidade de — 189.

Significado e Suporte: 94, 95.

Silogismo: 59.

— e sentença: 54, 219.

Socialidade do Direito: 113-117, 171, 175.

Sociedade: — e natureza: 148, 178.

— e comunidade: 249.

— primitiva e Direito: 192, 193.

— e Direito: 203, 213, 247-250.

Sociologia: 4, 23, 83, 106, 151, 170, 179, 192, 249.

— e Axiologia: 179.

— Jurídica: 23, 61, 124, 169, 170, 178, 179, 183, 194, 196, 197, 199, 200 n. 148, 201, 202, 203, 207, 212, 216, 218, 220, 239.

— como Ciência Natural: 179.

— e História: 23.

— como Ciência cultural-compreensiva: 110.

— do conhecimento: 85, 86.

Sociologismo Jurídico: 168, 169-177, 184, 196, 200.

Solidariedade: 86, 171.

— na doutrina de Duguit: 171, 172, 175, 176, 177.

Sujeito: (v. Objeto).

Suportes de bens culturais: 94, 95, 149.

— materiais: 95.

— psíquicos: 95.

— ideais: 95.

T

Técnica: 110, 146.

— Jurídica: 100, 112, 120, 124, 170, 188, n. 12.

Tecnicismo Jurídico: 110, 170, 176, 179, 180.

Teleologia: (v. Fins).

Tempo: na doutrina de Kant: 35, 36.

— na doutrina de Bergson: 25, 26.

702 MIGUEL REALE

Teologia e Filosofia: 4.
Teoria e Prática: 110-112, 146, 163, 166.
Teoria do Estado:
— segundo Aristóteles: 222.
— segundo Jellinek: 182.
— segundo Kelsen: 177-183.
— segundo Duguit: 175, 176 (v. Política e Política do Direito).
Teoria Geral do Direito: 200, 212, 215, 216, 236.
Teoria dos Objetos: 16, 76-84, 122.
Tipo: como elemento de Ciência: 17.
— e Jurisprudência: 19, 61.
— leis e princípios: 18.
Tipologia: — de Spranger: 96.
Transcendental e transcendente: 35 e 46.
— e experiência possível: 35.
Transpersonalismo: 117.
Tridimensionalidade:
— dos objetos culturais: 123, 191.
— genérica ou transistemática: 158, 201, 202, 206.
— específica e estática do Direito: 196, 201, 202, 203.
— específica e estática do Direito: 115, 123, 125, 166, 176, 196-219, 247-251.
— implícita: 181, 182.
— de Lask: 197, 198.
— de Roscoe Pound: 202.
— de Julius Stone: 202.
— de G. Radbruch: 199.
— de Garcia Máynez: 201.
— de W. Sauer: 203.
— Implícita de Hauriou e Santi Romano: 200.
— de Legaz y Lacambra: 201.

U

Universo: Concepção do —: 10, 96.
Utilitarismo: 96, 99.

V

Validade: Acepção genérica do termo: 199, 201, 205, 212.
— ética do Direito: (v. Fundamento).
— técnico-jurídica: 179 (v. Vigência).
— social: (v. Eficácia).

Valor: O — na teoria dos objetos: 82-84.
Atualização do: 204, 204-A, 208-211.
Caráter vetorial do —: 84.
Caráter transcendental do —: 149.
— e objeto ideal: 82, 83, 87, 203.
Objetividade do —: 88, 89.
Teoria subjetiva do — : 85, 182.
Teoria sociológica do — : 86, 176.
Teoria ontológica do — : 87.
Teoria histórico-cultural do —: 88, 203.
Formas de conhecimento do —: 87.
O Direito e o problema do —: 83, 84, 90-94, 178, 179, 189, 196, 201, 202, 204, 204-A, 207, 206-219, 247-251.
— e significado: 94, 95, 149, 197.
— e suportes: 94, 95.
— e dever ser: 9, 61, 82, 145, 178, 190, 204, 204-A e 207.
— e fim: 9, 98, 145, 149, 199, 204, 204-A e 207.
— e norma: 61, 95, 109, 145-157, 149, 178, 204, 204-A e 207.
Graduação do —: 84.
Hierarquia do —: 96-98.
Ciclos culturais e —: 20, 96-98.
— Fato e norma: (v. Norma, Valor e Fato).
— e Ciências Naturais: 20, 170, 178, 179.
Classificação dos —: 98, 99.
— positivo e negativo: 98 (v. Implicação, Polaridade, Cultura, Axiologia, Norma).
Valorar: 20.
Verdade: — e verdadeiro: 21, 99, 149.
— na Moral e no Direito: 244.
— de fato e de razão: 33.
Vida: Valor da —: 96, 98, 99.
— e experiência axiológica: 84.
Vigência: — do Direito: 124, 166, 179, 187, 196, 198, 199, 201, 212-219.
— e positividade do Direito: 213, 215-217.
— na Teoria tridimensional: 199, 212- 221.
Vontade: — e intuição: 56.
— no Direito: 177.
— comum: 166, 174.
— pura em Kant: 133, 152, 153.
Conceito jurídico de — 177 (v. Querer).

Índice de Autores

ACÚRSIO — 398
AGOSTINHO, Santo — 96, 130, 608, 611
AHRENS, Henri — 644
ALCÂNTARA MACHADO — 635
ALCIATO, Andréa — 399
ALEXANDER — 51
ALIGHIERI, Dante — 9, 613
ALTHUSSER, L. — 21
ALTUSIO — 619
AMSELEK, P. — 137
ANTOLISEI, Francesco — 508
AQUINO, Santo Tomás de — 44, 96, 197, 608, 615, 656
ARISTÓTELES — 5, 6, 96, 192, 262, 358, 484, 595, 596, 597, 608, 611, 635, 647, 648
ARISTIPO — 191
ARRUDA, João — 310, 422
ASTRADA, Carlos — 371
ATHAYDE, Tristão de — 466
AUBRY, C. — 403, 404
AULETE, Caldas — 681
AUSTIN, John — 405, 441, 448
AVENARIUS — 164
AYER, A. J. — 18

BACON, Francis — 46, 47, 48, 310
BAGOLINI, Luigi — 190, 256, 321, 362, 369, 462, 429, 661
BALDO — 398
BARBOSA, Rui — 576
BARRETO, Tobias — 216, 253, 422, 456
BÁRTOLO — 398, 401
BATISTA, Paula — 398, 576
BATTAGLIA, Felice — 286, 374, 474, 475, 623, 655, 656
BAUDRY-LACANTINÉRIE — 403
BELING — 56
BENTHAM, Jeremias — 43, 191, 287, 441
BERDIAEFF — 227
BERGBOHM — 468
BERGSON, Henri — 80, 81, 82, 83, 129, 134, 138, 151, 166, 240, 479

BERKELEY, George — 47, 118, 119
BERNARD, Claude — 312
BETTI, Emílio — 63, 408, 577, 654
BETTIOL, G. — 190
BEVILÁQUA, Clóvis — 253, 290, 408, 422
BIEMEL — 50
BIERLING — 348, 432, 434, 621
BINDER, Julius — 118, 189, 472, 473, 498, 499, 654, 666
BOBBIO, Norberto — 91, 207, 321, 563
BODENHEIMER, Edgar — 91
BODIN — 487
BONNARD, Roger — 438
BONNECASE, Julien — 438, 475, 645
BOUGLÉ, Charles — 195
BOUTROUX, Émile — 312, 317
BRANDÃO, Antônio José — 339, 350
BRANDEIS — 569
BRÉHIER — 6, 52
BRENTANO, Franz — 182, 231, 563
BRIGHTMAN — 205
BRINZ — 406
BRITO, Raimundo Farias — 5, 377, 570
BROGLIE, Louis de — 176
BUENO, Pimenta — 398
BÜLOW — 417
BURCKHARDT, Walther — 579
BURDEAU, Georges — 468, 537

CABRAL DE MONCADA — 424, 501
CAIANI, Luigi — 21
CAIRNS, Huntington — 514
CALAMANDREI — 558, 570
CÁLICLES — 594
CALOGERO, Guido — 551
CÂMARA, Armando — 466
CAMPANELLA — 315
CAMPOS, Carlos — 422
CAPITANT, René — 425, 574, 579
CAPOGRASSI, Giuseppe — 408, 505, 549, 550, 551, 570, 571

CARABELLESE, P. — 362
CARDOZO, Benjamin — 416
CARNAP — 20, 87, 163, 165, 443
CARNELUTTI, Francesco — 408, 681
CARVALHO DE MENDONÇA — XXIII
CASSIRER, Ernst — 11, 33, 98, 163, 222, 240, 483, 499
CATHREIN, Viktor — 466, 467
CAVALCANTI FILHO, Teófilo — 91, 322, 454, 570, 681
CELSO — 602
CHIOVENDA, Giuseppe — 407
CHIPMAN GRAY, John — 441
CICALA, Francesco — 182
CÍCERO, Marco Tullio — 96, 237, 600, 601, 606, 608
CIMBALI, Enrico — 408, 417
COHEN — 443
COING, Helmut — 168, 190
COLLINGWOOD, R. G. — 8, 228
COMTE, Augusto — 14, 15, 17, 80, 120, 122, 159, 161, 163, 164
CONSTANT, Benjamin — 599
CORNIL, Georges — 662
CORREIA, Alexandre — 466
COSSIO, Carlos — 444, 455, 513, 551, 552, 555, 574, 575
COULANGES, Fustel de — 599
COVARRUVIAS — 399
COVIELLO, Nicola — 407
CROCE, Benedetto — 9, 69, 109, 226, 229, 264, 371, 472, 554, 567, 593, 642, 655
CUJÁCIO, Jaques — 398
CUVILLIER — 210
CZERNA, Renato Cirell — 520, 570, 654

DABIN, Jean — 468, 474, 648, 649
DANILEVSKY — 227
DAVY, Georges — 195, 196, 485
DECUGIS, Henri — 485
DELOS, Jean — 506, 507
DEL VECCHIO, Giorgio — 36, 111, 263, 270, 281, 285, 286, 287, 288, 290, 300, 313, 314, 323, 332, 333, 334, 335, 336, 337, 338, 344, 345, 347, 389, 574, 579, 625, 636, 637, 644, 645, 650, 652, 655, 656, 678
DEMOLOMBE — 403
DERNBURG — 406
DESCARTES, René — 8, 46, 47, 48, 93, 97, 117, 129, 130, 161, 165, 358, 615

DESMOULINS — 421
DESQUEYRAT — 506
DEWEY, John — 9, 11, 51, 144, 166
DILTHEY, Wilheltm — 137, 218, 238, 239, 241, 247, 606, 667
DOMAT, Jean — 399
DONATI, Benvenuto — 31, 373, 550, 551, 604
DONELLUS — 399
DOURADO DE GUSMÃO, Paulo — 682
DUFRENNE — 106
DUGUIT, Léon — 317, 318, 319, 418, 423, 425, 426, 427, 428, 429, 430, 431, 432, 433, 434, 435, 436, 437, 438, 468, 573, 621
DURKHEIM, Émile — 193, 194, 195, 197, 198, 209, 425, 426, 435

EBENSTEIN, William — 516, 535, 536, 569
EHRENFELS — 192
EHRLICH, Eugen — 91, 416, 418
EINSTEIN, Albert — 133, 310
ENGELS — 421
EPICURO — 191, 595
ESPÍNOLA, Eduardo — 401
ESPINOSA — 47, 94, 97, 129, 130, 621, 624

FABRE, Simone Goyard — 137
FALCHI, Antônio — 162
FALCHI, Giuseppino — 140
FEIGL, Herbert — 18
FERGUSON — 237
FERRARA — 417
FERRATER MORA — 106, 356
FERRAZ FILHO, T. — 497, 682
FERREIRA DA SILVA FILHO, Vicente — 655
FICHTE, Johann Gottlieb — 48, 69, 130, 265, 306, 629, 630, 643
FILOMUSI GUELFI — 597
FONSEGRIVE — 469
FRANCISCI, Pietro de — 486, 488
FRANK, Jerome — 91, 416
FRANK, Philip — 176
FRAZER, James — 485
FREYER, Hans — 230, 294
FRIEDMANN, W. — 516

GABBA — 417
GALÁN, Eustaquio — 496
GALILEI, Galileo — 45, 46
GALVÃO DE SOUZA, José Pedro — 466
GAMA E SILVA, Luís — 559

FILOSOFIA DO DIREITO

GARCIA, Basileu — 56
GARCÍA MÁYNEZ, Eduardo — 150, 454, 508, 509, 511, 513, 552, 578
GARCÍA MORENTE — 131, 146
GENTILE, Giovanni — 466, 472, 473, 498, 666
GENTILI, Alberico — 399
GÉNY, François — 150, 323, 416, 417, 418, 419, 423, 425, 426, 429, 437, 470, 471, 649
GERBER — 407, 443, 450
GIERKE, Otto — 407
GINSBERG, M. — 198
GIORGIANNI, Virgílio — 21, 150, 321
GIRAUD, V. — 7
GLOTZ — 599
GLÜCK, Frederico — 406
GOBLOT, Edmundo — 140, 145
GOETHE — 569
GOLDSCHMIDT, James — 137
GONÇALVES DE MAGALHÃES — 24
GÓRGIAS — 160
GOUVEIA, Antônio — 399
GRAY, J. C. — 441
GRÓCIO, Hugo — 98, 465, 486, 601, 614, 618, 619
GROETHUYSEN — 250
GUMPLOWICZ — 422
GURVITCH, Georges — 496, 501, 506, 662, 663

HAECKEL — 216
HÄGERSTRÖM — 91, 429
HALL, Jerome — 494, 513, 551, 556
HART, Herbert L. A. — 321, 322, 684
HARTMANN, Nicolai — 7, 49, 51, 52, 106, 109, 122, 123, 125, 133, 135, 137, 180, 198, 199, 218, 224, 280, 350, 359, 508, 512, 523, 524, 525, 527, 528, 548, 671
HAURIOU, Maurice — 378, 425, 434, 503, 504, 506, 507, 536, 551, 569, 572
HECK, Philip — 189, 418
HEGEL, G. W. F. — 5, 48, 49, 50, 83, 94, 109, 110, 111, 119, 121, 122, 126, 152, 153, 156, 202, 216, 218, 238, 281, 284, 297, 362, 369, 388, 472, 473, 474, 496, 498, 499, 578, 644, 654, 666, 669
HEGENBERG, L. — 142
HEIDEGGER, Martin — 49, 50, 51, 133, 350, 353, 655
HEINÉCIO — 604
HEISENBERG, W. — 176
HELLER, Hermann — 579
HERDER — 218, 238
HERMANN, I. — 189

HESSEN, Johannes — 95, 131
HOBBES, Thomas — 46, 47, 280, 348, 487, 614, 617, 618
HORVATH — 91, 418, 508
HUGO, Gustavo — 281, 306
HUME, David — 48, 90, 119, 142, 157, 162
HUSSERL, Edmund — 71, 106, 125, 221, 353, 354, 355, 356, 358, 359, 587
HUSSERL, Gerhart — 137, 182, 508, 655
HYPPOLITE, Jean — 654

IRNÉRIO — 398, 608

JACOBI, Günther — 49
JAEGER, Werner — 599
JAMES, W. — 166
JASPERS, Karl — 8
JEANS, James — 103
JELLINEK, George — 407, 408, 430, 443, 450, 461, 497, 506, 535, 599, 660
JHERING, Rudolf — 150, 189, 216, 406, 409, 413, 437, 488, 522, 593, 626, 669
JOAD, D. E. M. — 144, 685

KALINOWSKI, Georges — 552
KANT, Emmanuel — 5, 6, 8, 11, 19, 32, 33, 35, 43, 44, 48, 77, 83, 98, 99, 100, 101, 102, 104, 105, 106, 107, 108, 109, 110, 111, 120, 121, 122, 126, 134, 152, 155, 157, 159, 162, 163, 165, 167, 179, 184, 196, 198, 216, 217, 238, 257, 280, 281, 285, 286, 301, 302, 306, 317, 324, 325, 330, 333, 344, 347, 349, 356, 386, 437, 451, 456, 459, 500, 523, 528, 588, 620, 621, 625, 626, 627, 628, 629, 630, 632, 643, 652, 654, 668
KANTOROWICZ, Hermann — 418, 423, 500
KAUFMANN, Felix — 136
KELSEN, Hans — 111, 127, 136, 150, 167, 181, 223, 283, 305, 405, 419, 433, 437, 440, 441, 442, 443, 444, 445, 446, 447, 448, 449, 450, 451, 452, 454, 455, 456, 457, 458, 459, 460, 461, 462, 463, 468, 487, 501, 508, 510, 515, 516, 536, 550, 565, 566, 570, 572, 573, 576, 579, 580, 581, 621
KIRCHMANN — 161
KLEIN — 11
KLUG, U. — 150
KOFFKA, Kurt — 129
KÖHLER, Wolfgang — 186, 417
KOREN, H. — 142
KRABBE — 573

KRANS, W. H. — 566
KRAUSE — 644
KÜLPE — 51
KUNZ, Josef L. — 443, 462, 514, 515, 551

LABAND — 407, 443, 450
LAER, Henry van — 142
LALANDE, André — 12, 73, 146, 175
LAMBERT — 417
LAPOUGE — 422
LARENZ, Karl — 419, 498
LAURENT — 403
LARROYO, Francisco — 356
LASK, Emil — 97, 111, 289, 412, 413, 418, 495, 496, 497, 498, 500, 514
LAVELLE, Louis — 200
LEGAZ Y LACAMBRA, Luís — 413, 419, 454, 457, 508, 509, 510, 512
LEIBNIZ, Gottfried Wilhelm — 47, 63, 92, 93, 94, 97, 98, 151, 409
LEROY — 416
LESSA, Pedro — 89, 149, 287, 309, 310, 311, 312, 315, 317, 422
LEVI, Alessandro — 177, 286, 636
LÉVY-BRÜHL, L. — 16
LIMA, Franzen Mário — 419
LIMA, Hermes — 422
LIMA, Ruy Cirne — 466
LLEWELLYN, K. — 91, 416
LOBATCHEWSKY — 11
LOCKE, John — 47, 87, 88, 90, 92, 93, 119, 173, 465, 618
LÓPEZ DE OÑATE — 571, 577, 578, 674
LOSANO, Mário — 463
LOTZE — 183
LOVEJOY — 51
LÜHMAN, Niklas — 438
LUISI, Luís — 339
LUNDSTEDT — 91, 429

MACH — 164, 312
MACHADO, Baptista J. — 441
MACHADO DE ASSIS — 317
MACHADO NETO, Antônio Luís — 216
MACHIAVELLI — 487, 614
MALEBRANCHE — 94, 97
MANNHEIM, Karl — 70, 190
MANZINI — 407
MARCADÉ — 403
MARCEL, Gabriel — 369
MARCIANO — 596

MARITAIN, J. — 17
MARQUES, J. Frederico — 56
MARX, Karl — 91, 110, 153, 369, 421
MATA-MACHADO, Edgard — 643
MAXIMILIANO, Carlos — 419
MAXWELL — 310
MAYER, Max Ernst — 254, 500, 578, 580
MAZZARESE, Tecla — 151
MEINONG — 191
MELO FREIRE — 399
MENDES, José — 310
MENDES JÚNIOR, João — 263, 373
MENEZES, Djacir — 422
MERCIER, Cardeal — 17
MERLEAU-PONTY, M. — 355
MESSER — 51, 95
MESSINEO — 504
MICELI, Vincenzo — 350, 658, 663
MILL, John Stuart — 88, 90, 139, 142, 143, 287
MIRABEAU — 402
MIRANDOLA, Pico della — 45
MIRÒ QUESADA, Francisco — 150, 243
MISES, Richard von — 18
MONTESQUIEU — 58, 179, 237, 402, 487
MOORE, G. L. — 51
MORAES FILHO, Evaristo — 447
MÜLLER, Aloys — 172
MÜNCH, Frederico — 289, 419, 495, 498, 499

NATORP — 443
NEWTON — 163
NIETZSCHE — 218, 225

OLGIATI, Francesco — 190, 419, 508
OLIVECRONA — 91, 178, 320, 429
OLIVEIRA VIANA, Francisco José — 216
OLLÉ-LAPRUNE, Léon — 596
ORESTANO, Francesco — 686
ORLANDO, Vittorio Emmanuele — 407
ORTEGA Y GASSET, José — 109, 235, 493

PACI, Enzo — 365
PAIM, Antônio — 216
PASCAL, Blaise — 7, 133, 157, 160
PAULO — 601
PEIRCE — 166
PEKELIS, Alessandro — 643, 647
PERELMAN, Chaim — 687
PERRY — 51
PETRASISKY — 177, 418, 506, 660
PETRONE, Igino — 286

FILOSOFIA DO DIREITO

PIAGET, Jean — 133
PICARD, Edmond — 626
PINERA LLERA, H. — 50
PINTO FERREIRA, Luís — 216
PIRRON — 160
PLANCK, Max — 132
PLANIOL, Marcel — 653
PLATÃO — 116, 129, 130, 179, 484, 594, 595
POINCARÉ, Henri — 133, 164, 242, 312
PONTES DE MIRANDA — 178, 193, 409, 419, 422
POPPER, Karl — 73, 133, 172, 245
POST, Hermann — 216
POTHIER, Robert Joseph — 399
POUND, Roscoe — 416, 418, 429, 441, 508, 513, 514, 515, 551, 570
PUCCIARELLI, Eugênio — 147
PUFENDORF, Samuel — 306, 399, 465, 621, 624

QUEIRÓS LIMA, Eusébio de — 422

RADBRUCH, Gustav — 111, 167, 184, 270, 289, 378, 419, 424, 493, 495, 497, 500, 501, 502, 503, 509, 514, 535, 536, 569, 631, 637
RAMOS, Artur — 177
RÁO, Vicente — 466, 470
RATZEL — 421
RAVÀ, Adolfo — 162, 261, 262, 286, 500, 570
REALE, Miguel — 21, 26, 28, 55, 57, 63, 108, 150, 153, 165, 198, 202, 205, 215, 216, 218, 240, 242, 260, 262, 289, 300, 302, 317, 322, 356, 357, 362, 394, 401, 419, 420, 426, 432, 461, 463, 470, 485, 493, 494, 496, 503, 507, 508, 513, 514, 522, 540, 541, 548, 552, 555, 556, 557, 559, 581, 589, 619, 642, 663, 668, 675
RECASÈNS SICHES, Luis — 137, 168, 182, 249, 293, 300, 323, 494, 516, 569, 584, 639, 648
REICHENBACH, Hans — 18, 19, 20, 87, 88, 176, 243
REINACH, Adolf — 136
RENARD, Georges — 468, 474, 475, 506
RENZI — 162
RIBOT — 192
RICHARD, T. W. — 142
RICKERT — 184, 218, 289, 496, 500
RIEMANN — 11
RIPERT, Georges — 466, 469, 470, 471
ROCCO, Arturo — 407
RODRIGUES PEREIRA, Lafayette — 398
ROMANO, Santi — 408, 437, 503, 504, 505, 551
ROMERO, Francisco — 147, 217

ROMERO, Sílvio — 216, 253, 317, 422
ROSMINI SERBATI, Antonio — 253, 623
ROSS, Alf — 91, 178, 283, 320, 321, 435, 498, 499
ROUBIER, Paul — 481, 502
ROUSSEAU, J. Jacques — 301, 402, 432, 617, 618, 619, 620
RÜMELIN, Max — 91, 189, 418
RUSSELL, Bertrand — 51, 69, 87, 130, 175, 180, 252, 258

SALEILLES, Raymond — 411, 415, 416, 417, 425
SALUTATI, Coluccio — 45
SANCHES, Edgard — 165, 242
SANTOS, Delfim — 55, 358
SARTRE, J. P. — 49
SAUER, Wilhelm — 419, 493, 494, 500, 511, 517, 518, 519, 520
SAVIGNY, F. C. — 150, 306, 325, 409, 410, 411, 412, 432, 470, 578
SCHAPP, Wilhelm — 136
SCHELER, Max — 70, 106, 133, 134, 135, 137, 198, 199, 205, 218, 231, 266, 344, 359, 508, 512, 522, 523, 524, 527, 535
SCHELLING — 48, 129, 654
SCHILLER, F. — 166
SCHLICK, M. — 163, 443
SCHOCH — 189
SCHOPENHAUER — 48, 130
SCHREIER, Fritz — 136
SCHWARZ, Richard — 205
SCIALOJA — 407
SCOTT, Duns — 609
SELLARS — 18
SENN, Felix — 604
SERRANO, Jônatas — 466
SFORZA, Widar Cesarini — 550, 568, 572, 580, 643
SILVA, Alves da — 466
SIMMEL, Georg — 8, 12, 213, 218, 236, 247, 533, 650
SÓCRATES — 44, 54, 55
SOLARI, Gioiele — 419
SOLER, Sebastián — 673
SORIANO DE SOUZA, José — 466
SOROKIN, Pittirim A. — 227
SOUTO, Cláudio e Solange — 438
SPAVENTA, Bertrando — 48
SPENCER, Herbert — 15, 620
SPENGLER — 227, 228
SPRANGER, Eduard — 218, 225, 226, 231, 238, 239, 247, 253, 362
SQUELLA, Agustin — 462

STAMMLER, Rudolf — 111, 126, 285, 288, 289, 290, 291, 292, 293, 304, 313, 314, 323, 324, 325, 326, 327, 328, 329, 330, 332, 333, 335, 336, 343, 344, 345, 347, 437, 443, 500, 564, 567, 573, 574, 579, 652, 666
STARK, Werner — 70
STERN, W. — 230
STONE, Julius — 419, 493, 513, 514, 515, 516
STRENGER, Irineu — 557
STRÚVIO — 399
STRYCKIO — 399
SUÁREZ, Francisco — 158, 399, 619
SUMNER MAINE, H. — 413

TAMMELO, Ilmar — 150, 552
TARDE, Gabriel — 193
TATSOS — 500
TEIXEIRA DE FREITAS, Augusto — 398, 408, 413, 470, 576
TELLES, Gofredo (Júnior) — 426
THIBAUT — 409, 410
THOMASIUS — 92, 306, 324, 387, 409, 465, 602, 621, 622, 623, 624, 625, 632, 634, 636, 652
TÖNNIES — 669
TOYNBEE — 227, 228
TRASÍMACO — 594
TRENDELENBURG, Adolfo — 312, 644
TROPLONG — 403

ULPIANO — 632, 678
UNAMUNO, Miguel — 267
URBAN, Marshall — 524, 529

VAIHINGER, Hans — 165
VAN ACKER, Leonardo — 466
VANNI, Icílio — 285, 286, 287, 293, 636, 677
VASCONCELOS PEREIRA, B. — 287
VERDROSS, Alfred — 515
VICO, Giambattista — 47, 218, 237, 238, 280, 486, 487, 604
VIEHWEG, T. — 606, 675
VILANOVA, Lourival — 137, 321, 552
VINCI, Leonardo da — 45
VINNIUS — 399
VITA, Luís Washington — 691
VIVANTE, Cesare — 407
VOLTAIRE — 237

WACH — 415
WAELHENS — 50
WEBER, Max — 239, 247, 362, 375, 385, 535
WEINBERG, Julius R. — 18
WELZEL, H. — 190
WHITEHEAD, Alfred N. — 69
WILSON, E. Bright — 142
WINDELBAND, Wilhelm — 215, 239, 248, 289, 496
WINDSCHEID — 406, 417
WITTGENSTEIN, Ludwig — 18
WOLF, Christian — 399
WRIGHT, G. H. von — 142
WUNDT — 567

XENOFONTE — 595

ZIPPELIUS, R. — 190